바울서신

김영호 지음

바울서신 PAULINE EPISTLES

초판 1쇄   2025년 6월 10일

발 행 인   안상혁
지 은 이   김영호
펴 낸 곳   합동신학대학원출판부
주   소   16517 수원시 영통구 광교중앙로 50 (원천동)
전   화   (031)217-0629
팩   스   (031)212-6204
홈페이지   www.hapdong.ac.kr
출판등록번호   제22-1-2호
인 쇄 처   예원프린팅 (031)902-6550
총   판   (주)기독교출판유통 (031)906-9191

ISBN 979-11-93395-08-0(94230) / 978-89-97244-63-8 (세트)
값은 뒤표지에 있습니다.

이 책에 실린 글의 무단전재, 복제를 금합니다. 내용의 일부 및 전체를 재사용하려면
반드시 출판사와 저자의 동의를 받아야 합니다. 파본은 구입처에서 교환해드립니다.

합신
신학총서
08

바울서신

PAULINE EPISTLES

김영호

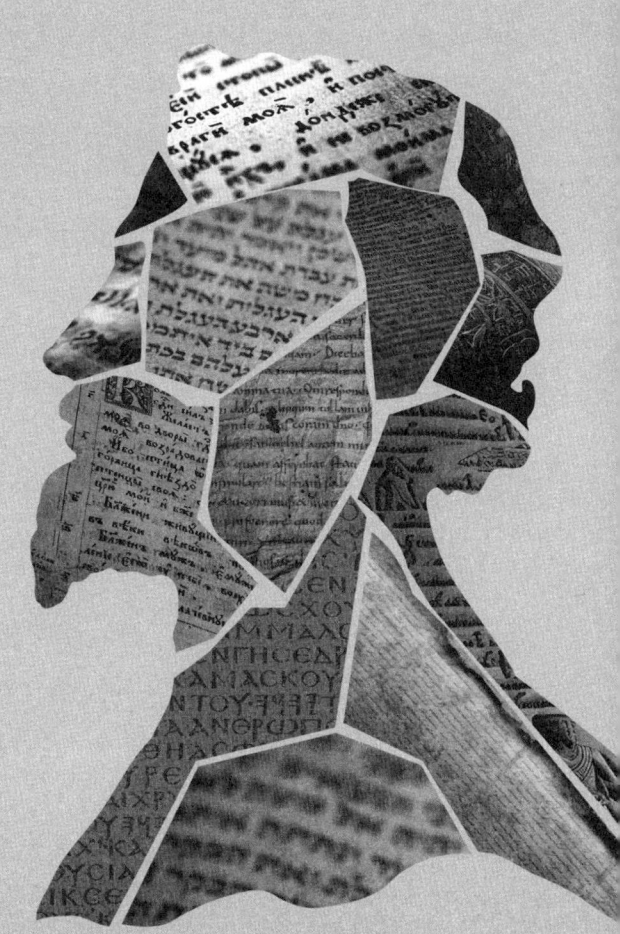

HS PRESS
합신대학원출판부

이 책을
나의 은사이신 조병수 교수님께
존경과 감사의 마음을 담아
헌정합니다

서문

이 책을 집필하는 동안 제 책상에는 간이로 제본한 책 한 권이 늘 놓여 있었습니다. "바울서신." 이 제목은 수없이 많은 생각을 떠오르게 합니다. 바울, 편지, 복음 전파, 강, 바다, 로마의 길, 박해, 감옥, 순교…

초대교회는 바울이 쓴 글 묶음(*corpus Paulinum*)을 소중히 여겼습니다. 이 묶음을 4세기 후반 한 교부(John Chrysostom, ca. 347-407)는 읽고 해설했습니다. 이 일을 얼마나 사랑했던지 그 일을 못하게 된 것을 아쉬워했습니다. 훗날 유배를 떠나게 되었을 때 박해자들이 그를 계속 걷도록 했기 때문입니다. 5세기 한 교부(Augustine of Hippo, 354-430)는 이 책의 한 구절을 읽는 중에 자신에게 찾아오신 창조주를 만났고, 그 순간 죽은 자를 살리시는 하늘의 능력을 경험했으며, 방탕한 생활을 청산하고, 천년이 넘도록 교회를 먹여 살리는 성경교사가 되었습니다.

사람은 자신이 읽는 책으로 빚어진다는 말이 있는데, 이 두 사람은 이 말을 증명하는 예로 충분합니다. 그러면 신자가 모인 교회는 무엇으로 형성될까요? 교회가 읽는 책으로 빚어집니다. 교회의 신자들은 이 편지를 받자마자 모으기 시작했고 구약과 함께 공예배에서 읽었습니다(살전 5:27; cf. 골 4:16). 바울서신은 과거뿐만 아니라 초대교회 이후 신학계에 끊임없이 영감을 주었습니다. 아우구스티누스의 은혜 운동이 이 책에서 시작되었고, 약 1,000년 후 루터를 통해 종교개혁이 시작될 때, 이 역사의 흐름을 바꾸는 운동이 바울서신 중 갈라디아서와 로마서를

一

재발견하면서 시작되었습니다. 또 근현대 긍정적이든 부정적이든 모든 새로운 신학운동은 바울과 바울서신 해석에서 일어났습니다. 예컨대 자유주의 신학과 독일 그리스도인들(Deutsche Christen)로 인해 기독교가 끝없이 부패해 갈 때 사펜빌의 한 목사가 던진 '폭탄'도 로마서 주석이었고, 가장 최근 일어났다가 지금은 사그라든 바울의 새관점도 바울의 율법 해석이었습니다. 오늘날 신자 중에서도 나라와 문화권을 넘어 이 편지들을 읽으면서 그리스도의 십자가와 부활, 오는 세계의 능력과 실제를 만나고, 하나님의 은혜, 자비하심, 자신의 죄의 심각성과 죄 사함, 용기, 희망을 경험한 사람은 헤아릴 수 없이 많습니다.

이 책은 성경과 바울서신을 읽는 사람 중 한 사람이 쓴 책이고, 읽으려는 사람을 위한 책입니다. 중학교 3학년 회심하고 난 후 성경을 통해 제 앞에 열린 새로운 세계가 열렸습니다. 이 책을 아침과 저녁으로 읽을 수 있는 것만으로도 큰 특권이었습니다. 믿음의 1세대인 저 이전에는 제 가족과 집안 중에 예수님을 믿은 사람이 없었습니다. 그 수많은 세월 동안, 창조부터 지금까지 하나님 없이, 자기를 창조한 자를 모르고 살아왔고, 생명의 근원에서 멀리 떠나 있었습니다. 이것을 생각하면 정신이 아득합니다. 만일 주님이 그때 내게 찾아오지 않았다면, 이런 상황은 계속되었을 것입니다. 그런데 하나님이 저와 언약을 맺으시고, 그 거대한 어두움의 선이 끊기고 이 후로는 주님과 동행하는 삶이 시작되었습니다. 주님은 구약부터 시작된 유구한 역사를 제 역사로, 주님이 출범하게 하신 하나님 나라를 제 현재와 미래로 주셨습니다. 성경을 열 때마다 이 역사가 내 눈앞에 펼쳐집니다.

―

　이 책에는 그동안 바울서신을 읽으면서 했던 크고 작은 연구가 포함되었습니다. 모든 생각을 하나로 엮은 것은 훈련받은 박사의 지성이지만, 모든 기초 자료는 청년 때부터 바울서신을 읽을 때 메모하고 사색한 것입니다.

　특별히 여기서 이 책에 적용된 방법론을 잠깐 소개합니다. 바울서신을 처음 읽을 때 독자는 질문할 것입니다. '과연 바울서신을 어떻게 읽어야 하는가? 어떻게 분석하고 이해하는 것이 최선인가?' 바울 당시 서로 멀리 떨어진 두 당사자가 서로 소통하는 방법에는 세 가지가 있었습니다. 연설과 설교, 편지입니다. 앞의 둘은 가까운 거리에 사용되고, 마지막 하나는 먼 거리에 쓰였습니다. 그러면 바울서신은 어떤 매체를 사용했을까요?
　현재 학계는 다 그런 것은 아니지만 이 둘을 서로 분리하는 경향이 강합니다. 바울서신은 기본적으로 "편지"이기 때문에 연설과 설교의 요소는 없다고 보는 것입니다. 하지만 이 셋 중 하나만 고집한다면, 바울이나 바울서신 독자 및 청자를 문화적으로 고립된 그룹으로 보는 것이나 다름없습니다. 바울서신을 조금만 읽어보아도, 바울이 하나를 고집하지 않았다는 점을 알 수 있습니다. 바울은 편지를 쓸 때, 이러한 매체를 모두 사용했고, 자신만의 '장르'를 창출한 것으로 보입니다.
　이 책에서는 이 바울만의 고유한 장르를 추적해 보려고 노력하였습니다. 하지만 이 고유한 장르는 따로 정의된 것이 아닙니다. 따라서 하나를 절대시하거나 다른 것을 배제하는 방법이 아니라 바울 서신을 중심에 두는 방식을 채택했습니다. 하지만 이 방법론은 역설적으로 당시

―

모든 문학적 수단에 정통할 것을 요구합니다. 고대서신 분석법뿐만 아니라 고대연설과 다른 점을 잘 알아야 합니다. 이 책에는 바울서신 13개의 구조와 개요를 작성했는데, 이것은 이 모든 사항을 한 눈에 파악할 수 있게 하기 위함입니다. 혹자는 이것을 절충으로 볼 수도 있습니다. 하지만 이것은 바울서신이 어떤 역사-문학적 환경 속에 있으며, 바울이 어떤 부분을 활용하여 메시지를 전달하는지 추적해 본 것입니다.

고대의 어떤 장르나 문헌을 중심에 두고 바울서신을 평가하는 방식이 아니라, 바울서신을 중심에 두고, 다른 주변 문헌을 참조하고, 이 문헌에 작용하는 방법론을 참조하는 것입니다. 이것이 처음 독자들이 한 일이었습니다. 그들은 이미 고대연설이나 서신, 설교 등 문학의 환경에서 살고 있었습니다. 바울서신이 그들 교회에서 공적으로 읽혔을 때, 그들은 바울의 글을 이해하고자 했습니다. 바울서신이 중심에 있고, 그들의 배경지식이 이 글을 이해하기 위해 동원되었습니다. 어떤 점이 비슷한지, 어떤 점이 차이가 나는지 곧바로 비교했을 것입니다.

우리도 이와 똑같이 질문하고 고민하려고 한 것입니다. 현대 독자들에게는 이 점이 없거나 부족합니다. 따라서 당시 독자들처럼 깊이 이해하지 못하는 것입니다. 이 점에서 개혁파 성경해석의 역할이 큽니다. 바울의 글을 역사적, 문학적, 신학적 차원에서 철저히 읽도록 길을 열고 독려하기 때문입니다.

이 책이 나오기까지 많은 분들의 도움이 있었습니다. 먼저, 합동신학대학원대학교의 학우들에게 감사드립니다. 지난 10년 동안 강의실에서 함께 질문하고 토론하며 사색하는 과정 속에서 많은 것을 배울 수 있었습니다. 또한, 원고를 꼼꼼히 읽고 학생의 입장에서 귀중한 조언을 아끼지 않은 장혜경 전도사님, 강의 녹취록을 정리해 준 신영선 강도사님, 그리고 바쁜 사역 중에도 내지 편집에 앞서 최종 점검을 위해 원고를 읽어 준 박두태 강도사님께 깊이 감사드립니다. 아울러, 20년이 넘는 시간 동안 변함없이 기도와 격려로 지지해 주고, 내지 편집본을 읽고 조언해 주신 고한율 목사님께 감사의 마음을 전합니다. 또한, 합신 연구저작물심의위원회의 이남규 교수님, 장세훈 교수님, 이승진 교수님, 박상봉 교수님께도 깊이 감사드립니다. 이 책의 저술을 위해 아낌없는 재정적 후원을 해주신 송파제일교회 임성실 장로님께도 감사드립니다. 마지막으로, 원고를 일반 독자의 시각에서 읽고 조언과 격려를 아끼지 않은 아내 이수미, 그리고 집필에 몰두하느라 충분한 시간을 함께 보내지 못했음에도 기도와 웃음, 신뢰로 힘이 되어준 그림, 다은, 수인, 서희에게 고마운 마음을 전합니다.

2025년 2월 21일
서재에서
김 영 호

약어

약어	Full Name
cf.	confer, 참조하라
ed(s).	editor(s), 편집자(들)
f.	following, 예: 7f.는 7쪽 이하
sg.	singular
pl.	plural
vol(s).	volume(s), 권(들)
§	section

ANF	Ante-Nicene Fathers
BDR	Blass, Friedrich, and Albert Debrunner. *Grammatik des neutestamentlichen Griechisch*. Revised by Friedrich Rehkopf. 18th ed. Göttingen: Vandenhoeck & Ruprecht, 2001
BECNT	Baker Exegetical Commentary on the New Testament
BETL	Bibliotheca Ephemeridum Theologicarum Lovaniensium
BSac	Bibliotheca Sacra
CBQ	Catholic Biblical Quarterly
EEC	Evangelical Exegetical Commentary
EKK	Evangelisch-Katholischer Kommentar zum Neuen Testament
ELB	Elberfelder Bibel

약어

ESV	English Standard Version
ExpTim	Expository Times
FC	The Fathers of the Church
HS	Hoffmann, Ernst G., and Heinrich von Siebenthal. *Griechische Grammatik zum Neuen Testament*. 2nd ed. Riehen/Schweiz: Immanuel-Verlag, 1990
HTR	Harvard Theological Review
ICC	International Critical Commentary
JBL	Journal of Biblical Literature
JDT	Jahrbücher für deutsche Theologie
JSNTSup	Journal for the Study of the New Testament Supplement Series
KEK	Kritisch-exegetischer Kommentar über das Neue Testament
KJV	King James Version
LCL	Loeb Classical Library
NASB	New American Standard Bible
NICNT	New International Commentary on the New Testament
NIV	New International Version
NovT	Novum Testamentum
NPNF	Nicene and Post-Nicene Fathers
NRSV	New Revised Standard Version
NTS	New Testament Studies
PNTC	Pillar New Testament Commentary
RSV	Revised Standard Version

SNTSMS	Society for New Testament Studies Monograph Series
SVV	Statenvertaling
TBl	Theologische Blätter
THKNT	Theologischer Handkommentar zum Neuen Testament
ThSt	Theologische Studien
TNIV	Today's New International Version
TynBul	Tyndale Bulletin
WBC	Word Biblical Commentary
WUNT	Wissenschaftliche Untersuchungen zum Neuen Testament

서 문 ···006
약 어 ···011
목 차 ···014

제1부 바울서신 개관

1장 바울 ···032

1. 바울에 대한 외적 시각 ···034
   1.1 성경 외적 자료의 시각 ···034
   1.2 성경 내적 자료의 시각 ···036
2. 바울의 자기인식 ···039
   2.1 바울서신 서두에 나타난 바울의 자기 칭호 ···039
   2.2 "그리스도 예수의 종"(롬 1:1b) ···041
      2.2.1 로마서 내에서 "종"의 개념 ···043
      2.2.2 로마서 밖에서 "종"의 개념 ···043
      2.2.3 구약의 "여호와의 종" 개념 ···047
   2.3 "종"과 "사도"의 관계 ···055
3. 사도적 현존과 신자의 읽기 ···058
   3.1 사도적 현존 ···059
   3.2 신자의 읽기 ···062

2장 바울서신 ···064

1. 고대 문학 양식 ···066
2. 고대서신 ···069
   2.1 고대편지 모습 ···069
   2.2 바울서신 모습 ···071
      2.2.1 공통점 ···071
      2.2.2 차이점 ···073

            2.3 서신 분석법에 대한 회의 ···075
    3. 고대연설 ···076
        3.1 연설의 종류(genus orationis) ···078
        3.2 연설의 예(exemplum orationis) ···083
            3.2.1 「소크라테스 변론」 ···083
            3.2.2 「소크라테스 변론」 구성 ···084
        3.3 연설의 배열(dispositio orationis) ···091
        3.4 바울서신의 고대연설 요소 ···093
            3.4.1 로마서 ···093
            3.4.2 갈라디아서 ···099
        3.5 수사비평에 대한 회의 ···104
    4. 바울서신의 독특성 ···107
        4.1 로마서형 편지 ···110
        4.2 에베소서형 편지 ···111
    5. 바울서신 분석법 ···118

제2부 바울서신 각 권 해설

3장 로마서 ···126

    1. 로마 교회 ···126
    2. 로마서의 저작 동기와 목적 ···130
    3. 로마서 구조 및 개요 ···133
        3.1 로마서의 구조 ···133
            3.1.1 전체 주제 ···134
            3.1.2 논증 구조 ···141
            3.1.3 내용 조직 ···143
        3.2 로마서 개요 ···148
    4. 로마서 내용 ···152
        4.1 로마서의 대주제(롬 1:16-17) ···152

4.2 모든 사람이 죄를 범함(롬 1:18-3:20) ··· 153
4.3 하나님 의의 출현(롬 3:21-26) ··· 154
    4.3.1 하나님으로부터 난 의(롬 3:21-23) ··· 154
    4.3.2 믿음으로 말미암는 화목제물(롬 3:24-25b) ··· 157
    4.3.3 종말에 계시된 하나님의 의(롬 3:25c-26a) ··· 160
    4.3.4 하나님의 의의 계시와 신자의 칭의
        (롬 3:26b-c) ··· 162
4.4 믿음의 의 획득의 전형: 아브라함(롬 4:1-25) ··· 164
    4.4.1 아브라함 의의 성격(롬 4:1-8) ··· 165
    4.4.2 아브라함 의 획득 시기(롬 4:9-23) ··· 166
    4.4.3 아브라함의 의와 신자의 의(롬 4:24-25) ··· 167
4.5 믿음에서 난 의의 본질(롬 5:1-8:39) ··· 170
    4.5.1 하나님과 화평과 교제(롬 5:1-21) ··· 171
    4.5.2 의를 향한 자유(롬 6:1-23) ··· 172
    4.5.3 율법으로부터 자유(롬 7:1-25) ··· 174
    4.5.4 그리스도 안에서 정죄가 없음(롬 8:1-39) ··· 175
4.6 하나님의 의의 승리(롬 9:1-11:31) ··· 179
    4.6.1 바울의 논증 구조와 주제 ··· 180
    4.6.2 바울의 논지 ··· 181
    4.6.3 모든 이스라엘(롬 11:25-26) ··· 185
4.7 하나님 의의 결과(롬 12:1-15:13) ··· 188
    4.7.1 신자의 참된 예배(롬 12:1-2) ··· 189
    4.7.2 통치 권세에 대한 태도(롬 13:1-7) ··· 195
    4.7.3 약한 자와 강한 자(롬 14:1-15:13) ··· 199

4장 고린도전서 ··· 206

1. 고린도전서의 저작 동기와 목적 ··· 206
  1.1 저작 동기 ··· 206
  1.2 저작 목적 ··· 209
2. 고린도전서 구조 및 개요 ··· 209
  2.1 고린도전서 구조 ··· 209
  2.2 고린도전서 개요 ··· 211

3. 고린도전서 내용 ─ 215
  3.1 감사(고전 1:4-9) ─ 215
  3.2 분쟁(고전 1:10-4:21) ─ 216
    3.2.1 고린도 교회의 상황 ─ 216
    3.2.2 바울이 전한 복음(고전 1:18-2:5) ─ 217
    3.2.3 바울이 전한 지혜(고전 2:6-16) ─ 218
    3.2.4 분쟁과 시기(고전 3:1-23) ─ 220
    3.2.5 분쟁과 교만(고전 4:1-21) ─ 221
  3.3 음행(고전 5:1-13; 6:12-20) ─ 225
  3.4 소송(고전 6:1-11) ─ 229
  3.5 결혼(고전 7:1-40) ─ 231
    3.5.1 배경 ─ 231
    3.5.2 원칙과 바람(고전 7:1-7) ─ 233
    3.5.3 구체적 사례(고전 7:8-40) ─ 233
    3.5.4 전제 ─ 237
  3.6 우상의 제물(고전 8:1-11:1) ─ 244
    3.6.1 우상 제물(고전 8:1-13) ─ 245
    3.6.2 바울의 사도권(고전 9:1-27) ─ 249
    3.6.3 이스라엘의 예(고전 10:1-13) ─ 252
    3.6.4 이방신전 예배를 피함(10:14-11:1) ─ 264
  3.7 공중 예배(고전 11:2-14:40) ─ 269
    3.7.1 "전통": 종말 공동체의 새로운 세계관과 체계 ─ 271
    3.7.2 두건(고전 11:2-16) ─ 274
    3.7.3. 애찬과 성찬(고전 11:17-34) ─ 278
    3.7.4 성령의 은사의 분배와 활용(고전 12:1-14:40) ─ 284
  3.8 부활(고전 15:1-58) ─ 294
    3.8.1 서론: 부활은 무엇인가?(고전 15:1-11) ─ 295
    3.8.2 논증(고전 15:12-57) ─ 299
    3.8.3 권면(고전 15:58) ─ 330
  3.9 연보(고전 16:1-4) ─ 332
    3.9.1 연보 프로젝트의 규모 ─ 333
    3.9.2 연보의 방법 ─ 333
    3.9.3 연보의 전달 ─ 334
    3.9.4 연보의 의미 ─ 335

5장 고린도후서 ··· 337

1. 고린도후서의 저작동기 및 목적, 배경 ··· 337
   1.1 고린도후서 이전 편지들 ··· 337
      1.1.1 "눈물의 편지" ··· 338
      1.1.2 "혹독한 편지" ··· 339
   1.2 디도와 고린도후서 ··· 340
   1.3 고린도후서 배경 ··· 341
      1.3.1 에베소에서 떠남 ··· 342
      1.3.2 마케도냐-아가야 여행과 연보 ··· 343
      1.3.3 바울의 대적자들 ··· 344
2. 고린도후서 구조 및 개요 ··· 346
   2.1 고린도후서 구조 ··· 346
   2.2 고린도후서 개요 ··· 348
3. 고린도후서 내용 ··· 352
   3.1 바울의 복음사역과 진실성(integrity: 고후 1:8-7:16) ··· 352
      3.1.1 바울의 에베소 사역 보도(고후 1:8-11) ··· 353
      3.1.2 바울의 여행계획변경 변증(고후 1:12-2:11) ··· 353
      3.1.3 바울의 드로아 및 마게도냐 사역 보도 (고후 2:12-13) ··· 355
      3.1.4 바울 복음 사역의 성격과 본질(고후 3:1-7:4) ··· 357
      3.1.5 디도의 도착(고후 7:5-16) ··· 368
   3.2 예루살렘 성도를 위한 연보(고후 8:1-9:15) ··· 370
      3.2.1 연보의 원리 ··· 370
      3.2.2 연보의 의미 ··· 373
      3.2.3 연보와 교회의 하나됨 ··· 375
   3.3 바울의 사도권 변호(고후 10:1-13:10) ··· 377
      3.3.1 대적자들의 주장과 바울의 입장(stance) ··· 378
      3.3.2 바울의 사도적 권위(고후 10:1-18) ··· 386
      3.3.3 "어리석은 자"의 변명(고후 11:1-12:13) ··· 390

6장 갈라디아서 ... 406

- 1. 갈라디아서 저작 동기와 목적 ...406
  - 1.1 갈라디아서 역사적 배경 ...406
  - 1.2 갈라디아서 배후의 논쟁 ...409
- 2. 갈라디아서 구조 및 개요 ...413
  - 2.1 갈라디아서 구조 ...413
  - 2.2 갈라디아서 개요 ...416
- 3. 갈라디아서 내용 ...419
  - 3.1 바울 복음의 진리성(갈 1:11-2:14) ...419
    - 3.1.1 바울 복음의 신적 기원(갈 1:11-12, 15-16) ...420
    - 3.1.2 바울 복음의 독립성(갈 1:13-24) ...424
    - 3.1.3 예루살렘 사도들의 인정(갈 2:1-10) ...424
    - 3.1.4 복음을 지키고 변호함(갈 2:11-14) ...425
  - 3.2 바울 복음의 요체(갈 2:15-21) ...426
    - 3.2.1 수사학적 양보 ...426
    - 3.2.2 유대주의자들의 '배교' ...428
    - 3.2.3 유대인과 이방인에게 동일한 출발점 ...429
  - 3.3 오직 믿음으로 획득하는 의(갈 3:1-4:31) ...432
    - 3.3.1 논란의 여지가 없는 경험으로부터 증명
      (갈 3:1-5) ...433
    - 3.3.2 성경으로부터 증명(갈 3:6-9) ...435
    - 3.3.3 믿음의 반대로부터 증명(갈 3:10-12) ...436
    - 3.3.4 율법의 저주를 대신 지신 사실로부터 증명
      (갈 3:13-14) ...437
    - 3.4.5 인간의 일반적 관습으로부터 증명
      (갈 3:15-18) ...438
    - 3.3.6 율법의 본질과 출현 목적, 역할로부터 증명
      (갈 3:19-4:7) ...440
    - 3.3.7 율법으로 돌아가면 맞게 되는 결과로부터 증명
      (갈 4:8-20) ...440
    - 3.3.8 율법 자체의 증언으로부터 증명(갈 4:21-31) ...441
  - 3.4 믿음에서 난 의의 실체(갈 5:1-6:13) ...442

7장 옥중서신 ··· 445

- 1. 내적 증거 ··· 446
  - 1.1 수감자 ··· 447
    - 1.1.1 에베소서 ··· 447
    - 1.1.2 빌립보서 ··· 448
    - 1.1.3 골로새서 ··· 450
    - 1.1.4 빌레몬서 ··· 450
  - 1.2 감옥 ··· 452
    - 1.2.1 가이사랴 ··· 452
    - 1.2.2 에베소 ··· 453
    - 1.2.3 로마 ··· 455
- 2. 외적 증거 ··· 456

8장 에베소서 ··· 458

- 1. 저자 및 수신자 ··· 458
  - 1.1 바울저작설에 대한 회의 ··· 458
    - 1.1.1 문체 ··· 458
    - 1.1.2 교리 ··· 459
  - 1.2 에베소에 대한 의심 ··· 461
    - 1.2.1 "에베소에…"가 없는 사본 ··· 461
    - 1.2.2 마르시온 '성경' ··· 463
    - 1.2.3 카이(καί) ··· 464
- 2. 에베소서 구조 및 개요 ··· 467
  - 2.1 에베소서 구조 ··· 467
  - 2.2 에베소서 개요 ··· 469
- 3. 에베소서 내용 ··· 471
  - 3.1 바울의 송영과 기도(엡 1:3-21) ··· 471
    - 3.1.1 바울의 송영(엡 1:3-14) ··· 471
    - 3.1.2 바울의 기도(엡 1:17-21) ··· 473
  - 3.2 교회의 영광(엡 1:22-23) ··· 477
    - 3.2.1 교회의 우주적 지위 ··· 478
    - 3.2.2 교회의 우주적 사역 ··· 482

3.3 복음의 신비(엡 2:1-3:21) ···486
   3.3.1 문학적 관찰 ···486
   3.3.2 종말론적 새 인류를 창조함(엡 2:11-22) ···488
   3.3.3 이방인이 공동상속자가 됨(엡 3:1-21) ···491
3.4 성도의 삶(엡 4:1-5:2) ···494
   3.4.1 종말론적 대원리 ···494
   3.4.2 가정과 사회에서 삶(엡 5:21-6:9) ···495
3.5 영적 전쟁(엡 6:10-20) ···504
   3.5.1 완전무장 ···504
   3.5.2 기도와 복음 전파(엡 6:18-20) ···509

9장 빌립보서 ···511

1. 바울과 빌립보 교회 ···512
  1.1 빌립보 교회의 태동 ···512
  1.2 빌립보 ···512
  1.3 복음 사역에 참여 ···514
2. 빌립보 교회의 상황 ···516
  2.1 구성원 ···516
    2.1.1 루디아 ···517
    2.1.2 귀신들린 여종 ···518
    2.1.3 간수 ···519
  2.2 대적자들 ···521
3. 빌립보서 구조와 개요 ···522
  3.1 장르 ···522
  3.2 구조 ···523
    3.2.1 고대연설 관점에서 ···524
    3.2.2 고대서신의 관점에서 ···526
  3.3 빌립보서 개요 ···530
4. 빌립보서 내용 ···533
  4.1 "이 마음을 품으라"(빌 2:5-11) ···533
    4.1.1 상황(빌 2:1-5) ···534
    4.1.2. 전제(빌 2:6-11) ···539
  4.2 "이것들을 생각하라"(빌 4:8) ···553

        4.2.1 하늘 시민권(빌 3:20) ... 554
        4.2.2 선과 덕을 추구함(빌 4:8) ... 556

10장 골로새서 ... 558

1. 골로새서 저작 동기와 배경 및 목적 ... 558
    1.1 골로새서 저작 동기 ... 558
    1.2 골로새서 배경 ... 560
        1.2.1 헬라 철학 ... 561
        1.2.2 유대주의 ... 561
        1.2.3 혼합된 전통 ... 563
    1.3 골로새서 저작 목적 ... 568
2. 골로새서 구조 및 개요 ... 569
    2.1 골로새서 구조 ... 569
    2.2 골로새서 개요 ... 572
3. 골로새서 내용 ... 575
    3.1 바울의 기도(골1:9-14) ... 575
    3.2 그리스도의 절대성(1:15-23) ... 575
        3.2.1 만물의 주권자(골 1:15-17) ... 578
        3.2.2 교회의 머리(골 1:18-20) ... 580
    3.3 그리스도를 통한 십자가 구속의 혜택(골 1:24-2:7) ... 582
    3.4 거짓 철학에 대한 경계와 복음에 입각한 반박
        (골 2:7-23) ... 583
        3.4.1 거짓 철학과 그 전파자들의 사기성과 반박
              (골 2:8-15) ... 583
        3.4.2 거짓 철학의 실체(골 2:16-19) ... 584
        3.4.3 거짓철학과 신자의 신분의 부조화
              (incongruity, 골 2:20-23) ... 584
    3.5 기도 명령과 부탁 ... 587

11장 데살로니가전서 ... 589

1. 데살로니가전서의 저작 배경과 목적 ... 589
    1.1 저작 배경 ... 590

1.1.1 "짧은 체류" ...590
   1.1.2 박해와 고난 ...596
   1.1.3 "나머지 사람들의 슬픔" ...598
  1.2 저작 목적 ...599
 2. 데살로니가전서 구조 및 개요 ...602
  2.1 데살로니가전서 구조 ...602
   2.1.1 고대편지 ...602
   2.1.2 고대연설 ...605
   2.1.3 바울서신으로서 데살로니가전서 ...609
  2.2 데살로니가전서 개요 ...611
 3. 데살로니가전서 내용 ...615
  3.1 종말론 ...615
   3.1.1 바울 복음의 종말론적 성격 ...615
   3.1.2 신약종말론의 의미 ...618
  3.2 파루시아 이전 죽은 자들에 관하여(살전 4:13-18) ...619
   3.2.1 "슬픔"의 이유에 대한 두 가지 이론 ...620
   3.2.2 나머지 사람들 ...626
   3.2.3 부활과 연합 ...629
   3.2.4 "이 말들"과 위로 ...636
  3.3 때와 시기(5:1-11) ...637
   3.3.1 성경적 종말론 제1원리 ...637
   3.3.2 바울의 권면 ...639

12장 데살로니가후서 ...642

 1. 데살로니가후서의 저작 배경과 목적 ...642
  1.1 저작 배경 ...642
   1.1.1 박해와 환란 ...642
   1.1.2 신학적 위협 ...643
   1.1.3 방종한 삶 ...645
  1.2 저작 목적 ...646
 2. 데살로니가후서 구조 및 개요 ...649
  2.1 데살로니가후서 구조 ...649

  2.1.1 고대편지 ··· 649
  2.1.2 고대연설 ··· 649
 2.2 데살로니가후서 개요 ··· 652
3. 데살로니가후서 내용 ··· 655
 3.1 파루시아에 대한 거짓 교훈(살후 2:1-17) ··· 655
  3.1.1 종말과 현재 상황 ··· 656
  3.1.2 "불법의 사람"(살후 2:3) ··· 657
  3.1.3 "막는 것"과 "막는 자"(살후 2:7) ··· 666
 3.2 사탄결박 ··· 673
  3.2.1 예수님의 공생애 ··· 673
  3.2.2 교회의 오늘 ··· 674
 3.3 종말 시대와 복음의 영광 ··· 677
  3.3.1 종말 시대 ··· 678
  3.3.2 복음의 영광 ··· 679
 3.4 파루시아의 공적 성격 ··· 680
 3.5 바울의 종말에 관한 종합적 이해 ··· 683

13장 목회서신 ··· 685

1. "목회서신"이란? ··· 685
2. 목회서신에 대한 공격 ··· 686
 1.1 '목회서신'? ··· 686
 1.2 위조문서 이론 ··· 688
3. 바울저작으로서 목회서신 ··· 690
 3.1 역사적 증거 ··· 690
  3.1.1 마르시온 정경목록 ··· 690
  3.1.2 테르툴리아누스의 증거 ··· 692
  3.1.3 무라토리 정경목록 ··· 694
 3.2 목회서신의 바울연대기적 위치 ··· 695
  3.2.1 목회서신과 사도행전의 불일치 ··· 695
  3.2.2 바울의 소순회여행 ··· 698
  3.2.3 세 번째 방문 ··· 706
4. 목회서신의 저작시기 ··· 707

14장 디모데전서 ... 713

1. 디모데전서 저작시기와 배경 ... 713
2. 디모데전서 구조 및 개요 ... 716
    2.1 디모데전서 구조 ... 716
    2.2 디모데전서 개요 ... 718
3. 디모데전서 내용 ... 721
    3.1 "경건의 비밀"(딤전 3:16) ... 721
        3.1.1 내러티브적 역할 ... 721
        3.1.2 경건의 비밀의 의미 ... 722
    3.2 다른 교훈을 경계함 ... 724
        3.2.1 신화와 족보 ... 724
        3.2.2 거짓 선생과 부자 ... 726
    3.3 교회를 섬기는 자들에 대한 지시(딤전 3:1-13; 5:3-6:2) ... 726
        3.3.1 교회 직분자: 감독, 장로 ... 등 ... 727
        3.3.2 거짓 교사들과 부자 ... 730

15장 디모데후서 ... 733

1. 바울의 상황 ... 733
    1.1 "갇힌 자"가 됨 ... 733
    1.2 모든 사람에게 버림당함 ... 738
    1.3 자신의 죽음이 임박함과 자신의 "경주"가 끝에 이른 것을 의식함 ... 738
2. 디모데후서 저작시기 ... 740
3. 디모데후서 구조 및 개요 ... 744
    2.1 디모데후서 구조 ... 744
    2.2 디모데후서 개요 ... 747
4. 디모데후서 내용 ... 750
    4.1 바울의 동역자관(딤후 1:3-2:13) ... 750
        4.1.1 바울과 디모데/디도의 관계 ... 750
        4.1.2 복음 사역자들의 독립성 ... 751
        4.1.3 복음 사역자의 연속성 ... 753

4.2. 디모데의 미래 사역을 위한 바울의 명령
　　　　　(딤후 2:14-4:8)　　　　　　　　　　　　　　…754

16장 디도서 …756

1. 디도　　　　　　　　　　　　　　　　　　…756
2. 디도서 저작시기　　　　　　　　　　　　　…758
3. 디도서 구조 및 개요　　　　　　　　　　　…760
　　3.1 디도서 구조　　　　　　　　　　　　　…760
　　3.2 디도서 개요　　　　　　　　　　　　　…763
4 디도서의 내용　　　　　　　　　　　　　　…766
　　4.1 "구원을 주시는 하나님의 은혜"(딛 2:11)　…766
　　4.2 다른 교훈을 경계함(1:10-16; 3:9-11)　　…767
　　4.3 교회 삶에 대한 지시(딛 2:1-10; 3:1-8)　…768
　　　　4.3.1 감독과 장로(1:7-8)　　　　　　　…768
　　　　4.3.2 각 연령별 남자, 여자, 종들(딛 2:1-10) …770

17장 빌레몬서 …774

1. 빌레몬서의 저작동기와 목적　　　　　　　　…775
　　1.1 오네시모　　　　　　　　　　　　　　…775
　　1.2 빌레몬과 아킵보　　　　　　　　　　　…776
　　1.3 오네시모 손에 보낸 편지　　　　　　　…778
2. 빌레몬서의 저작시기　　　　　　　　　　　…779
3. 빌레몬서 구조 및 개요　　　　　　　　　　…781
　　3.1 구조　　　　　　　　　　　　　　　　…781
　　3.2 빌레몬서 개요　　　　　　　　　　　　…783
4. 빌레몬서의 내용　　　　　　　　　　　　　…785
　　4.1 노예제도　　　　　　　　　　　　　　…785
　　4.2 복음의 가치　　　　　　　　　　　　　…787
　　4.3 성도에 대한 존경　　　　　　　　　　…788

참고문헌

- **1. 일차문헌** ··· 790
  - 1.1 텍스트 ··· 790
  - 1.2 요세푸스 ··· 790
  - 1.3 그리스-로마 문헌 ··· 790
  - 1.4 유대주의 문헌 ··· 791
  - 1.5 교부 ··· 791
- **2. 보조자료** ··· 792
  - 2.1 사전 ··· 792
  - 2.2 문법 및 구문론 ··· 792
- **3. 논문, 주석, 연구서** ··· 793

제1부
바울서신 개관

신약은 2,000년 전 특정 시간대에 출현한 역사적, 문학적, 신학적인 글이다. 이 글은 예수 그리스도 안에서 최종적으로 드러난 하나님의 말씀 곧 계시를 담고 있는데, 이 계시를 전하기 위해 다양한 문학적 양식을 사용한다.

신약에는 크게 네 가지 장르가 있다. 내러티브, 시, 서신, 묵시이다. 복음서와 사도행전은 내러티브, 로마서 1:1-3, 디모데전서 3:16 등은 시, 바울서신과 공동서신은 서신, 요한계시록은 묵시이다. 하지만 본문의 문학 양식의 경계가 명확하지 않을 때가 많다. 내러티브 본문 속에 서신(행 23:26)이나 묵시(마 24장; 막 13장; 눅 17, 21장 등)가 있기도 하고, 묵시 본문 속에 서신이 들어오기도 한다(cf. 계 2-3장). 이 네 가지 중에서 바울 서신은 모두 "서신"이라는 장르에 속한다고 볼 수 있다.

바울서신은 일찍부터 한 권의 책(*corpus Paulinum*)으로 묶여 초대교회 예배 때 낭독 강설 되었다.[1] 바울서신이 출현하기 전 초대교회는 매주 구약성경을 읽었는데(cf. 행 13:15; 15:21), 바울서신과 복음서가 출현하면서 이 읽기 속에 바울서신과 사복음서가 들어오게 되었고(cf. 계 1:3; 행 2:42), 차지하는 비중도 점점 커졌다. 바울서신은 아주 초기부터 정경의 지위를 획득했다. 바울은 초대교회 성도들의 마음에 가장 먼저 떠오르는 "사도"였다. 그래서 교부들은 이미 AD 200 년경부터 바울을 "축복받은 사도"라고 불렀다.[2] 여기서 질문이 생긴다.

1. 바울은 누구이며, 어떻게 이해해야 하는가?
2. 바울이 쓴 글은 어떤 장르에 속하며, 어떻게 읽어야 하는가?

이제 이 두 질문에 대해 다음 두 장에서 살펴보자. 첫 번째 질문에 대하여 많은 답이 있었고, 이 대답들 중 어떤 것은 바울이 한 말에서 얻은 것도 있다. 하지만 바울이 쓰는 말의 진의를 당시 사회-문화적인 개념으로 해석할 수 있는지 반문할 수 있다. 만일 바울이 쓰는 자기 칭호가 당시 일반적으로 통용되는 의미가 아니라면, 이 자기 칭호는 바울의 자기인식 중 어떤 측면을 드러내는가? 이 점을 제1장에서 다룰 것이다.

두 번째 질문은 이미 답이 있는 것처럼 보인다. 하지만 지난 세기 말 바울서신이 고대의 서신 전통 속에 속한 글모음이라고 볼 수 있는가 하는 질문이 있었다. 만일 바울서신이 채택한 문학 양식이 당시 일반적으로 인식되던 장르로만 볼 수 없다면, 이 '독특한 장르'는 바울서신의 특성 중 어떤 새로운 면을 드러내는가? 이 점에 대해 제2장에서 다룰

---

[1] Th. Zahh, *Geschichte des neutestamentlichen Kanons, I/1: Das Neue Tesament vor Origenes* (Erlangen: Deichert, 1888), 263–265.

[2] Irenaeus, *Haer.* 4.41.4.

것이다.

1장에서는 주로 바울서신의 신학적인 측면을 밝히려고 할 것이고, 2장에서는 바울서신의 문학적이고 역사적인 측면에 집중할 것이다.

1장

바울

바울은 누구인가? 이 질문에 대하여 현대인 및 현대 신학자들은 다양하게 대답한다. 목회자, 선교사,[3] 신학자,[4] 사상가,[5] 서신 문학가,[6] 순교자[7] 등이다. 이러한 묘사는 바울의 신분에 관한 일면을 소개하고 있다.

---

[3] E. J. Schnabel, *Paul the Missionary: Realities, Strategies and Methods* (Downers Grove: IVP Academic , 2008); L. J. Lietaert Peerbolte, *Paul the Missionary* (Leuven [et. al] : Peeters , 2003).

[4] J. M. Dunn, *The Theology of Paul the Apostles* (Grand Rapids/Cambridge: Eerdmans, 1998), 2-3 [40]: "바울은 걸출하다는 의미에서도 '첫째'가는 기독교 신학자였다. 그는 기독교 형성과 신학에서 그 이후의 다른 어느 시대보다 더 창조적이고 더 결정적인 시대에 속한 사람이었다. 그리고 그 세대 내에서도 바울이야말로 다른 어느 누구보다도 예수에게서 시작된 그 새로운 운동이 진정으로 국제적이고 지적으로 일관성 있는 종교가 되도록 기초를 마련한 인물이었다." 던은 여기서 옛 신학자들이 바울을 "기독교의 두 번째 창시자"로 불렀다는 것을 인용한다; W. Wrede, *Paulus* (Tübingen: Mohr, 1907), 104: "Aus all dem folgt nun durchaus, daß Paulus als der zweite Stifter des Christentums zu betrachten ist"; cf. 47-51.

[5] P. Feine, *Paulus als Theologe* (Berlin-Lichterfelde: Runge, 1906); B. H. Young, *Paul the Jewish theologian: A Pharisee among Christians, Jews and Gentiles* (Peabody: Hendrickson, 2005).

[6] M. Prior, *Paul the Letter-Writer and the Second Letter to Timothy*, JSNT.S 23 (Sheffield: Sheffield Academic Press, 1989); J. Murphy-O'Cornor, *Paul the Letter-Writer: His World, His Options, His Skills* (Collegeville: Liturgical Press, 1995); J. A. D. Weima, *Paul the Ancient Letter Writer: An Introduction to Epistolary Analysis* (Grand Rapids: Baker Academic, 2016).

[7] Cf. *1 Clem.* 6:1.

현대에는 주로 바울을 "신학자"로 생각하려는 경향이 있고, "바울신학"이라는 책과 강의도 어느 정도 이것을 전제한다. 바울을 "신학자"로 묘사한다는 것은 무엇을 뜻하는가? 여러 가지 의미일 수 있지만, 바울을 신학자로 규정한다면, 그의 사상이 표현된 문장이나 글이 옳은지 그른지, 일관성이 있는지 없는지, 진리에 가까운지 아닌지, 독자 또는 연구자가 검사, 확인, 평가해 볼 수 있다는 말이다. 그래서 현대에는 독자의 평가에 따라 바울서신 중 어떤 것은 사도 바울의 저작이 되기도 하고 되지 않기도 한다. 시대 정신에 따라 어떤 구절이 포함된 책은 바울 저작이라고 의심없이 받아들이는 반면, 그 구절 자체는 후대에 삽입한 것이라고 주장하기도 한다.[8] 따라서 바울이 누구인가에 대하여 어떻게 이해하느냐에 따라 본문결정부터 본문해석까지 광범하게 영향을 미칠 수 있다.

그렇다면 이 질문에 대한 답을 어떻게 찾을 수 있는가? 세 방향에서 해답을 찾아볼 수 있다. 첫째는 다른 사람이 바울을 어떻게 묘사했는지 관찰하는 것이다. 둘째는 바울이 자신을 누구라고 인식하고 있는지 살펴보는 것이다. 셋째는 바울의 자기 칭호와 바울서신 본말을 비교하는 것이다.

바울에 대한 이 외부의 시각과 바울 자신의 내적 의식을 통해 바울의 신분과 중심 직무를 알 수 있을 것이다. 특별히 이번 장에서는 바울의 자기 칭호 중 "예수 그리스도의 종"이라는 칭호의 의미를 밝히는데 집중하도록 하겠다.

---

[8] 대표적인 예로 고린도전서 11:6; 14:33-35 등을 들 수 있다.

1. 바울에 대한 외적 시각

바울에 대한 외적 시각은 성경 외 자료와 성경 내 자료로 나누어 찾아볼 수 있다. 우선 성경 외적 자료를 살펴보자.

1.1 성경 외적 자료의 시각

성경 외적 자료 중에 바울의 외적 모습을 기록한 문서는 많지 않다. 하지만 초대교회 문헌 중 『클레멘트 서신』에서 사도 바울에 대한 약간의 묘사를 찾을 수 있다:

> 시기와 다툼 때문에, 바울은 인내의 싸움을 해야 했다.[9] [6]그는 일곱 번 쇠사슬에 매였고, 쫓겨났으며, 돌에 맞았으며, 동방과 서방에서 사절(κήρυξ)로서 그의 믿음에 대한 진정한 명성을 얻었다. [7]그는 온 세상에 의를 가르쳤고, 서쪽 경계까지 이르렀으며, 통치자들 앞에 증거하고 이렇게 세상으로부터 해방되어 거룩한 장소로 받아들여졌는데, 인내의 큰 모델(ὑπομονῆς μέγιστος ὑπογραμμός)이 되었다.[10]

클레멘트는 바울을 베드로와 함께 시기와 다툼의 파도 속에서 인내한 인물로 소개한다. 바울은 인내의 모범으로서 사도 베드로뿐만 아니라 다른 순교자들과 나란히 서 있다.[11]

---

9   직역하면, "보여주었다"(ὑπέδειξεν)이다.

10   *1 Clem.* 5:5-7; J. A. Fischer, *Die Apostolische Väter* (Darmstadt: Wissenschaftliche Buchgesellschaft, 1958), 31-33.

11   Cf. *1 Clem.* 6:1-4.

또 다른 텍스트는 외경 『바울과 테클라의 행전』에서 찾아볼 수 있다:

> 그[오네시포루스]는 바울이 오는 것을 보았다. 바울은 키가 작고, 대머리에, 굽은 다리에, 건장한 풍채에, 맞닿은 눈썹에, 약간 굽은 코에 은혜가 충만한 사람이었다. 그런데 어떤 때는 인간과 같이 보이고, 어떤 때는 천사의 얼굴을 가졌다.[12]

본문은 바울의 외모를 소개하고 있다. 바울의 키, 머리모양, 다리, 풍채, 눈썹, 코 등을 묘사하고, "때로 사람처럼 나타나고, 때로는 천사의 얼굴을 가졌다"라고 설명한다.

이 문헌들의 기본적인 서술 방향은 영웅시 또는 미화라는 것을 알 수 있다. 바울이 세계적인 전도자(κήρυξ, "사절")였다고 말하는가 하면,[13] 그의 외모를 묘사하는 흐름이 상승하여 그에게 인간 이상의 면모가 있었다고 말하기 때문이다.[14] 이런 문헌에서 바울의 자기 인식에 관한 내용은 거의 찾아볼 수 없다. 이 사실은 성경 내적 자료에 관심을 갖게 한다.

성경 내적 자료로서 바울 자신의 자기 주장을 살펴보기 앞서 바울 외 성경기자의 시각을 살펴보자.

---

12   *Acts Paul Thec.* 3; R. A. Lipsius, *Acta Apostolorom Apocrypha* I (Darmstadt: Wissenschaftliche Buchgesellschaft, 1959), 237: εἶδεν δὲ τὸν Παῦλον ἐρχόμενον, ἄνδρα μικρὸν τῷ μεγέθει, ψιλὸν τῇ κεφαλῇ, ἀγκύλον ταῖς κνήμαις, εὐεκτικόν, σύνοφρυν, μικρῶς ἐπίρρι[x]νον, χάριτος πλήρη· τοτὲ μὲν γὰρ ἐφαίνετο ὡς ἄνθρωπος, ποτὲ δὲ ἀγγέλου πρόσωπον εἶχεν. 번역: 필자.

13   *1 Clem.* 5:6; cf. 딤후 1:11.

14   *Acts Paul Thec.* 3.

1.2 성경 내적 자료의 시각

사도행전에서 바울에 대한 누가, 아나니아, 부활하신 주님의 시각을 동시에 확인할 수 있다. 누가는 바울이 회심한 이야기를 사도행전에서 세 번에 걸쳐 기록하고 있다(행 9:3-18, 22:6-16, 26:9-23). 이 중 바울의 신분과 관련된 부분만 살펴보면 다음과 같다.

> **행 9:15** 이 사람은 내 이름을 이방인과 임금들과 이스라엘 자손들에게 전하기 위하여 택한 나의 택한 그릇(σκεῦος ἐκλογῆς ἐστίν μοι οὗτος)이라.

여기서 부활하신 예수님은 바울을 "선택의 그릇"[15] 곧 "선택된 그릇"이라고 말한다.

이후 바울은 예루살렘에서 자신을 죽이려고 하는 군중들에게 이 사건을 보도하는데, 이 보도에서 아나니아의 말을 전한다. 아나니아는 "선택의 그릇"이 등장하는 자리에 "하나님이 미리 정하셨다"(행 22:14; προεχειρίσατο; cf. 행 3:20)는 설명이 오게 한다.[16]

또 바울은 아그립바 왕 및 총독 베스도 앞에서 행한 연설에서 부활하신 주님의 말씀을 증거한다. 바울에 따르면, 부활하신 주님은 바울이 "이미 본 것"과 주님이 "앞으로 보여줄 것"에 대한 "수종자요 증인으로 임명한" 것으로 표현하셨다(행 26:16).

바울과 아나니아의 증언, 부활하신 예수님의 말씀에서 "선택의 그릇," "하나님의 미리 정하심," 현재와 미래에 보여줄 계시에 대한 "수종

---

15 이것은 히브리적 소유격(gen. heb.)으로 볼 수 있다. 로마서 9:22에서 "진노의 그릇"(σκεύη ὀργῆς)이나 로마서 9:23에서 "긍휼의 그릇"(σκεύη ἐλέους)과 비교할 수 있다.

16 칠십인역에서 "미리 정하다"(προχειρίζω)는 말은 히브리어 "보내다"(שָׁלַח; 출 4:13)나 "취하다"(לָקַח; 수 3:12)는 말의 번역이다.

자요 증인으로 임명된 것"은 개념상 평행이다. 따라서 하나가 다른 것을 해석해 준다. 이 때 "선택의 그릇"은 열두 사도들에게는 적용된 적이 없는 칭호이다. 여기서 사도행전 26:16-18을 좀 더 자세히 살펴볼 필요가 있다. 왜냐하면 여기에는 이사야 42:6-16이 반영되어 있기 때문이다:

사 42:6-7, 16	눅 7:22 (cf. 마 11:4-5)	행 26:16-18
나 여호와가 의로 너를 불렀은즉 내가 네 손을 잡아 너를 보호하며 너를 세워 백성의 언약과 이방의 빛이 되게 하리니, 7 네[여호와의 종]가 네가 눈먼 자들의 눈을 밝히며 갇힌 자를 감옥에서 이끌어 내며 흑암에 앉은 자를 감방에서 나오게 하리라 16 내가 맹인들을 그들이 알지 못하는 길로 이끌며 그들이 알지 못하는 지름길로 인도하며 암흑이 그 앞에서 광명이 되게 하며 굽은 데를 곧게 할 것이라 내가 이 일을 행하여 그들을 버리지 아니하리라.	예수께서 대답하여 이르시되 너희가 가서 보고 들은 것을 요한에게 알리되, 맹인이 보며 못 걷는 사람이 걸으며 나병환자가 깨끗함을 받으며 귀먹은 사람이 들으며 죽은 자가 살아나며 가난한 자에게 복음이 전파된다 하라.	주께서 이르시되, ... 일어나 너의 발로 서라! 내가 네게 나타난 것은 곧 네가 나를 본 일과 장차 내가 네게 나타날 일에 너로 종과 증인을 삼으려 함이니, 17 이스라엘과 이방인들에게서 내가 너를 구원하여 그들에게 보내어, 18 그 눈을 뜨게 하여 어둠에서 빛으로, 사탄의 권세에서 하나님께로 돌아오게 하고 죄 사함과 나를 믿어 거룩하게 된 무리 가운데서 기업을 얻게 하리라.

누가복음 7:22과 마태복음 11:4-5에서 예수님은 이사야 42:6-16을 자신에게 적용하였는데, 사도행전 26:16-18에서 부활하신 예수님은 이사야의 예언을 바울에게 적용하고 있는 것이다. 나아가 이사야

42:13에 따르면, 맹인들을 이끌어 그들이 알지 못하는 길로 인도하며, 흑암을 광명이 되게 하시는 이는 바로 "여호와"시다. 그렇다면 예수님은 지상 생애 시 신적 영광을 자신에게 적용하였고, 부활하신 후에 자신이 택하신 그릇의 역할에 구약에서 예언한 여호와의 종의 역할을 적용했다는 말이 된다. 이것은 실로 엄청난 일이 아닐 수 없다.

지금까지 성경 외적 자료와 성경 내적 자료에 나타난 바울에 대한 시각을 살펴보았다. 이 두 자료에서 바울에 대한 시각은 근본적인 대조를 이룬다. 바울의 자기의식은 성경 외적 자료에 나타나지 않는다. 달리 표현하면, 사도 교부들의 글이나 바울에 관한 행전(외경)들은 바울이 가졌던 복음사역자로서 자기의식을 담지하는데 무력하다.

반면, 성경 내적 자료는 바울의 외모, 미화, 영웅화에는 무력하나 바울의 신분과 직무를 표현하는데 적극적이다. 이 내적 자료는 바울이 부활하신 주님의 "택한 그릇"이요, "하나님이 정하신 자"라고 말한다. 나아가 내적 자료는 바울에게 바울 스스로 주장할 수 없는 그런 높은 직무를 부여하고 있다. 여기서 바울은 "이스라엘과 이방인들에게 빛을 전할 자"(사 42:16; 행 26:16-18)로 나타난다. 즉 구약에서 여호와의 종에게 적용되었던 임무가 그의 일로 묘사된 것이다(cf. 행 26:16-18).

이 심각한 불균형은 바울 한 개인에 대한 이해의 차이라기보다는 근본적으로 복음 역사에 대한 이해의 차이이다.

여기서 질문이 생긴다. 그러면 어떻게 이것이 가능한가? 이 질문은 과연 바울이 자신과 자신의 직무에 대하여 어떤 의식을 가졌는가 하는 질문과 깊은 관련이 있다. 그러므로 이제 바울이 그의 서신에서 스스로를 어떻게 소개하는지 귀를 기울여 보자.

2. 바울의 자기인식

바울서신을 관찰할 때, 바울이 자기를 소개하는 칭호들이 집중적으로 나타나는 곳은 각 서신 서두이다. 여기서 바울은 자신을 "사도," "종" 등으로 소개하고 있다. 이 칭호들은 바울의 자기인식과 소명의식에 관하여 어떤 것을 말해 주는가?

2.1 바울서신 서두에 나타난 바울의 자기 칭호

바울서신	발신자				공동발신자
	바울	종	갇힌 자	사도	
1. 롬	바울	그리스도 예수의 종(δοῦλος)		사도	- - -
2. 고전	바울			사도	소스데네
3. 고후	바울			사도	디모데
4. 갈	바울			사도	바울과 함께 있는 모든 형제들
5. 엡	바울			사도	- - -
6. 빌	바울	그리스도 예수의 종들(δοῦλοι)		- - -	디모데
7. 골	바울			사도	디모데
8. 살전	바울			[사도들]17	실루아노, 디모데
9. 살후	바울				실루아노, 디모데
10. 딤전	바울			사도	- - -
11. 딤후	바울			사도	- - -
12. 딛	바울	하나님의 종		예수 그리스도 사도	- - -

---

17 데살로니가전서에는 편지의 서두에 칭호가 등장하지 않는다. 단지 발신인으로 "바울과 실루아노와 디모데" 세 사람의 이름만 언급되어 있다. 그런데 편지 몸체에 칭호에 해당하는 어구가 등장한다. 데살로니가전서 2:7을 참조하라.

13. 몬	바울		그리스도 예수의 갇힌 자(δέσμιος)[18]	디모데

여기서 바울이 자기 자신을 소개한 공식적인 세 문구를 발견할 수 있다. 첫째는 "그리스도 예수의 종" 또는 "하나님의 종"이고, 둘째는 "부름받은 사도"[19]이며, 셋째는 "예수 그리스도의 갇힌 자"이다.

가장 먼저 눈에 띄는 것은 바울은 대부분 두 번째 문구("사도")로 자신을 표현한다는 점이다. 그 다음으로 많이 등장하는 칭호는 "종"이다. 많은 경우 이 두 문구 중 하나만 사용하는 것을 관찰할 수 있다. 다시 말해서, 어떤 때는 "부름받은 사도"란 표현만 나오고(고전, 고후, 갈, 엡, 골, 딤전, 딤후), 어떤 때는 "그리스도 예수의 종"이란 문구만 등장한다(빌).

다음으로 "그리스도 예수 또는 하나님의 종"과 "부름받은 사도"를 모두 사용하는 경우도 있다(롬, 딛).

또한 이 두 문구가 아닌 "예수 그리스도의 갇힌 자"가 발견되기도 한다(몬).

마지막으로 이 두 경우와 전혀 다르게 세 문구 중 어떤 것도 나타나지 않는 경우도 있다(살전, 살후).

지금까지 관찰에서 다음과 같이 잠정적인 결론을 끌어낼 수 있다. "그리스도 예수의 종" 또는 "하나님의 종"과 "예수 그리스도의 갇힌 자"

18　Cf. 몬 1:10: παρακαλῶ σε περὶ τοῦ ἐμοῦ τέκνου, ὃν ἐγέννησα ἐν τοῖς δεσμοῖς, Ὀνήσιμον; 1:9: δέσμιος Χριστοῦ Ἰησοῦ; 엡 3:1: ὁ δέσμιος τοῦ Χριστοῦ Ἰησοῦ ὑπὲρ ὑμῶν τῶν ἐθνῶν; ἐγὼ ὁ δέσμιος ἐν κυρίῳ; 4:1 … ἐγὼ ὁ δέσμιος ἐν κυρίῳ…

19　디도서 1:1에는 "부름 받은"이 아닌 "그리스도 예수의"라는 수식어가 "사도"와 결합되어 나타난다.

는 바울의 자기의식을 표현한다고 볼 수 있고, "부름받은 사도"는 그의 직무 또는 소명의식을 대변한다고 볼 수 있다. 왜냐하면 "종 또는 갇힌 자"는 그리스도와 하나님과 관계에 중점을 둔 것이라면, "사도"라는 칭호는 그에게 맡겨진 임무를 더 강조하는 것으로 보이기 때문이다.

그렇다면 이 칭호들은 각각 바울의 자기의식의 지도에서 어떤 부분을 담당하고 있는가? 통계적으로 볼 때, 바울이 가장 자주 쓰는 표현은 "사도"이다. "종"이라는 개념과 "갇힌 자"는 상대적으로 적게 쓰인다. 나아가 바울이 발신인의 이름("바울")만 언급하고 칭호를 언급하지 않는 서신에서도 그는 자신을 "사도"로 인식하고 있다(cf. 살전 5:27; 살후 3:6, 17; cf. 골 4:16, 18). 그러면 "예수 그리스도의 사도"라는 의식이 더 본질적이라는 것을 의미하는가, 아니면 어떤 서신에는 "사도"란 칭호만 등장하고, 어떤 서신에는 "종"이란 칭호만 등장하므로, 이 둘 중 하나만으로 바울은 자기 자신에 대한 의식과 자신의 직무 및 소명의식을 표현한다고 볼 수 있는가? 이 질문에 답하기 위해서는 바울 서신 서두를 자세히 주해할 필요가 있다. 여기서는 로마서 서두에 나오는 한 표현, 즉 "그리스도 예수의 종"에 초점을 맞춰보도록 하겠다. 왜냐하면 바울은 자신의 13 서신 중에서 어느 곳보다 로마서에서 자신을 더 의식적으로 소개해야 했기 때문이다.

2.2 "그리스도 예수의 종" (롬 1:1b)

로마서 서두 첫 부분은 다음과 같다.

> **롬 1:1-2** 예수 그리스도의 종 바울은 사도로 부르심을 받아 하나님의 복음을 위하여 택정함을 입었으니, ² 이 복음은 하나님이 선지자들을 통하여 그의 아들에 관하여 성경에 미리 약속하신 것이라.

이 문장에는 평범하게 보이는 전문용어들이 모여 있다. 먼저 "종"(δοῦλος)이고, 다음으로 "부름받은"(κλητός)이고, 마지막으로 "구별된"(ἀφωρισμένος)이다.

그러면 이 구절에서 "예수 그리스도의 종"이란 말은 무엇을 의미하는가? 많은 주석가들과 설교가들이 여기서 "종"(δοῦλος)을 사회신분적이고 윤리적 의미로 해석한다. 그리고 이에 따라 바울의 신분과 자기인식을 해설한다. 전형적인 예를 마이클 고먼(Michael J. Gorman)의 글에서 찾을 수 있다:

> 그러나 동시에 바울은 자신을 주님의 종 또는 노예(δοῦλος)로 보았다. 순종함으로 자기 주님의 백성과 일을 기꺼이 떠맡은 청지기로 본 것이다. 바울은 '예수 그리스도의 종이요 사도로 부르심을 받은 자'였다. […] 종(또는 노예)과 주(주인)라는 말은 자신을 기꺼이 그리스도께 드리고 그 그리스도를 통하여 자신을 다시 하나님께 드렸던 바울의 순종을 의미했다.[20]

그러나 이것은 가능성 있는 해석의 하나일 뿐 실제로 바울이 자신을 이렇게 생각했는지 알 수 없다. 나아가 사회신분적-윤리적 개념은 시대와 문화권에 따라 달라진다. 이 표현의 의미와 이 표현을 통해 드러나는 바울의 의식을 객관적으로 밝히기 위해서는 우선 로마서에 나오는 "종"(δοῦλος)에 대한 용법을 살펴볼 필요가 있다. 이는 다시 두 방향으로 추적할 수 있다. 먼저는 로마서 내에서 그 의미를 추적하는 것이고, 다

---

[20] M. J. Gorman, *Cruciformity: Paul's Narrative Spirituality of the Cross* (Grand Rapids: Eerdmans, 2001), 29 [=『삶으로 담아내는 십자가: 십자가 신학과 영성』, 박규태 옮김(서울: 새물결플러스, 2010), 59-60].

음으로는 로마서 밖에서 "종"의 의미를 조사하는 것이다.

2.2.1 로마서 내에서 "종"의 개념

로마서 내에서 "종"(δοῦλος)이라는 단어는 로마서 1:1과 로마서 6:16, 17, 20에만 나타난다. 로마서 6장에서 바울은 말한다.

> **롬 6:16-20** 너희 자신을 종으로 내주어 누구에게 순종하든지 그 순종함을 받는 자의 종이 되는 줄을 너희가 알지 못하느냐 혹은 죄의 종으로 사망에 이르고 혹은 순종의 종으로 의에 이르느니라. […] ²⁰ 너희가 죄의 종이 되었을 때에는 의에 대하여 자유로웠느니라.

여기서 바울은 자신을 종으로 내주어 누구의 수하에 두느냐에 따라 그 순종하는 대상에게 종이 된다고 한다. 그러면서 두 개의 대립개념이 나타나는데, "종"(δοῦλοι)과 "죄"(ἁμαρτία)와 그 반대편에 있는 "자유자"(ἐλεύθεροι)와 "의"(δικαιοσύνη)이다. 만일 죄의 종이면 의에 대하여는 자유자요, 의의 종이면 죄에 대하여 자유자가 된다. 이 개념을 로마서 1:1에 적용하면, 바울은 '나는 그리스도의 종이므로 세상에 대하여 자유자다'라는 뜻으로 말하였다고 생각할 수 있다(cf. 갈 6:14).

앞에서 짧게 로마서 안에서 "종"의 개념을 살펴보았다. 그러면 이제 로마서 밖에서는 어떤 의미로 쓰이는지 살펴볼 차례이다.

2.2.2 로마서 밖에서 "종"의 개념

로마서 밖에서는 "종"에 대하여 다음 네 가지 범주로 나뉜다는 것을 발

견할 수 있다:

1. 자유자의 반대 개념
2. 아들의 반대 개념
3. 신성과 대비된 인성 개념
4. 윤리적 신앙적 의미

첫째, 자유자(ἐλεύθερος)의 반대 개념으로서 "종"의 개념은 다시 두 부류로 나눌 수 있다. 먼저 신학적이고 영적인 의미로서의 "자유자"에 반대되는 종이 있는데, 이것은 앞의 로마서 6:16, 20에서 이미 살펴보았다.

나아가 사회 신분적 의미에서 "자유자"의 반대편에 서 있는 "종"의 의미가 있다. 이것은 당시 사회 신분 체계상 하나에 속하는 신분을 가리킨다. 이 종은 자유자와 구별되고, 이 구별은 유대인-헬라인, 남자와 여자와 더불어, 당시 인류 사이에 존재하던 근본적인 분류 방법 중 하나였다(갈 3:28; 골 3:11). 이런 의미에서 바울은 그리스도인으로 부름 받기 전에 신분이 "종"인 경우를 언급한다(고전 7:21, 22; 몬 1:16).

둘째, "아들" 또는 "상속자"의 반대 개념으로서 "종"의 개념이 있다. 바울은 시대의 성숙이 이르기 전후에 신자의 상태를 이 개념으로 설명했다. "유업을 이을 자가 모든 것의 주인이나 어렸을 동안에는 종과 다름이 없어서(οὐδὲν διαφέρει δούλου)[21] … 그러므로 네가 이 후로는 종이 아니요 아들(υἱός)이니 아들이면 하나님으로 말미암아 유업을 이을 자(κληρονόμος)니라"(갈 4:1, 7). 여기서는 로마서와 다른 종의 개념이 나온다. "종"은 "아들"과 반대 개념이며, 나아가 "상속자"와 반대 위치에 있다.

셋째, 바울은 이 "종"이라는 말을 존재론적으로 무한한 차이가 나는 두 존재 중 하위 존재를 나타낼 때도 사용하였다. 이런 용례를 빌립보

---

21 여기서 둘루(δούλου)는 비교의 소유격(*genitivus comparationis*)이다.

서 2장에 나오는 그리스도 찬송시에서 찾을 수 있다.

빌 2:6-7 그는 근본 하나님의 본체(μορφὴ θεοῦ)시나 하나님과 동등됨을 취할 것으로 여기지 아니하시고 ⁷ 오히려 자기를 비워 종의 형체(μορφὴ δούλου)를 가지사 사람들과 같이 되셨느니라.

여기서 "종"이란 자유자든 노예든, 남자든 여자든, 유대인이든 비유대인이든, 로마인이든 비로마인이든, 문명인이든 야만인이든 상관없이 모든 인간에게 해당한다. 인간이 피조물로서 창조주 앞에 서면 존재와 위엄에 있어 "종"의 처지인 것을 가리킨다.

마지막으로 신이나 인간과의 관계에서 "종"의 개념이 있다. 이것은 앞에서 사회신분적 의미에서 "종"의 개념이 전이된 것이다. 여기에는 두 가지 경우가 있다. 먼저 하나님 또는 그리스도와의 관계에서 종인 경우이다. 바울은 골로새서에서 에바브라를 소개하면서 그를 "우리와 함께 종 된 자"(συνδοῦλος ἡμῶν; 골 1:7a)요 "그리스도 예수의 종"(δοῦλος Χριστοῦ Ἰησοῦ; 골 4:12)이라고 말한다. 그는 인종적으로는 헬라인이요, 사회신분적으로는 자유인이다. 그럼에도 그리스도의 복음을 위해 일하는 사람이라는 점에서 다른 바울 동역자들과 함께 "종"이며, 그리스도와 관계에서 "종"이다. 따라서 바울은 에바브라를 "너희를 위한 신실한 그리스도의 일꾼"(ὁ πιστὸς ὑπὲρ ὑμῶν διάκονος τοῦ Χριστοῦ; 골 1:7b)[22]이라고 말한다. 바울은 디모데에게도 이 칭호를 적용했다(딤후 2:24: "주의 종"). 다음으로 인간과의 관계에서 "종"인 경우이다. 이것은 고린도전서에서 발견할 수 있다: "너희는 값으로 사신 것이니 사람들의 종들(δοῦλοι

---

22 디아코노스(διάκονος)는 디모데전서 3:8, 12 등에서는 "집사"를 가리키는 말이다. 하지만 이 말은 현대의 교회 직분을 가리키는 것보다 훨씬 광범위하게 사용되었다. 예를 들어, 바울(골 1:23, 25)과 같은 사도, 디모데(딤전 4:6), 두기고(골 4:7), 에바브라(골 1:7b) 등 사도 바울의 동역자들을 가리키기도 했다.

ἀνθρώπων)이 되지 말라!"(고전 7:23).

지금까지 로마서와 다른 바울서신에 나타난 다양한 "종" 개념을 살펴보았다. 로마서와 다른 바울서신의 서두에서 바울이 "그리스도 예수의 종"이라는 표현을 사용했을 때, 이 네 가지 범주는 어떤 점에서 서로 겹치는 부분이 있을 수 있다. 그러나 이 네 가지 범주의 의미를 바울의 표현에 그대로 적용한다면, 두 가지 오류가 발생한다.

첫째는 전제의 오류이다. 즉 바울이 자신을 "그리스도 예수의 종"이라고 부를 때, 바울은 일반적인 의미의 종의 개념을 사용했고, 이는 바울뿐만 아니라 모든 신자에게 적용될 수 있다는 전제이다. 이것은 전제의 오류다. 이 전제에서 출발해 이 문구를 해석하는 사람들은 본문을 이렇게 해석하고 적용하는 경우가 많다. 즉 '우리는 주님의 종이므로 주님께 순종하고 바울처럼 겸손해야 한다.' 이러한 해석이 옳다면, "그리스도 예수의 종"이라는 문구는 의미의 상대성에 지배를 받게 된다. 왜냐하면 언어의 의미 반경은 시간이 지남에 따라 독자의 사회적 위치에 따라 증가하거나 감소하기 때문이다. 2,000년 전 "종"이라는 단어의 의미는 지금과는 다르다. 또 노예 제도가 시행된 시대에 살았던 사람과 그렇지 않은 사람은 각각 다르게 이 본문을 이해할 것이다.

둘째는 주해의 부적절성이다. 이 오류는 앞에서 살펴본 것과 같은 해석에 본질적으로 내재되어 있다. 이렇게 해석하는 사람들은 단순히 "종"(δοῦλος)이라는 단어의 의미를 문맥 밖에서 취한 다음 이 의미를 해당 본문에 다시 주입하는 오류를 범할 가능성이 높다. 이 경우에는 로마서 안과 로마서 밖 다른 바울서신에서 발견한 의미를 로마서 1:1에 적용한 것이다.

바울이 본래 의도한 의미가 무엇이었는지 찾기 위해서는 로마서 1:1에서 "그리스도 예수의 종"이라는 문구가 로마서와 다른 바울서신, 신약의 "종"의 개념과 유비 속에서 어떤 의미가 있는지 찾는데 그쳐서는 안 된다. 오히려 한 걸음 더 들어가 바울 서신의 서두에서 등장하는 "그리스도 예수의 종"이라는 표현이 근원적으로 어떤 개념과 연결되어 있는지 추적할 필요가 있다. 여기서 구약에 등장하는 여호와의 종 개념에 주목할 필요가 있다.

2.2.3 구약의 "여호와의 종" 개념

로마서 서두에서 바울은 자신을 "그리스도 예수의 종"(롬 1:1)이라고 소개한다. 그런데 다른 서신에서는 이 표현 대신 "하나님의 종"(딛 1:1)이라고 말하기도 한다.[23] 이것은 "그리스도 예수의 종" 개념과 "하나님의 종"이라는 개념이 바울의 의식 속에서 겹쳐져 하나를 이루고 있다는 것을 암시한다.

그러면 "하나님의 종"이란 표현은 어떤 개념인가? 어디서 근원한 것인가? 이것은 바울의 자기의식의 어떤 측면을 드러내는가? "하나님의 종"은 구약 개념이다. 이 점은 우선 문구 자체를 살펴볼 때 드러날 것이다. 또한 바울서신 몸체로 시야를 확대하여 관찰하면 더 분명해질 것이다.

첫째 "하나님의 종"이란 문구 자체이다. 이 문구는 표현상 구약에 등장하는 "여호와의 종"이나 "나의 종," "하나님의 종"과 매우 유사하다. 구약학자 델리취는 자신의 신약번역에서 바울서신의 서두를 번역할 때, "여호와의 종"(עֶבֶד יְהֹוָה)을 연상하게 하는 문구를 채택했다.

---

[23] 나아가 빌립보 교회에 보내는 편지에서 바울은 자신만이 아니라 자신과 디모데를 "그리스도 예수의 종들"(빌 1:1)이라고 말한다.

문구		Delitzsch	번역
롬 1:1	δοῦλος Χριστοῦ Ἰησοῦ	עֶבֶד יֵשׁוּעַ הַמָּשִׁיחַ	예수 그리스도의 종
빌 1:1	δοῦλοι Χριστοῦ Ἰησοῦ	עַבְדֵי הַמָּשִׁיחַ יֵשׁוּעַ	그리스도 예수의 종들
딛 1:1	δοῦλος θεοῦ	עֶבֶד אֱלֹהִים	하나님의 종

물론 이것은 역번역이다. 따라서 바울의 언어 사용에 대한 결정적인 증거로 제시할 수는 없다. 그러나 1,900년이 지난 후 구약 표현에 익숙한 사람이 바울의 "둘로스 크리스투 예수"라는 말을 들었을 때, 바로 떠오른 말이 "에베드"였다면, 바울 당시에는 더욱 그러했을 것이라고 짐작할 수 있다. 실제로 바울의 편지를 받는 독자들과 청자들은 이 문구를 듣자마자 구약에서 자주 등장하는 "여호와의 종"을 떠올렸을 가능성이 있다.

그러면 바울이 이 문구로 자신을 구약의 "여호와의 종"과 동등한 존재로 표현하고 있다는 것인가? 구약에서 특정한 인물이나 주변 사람들이 자신을 "하나님의 종"으로 부르거나 인식했을 때 그 의식이 바울에게 있다는 말인가? 바울서신 몸체에 나타나는 표현들에 주목한다면, 이 질문에 긍정적으로 대답할 수 있다. 이것이 두 번째로 살펴볼 내용이다.

둘째, 바울서신 몸체에 나타나는 "하나님의 종"이란 문구와 연결된 개념들이다. 바울은 로마서 1:1b의 가까운 문맥에서 구약 용어들을 사용한다. 그는 바로 이어지는 로마서 1:1cβ에서 자신을 "복음을 위해 따로 구별되었다"(ἀφωρισμένος εἰς εὐαγγέλιον θεοῦ)고 말한다.[24] 또 갈라디아서 1:15에서는 하나님께서 "나를 내 어머니의 태로부터 구별하셨다"(ὁ ἀφορίσας με ἐκ κοιλίας μητρός μου)고 하였다. 이러한 표현들은 선지자들이 하나님이 자신을 부르셨다는 높은 의식을 표현할 때 사용되었다(렘 1:5; 사 49:1).

따라서 "그리스도 예수의 종"(δοῦλος Χριστοῦ Ἰησοῦ)이란 문구가 구약

24　로마서 1:1b에 대해서는 아래 § 3.4에서 자세히 살펴볼 것이다.

의 "하나님/여호와의 종"(δοῦλος θεοῦ/κυρίου)이란 개념을 배경으로 하고 있다는 것을 알 수 있다. 이 관찰은 구약에서 "종" 및 "하나님의 종" 개념이 어떤 것이었는지 조사할 필요성을 제기한다.

구약에서 종종 어떤 사람을 "종" 또는 "하나님의 종"이라고 표현하는 경우들이 있다. 이 때 일반적 의미와 더불어 특수한 의미가 있다는 것을 발견할 수 있다.

"종"이란 말을 일반적으로 사용하는 경우의 대표적인 예로 시편에서 시편기자가 자신을 "당신의 종"(עַבְדְּךָ)[25]이라 말할 때를 들 수 있다. 이것은 신과 인간, 예배 및 기도 대상자와 예배 및 기도자 사이의 관계에 근거한 것으로 인간과 예배자 편에서 겸손의 표시이다.

그러나 "종"이라는 용어가 이와 다르게 특수한 의미로 쓰이는 경우가 있다. 하나님의 사람들을 특별히 "하나님의 종"이라고 표시한 경우이다:

시대	인물	표현	번역
창조-바벨탑			
족장시대	아브라함	עַבְדִּי [26]	나의 종
출애굽	모세	עֶבֶד הָאֱלֹהִים [27]	하나님의 종
		עֶבֶד־יְהוָה [28]	여호와의 종
		עַבְדִּי [29]	나의 종

---

25 시편 19:12,14; 27:9; 31:17; 69:18; 86:2, 4; 116:16 (x2); 119: 17, 23, 122, 125, 140, 176; 132:10; 143:2, 12을 보라.

26 창 26:24.

27 대상 6:34; 대하 24:9; 느 10:30.

28 신 34:5; 수 1:13, 15; 8:31, 33; 11:12; 12:6 (x2); 13:8; 14:7; 18:7; 22:2, 4, 5; 왕하 18:12; 대하 1:3; 24:6.

29 민 12:7; 수 1:2, 7; 왕하 21:8; 말 3:22.

가나안 정복	여호수아	עֶבֶד יְהוָה [30]	여호와의 종
왕조시대	다윗	עֶבֶד יְהוָה [31]	여호와의 종
앗수르		עַבְדִּי [32]	나의 종
	이사야	עַבְדִּי [33]	나의 종
	선지자들	עַבְדִּי [34]	나의 종들
	메시아	עַבְדִּי [35]	나의 종
	야곱-이스라엘	עַבְדִּי [36]	나의 종
바벨론 포로기	스룹바벨	עַבְדִּי [37]	나의 종
	느부갓네살	עַבְדִּי [38]	나의 종
- - - - - -	욥	עַבְדִּי [39]	나의 종
복음시대	바울	δοῦλος 'I. X. [40]	예수 그리스도의 종
	베드로	δοῦλος 'I. X. [41]	예수 그리스도의 종
	야고보	δοῦλος 'I. X. [42]	예수 그리스도의 종

[30] 수 24:29; 삿 2:8; cf. 수 1:1 מְשָׁרֵת מֹשֶׁה ("모세를 섬기는 자"; 출 24:13; 33:11; 민 11:28).

[31] 시 18:1; 38:1.

[32] 삼하 3:18; 왕상 11:13, 32, 34, 36, 38; 왕하 19:34; 20:6; 대상 6:29; 17:4; 시 89:4, 21; 사 37:35; 렘 33:21, 22, 26; 겔 34:23.

[33] 사 20:3.

[34] 렘 44:4; 겔 38:17; 슥 1:6.

[35] 사 41:9; 42:1; 52:13; 53:11; 겔 34:23 (다윗); 37:25; 학 2:23 (스룹바벨); 슥 3:8 (싹).

[36] 사 41:8; 42:19; 44:1, 2, 21; 45:4; 49:3; 렘 30:10; 46:27, 28.

[37] 학 2:23.

[38] 렘 25:9; 27:6; 40:10.

[39] 욥 1:8; 2:3; 42:8 (x2).

[40] 롬 1:1; 딛 1:1; cf. 빌 1:1.

[41] 벧후 1:1.

[42] 약 1:1.

유다	δοῦλος 'I. X. [43]	예수 그리스도의 종이요 형제
요한	δοῦλος 'I. X. [44]	예수 그리스도의 종

위의 표에서 볼 수 있는 것처럼, 구약에서 이렇게 하나님의 사람들을 "하나님/여호와/나의 종"이라고 부를 때, 그들은 이스라엘의 족장, 왕, 선지자, 또는 세계제국의 황제를 가리키는 말이었다. 따라서 성경기자가 이 용어로 어떤 인물을 표현하면, 그의 겸손과 낮아짐보다는 하나님의 사람들만이 갖는 어떤 독특한 위엄과 존엄을 가리킨다. 그는 "하나님의" 종으로서 하나님께 속한 자요, 하나님을 위해 따로 떼어져 하나님과 그 사이에 아무것도 끼인 것 없이 하나님께 직접적으로 연결된 인물을 말한다. 이렇게 하나님과 직접적으로 연결되어 있다는 사실은 다시 그의 "종"이 그분의 권위에 참여하고 있다는 것을 의미한다. 따라서 "하나님의 종" 개념은 다음과 같은 사항에 대한 의식적인 지식을 내포한다:

1. 선택
2. 권세
3. 임무

하나님은 자신의 "종"을 선택하시고, 그에게 권세를 주신다. 나아가 그에게 신적 사명을 주신다. 이 사명은 너무나 독특하다. 왜냐하면 그 임무는 하나님 외에는 아무도 알 수 없고, 아무에게서도 기원할 수 없으며, 오직 하나님만이 그런 임무를 사람에게 위임할 수 있기 때문이다.[45]

이런 점에서 사도 바울이 그의 서신에서 자주 자신의 존재를 하나

---

[43] 유 1:1.

[44] 계 1:1.

[45] Cf. O. Hofius, *Paulinische Theologie*. Nachschrift der Vorlesung von Prof. Otfried Hofius. Sommersemester 1996, 15.

님의 복음을 전하는 인격적 기관으로 표현한 구절들을 이해할 수 있다 (cf. 고전 15:10; 골 1:29). 바울은 자신뿐 아니라 다른 사도들도 동일하게 하나님의 입이라고 생각했다. 왜냐하면 그들이 사도직을 수행할 때, 그 사도직의 근원은 오직 하나님이시기 때문이다(cf. 갈 2:8). 사도들은 특별한 임무를 위해 신적 권세를 받고, 하나님이 직접 선택하신 "하나님의 종"인 것이다.

여기서 또 한 가지 주목해야 할 중요한 사실이 있다. 그것은 "하나님의 종"이란 표현이 시대구분과 나란히 진행한다는 점이다. 이 문구는 아브라함 이전에는 등장하지 않으며, 사도 요한 이후에는 사라진다. 아브라함부터 사도 요한까지 네 번의 큰 구획이 있는데, 아브라함을 시작으로 하는 족장시대, 모세를 시작으로 하는 출애굽 및 가나안 정복시대, 다윗을 출발점으로 하는 왕조시대, 그리고 선지자들이 활동한 포로기 및 포로 귀환 시대, 그리고 사도들이 활동하는 복음시대이다.

그러면 왜 "하나님의 종"이란 칭호가 시대구분과 나란히 진행하는가? 그것은 "하나님의 종들"이 하나님께서 각 시대를 위해 일으킨 인물들이었다는 것을 시사한다. 하나님의 세계경영과 깊은 관계가 있는 것이다. 그러므로 "하나님의 종"이라는 칭호는 민족적 제한을 받지 않는다. 하나님께서 하시는 일을 위해 선택된 사람은, 이스라엘의 왕이나 선지자가 아니더라도, 설사 그가 이방인 왕이라도 동일하게 "하나님의 종"이라는 칭호를 받기 때문이다.[46]

만일 이 관찰이 옳다면, 바울은 자신을 모세나 다윗[47], 선지자들과 같이

---

[46] 욥의 경우는 어떤 특정한 시대를 위해 선택되었다기보다는 하나님의 통치 원리인 의의 본질을 드러내기 위한 인물이었다고 볼 수 있다.

[47] Cf. 사도행전 13:36에서 바울은 비시디아 안디옥 회당 연설에서 "다윗은 당시에 하나님의 뜻을 따라 섬겼다"고 말한다.

하나님의 위대한 "구원시대"(고후 6:2)[48]를 맡아 섬기는 하나님의 사람으로서 의식했다고 볼 수 있다.[49]

그런데 여기서 그의 의식의 높이를 증폭시키는 것은 이 칭호가 바울의 자기 칭호라는 것이다. 구약에서는 어떤 인물을 "하나님의 종"을 부르는 주체가 예외 없이 하나님[50] 또는 성경기자들이다. 그런데 바울(및 신약저자들)은 스스로에게 이 "하나님의 종" 개념을 적용하고 있다. 이것은 사도들이 더 이상 높은 곳을 찾을 수 없는 그런 의식을 가지고 있었다는 증거이다.

그러나 여기에는 동시에 신학적 긴장이 있다. 왜냐하면 로마서와 빌립보서의 경우, 바울이 자신을 둘로스(δοῦλος, "종")이라고 소개할 때, 자신이 종으로서 관계를 맺고 있는 대상 안에 하나님뿐만 아니라 "그리스도 예수"가 있기 때문이다.[51] 다시 말해서, "하나님의 종"이 아니라 "그리스도 예수의 종"이라는 표현과 의식이 등장하는 것이다. 이것은 바울이 구약의 "하나님" 자리에 "그리스도 예수"가 있다고 생각한 것과 다르지 않다.

호피우스(O. Hofius)는 이것을 "바울에게 구약의 하나님은 바로 예수 그리스도 안에서 만난 하나님이다"라고 해석하였다.[52] 그러나 이 표

---

[48] Cf. 고후 3:4-8. 모세는 옛 언약의 디아코니아(διακονία, "직분")를 맡은 자이고, 자신은 새 언약의 디아코노스(διακόνος, "직분자")라고 한다. 따라서 바울은 로마서 첫 구절에서 자신을 당시 사회적 신분 개념으로서 종이 아닌 새 시대를 섬기는 "하나님의 사람," "여호와의 종"으로 인식하고 있다.

[49] Cf. 살전 2:15: 유대인들은 주 예수와 선지자들을 죽이고 우리를 쫓아내고 하나님을 기쁘시게 아니하고 모든 사람에게 대적이 되었다. 여기서 바울은 자신을 선지자들의 반열에 둔다.

[50] 이것이 "나의 종"이라고 부르는 빈도수가 가장 많은 이유라고 할 수 있다.

[51] "그리스도 예수/하나님의 종/종들"에서 "그리스도"와 "하나님"은 소유격으로 표현되어 있는데, 이것은 목적격적 소유격(genitivus objectivus)라고 볼 수 있다.

[52] Hofius, *Paulinische Theologie*, 15: "Der Gott des AT für Paulus ist der sich in Jesus

현은 매우 모호하다. 만일 이 표현이 "그리스도 예수"의 종이라 하면서 그 배후에 그리스도 안에서 만난 "하나님"을 의도한 것이라면, "그리스도 예수의 종"이라는 표현으로 "하나님의 종"이라는 의미를 담으려 했다는 뜻이 된다. 결과적으로 이 설명은 그리스도(성자 하나님)와 (성부) 하나님의 동등성을 피해가고 있다.

하지만 만일 이 표현이 구약의 "하나님의 종"이라는 전문용어를 차용한 것이라면, "그리스도 예수의 종"이라는 표현은 그리스도의 신적 권위에 대한 표현으로 볼 수 있다. 왜냐하면 하나님이 아브라함, 모세, 여호수아, 다윗, 선지자들을 그분의 구원사의 한 시대를 섬길 일꾼으로 세우셨듯이, 바울은 그리스도께서 자신을 그렇게 부르셨다는 것을 주장하고 있기 때문이다. 바울은 다메섹으로 가는 길에서 부활하시고 높아지신 주님을 만났는데, 그는 자신에게 말하는 이에게 "주여, 누구십니까?"(τίς εἶ, κύριε; 행 9:5, 22:8, 26:14)라고 말했다. 여기서 "주여"(κύριε)라는 말은 바울 자신이 그때까지 유일한 하나님이라고 생각했던 분의 칭호였다.

따라서 사도 바울이 자신을 "그리스도 예수의 종"이라고 부른 것에서 두 가지 사실이 드러난다. 하나는 그의 시대 이해이다. 그는 이제 종말의 시대, 곧 구원시대, 복음과 은혜의 시대가 이르렀는데, 하나님께서 그 시대를 자신에게 맡기셨다는 의식을 갖고 있다. 다른 하나는 그의 확장된 신관이다. 그는 그리스도 예수를 구약의 하나님과 동등한 분으로 생각하고 있고, 그분의 "신적" 위임을 받은 "종"이라고 표현한 것이다.

지금까지 "그리스도 예수의 종"에 관해 살펴보았다. 앞에서 관찰한 바와 같이, 바울서신 서두에는 "종"이라는 칭호 외에 "사도"라는 칭호가

Christus begegnende Gott."

등장한다. 그런데 "사도"라는 칭호는 "그리스도의 종"이라는 칭호보다 더 자주 등장한다. 나아가 이 칭호는 "그리스도 예수의 종"이라는 칭호가 나타나지 않는 곳에서도 나타난다(고전 1:1; 고후 1:1; 갈 1:1; 엡 1:1; 골 1:1; 딤전 1:1; 딤후 1:1; 딛 1:1). 그렇다면 이 "사도"라는 칭호는 "그리스도 예수의 종"과는 어떤 관계가 있는가?

2.3 "종"과 "사도"의 관계

"종"과 "사도," 두 칭호 중 하나만 등장할 때, 그 칭호와 관련된 개념만 전달하는 것인가? 이 질문에는 부정적으로 답할 수밖에 없다. 그 이유는 세 가지이다. 첫째는 구약에서 각 시대를 섬기게 한 인물들을 언급할 때, 성경이 사용한 전문용어는 "하나님의 종"이다. 이들이 자신을 표현할 때는 "여호와께서 자신을 부르셨다"고 말했다. 하나님께서는 이들의 "입에 자기 말을 두셨다"(렘 1:9; cf. 신 18:18). 이런 칭호나 개념들이 구약에서는 함께 모여 있는 경우가 거의 없다. 그러나 이들은 분리되지 않는다. 그 중 하나만 말하더라도 나머지 개념이 거기에 통합되어 있기 때문이다. 따라서 어떤 인물에 대해 성경기자가 "하나님의 종"이라고 하거나 하나님이 "나의 종"이라고 한다면, 거기엔 "부름 받은 선지자," "하나님의 말씀을 위해 영원 전부터 정해진 자"라는 개념이 함께 있는 것이다. 바울의 경우도 마찬가지이다.

둘째, 바울서신 서두에서 "종," "사도," "따로 떼어진 이"라는 자기 칭호가 동시에 등장하는 곳은 로마서뿐이다. 바울은 로마서 서두에서 먼저 "예수 그리스도의 종"이라고 말하고 난 후, 두 번째 칭호 "사도"를 덧붙이는데, 이때 그는 "사도"라는 말에 "그러나"(δέ)와 같은 접속사를 붙이지 않았다. 이것은 바울이 두 칭호로 대립개념을 표현하려는 의도가 없었다는 것을 가리킨다. 그렇다고 하여 베드로처럼 "그리고"(καί)로도 연결하지 않는다. "시몬 베드로, 예수 그리스도의 종과 사도…"(Συμεὼν Πέτρος δοῦλος καὶ ἀπόστολος Ἰησοῦ Χριστοῦ; 벧후 1:1a). 이 표현은 "종"과 "사도"를 서로 연결하여 둘 사이의 차이를 축소시킨 것이라고 볼 수 있다.[53] 그러면 대립도 공통도 아니라면 무엇인가? 이것은 연속 표현이다. 바울은 두 칭호를 연속해서 나오게 함으로써, 한편으로 바울이 자신을 "예수 그리스도의 종"이라고 말할 때, 일반적인 의미[54]로 받아들여질 오해를 불식시키고, 다른 한편으로 바울에게 다른 그리스도인들에게는 없는 고유한 특성이 있다는 오해도 배격한다.[55] 따라서 이 연속표현은 연속적인 '주석'이라 볼 수 있다.

셋째, 바울서신을 관찰하면, 편지 서두에 "사도" 또는 "예수 그리스도의 사도"라는 표현만 등장하는 경우에도, 이후 편지 몸체에서 "하나님의 종" 개념에 해당하는 표현 및 개념이 따라오기 때문이다. 여기에는 다양한 표현들이 있다:

	편지시작말 "사도"	편지본말 "하나님의 종"
고전	1:1 그리스도 예수의 사도	2:6 만세 전에 미리 정하신 하나님의 신비를 전달하는 자
		4:1 하나님의 신비를 맡은 자(οἰκονόμος)
		9:17 직분(οἰκονομία)을 맡은 자
고후	1:1 그리스도 예수의 사도	3:6-11 새 언약의 봉사자(διάκονος)
갈	1:1 예수 그리스도와 하나님 아버지를 통해 [된] 사도	1:15 모태로부터 이방인을 위한 복음 전도자로 선택됨
엡	1:1 그리스도 예수의 사도	3:2-4 하나님의 은혜의 경륜을 따라 그리스도의 신비를 맡은 자

---

53   Th. Zahn, *Der Brief des Paulus an die Römer*, 3rd ed. (Leipzig: Deichert, 1925), 29.

54   어떤 사람이 그리스도를 믿고 그를 "주"로 부른다면, 그가 누가 되었든지 그는 "그리스도 예수의 종"이다.

55   Cf. Zahn, *Römer*, 29-30.

빌	1:1 그리스도 예수의 종	1:7 복음을 변증하고 확증하는 자
골	1:1 그리스도 예수의 사도	1:23 복음을 섬기는 자(διάκονος)
		1:25 하나님의 경륜을 따라 교회를 섬기는 자 (διάκονος)
딤전	1:1 그리스도 예수의 사도	1:12 직분(διακονία)을 맡은 자
딤후	1:1 그리스도 예수의 사도	1:11 복음을 위한 선포자(κῆρυξ), 사도, 교사 (διδάσκαλος)

이것은 바울이 "사도"라는 문구만을 쓸 때도 그에게는 "하나님의 종"이라는 개념이 없지 않았다는 것을 알려준다. 이것은 반대의 경우(빌 1:1; cf. 1:7, 4:15)도 마찬가지이다.

지금까지 관찰한 것을 요약하면 다음과 같다. 바울은 자신을 "그리스도 예수의 종"이라고 부른다. 여기서 "종"(δοῦλος)이란 말은 지금까지 "노예"(slave)라고 번역하든지 "섬기는 자"(servant)이든지 사회신분적 의미로 이해되어 왔다. 바울은 겸손과 비하의 뜻을 담아 그리스도를 주로, 자신을 그의 종으로 불렀다는 것이다.

하지만 이 해석은 재고되어야 한다. 로마서 서두에서 바울은 역접 접속사(δέ)도 등위 접속사(καί)도 사용하지 않는다. 여기서 그는 자신을 "종"이라 부르면서, 이 말에 이어서 나오는 "부름받은 사도"와 "하나님의 복음을 위해 따로 떼어진 이"라는 칭호로 그의 의도를 보충 설명한다는 것을 기억해야 한다(cf. 롬 1:1). 이것은 그가 "그리스도 예수의 종"이라는 말을 하나님께로부터 부름 받아 독특한 위임과 권세를 받아 일하는 사도요, 하나님의 복음 곧 하나님으로부터 온 기쁜 소식을 위해 특별히 구별된 존재라는 의미로 사용한 것임을 가리킨다. 이 표현("그리스도 예수의 종")은 바울이 자신의 자의식을 표현한 칭호임을 알 수 있다. 이 표현을 차용함으로써 바울은 매우 독특하고 높은 칭호를 자신에게 적용했는데, 이 칭호는 바로 구약 선지자들이 자신을 가리킬 때나, 성경 기자들이 하나님의 사람을 부를 때, 또 하나님이 자신의 '특별한' 종들을 지칭할 때 사용했던 것이었다. 만일 바울이 이런 의미로 이 칭호를 사용했다면, 바울에게는 복음 시대에 가장 높은 의식이 있었다고 볼 수 있다. 이에 따라 바울은 인간이 하나님 앞에서 소유할 수 있는 가장 높은 권세와 권위를 주장한 셈이다. 이 칭호는 다음 두 가지 사실과 연결된다.

우선 "그리스도 예수의 종"이라는 문구는 바울의 "복음 시대"에 대한 이해를 담고 있다. 왜냐하면 성경에서 "하나님의 종"이나 "나의 종," "여호와의 종"은 아브라함부터 사도 요한까지 각 시대를 맡아 하나님의 일을 했던 인물들을 가리키는 칭호이다. 바울은 마치 아브라함이 족장시대를, 모세가 율법 시대를, 이사야나 예레미야가 포로기 전후를 맡았던 것처럼, 자신이 복음 시대를 맡아 일하는 자라는 의식을 갖고 있다.

다음으로 "그리스도 예수의 종"이라는 문구는 바울의 신관의 확장을 담고 있다. "하나님/나/여호와의 종"이란 표현은 거의 정형화된 전문용어이다. 이 용어는 천지를 창조하신 유일하신 하나님께 속하여 그분의 일에 전념하는 사람을 가리켰다. 그런데 바울의 자기 칭호에는 그 "하나님/나/여호와"의 자리에 "그리스도 예수"가 온다. 이것은 바울이 부활하신 예수를 구약의 여호와 하나님과 동등한 존재로 고백하고 있다는 점을 보여준다.

그렇다면 바울서신은 초대교회와 현대교회에 어떤 역할을 하며, 하나의 보편적 교회에 속한 신자는 바울서신을 어떻게 읽어야 하는가?

3. 사도적 현존과 신자의 읽기

바울서신은 초대교회에서 바울을 대신했다. 바울서신이 교회에서 읽힐 때 사도적 파루시아가 함께 했다.

3.1 사도적 현존

바울은 황제 안토니우스나 천부장 루시아와는 달리 자신을 "예수 그리스도의 종"이요 "사도"로 소개한다. 바울은 복음과 은혜의 시대가 열렸고, 이 시대에 복음을 전하기 위해 부활하신 그리스도께서 자신을 택하여 이 부활 복음과 자신이 하나가 된 독특한 소명을 주셨다고 말한다. 동시에 바울은 사도이다. 단순히 학자가 아니다. 학자의 말과 생각은 비평할 수 있고, 그의 글을 비평적으로 읽은 것은 정당하고 옳은 일이다. 그러나 사도는 다르다. 사도는 비평할 수 있는 영역에 있지 않다. 초월자인 하나님, 초월 세계에 계신 부활하신 주님의 계시를 위임받아 전하는 이가 바로 사도이기 때문이다. 따라서 교회는 하나님의 종과 사도에게 절대적으로 의존한다(cf. 엡 2:20).

바울에게 자신의 편지는 어떤 의미였는가? 당시에는 편지가 "개인의 현존"을 대신했다. 황제 안토니우스나 천부장 루시아와는 달리 바울이 자신을 "예수 그리스도의 종"이요 "사도"로 소개한다면, 바울의 편지는 개인의 현존이 아니다. 바울의 편지는 사도적 권위의 현존을 대신하고, 사도적 복음을 현재화하는 역할을 한다.[56] 따라서 바울의 편지는 예외 없이 각 지역 교회들을 향한 것이었고, 각 지역교회는 이른 시기부터 공예배에서 바울의 편지를 읽었다.[57]

---

56 P. Pokorný and U. Heckel, *Einleitung in das Neue Testament: seine Literatur und Theologie im Überblick* (Tübingen: Mohr, 2007), 116.

57 Pokorný/Heckel, *Einleitung*, 117.

> **골 4:16** 이 편지를 너희에게서 읽은 후에 라오디게아인의 교회에서도 읽게 하고 또 라오디게아로부터 오는 편지를 너희도 읽으라.
> **살전 5:27** 내가 주를 힘입어 너희를 명하노니 모든 형제에게 이 편지를 읽어 주라

이런 점을 생각할 때, 사도 바울의 편지는 그의 사역의 확장이었다고 볼 수 있다.

바울은 자신이 물리적으로는 멀리 떨어져 있으나 자신의 "영"은 교회에 함께 한다고 자주 말한다.

> **고전 5:3-4** 내가 실로 몸으로는 떠나 있으나 영으로는 함께 있어서 거기 있는 것 같이 이런 일 행한 자를 이미 판단하였노라. ⁴ 주 예수의 이름으로 너희가 내 영과 함께 모여서 우리 주 예수의 능력으로 ⁵ 이런 자를 사탄에게 내주었으니 이는 육신은 멸하고 영은 주 예수의 날에 구원을 받게 하려 함이라.
> **골 2:5** 이는 내가 육신으로는 떠나 있으나 심령으로는 너희와 함께 있어 너희가 질서 있게 행함과 그리스도를 믿는 너희 믿음이 굳건한 것을 기쁘게 봄이라

이 두 구절에는 영의 활동이 나온다. 영의 함께함과 판단(고전 5:3-4), 기뻐함(골 2:5) 등이다. 크게 두 가지 견해가 있다.

첫째, 성령의 활동으로 보는 견해이다. 어떤 사람은 "심령으로는 너희와 함께 있다"에서 "영"을 성령을 가리킨다고 해석한다.[58] 또 이런 일

---

[58] P. Pokorný, *Der Brief des Paulus an die Kolosser*, THKNT 10/1 (Berlin: Evangelische Verlaganstalt, 1987),91: "Der Geist, durch den der abwesende Apostel mit der Gemeinde verbunden ist, ist wahrscheinlich der Heilige Geist, nicht nur das innnere Ich des Menschen (vgl. 1 Kor. 5,3)."

의 가능성이 "성령의 역사"에 있다고 보기도 한다.[59]

둘째, 바울의 영과 활동이라고 해석하는 견해이다. 이때는 매우 제한된 의미로 축소한다. 어떤 사람은 바울의 "관심"이라고 생각한다.[60] 또는 바울의 결심 혹은 결정과 연결하는 사람들도 있다.[61]

하지만 여기서 "영"(πνεῦμα)은 바울의 영일 가능성이 크다. 그러나 인간 본성은 근본적으로 시공에 제약을 받는데 어떻게 바울의 몸이 에베소나 로마에 있는 동안 그의 영은 고린도나 골로새에 있을 수 있는가? 하지만 이 표현은 바울의 몸과 영의 분리를 가리키는 것이 아닐 수 있다. 바울은 이곳에 있지만 바울의 편지가 그의 사도적 현존을 대신하고 이를 통해 그가 교회에서 일어나는 일을 판단하며 주님의 뜻이 이루어질 때 기뻐한다는 의미일 수 있다.[62]

지금까지 바울과 바울의 자기인식, 바울서신의 외적 형태와 이 서신이 담당하는 사도적 '직무'에 대해 살펴보았다. 그러면 오늘날 성경독자들은 바울서신을 어떻게 읽어야 하는가? 이제 이 점을 간략하게 살펴보자.

---

[59] 길성남, 『골로새서·빌레몬서』(고양: 이레서원, 2019), 145: "멀리 떨어져 있는 교회의 회중과 함께 한다고 사도가 말할 수 있는 이유는 성령님의 역사 때문이다. 성령님은 신자들을 그리스도와 연합하게 하시고, 신자들을 하나되게 하신다(참조, 고전 12:13)."

[60] 박형룡, 『골로새서·빌레몬서 주해』(수원: 합신대학원출판부, 2020), 101: "바울의 육체는 떨어져 있으나 그의 마음은 항상 골로새 교회 성도들과 함께 있음을 표현하고 있는 것이다. 비록 몸은 떨어져 있지만 바울은 골로새 교회에 대해 관심을 가지고 있기 때문에 골로새 교회가 어떤 신앙생활을 하고 있는지 잘 알고 있었다."

[61] H. Ridderbos, *Paul: An Outline of His Theology*, trans. J. R. de Witt (Grand Rapids: Eerdman, 1975), 473; F. W. Grosheide, *De eerste brief aan de kerk te Korinthe* (Kampen: Kok, 1957), 141: "Paulus spreekt niet van een daad, maar van een besluit."

[62] P. Bachmann, *Der erste Brief des Paulus an die Korinther*, 3rd ed. (Leipzig: Deichert, 1921), 206: "Wie zu einem feierlich versammelten Richterkollegium sollen die Kor. und er, d. h., da er körperlich abwesend ist, sein Geist, d. i. das in ihm wirksame Lebensprinzip zusammentreten"; T. K. Abbot, *Epistles to the Ephesians and to the Colossians* (Edinburgh: T&T Clark, 1979), 243: "The antithesis is the common one of body and spirit; cf. 1 Cor. 5,3, ἀπὼν τῷ σώματι παρὼν δὲ τῷ πνεύματι."

3.2 신자의 읽기

바울은 모세와 이사야처럼 "하나님의 종"의 입장에서 자신의 편지를 썼다. 로마서를 읽은 독자들은 모세오경과 이사야를 어떻게 읽었는가? 하나님의 말씀으로 읽었다. 그렇다면 바울서신을 어떻게 읽어야 하는가? 하나님의 계시로 읽어야 한다. 사도들과 초대교회는 바울서신을 읽은 후 이것이 하나님께로부터 온 계시임을 인정했다(벧후 3:15; cf. 갈 2:6-9).

초대교회 교인들은 자신들의 생각과 모세와 이사야의 생각이 다를 때 어떻게 하였는가? 글을 고쳤는가 아니면 자신을 돌이켰는가? 그들은 바울서신을 고치지 않았다. 자기 안의 죄와 탐욕, 타락을 보고 울었다. 그러나 오늘날 오경을 읽을 때나 예레미야를 읽을 때도 로마서나 데살로니가후서를 읽을 때도 자신이 부동의 동자(unmoved mover)가 되려고 하는 사람이 얼마나 많은가?

바울서신은 오늘날 책으로 만들면 작은 소책자 하나의 크기에 지나지 않는다. 크리소스토무스는 바쁜 감독 직무에도 매2주마다 1독을 할 수 있을 정도였다. 그러나 이 작은 책의 내용은 깊이를 알 수 없는 광산이요 넓이를 잴 수 없는 바다와 같다. 이 책 뒤에 깊이를 알 수 없는 분이 계시고, 예레미야와 아모스에게 말씀을 주시던 분이 계시기 때문이다. 이 책 속에는 모세의 책이나 이사야의 글에 버금가는 넓이의 지혜와 사랑이 있고, 욥이나 엘리야의 인생이 아니면 담을 수 없는 의와 거룩이 담겨 있기 때문이다. 그러나 오늘날 갈라디아서와 디모데전후서를 읽을 때, 사도들과 초대교회가 바울서신을 대할 때 가졌던 존중을 잃고 눈 앞에 두고서도 보지 못하여 자신과 자신에게 듣는 자들을 빈곤하게 하는 자가 얼마나 많은가? 주님의 말씀을 두려움으로 들어야 할 때이다. "너희가 무엇을 듣는가 스스로 삼가라! 너희의 헤아리는 그 헤아림으로 너희가 헤아림을 받을 것이며 더 받으리니, 있는 자는 받을 것이요, 없는 자는 그 있는 것까지도 빼앗기리라"(막 4:24-25).

지금까지 바울이 자신을 어떻게 소개하고 인식하며, 바울서신이 고대와 현대의 일반 편지와 다른 점이 무엇이며, 오늘날 바울서신을 어떻게 읽어야 하는지 관찰하고 생각해 보았다. 이제 바울서신의 형식적 문학적 성격을 살펴보자.

2장
바울서신[63]

오늘날 성경 독자가 바울서신을 읽고 이해하기 위해 무엇이 필요한가? 만일 현대의 독자가 바울서신이 쓰여질 당시 독자의 입장으로 들어갈 수 있다면 가장 좋을 것이다. 바울은 헬라어를 쓰는 환경에서 태어나고 헬라어와 아람어를 쓰는 도시에서 자랐으며, 로마 세계에서 복음을 전했으며, 헬라어로 편지를 썼다. 그렇기 때문에 바울의 글을 이해하기 위한 첫 걸음은 헬라어를 익히는 것이다. 로마 시대 글쓰기 방식과 메시지 전달 수단을 아는 것이다. 그 메시지가 의미를 형성하는 사회, 문화, 종교적인 배경을 파악하는 것이다.

이것이 당시 독자들의 입장이다. 하지만 현대 독자는 과거로 갈 수 없다. 나아가 멀리 떨어진 시대와 문화를 이해하는 일이 한순간에 이루어질 수도 없다. 따라서 현재 독자가 당시 독자들과 같은 문학적-역사적 입장에 선다는 것은 불가능하다. 따라서 이것은 이상으로 남을 것이다.

그러면 바울서신을 결코 이해할 수 없는 것인가? 이상에 이를 수는 없지만, 이상과 현실의 간격을 줄이고 최선의 결과를 얻을 수는 있다.

---

[63] 이 부분은 김영호, "바울서신 해석에서 수사비평의 효용과 한계," 신학정론 41/2 (2023): 353-394을 개정하고 확대한 것이다.

그러면 어떻게 이 최선에 이를 수 있는가? 바울서신을 철저히 문학적이고 역사적으로 접근하는 것이다.

바울서신을 문학적으로 이해하는 방식에는 크게 세 가지가 있다. 주제적 방식과 서신 분석법, 수사비평이다. 이 세 가지 중 마지막 두 방법론은 양식비평과 관련이 있다. 하지만 지난 세기 마지막 30년 동안 고전적 양식비평에 대한 비평이 일어나면서 수사학적 접근법 또는 분석법이 하나의 대안으로 떠올랐다.

하지만 반대 또한 만만치 않았다. 현재는 수사학적 방법론의 열기가 가라앉고 서신 분석법이 우세한 것으로 보인다. 수사학적 분석이 적용되지 않거나 부분적으로만 유효한 부분도 많고, 이런 부분에는 서신 분석이 유용하기 때문이다. 하지만 바울서신에는 서신 분석으로는 충분히 이해할 수 없는 내용이 있고, 수사학적 분석은 이 내용을 잘 밝혀준다. 예컨대 고린도후서 10-13장에 등장하는 바울의 "어리석은 자의 변론"이나 갈라디아서 4:12-20에서 논증하는 중에 갑자기 등장하는 바울의 개인적인 아픔과 갈라디아인들과 이전 관계에 대한 이야기 등이다. 따라서 연구자들이 두 방법론을 서로 배타적으로 받아들이고, 둘 중 하나를 택하고 다른 하나를 버리면 바울서신을 이해하는데 장애가 될 수 있다.

이 문제를 어떻게 극복할 것인가? 길은 다른데 있는 것이 아니다. 바울서신에 적용된 문학적 요소들을 더 깊이 들여다보고, 바울이 자신의 신학적 메시지를 담은 문학적인 틀을 자세히 연구하는 것이다. 이 연구에 필요한 질문은 세가지이다.

1. 고대에는 어떤 문학 양식이 존재했고, 바울서신은 이 문학 양식들 중 어느 것에 속하는가?
2. 고대편지와 연설의 요소에는 어떤 것들이 있으며 이 양식을 바

울서신에 적용했을 때 어떤 장점과 한계가 있는가?
3. 바울서신은 고대에 기록된 글인데, 이 글을 이해하는 틀로 어떤 것이 가장 적절한가?

먼저 고대 문학 양식을 살펴보자.

1. 고대 문학 양식

고대에 어떤 사람이 다른 사람에게 자신의 뜻이나 생각을 전달하고 행동의 변화를 일으키는 매체는 두 가지였다. 하나는 연설이고 다른 하나는 편지였다. 연설은 주로 말과 소리를 사용하고, 편지는 주로 글을 사용한다. 연설은 화자와 청중이 같은 공간에서 이루어진 행위이고, 편지는 화자가 청자 또는 독자와 다른 공간과 시간에서 행하는 행위였다. 이와 같이 연설과 편지는 의사를 전달하는 방편이나 화자와 청중이 처한 상황에서는 차이가 난다. 하지만 효과적이고 아름답게 의사를 전달하여 말과 생각, 행동에 변화를 일으키는 기능과 목적에서는 동일하다. 실제로 고대연설과 편지는 수사학이 활동하는 가장 중요한 영역이었다.

한편 바울 당시 유대교 회당과 기독교 교회에서는 설교라는 독특한 장르가 실행되고 있었다. 설교는 형식상 당시 연설과 유사한 부분이 있었으나 예배라는 독특한 정황, 하나님을 믿는 크고 작은 무리라는 독특한 대상, 자신의 생각과 뜻이 아니라 성경의 의미와 뜻을 드러낸다는 독특한 원리가 강하게 지배한다.

고대에 이 세 가지 중 가장 기초가 되는 것은 연설이었다. 설교는 많은 경우 형식상 연설과 구분되지 않았고, 다만 전달하는 내용이나 의도가 달랐을 뿐이었다. 예를 들어, 스토아 철학자들과 에피쿠로스 철학자들이 아테네 아레오파고에서 바울이 전하는 예수와 부활에 대한 설명(cf. 행 17:18)을 요청했을 때, 바울의 설교는 그들에게 연설로 받아들여졌다 (행 17:22-31).[64] 그러나 헬라인과 로마인이 아니라 유대인 앞에서 바울은 그리스-로마 연설 전통과는 전혀 다른 방식으로 권면한다.[65]

또한 편지도 구조와 틀에서 연설에 의존한다. 다만 주로 앞에 있는 대중이 아니라 멀리 있는 개인에게 하는 연설로 인식되었다.[66]

고대의 연설과 설교, 편지는 어떻게 구성되었는가? 고대연설은 네 요소, 고대설교는 세 요소, 편지는 다섯 요소로 구성된다.

연설은 서론-선진술-논증-결론으로 진행한다. 연설의 경우, 선진술과 논증 사이에 주제설정과 논제제시가 오는 경우도 있다. 이때 논제제시를 "**구분**"(*divisio*)이라고 부르기도 한다.[67] 앞으로 행할 연설에서 증명할 내용의 개요를 나누고 미리 알리는 것이다. 예를 들어, 키케로는 베레스 1차 반박 연설에서 자신이 제기하는 기소 내용을 이렇게 말한다.

> 저의 기소와 관련하여 ... 베레스가 당시 저에게, 여러분께, 재판장이신 글라브리오님께, 로마인에게, 동맹국과 속주에, 마지막으로 원로원 의원들의 신분과 이름에, 동시다발적으로 음모를 꾸미려 했던 범죄행위입니다.[68]

---

64 Cf. 바울이 총독 벨릭스 앞에서 한 연설(행 24:10-21; cf. 24:3-8)이나 아그립바 왕 앞에서 한 연설(행 26:1-29)을 더 참조하라.

65 J. W. Bowker, "Speeches in Acts: A Study in Proem and Yelammedenu Form," *NTS* 14 (1967/68): 96-111.

66 H. F. Plett, *Einführung in die rhetorische Textanalyse* (Hamburg: Helmut Buske Verlag, 1971), 17.

67 Cf. Plett, *Einführung in die rhetorische Textanalyse*, 17.

68 Cicero, *In C. Verrem oratio actio prima*, 4.

키케로는 이 순서대로 베레스의 비리를 고발한다. 즉, 베레스가 시칠리아 법무관으로 있을 때, 로마시민에게 했던 비행들(11-15), 동맹국 주민들에게 행한 악행(42-45), 원로원 의원들에게 행한 악행(29-40)이다.

설교는 들어가기-수행-나가기로 구성된다. 하지만 여기에 몇 가지 요소가 더 추가되기도 한다. 들어가기 마지막에 문제제기가 오기도 한다. 설교본말은 강해와 적용으로 구성되는데, 이 부분이 다시 긍정 및 부정 밝히기로 세분되기도 한다. 이것은 연설의 논증 부분과 유사하다.

편지는 인사-호감사기-정황진술-요청-맺음말로 이루어진다. 편지는 연설의 서론 자리에 인사와 호감사기가 들어와 확장되고, 정황진술부터 맺음말까지는 연설의 형식을 유지하고 있는 형태이다.

고대연설과 설교, 편지의 구성 요소를 요약하면 다음과 같다.

	연설	설교	편지
1.	서론 *exordium*	들어가기 *exordium*	인사 *salutatio*
2.			호감사기 *capitatio benevolentiae*
3.	사실진술 *narratio* 주제제시 *propositio* 논제 *partitio*	문제제기 *quaestio*	정황진술 *narratio*
4.	논증 *argumentatio* 확증 *confirmatio* 반박 *reprehensio*	수행 *actio* 긍정 밝히기 *confirmatio* 부정 밝히기 *reprehensio*	요청 *petitio*
5.	결론 *peroratio*	나가기 *peroratio*	맺음말 *peroratio*

바울서신은 이 세 가지 문학 양식 중 시작말과 맺음말은 편지, 몸말은 연설에 가깝. 그렇다면 고대서신의 실제 모습은 어떠했는가? 이 서신의 형태와 내용은 바울서신과 어떤 공통점과 차이점이 있는가?

2. 고대서신

신약에는 고대서신 양식을 그대로 담고 있는 편지가 많다. 따라서 신약을 깊이 읽은 독자들은 1세기 일반 사람들이 쓴 편지의 구조와 틀을 보면 아주 익숙하게 느낄 것이다. 다만 주제와 내용이 신약과 큰 차이가 날 뿐이다. 따라서 신약에서 읽는 편지 형식은 바울 시대의 보편적인 형태라고 말할 수 있다.

2.1 고대편지 모습

바울 당시 편지는 정형화된 형태를 따르는데, 크게 세 부분으로 나뉜다. 편지시작말-편지본말-편지맺음말이다. 편지시작말은 송신자-수신자-문안인사로 이루어지고, 여기에 몸체가 따르며, 마지막으로 끝인사 또는 축복으로 마무리된다. 이런 형식을 가장 잘 보존하고 있는 편지 중 하나가 야고보서이다.

편지시작말	송신자	Ἰάκωβος θεοῦ καὶ κυρίου Ἰησοῦ Χριστοῦ δοῦλος	야고보, 하나님과 주 예수 그리스도의 종,
	수신자	ταῖς δώδεκα φυλαῖς ταῖς ἐν τῇ διασπορᾷ	흩어져 있는 열두 지파에게
	문안인사	χαίρειν	문안
편지본말		....	....
편지맺음말	끝인사	....	없음

이런 전형적인 서신을 신약 내에서도 신약 밖에서도 발견할 수 있다. 예를 들어, 누가는 천부장 루시아가 시리아-팔레스타인 총독 벨릭스에게 보낸 편지를 수록하고 있다(행 23:26-30). 또 4세기 유세비우스(Eusebius of Caesarea, c. 260/265-339)는 『교회역사』(historia ecclesiae)를 저술할

때, 황제 안토니우스[69]가 아시아 의회에 보내는 편지를 인용한다.[70] 이 두 편지와 갈라디아서를 비교해 보자.

		행 23:26-30[71]	Eusebius, h. e. 4.13.1-7[72]	갈 1:1-4, 6:18[73]
편지 시작말	송신자	클라우디오스 루시아는	황제, 카이사르, 마르코스, 아우렐리우스, 안토니우스, 아우구스투스, 아르메이오스, 가장 큰 제사장, 15번 호민관 특권자,[74]	바울, 사도, 사람에게서도 아니요, 사람을 통해서도 아니요, 오직 예수 그리스도와 그를 죽은 자들 가운데서 살리신 하나님 아버지를 통해서 [사도가 된 바울], 그리고 나와 함께 있는 모든 형제들은
			3번 원로원 [집정관이 된 자]는	
	수신자	총독 벨릭스 각하에게	아시아 의회에게	갈라디아에 있는 교회들에게
	문안	인사 (χαίρειν)	인사 (χαίρειν)	너희에게 은혜와 평화, 하나님 우리 아버지와 주 예수로부터, 그는 자신을 우리의 죄를 위해 주셨는데, 이는 하나님 우리 아버지의 뜻을 따라 우리를 이 현재의 악한 세대로부터 건지시기

---

69 Cf. Eusebius, *Hist. eccl.* 4.11.11.
70 Cf. Eusebius, *Hist. eccl.* 4.13.
71 헬라어 본문: Κλαύδιος Λυσίας | τῷ κρατίστῳ ἡγεμόνι Φήλικι | χαίρειν. ‖ … ‖ [ἔρρωσο] (א); cf. 행 15:23-29.
72 헬라어 본문: Αὐτοκράτωρ Καῖσαρ Μάρκος Αὐρήλιος Ἀντωνίος Σεβαστός, Ἀρμένιος, ἀρχιερεὺς μέριστος, δημαρχιχῆς ἐξουσίας τὸ πέμπτον καὶ τὸ δέκατον, ὕπατος τὸ τρίτον, | τῷ κοινῷ τῆς Ἀσίας | χαίρειν. ‖ … ‖ [?]. 유세비우스는 "이것은 에베소에 있는 아시아 의회에서 공포되도록 하라"는 말로 황제 편지 인용을 마치고 있다.

				위함이다. 그에게 영광이 영원토록, 아멘
편지 본말		...	...	...
편지 맺음말	문안	강하라!	[?]	형제들아 우리 주 예수 그리스도의 은혜가 너희 심령에 있을지어다! 아멘.

이 세 편지를 비교해 보면, 바울서신이 당시 편지와 어떤 점에서 유사하고, 어떤 점에서 차이가 나는지 드러난다. 먼저 공통점을 살펴보고, 다음으로 차이점을 알아보자.

2.2 바울서신 모습

바울서신은 고대의 편지와 매우 유사하다. 이것은 다시 두 가지로 나누어 생각해 볼 수 있다. 하나는 바울서신의 구조와 틀이고, 다른 하나는 바울서신이 속하는 특정 범주이다.

2.2.1 공통점

바울서신은 고대편지의 형식을 닮았다. 위에서 우리는 약 AD 50년 쓰

---

73 헬라어 본문: Παῦλος ἀπόστολος οὐκ ἀπ᾽ ἀνθρώπων οὐδὲ δι᾽ ἀνθρώπου ἀλλὰ διὰ Ἰησοῦ Χριστοῦ καὶ θεοῦ πατρὸς τοῦ ἐγείραντος αὐτὸν ἐκ νεκρῶν, ²καὶ οἱ σὺν ἐμοὶ πάντες ἀδελφοί | ταῖς ἐκκλησίαις τῆς Γαλατίας, | ³χάρις ὑμῖν καὶ εἰρήνη ἀπὸ θεοῦ πατρὸς ἡμῶν καὶ κυρίου Ἰησοῦ Χριστοῦ ⁴τοῦ δόντος ἑαυτὸν ὑπὲρ τῶν ἁμαρτιῶν ἡμῶν, ὅπως ἐξέληται ἡμᾶς ἐκ τοῦ αἰῶνος τοῦ ἐνεστῶτος πονηροῦ κατὰ τὸ θέλημα τοῦ θεοῦ καὶ πατρὸς ἡμῶν, ⁵ᾧ ἡ δόξα εἰς τοὺς αἰῶνας τῶν αἰώνων, ἀμήν. ‖ ... ‖ Ἡ χάρις τοῦ κυρίου ἡμῶν Ἰησοῦ Χριστοῦ μετὰ τοῦ πνεύματος ὑμῶν, ἀδελφοί· ἀμήν.

74 로마 황제에게 정규적으로 주어진 권한이자 칭호. 황제의 매 직무년 초에 수여된다.

여진 편지(갈라디아서)와 약 AD 57년에 천부장 루시아가 총독 벨릭스에게 보낸 편지(행 23:26-30), 약 260-339년 사이에 필사한 황제 안토니우스의 편지를 비교 관찰했다. 이 관찰을 통해 우리는 고대편지 형식이 지니고 있던 보수성에 놀라지 않을 수 없다. 세 편지 사이에는 적어도 200년이 넘는 시간 간격이 있다. 그럼에도 황제 안토니우스의 편지는 천부장 루시아나 바울의 편지와 형식상 거의 차이가 없다. 세 편지 모두 서두-몸체-결말로 이루어져 있고, 편지시작말의 세 요소(송신자, 수신자, 문안)와 이 요소들의 배열 순서도 같다. 따라서 바울 당시와 그 후대에 그리스-로마 편지의 구조와 틀이 변함없이 유지되었다고 볼 수 있다.

나아가 바울서신은 유사한 특정 범주에 속한다는 것이다. 이 범주에 속하는 편지들은 이 범주 밖에 있는 편지들과 다른 특성을 갖는다. 우선 천부장 루시아가 총독 펠릭스에게 보낸 편지를 보자. 이 편지는 신분이 낮은 사람이 높은 사람에게 보내는 편지이다. 송신자 부분에는 이름만 나온다. 이에 비해 수신자 부분에는 "각하"라는 호칭과 총독이라는 직함, 펠릭스라는 이름이 함께 나온다. 여기서 천부장 루시아가 총독 펠릭스 앞에서 자신을 낮춘다는 것을 알 수 있다.

반면 황제 안토니우스가 아시아 의회에 보내는 편지는 어떠한가? 이것은 루시아가 펠릭스에게 보내는 편지와 정확하게 반대이다. 신분이 높은 사람이 낮은 기관에 보내는 편지이므로 송신자가 자세하고 수신자는 간략하다. 송신자 부분은 단지 조금 커진 것이 아니라 균형이 맞지 않을 만큼 크게 확대되어 있다. 자신의 이름 외에 아홉 가지 호칭이 더 나온다. 왜 이렇게 많은 호칭을 쓰는가? 권위 때문이다. 편지시작말에 나오는 이러한 중첩은 편지본말에 담을 내용에 권위를 부여한다. 아시아 의회 편에서는 그러한 권위로 말하는 사람의 말을 듣게 된다.

이 두 편지의 서두와 갈라디아서 서두를 비교해 보면, 갈라디아서는 루시아의 편지보다 황제 안토니우스의 편지를 더 닮았다. 송신자 부분이 수신자 부분에 비해 길고 자세하다. 나아가 자신의 직분("사도")의 본질을 설명하는데 힘을 기울이고 있는 것을 알 수 있다. 바울은 왜 이렇게 편지를 쓰는가? 그것은 자신이 사도라는 사실이 갈라디아서 몸체에 나오는 내용의 본질을 결정한다고 생각하기 때문이다. 바울은 자신의 사도됨이 사람들에게서 온 것도 아니고, 사람을 통해서 된 것도 아니며, 오직 예수 그리스도와 하나님 아버지를 통해 된 것이라고 말한다. 그런데 편지본말에서 바울은 자신의 복음은 사람에게 배운 것도 전해준 것도 아니요, 오직 하나님과 예수 그리스도에게서 난 것이라는 점을 강조한다. 따라서 편지시작말은 편지본말의 내용과 긴밀한 연관성이 있다.

바울서신은 형식적 유사성이 있을 뿐만 아니라 특정 그룹의 편지와 공통 범주에 속한다. 특히 바울서신은 개인에게 보내는 편지든 교회에 보내는 편지든 이 특성을 공유한다. 따라서 바울서신을 당시 편지와 무차별적으로 비교하는 읽기와 연구는 지양되어야 한다.

하지만 이 형식적 공통점과 아울러 바울서신이 당시 편지와 다른 점도 관찰할 수 있다. 어떤 점에서 다른가?

2.2.2 차이점

바울서신은 고대편지의 세 부분과 비교할 때 모두 다른 점이 있다.

먼저 바울서신의 서두는 약간의 차이가 있지만, 모두 문안 인사가 있다. 당시 편지와 비교해 보면 눈에 띄는 점이 있다. 무엇보다 부정사(χαίρειν)를 명사(χάρις)로 바꾸고, 여기에 "평화"라는 말을 덧붙인다. 은혜는 당시에는 단순히 건강이나 잘 됨을 표현한 말이었으나 바울은 하나님이 그리스도의 십자가와 부활에 근거해 죄인에게 베푸는 호의와 사랑을 담았다. 동시에 "평화"를 추가한다. 이 말은 단순히 마음의 안정과 고요, 평온함을 가리키는 말이 아니다. 구약 선지자들이 예언하고 고대했던 종말론적 평화와 하나님 나라가 실현된 결과 찾아오는 온전함과 완전함을 가리킨다. 따라서 "은혜와 평화"는 새 시대를 지배하는 가장 근본적인 원리이다. 이 "은혜와 평화"의 기원은 하나님과 주 예수 그리스도이시다. 여기서 바울이 당시 편지 형식을 차용하면서도 동시에 그 형식을 그대로 쓰지 않고 약간 수정했다는 점을 알 수 있다. 특히 문안 인사 부분을 창의적으로 변형하여 수용했다.

다음으로 편지 서두를 지나면 편지본말이 나오는데, 형식과 내용에서 큰 차이가 있다. 가장 눈에 띄는 점은 길이다. 바울서신의 분량은 빌레몬서를 제외하면 당시 편지보다 현저하게 많다. 나아가 편지본말의 시작부분이 다르다. 바울서신 몸체에는 사실진술 부분이 거의 나오지 않거나 전혀 없다. 대신 주로 각 교회나 개인을 생각하면서 하나님께 감사와 송영(doxology)으로 시작한다. 때로는 당황스럽고 불편한 마음을 표현하는 것으로 시작하기도 한다.

마지막으로 바울은 편지를 마칠 때, 당시에 일반적으로 쓰던 결어 공식을 사용하지 않는다. "강하라" 또는 "안녕"이라는 말을 쓰지 않는다.[75] 바울은 이 부분을 크게 확장하고, 당부, 명령, 기도부탁 등이 오게 한다. 그 다음에 교회나 개인에게 작별 인사를 한 후 대부분 축복을 비는 것으로 마친다.

이 모든 점을 고려할 때, 바울은 서두와 몸체, 결말에서 모두 당시 정형화된 공식이나 표현, 개념을 쓰지 않고, 새로운 개념을 도입했다고 볼 수 있다. 바울서신은 독특한 문안인사가 있으며, 호감사기는 전혀 없고, 사실진술도 아예 없거나 고대편지 형식이 요구하는 자리에서 벗어난 자리에 있다. 갈라디아서는 예외이다. 나아가 요청 자리에 보통 편

---

75 이 말은 헬라어로 에로소(ἔρρωσο; 행 23:30 ℵ) 또는 에로스데(ἔρρωσθε; 행 15:29)이다. 직역하면 "강하라"이다. 하지만 이 말은 편지의 결어로 "안녕," "잘 있어"라는 의미로 쓰였다. 이에 해당하는 라틴어는 발레(vale)이다. LSJ, ῥώννυμι.

지에서는 찾아보기 힘들만큼 긴 논증, 반박, 권면 등이 온다. 바울은 이렇게 새로운 요소들을 도입함으로써 "바울서신"이라는 독특한 장르를 만들고, 스스로 이 형식을 쓰는 서신 작가가 된 것이다.

하지만 여기서 질문이 생긴다. 과연 바울서신의 몸체와 일반적인 편지본말과 차이점을 단순히 형식상의 차이로만 설명할 수 있는가?

2.3 서신 분석법에 대한 회의

지금까지 서신 분석 연구에서는 주로 몸체를 제외한 바울서신 서두와 결말을 관찰해 얻은 결론을 몸체까지 확장해 왔다. 서두와 결말이 고대 서신 전통 속에 있으므로 몸체 또한 서신을 읽는 방식으로 읽어야 한다는 것이다. 이것은 실제로 비교 연구였다. 서두나 결말의 어떤 요소를 당시 기준과 비교하기 때문이다. 나아가 연관성 연구였다. 즉 서두나 결말에서 어떤 요소가 확대되거나 축소된 것을 관찰하면, 이 관찰 결과가 몸체를 해석하는 열쇠가 된다는 것이다.[76] 하지만 몸체와 서두, 결말에 나오는 어떤 내용에는 이런 상응관계가 없을 수도 있다. 예컨대 로마서에서 더디오의 문안(롬 16:22)이나 에베소서에서 마지막 축복(엡 6:24)의 경우이다. 가장 큰 문제는 서두와 결말을 몸체와 연관 속에서 보지만, 실제로 몸체 자체를 연구하지는 않는다는 점이다. 특별히 바울이 편지 몸체의 내용을 구성하는 원리는 무엇이며, 그 내용이 어떻게 현재와 같은 배치를 갖게 된 것인가?

이 질문에 서신 분석법은 아무런 대답도 내놓지 않았다. 반면 1960년대 후반부터 2,000년대 초반까지 약 30년 동안 수사학적 분석법은 이 문제를 심도있게 다루었다. 이 방법론은 무엇이며 어떤 긍정적, 부정적

---

[76] J. A. D. Weima, *Paul the Ancient Letter Writer. An Introduction to Epistolary Analysis* (Grand Rapids: Baker Academic, 2016).

영향을 미쳤는가?

3. 고대연설

수사학적 분석법은 고대연설을 연구하는 도구이다. 고대연설은 수사학에 기초하고, 수사학은 연설의 종류와 구조, 내용을 결정한다. 따라서 수사 비평이란 고대연설에 속하는 문서를 수사학적 전통과 비교하여 해석하려는 시도이다.

1968년 무일런부어크(J. Muilenburg)는 SBL 회장 연설에서 양식비평을 넘어서야 한다고 주장하면서 수사비평을 대안으로 제시했다.[77]

1974년 벳츠(H. D. Betz)는 "갈라디아서의 문학적 구성과 역할"이라는 논문을 발표했는데,[78] 벳츠는 이 논문을 통해 수사 비평을 신약 연구에 도입했다. 5년 후 벳츠는 수사비평을 갈라디아서에 적용한 주석을 펴냈다.[79] 케네디(G. A. Kennedy)는 이렇게 시작된 방법론을 신약 전체로 확대 적용하여 연구하고, 이 연구를 1984년 책으로 발표했다.[80] 여기서 케네디는 신약 복음서와 서신들이 고대연설의 세 종류 중 어느 종류에 속하는지 분류하고 이 분류에 따라 내용을 해석하려고 시도했다. 하지

---

[77] D. F. Watson, "Notes on History and Method," in *Rhetorical Criticism of the Bible: A Comprehensive Bibliography with Notes on History and Method*, ed. D. F. Watson and A. J. Hauser (Leiden/New York/Köln: Brill, 1994), 101-125; 특히 107쪽을 보라.

[78] H. D. Betz, "The Literary Composition and Function of Paul's Letter to the Galatians," *NTS* 21 (1975): 353-379. 벳츠는 이 논문의 일부를 1974년 8월 13일 NTS 29회 총회에서 발표했다.

[79] H. D. Betz, *Galatians: A Commentary on Paul's Letter to the Churches in Galatia*, Hermeneia (Philadelphia: Fortress, 1979).

[80] G. A. Kennedy, *New Testament Interpretation through Rhetorical Criticism* (Chapel Hill and London: The University North Carolina Press, 1984). 이하 NTIRC로 표기한다.

만 신약의 모든 책에 적용할 수 없었고, 이론이 잘 맞는 일부 책에 집중했다. 이것이 수사비평의 제1기라고 할 수 있다.

그 후 약 20년 동안 수사비평에 대한 관심이 고조되었다. 다섯 번의 큰 국제학회가 수사비평을 주제로 택했는데, 1992년 하이델베르크 학회,[81] 1994년 프레토리아 학회,[82] 1995년 런던 학회,[83] 1998년 플로렌스 학회,[84] 2000년 런던 학회[85]이다. 초기에는 주로 이론을 확증하려고 했다면, 후기에는 이론의 유용성과 정당성을 입증하려고 했다. 이에 따라 초기에는 이론이 잘 맞는 로마서와 고린도전후서, 빌립보서와 같은 책에 집중한 반면, 후기에는 비판이 가장 거세게 일어난 에베소서와 골로새서, 디모데전후서와 같은 책에 수사비평을 적용할 수 있는지 토론했다. 이것이 수사비평의 제2기이다.

앞에서 수사비평의 역사를 간략하게 개관했다. 그러면 바울서신은 고대연설로 볼 수 있는가? 만일 그렇게 볼 수 있다면, 고대연설 중 어느 범주에 속하는가? 만일 바울서신 중 하나가 특정 범주에 속하면 그 범주의 전통과 바울서신의 내용이 어느 정도 일치하는가? 이 모든 질문에 답하기 위해서는 고대연설의 종류와 각 종류의 특징을 파악할 필요

---

[81] 여기서 발표된 논문들을 포터와 올브리히트는 책으로 묶어 펴냈다. S. E. Porter and Thomas H. Olbricht, eds., *Rhetoric and the New Testament: Essays from the 1992 Heidelberg Conference*, JSNTSup 90 (Sheffield: JSOT Press, 1993).

[82] S. E. Porter and Thomas H. Olbricht, eds., *Rhetoric, Scripture and Theology: Essays from the 1994 Pretoria Conference*, JSNTSup 131 (Sheffield: Sheffield Academic Press, 1996).

[83] S. E. Stanley and Thomas H. Olbricht, eds., *The Rhetorical Analysis of Scripture: Essays from the 1995 London Conference*, JSNTSup 146 (Sheffield: Sheffield Academic Press, 1997).

[84] S. E. Porter and Dennis Stamps, eds., *Rhetorical Criticism and the Bible,: Essays from the 1998 Florence Conference*, JSNTSup 195 (Sheffield: Sheffield Academic Press, 2002).

[85] A. Eriksson and Thomas H. Olbricht et al., eds., *Rhetorical Argumentation in Biblical Texts: Essays from the Lund 2000 Conference* (Harrisburg: Trinity Press International, 2002).

가 있다.

3.1 연설의 종류(genus orationis)

고대연설은 다음 세 종류로 나뉜다. 법정연설과 조언연설, 선전연설이다. 여기서 선전연설은 칭찬연설이라고 부르기도 한다. 고대연설을 이렇게 세 종류로 구분한다는 점에서는 모두 일치하지만, 이렇게 구분하는 이유는 각각 다르다. 대표적으로 아리스토텔레스와 키케로의 정의를 살펴보자.

아리스토텔레스는 청중에 따라 연설의 종류가 결정된다고 보았다. 왜냐하면 연설의 최종 목적이 청중이기 때문이다.[86] 청중은 세 종류가 있는데, 관찰자, 민회 구성원, 배심원이다. 관찰자는 화자의 성품과 능력을 판단하는 사람이고, 민회 구성원은 미래의 일을 결정하는 사람들이고, 배심원은 법정에서 과거 사건을 판단하는 사람들이다. 청중이 세 종류이므로 연설도 세 종류가 된다. 즉 조언연설, 법정연설, 선전연설이다.[87] 아리스토텔레스는 이렇게 구분한 후 세 연설의 기능과 지향점, 중요시하는 시간대를 언급한다.[88] 그 후 조언연설(συμβουλευτικόν),[89] 선전연설(ἐπιδεικτικόν),[90] 법정연설(δικανικόν)[91]의 내용을 차례로 설명한다.[92]

이에 반해 키케로는 연설을 연설의 목적과 착상의 활동영역에 따라

---

[86] Aristoteles, *Rhet.* 1.3.1358a1.
[87] Aristoteles, *Rhet.* 1.3.1358b1.
[88] Aristoteles, *Rhet.* 1.3.
[89] Aristoteles, *Rhet.* 1.4–8.
[90] Aristoteles, *Rhet.* 1.9.
[91] Aristoteles, *Rhet.* 1.10–14.
[92] 아리스토텔레스는 연설의 종류를 소개할 때(조언-법정-선전)와 실제 각 연설을 설명할 때(조언-선전-법정) 순서가 다르다.

구분했다. 키케로에 따르면, 연설의 종류는 연설의 목적과 연관이 있다. 청중을 설득하려면, 화자는 청중에게 신뢰를 얻고 그들의 마음을 움직여야 한다. 이렇게 청중의 신뢰를 획득하고 마음을 움직일 방법을 찾는 것을 착상능력(inventio)이라고 부른다.[93] 그런데 이 착상은 그냥 얻을 수는 없고, 논거를 면밀히 살펴본 후 체계적으로 끌어내야 한다. 이 논거의 소재와 역할이 자리잡은 영역에 따라 착상이 다르고, 이 착상에 따라 연설의 종류가 구분된다.[94] 착상이 활동하는 영역이 크게 세 가지이므로 연설도 세 가지로 나눌 수 있다. 즉 법정연설, 조언연설, 칭찬연설이다.[95] 키케로는 각 연설을 구분한 후 세 연설의 배열(dispositio)에 관해 간략히 언급한다.[96] 배열을 설명한 후에는 각 연설의 주제를 자세히 다루는데, 먼저 칭찬연설(exornatio),[97] 다음으로 조언연설(deliberatio),[98] 마지막으로 법정연설(iudicium)[99]을 설명한다.[100]

고대연설을 분류하는 명칭 중 "선전연설" 또는 "칭찬연설"이라는 말은 모호하다. 아리스토텔레스는 이 종류를 에피데이티콘이라고 불렀는데, 이 말을 라틴어로 번역하면 데몬스트라티붐(demonstrativum)이다. 키케로는 이 말을 문자적으로 번역하지 않고 내용에 맞는 라틴어로 표현했다. 그래서 이 종류의 연설을 정의할 때는 "꾸밈이나 장식, 미화"를 뜻

93　Cicero, Part. 5.
94　H. F. Plett, 『수사학과 텍스트 분석』, 양태종 옮김(서울: 도서출판 동인, 2002), 43.
95　Cicero, Part. 10.
96　Cicero, Part. 27-60.
97　Cicero, Part. 70-82.
98　Cicero, Part. 83-97.
99　Cicero, Part. 98-138.
100　키케로 또한 연설의 종류를 소개할 때(법정-조언-칭찬)와 설명할 때(칭찬-조언-법정) 순서가 다르다. 키케로는 정확히 역순으로 설명한다.

하는 엑소르나치오(*exornatio*)라는 말을 선택했지만,[101] 설명할 때는 "칭찬"(*laudatio*)이라는 낱말을 쓰기도 했다.[102] 현대 학자들은 헬라어를 음역한 말을 그대로 쓰기도 하고 라틴어 번역에 해당하는 말을 쓰기도 한다.[103]

아리스토텔레스와 키케로는 각자 약간 다른 뉘앙스를 지닌 용어를 사용하지만, 결국 연설의 종류는 셋이며, 이 셋은 법정, 조언, 선전연설이라고 말한다. 그러면 각 연설은 언제, 어디서, 어떤 목적을 이루려고 하는 것인가? 두 사람의 설명을 간략히 소개하면 다음과 같다.[104]

법정연설은 말 그대로 법정에서 원고나 피고가 고발하거나 변호할 때 하는 연설이다. 여기서 화자는 사안이 합법적이냐 불법적인 것이냐에 주로 관심을 쏟고, 옳고 그름을 가리려고 한다. 이것은 주로 과거 사건이나 사실과 관련되고 재판관이나 배심원을 설득해야 한다.

조언연설은 정치가나 지도자적 위치에 있는 사람이 청중을 권유하거나 만류하는 연설이다. 화자는 주로 무엇이 이로운 것인지 어떤 것이 손해가 되는지 조언을 한다. 더 이로운 것을 하도록 충고나 권면하고, 더 해로운 것은 멀리하도록 만류하거나 경고한다. 이렇게 함으로써 공동체의 일을 결정하도록 한다. 이것은 주로 국가의 미래에 대한 비전이라든지 전쟁을 앞두고 내려야 할 중요한 정책이나 결정과 관련이 깊다. 아직 현실로 나타나지 않은 일에 대한 결정이므로 가족, 단체, 국가, 세계에 대한 비전이 중요하다.

선전연설은 주로 무엇이 더 아름답고 명예로운 것이며, 어떤 것이

---

[101] Cicero, *Part*. 10, 12.
[102] Cicero, *Part*. 10.
[103] Kennedy, *NTIRC*, 19; passim을 보라; 케네디는 선전연설(epideictic)은 헬라어에서, 법정연설(juristic)과 조언연설(deliberative)은 라틴어에서 가져온다.
[104] Aristoteles, *Rhet*. 1.4-14; Cicero, *Part*. 70-138.

추하고 불명예스러운 것인지 드러내는 연설이다. 무엇이 미덕이고 악덕인지, 무엇이 고결한 것인지, 무엇이 정의인지 드러내는 것이다. 이때 어떤 인물의 절제와 방종, 후함과 인색함, 관대함과 속좁음 등을 칭찬하거나 비난하기 때문에 "칭찬연설"이라고 부른다. 이렇게 하여 자신보다 남을 더 즐겁게 하거나 이롭게 해주고, 기억할 만한 가치가 있는 행위를 하며, 이득이 없어도 행하고, 격에 맞게 행동하는 고결한 사람을 칭송함으로써 덕을 증진하고, 그 반대를 비난함으로써 악덕을 멀리하게 하려는 것이다. 이런 일은 생일이나 결혼, 장례 및 추모 등 가족이나 단체에게 중요한 날이나 국가적 축제일이나 제전에서 행한 연설이므로 "식장연설"이라고도 부른다. 따라서 연설자는 연설의 대상이 되는 인물이나 사건이 얼마나 칭찬받을 만한지 아니면 반대 상황인지 부각하는 일에 초점을 맞춘다.

각 연설의 지향점과 역할에 나타나는 특징적인 점을 요약하면 다음과 같다.

명칭	지향점	역할	중요 시간	예
법정연설	옳고 그름을 가림	고발, 변호	과거	법정, 변론, 사회비판 및 풍자 반박
조언연설	이로운지 해가 되는지 알림	권고, 경고	미래	정치연설(국방, 국가재정, 전쟁과 평화, 수출입, 입법 등), 교훈, 권고, 계획, 설교
칭찬연설 또는 선전연설	아름답고 명예로운 것인지 추하고 불명예스러운 것인지 강조	칭찬, 비난	현재	칭찬글, 비방글, 잔치사(생일, 결혼, 기념일, 추모식), 송시

아리스토텔레스와 키케로의 정의와 구분은 이후 고대 수사학을 완성한 퀸틸리아누스와 같은 다른 수사학자들에게서 정착되었다. 퀸틸리아누

스는 연설의 종류를 법정연설(*judiciale*), 조언연설(*deliberativum*), 칭찬연설(*laudativum*)로 나누고, 각 연설의 정의, 특징, 구성 요소에 대한 이론을 집대성했다.[105]

우리말로는 연설과 수사학에 관련된 용어가 거의 통일되어 있지 않다. 번역자마다 각기 다른 용어를 쓸 뿐만 아니라 한글을 쓸 것이냐 한자를 활용할 것이냐도 의견이 일치되어 있지 않다. 그래서 "법정연설"은 어느 정도 일치점이 있지만, 조언연설은 정책연설이나 정치연설, 토론연설 등으로 번역한다. 또 선전연설은 칭찬연설, 식장연설, 제시적 연설 등 다양한 용어가 사용되고 있다.

아리스토텔레스	키케로	퀸틸리아누스	케네디	안재원[106]	박문재[107]	양태종[108]
δικανικόν	*iudicium*	*iudiciale*	juristic	법정연설	법정연설	법정연설
συμβουλευτικόν	*deliberatio*	*delibrativum*	deliberative	정책연설	조언연설	정치연설
ἐπιδεικτικόν	*exornatio*	*laudativum demonstrativum*	epideictic	칭찬연설	선전연설	식장연설

물론 고대 수사학자들이 연설을 이렇게 분류한다고 해서 연설의 종류가 이 셋뿐이라고 생각하지 않았다. 하지만 모든 연설은 이 세 범주 아래 들어올 수 있다. 나아가 이 세 연설이 복잡하고 변화무상한 상황에서 기계적으로 작성되고 실행되었다고 보지도 않았다. 한 연설 안에는 다른 범주에 속하는 연설의 요소가 추가되어 얼마든지 변형이 일어날

---

105 Cf. Quintilian, *Inst.* 1.3.12–16.
106 Cf. 키케로, 『수사학: 말하기 규칙과 체계』, 안재원 옮김(서울: 도서출판 길, 2017).
107 Cf. 아리스토텔레스, 『수사학』, 박문재 옮김(파주: 현대지성, 2020).
108 Cf. 키케로, 『생각의 수사학』, 양태종 옮김(서울: 유로서적, 2007).

수 있다.¹⁰⁹

이제 고대연설의 대표적인 예로 「소크라테스 변론」을 살펴보자.

3.2 연설의 예(exemplum orationis)

3.2.1 「소크라테스 변론」

「소크라테스 변론」은 고대 법정연설 중 하나이다.¹¹⁰ 소크라테스는 이 변론에서 자신은 법정용어에 익숙하지 않은 사람이라고 말한다. 실제로 소크라테스는 평소에 평범한 용어로 자신의 '연설'을 진행했고, 법정에서 쓰는 전문적인 용어를 별로 사용하지 않았다. 나아가 변론 전에 리시아스(Lysias)가 소크라테스를 위해 원고를 써 주었으나 거절했다. 소크라테스에 따르면, 리시아스의 원고는 훌륭한 겉옷이지만, 자신과는 어울리지 않는다는 것이다.¹¹¹

하지만 아무도 소크라테스가 법정에서 두서없이 말했을 것이라고 생각하지 않는다. 또한 소크라테스는 상대방의 논점을 파악하고 반박하거나 증명하는 일에 익숙했다. 매일 '대화하는 사람'이었기 때문이

---

109   Cf. Quintilian, *Inst.* 3.4.16, trans H. E. Butler, LCL 124 (London: Heinemann, 1969), 397: "I cannot even agree with those who hold that *laudatory* subjects are concerned with the question of what is honourable, *deliberative* with the question of what is expedient, and *forensic* with the question of what is just : the division thus made is easy and neat rather than true: for all three kinds rely on the mutual assistance of the other. For we deal with justice and expediency in *panegyric* and with honour in deliberations, while you will rarely find a *forensic* case, in part of which at any rate something of those questions just mentioned is not to be found"; cf. Plett, *Einführung in die rhetorische Textanalyse*, 16; Kennedy, *NTIRC*, 19.

110   이 글을 쓴 저자는 소크라테스가 아니라 플라톤이다. 따라서 고대로부터 소크라테스가 실제로 플라톤이 서술한 방식으로 자신을 변증했는지 의문이 있다.

111   Diogenes Laertius, 2.40.

다. 따라서 플라톤이 소크라테스의 변론을 고대연설의 형태로 제시할 때 이 변론에 없었던 내용이나 요소를 추가했을 가능성은 매우 낮다.[112]

그러면 소크라테스 연설은 어떤 모습인가? 이 변론은 크게 볼 때 여섯 부분으로 구성되어 있다.

		「소크라테스 변론」
1.	시작말	17a–18a
2.	첫 번째 변론	18a–30c
3.	두 번째 변론	30c–34b
4.	결론	34b–35d
5.	판결 후 변론	35d–38b
6.	최후진술	38c–42a

이 변론의 최종목적이 재판관이나 배심원의 판결에 영향을 주는 것이라는 점을 고려할 때, 수사학적 분석 대상은 처음 네 부분이다. 마지막 두 부분은 연설 후 추가 변론 및 진술에 해당한다.

3.2.2 「소크라테스 변론」 구성

케네디는 이 연설을 간략하게 네 부분으로 나누었다. 시작말(*prooemium*)과 사실진술(*narratio*), 반박(*refutatio*), 결론(*peroratio*)이다.[113] 이 분석은 여러 가지 면에서 오해를 불러 일으킨다. 첫째, 사실진술에서 바로 반박으로 넘어가는 인상을 준다. 둘째, 반박이 하나인 것처럼 제시하므로 소크라테스의 변론이 단일 주제에 대한 반박으로 이루어진 것으로

---

[112] G. Kennedy, *The Art of Persuasion in Greece* (New Jersey: Princeton University Press, 1963), 151–152.

[113] Kennedy, *Art of Persuasion in Greece*, 151

보기 쉽다. 셋째, 34b이후를 모두 결론으로 분류하므로, 이후 내용 전체가 긴 결어로 생각할 수 있다. 하지만 소크라테스는 여러 가지 사유로 기소를 받았으므로 변론도 나누어서 했다.

    라베는 이 연설을 매우 자세하게 분석했다. 라베에 따르면, 소크라테스 변론은 크게 다섯 부분으로 나뉜다. 시작말과 본말, 끝말이다. 본말에 나오는 변론은 다시 셋으로, 처음에 큰 연설이 두 개 등장하고, 이어서 작은 연설이 하나 따라온다.[114]

이제 소크라테스의 변론을 좀 더 자세히 살펴보자. 우선 소크라테스는 시작말로 연설의 문을 연다(17a–18a).

3.2.2.1 시작말(prooemium)
소크라테스는 그의 나이 70세에 아테네 법정에 선다. 이 재판의 배심원은 500명이었다. 반대자들은 이미 소크라테스를 고소한 상태였다. 이들은 매우 설득력 있게 말하지만 진실을 말하지 않으므로, 소크라테스는 배심원들에게 주의하라고 부탁한다. "저들은 진실을 말하지 않았지만, 여러분은 저에게서 진실을 듣게 될 것입니다"(17b). 그러나 자신의 말투와 용어는 법정에서 통상적으로 쓰는 것과 다를 수 있기 때문에 양해해 달라고 말한다(17d–18a).
이렇게 변론을 시작한 후 소크라테스는 자신이 다룰 논제를 제시한다(18a–19a).

3.2.2.2 논제(partitio)
두 부류의 고발인들이 있다(18a–e). 첫 번째는 밀레토스 등 불특정 다수

---

114 A. Rabe, *Platos Apologie und Kriton logisch-rhetorisch analysiert. Erster Teil: Einleitung und Apologie K. 1–10* (Berlin: W. Portmetter, 1897), 18.

로 이들은 소크라테스라는 "현자"(지혜로운 자)가 우주와 땅속을 탐사하고, 빈약한 논증을 강하게 만든다(18b-c)고 주장한다. 소크라테스는 이들이 현재 고발인들보다 더 위험하다고 말한다(18d-e). 두 번째는 아니토스와 그 무리로서 이들은 현재 고발인들이다. 나는 이들을 차례로 다루겠다.

전체주제 후에 연설 세 개가 뒤따르는데(19a-30c, 30c-34b, 35d-38b), 첫 두 연설은 판결 전 변론이다. 이 중 첫 번째 연설은 소크라테스 변론 전체에서는 증명에 속한다. 하지만 이것은 하나의 완전한 연설로서 연설 요소가 다 등장한다. 그러면 이 연설이 어떻게 진행되었는지 살펴보자.

3.2.2.3 증명(probatio): 첫 번째 연설

소크라테스는 최초 고발인들의 고소가 무엇인지 소개한다. 이것은 주제제시라고 할 수 있다(19a-c).

A. 주제제시(propositio)

소크라테스는 멜레토스(Meletus)의 고발문의 일부를 읽음으로써 쟁점이 무엇인지 밝힌다: "소크라테스는 부도덕하며, 쓸데없이 나서서 주제넘은 짓을 하고 있으니, 그것은 땅 밑과 하늘에 있는 것을 탐구하는가 하면, 논리에도 맞지 않는 빈약한 주장을 강력한 주장으로 만들며, 이것들을 남에게 가르치는 것이다"(19b-c).

이 주장에 대해 소크라테스는 길게 이 기소와 변론이 있게 된 정황을 진술한다(19d-24b).

B. 사실진술(narratio)

우선 자신은 멜레토스가 기소한 내용에 대해 전혀 아는 바가 없다고 대답한다(19d). 다음으로 '혹 사람들을 가르치고 그 대가를 강요한다'는 의혹을 언급하고, "이것은 진실이 아니"라고 말한다(19d). 여기서 긴 사실진술이 시작된다. 우선 소크라테스는 고르기아스, 프로디코스, 히피아스처럼 젊은이들을 설득할 수 있다면 좋은 일이었을 것이라고 말한다(아이러니, 19e). 나아가 자신도 직접 칼리아스와 같이 이런 소피스트에게 거액의 비용을 들인 사람에 대해 들었다고 말한다(20a-b). 하지만 자신에게는 그런 지식이 없다고 반박한다(20c).

그러면 소크라테스가 받은 비방의 근원은 무엇인가? 그것은 "지혜"(소피아) 때문이라고 대답한다(20c-d). 자신은 누가 세상에서 가장 지혜로운지 질문했다. 이렇게 한 것은 델피의 신탁 때문이다. 소크라테스보다 더 지혜로운 사람은 없다. 소크라테스는 의아해하면서 골똘히 생각했다. '나는 나 자신이 지혜롭다고 생각하지 않은데, 이 신탁은 무슨 뜻인가?' 그래서 정치가(21c), 비극 시인들(22b), 시인들(22c), 장인들(22c-d)에게 질문했으나 그들은 자신보다 지혜롭지 않았다. 왜냐하면 자신은 자신이 지혜롭지 못하다는 사실을 알지만, 그들은 그것을 모르기 때문이다. 소크라테스는 배심원들에게 말한다. '이 사실이 내 질문으로 밝혀지자 그들은 나를 증오하기 시작했다'(21d, 21e, 23a). 그리고 캐물음을 당한 사람들은 소크라테스가 매우 혐오스러운 자이며 젊은이들을 타락시킨다라고 말한 것이다(23c-d).

여기서 소크라테스는 처음 기소 사유에서 나중 기소 내용으로 넘어간다. 그는 다시 기소장을 읽는다: "소크라테스는 젊은이들을 타락시키고 있으며, 나라가 믿는 신들을 믿지 않고 다른 새로운 영적인 것들을 믿음으로써 죄를 범하고 있다"(24b).

이것이 소크라테스가 기소당한 이유다. 이렇게 정황과 논점을 분명히 밝힌 후에 자신과 자신이 한 일은 기소한 내용과 거리가 멀다는 점을 증명하기 시작한다(24b-28b).

C. 증명(*probatio*)

소크라테스는 먼저 자신이 젊은이들을 타락시키고 있다는 고소를 반박한다. 여기서 소크라테스는 멜레토스에게 "캐묻는" 방식으로 반대주장의 허점을 밝힌다. 우선 소크라테스는 누가 젊은이들을 낫게 만드냐고 묻는다(24d). 멜레토스는 법률, 배심원, 협의회 의원, 민회원이라고 대답한다(24e-25a). 소크라테스는 "그러면 나를 제외한 아테네인 모두가 젊은이들을 훌륭하게 만든다는 겁니까?"(25)라고 재차 묻는다. 소크라테스는 여기서 멜레토스의 주장이 두 가지 점에서 허위라고 반박한다. 첫째, 경험과 배치된다. 말을 훌륭하게 만드는 것은 대중이 아니라 조련사 한 사람 또는 소수다(25b-c). 둘째, 논리에 어긋난다. 만일 선인은 자기 주변 사람에게 좋은 일을 하고 악인은 해로운 짓을 하는데, 만일 자기만 젊은이들을 타락시킨다면, 그들이 자기에게 해롭게 할 텐데, 자신이 그런 일을 할 만큼 어리석어 보이냐는 것이다(25d-e). 그러므로 자신은 젊은이들을 타락시키지 않았거나 고의로 한 것이 아니다(26a)

다음으로 자신이 국가가 믿는 신을 믿지 못하게 하고 새로운 영적인 것을 가르친다는 것이다. 이것도 앞의 것과 관련이 있다. 이렇게 함으로써 젊은이들을 타락시킨다는 것이다(26b). 그러면 구체적으로 어떻게 신을 믿지 못하게 한다는 것인가? 소크라테스가 다른 신을 믿었기 때문이다. 변론 중에 멜레토스는 소크라테스가 신을 전혀 믿지 않는다고까지 주장한다. 하지만 소크라테스는 자신은 영적인 것을 믿으며 멜레토스의 고발은 모순이라고 반박한다. 이 고소는 '소크라테스는 신들을 믿지 않지만 신들을 믿었기 때문에 유죄다'라는 말이기 때문이다. 여기서 소크라테스는 다시 인간과 말, 음악과 비교한다. 예를 들어 인간사를 믿으면서 인간이 존재하지 않는다고 믿는 사람이 없듯이, 영적인 것들을 믿으면서 영이 존재한다고 믿지 않는 사람은 없기 때문이다. 나아가 영은 신의 아들이므로, 자신은 신을 믿는다는 것이다. 따라서 기소 내용이 모순이며, 자신이 유죄판결을 받은 것은 멜레토스, 아니토스 때문이 아니라 사람들의 시기와 비방 때문이다.

이렇게 기소의 본질을 밝힌 후 소크라테스는 좀 더 근본적인 내용을 반박한다(28b-29b).

D. 반박(refutatio)
소크라테스는 여기서 자신에 대한 여론의 의견 하나를 인용한다. '철학을 하다가 그것 때문에 죽는다면 수치스럽지 않겠는가?'(28b) 소크라테스는 이 반문에 우선 죽음에 대한 편견을 지적하고, 다음으로 당시 헬라 세계의 기초가 된 이야기로 반박한다.

소크라테스는 어떤 행동을 할 때 옳고 그름보다 죽고 사는 문제에 마음 쓰는 것이 더 수치스러운 것이라고 말한다(28b). 여기서 그는 호머의 일리아드에 나오는 아킬레우스를 예로 든다. 아킬레우스는 헥토르를 죽이면 자신도 죽는다는 것을 알면서도 친구 파트로클로스를 위해 복수하고 자신도 죽었다. 그러면 아킬레우스와 같은 이들이 수치스러운 일을 한 것인가?(28c-d) 소크라테스는 자신도 포테이다이아, 암피폴리스, 델리온 전투에서 지휘관들이 명령할 때 병사로서 자기 위치를 지켰다고 말한다(28e).

하물며 신의 명령에 따라 지혜를 사랑하며 자신과 사람들에게 근본적인 질문을 하며 살았는데, 그 자리를 지키지 않는다면 어떻게 되겠는가? 이것이야말로 무서운 일이 될 것이다! (28e-29a).
이렇게 자신의 행위에 대한 시기와 비방을 반박한 후 소크라테스는 반박에서 제기된 죽음에 대해 말한다. 이것이 첫 번째 연설의 결론부이다 (39b-30c).

E. 결론(peroratio)
'내가 죽음을 두려워하는 것은 지혜로운 일이 아니다. 왜냐하면 죽음이 좋은 것인지 나쁜 것인지 모르면서 그 죽음을 두려워한다면, 모르는 것을 안다고 생각하는 것이다. 이것은 옳지 않다'(29b)

여기서 소크라테스는 가정적 상황을 설정하며 제안한다. '우리가 당신이 다시는 철학을 하지 않는다는 조건으로 아니토스의 소를 취하하고 무죄방면하는 것은 어떤가?' (29c) 소크라테스는 이 제안을 거절한다. "나는 여러분보다 신을 더 사랑하고 신의 명령에 복종할 것이다"(29d). "재물이나 명예, 명성보다 진리와 영혼에 관심을 갖도록 질문하는 것, 이것이 신이 나에게 준 소명이다. 설사 몇 번 죽는다 해도 나는 지금까지 해오던 일을 계속할 것이다"(29d-30b).

이렇게 소크라테스는 자신이 기소 당한 사유와 내용, 궤변을 논증으로 바꾸며 젊은이들을 타락하게 한다는 주장의 허위를 증명하고 자신은 계속 지혜를 사랑하고 외적인 것보다 영혼에 관심을 갖도록 사람들을 일깨울 것이라고 주장한다. 이상의 내용을 정리하면 다음과 같다.

			첫 번째 연설
1.	주제제시	*propositio*	19a-c
2.	사실진술	*narratio*	19d-24b
3.	증명	*probatio*	24b-28b
4.	반박	*refutatio*	28b-29b
5.	결론	*peroratio*	29b-30c

지금까지 고대연설의 대표적인 예로 「소크라테스의 변명」을 분석해 보았다. 그렇다면 고대연설은 「소크라테스의 변명」과 유사한가? 또 앞에서 언급한 세 가지 종류의 연설은 각각 자기만의 배열 방식이 있는가 아니면 연설의 종류가 다르더라도 내용 배치에서는 공통적인가? 만일 공통된 배열이 있다면, 그것은 무엇인가? 만일 이것이 공통적이라면

고대문서의 하나인 바울서신에서도 고대연설에서 발견되는 유사한 배열을 찾을 수 있는가?

3.3 연설의 배열(dispositio orationis)

고대연설에서는 종류에 관계없이 공통적인 내용 배치의 구조를 관찰할 수 있다. 라우스베르그(Heinrich Lausberg, 1912-1992)는 고대 각 저자들이 연설의 내용이 몇 개로 나누고 어떤 순서로 배치하게 되는지 설명한다. 라우스베르그에 따르면, 수사학자에 따라 총 2부분에서 7부분으로 나뉜다. 하지만 순서는 거의 동일하다.[115] 하지만 증명과 반박을 논증의 하위 개념으로 본다면, 고대연설은 다음 네 부분으로 구성된다. 그 네 부분이란 서론-사실진술-논증-결론을 뜻한다.

서론은 엑소디움(exordium) 또는 프로오에미움(prooemium)이라고 부르는데, 연설의 도입부분을 가리킨다. 여기서 화자는 듣는 청중의 마음이 연설의 나머지 부분을 받아들이기에 적절한 상태로 만들려고 해야 한다.[116]

사실진술은 나라치오(narratio)라고 부른다. 키케로에 따르면, 사실진술은 사건을 설명하고 앞으로 있을 논증 구성을 위한 토대이다.[117] 사실진술은 서론과 논증 사이에 온다. 여기서 화자는 연설의 나머지 부분에서 다룰 주제와 개념을 언급해야 한다. 화자는 이 주제와 개념을 명확하고 간략하며 설득력 있게 제시하여 청중의 신뢰를 얻어야 한다.[118]

논증은 아르구멘타치오(argumentatio)를 번역한 말이다. 논증은 증명

---

115 H. Lausberg, *Handbuch der literarischen Rhetorik: eine Grundlegung der Literaturwissenschaft*, 4th ed. (Stuttgart: Steiner, 2008), 148-149.

116 Cicero, *Inv.* 1.14.20.

117 Cicero, *Part.* 31.

118 Cicero, *Part.* 31-32.

(프로바치오, *probatio*)이나 확증(컨피르마치오, *confirmatio*)이라고도 부른다. 논증은 증명 또는 확증과 반박인 레퓨타치오(*refutatio*)로 구성된다. 화자는 증명으로 자신의 주장을 관철하고, 반박으로 상대방의 주장을 무력화한다.[119] 어떤 것을 증명하려고 때, 추정[120]과 정의,[121] 속성[122]을 면밀하게 제시하는 것이 중요하다. 어떤 것을 반박하려고 할 때에는 상대방의 논증 전체를 물리치거나 개연성을 무너뜨려야 한다.[123]

결론은 컨클루시오(*conclusio*) 또는 페르오라치오(*peroratio*)라고 부른다. 이는 연설 전체를 마무리하는 곳이다. 여기서 화자는 주로 세 가지 일에 집중한다. 먼저 지금까지 한 연설의 내용을 요약한다(*enumeratio*). 다음으로 자기와 다투는 상대방에 대해 청중이 분개하거나 악한 감정을 갖도록 하는 것이다(*indignatio*). 이것을 마지막으로 자신에 대해서는 동정이나 공감을 일으키게 해야 한다(*conquestio*).[124]

현대 수사비평에서는 키케로[125]와 퀸딜리아누스[126] 중 하나를 택하지 않고, 서론과 사실진술은 키케로에서, 나머지는 퀸틸리아누스에게서 취하여 네 부분을 표시한다.

지금까지 설명한 이 네 부분과 현대 수사비평에서 채택된 용어를 요약하면 다음과 같다.

---

[119]   Cicero, *Part*. 33.
[120]   Cicero, *Part*. 34–40.
[121]   Cicero, *Part*. 41.
[122]   Cicero, *Part*. 42–43.
[123]   Cicero, *Part*. 44.
[124]   Cicero, *Inv*. 1.51.98.
[125]   Cicero, *Inv*. 1.14.19; in *Cecero in 28 Volumes*, Vol. 2, trans. H. M. Hubbell, LCL 386 (London: Heinemann, 1968), 40–41.
[126]   Quintilian, *Inst*. 3.9.1; in *Quintilian, Institutio Oratoria*, Vol. I: Books I–III, trans. H. E. Butler, LCL 124 (London: Harvard University Press, 1996), 514–515;

	구분	*Cicero*	*Quintilian*	수사비평
1.	서론/시작말	*exordium*	*prooemium*[127]	*exordium*
2.	사실진술	*narratio*	*narratio*	*narratio*
3.	논증	*argumentatio*		[*argumentatio*]
	확증/증명	*confirmatio*	*probatio*	*probatio*
	반박	*reprehensio*	*refutatio*	*refutatio*
4.	결론	*conclusio*	*peroratio*	*peroratio*

그러면 바울서신에서도 이러한 연설의 요소와 배열이 나타나는가? 이제 바울서신에서 고대연설의 배열을 찾을 수 있는지 살펴보자.

3.4 바울서신의 고대연설 요소

바울서신을 분석해 보면, 고대연설의 요소가 나타나는 곳이 분명히 있다는 것을 알 수 있다. 하지만 이 요소들이 모든 바울서신에서 똑같이 선명하게 나타나는 것은 아니다. 바울서신 중 일부, 특히 편지본말에서 두드러진다. 여기서는 수사비평이 가장 먼저 주목한 로마서와 갈라디아서를 간략하게 살펴보자.

3.4.1 로마서

로마서를 고대연설 중 하나로 볼 수 있다면, 로마서는 그 중 어느 종류에 속하는가? 케네디는 로마서를 조언연설(deliberative)보다는 칭찬연설(epideictic)의 하나로 분류한다.[128] 케네디에 따르면, 로마서 12-15장은

---

[127] 동일한 부분을 엑소디움(*exordium*)이라고 표현하기도 한다. Quintilian, *Inst.* 4.1.1; in *Quintilian, Institutio Oratoria*, Vol. II: Books IV–VI, trans. H. E. Butler (London: Heinemann, 1977), 6–7.

[128] Kennedy, *NTIRC*, 152.

실천적 권면이 주를 이루지만, 그럼에도 이 부분 때문에 로마서가 조언 연설로 바뀌지는 않는다. 왜냐하면 이 부분에 등장하는 항목들은 "행동보다는 믿음과 태도와 관련이 있기" 때문이다.[129] 하지만 로마서를 고대연설 종류 중 한 범주로 확정하는 것은 불가능하다. 이것은 로마서를 고대편지의 하나로 분류할 때 마주친 문제와 동일하다.[130] 즉 로마서 내용과 일치하지 않는 부분이 있다.

로마서의 내용을 수사학적으로 구분한다면 어떻게 되는가? 로마서는 총 네 부분으로 나눌 수 있다. 서론-사실진술-논증-권면이다.

바울은 긴 서론(*exordium*)으로 시작한다(롬 1:1-7). 이어 자신이 로마에 가고자 하는 목적을 밝히는데(롬 1:8-15), 이 부분은 사실진술(*narratio*)에 해당한다. 다음으로 바울은 자신이 로마에 가서 전하고자 하는 복음의 요체를 진술하는데(롬 1:16-17), 이것은 주제제시(*propositio*)라고 할 수 있다. 기능적으로 볼 때, 이 단락은 서론을 마치고 본론으로 들어가기 위한 문구이므로 전환(*transitus*)이라고 부르기도 하고,[131] 본론에서 다룰 주제나 개념을 간략하게 제시하는 부분이므로 이것을 논제(*partitio*)라고 말하기도 한다. 본론은 크게 두 부분으로 구성되는데, 하나는 주제설정에서 제시한 주제를 논증하는 부분(*probatio*)으로 로마서 1:18-11:36이 여기에 속하고, 다른 하나는 이 논증에서 증명한 내용의 실천적 의미를 제시하는 부분(*exhortatio*)으로 로마서 12:1-15:13이 여기에 해당한다. 마지막으로 바울은 지금까지 자신이 수행한 복음 사

---

[129] Cf. Kennedy, *NTIRC*, 154.

[130] 본캄(G. Bornkamm)은 로마서를 바울의 유언장으로 분류했고, 볼터(M. Wolter)는 우정편지로 분류한다. 이 이론들은 로마서의 특정 부분이나 측면에만 적용되고 나머지 부분은 설명하지 못한다는 한계가 있다.

[131] W. Wuellner, "Paul's Rhetoric of Argumentation in Romans: An Alternative to the Donfried-Karris Debate over Romans," *CBQ* 38 (1976): 345.

역을 회고하고 앞으로 사역을 전망하면서(롬 15:14-33) 논증을 마친다 (peroratio).¹³²

이 네 부분 중 논증 부분은 길고 복잡하다. 이 부분은 실제로 여러 단위가 모여 이루어진다. 케네디는 수사비평을 개척할 때, 로마서의 주제제시와 증명의 관계에 대해 언급했다. 즉 로마서 1:16-17에 로마서 1:18-11:36에 등장하는 주제가 등장하며, 그 주제는 세 가지로서 1) 구원을 주는 하나님의 능력, 2) 모든 믿는 자들을 의롭게 하는 믿음, 3) "첫째는 유대인, 둘째는 이방인"이다.¹³³ 케네디는 이 세 주제가 증명에서 어떤 본문과 상응하는지 밝히지 않았지만, 아마도 각각 로마서 1-5장, 6-8장, 9-11장을 의도했을 것으로 추측할 수 있다. 이 분석은 두 가지 점에서 부족하다. 우선 증명 본문 중 일부(롬 1-11장)만 포함하고 다른 일부(롬 12-16장)는 배제했다. 둘째 주제제시와 증명을 연결하기는 했지만, 각 본문이 수사학적으로 어느 부분에 해당하는지 구체적으로 밝히지 않았다. 그러면 증명 부분을 수사학적으로 분석하면 어떤 요소를 발견할 수 있는가?

바울이 로마서 1:16-17에서 로마 교회에 전할 복음의 요체를 제시했다고 본다면, 이어지는 부분(롬 1:18-15:13)은 큰 틀에서 논증에 해당한다. 그런데 바울이 복음에 나타난 하나님의 능력과 의를 적극적으로 증명하려고 한다면 이 논증(*argumentatio*)은 증명(*probatio*)이라고 부를 수 있을 것이다. 바울은 어떻게 증명하는가? 바울의 증명은 세 부분으로 구성된다. 믿음의 의를 확증하고, 확증한 내용을 정교하게 하며, 정교화된 논거를 비교를 통해 밝히는 것이다.

---

132   R. J. Jewett, Robert, *Romans: A Commentary*, Hermeneia (Minneapolis: Fortress, 2007), 903; 케네디는 이것을 사실진술(*narratio*)이라고 본다. NTIRC, 154.

133   Kennedy, *NTIRC*, 153.

		로마서
증명	*probatio*	1:18-11:36
확증	*confirmatio*	1:18-4:25
정교화	*exornatio*	5:1-8:39
비교	*comparatio*	9:1-11:36

로마서 1:18-4:25는 주제설정에서 제시된 논제에 대한 확증(*confirmatio*)이라고 할 수 있다. 바울은 로마서 1:16-17에서 "모든 믿는 자에게 구원을 주시는 하나님의 의"를 언급했는데, 이어지는 단락에서 이 하나님의 의를 확증한다. 확증이란 고대연설에서 사안에 신뢰와 권위를 부여하는 논거들을 정리하는 부분을 가리킨다.[134] 바울은 인류 안에 편만한 죄를 고발하면서 확증을 시작한다. 모든 사람은 유대인이든 이방인이든 죄를 지어 아무 차이 없는 죄인이며 의인은 없다는 것이다. 죄는 인류 전체를 지배하고 있으며, 인간 중 아무도 율법으로는 의를 얻을 수 없다(롬 1:18-3:20). 그런데 율법 밖에서 한 의가 출현했다. 여기서 바울은 이 의를 짧고 밀도 있게 설명하는데, 이것을 서설(*expositio*)이라고 한다. 이 서설에 따르면, 의는 그리스도를 믿는 믿음을 통해 주어지는 선물이며(롬 3:21-29). 그 의의 전형이 모든 믿는 자들의 조상인 아브라함이다(롬 4:1-25).

바울은 이렇게 확증한 내용을 이제 두 가지로 강화한다. 하나는 "장식"이고 다른 하나는 "비교"이다. 이 두 개념은 무엇을 가리키는가?

"장식"이란 엑소나치오(*exornatio*)를 번역한 말이다. 논거를 더 정교

---

134 Cicero, *Inv.* 1권 xxiv; 1.34. 확증(*confirmatio*)은 고대 수사학에서 다양한 의미로 쓰였는데, 넓게는 논증(*argumentatio*)이나 증명(*probatio*)과 동의어로 사용했다. Lausberg, *Handbuch der literarischen Rhetorik*, § 262. 그러나 좁게는 증명의 일부로서 화자나 화자의 논거에 신뢰를 얻기 위한 논증 부분을 가리킨다. 이것은 논증의 일부로서 상대방과 그의 논거를 불신하게 하기 위한 논증 부분인 반박(*refutatio*)과 대조를 이룬다. 여기서는 좁은 의미로 사용한다.

하게 "꾸미고 장식한다"는 뜻이다. 의미를 따라 번역한다면, "정교화"라고 부를 수 있을 것이다. 키케로는 자신의 수사학 체계에서 이 "정교화"를 매우 강조했다.[135] 그에 따르면, "장식"이란 청중들에게 즐거움을 주기 위해 화자가 고려해야 하는 시기의 경중이나 화제의 배열을 가리킨다. 예컨대 작은 것에서 큰 것과 반대로 큰 것에서 작은 것, 복잡한 것에서 간단한 것, 명백한 것에서 불명확한 것, 더 믿음이 가는 것에서 덜 믿음이 가는 것 등으로 변화를 주는 것이다.[136] 즉 "장식"은 본래 표현법에 속하는 용어이다.

하지만 이 장식이란 개념이 전혀 다른 문맥에서 등장하기도 한다. 레토리카 아드 헤레니움(*Rhetorica ad Herennium*)의 저자[137]는 법정 연설에서 논증을 어떻게 하면 고상하고 완벽하게 전개할지 논하는 자리[138]에서 논거 장식에 대해 말한다. 키케로는 연설자가 논증의 각 부분에서 화자가 말한 것과 청중이 전체 기소의 각 부분과 각 논증의 내용을 인지하고 기억할 수 있게 해야 한다는 점을 강조했다.[139] 키케로에 따르면, 가장 완전하고 완벽한 논증이 다섯 부분으로 구성되어 있다. 즉 주제제시, 사유, 증명, 장식, 요약이다. 여기서 "장식"은 증명이 끝난 후 논증을 아름답고 풍부하게 만들기 위해 사용하는 것을 가리킨다.[140] 따라서 장식이란 미시적으로 연설의 문장에 사용되는 표현법을 가리키기도 하고 거시적으로 연설의 배열에 들어가는 요소를 의미하기도 한다.

---

135 키케로는 논증의 장식, 즉 청자의 관심을 끌 수 있는 배열을 갖추는 것을 매우 중요하게 생각했다. 당대의 수사학 저자들이 이를 소홀히 한다는 점을 지적했다. Cicero, *Inv.* 1.30.50.

136 Cicero, *Part.* 1.12.

137 학자들은 이 책의 저자로 코르니리우스와 키케로를 추측한다. 확실히 알 수는 없지만, 키케로가 저자일 가능성이 가장 높은 것으로 보인다. Cf. *Rhet. ad Heren.*, xiv.

138 *Rhet. ad Heren.* 2.18.27.

139 *Rhet. ad Heren.* 2.18.27.

140 *Rhet. ad Heren.* 2.18.28.

바울은 로마서 1:18-4:25에서 율법 밖에서 출현한 하나님의 의를 확증했는데, 이제 로마서 5:1-8:39에서는 앞에서 확증한 것을 정교화한 것이라고 볼 수 있다. 다시 말해서, 확증으로 증명한 사안이 어떤 신학적 함의를 갖는지 보강한 것이다. 이때 바울은 신자가 의를 받았다면, "하나님과 화평을 누리자"(롬 5:1)라고 논의를 시작하여 누구든지 곧 그리스도 예수 안에 있는 자는 결코 정죄함이 없고(롬 8:1), 아무도 신자를 고발할 수 없으며(롬 8:31-34), 이 세상이나 오는 세상의 그 무엇도 그리스도 예수 우리 주 안에 있는 하나님의 사랑에서 끊을 수 없다(롬 8:35-39)라고 말한다.

로마서 9-11장은 비교(*comparatio*)이다. 여기서 비교란 논증 강화(*amplificatio*)의 한 요소[141]이거나 논증에 사용되는 개연성(*probabile*)의 한 요소[142]이다. 따라서 바울은 로마서 9-11장에서 앞에서 확증하고 정교화한 내용을 강화하려고 했거나 구원과 의를 얻는 문제에서 이방인과 유대인의 엄청나게 다른 상황을 관통하는 원리를 제시하고자 한 것일 수 있다. 이 중에서 두 번째가 더 적합해 보인다. 여기서 주된 질문은 이스라엘 중 대부분의 불신앙이 하나님께서 믿음을 통해 의롭게 하신다는 사실을 무효화시키는가(롬 9:6)이다. 바울에 따르면, 하나님의 말씀은 유효한 영역에서 떨어져 나가 무효화될 수 없으며(롬 9:6), 설사 유대인들 중 대부분이 불신앙에 있는 현실도 이 사실을 변경시킬 수 없다(cf. 롬 11:7, 11). 왜냐하면 복음은 모든 믿는 자들을 구원의 영역으로 이끌어 들이는 하나님의 능력이기 때문이다. 그리고 처음부터 끝까지 믿음이라는 영역에서 하나님의 의가 드러난다. 따라서 바울은 복음을 부끄러워하지 않고 자랑한다(cf. 롬 1:16-17).

---

[141] 강화의 요소로는 네 가지가 있는데, 점층(*incrementum*), 비교(*comparatio*), 추론(*ratiocinatio*), 집적(*congeries*)이다. Lausberg, *Handbuch der literarischen Rhetorik*, § 401.

[142] 개연성의 요소에는 네 가지가 있는데, 표징(*signum*), 믿음(*credibile*), 판례(*judicatum*), 비교(*comparabile*)이다. Cicero, *Inv.* 1.30.49.

바울은 로마서 12:1-15:13에서 "복음에 근거한 합당한 삶"에 대하여 권면(exhoratatio)한다. 여기서 바울은 로마서 1:16-17에서 제시하고, 1:18-11:36에서 증명한 의, 즉 신자가 그리스도 안에서 받은 의의 실천적 함의가 무엇인지 말한다.143 여기서 주목할 것은 이 권면이 수사학적으로 볼 때 증명(probatio)의 한 측면이라는 사실이다. 다시 말해서, 이 부분은 증명이 끝난 후 추가로 덧붙여진 사항이 아니라, 율법 밖에서 나타난 의가 어떤 모습으로 나타나야 하는지 제시한다. 로마서 1:18-11:36이 뿌리와 줄기, 가지라면 12:1-15:13은 그 가지에 맺혀야 할 열매와 같다. 바울은 뿌리부터 잎과 열매까지 한 나무를 보여준다고 할 수 있다. 따라서 권면은 율법 밖에서 나타난 하나님의 의, 즉 복음 안에서 계시된 하나님의 의를 증명하는 본질적인 부분이다.144

지금까지 로마서 몸체에 나타나는 고대연설의 요소를 살펴보았다. 로마서 몸체에는 고대연설의 개략적인 요소보다 훨씬 더 다양한 요소들이 등장한다는 것을 알 수 있다. 로마서에서 바울이 지난 20여 년 동안 전해온 복음의 총체적인 요체가 집약적으로 나타나므로 이것은 놀라운 일이 아니다. 그렇다면 로마서보다 작은 편지는 어떨까? 이제 갈라디아서를 간략하게 살펴보자.

3.4.2 갈라디아서

갈라디아서는 바울서신 중 고린도후서와 더불어 가장 변증적인 편지이다. 갈라디아서 몸체에는 바울서신 중 유일하게 사실진술이 본래 위치에 나타난다. 벳츠는 갈라디아서에 법정연설의 특징이 나타난다고 말

143　R. Jewett, *Romans*, Hermeneia (Minneapolis: Fortress Press, 2007), 724–725.
144　쥬잇이 이 단락에 붙인 제목을 참조하라: "네 번째 증명"(fourth proof).

한다.¹⁴⁵ 하지만 케네디는 갈라디아서에 강력한 권면(갈 5:1-6:10)이 있다는 점을 근거로 조언연설로 보는 것이 가장 낫다고 주장한다.¹⁴⁶

갈라디아서를 고대 수사학의 관점에서 보면, 총 다섯 부분으로 나눌 수 있다.¹⁴⁷ 서론-사실진술-논증-권면-결론이다. 여기에 서론과 사실진술 사이에 주제제시가 있고, 사실진술의 끝에서 서설로 넘어가 논증을 예비하는 형태이다.

먼저 바울은 갈라디아서 1:1-10에서 매우 압축적인 서론(*exordium*)을 시작한다. 여기서 갑자기 갈라디아 교인들 중 일부가 바른 복음에서 이탈하는 것을 지적하면서 다른 복음을 전하는 자에 대한 저주를 선언한다(갈 1:6-9). 그리고 바울은 "내가 아직도 사람을 기쁘게 하랴 아니면 하나님을 기쁘게 하랴"(갈 1:10)라고 질문한다. 이 질문은 본론의 시작문구인가 아니면 서론의 종결문구인가? 이 질문에 대한 대답은 서론과 본론에서 전개하는 바울의 논지의 내용과 비교함으로써 얻을 수 있다. 바울은 사도됨의 기원이 사람이나 인간 그룹이 아니라 오직 하나님과 그리스도께 있다고 말한다(갈 1:1). 나아가 이 우주에 자신이 전한 복음 외에는 진정한 복음은 없다고 선언한다(갈 1:6-9). 바울에 따르면, 자신의 사도됨은 하나님의 영원한 예정에 근거하고(갈 1:15), 자신의 복음은 성령(갈 3:1-5)과 성경(갈 3:6-14), 율법(3:19-4:31), 십자가를 전함으로 자신과 사도들, 초대교회 복음 사역자들이 당하는 고난(cf. 갈 5:11)이 증명한다. 따라서 바울이 전에도 이제도 그리고 앞으로도 하는 모든 일은 하나님에게서 기원한 복음으로 하나님을 기쁘시게 하는 일이다. 이런 점에서 이 문구(갈 1:10)는 질문의 형태로 표현한 주제제시(*propositio*)라고 할 수 있다.

145　Betz, *Galatians*, 14, 24.
146　Kennedy, *NTIRC*, 145.
147　김영호, "갈라디아서 개요"를 참조하라.

이렇게 주제제시를 한 후에 바울은 갈라디아서 1:11-2:14에서 자신의 논증을 위한 사실진술(*narratio*)을 한다. 바울은 이 사실진술을 통해 갈라디아 독자들에게 문제의 핵심이 무엇인지 알린다.[148] 곧 자신이 전한 복음은 인간적 기원이 아닌 신적 기원을 가진 것으로서 예루살렘으로부터도 예루살렘 사도들로부터도 독립적인 것이다(갈 1:11-24). 따라서 갈라디아 그리스도인들은 이방인 복음이 유대인 복음 아래 종속된다는 주장에 굴복할 필요가 없다. 그들이 받은 복음에 굳게 서는 것이 곧 진리에 바로 행하는 것이라는 사실이다(cf. 갈 2:1-14).

이렇게 독자들의 관심을 집중시킨 후, 바울은 갈라디아서 2:15-21에서 주제를 제시한다. 이 단락을 주제제시(*propositio*)라고 보는 사람[149]도 있고, 서설(*expositio*)이라고 보는 사람[150]도 있다. 하지만 수사학적으로 볼 때, 서설이라고 보는 것이 낫다. 왜냐하면 바울은 이 서설을 통해 방금 전까지 말한 사실진술을 요약하면서 동시에 곧 이어질 증명의 요점을 짧고 완전하게(briefly and completely) 제시하기 때문이다.[151] 그래서 바울은 유대인이나 이방인이나 동등하게 믿음으로 의를 얻으므로 모두 그리스도를 믿는다(갈 2:15-16)고 말한다. 그러나 그리스도가 죄를 조장하는 이가 될 수 없다(갈 2:17). 그리스도인은 율법을 통해 율법에 대하여 죽어 율법의 권세로부터 해방되었으며 하나님을 향하여 사는 존재가 되

---

[148] Cf. Betz, *Galatians*, 58-61.

[149] Betz, *Galatians*, 113.

[150] Cf. Kennedy, *NTIRC*, 148. 케네디는 이 단락을 에피케이렘(epicheireme)이라고 부른다. 이 말은 에피케이레마(ἐπιχείρημα)에서 온 것으로 시도(atempt)나 기획(enterprise)을 의미하고 "손을 대다"(ἐπιχειρέω)는 동사에서 파생된 단어이다. 수사학에서 논증과 관련하여 아포데익시스(ἀπόδειξις)와 짝을 이루어 사용되는데, 논증의 방법을 가리킬 때는 에피케이레마, 논증의 결과를 강조할 때는 아포데익시스를 쓴다. Lausberg, *Handbuch der literarischen Rhetorik*, § 357. 케네디는 에피케이렘을 "논증"(argument)으로 번역하지만, 내용은 서설(*expositio*)에 가깝다. 왜냐하면 에피케이렘이 "앞 내용의 결론을 맺으면서 앞으로 다룰 구체적인 주제를 소개한다"고 말하기 때문이다.

[151] *Rhet. ad Heren*. 1.10.17.

었다(갈 2:18-19). 곧 그들은 전혀 다른 통치영역으로 완전히 옮겨졌다(갈 2:20). 이 복음은 하나님의 은혜를 폐하지 않는다. 왜냐하면 하나님의 복음은 곧 그리스도의 십자가에서 완전히 드러났기 때문이다. 그러므로 율법을 통한 의를 주장한다면, 그리스도께서는 헛되이, 이유 없이 십자가에 못박힌 것이므로 하나님의 은혜를 부인하는 것이 된다(갈 2:21). 바울은 여기서 갈라디아서에서 증명할 것을 압축적으로 제시하고 있는데, 로마서의 요약이라고 볼 수 있다.

이렇게 자신이 말하고자 하는 주제를 짧게 제시한 후 바울은 증명(*probatio*)으로 들어간다. 여기서 바울은 총 여덟 가지 측면에서 "율법의 행위가 아니라 오직 그리스도를 믿음으로 얻는 의"를 논증한다(갈 3:1-4:31). 여기서 그는 논란의 여지가 없는 증거로부터 논증에서 율법의 출현 목적까지 포괄적으로 자신의 논제를 밝힌다.

바울은 증명을 마치고 "그러므로"(οὖν, 갈 5:1)라는 접속사와 함께 권면(*exhortatio*)을 시작한다. 여기서 바울은 그리스도를 믿는 믿음에서 난 의를 통해 얻은 신자의 자유와 종말론적 삶의 열매에 대해 말한다.

바울은 모든 논증을 마친 후 그리스도의 은혜로 축복하고 편지를 마친다(갈 6:18).

지금까지 바울서신 중 로마서와 갈라디아서 몸체를 서사비평적 관점에서 간략히 살펴보았다. 그 내용을 요약하면 다음과 같다.

로마서	**수사학적 구분**		갈라디아서
1:1-7 편지시작말	서론	서론	1:1-5 편지시작말
		책망	1:6-9 다른 복음으로 옮겨감
1:8-15 로마에 복음을 전하려는 뜻	사실 진술	주제 제시	1:10 바울과 바울 복음의 본질: 사람이 아닌 하나님을 기쁘시게 함

1:16-17 복음은 모든 믿는 자에게 구원을 주시는 하나님의 능력	주제 제시	사실 진술	1:12-2:14 바울의 역사 서술
		서설	2:15-21 믿음으로 얻는 의
1:18-15:13 하나님의 의	증명	증명	3:1-4:31 믿음에서 난 의에 대한 여덟 가지 증명
1:18-4:25 죄와 칭의	확증		
3:21-26 믿음을 통한 하나님의 의	서설		
5:1-8:39 칭의의 본질과 효과	정교화		
9:1-11:36 구원의 신비	비교		
12:1-15:13 신자의 새로운 삶	권면	권면	5:1-6:10 자유로의 권면
15:14-33 복음증거: 돌아봄과 내다봄	결론	결론	6:11-18 편지맺음말
16:1-27 편지맺음말과 송영			

바울서신과 고대연설을 비교할 때, 세 가지 눈에 띄는 점이 있다. 첫째, 바울서신에는 고대연설에 비해 권면의 비중이 매우 확대되어 있다는 점이다. 이것은 바울서신이 고대연설과는 달리 어떤 사안에 대해 옳고 그름을 가리거나, 그것이 이로운지 해로운지 알리는 데서 그치는 글이 아니라는 것을 가리킨다. 각 바울서신은 모두 어떤 연설 범주에 속하더라도 고대의 덕과 명예를 강조하고 악덕과 불명예를 배척하도록 하는 칭찬 및 선전연설의 요소를 포함하고 있다. 이것은 바울이 각 교회에서 복음사역을 할 때 힘썼던 일이다. 즉 "먼저 다메섹과 예루살렘에 있는 사람과 유대 온 땅과 이방인에게까지 회개하고 하나님께로 돌아와서 회개에 합당한 일을 하라"고 전했다(행 26:20). 따라서 바울서신에 나타나는 칭찬연설과 선전연설의 요소는 자신이 각 교회에 복음을 전할 때 하던 사도적 사역을 편지로 확장하고 있다는 증거이다.

둘째, 바울이 고대연설의 형식에 크게 구애받지 않는다는 점이다.

예컨대 바울은 주제제시와 서설을 자유롭게 배치한다. 고대연설에서는 두 항목이 사실진술과 증명 사이에 오고, 특히 주제제시는 사실진술의 맺음말로 언급되는 것이 보통이다.[152] 그러나 주제제시가 로마서에서는 사실진술 뒤에 오지만, 갈라디아에서는 사실진술 앞에 온다. 또 서설이 갈라디아서에서는 증명 앞에 있지만, 로마서에서는 확증하는 중간에 나타난다. 또 로마서 15:14-33은 마치 로마서 1:8-15에 바로 이어서 쓰는 듯한 인상을 준다. 즉 사실진술을 나누고 이것으로 자신이 전하는 복음의 내용을 감싸는 것처럼 글을 쓴다.

셋째, 바울이 얼마나 당시에 통용되던 메시지 전달방식과 이에 필요한 기예에 잘 갖추어져 있었는지 엿볼 수 있다. 로마서 1:16-17과 1:18-15:13이나 갈라디아서 2:15-21과 3:1-6:10을 비교해 보면, 바울이 먼저 주제를 제시하고, 제시한 주제에 따라 논증한다는 것을 관찰할 수 있다. 이 관찰이 사실이라면, 바울은 이미 주제제시에서부터 내용을 세심하게 계획했고, 계획한 내용을 본논증에서 세밀하게 펼친 것이다. 이것은 바울이 랍비로서뿐만 아니라 당시 연설가로서 얼마나 철저하고 깊이 훈련받았는지 드러난다. 따라서 바울은 복음을 전파할 때나 편지를 쓸 때 청중이나 독자, 상황과 언어, 문화에 따라 자유자재로 그들에게 가장 적합한 메시지 전달 방법을 사용할 수 있었다.

3.5 수사비평에 대한 회의

최근에는 수사학적 방법론을 반대하는 움직임도 만만치 않다. 코힉은 현재 바울서신에 대한 수사학적 연구를 다음과 같이 요약적으로 진술한다.

신약 편지는 문안인사와 결말을 붙인 수사학적 연설로 연구되어 왔다. 하지만 매우 중요한 반론은 이것이다. 첫째 바울이 수사학적 장치

---

152   Cf. Lausberg, *Handbuch der literarischen Rhetorik*, § 346.

를 사용하는 것은 분명하지만, 과연 바울이 수사학적 기예를 고도로 훈련받은 사람으로 볼 수 있는가 하는 것이다.[153]

또 코힉은 독자나 청자 입장도 문제시한다. "바울 서신을 읽는 고대의 독자와 청자들은 바울 서신이 형식적으로 수사학적으로 작성되었으리라 기대할 것 같지는 않다"(48). 오히려 바울서신은 당시 서신형태에 속한다. 당시 서신에는 문학적 편지 또는 편지 형태의 소론과 개인 편지, 허구적 편지가 있다. 이중 바울서신은 두 번째 형태와 가장 가깝다는 것이다(48-49).

코힉도 바울이 당시 편지 형식을 취해서 서두와 감사, 종결부를 수정한다고 인정한다(50). 예를 들면, 바울은 에베소서 6:10에서 "마지막으로"라는 말로 시작한다. 당시 편지 전통에 따르면, 이것은 종결부가 시작되었음을 알리는 표시이다. 실제로 에베소서 6:21-24에는 마지막 인사와 축복이 나오므로 종결부가 틀림없다. 하지만 바울은 여기서 "하나님의 전신갑주를 입으라, 기도하라"고 명령한다(엡 6:10-20). 따라서 하나님의 전신갑주를 입으라는 명령이 종결부의 일부가 아니라 권면부의 일부가 아닌가 하는 논쟁이 있다(50). 이처럼 바울서신과 당시 편지의 형식이 일치하지 않는 부분이 있다.

바울이 당시 편지 형식을 그대로 차용하지 않고 혁신적으로 변화시켜 사용하는 원칙은 부분적으로만이 아닌 전체에서도 나타난다. 바울은 일반적인 철학 소론이나 문학적 편지보다 권면부분을 훨씬 확장한다. 코힉은 이 점을 바울서신의 장르를 결정하는 핵심표지로 생각한다(52).

그렇다면 바울의 편지는 어떤 장르에 속하는가? 코힉에 따르면, 바울서신은 편지형식의 권면(파레네시스, *paraenesis*)이다. 그 증거는 바울

---

153 L. H. Cohick, *The Letter to the Ephesians* (Grand Rapids: Eerdmans, 2020), 48. 이하 쪽수만 표시한다; cf. P. T. O'Brien, Peter Thomas, *The Letter to the Ephesians*, PNTC (Grand Rapids: Eerdmans, 1999), 75-76.

서신이 전반부 신학논증, 후반부 권면으로 나뉜다는 점과 독자와 청중의 특별하고 구체적인 상황에 맞는 권면을 길게 한다는 점이다(52). 하지만 이것은 수사학적 방법을 도입한 사람들도 다 인정하는 바이다. 나아가 신학논증-권면 구도가 잘 맞지 않는 경우도 있다. 예컨대 고린도전서나 고린도후서이다.

이런 주장과 설명의 문제점은 두 가지이다. 첫째는 추측을 증명으로 대신한다는 점이다. 코힉은 "바울이 수사학적 기예를 고도로 훈련받은 사람이라고 할 수 있는가?"라고 질문하면서 사실상 이 질문에 대한 반대를 증명된 논거로 사용한다. 또 바울의 독자나 청자들 또한 바울에게 수사학적으로 작성한 편지를 기대하지 않았으리라는 추측을 사실처럼 말한다. 하지만 이 추측에는 증명이 필요하다. 바울서신에 등장하는 증거들은 충분히 코힉의 논거를 반박한다. 바울의 편지가 이소크라테스나 뤼시아스의 연설과 닮지 않은 것은 바울이 고도의 수사학을 훈련받지 않았다는 증거가 아니다. 오히려 바울은 수사학에 훈련받은 사람이지만, 그것을 당시 변증가나 수사학자들과 같이 과도하게 사용하지 않는 인물이요, 그의 서신은 그리스도의 십자가와 복음이라는 더 높은 목적을 위해 말의 지혜를 절제한 글쓰기 결과일 가능성이 크다.

둘째는 하나의 방법론을 배타적으로 선택하려는 경향이다. 코힉이나 오늘날 수사비평을 반대하는 사람들은, 연구자들이 바울서신을 해석할 때 수사비평과 서신분석 중 하나를 택하고 다른 것을 버려야 한다고 암묵적으로 요구한다. 하지만 방법론은 독자나 연구자가 아니라 본문이 선택하는 것이다. 본문이 어떤 문학양식들을 취하는지가 본문을 해석하는 방법론을 결정한다. 수사비평 반대자들의 주장은 바울서신은 오로지 서신 양식만 취한 고대 문서이므로 서신분석 외에는 정당하지 못하다는 것이나 다름없다. 따라서 이들은 바울서신에 명백히 다른 문학 양식이 드러난 본문에 그 본문이 요청하지 않는 읽기법을 적용하도록 강요하는 셈이다.

그렇다면 바울서신을 문학적인 측면에서 어떻게 읽고 해석해야 하는가?

4. 바울서신의 독특성

바울서신에는 편지와 연설, 설교의 요소가 모두 존재한다. 바울은 이 형식 중 어느 것도 그대로 따르지 않는다. 첫째, 바울은 서신의 기본 틀 속에 연설의 요소를 쓴다. 이때 바울은 복음을 전할 때, 복음을 전할 대상에 따라 다르게 접근했다. 유대인에게는 유대인처럼, 이방인에게는 이방인처럼, 율법 아래 있는 자에게는 자신은 율법에서 해방되어 그리스도의 법 아래 있지만 율법 없는 자처럼, 율법이 없는 자에게는 자신은 하나님께 율법 없는 자가 아니지만 율법 없는 자처럼 되었다. 이는 모든 사람을 얻고자 함이었다(cf. 고전 9:19-22).

 이 원칙을 바울서신에도 적용할 수 있다. 바울은 로마나 고린도와 같이 변론 문화가 발달한 곳의 독자들에게는 당시 변증 방식을 썼고, 갈라디아와 같은 지방 속주 사람들에게는 좀 더 대중적인 헬라어로 자신의 격한 감정을 더 드러냈다. 데살로니가 교회와 같이 어린 교회에는 좀 더 다정하고 섬세한 언어를 쓰되, 부활에 대한 가르침이 필요하면 증명 요소를 부각시키고, 재림과 종말에 대한 오해를 불식할 필요가 있을 때는 반박 요소를 더 많이 사용했다. 교회가 아닌 개인에게 보내는 편지에는 연설의 논증 요소보다 편지의 요청이나 청원 요소의 비중이 크다. 디모데나 디도와 같은 교회 지도자에게 보내는 편지에서는 공적인 청원이 두드러지고, 빌레몬에게는 개인적인 요청이 더 눈에 띈다.

 둘째, 바울은 논증하는 중간중간에 권면을 도입한다. 예를 들면, 로마서 6장에서 바울은 신자가 율법이 아니라 은혜 아래 있다고 해서 죄를 지을 수 없다는 점을 그리스도와 연합을 들어 설명한다. 이 설명을 마치고 바로 다음 논제로 넘어가지 않고 순식간에 설명에서 권면으로 넘어간다.

롬 6:8-10	만일 우리가 그리스도와 함께 죽었으면 또한 그와 함께 살 줄을 믿노니, ⁹ 이는 그리스도께서 죽은 자 가운데서 살아나셨으매 다시 죽지 아니하시고 사망이 다시 그를 주장하지 못할 줄을 앎이로라. ¹⁰ 그가 죽으심은 죄에 대하여 단번에 죽으심이요 그가 살아 계심은 하나님께 대하여 살아 계심이니,	설명
롬 6:11	¹¹ 이와 같이 너희도 너희 자신을 죄에 대하여는 죽은 자요 그리스도 예수 안에서 하나님께 대하여는 살아 있는 자로 여길지어다.	권면

고린도전서 5장에서 음행문제를 다룰 때, 이런 음행이 교회에서 발생한 것을 통한히 여기고, 왜 교회 공동체에서 몰아내지 않았느냐고 질책한다. 그리고 누룩 은유와 유월절 당시 무교병을 먹었던 것을 연결한다. "적은 누룩이 온 덩어리에 퍼지는 것을 알지 못하느냐? 너희는 누룩 없는 자인데 새 덩어리가 되기 위하여 묵은 누룩을 내버리라! 우리의 유월절 양 곧 그리스도께서 희생되셨느니라"(고전 5:6-7).

이것은 히브리서 기자가 그리스도는 하나님의 집을 맡은 자로서 충성했다는 사실을 알린 후에, "우리가 소망의 확신과 자랑을 끝까지 굳게 잡고 있으면 우리는 그의 집이라"고 말을 맺은 후에, 시편 95:7-11 인용하고 짧은 주해와 적용을 잇는 것과 같다. 예를 들어 "오늘 너희가 그의 음성을 듣거든..."을 해설한 후, "오직 오늘이라 일컫는 동안에 매일 피차 권면하여 너희 중에 누구든지 죄의 유혹으로 완고하게 되지 않도록 하라"(히 3:13)라고 명령하고, 또 "내가 노하여 맹세한 바와 같이 그들은 내 안식에 들어오지 못하리라"는 말씀을 광야 생활과 여호수아 정복과 연결하여 설명한 후에, "그러므로 우리가 저 안식에 들어가기를 힘쓰자"(히 4:11)고 권면하는 것과 같다.

이 권면은 고대연설에서 증명을 다 마친 후 비로소 등장하는 권면 (*exhortatio*)과 차이가 있다. 바울은 연설의 요소를 자신의 메시지를 위해 자유롭게 사용한다. 이것은 한 가지 주제를 길게 변증하고 그 변증의 결과, 정책을 결정하기 위해 조언하는 것과는 다르다. 이것은 설교적 요소이다.

그렇다면 바울서신은 편지와 연설, 설교 요소를 무질서하게 조합한 결과물인가? 그렇지 않다. 바울서신은 크게 볼 때 편지 형식이다. 따라서 모든 편지에서 서두와 결말 부분을 관찰할 수 있고 각 편지마다 바울 고유의 문안인사가 등장한다. 그런데 편지 몸체는 편지마다 상당한 차이가 있다. 하지만 전체적으로는 연설의 요소가 지배적이고 이 전체적인 흐름 속에 미시적으로 설교의 요소가 나타난다. 이것을 도식화하면 다음과 같다.

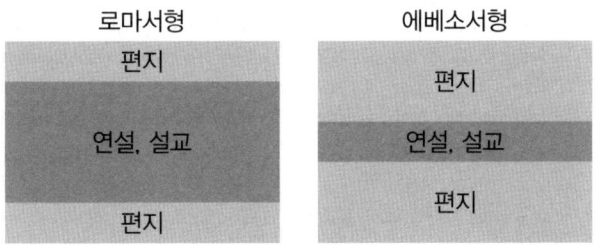

바울서신은 기본 틀이 편지이다. 이 틀 속에서 연설 요소가 어느 정도를 차지하느냐에 따라 두 가지 형태로 나뉜다. 하나는 연설 요소가 분명히 보이는 형태로, 로마서, 고린도전후서, 갈라디아서, 데살로니가전후서, 빌레몬서다. 이것을 로마서형 편지라고 부르자. 다른 하나는 연설 요소가 거의 없거나 역할을 하지 않는 형태로, 에베소서, 골로새서, 디모데전후서, 디도서이다. 이것을 에베소서형 편지라고 부르자. 두 유형의 편지의 특징을 간단하게 살펴보면 다음과 같다.

4.1 로마서형 편지

로마서형 편지는 수사학적 분석이 대체적으로 성공적으로 적용된 것이다. 로마서[154]는 쥬잇, 갈라디아서[155]는 벳츠, 고린도전서[156]와 고린도후서[157]는 위더링턴, 빌립보서[158]는 한슨, 데살로니가전서[159]와 데살로니가후서[160]는 워너메이커, 빌레몬서[161]는 처치가 분석했다.

로마서의 경우 사실진술(롬 1:8-15)이 매우 짧다. 또 보통 사실진술은 증명 앞에 오는데, 로마서에서는 그 내용이 뒤에서(롬 15:22-33) 다시 나온다.

고린도전서와 고린도후서에서는 증명과 권면이 로마서나 갈라디아서와는 달리 교차적으로 나온다.

---

[154] Kennedy, *NTIRC*, 152-156; Jewett, *Romans*, 23-30; W. H. Wuellner, "Paul's Rhetoric of Argumentation in Romans," 330-351.

[155] Kennedy, *NTIRC*, 144-152; Betz, *Galatians*, 14-25; "Literary composition and function of Paul's letter to the Galatians," *NTS* 21 (1975): 353-379 [= *Galatians Debate*, 3-28]; R. G. Hall, "The Rhetorical Outline for Galatians: A Reconsideration," *JBL* 106 (1987): 277-287; J. Smit, "The Letter of Paul to the Galatians: A Deliberative Speech," *NTS* 35 (1989): 1-26.

[156] A. C. Thiselton, *The First Epistle to the Corinthians*, NIGTC (Grand Rapids: Eerdmans, 2000), 41-52; B. Witherington III, *Conflict and community in Corinth: A Socio-rhetorical Commentary on 1 and 2 Corinthians* (Grand Rapids: Eerdmans, 1995), 1-324.

[157] Kennedy, *NTIRC*, 86-96; Witherington III, *Conflict*, 325-476.

[158] Kennedy, *NTIRC*, 77; B. Witherington III, *Friendship and Finances in Philippi: The Letter of Paul to the Philippians* (Valley Forge: Trinity Press International, 1994), 14; G. W. Hansen, *The Letter to the Philippians* (Nottingham: Apollos, 2009), 6-15.

[159] Kennedy, *NTIRC*, 141-144; C. A. Wanamaker, *The Epistles to the Thessalonians*, NIGTC (Grand Rapids: Eerdmans, 1990), 48-50; J. D. Hester, "The Invention of 1 Thessalonians: A Proposal," in *Rhetoric, Scripture and Theology: Essays from the 1994 Pretoria Conference*, ed. S. E. Porter and Thomas H. Olbricht, JSNTSup 131 (Sheffield: Sheffield Academic Press, 1996), 251-279.

[160] Kennedy, *NTIRC*, 144; C. A. Wanamaker, *The Epistles to the Thessalonians*, NIGTC (Grand Rapids: Eerdmans, 1990), 51-52.

[161] F. F. Church, "Rhetorical Structure and Design in Paul's Letter to Philemon," *HTR* 71 (1978): 17-33.

갈라디아서는 바울서신 중 고대연설의 요소가 가장 선명하게 나타나는 서신이다.

빌립보서를 우정편지로 분류하기도 한다.

4.2 에베소서형 편지

에베소서형 편지는 수사학적 분석을 적용하기 힘든 서신들이다. 앞에서 언급한 것과 같이 이 서신들에 나타난 수사학적 요소들을 분석하기 위해 30여 년간 실험이 진행되었다. 올브리히트는 현재 연구의 상황을 이렇게 묘사한다.

> 우리는 먼저 이 편지의 수사학적 장르를 파악해야만 한다. 아리스토텔레스의 범주로 볼 때, 골로새서는 조언연설이라고 보는 것이 가장 잘 맞는다고 나는 생각한다. … 하지만 내 생각에 골로새서를 고전 연설의 세 종류 중 하나로 분류하는 것은 그다지 도움이 되지 않는다. 오히려 나는 연설의 종류와 상관없이 전체적인 수사학적 접근법(overall rhetorical approach)으로 서술하고, 이것에 근거해 [바울이] 차용한 주된 [메시지 전달] 전략이 무엇인지 파악함으로써 훨씬 깊은 통찰에 이를 수 있다고 생각한다.[162]

이러한 상황에 놓여 있는 서신은 모두 다섯이다. 에베소서,[163] 골로새

---

162   T. H. Olbricht, "Stoicheia and the Rhetoric of Colossians: Then and Now," in *Rhetoric, Scripture and Theology: Essays from the 1994 Pretoria Conference*, ed. S. E. Porter and T. H. Olbricht, JSNTSup 131 (Sheffield: Sheffield Academic Press, 1996), 310–311.

163   E. Moulton, "The Communicative Power of the Epistle to the Ephesians," in *Rhetoric, Scripture and Theology: Essays from the 1994 Pretoria Conference*, ed. S. E. Porter and T. H. Olbricht, JSNTSup 131 (Sheffield: Sheffield Academic Press, 1996), 280–307; R. R. Jeal, "Rhetorical Argumentation in the Letter to the Ephesians," in *Rhetorical Argumentation in Biblical*

서,[164] 디모데전서,[165] 디모데후서,[166] 디도서[167]이다. 하지만 이 서신들에 고대연설 요소가 매우 드물게 나타나고, 더불어 이 서신들이 바울 저작인지 깊은 회의 때문에 이 서신들을 연구하는데 어려움이 있다.

에베소서는 연구자들이 대체로 수사학적 용어로 분석하지 않는다. 오브라이언은 분명하게 수사학적 접근법을 거부한다.[168] 슈나켄부르크도 마찬가지이다. "에베소서가 편지 형식이라는 것은 매우 분명하다. 편지시작말(1:1-2), 편지 결말(6:21-22), 축복(6:23-24)의 요소들이 나타나기 때문이다."[169] 사람들은 에베소서를 신학 논문, 지혜 연설, 신비주의 연설로 분류하기도 하지만, 슈나켄부르크는 편지로 분류하는 것을 선호한다.[170] 슈나켄부르크에 따르면, 바울이 편지 형태를 취한 것은 단

Texts: Essays from the Lund 2000 Conference, ed. A. Eriksson, T. H. Olbricht et al. (Harrisburg: Trinity Press International, 2002), 310-324.

[164] T. H. Olbricht, "Stoicheia and the Rhetoric of Colossians," in *Rhetoric, Scripture and Theology: Essays from the 1994 Pretoria Conference*, ed. S. E. Porter and T. H. Olbricht, JSNTSup 131 (Sheffield: Sheffield Academic Press, 1996), 308-323; J. L. Sumney, "The Argument of Colossians," in *Rhetorical Argumentation in Biblical Texts: Essays from the Lund 2000 Conference*, ed. A. Eriksson, T. H. Olbricht et al. (Harrisburg: Trinity Press International, 2002), 339-352.

[165] B. Campbell, "Rhetorical Design in 1 Timothy 4," *BSac* 154 (1997): 189-204; 켐벨은 여기서 디모데전서 4장에만 집중한다. 저자가 디모데전서 전체에 수사학적 접근법을 적용하여 분석을 시도한 것은 이 논문 190, 각주 4를 참조하라.

[166] C. A. Smith, "A Study of 2 Timothy 4:1-8: The Contribution of Epistolary Anlaysis and Rhetorical Criticism," *TynBul* 57 (2006): 151-154.

[167] C. J. Classen, "A Rhetorical Reading of the Epistle to Titus," in *The Rhetorical Analysis of Scripture: Essays from the 1995 London Conference*, ed. S. E. Stanley and T. H. Olbricht, JSNTSup 146 (Sheffield: Sheffield Academic Press, 1997), 427-444.

[168] P. T. O'Brien, *The Letter to the Ephesians*, PNTC (Grand Rapids: Eerdmans, 1999), 73-82; 특히 74-76을 보라; cf. R. R. Jeal, "Rhetorical Argumentation in the Letter to the Ephesians," in *Rhetorical Argumentation in Biblical Texts: Essays from the Lund 2000 Conference*, ed A. Eriksson and Th. H. Olbricht et al., (Harrisburg: Trinity Press International, 2002), 311, 각주 3.

[169] R. Schnackenburg, *Der Brief an die Epheser*, EKK 10 (Neukirchen-Vluyn: Neukirchener, 1982), 17.

[170] Cf. Schnakenburg, *Epheser*, 18.

순한 겉옷이 아니라 자신이 표현하고자 하는 목적에 맞도록 의도적으로 선택한 문학 형태다. 또한 지혜 연설이나 신학 논문에는 에베소서 4-6장과 같이 긴 권면부가 없다.[171]

그러면 에베소서는 어떤 편지인가? "에베소서는 신학적 기초가 놓인 목회 지향적 편지로 보아야 한다."[172] 에베소서는 실제로 연설로 분류하기 힘들다. 왜냐하면 송영과 감사, 기도, 기억과 비교를 마친 후 바로 권면으로 들어가기 때문이다. 또 권면 부분에 들어가자마자 보통 증명이나 사실진술에 자주 쓰이는 일탈(*digressio*)이 길게 등장한다. 마지막으로 에베소서 4:1-6:20은 권면부라고 할 수 있는데, 증명에 근거한 권고(*exhortatio*)가 아니라 권면이다. 바울은 이 권면에서 에베소 교인들이 이전에 이방인으로 살 때와 현재를 비교하는데(예, 엡 4:17-24), 이것은 단순한 비교가 아니다. 그러나 이것 자체가 신자의 정체성과 특히 이방인 신자가 받은 구원의 측량할 수 없는 부요함을 드러내므로 증명 중에서 확증의 요소로 볼 수도 있다.

골로새서는 연설의 요소로 분석하기가 매우 어렵다. 왜냐하면 골로새서를 내용이 나오는 순서대로 두면, 연설의 일반적인 순서와 맞지 않기 때문이다. 예를 들어, 골로새서는 논증에서 증명의 요소가 분명히 있다. 왜냐하면 골로새 교인들이 예수 그리스도 한 분으로 만족하고 다른 힘이나 권세, 정권을 두려워하지 않아야 하는 이유는 바로 그리스도의 절대적 우월성에 있기 때문이다. 이렇게 하려면 보통 주제제시를 하고 논증을 시작한 후 증명과 반박으로 나아가게 된다. 그런데 골로새서에는 증명(골 1:15-23)이 먼저 나오고, 그 후에 논제(*partitio*, 골 2:6-7)와 반박(*refutatio*, 골 2:8-15)이 이어서 나오기 때문이다.[173]

---

171   Cf. Schnakenburg, *Epheser*, 19.
172   Schnakenburg, *Epheser*, 119.
173   Sumney, "The Argument of Colossians," 339-352.

디모데전서, 디모데후서, 디도서는 수사학적 분석법을 적용한 예를 발견하기 어렵다. 다만 디모데전서는 한 장(딤전 4장),[174] 디모데후서는 한 단락(딤후 4:1-8)에 적용했을 뿐이며, 디도서에 적용한 예는 없다.

지금까지 바울서신을 고대에 발견할 수 있는 문학양식에 비추어 살펴보았다. 이 관찰한 내용을 요약하여 도식화하면 다음과 같다.

---

[174] 캠벨은 디모데전서 전체를 수사학적 구조로 분석했으나 단지 개관에 그치고 왜 그런 구조가 되는지 설명하지 않는다. Cf. Campbell, "Rhetorical Design," 190, 각주 4.

바울서신에 나타나는 서신 및 연설 요소:

구분			롬	고전	고후	갈	엡	빌	골	살전	살후	딤전	딤후	딛	몬
편지 시작말	서론	*exordium*	1:1-7	1:1-3	1:1-2	1:1-5	1:1-2	1:1-2	1:1-2	1:1	1:1-2	1:1-2	1:1-2	1:1-4	1:1-3
	송영	*eulogia*				1:6-9	1:3-14								
	감사	*eucharistia*	1:8-12	1:4-9	1:3-7		1:15-16	1:3-11	1:3-8[g]	1:2-10	1:3-12		1:3-5		1:4-7
편지 본말	사실 진술	*narratio*	1:13-15	1:10-17	1:8-2:13	1:11-2:14	2:1-22[c]	1:12-26	1:9-14	2:1-3:13		1:3-4[j]		1:5-9	
	주제 제시	*propositio*	1:16-17	1:10[a]		1:10		1:27-30	2:6-7			1:18-20		1:10-12	
	서설	*expositio*					2:15-21								
	논제	*partitio*	1:17		2:14-17[b]		1:15-21[d]		1:21-23; 2:1-5				1:8-12		
	증명	*probatio*	1:18-15:13	1:18-16:12	3:1-13:10	3:1-6:10	[3:1-21]	2:1-4:1		4:1-5:22				1:13-18	1:8-20
	확증	*confirmatio*	1:18-11:36		3:1-7:16	3:1-4:31	3:2-13[e]		1:15-23[h]		2:3-12				
	반박	*refutatio*			8:1-13:4		2:8-15[i]				6:3-10				1:8-16
	권면	*exhortatio*	12:1-15:13			5:1-6:10	4:1-6:20[f]		3:1-4:6		3:1-15	2:1-6:2	2:1-4:8	2:1-3:11	1:17-20
편지 맺음말	결론	*peroratio*	15:14-16:16	16:13-18	13:5-10	6:11-17		4:2-20		4:7-17	2:13-17	6:11-19	4:9-21	3:12-14	1:21-22
			16:17-27	16:19-24	13:11-13	6:18	6:21-24	4:21-23	4:18	5:23-27	3:16-18	6:20-21	4:22	3:15	1:23-25
										5:28					

a. 주제(제시) 역할을 함
b. 논제 역할을 함
c. 기억(anamnesis)
d. 에베소서 전체에 논제 역할을 함
e. 일탈(digressio)
f. 권고(paraenesis)
g. 형식상 서론, 내용상 감사
h. 골로새서: 증명이 따로 없음. 그리스도 전승이 증명 역할을 함.
i. 반박
j. 서론과 같은 부분

지금까지 바울서신에 나타나는 고대연설의 요소를 관찰했다. 여기서 무엇을 알 수 있는가? 다음 세 가지이다.

첫째, 바울서신은 고대서신이라는 장르로 이해할 수 있다.[175] 바울서신의 편지시작말과 편지맺음말은 고대편지 형식으로 잘 이해할 수 있다. 이 두 부분은 고대에 잘 정착된 형식이었다. 이 점은 수사학적 접근법을 찬성하든 반대하든 모두 인정한다. 따라서 이것은 현재 주된 논점이 아니다. 문제는 바울서신의 편지본말이다. 바울서신의 본말은 고대편지의 시작말이나 맺음말보다 덜 닮았다. 이 문제는 어떻게 해결할 것인가?

둘째, 바울서신은 고대서신뿐만 아니라 고대연설을 참조하면 더 잘 이해할 수 있다.[176] 이것은 에릭슨이나 티슬턴도 인정한다. 티슬턴에 따르면, 바울은 편지형식만 고집하거나 연설 형식을 무분별하게 사용하지 않고 "당시 관례를 자신의 목적을 위해 창조적으로 사용했다"고 말한다.[177] 이것이 현재 학계의 결론이다. 에릭슨, 티셀턴, 머피 오코너에 따르면, 바울서신을 이해할 때, 편지와 연설을 상호보완적인 것으로 보아야 한다.[178]

바울은 수사학적 도구를 동원하여 자신의 논증에 활용한다.[179] 하지만 수사학적 분석에서 주의할 것이 있다. 즉 바울서신을 분석할 때, 요점은 바울이 고전 수사학 교본에 의존하는 점을 증명하는 것이 아니다.

---

[175] Cf. T. H. Eriksson, *Traditions as Rhetorical Proof: Pauline Argumentation in 1 Corinthians* (Stockholm: Almqvist & Wiksell International, 1998), 281.

[176] Eriksson, *Traditions as Rhetorical Proof*, 281; A. C. Thiselton, The First Epistle to the Corinthians. A Commentary on the Greek Tex, NIGTC (Grand Rapids: Eerdmans, 2000), 44.

[177] Thiselton, *First Epistle to the Corinthians*, 44.

[178] Thiselton, *First Epistle to the Corinthians*, 46; Murphy-O'Connor, *Paul the Letter-Writer*, 1-41, 61-101.

[179] G. W. Hansen, "Rhetorical Criticism," in *Dictionary of Paul and His Letters*, ed. G. F. Hawthone and R. P. Martin et al. (Downers Grove: IVP, 1993), 822.

오히려 바울의 논증을 기술할 때, 수사학 개념의 안내를 받는 것뿐이다.[180] 이런 한슨의 결론은 수사학적 방법론을 사용할 때 좋은 출발점이 될 수 있다.

바울서신에 수사비평을 적용함으로써 독자들은 바울이 도입한 논증의 구조와 기술을 자세히 분석할 수 있다. 만일 이러한 분석이 처음부터 내용보다 형식에 몰두한다면, 수사학적 방법론은 바울서신의 의미를 이해하는데 장애물이 될 것이다. 하지만 바울이 자신의 서신에서 쓰는 논증이 무엇을 의미하는지 명확하게 드러내는데 목적이 있다면 이 방법론은 바울이 어떻게 자신의 논증을 발전시키는지 밝히는데 큰 도움이 될 것이다.[181]

셋째, 바울서신은 당시 존재했던 어떤 문학양식에도 속하지 않는다. 바울서신은 당시 형식을 창의적으로 받아들여 바울이 자신만의 독특한 양식으로 발전시킨 형태(*sui generis*)이다.

바울서신의 서두와 결말은 당시 서신 전통과 닮았으나 결코 같지 않다. 일부 바울서신의 몸체는 당시 연설 전통과 유사한 점이 있으나 결코 한 범주로 분류할 수 있는 것이 아니다. 나아가 때로 논증이나 진술에서 예측할 수 없는 장소에서 등장하는 명령이나 권고, 또 논증에 이어 등장하는 권면은 당시나 현재의 설교와 비슷한 점이 없지 않지만 비슷한 것만큼이나 다른 점이 존재한다. 이것은 지난 세기 수사학적 접근법의 시도와 결과가 잘 보여준다. 현재는 각 서신의 종류를 전체적으로 규정하려는 시도를 멈추었고, 에베소서형 서신에서는 처음부터 불가능하다는 것을 확인했다. 그래서 수사학적 접근법을 긍정하는 연구자들은 키케로나 퀸틸리아누스의 고전 수사학과 다른 설득의 근거로서 기독교 수사학을 개념을 제안하지만,[182] 전망은 그리 밝지 않다. 왜냐하

---

180 Hansen, "Rhetorical Criticism," 822.
181 Hansen, "Rhetorical Criticism," 825.

면 이것은 자기를 자기와 비교하는 일이 될 것이기 때문이다.

이보다 심각한 문제가 있다. 수사학적 접근법을 찬성하는 사람들의 연구법 속에 내재한 약점이다. 이들은 바울의 메시지를 해석할 때 당시 연설가나 화자가 추구하던 설득이나 효과, 전달과 소통 관점에서 내용을 기계적으로 이해하려고 한다. 이러이러한 개념이나 요소가 있으므로 반드시 이런 의도나 의미여야 한다는 것이다. 이렇게 하는 사이 하나님과 그의 나라, 그리스도와 그의 십자가와 구속, 부활은 소품처럼 전락한다. 이것은 바울서신의 본 의도와 정면으로 대치한다(고전 2:1-2).

이러한 문제를 해결하는 첫 걸음은 바울서신이 당시 편지의 하나가 아니라 자신만의 독특한 장르를 형성해 가고 있는 기록이라는 점을 인식하는 것이다.

5. 바울서신 분석법

바울서신을 읽을 때 앞에서 살펴본 문학적 특성들을 고려해야 한다. 특별히 바울서신이 당시 어느 문학 장르에도 속하지 않는 독특한 형태라는 점을 기억해야 한다. 케네디는 로마서는 "디아트리베(Diatribe)가 아니다. 디아트리베 기법을 사용한 것이다"라고 말한 적이 있는데, 이 말은 로마서뿐만 아니라 바울서신 전체에 적용할 수 있다.

바울서신은 고대서신 전통을 기계적으로 따르는 고대서신도 수사학적 연설도 아니다. 오히려 복음선포이다. 바울은 특별한 연설 형식에

---

182 Kennedy, *NTIRC*, 7; A. Wilder, *The Language of the Gospels: Early Christian Rhetoric* (London: SCM Press, 1964); J. R. Levinson, "Did the Spirit Inspire Rhetoric? An Exploration of George Kennedy's Definition of Early Christian Rhetoric," in *Persuasive Artistry: Studies in New Testament Rhetoric in Honor of George A. Kennedy*, ed. D. F. Watson (Sheffield: Sheffield Academic Press, 1991), 26; F. W. Hughes, *Early Christian Rhetoric and 2 Thessalonians*, JSNTSup. 30 (Sheffield: JSOT Press, 1989).

매이지 않는다. 다만 그러한 형식을 사용할 뿐이다. 나아가 필요하다면, 각 연설 형식에서 효과적이거나 좋은 요소를 조합해 종말론적 복음 선포를 위해 사용한다.

따라서 바울서신을 연구할 때, 우리는 두 가지에 힘써야 한다. 첫째는 바울서신을 반복해서 읽어야 한다. 그래서 각 서신의 내용과 주제, 개념, 논지의 흐름을 자세히 파악해야 한다. 이때 각 권을 반복해서 읽는 것뿐 아니라 전체로 통독하는 것이 필요하다. 이렇게 읽기가 임계값에 이르면, 바울서신 자체가 자신만의 장르를 형성하고 있으므로 각 서신이 다른 서신과 형식적으로 어떤 점에서 동일한지, 어떤 점에서 차이가 나는지 파악하게 된다. 더불어 단락과 문단, 장 사이에 있는 단절과 비약, 예상보다 확대된 곳, 기대보다 축소된 곳을 발견하게 된다. 둘째는 바울서신과 동시대 문헌과 해석 전통을 연구해야 한다. 이것은 개혁파 성경해석학의 원리에 충실하고, 모든 고대문서를 독해하는 원리에 속한다. 특히 그리스-로마 저자들의 고대서신과 연설, 당시 랍비들의 회당 설교가 유익하다. 이때 바울이 자신의 편지의 전체와 부분에서 이 장르의 무엇을 창조적으로 변형하여 수용하는지, 어떤 요소를 과감하게 빼거나 제거하는지, 당시 전통에는 없는 요소를 추가하는지 관찰하는 것이 필요하다. 이러한 문헌과 해석법 연구는 끝이 없는 여행과 같지만, 이 여행이 진행되는 동안 바울이 독자들이 문학적 진공상태에 있지 않기 때문에 고려해야 했던 낯선 개념과 표현, 내용의 의미가 드러난다.

지금까지 바울서신의 장르에 대해 살펴보았다. 바울은 당시 서신 전통이나 연설, 설교 전통으로 담을 수 없는 독특한 형태의 서간문학을 창안해 냈는데, 이 서신의 저자는 왜 이런 글을 쓰는가? 이 질문은 자연스럽게 다음 질문으로 이어진다. 과연 바울은 어떤 사람이며, 자신을 누구라고 생각하는가? 이제 이 주제를 살펴보자.

제2부
바울서신 각 권 해설

신약 정경 속에는 총 21개의 서신이 있다. 그 중 13개 서신이 바울의 저작이다. 분량으로 볼 때, 이는 신약의 약 25%에 해당한다.

고대 사본 중 하나($\mathfrak{P}^{46}$)는 바울서신에 히브리서를 포함하여 14개 서신을 바울 저작으로 받았던 것으로 보인다. 이 전통은 오랫동안 이어져 종교개혁과 후기 정통주의 시대까지 히브리서의 저자가 바울이라고 생각한 사람들이 많았다. 예를 들어, 칼뱅[183]과 튜레티누스,[184] 아 브라켈

---

[183] Calvin, *Inst.* 2.16.17, 『기독교강요』 상, 김종흡, 신복윤, 이종성, 한철하 공역 (서울: 생명의 말씀사, 1994), 722: "또 이 뜻은 '한 번 죽는 것은 사람에게 정해진 것'이라고 한 바울의 발언과 다르지 않다(히 9:27);『골로새서』, 581: "사도[히브리서 기자 = 바울]는 그리스도와 의식들이 정반대로 대립하고 있는 것으로 알았기 때문에, 히브리서 전체에서 이 문제를 다루고 있다."

[184] F. Turretin, *Institutes of Elenctic Theology*. Vol. II: Eleventh through Seventeenth

¹⁸⁵ 등이 있다. 반대로 성경비평의 시대가 열리면서 바울서신이 4개로 줄어들 때도 있었다. 그후 비평에 대한 비평이 일어나 현대 신약학계에서 7개 서신을 바울의 저작으로 돌리고 있다. 그 외 나머지 6개 서신이 바울 저작이 아니라는 근거로 언어의 차이, 초대교회의 직분자와 제의 출현 시기 등을 든다. 하지만 이 근거들은 비평학이 등장하기 이전부터 검토되었으며, 현재까지 결정적인 이유가 되지 못한다. 따라서 바울서신은 13개이다.

바울은 회심 후 전반기 약 15년 동안 아무런 저작물도 내놓지 않았다. 만일 AD 50년 경 쓴 것으로 생각되는 데살로니가전서가 바울의 첫 서신이라면, 바울서신은 모두 바울의 생애 마지막 10년 동안에 집중적으로 나왔다.

바울서신은 크게 두 범주로 나뉜다. 하나는 바울 자신이 개척한 교회에 보내는 편지다. 이 범주에 속하는 편지의 이름에는 교회가 있는 도시나 주의 이름이 등장한다. 다른 하나는 개인에게 보내는 편지이다. 하지만 때로는 개인과 교회를 구분할 수 없는 대상에게 보낸 편지도 있다. 예를 들어, 빌레몬서는 빌레몬 개인에게 보낸 것이지만, 빌레몬의 집에 있는 교회에 보내는 편지이기도 하다(cf. 몬 1:2; 골 4:17). 이 두 범주의 편지에는 편지의 이름에 수신자의 이름이 온다.

바울서신 중에는 특별한 명칭이 있는 편지들도 있다. 예컨대 에베소서, 빌립보서, 골로새서, 빌레몬서는 "옥중서신," 디모데전후서, 디도서는 "목회서신"이라고 부른다. 이 명칭이 정당한지, 어떤 점에서 유

Topics. Translated by G. M. Giger, edited by J. T. Dennison (Philipsburg: P&R, 1994), 243; Vol. III: Eighteenth Through Twentieth Topics, trans. G. M. Giger, ed. by J. T. Dennison (Philipsburg: P&R, 1997), 571, 597.

185 아 브라켈, 『그리스도인의 합당한 예배』, 1권 892: "바울도 '거룩하고 악이 없고 더러움이 없고'(히 7:26)라고 말했으며, 베드로는 그분을 일컬어 '흠 없고 점 없는 어린 양'(벧전 1:19)이라고 불렀습니다."

익하고 어떤 점에서 바람직하지 않은지는 이 명칭으로 불리는 첫 번째 편지 바로 앞에서 다루도록 하겠다.[186]

이것을 표로 정리하면 다음과 같다.

분류	바울서신	장수	특별명칭
1. 교회에 보내는 편지	로마서	16	
	고린도전서	16	
	고린도후서	13	
	갈라디아서	6	
	에베소서	6	옥중서신
	골로새서	4	
	빌립보서	4	
	데살로니가전서	6	
	데살로니가후서	3	
2. 개인에게 보내는 편지	디모데전서	6	목회서신
	디모데후서	4	
	디도서	4	
	빌레몬서	1	옥중서신

바울서신의 정경 순서는 몇몇 예외가 있지만[187] 대체적으로 일치한다. 대부분 로마서에서 시작해서 빌레몬에서 끝난다. 왜 이런 순서를 갖게 되었는가? 이것은 분명 저작 연대나 주제를 기준으로 배열한 것은 아니다. 전체적으로 볼 때, 교회에 보낸 편지가 앞에 오고, 개인에게 보낸 편지가 뒤에 오는 것을 관찰할 수 있다. 하지만 이 원리가 결정적이었다면, 에베소서에서 빌립보서를 데살로니가전후서 뒤에, 빌레몬서를 디모데전서 앞에 둘 수도 있었다. 그러면 옥중서신이 현재와 같이 흩어

---

186 아래 제7장과 제13장을 보라.

187 $\mathfrak{P}$46은 로마서와 고린도전서 사이에 히브리서가 있고, 갈라디아서 앞에 에베소서가 있다.

져 있지 않고 한 군데 모여 있을 수 있었을 것이다.

장수를 관찰하면, 분량이 큰 것에서 작은 것으로 이동한다는 점을 알 수 있다. 하지만 이 원리가 주된 것이었다면, 데살로니가후서가 디도서와 빌레몬서 사이에 왔어야 했다.

이 두 가지를 고려하면, 정경 순서가 두 요인으로 결정되었다는 것을 알 수 있다. 첫째는 선(先)교회 후(後)개인 원리요, 둘째는 분량의 다선소후(多先少後) 원리이다. 이 두 원리에 따라 교회와 개인에게 보내는 편지를 나누고, 각 범주에 속한 편지를 분량이 많은 것 순으로 배열한 것이다. 이것은 바울 당시 필사와 책 제작 원리에 부합한다.

이 책에서는 바울서신의 각 책을 신약 정경 순으로 해설할 것이다. 이 때 해설의 요소로는 세 가지에 주목할 것이다.

1. 저작 동기와 목적, 배경
2. 개요
3. 내용

저작 동기와 목적, 배경에서는 각 서신을 역사적-주해적 방식으로 접근할 것이다.

개요에서는 각 서신의 전체적인 문학적 구조를 파악하는데 집중하고, 각 서신의 흐름에서 어떤 주제적 변화가 있는지 살펴볼 것이다. 이 때 1장에서 소개한 서신 접근법과 수사학적 분석을 활용하고 각 요소를 개요에 반영할 것이다. 왼쪽에는 주제적 구분을 표시하고, 오른쪽에는 각 단락에서 참고할 수 있는 수사학적 요소들을 표시한다.

개요

주제적 구분	수사학적 요소
1. 편지시작말	
2. 편지본말	
2.1 ⋯	
2.2 ⋯	서설(expositio)
2.5	권면(exhortatio)
3. 편지맺음말	

내용에서는 저작 동기와 목적, 배경과 개요를 통해 파악한 내용 중에서 각 서신을 이해하는데 필수적인 주제를 간략히 해설할 것이다.

3장

로마서

로마서는 사도 바울이 쓴 편지이다. 바울은 약 **AD 57년 경**[188] 3차 전도 여행을 마치고, 예루살렘으로 가는 길에 고린도에서 이 편지를 써서 로마에 있는 성도들에게 보냈다(cf. 롬 15:23-26; 1:7). 여기서 세 가지 궁금한 점이 생긴다.

1. 로마에 언제 교회가 세워졌는가?
2. 바울이 로마 교회에 편지를 쓴 목적은 무엇인가?
3. 바울이 쓴 편지(로마서)의 내용은 무엇인가?

1. 로마 교회

로마 교회는 사도 바울이나 그 밖에 다른 사도들이 가기 전에 세워졌다. 바울은 로마서를 쓰기 전 이미 로마 교회 그리스도인들에 대해 들었다.

---

[188] 김영호, "바울 연대기," 9쪽의 표를 참조하라

롬 1:8-10 먼저 내가 예수 그리스도로 말미암아 너희 모든 사람에 관하여 내 하나님께 감사함은 **너희 믿음이 온 세상에 전파됨이로다** ... ¹⁰ 어떻게 하든지 이제 하나님의 뜻 안에서 너희에게로 나아갈 좋은 길 얻기를 구하노라.

그러면 구체적으로 언제 로마 교회가 세워졌는가? 이것을 추측할 수 있는 자료가 성경 내에도, 성경 밖에도 있다. 우선 성경 내 자료를 살펴보자.

행 18:1-2 그 후에 바울이 아덴을 떠나 고린도에 이르러 아굴라라 하는 본도에서 난 유대인 한 사람을 만나니 **글라우디오**가 유대인을 명하여 떠나라 한 고로 그가 그 아내 브리스길라와 함께 이달리야로부터 새로 온지라.

이 본문에 따르면, 바울은 고린도에서 본도 출신 유대인 아굴라와 그의 아내 브리스길라를 만났는데, 그들은 "최근에 이달리야에서 왔다." 누가는 "왔다"는 말을 현재완료 분사(προσφάτως ἐληλυθότα)로 표현한다. 이것은 바울이 고린도에 도착했을 때, 아굴라와 브리스길라는 이미 거기에 도착해 있던 상태였다는 것을 가리킨다. 이들이 이탈리아에서 고린도로 이주한 것은 클라우디우스 칙령 때문이었다. 이 칙령의 내용은 무엇인가? 이제 성경 밖 자료 중 수에토니우스의 말을 들어보자.[189]

유대인들은 크레스토스라는 선동자 때문에[190] 항상 소요를 일으키

---

[189] 자세한 논의는 김영호, "바울 연대기," 4-5를 참조하라.
[190] 이 말은 라틴어로 탈격이다: 임풀소레 크레스토(*impulsore Chresto*). 따라서 도구로 번역하여 "크레스토스의 선동으로"라고 번역할 수도 있고 원인으로 "크레스토스라는 선동자 때문에"라고 옮길 수도 있다. 여기서는 원인으로 번역한다.

므로 클라우디우스가 로마에서 [유대인들을] 쫓아냈다.[191]

이 기록에 따르면, 로마에 두 그룹이 있었다는 것을 알 수 있다. 하나는 유대인들이요 다른 하나는 "크레스토스"를 따르는 사람들이다. 수에토니우스의 말이 그리스도를 대적하여 소요를 많은 일으키는 유대인들을 제지한 것인지, 아니면 그리스도인들을 유대인들과 동일한 그룹으로 또는 동등한 그룹으로 보아 쫓아냈는지 학자들 사이에 의견이 나뉜다. 그러나 분명한 것은 그리스도인들이 존재했고, 로마 정부가 그들을 유대인들과 다른 그룹으로 인식하기 시작했다는 점이다.

이 그리스도인들은 로마에 어떻게 생겨난 것인가? 사도행전에서 다시 실마리를 찾을 수 있다.

> 행 2:9-11 우리는 바대인과 메대인과 엘람인과 또 메소보다미아, 유대와 갑바도기아, 본도와 아시아, ¹⁰ 브루기아와 밤빌리아, 애굽과 및 구레네에 가까운 리비야 여러 지방에 사는 사람들과 **로마로부터 온 나그네** 곧 유대인과 유대교에 들어온 사람들과 ¹¹ 그레데인과 아라비아인들이라. 우리가 다 우리의 각 언어로 하나님의 큰 일을 말함을 듣는도다.

이것은 "예루살렘에 거주하는 유대인들, 곧 개종자들을 포함한 경건한 사람들"의 목록이다. 누가는 이 목록에서 구 제국인 엘람, 바벨론, 앗시리아, 페르시아부터 현 제국의 중심인 로마까지 언급하고 있다.[192]

---

191 Suetonius, 「클라우디우스」 25:4 in *Lives of the Caesars*, V xxv, 4, trans. J. C. Rolfe, LCL (Cambridge/London: Harvard University Press, 1997), 50–51.
192 오순절에 유대인의 이동에 대해서는 요하난 아하로니/미카엘 아비요나, 『성서지도』 (서울: 아가페출판사 2001), 151를 보라.

여기서 "로마로부터 온 나그네"라는 그룹도 있었다. 이들은 누구인가? 이들은 "로마로부터 선발되어 짧게 체류하기 위해 온 이들"(οἱ ἐπιδημοῦντες Ῥωμαῖοι)을 가리킨다(행 2:10). 이들이 오순절에 예루살렘에 왔다가 사도들이 전한 복음을 듣고 성령을 받아 회심하여 그리스도인이 된 것이다. 그후 이들은 어떻게 되었는가? 이들은 사도행전 2장에 잠시 등장했다가 시야에서 사라진다. 그리고 사도행전 28장에서 다시 나타난다.

> **행 28:13-15** [우리가] 거기서 둘러가서 레기온에 이르러 하루를 지낸 후 남풍이 일어나므로 이튿날 보디올에 이르러 ¹⁴ 거기서 형제들을 만나 그들의 청함을 받아 이레를 함께 머무니라. 그래서 우리는 이와 같이 로마로 가니라. ¹⁵ **그 곳 형제들**이 우리 소식을 듣고 압비오 광장과 트레스 타베르네까지 맞으러 오니 바울이 그들을 보고 하나님께 감사하고 담대한 마음을 얻으니라.

약 26년 전 오순절에 로마 대표로 파견되어 예루살렘으로 왔던 유대인들이 회심하여 그리스도인이 된 후 다시 로마로 돌아와 믿는 "형제들"이 된 것이다. 이들이 로마에서 교회를 이루었을 가능성이 크다. 그러다가 클라우디우스 칙령 때 이 교회의 일원 중 많은 유대인들이 축출된 것이다.

클라우디우스 칙령 이후 로마 교회는 어떻게 되었을까? "로마로부터 선발되어 오순절 사절로 다녀온 사람들"은 대부분 유대인이었을 것으로 추측할 수 있다. 그렇다면 처음에 로마 교회의 주 구성원은 유대인이었을 가능성이 크다. 그런데 클라우디우스 칙령으로 이들이 잠시 혹은 장기간 로마에서 축출되었다. 따라서 클라우디우스 축출령 이후 로마 교회의 주 구성원은 이방인들이 되었을 것이다.

그러나 축출령이 영원히 지속될 수는 없다. 유대인들은 다시 돌아오고, 그 중에는 유대인 그리스도인들이 있었다(cf. 롬 16:3). 그럼에도 이전처럼 교회에서 다수를 차지하거나 지도적 위치에 들어가지는 못했을 것이다. 이미 많은 이방인 그리스도인들이 로마 교회에 들어왔기 때문이다.[193] 여기서 "강한 자"(이방인 그리스도인)와 "약한 자"(유대인 그리스도인) 문제가 등장한다(롬 14:1-15:13). 바울 자신은 강한 자이나 약한 자를 비판하지 말고(롬 14:1) 부딪힐 것이나 거칠 것을 두지 말며(롬 14:13), "서로 받으라"(롬 15:13)고 권면한다.

바울은 로마서를 왜 기록했고 무엇을 위해 썼는가?

2. 로마서의 저작 동기와 목적

로마서 기록 동기와 목적에 대해서는 크게 두 가지 견해가 있다. 첫째, 이것을 로마 교회의 상황에서 찾는 것이다. 즉 로마서는 교리 논문이나 명상록이 아니라 실제적인 문제를 다루는 편지로서 상황에 대한 반응물이라는 것이다. 그 상황은 로마서 14:1-15:13에 나와 있는데, 강한 자-약한 자 문제라는 것이다.[194]

둘째, 로마서 기록 동기와 목적을 바울의 상황에서 찾는 것이다. 바울은 갈라디아와 마게도냐, 아가야 교회의 그리스도인들이 모은 연보를 유대인 그리스도인들에게 전달하려고 예루살렘으로 가는 길에 로마서를 기록했다(롬 15:25-26). 이때 바울은 편지라고 보기에는 매우 길

---

[193] J. van Bruggen, *Paulus: Pionier voor de Messias van Israël*, 2nd ed. (Kampen: Kok, 2003), 110.

[194] D. J. Moo, *Encountering the Book of Romans: A Theological Survey*, 2nd ed. (Grand Rapids: Baker Academic, 2014), 30-31.

고 조직적인 글을 쓴다. 이것은 마치 로마 교회에 보내는 소개장 같은 느낌이 든다. 학자들은 바울이 이렇게 긴 편지로 자신을 소개하는 데는 분명한 까닭이 있었으리라고 추측한다. 바울이 선포한 복음에 대한 거짓 소문이 이미 로마 교회에 도착했다는 정보가 있었는데, 이 정보가 바울이 자신의 복음을 길게 변증한 원인이라는 것이다. 이 견해에 따르면, 바울은 자신과 자신이 선포한 복음에 대한 좋은 이미지를 회복하고, 로마 교회로부터 스페인으로 가는 여정에 후원을 받으려 했다.[195]

로마서 기록 목적을 이 두 가지 목적 중 하나로 한정해야 하는 것일까? 무(Douglas J. Moo)가 지적한 대로 로마서의 기록 목적은 하나가 아닐 수 있다.[196] 따라서 단일 상황에서 찾을 필요가 없다.

바울은 한편으로 로마 교회가 이방인 그리스도인들과 유대인 그리스도인 사이에 갈등이 있다는 상황을 파악하고 있었다. 바울은 고린도에서 브리스길라와 아굴라를 만나자마자 이 사실을 알고, 그곳에서 사역하는 동안 로마에서 오는 유대인들에게서 꾸준히 정보를 모으고 주시하고 있었을 것이다. 이것이 첫 번째 동기와 목적이었다.

다른 한편으로 바울은 3차 전도여행 막바지에 이미 로마에 방문할 계획을 세운다(행 19:21). 이에 따라 자신이 로마에 방문할 때 로마 교회 그리스도인들과 만날 준비를 하고, 자신이 전하는 복음의 핵심 내용을 설명하려고 했을 것이다. 특별히 이방인 그리스도인들과 유대인 그리스도인들의 갈등을 생각하면서 그들이 한 주를 따르고 한 하나님을 섬기며 한 성령을 받은 한 백성임을 강조하고자 했다. 교회의 주도권을 잡은 이방인 그리스도인은 자랑하지 않아야 하고, 유대인 그리스도인들은 이방인 형제들을 정죄하지 말아야 한다. 이 갈등은 복음의 본질

---

[195] Moo, *Encountering the Book of Romans*, 30.
[196] Cf. Moo, *Encountering the Book of Romans*, 31.

이 선명하게 인식될 때에라야 가능하다. 바울에 따르면, 복음은 이방인을 유대인으로 만들거나 이스라엘의 자리를 대체하는 것이 아니라, 구약에서 시작된 장구한 하나님의 약속과 계획을 확립하며, 이 약속과 계획 안에서 유대인과 이방인 차별이 없는 새로운 시대를 여는 소식이다. 바울은 자신의 편지로 이러한 구속사적 흐름 속에서 유대인 그리스도인과 이방인 그리스도인이 각자의 위치와 상황을 파악할 수 있도록 한 것이다. 바울이 이렇게 "근본적이고 지속적인 신학적 주제들을 다루고 있기 때문에 로마서는 시간과 장소를 초월하여 모든 세대의 교회에게 말하고 있다."[197]

지금까지 로마 교회를 개괄적으로 살펴보고, 바울이 로마서를 쓴 동기와 목적을 살펴보았다. 바울은 자신이 지난 25년 동안 전한 복음의 내용을 이 한 편지에 담으려고 노력한다(cf. 롬 15:15). 로마서의 주제와 내용을 세부적으로 살펴보기 전에 먼저 이 편지의 구조와 개요는 어떤지 살펴보자.

---

[197] Cf. Moo, *Encountering the Book of Romans*, 31–32.

3. 로마서 구조 및 개요

로마서는 방대한 내용을 가진 글이지만 동시에 매우 짜임새 있는 저작이다. 바울의 글이 체계적인 설명과 권면으로 다가오는 것은 그의 글에 심겨진 구조 때문이다.

3.1 로마서의 구조

로마서는 고대 문서이다. 만일 파피루스 한 장에 들어가는 글이라면 그 글의 내용을 소개하기 위한 구조가 필요 없다. 하지만 빌레몬서나 요한이서, 요한삼서, 유다서와 같은 서신에도 체계적인 글조직이 나타난다. 로마서와 같이 큰 단위의 글에는 이러한 조직적인 구조가 더욱 필요하다. 하지만 고대에는 오늘날 책에 있는 서론이나 목차가 없다. 그러면 고대에는 이것을 어떻게 표현하는가? 먼저 책을 시작하고 마치는 표시가 있어야 한다. 여기에 들어가는 표시는 매우 심사숙고하여 선택한 개념이나 문구일 것이라고 예상할 수 있다. 다음으로 그 주제를 어떻게 전달할 것인지 논증 구조를 생각해야 한다. 마지막으로 전체 내용과 세부 논증 단위를 조직하는 틀이 필요하다.

1. 전체를 아우르는 주제
2. 주제를 논증하는 방식
3. 내용을 조직하는 틀

로마서 또한 고대 문서에 속하므로 이 세 가지 요소가 다 나타난다. 로마서는 전체를 아우르는 주제는 삼중 인클루시오(*inclusio*)로 표시하고, 전체 내용을 네 주제 단위로 나누고 논증하며, 각 단위를 고대 수사학적 도구를 써서 조직한다.

3.1.1 전체 주제

로마서를 자주 통독하면 특정 표현과 내용이 반복적으로 나타난다는 것을 발견할 수 있다. 바울은 로마서 1:16-17에서 복음의 요체를 제시한다. 이것이 로마서의 대주제이다. 만일 어떤 사람이 특정한 청중에게 연설을 한다면, 먼저 전체의 큰 주제를 제시하고, 그 후에 그 주제에 따른 내용들을 하나하나 나열하여 논증할 것이다. 로마서는 연설문은 아니지만, 바울이라는 화자가 로마 교회 교인들이라는 특정 청중에게 자신이 전하는 복음의 내용을 제시한 글이라고 본다면, 이러한 요소가 있을 것이라고 예상할 수 있다.

지금까지 사람들은 바울이 이 주제를 전달하기 위해 교리적인 부분(1:1-11:36)과 실천적인 부분(12:1-16:27)으로 나누어 다뤘다고 생각했다. 로마서 11장을 기준으로 전반부는 대체로 진술문이요, 후자는 명령문으로 기록되었다고 보았기 때문이다.[198] 이것은 부분적으로는 옳지만 부분적으로 틀리다. 이보다 심각한 점은 로마서가 두 부분으로 나뉘고 각 부분이 교리와 실천을 다루므로, 이 둘이 분리된다는 인상을 주는 것이다. 이것이 이 구조가 갖는 가장 치명적인 오류이다. 결과적으로 교리와 실천이 하나이며 분리되지 않는다고 생각하는 사람도 자신이 반대하는 생각을 전하는 셈이 된다. 과거와 현재 많은 성경 독자들과 심지어 개혁주의자들도 이러한 주장의 오류에 대해 인식했으나, 정확한 문학적인 논거를 찾아 제시하지 못했다. 그 결과 지금까지도 성경 독자들은 로마서는 "믿음으로 말미암는 의"를 말하는 반면, 야고보서는 "행위로 얻는 의"를 주장한다는 신학적 이분법에 노출되어 있다. 그

---

[198] 이 구분법은 너무나 단순하고 피상적이어서 로마서에 적합하지 않다. 예컨대 로마서 6:12-13, 19; 7:6; 8:24; 11:20에는 명령문이 나오고, 로마서 14:14-18에는 진술문이 나온다.

러나 이러한 이분법이 옳은가?

바울은 "모든 믿는 자에게 계시된 하나님의 의"라는 복음의 요체를 삼중 인클루시오로 표현하고 있다. 바울은 로마서 서두와 마지막 송영에서 동일하거나 비슷한 표현을 사용한다. 첫째, "믿음의 순종," 둘째, 사도의식, 셋째, 복음의 내용이다. 이것을 차례로 간략히 살펴보자.

첫 번째 인클루시오의 핵심어는 "믿음의 순종"이다.

> **롬 1:5** 그로 말미암아 우리가 은혜와 사도의 직분을 받아 그의 이름을 위하여 모든 이방인 중에서 믿어 순종하게 하느니라(εἰς ὑπακοὴν πίστεως) ...
>
> **롬 16:26** 이제는 나타내신 바 되었으며 영원하신 하나님의 명을 따라 선지자들의 글로 말미암아 모든 민족이 믿어 순종하게 하시려고(εἰς ὑπακοὴν πίστεως) 알게 하신 바 그 신비의 계시를 따라 된 것이니라...

이 두 구절에서 언급한 에이스 휘파코엔 피스테오스(εἰς ὑπακοὴν πίστεως)라는 말은, 문자적으로 번역하면, "믿음의 순종을 향해," 또는 "믿음의 순종을 위해"이다. 여기서 바울은 "믿음"(πίστις)과 "순종"(ὑπακοή)을 피스티스(πίστις)의 소유격 피스테오스(πίστεως)로 연결하고 있다. 이것은 어떤 뜻인가? 헬라어 소유격에는 총 18가지 의미가 있지만,[199] 이 표현과 관계있는 용법은 두 가지로 압축할 수 있다. 하나는 기원의 소유격이고, 다른 하나는 동격의 소유격 또는 설명의 소유격이다.

첫째, "믿음의"라는 말을 기원의 소유격(*genitivus origionis*)으로 보면

---

199 김영호, 『성경헬라어 3: 구문편』(미출판), 26.

"믿음의 순종"이라는 말은 "믿음에서 나오는 순종" 또는 "믿음에서 근원하는 순종"을 가리킨다. 다시 말해서, 믿음을 발원지로 삼는 순종을 뜻한다. 만일 이 표현이 이것을 의미한다면, 믿음과 순종은 연결되어 있다고 생각할 수 있다. 믿음은 발원지이고 순종은 목표지점이 된다. 즉 믿음은 뿌리이고 순종은 믿음에서 나오는 열매요 결과인 것이다.

둘째, "믿음의"라는 말을 동격의 소유격(genitivus appositionis)으로 보면, "믿음의 순종"이라는 말은 "믿음, 곧 그 순종" 또는 "믿음 그 자체인 순종"을 의미한다. 믿음과 순종을 같은 개념으로 보는 것이다. 또는 이와는 다른 범주에 속하지만 내용상 같은 용법이 있다. 바로 설명의 소유격(genitivus epexegetivus)이다. 이는 한 명사가 다른 명사를 설명하는 것으로 보는 것이다. 만일 "믿음의"라는 말을 동격의 소유격으로 보면, "믿음의 순종"이라는 말은 "순종, 곧 믿음을 내용으로 하는 행위"를 뜻한다. 이것은 "믿음을 설명하고 그 믿음의 본질을 드러내는 순종"이라고 해석할 수 있다. 믿음은 어떤 면에서 순종의 확장인 것이다(롬 1:8, 10:16, 11:23, 30-31, 16:19). 이때는 기원의 소유격으로 번역할 때와는 전혀 다른 의미가 된다.

바울은 로마서를 시작하면서 자신이 사도직을 받은 것은 바로 예수 그리스도의 이름을 믿는 "믿음의 순종을 위한" 것이라고 말하고 있다. 그런데 "믿음의 순종을 위해"(εἰς ὑπακοὴν πίστεως)라는 표현이 로마에 있는 성도들에서 "모든 민족들"로 확대하여 다시 로마서 마지막 장의 마지막 구절에 나오는 것이다. 이렇게 첫 번째 인클루시오(inclusio)가 완성된다.

바울은 앞의 두 가지 중 어떤 의미로 소유격을 사용하고 있을까? 개신교 그리스도인들은 바울이 기원의 소유격을 사용했다고 보는 경향이 크다. 왜냐하면 이신칭의라는 교리가 마음을 지배하고 있기 때문이다. 그리고 교의학적으로 믿음과 순종의 관계를 그렇게 배웠기 때문이다. 즉 믿음은 시작이요 뿌리이고, 순종은 결과요 열매라고 배웠기 때문이다.

하지만 이러한 틀을 내려놓고 본문이 말하는 것을 들어볼 필요가 있다. 본문은 소유격으로 묶어 놓은 이유를 설명하지 않는다. 소유격의 열 여덟 가지 용법 중 어느 것이나 심지어 본문에 가장 적합한 두 범주의 소유격 중에 어느 하나를 편향적으로 가리키지 않는다. 따라서 이 소유격은 다만 두 명사 즉 믿음과 순종의 관계를 표현하고, 믿음과 순종이 긴밀하게 묶여 있다는 사실을 알린 것이다. 이때 바울은 믿음의 기원뿐 아니라 동격 및 설명의 의미를 담았을 가능성이 있다. 만일 이것이 옳다면 바울은 실제로 믿음과 순종을 묶어 하나의 개념을 형성한 것이다. 믿음은 시작이요 뿌리일 뿐 아니라 그 자체가 순종을 전제하거나 순종과 동일시할 수 있으며, 순종은 믿음의 결과요 열매, 목표일 뿐만 아니라 믿음의 현시인 것이다.

바울은 이러한 믿음—순종 개념으로 로마서를 시작하고 마친다. 하지만 단순하게 문학적인 표시로 쓰는 것이 아니다. 여기에는 관통과 확장의 의도가 있다. 즉 바울은 자신이 쓰려는 로마서가 "믿음의 순종을 위함"이라는 내용을 전달하려고 했으며, "믿음의 순종을 향함"이라는 내용이 자신이 쓴 로마서를 관통하고 있음을 알린 것이다. 이것을 통해 바울은 로마서 1-11장까지 내용과 로마서 12-16장의 내용을 하나의 단위로 묶고 있다.

동시에 바울은 이 믿음—순종이 적용되는 대상을 로마에 있는 성도에게서 모든 민족들로 확장하고 있다. 이를 통해 바울은 로마 교회의 그리스도인이 종말에 출현한 교회의 일원이며 기업의 상속자가 되었으며, 보편교회가 소유한 복음을 나눠 받았으며, 로마서가 바로 그 내용을 기록한 것임을 알린 것이다.

두 번째 인클루시오의 핵심 개념은 사도의식이다. 바울은 로마서를 하나의 가닥으로 묶지 않는다. "믿음의 순종"뿐만이 아니라 자신이 사도라는 의식으로 묶는다.

롬 1:1-7, 9-10 예수 그리스도의 종 바울은 사도로 부르심을 받아 하나님의 복음을 위하여 택정함을 입었으니, … ⁵ 그로 말미암아 우리가 은혜와 사도의 직분을 받아 그의 이름을 위하여 모든 이방인 중에서 믿어 순종하게 하나니, ⁶ 너희도 그들 중에서 예수 그리스도의 것으로 부르심을 받은 자니라. … ⁹ 내가 그의 아들의 복음 안에서 **내 심령**으로 섬기는(λατρεύω) 하나님이 나의 증인이 되시거니와 항상 내 기도에 쉬지 않고 너희를 말하며 ¹⁰ 어떻게 하든지 이제 하나님의 뜻 안에서 너희에게로 나아갈 좋은 길 얻기를 구하노라.

롬 15:15-33 그러나 내가 너희로 다시 생각나게 하려고 하나님께서 내게 주신 은혜로 말미암아 더욱 담대히 대략 너희에게 썼노니, ¹⁶ 이 은혜는 곧 나로 이방인을 위하여 그리스도 예수의 일꾼이 되어 하나님의 복음의 **제사장 직분을 하게 하사 이방인을 제물로 드리는 것**이 성령 안에서 거룩하게 되어 받으실 만하게 하려 하심이라. … ²⁸ 그러므로 내가 이 일을 마치고 이 열매를 그들에게 확증한 후에 너희에게 들렀다가 서바나로 가리라. ²⁹ 내가 너희에게 나아갈 때에 그리스도의 충만한 복을 가지고 갈 줄을 아노라 …

바울은 "예수 그리스도의 종이요, 사도로 부르심을 받았"고 "심령으로 하나님을 섬긴다(λατρεύω)"라는 의식으로 로마서를 시작한다(롬 1:4, 9). 여기서 "섬긴다"는 말은 노예로서 주어진 일을 한다는 말이 아니라(δουλόω) 헌신된 예배자로 봉사한다는 의미이다(cf. 롬 1:25; 빌 3:3; 행 7:42). 그런데 로마서 마지막에 다시 이 개념이 등장한다. 바울은 자신이 이방인 교회를 위한 "제사장"이며 "제사장으로서 사역을 하고 있다"라고 표현한다

(롬 15:16). 즉 바울은 자신을 이방인들을 위한 제사장으로 인식하고 있음을 볼 수 있다. 여기서 제사장이란 표현을 쓴 것은 이방인 교회가 행한 연보와 관련이 있다. 이방인이 이 연보와 함께 자신들을 하나님께 드린 것이다. 바울은 이 "제물"을 가지고 예루살렘과 유대 교회로 가고 있다. 이런 배경에서 바울은 자신을 이방인과 그들의 제물을 하나님께 바치는 제사장이라고 말한 것이다. 따라서 바울이 자신을 제사장이라고 표현한 것은 이방인에게 복음을 전하여 믿음의 순종에 이르게 함으로써 그들을 하나님의 자녀와 교회로 세우는 사도의 일과 관련이 있다. 이것이 사실이라면, 바울은 로마서를 사도의식으로 시작하여 사도의식으로 마친다는 것을 알 수 있다.

세 번째 인클루시오 형성요소는 복음이다.

> **롬 1:1-2** 예수 그리스도의 종 바울은 사도로 부르심을 받아 **하나님의 복음**을 위하여 택정함을 입었으니, ² **이 복음**은 하나님이 선지자들을 통하여 그의 아들에 관하여 성경에 미리 약속하신 것이라
>
> **롬 16:25-27 나의 복음**과 예수 그리스도를 전파함은 영세 전부터 감추어졌다가 ²⁶ 이제는 나타내신 바 되었으며 영원하신 하나님의 명을 따라 선지자들의 글로 말미암아 모든 민족이 믿어 순종하게 하시려고 알게 하신 바 그 신비의 계시를 따라 된 것이니 **이 복음**으로 너희를 능히 견고하게 하실 ²⁷ 지혜로우신 하나님께 예수 그리스도로 말미암아 영광이 세세무궁하도록 있을지어다. 아멘

바울은 로마서 1:1-2에서 자신이 "하나님의 복음"을 위해 선택받았다고 말한다. 그런데 16:25-27에서 다시 "그 복음"을 언급한다. 이 복음은 하나님의 선지자들을 통해 … 성경에 미리 약속하신 것"이었는데,

이제 "하나님의 명을 따라 선지자들의 글로 말미암아 모든 민족이 믿어 순종하게 하시려고 알게 하신 바 그 신비의 계시를 따라 된 것"이라고 말한다. 이것은 바울이 성경에 계시되고 종말에 나타날 복음을 염두에 두고 시작하여 그 복음으로 마친다는 것이다.

로마서는 삼중 인클루시오로 이루어져 있다. 이때 핵심어는 "믿음의 순종"과 "사도의식," "복음의 내용"이다. 이 세 개념은 각각 독립적인 것이 아니다. 위치도 로마서 서두(롬 1:1-7)와 결말(롬 15:15-33, 16:25-27)에 집중되어 있다. 이 인클루시오는 보통 문학적 단위의 경계를 표시하는 데 쓰인다.[200] 하지만 고대 문헌에서는 자주 현대의 책의 목차 역할을 한다.[201] 그렇다면 로마서는 바울이 전하는 복음을 하나의 단위로 제시하는 글이었다고 볼 수 있다. 나아가 바울은 이 인클루시오를 형성하는 핵심 개념으로 하나의 메시지를 전하려고 했던 것이 틀림없다. 즉 바울은 사도 의식을 가지고 영원전부터 하나님의 마음에 있던 계시요 선지자들의 기록을 통해 이제 드러난 복음을 로마 교인과 온 민족에게 전해 믿음의 순종에 이르게 하려고 했던 것이다.

이 관찰에서 어떤 적용점을 찾을 수 있는가? 여기서 우리에게는 삶이 아닌 생각의 변화에 적용점이 있다. 만일 바울이 로마서를 이러한 생각으로 쓴 것이라면 신약을 해석하는 눈이 달라져야 한다. 지난 2,000년 동안 학자들은 대부분 로마서와 야고보서는 서로 대립한다고 생각했다. 물론 그들 중 일부는 로마서와 야고보서를 함께 붙들고 하나의 성경으로 해석하려고 했다. 그러나 그들은 소수의 그룹에 지나지 않는다. 하지만 이런 반립적 해석에서 벗어나야 한다. 바울이 로마서를 쓸 때, 이미 믿음의 순종을 위해서 전체를 썼기 때문이다. 야고보서도

---

200 J. Weima, *Paul the Ancient Letter Writer*, 158.
201 Cf. J. Weima, *Paul the Ancient Letter Writer*, 146.

마찬가지이다. 야고보도 순종을 강조하지만, 바울이 로마서에서 쓴 내용과 동일한 정신을 가지고 쓰고 있다. 만일 이것이 옳다면, 야고보서와 로마서가 반립하며 서로 조화될 수 없다고 보는 것은 로마서의 사상과 거리가 멀다.

지금까지 로마서를 전체적으로 관찰하며, 인클루시오 구조를 살펴보았다. 이제 로마서의 내용으로 들어가보자. 바울은 어떻게 복음의 내용을 논증하는가?

3.1.2 논증 구조

로마서는 어떤 생각의 단위로 나뉘는가? 로마서의 내용은 크게 총 네 단위로 구성되어 있다. 각 단락의 핵심 주제를 한 단어로 요약하면 다음과 같다.

		로마서
1.	죄	1-3장
2.	은혜	4-8장
3.	선택	9-11장
4.	신자의 삶	12-16장

먼저 바울은 로마서 1-11장을 세 부분으로 나눈다. 여기서 바울은 이렇게 논증한다. 온 인류는 죄를 지었다. 그러나 하나님은 은혜를 베푸셨다. 그 은혜를 통해서 믿는 자는 구원을 받는데, 그것은 인간의 행위나 자랑할 만한 것을 통해서가 아니라 하나님이 베푸신 은혜에 근거하고 있다. 이때 선택과 예정에 대한 논의로 들어오면, 인간이나 인간 안에 있는 것이 아니라 신관으로부터 출발하여 논증한다. 바울의 이 방식

을 종교개혁자들도 따랐다.[202]

다음으로 바울은 이렇게 진행한 논증에 로마서 12-16장을 연결한다. 신자는 이전 시대 구조에 순응하여 살지 않고 오는 시대 시민으로 하나님을 영화롭게 하고 즐거워하는 삶을 살아야 한다.

이것이 바울이 로마서에서 복음의 내용을 논증한 방식이다. 즉 바울은 죄, 은혜, 선택, 삶을 순서대로 다루고 제시하며, 그 내용과 논증 방식이 전형적으로 나타난 것이 로마서다. 이것은 모든 종교개혁자들이 복음을 전할 때, 교의학적인 논의를 하든, 주해적인 논의를 하든, 설교를 하든 동일하게 채택한 구조였다. 복음을 전하는 사람은 먼저 인간 죄의 심각성을 알려야 한다. 사람에게 죄를 인식하게 하지 못하면, 은혜를 설명하지 못한다. 사람이 은혜를 받아 구원을 얻은 것을 인식하지 못하면, 하나님이 구원해 주셨다는 근거를 설명할 수 없다. 나아가 구원의 근거가 예정에 있다는 것을 알릴 길이 없다. 예정과 선택 속에서 자신의 구원이 이미 영원 전에 출발했다는 사실을 인식하지 못하는 사람은 실제로 그리스도인의 삶을 살 수 없다.

따라서 로마서의 논증 방식은 우리가 어떤 사람에게 3분 동안 복음을 전할 때든지, 2년 동안 로마서를 강해할 때든지 동일하게 적용되어야 하는 원리이다. 이것보다 더 나은 구조는 지금까지 없다. 이것이 성경적인 구조이기 때문이다.

지금까지 로마서 논증 방식을 살펴보았다. 이제 마지막으로 바울이 논증의 각 요소들을 어떻게 조직하는지 살펴보자. 바울은 여기서 고대연설의 수사학적 요소를 활용하는데, 어떤 요소들이 있는가?[203]

202　H. Bavinck, *Gereformeerde Dogmatiek* II (Kampen: Kok, 1928), 321.
203　앞의 1장 3.3.1을 참조하라.

3.1.3 내용 조직

로마서는 크게 세 부분으로 구성된다. 편지시작말, 편지본말, 편지맺음말이다. 내용을 수사학적으로 구분하면, 총 네 부분으로 나눌 수 있다. 그것은 서론, 사실진술, 증명, 결론이다.

로마서 증명 부분은 총 네 부분으로 구성되는데, 확증, 정교화, 비교, 권면이다. 반박은 법정연설이 아니므로 이 요소가 없다. 디아트리베(Diatribe) 형식으로 증명(*probatio*)에 통합되었다.

바울은 당시 연설가와 철학자들이 쓰던 형식을 창의적으로 차용해서 썼다. 특히 당시 정교한 논문 형식으로 복음을 제시했다. 이 중에서 주제제시(*propositio*)와 서설(*expositio*)이 로마서의 방대한 내용을 조직하는데 어떤 역할을 하는지 잠시 살펴보자.[204]

첫째, 주제제시이다. 바울은 먼저 사실을 진술한 후 문제제기를 하고, 여기서 제기된 의제들을 본론에서 증명하는 방식을 쓴다. 그렇다면 문제제기와 증명은 어떤 관련이 있는가?

> **롬 1:16-17** 내가 복음을 부끄러워하지 아니하노니, 이 복음은 모든 믿는 자에게 구원을 주시는 하나님의 능력이 됨이라. 먼저는 유대인에게요 그리고 헬라인에게로다. ¹⁷ 복음에는 하나님의 의가 나타나서 믿음으로 믿음에 이르게 하나니 기록된 바
> 오직 의인은 믿음으로 말미암아 살리라
> (ὁ δὲ δίκαιος ἐκ πίστεως ζήσεται; 합 2:4)
> 함과 같으니라

---

204 로마서와 바울서신의 수사학적 요소에 대해서는 앞의 1장 3.3.1과 4장을 참조하라.

바울은 여기서 하박국 2:4을 인용한다. 이때 "믿음으로 말미암아"(ἐκ πίστεως)는 무엇을 꾸미는가? 어떤 사람은 "믿음으로 말미암아"라는 말이 "의인"(ὁ δίκαιος)을 수식한다고 생각한다. 즉 이 구절을 "믿음을 통해 의롭게 된 의인은 살리라"로 해석하는 것이다. 그리고 이 해석을 로마서 문단구분 표시로 사용한다. 바울은 "믿음으로 의롭게 된 의인"에 대해 로마서 3:21-4:25에서 설명하고, "살리라"는 주제를 5:1-8:39에서 설명한다는 것이다.[205]

다른 사람들은 "믿음으로 말미암아"라는 어구가 "살리라"를 꾸미는 것으로 생각한다. 예를 들어, 우리말 성경을 비롯한 많은 현대어 번역이 그렇다. 이 전치사구를 부사로 본다면, 자연스럽게 "믿음으로 말미암아 살리라"는 내용을 표현한다. 하지만 내용상 첫 번째 해석과 크게 차이가 나지 않는다. 왜냐하면 이 말이 믿음을 통한 생명과 구원을 가리킨다면, 로마서 4-8장과 관련이 있기 때문이다.

하지만 "믿음으로 말미암아"라는 말이 "의인"이나 "살리라" 중 오직 하나만 연결되지 않을 수도 있다. 이 말은 이중역할(double duty)을 지닌 말일 수 있다. 이것은 히브리어와 헬라어 표현이나 하박국 예언의 배경을 고려하면 더 확실해진다. 즉 "믿음으로 말미암아 의롭게 된 의인은 또한 믿음을 통해 살 것이다"라는 뜻이다. 이것을 로마서 전체의 내용 단위와 비교해 보면, 여기서 제기된 의제가 정확하게 로마서 내용과 논증 전개와 일치한다는 것을 알 수 있다. 즉 하박국 당시 더 불의한 이방인을 통해 나라가 망하고 개인이 죽는 재앙 속에서도 믿음 안에 있는 의인이 있고, 그러한 의인들은 목숨을 잃더라도 주 안에서 살 것이며, 혹 이 땅에 살아남게 된다면, 계속해서 믿음으로 살 것이다. 이와 같이 바울은 과거 아브라함과 같이 이제도 그리스도를 믿는 믿음

---

205   Cf. H.-J. Eckstein, *Bibelkunde. Nachschrift der Vorlesung von Prof. Hans-Joakim Eckstein. Sommersemester 1990*, 222.

을 통해 의롭게 된 의인이 있으며(롬 3:21-4:25), 그들은 종말론적 구원을 받아 그리스도 안에서 살게 되고, 성령을 통해 죄와 사망의 법에서 해방되어, 그리스도 안에 있는 하나님의 사랑에서 끊을 수 없으며(롬 5:1-11:36), 따라서 그들은 이 복음에 합당하게 믿음을 통해 오는 시대의 생명을 선포하며 이 땅을 살 것이다(롬 12:1-15:13).

둘째, 서설이다. 서설(*expositio*)은 논증이 길고 클 경우 그 논증의 전체를 짧게 논증하는 부분이다. 현대 논문의 초록에 비유할 수 있다.[206] 로마서 서설은 3:21-26이다. 여기서 바울은 율법 밖에서 선지자들의 증거를 받은 하나님의 의가 나타났다는 사실을 알린다. 모든 사람이 죄를 범하여 하나님의 영광에 이르지 못했으나 하나님이 예수 그리스도를 그의 피를 통해 속죄 제물로 삼으심으로써 이 구속으로 하나님이 자신의 의를 드러내셨고, 이 구속으로 그리스도를 믿는 모든 사람에게 값없이 이 의를 주셨다는 것이다.

바울은 이 서설의 내용을 5:1-8:39에서 확장해서 다루고, 9:1-11:36에서 과거에 일어난 일과 현재에 나타나는 현상을 비교하여 설명한다. 주된 질문은 이것이다. '이방인은 본래 언약 밖에 있었는데, 그들이 믿고 하나님의 율법 밖에서 나타난 의에 참여하게 되었다. 반면, 이스라엘은 언약에 속한 백성이지만 극소수를 제외하고 대부분 믿지 않고 있다. 그러면 이들의 불신앙이 하나님께서 믿음을 통해 의롭게 하신다는 사실을 무효화시키는가? 이스라엘과 이방인들의 구원 문제는 어떻게 되는 것인가?' 바울에 따르면, 하나님의 말씀은 유효한 영역에서 떨어져 나가 무효화될 수 없다(롬 9:6). 설사 유대인들 중 대부분이 불신앙에 있는 현실도 이 사실을 변경할 수는 없다. 왜냐하면 복음은 모든 믿는 자들을 구원할 수 있는 하나님의 능력이기 때문이다. 그리고 처음

---

[206] 현대 논문에는 초록이 맨 앞이나 뒤에 오지만, 고대 연설에서 서설은 연설 중간에 온다. 대부분 서론-사실진술 뒤, 논증 앞에 위치한다.

부터 끝까지 믿음이라는 영역에서 하나님의 의가 드러난다. 하지만 유대인들이 현재 잠시 믿음의 영역으로 들어오지 않고 대부분 완악해져 있기 때문에 그들이 의에 참여하지 못한 것이다. 하나님은 이 원리를 깨면서 이들을 구원하실 수는 없다. 하나님이 모든 사람들을 불순종 가운데 가두어 두셨다. 이는 모든 사람에게 자비를 베푸시기 위해서이다. 그 자비에 근거해서 반응하고 믿음으로 나오는 사람이 구원을 얻도록 하셨다. 바울은 이 구원을 주시는 하나님의 능력과 지혜를 찬양한다(롬 11:33-36).

마지막으로 로마서 12:1-15:13을 살펴보자. 지금까지 로마서를 읽을 때 교리(롬 1-11장)와 윤리(롬 12-16장)로 나누어 생각해 왔다. 물론 두 부분을 분리해서 읽으려는 의도는 없었을 수 있다. 하지만 이 구조와 읽기 방식 때문에 실제로 로마서 12장 이하의 내용은 복음 선포와 증명이라는 사실을 자주 잊고, 로마서 1-11장의 부록처럼 생각하며, 로마서는 이신칭의를 강조하고, 야고보서는 행위를 강조한다는 이원론에 빠지는 경향이 있었다. 하지만 이런 읽기는 불가능하다. 이것은 두 가지 문학적 장치를 살펴보면 분명해질 것이다.

첫째, 권면부의 성격이다. 로마서 권면부는 전체 내용 조직 측면에서 어떤 성격을 지니고 있는가? 이 질문에 대한 대답은 이미 앞에서 제시했다.[207] 로마서를 수사학적 구조로 볼 때, 로마서 12:1-15:13은 근본적으로 증명에 속한다. 왜냐하면 권면은 결론(*peroratio*)가 아니기 때문이다. 대부분 결론 앞에 오고 증명부와 함께 있다. 따라서 로마서 12장부터 16장까지의 내용은 로마서의 추가 부분이 아니다. 이 부분은 "로마서의 완전한 부분이고 로마서가 가르치는 신학이다."[208] 실제로

---

[207] 앞의 2장 § 3.3.1 "로마서"를 참조하라.
[208] Moo, *Encountering the Book of Romans*, 162.

바울은 로마서를 마무리하면서 자신이 전한 복음을 "간략히" 제시했다고 말한다(cf. 롬 15:15). 이렇게 본다면, 로마서는 선포이면서 변증일 것이다. 그렇다면 로마서 12장 이하를 볼 때에도, 바울이 무엇을 선포하고 변증하는가 물어야 한다.

둘째, 문학적 신호이다. 로마서의 권면부는 앞의 내용과 어떤 관계에 있고, 로마서 독자는 12장 이하를 어떻게 읽어야 하는가? 이 질문에 대한 대답은 이미 바울이 로마서 12:1에서 제시했다. 바울은 "그러므로"라는 말로 시작한다. 이 말은 앞의 11장까지의 내용을 뒤의 16장까지 내용과 원인과 결과의 관계로 연결한다. 따라서 로마서 12장부터 16장까지의 내용은 앞에서 확증-정교화-비교로 증명한 하나님의 의에 대한 결과를 나타낸다. 비유적으로 표현하면, 증명이 나무의 뿌리와 줄기, 가지라면, 권면은 그 나무의 열매이다. 복음이 죄를 드러내고, 은혜를 선포하며, 믿음을 예정과 연결한다면, 이 복음은 영원에 뿌리를 두고 자라는 나무이며, 이 나무에 열매가 없을 수 없다. 이 열매가 무엇이며, 어떤 모습으로 나타나는지 이 부분에서 다루는 것이다. 따라서 로마서는 '그러므로 이런 복음을 받았으면 이렇게 살아야 한다'는 구조를 갖게 된다.

이것을 뒤집어 생각하면, 12장 이후부터 나오는 내용이 예배든, 몸의 하나됨이든, 진실함이나 권세에 대한 태도든, 사랑이나 작은 자를 살피고 약한 자를 돌보고 복음을 위해 함께 협력하는 일이든, 무엇이든지 이들이 나타난다면, 그것은 모두 뿌리와 줄기와 연결된 증거라는 뜻이다. 만일 그리스도인에게 이러한 열매가 없다면, 자신이 뿌리와 줄기와 연결되어 있는지 의심해 보아야 한다.

3.2 로마서 개요

	수사학적 요소

I. 편지시작말(롬 1:1-17)　　　　　　　　　　　　　　　　서론(*exordium*)
  1. 편지시작말(1:1-7)
    1) 송신자: 바울(1:1a)
      (1) 그리스도 예수의 종(1:1b)
      (2) 사도로 부르심을 받음(1:1c)
      (3) 하나님의 복음을 위해 택정함을 입음(1:1d)
    2) 복음(1:2-6)
      (1) 하나님이 선지자들을 통해 아들에 대하여 성경에 약속하심(1:2)
      (2) 아들은 육신으로는 다윗의 혈통으로 나셨고 성결의 영으로는 부활로 하나님의 아들로 인정되심(1:4-5)
      (3) 이 아들로 말미암아 우리가 사도직을 받아 이방인으로 믿어 순종하게 함(1:6)
    3) 수신자: 로마에 있는 성도 성도들(1:7a)
    4) 문안(1:7b)
     A. 내용: 은혜와 평화
     B. 근원: 하나님 아버지와 주 예수 그리스도
  2) 감사와 바울의 계획(1:8-15)
    (1) 감사(1:8)　　　　　　　　　　　　　　　　　　　감사(*eucharistia*)
    (2) 바울의 로마 방문 계획과 목적: 로마에 있는　　사실진술
    사람들에게 복음을 전하려 함(1:9-15)　　　　　　(*narratio*)
  3) 편지 주제(롬 1:16-17)　　　　　　　　　　　　　　　논제제시
    (1) 선언: 나는 복음을 부끄러워하지 않는다(1:16a)　(*propositio*)
    (2) 왜 부끄러워하지 않는가? 이 복음은 모든 믿는 사람에게 구원을 주시는 하나님의 능력이 되므로(1:16b)
    (3) 왜 구원의 능력이 되는가? 이 복음 안에 하나님의 의가 처음부터 끝까지 믿음 안에서 계시되므로(1:17)

  2. 편지본말(롬 1:18-15:13)　　　　　　　　　　　　　　증명(*probatio*)
    1) 모든 사람이 죄를 범함(롬 1:18-3:20)

(1) 하나님의 진노의 계시(1:18)
　　(2) 인간의 타락(1:19–32)
　A. 종교(1:19–23)
　B. 성(1:24–27)
　C. 지성과 마음(1:28–32)
　　(3) 인간의 변명 불가성과 하나님의 보응(2:1–16)
　　(4) 유대인의 율법 소유와 외적 할례의 무용성(2:17–29)
　　(5) 모든 사람이 죄와 심판 아래 있음(3:1–20)
2) 하나님의 의의 출현(롬 3:21–4:25)
　　(1) 율법 밖에서 나타난 새로운 의(3:21–26)　　　　서설(*expositio*)
　　(2) 율법과 의의 관계(3:27–31)
　A. 새로운 의의 본질(3:27)
　B. 두 논제(3:28–29)
　　　a. 의는 율법행위가 아닌 믿음으로(3:28)
　　　b. 하나님은 유대인과 이방인의 하나님(3:29)
　　(3) 믿음을 통한 의의 전형: 아브라함(4:1–25)
　A. 아브라함은 믿음으로 의를 얻음(4:1–8)
　B. 아브라함의 의는 할례 이전에 주어짐(4:9–12)
　C. 아브라함 언약은 율법에 선행하고 독립적임
　　(4:13–17a)
　D. 아브라함의 믿음의 본질(부활)과 신자의 믿음의 관계
　　(4:17b–25)
3) 믿음에서 난 의의 본질(롬 5:1–8:39)
　　(1) 하나님과 화평과 교제(5:1–11)
　　(2) 죄와 사망의 권세 전복과 의와 은혜의 지배
　　　(5:12–21)
　　(3) 의를 향한 자유(6:1–23)
　A. 은혜는 죄인을 죄에서 해방하나 죄를 조장하지 않음
　　(6:1–14)
　B. 이 은혜 아래서 죄인은 하나님께 순종으로 나아갈 수 있
　　음(6:15–23)
　　(4) 율법으로부터 자유(7:1–25)
　A. 율법에서 해방되어 그리스도께 속함(7:1–6)
　B. 율법에 대한 두 가지 오해(7:7–13)

      a. 율법은 죄가 아님(7:7-12)

      b. 율법이 사망을 야기하지 않음(7:13)

  C. 사망의 원인(7:14-25)

      a. "나"(7:14-16)

      b. 내 속에 거하는 죄(7:17-20)

      c. "나" 속에 역사하는 죄의 법(7:21-25)

  (5) 그리스도 안에서 정죄심판이 없음(8:1-39)

A. 신자의 죄와 사망의 법에서 해방과 부활 소망(8:1-17)

B. 피조물의 고대(8:18-30)

C. 그리스도 안에 있는 하나님 사랑에 대한 확신(8:31-39)

4) 하나님의 의의 승리(롬 9:1-11:36)   비교

  (1) 이스라엘과 하나님의 선택(9:1-29)   (*comparatio*)

A. 이스라엘에 대한 바울의 슬픔(9:1-5)

B. 하나님의 선택에 나타난 의(9:6-29)

  (2) 이스라엘의 실패: 자기 의를 세우려함(9:30-10:21)

  (3) "모든 이스라엘"의 구원과 하나님의 지혜(11:1-36)

A. 언약에 대한 하나님의 신실하심(11:1-10)

B. 이스라엘에 대한 하나님의 계획(11:11-32)

C. 하나님의 지혜와 지식의 부요함(11:33-36)

5) 하나님의 의의 결과(롬 12:1-15:13)   권면(*exhortatio*)

  (1) 서론: 신자가 드릴 진정하고 참된 예배로서 새로운 삶
      (12:1-2)

  (2) 그리스도인의 변화된 삶(12:3-13:14)

A. 그리스도의 몸에 대한 신자의 관계(12:3-8)

B. 사랑의 진실함을 나타내는 방법(12:9-21)

C. 통치자와 권세에 대한 신자의 태도(13:1-7)

D. 율법의 완성으로서 사랑(13:8-10)

E. 새 시대에 신자들의 삶의 양식(13:11-14)

  (3) "강한 자"와 "약한 자" 문제(14:1-15:13)

A. 약한 자에 대한 적극적 관용(14:1-12)

B. 강한 자에 대한 경고 및 의무와 그리스도의 모범(14:13-15:7)

C. 하나님의 계획(15:8-13)

3. 편지맺음말(롬 15:14-16:27)　　　　　　　　　　　　　결론(*peroratio*)
   1) 바울의 사역과 여행 계획(롬 15:14-33)　　　　　　　진술(*narratio*)
      (1) 돌아보기: 예루살렘부터 일루리곤까지 복음을 전함
          (15:14-21)
      (2) 내다보기: 예루살렘으로 갔다가 로마에 방문한 후
          스페인으로 갈 계획(15:22-29)
      (3) 기도부탁(15:30-33)
   2) 문안인사(16:1-23)
   3) 송영(16:25-27)

4. 로마서 내용

4.1 로마서의 대주제(롬 1:16-17)

바울은 "내가 복음을 부끄러워하지 않는다"고 말한다. 여기서 "부끄러워하지 않는다"는 리토테스(Litotes)로서 바울과 누가가 자주 사용하는 문학기법으로 말하는 내용의 반대를 강조한다. 예컨대 바울은 "믿음은 모든 사람의 것이 아니니라"(οὐ γὰρ πάντων ἡ πίστις)라고 말한다(살후 3:2). 이것은 믿는 사람이 매우 적다는 말이다. 또 누가는 "얼마 안 되어(μετ' οὐ πολύ) 섬 가운데로부터 유라굴로라는 광풍이 크게 일어났다"(행 27:14)고 말하고, "여러 날 동안 해도 별도 보이지 아니하고 작지 않은 풍랑(χειμῶνός τε οὐκ ὀλίγου ἐπικειμένου)이 그대로 있으니라"(행 27:20)하며, "비가 오고 날이 차매 원주민들이 우리에게 우연치 않은 동정(οὐ τὴν τυχοῦσαν φιλανθρωπίαν)을 하여 불을 피워 우리를 다 영접하더라"(행 28:2)고 말한다. 이것은 각각 유라굴로가 "곧" 일어났고, 폭풍은 "매우 컸으며," 멜리데 주민이 베푼 친절이 "매우 특별했다"는 것을 의미한다. 따라서 "복음을 부끄러워하지 않는다"는 말은 복음을 "매우 자랑스러워한다"는 뜻이다. 이것은 바울이 갈라디아서 6:14에서 자신은 율법주의자들처럼 할례와 육체를 자랑하지 않으며, 자신에게는 "그리스도의 십자가 외에는 자랑할 것이 없다"고 말할 때와 같은 정서이다.

바울이 복음을 지극히 자랑하는 이유는 무엇인가? 그것은 "모든 믿는 자에게 구원을 주시는 하나님의 능력이 되기" 때문이다. 여기서 "하나님의 능력"이란 전적으로 하나님께 속한 능력을 의미한다. 왜 그런가? 하나님은 새로운 구원 원리를 창조하셨기 때문이다. 이것은 모든 인간과 자연 본성에 맞지 않는 것으로서 창조 원리가 적용된 것이다. 따라서 "모든 믿는 자에게 구원"을 줄 수 있다.

4.2 모든 사람이 죄를 범함(롬 1:18-3:20)

바울은 대주제를 소개한 후에 곧 이어서 인류의 죄를 고발한다. 그런데 로마서의 대주제인 하나님의 의의 계시와 하나님의 진노의 계시는 표현상 유사한 구조를 가진다.

	주체	대상		로마서
복음에는	하나님의 의가	모든 인류(유대인과 헬라인)	계시된다.	1:16-17
	하나님의 진노가	하늘로부터 모든 사람, 곧 불의로 진리를 가로막는 모든 사람들에게	계시된다.	1:18

바울은 하나님의 의와 하나님의 진노를 연속해서 언급하고 있다. 그리고 이 둘을 접속사(γάρ)가 연결하고 있다. 이 접속사는 인과관계를 표현하는 것이라고 보기는 어렵다. 그러나 적어도 로마서 대주제 단락(1:16-17)과 죄에 대한 고발 단락(1:18-3:20)이 연결성을 갖는다는 점을 분명히 보여준다.

바울은 인류의 죄를 고발할 때, 거시 시야에서 시작하여 범위를 좁혀가면서 특별한 지점으로 진행한다. 그리고 이 특별한 지점은 바로 유대인의 율법 및 할례의 소유와 자랑이다. 이 지점에서 바울은 다시 전 인류로 시야를 확대하여 출발했던 거시 시야에서 다시 전 인류를 본다.

		로마서
전 인류	하늘로부터, "불의로 진리를 가로막는 모든 자들"	1:18-32
유사 의인	율법이 있고 또는 율법 없이 범죄한 사람	2:1-16
유대인	율법을 자랑. 결론: 표면적 유대인이 아니라 이면적 유대인이 유대인임 유대인의 유익: 있다!	2:17-29
모든 사람	그러나 모든 사람이 다 죄 아래 있다. 의인은 하나도 없고(롬 3:11), 모든 인류에게 하나님을 두려워함이 없다(롬 3:18)	3:1-20

4.3 하나님의 의의 출현(롬 3:21-26)

로마서 3:21-26은 로마서에서 논의할 모든 주제를 집약적으로 간결하게 진술한다. 이것을 서설(序說, expositio)이라고 부른다. 로마서 주제를 한 마디로 요약한다면, "모든 믿는 자에게 구원을 주시는 하나님의 의"(롬 1:16)라고 할 수 있다.

4.3.1 하나님으로부터 난 의(롬 3:21-23)

바울은 로마서 3:21-26에서 이 "하나님의 의"를 세 단계로 심화하고 구체화한다.

		로마서
1 단계	이제는 율법 외에 하나님의 한 의가 나타났으니 율법과 선지자들에게 증거를 받은 것이라	3:21
2 단계	곧 예수 그리스도를 믿음으로 말미암아 모든 믿는 자에게 미치는 하나님의 의니 차별이 없느니라	3:22
3 단계	그리스도 예수 안에 있는 속량으로 말미암아 하나님의 은혜로 값 없이 의롭다 하심을 얻은 자 되었느니라	3:24

이제 이 세 단계를 하나씩 살펴보자. 바울은 로마서 3:21에서 "하나님의 의"를 어떻게 소개하는가? 우선 이 의는 "이제"(νυνὶ δέ) 나타났다. 이 마지막 세대, 즉 예수님이 이 땅에 오심으로 시작된 "종말론적 현재"에 나타난 것이다. 다음으로 이 의는 "율법 외"에서 나타났다. 문자적으로 번역하면, "율법 밖에서," "율법을 행함이라는 원리 밖에서" 드러난 것이다. 따라서 이 마지막 세대에 사람이 자기 안에 결정적인 근거가 있는 그런 방식과 원리가 아닌 전혀 새롭고 혁명적인 의가 드러났다는 말이다. 이 의가 "하나님의 의," 곧 하나님께로부터 난 의(genitivus Urhebers)라는 것이다. 그런데 이 하나님께로부터 난 의는 율법을 행함이라는 원리 밖에서 나타난다. 그러므로 분명히 율법과 단절되었다. 그

런데 바울은 그것이 동시에 "율법과 선지자들의 증거를 받은 것이다"라고 말한다. 연속성이 있다는 말이다. 율법으로부터 복음까지 하나의 계시라는 말이다. 이것이 바울이 하나님의 의를 소개하는 첫 번째 단계이다.

두 번째 단계는 무엇인가? 바울은 로마서 3:22-23에서 이 의의 방편과 그 대상에 대해서 말한다.

이 의의 방편은 무엇인가? 바울은 한 의가 하나님께로부터 났고, 그것이 계시되었다고 말한다. 그러면 하나님께로부터 난 의는 어떤 의인가? 바울은 "그 의는 예수 그리스도를 믿는 믿음이라는 원리를 통해 얻는 의"(롬 3:22b)라고 말한다. "예수 그리스도를 믿는 믿음"이라는 원리는 로마서 3:21에 "율법" 즉 율법을 행함이라는 원리와 정반대이다.

이 의의 대상은 누구인가? 바울은 "모든 믿는 자들에게"(롬 3:22c)라고 말한다. 즉 믿는 자는 누구든지 이 의가 적용되는 대상이 된다. 이 의는 하나님의 의로서 자기 밖의 대상을 의지하는 원리를 통한 의이기 때문이다.

이 의에는 차별이 있는가? 바울은 "아무런 차별이 없다"(롬 3:22d)고 말한다. 유대인이든 이방인이든, 남자든 여자든, 신분이 높든 낮든, 나이가 많든 적든, 장애를 가졌든 가지지 않았든, 제국 시민이든 비시민이든, 그 어떤 차별도 없이 믿는 사람이면 누구나 이 하나님의 의에 참여할 수 있다. 아무에게도 전혀 차별이 없는 이유는 무엇인가? 왜냐하면 "모든 사람이 죄를 범하였으므로(ἥμαρτον; aor.) 하나님의 영광에 이르지 못했기 때문이다"(롬 3:23). 이것이 바울이 하나님으로부터 난 의를 소개하는 두 번째 단계이다.

지금까지 바울은 율법을 행함이라는 원리가 아닌 하나님에게서 난 의 아래 연결된 하부 요소들을 계속해서 심층으로 내려가면서 제시했다.

세 번째 단계에서는 이 하나님의 의를 좀 더 자세히 설명한다. 이것을 살펴보기 전에 첫 두 단계의 논리를 거꾸로 되짚어 가면서 정리해보자.

	로마서
Q. 하나님께로부터 난 의가 그리스도를 믿는 믿음이라는 원리를 통해서 나타날 수밖에 없었던 이유는 무엇인가?	
A. 모든 사람이 죄를 범하여 하나님의 영광에 이를 수 없었기 때문이다. 따라서 차별이 없다.	3:23 3:22d
Q. 차별이 없다면, 믿는 사람에게는 누구에게나 의가 주어지는가?	3:22c
A. 그렇다!	
Q. 그러면 그리스도를 믿는 믿음을 통해서 모든 사람에게 차별없이 하나님의 의가 실현되는가?	3:22b
A. 그렇다!	
Q. 이것이 말이 되는가? 증거가 있는가?	
A. 있다. 바로 율법과 선지자들의 증거이다! 이 하나님의 의는 율법을 행함이라는 원리 밖에서 나타났으나 이 율법과 선지자들이 증거한 것이다.	3:21

인간은 지금 어디에 있는가? 바울의 논증 속에서 로마서를 받는 사람들뿐 아니라 오고 오는 모든 시대 신자들의 위치는 어디인가? 바울은 말한다.

> **롬 3:23** 모든 사람이 죄를 범하였으매 하나님의 영광에 이르지 못하였다.

신자를 포함한 모든 사람은 바울이 "죄를 범하여 하나님의 영광에 이르지 못했다"라고 말할 때, 그 "모든 사람" 중에 하나로 서 있다(롬 3:23). 이 문장은 평서문이지만, 그 심층에 전 인류를 향한 바울의 질문이 있다. 모든 인간은 하나님과 하나님의 말씀 앞에서 이 질문에 정직하게 대답해야 한다.

당신은 자신이 죄인인 것을 인정하는가?

동시에 사람은 하나님의 의가 주어진 "모든 사람들" 중 하나일 수 있다. 여기에도 다시 질문이 들어 있다.

당신은 당신이 지은 죄로부터 구원해 줄 수 있는 이가
위로 하늘과 아래로 땅에 오직 예수 그리스도 밖에 없다고 고백하는가?

자신이 죄인인 것을 인정하고 예수 그리스도만을 구주로 믿는다고 고백하는 사람에게는 영광과 축복이 있다(롬 6:23; 2:7).

여기서 바울은 세 번째 단계로 들어간다.

4.3.2 믿음으로 말미암는 화목제물(롬 3:24-25b)

바울은 앞에서 하나님의 의의 본질과 기원, 대상에 대해 말했다. 즉 하나님의 의는 율법의 행위라는 원리와 상관없이 나타난 의로서 그 기원이 하나님이며 이 의는 율법과 선지자들의 증거를 받았다는 점(롬 3:21), 이 의는 예수 그리스도를 믿음으로 모든 사람에게 차별없이 주어진다는 점(롬 3:22)이다. 이제 바울은 이 의가 "값없이" 주어지는 것으로 하나님의 은혜이며, 그리스도 예수의 구속을 통하여 이루어진다고 선언한다(롬 3:24).

그런데 바울은 그리스도 예수의 구속을 말하자마자 이 구속과 연관된 두 가지 사실을 말하지 않을 수 없었다. 하나는 하나님이 그리스도를 통해 어떤 일을 행하셨는가 하는 것이고, 다른 하나는 하나님의 의가 이 구속을 통해 어떻게 드러나고 동시에 예수를 믿는 자를 의롭다 하셨는가 하는 것이다.

로마서 3:24-26에는 독특한 표현들이 무더기로 나온다. 첫째, "세우셨다"(προέθετο)는 말이다. 이 본문의 문맥에서 "세우다"(προτίθημι)는 말은 "공적으로 세우는 것"을 가리킨다. 바울은 이것을 부정과거로 표현했다. 따라서 일차적으로 과거 역사의 점적인 사건을 의미한다. 하나님께서 그리스도를 "공적으로 과거 역사의 한 시점에 온 인류 앞에 온 우주에 공적으로 세우셨다"라고 번역할 수 있다.

둘째, 힐라스테리온(ἱλαστήριον)이라는 용어이다. 바울은 이 용어로 '하나님이 무엇을 세우셨는가?'라는 내적 질문에 대한 답을 주고 있다. 우리말 성경은 "속죄제물"로 세우셨다고 번역했지만 힐라스테리온이란 말은 훨씬 다양한 의미로 쓰인다.

1. 장소적 의미: 속죄소
2. 일반적 의미: 속죄하는 것 또는 속죄의 길
3. 제의적 의미: 속죄제물

이 세 가지 의미 모두 로마서 3:25에 적용 가능하다. 그러나 두 번째 의미와 세 번째 의미가 본문에 더 어울리는 것으로 보인다. 여기서는 제의적 의미, 즉 "속죄제물"로 해석하는 견해를 소개하겠다.[209]

로마서 3:25에는 여섯 개의 문장 구성요소가 있다.

---

[209] 장소적으로 보는 해석자 중에 조나단 에드워즈 등이 있고, 일반적 의미로 해석하는 견해를 따르는 해석자 중 데오도르 짠이 있다. 자세한 내용은 김영호, 「바울신학」, 제14강을 참조하라.

1. 그[예수]
2. 과거 역사의 한 시점에 공적으로 세우셨다
3. 하나님
4. 속죄 제물
5. 믿음이라는 원리
6. 그[예수님]의 피를 통해

이 견해는 다섯 번째 요소("믿음이라는 원리")를 두 번째 요소("세우셨다")와 연결하고, 여섯 번째 요소("그의 피를 통해")를 네 번째 요소("속죄제물")를 보충하고 강화하며 상세화하는 요소로 보는 것이다. 이것을 고려하여 번역하면 다음과 같다.

하나님께서 예수를 우주에 공적으로 그의 피를 통한 속죄 제물로 세우셨는데, 이 사실을 믿음이라는 원리로 인식하고 참여하게 된다.

하나님의 의는 그리스도 예수의 구속을 통해 나타났는데, 그 구속의 배후에는 하나님이 그리스도를 속죄 제물로 온 우주에 공적으로 세우신 십자가 사건이 있었다는 것이다. 이 십자가 구속 사건이요 속죄 사건이었다는 것을 알고 그 구원과 죄 사함과 하나님과 화목케 되는 은혜에 참여하는 원리가 믿음라는 것이다. 그리고 이 모든 것이 바울 당시로는 약 25년, 우리에게는 약 2,000년 전 과거에 이미 결정적으로 일어난 사건이라는 것이다.

지금까지 바울은 하나님께서 이미 과거에 이루신 속죄사역과 구속에 관하여 말했다. 그러면 이 속죄사역은 무엇을 위한 것인가?

4.3.3 종말에 계시된 하나님의 의(롬 3:25c-26a)

바울은 그리스도의 속죄 사역과 구속 사역의 목적이 하나님의 의와 관련이 있다고 말한다. 속죄 사역의 목적은 하나님께서 "그의 의를 증거하기 위해서"이다(롬 3:25c). 그런데 이 말을 하기 앞서 바울은 먼저 수천년 전 인류 역사를 끌고 온다.

바울은 "그의 의"(ἡ δικαιοσύνη αὐτοῦ)라고 말할 때, 정관사를 사용한다. 따라서 직역하면 그분의 "그 의"로서 "하나님의 속성으로서 의"를 가리킨다. 하나님은 그리스도를 그의 피로 말미암는 속죄제물로 전 우주에 믿음으로 인식하고 참여할 수 있는 방식으로 세우셨다. 즉 속죄 사역의 목적은 하나님의 속성으로서 의가 드러나도록 하기 위함이었다.

여기서 독자들은 질문할 수 있다. '하나님이 그리스도를 속죄 제물로 세우신 것이 그분의 의가 제시되도록 하기 위해서라는 말인가? 그러면 지금까지 그 오랜 세월동안 하나님의 의가 드러난 적이 없다는 것인가? 만일 이 말이 그리스도 이전에 하나님의 의가 나타나지 않았다는 의미라면, 이 말은 매우 이해하기 힘들다. 만일 바울이 말하는 "하나님의 의"가 하나님의 속성으로서 "의와 공도"로서 "여호와의 도"(창 18:19)나 "의인과 악인"을 차별하여 악인에게는 심판을 의인에게는 상을 행하시는 원리를 가리킨다면(창 18:22-33), 하나님의 의가 드러나지 않았을 리가 없다. 구약의 족장들과 시인들과 선지자들은 이 땅에서 억울한 일을 당하거나 영원한 회복을 생각할 때 항상 이 하나님의 의에 호소했다. 이것은 하나님의 창조 세계에 이미 드러난 것이다. 이러한 개념은 인류 역사의 하등 문명부터 고등 문명까지 공통적으로 발견된다.

나아가 구약 계시에서만 드러난 의도 있다. 곧 단순한 법적인 개념을 넘어선 언약과 하나님과의 관계에 근거한 의, 욥기에서와 같이 죄와 벌, 질병, 고통과 의와 상, 건강, 평안의 대비를 넘어서 하나님께서 창조주로서 드러내신 절대적인 의 개념도 있었다.

그러나 로마서 3:25c에서 말하는 "그의 의"는 이러한 의와 차이가 있다. 만일 법적인 정의나 구약의 그림자 아래서 드러난 의와 구별이 없다면, 굳이 하나님께서 그리스도 사건에서 속죄를 제시함으로써 이 의를 드러내야 할 필요가 없다. 이것은 계시되어야 할 의를 가리킨다.[210]

그러면 여기서 계시될 의가 행함과 보상의 원리 이상이라면, 그 의는 어떤 의인가? 이에 대하여 바울은 로마서 3:25c-26에서 설명한다.

하나님께서 자신의 의를 계시하는 방법은 "하나님의 오래참음 안에서 전에 지은 죄를 지나가게 하심으로써"이다(롬 3:25c). 여기서 "지나가게 하심"(πάρεσις)은 하나님이 "[최후심판 집행을] 회개의 날이 이르기까지 연기하셨다는 것"을 의미한다.[211] 여기서 당시 유대인들이 생각한 간과 개념과 비교하면 도움이 된다.

> 속죄제와 속건제는 속죄하는 힘이 있고, 죽음은 마치 대속죄일(יוֹם הַכִּפֻּרִים)과 같이 회개와 결합되어 속죄한다(מְכַפְּרִין). 회개는 작은 잘못을 속죄하고, 명령과 금령, 더 무거운 것에 대하여는 대속죄일이 와서 속죄할 때까지 연기시킨다.[212]

---

[210] Th. Zahn, *Der Brief des Paulus an die Römer*, 3rd ed. (Leipzig: Deichert, 1925), 194: "하나님이 죄인들을 위한 화목수단을 마련하시고 공급하심으로써 그리스도의 십자가 안에서 자신의 의를 확증하려 하셨다. 이것은 하나님의 의가 자신의 세계에 알리는 행위가 없이는 인식되지 않았을 것이고 지금까지 인식되지 않은 채 머물렀으리라는 것을 전제한다." O. Michel, *Der Brief an die Römer*, KEK 4, 14th ed. (Göttingen: Vandenhoeck & Ruprecht, 1978), 153: "그리스도의 속죄는 하나님의 계시사건이다. 이 안에서 하나님은 자기 자신을 나타내신다." 번역: 필자.

[211] Cf. Michel, *Brief an die Römer*, 153.

[212] 미쉬나 욤마(mJoma) 8:8.

유대인들은 죄가 한 해가 가는 동안 쌓이는데, 이 죄들은 대속죄일에 속죄하게 된다고 생각했다. 그리스도 사건은 대속죄일의 속죄 사건과 유비를 갖는다. 그것은 종말론적인 사건으로서 역사의 한복판에서 이미 일어났다. 그러므로 이 사건을 통해 하나님은 이전에 지은 모든 죄에 대한 그분의 거룩한 분노를 오래 참으시고 지나가게 하셨다. 속죄일에 지난 한 해의 죄가 모두 속죄되었다면, 그리스도의 십자가에서 단번에 그 이전의 죄와 이후 종말까지의 죄가 그의 피로 모두 속죄되었다. 하나님은 이렇게 하심으로 자신의 의를 드러내셨다.[213]

그러면 하나님께서 "죄들을 지나가게 하신 것"은 무엇을 위한 것이었는가?

4.3.4 하나님의 의의 계시와 신자의 칭의(롬 3:26b-c)

바울은 로마서 3:26b-c에서 하나님이 오래 참으시는 중에 이전의 죄들을 지나가게 하신 것의 목적을 설명한다. 이 목적은 이중적인데 모두 의에 관한 것이다.

첫째, "지금 바로 이 때에" 나타난 하나님의 의이다(롬 3:26b). 여기서 "바로 지금 시간에"(ἐν τῷ νῦν καιρῷ)는 물론 바울이 복음을 전하는 그리스도의 십자가 이후 새 시대를 가리킨다. 그러나 이것은 종말론적 현재로서 마지막 날까지 포함한다고 볼 수 있다.[214]

둘째, 하나님 자신이 의롭다는 사실과 "예수를 믿음으로부터 난 이"(ὁ ἐκ πίστεως Ἰησοῦ)를 의롭다 하기 위함이다(롬 3:26c). 여기서 "예수"

---

213 Cf. Michel, *Brief an die Römer*, 153.

214 C. E. B. Cranfield, *A Critical and Exegetical Commentary on the Epistle to the Romans*. Vol. 1: *Introduction and Commentary on Romans I–VII* (Edinburgh: T&T Clark, 1975), 212; cf. Zahn, *Brief des Paulus an die Römer*, 196.

는 독립적으로 쓰였다. 이것은 예수님의 역사성과 이 "사람" 예수의 단회성을 가리키기 위한 것으로 보인다.[215] 그런데 "예수를 믿음으로부터 난 이"라는 구절은 익숙하지 않다. 왜냐하면 복수가 기대되는 상황에서 단수가 등장하기 때문이다! 바울은 이미 앞에서(롬 4:16) "율법에 속한 자"(τῷ ἐκ τοῦ νόμου)와 대비되는 "아브라함의 믿음에 속한 자"(τῷ ἐκ πίστεως)를 표현하기 위해 이 단수 표현을 사용한 적이 있다.[216] 이것은 일종의 '장르', 즉 예수님을 믿는 부류, 자신의 존재와 생명의 기원이 예수를 믿는 믿음에 있는 그룹을 가리킨다. 이것을 본문에 적용하면, 다시 말해서, 하나님은 자신이 의로우실 뿐 아니라 심지어(καί)[217] 예수님을 믿는 믿음에 속한 사람들을 의롭다 하셨다는 것이다(롬 3:26b-c).

이것은 하나님께서 그리스도의 십자가 사건에서 어떻게 인간의 모든 신관념을 초월하는 의를 계시하셨는지 선포하고 있다. 하나님은 예수 그리스도의 피를 통해, 다시 말해서, 그의 아들을 십자가에서 죄를 위한 속죄제물로 죽게 하심으로서 속죄를 온 우주에 천명하셨다. 이 속죄는 신비로서 오직 믿음이라는 인식과 참여의 원리와 결합된 속죄의 길이다. 하나님은 거룩하신 분으로써 죄를 증오하시고 역겨워 하시며 반드시 형벌하신다. 그러나 역사상 죄에 대한 증오와 분노와 형벌이 그분의 거룩함의 수준에서 나타난 일이 없다. 그러므로 인류는 자주 자신을 속여 죄의 형벌의 수준을 낮게 잡거나 하나님의 오래참으심을 오해하여 하나님의 공의와 진노를 무시하여 왔다. 그 결과 하나님과 죄가 얼마나 상극적인 관계에 있는지, 하나님이 죄에 대한 형벌을 어느 수준에

---

215 Michel, *Brief an die Römer*, 154.

216 이 대조적인 그룹을 복수로 표현한 구절은 다음 구절을 참조하라: 갈 3:7, 9: οἱ ἐκ πίστεως; cf. 롬 4:14: οἱ ἐκ νόμου.

217 Cranfield, *Epistle to the Romans I*, 213: "even"; O. Michel, *Der Brief an die Römer*, KEK 4, 12th ed. (Göttingen: Vandenhoeck & Ruprecht, 1963), 110: "sogar."

서 실행하시는지, 종말에 나타날 하나님의 진노가 어떠한지 드러나지 않았다. 그런데 하나님의 온전히 공의로운 진노가 하나님의 완전한 의의 수준에서 시행된 것이 바로 예수님의 십자가이다. 하나님의 진노가 그 어떠한 차감없이 내려진 창조 이후 유일한 예가 바로 예수님의 십자가인 것이다.

만일 인간이 이 속죄를 받지 않는다면, 그는 분명히 예수님의 십자가에서 나타난 하나님의 진노를 하나도 빠짐없이 마시게 된다(렘 25:15-26; 계 14:10).

지금까지 로마서 서설을 간략하게 살펴보았다. 바울은 이 서설에서 이후 모든 논의 주제를 간략하게 소개하고, 이로부터 한 결론을 디아트리베(Diatribe) 형식으로 끌어낸다. "그런즉 우리가 믿음으로 말미암아 율법을 파기하느냐? 그럴 수 없느니라! 도리어 율법을 굳게 세우느니라"(롬 3:31). 그러면 믿음이 율법을 확증한다는 것을 어떻게 알 수 있는가? 이 내재적 질문에 대하여 바울은 아브라함을 예로 든다.

4.4 믿음의 의 획득의 전형: 아브라함(롬 4:1-25)

바울에 따르면, 바로 아브라함이 율법 행위라는 원리가 아닌 믿음이라는 원리를 통해 의를 얻는 자의 전형이다. 아브라함이 어떻게 믿음의 의 획득의 전형이 될 수 있는지 바울은 세 단계로 설명한다.

		로마서
1.	아브라함이 받은 의의 성격	4:1-8
2.	아브라함이 받은 의 획득의 시기	4:9-23
3.	아브라함이 받은 의와 신자의 의	4:24-25

먼저 아브라함이 받은 의가 어떤 의인지 살펴보자.

4.4.1 아브라함이 받은 의의 성격(롬 4:1-8)

바울은 아브라함이 받은 의의 성격을 성경이 설명하도록 자리에서 물러난다.

> **창 15:6** 아브라함이 하나님을 믿으매 그것이 그에게 의로 여겨진 바 되었느니라(롬 4:3).

아브라함이 하나님을 믿었다고 할 때, 그 믿음의 내용은 무엇이었는가? 창세기 15:6 앞에는 두 사건이 기록되어 있다. 하나는 아브라함이 땅의 선택권을 하나님 백성다움을 지키기 위해 롯에게 양보한 것이고(창 13:1-13), 다른 하나는 소돔 및 다섯 성이 엘람 왕 그돌라오멜 및 그 연맹군에게 약탈을 당하고 롯과 그의 가족도 잡혀갔을 때, 아브라함이 추격하여 격파하고 돌아오되, 그 노략물을 하나님의 이름을 위하여 포기한 것이다(창 14:22). 이 때 하나님은 아브라함에게 말씀하신다.

> **창 15:1** 아브람아, 두려워 말라! 나는 너의 방패요 너의 지극히 큰 상급이니라.

하나님은 아브라함에게 자신이 "방패요 큰 상급"이라고 말씀하시지만, 당시 아브라함에게는 아무것도 없었다. 땅도, 전리품도, 상속자가 될 아들도 없었다. 그래서 아브라함은 하나님 자신의 종 엘리에셀이 상속자가 될 것이라고 말한다. 하나님께서는 엘리에셀이 아니라 "네 몸에서 날 자가 너의 후사가 되리라"(창 15:4) 말씀하시며, 밖으로 데려가 하늘의 별을 보여주면서 "네 자손이 이와 같으리라"(창 15:5)고 대답하신다. 이 하나님의 약속을 아브라함이 "믿는다"(창 15:6).

아브라함의 믿음의 내용은 단순한 생각이나 기대, 희망이 아니다.

거기에는 기업과 상급, 방패가 포함된다. 아브라함이 "믿었다"는 말 속에는 아브라함의 삶과 헌신과 자신이 섬기는 하나님에 대한 총체적인 신뢰가 들어 있었다. 이것은 율법에서 난 의와 정반대이다. 율법이 처음 주어졌을 때, 이스라엘 백성에게는 율법에 순종하는 것이 출애굽 구속에 대한 마땅한 반응이었다. 다시 말해서, 이스라엘 백성이 구원받고 난 후 하나님께 감사와 찬송을 표현하는 길이었다. 그러나 시간이 지나면서 처음 의도와는 다르게 점점 더 하나님의 구원과 은혜에서 이탈하고 자기 의를 쌓는 원리로 굳어지면서 결국 하나님 없는 의의 근거가 된다. 아브라함에게 주어진 의는 이와 반대다. 이것을 다윗이 확증한다. 여기 죄인이 있다. 그런데 그 죄인에게 진정한 축복은 죄 사함을 얻기 위해 죄를 보상하려는 어떤 시도를 하기보다 하나님께 용서받는 것이다. 다윗은 그것만으로 참된 용서가 가능하다고 구약에서 이미 증언한 것이다(롬 4:7-8).

아브라함은 이 의를 언제 얻었는가?

4.4.2 아브라함이 의를 획득한 시기(롬 4:9-23)

바울은 아브라함의 의가 오직 믿음에 토대를 두고 있다고 논증한다. 이에 대한 논거가 바로 아브라함이 이 의를 받은 시기다(롬 4:9-16).

1. 칭의는 할례에 앞선다(롬 4:9-10).
2. 할례는 아브라함이 무할례시에 받은 의를 확증하는 것이다(롬 4:11-12).
3. 따라서 세상의 상속자가 되리라는 약속은 율법을 통한 것이 아니고 믿음에 근거한 의에 기초한 것이다(롬 4:13-16).

이렇게 논증한 후, 바울은 아브라함 믿음의 본질적 내용을 제시한다(롬 4:17-22). 우선 하나님을 절대적으로 신뢰하는 것이다. 아브라함은 하나님을 믿는데, 그분은 "죽은 자를 살리시며 없는 것을 있는 것 같이 부르시는 이시다"(롬 4:17). 다음으로 자신에 대한 신뢰를 전적으로 포기하는 것이다. 마지막으로 이 두 극단을 연결하는 소망이다(롬 4:18-22). 이런 점에서 아브라함의 믿음은 대상을 향하고 대상을 신뢰하며 대상 안에서 자신의 존재와 삶의 기반을 찾는 능력이라고 할 수 있다.

바울은 이렇게 아브라함 믿음의 본질적 내용을 설명한 후, 이것을 아브라함의 의와 신자의 의의 관계에 적용한다.

4.4.3 아브라함의 의와 신자의 의(롬 4:24-25)

바울에 따르면, 아브라함은 바랄 수 없는 중에 바라고 믿었고, 그에게서도 사라에게서도 아무런 소망을 발견할 수 없을 때에도 믿음이 약해지지 않고 도리어 하나님께 영광을 돌렸다(롬 4:18-20). 또 죽은 자를 살리시고 없는 것을 있는 것 같이 부르시는 하나님이 자신이 하신 약속을 반드시 이루시리라 믿었다(롬 4:21). 이 믿음이 아브라함에게 의로 여겨졌다(롬 4:22). 그런데 이것은 아브라함만 위한 것이 아니다(롬 4:23). 바울에 따르면, 그것은 아브라함뿐 아니라 아브라함과 동일하게 "의로 여기심을 받을 우리도 위함이다"(롬 4:24a). 곧 "예수 우리 주를 죽은 자 가운데서 살리신 이를 믿는 자들"(복수)이다(롬 4:24b). "예수는 우리의 범죄함을 위하여 내어줌이 되고 또한 우리를 의롭다 하시기 위하여 살아나셨느니라"(롬 4:25).

예수님이 우리를 의롭게 하시기 위해 부활하셔야 한다는 말은 무슨 뜻인가? 마샬은 이 말의 의미를 잘 인식하였다. "그리스도께서 우리 죄를 위해 죽으셨다면, 또한 우리의 의를 위해, 즉 우리의 의가 실현되게 하시기 위해 살아나셔야 한다. 바울은 이 구절로 부활이 구원 사건의 필수적인 부분이며 단지 예수님이 죄를 위해 죽은 가장 중요한 일을 하신 후에 그를 다시 생명으로 회복시키는 일이 아님을 가리킨다. … 예수님은 죽은 사람을 생명으로 일으켜야 한다."[218] 하지만 이 설명에는 부활이 어떻게 의를 실현하며, 이 의가 신자의 부활과 연결되는지 분명하지 않다.

그리스도의 부활이 신자의 의를 위한 사건이 되는 데는 두 원인이 있다. 하나는 하나님의 천명이고, 다른 하나는 그리스도와 연합이다. 먼저 부활은 그리스도가 의롭다는 것을 하나님이 온 우주에 천명한 사건이다. 성경에 따르면, 죽음은 죄의 값이다(창 2:17; cf. 롬 5:12, 6:23). 바꿔 말하면, 죄가 없다면 사망도 없다. 그런데 예수님에게는 죄가 없다(히 4:15; 벧전 2:22). 따라서 예수님은 사망의 지배 아래 있을 수 없다. 그렇다면 하나님은 반드시 예수님을 다시 살리고 그의 의를 회복시켜 주셔야 한다. 부활이 바로 그 사건이다. 하나님은 부활로 예수님은 죄가 없고 의인이셨으며, 의인으로서 죄된 자기 백성을 대신하여 죽으셨다는 사실을 온 우주에 선포한 것이다. 다른 하나는 연합사상이다. 바울은 그리스도와 우리가 연합되어 있다고 말한다.

> **롬 6:5, 8** 만일 우리가 그의 죽으심과 같은 모양으로 연합한 자가 되었으면 또한 그의 부활과 같은 모양으로 연합한 자도 되리라. … ⁸ 만일 우리가 그리스도와 함께 죽었으면 또한 그와 함께 살 줄을 믿노라.

여기서 "연합한"(σύμφυτος)이라는 말은 식물 용어이다. 어떤 줄기나 가

---

[218] I. W. Marshall, *New Testament Theology: Many Witnesses, One Gospel*, (Downers Grove: IVP Academic, 2004), 313.

지가 접붙여지면, 둘이 한 넝쿨, 한 나무로 하나가 되어 자라는 것을 묘사할 때 쓰인다.[219] 따라서 예수님을 믿는 사람은 그리스도와 하나가 되고, 그리스도의 죽음과 부활에 참여한다. 튜레티누스는 그리스도가 우리의 의를 위해 부활하셨다는 것을 다음과 같이 설명했다. "이는 우리가 그분 안에서 죽은 것처럼, 그분 안에서 살아나고 의롭다 함을 받아 우리가 의롭다 함을 받았기 때문이다."[220] 따라서 우리가 그리스도를 믿으면, 그를 믿는 순간 그리스도와 연합되고 그리스도의 죽음과 부활 안에서 우리 또한 율법이 요구하는 수준에서 정죄되고 하나님의 회복하시는 수준으로 의롭게 된다.

신자가 그리스도 안에서 받은 의는 매우 신학적이고 법적인 현실이다. 바울은 하나님의 최후 심판대에서 우리를 정죄할 자가 없을 것이라고 선언한다.

> 롬 8:34 누가 우리를 정죄하리요? 죽으실 뿐 아니라 **다시 살아나신 이는 그리스도 예수**시니, 그는 하나님 우편에 계신자요 우리를 위하여 친히 간구하시는 자시니라.

하지만 부활은 신자의 미래 생명에 대한 법적 근거가 될 뿐만 아니라 신자의 현재 삶과 일, 실존의 출발점이 된다.

> 고전 15:14-17 그리스도께서 만일 다시 살아나지 못하셨으면 우

---

219 Theophrastus, *de caus. plant.* V v, 2; J. H. Thayer, *A Greek-English Lexicon of the New Testament: Being Grimm's Wilke's Clavis Novi Testamenti tr. and revised and enlarged by Joseph Henry Thayer*, 23rd pr. (Grand Rapids:Baker Book House, 1997), 597-598.

220 Cf. F. Turretin, *Institutes of Elenctic Theology*, Vol. II: Eleventh through Seventeenth Topics, trans. G. M. Giger, ed. by J. T. Dennison (Philipsburg: P&R, 1994), 685.

리가 전파하는 것도 헛것이요 또 **너희 믿음도 헛것**이며, [15] 또 **우리가 하나님의 거짓 증인으로 발견되리니** 우리가 하나님이 그리스도를 다시 살리셨다고 증언하였음이라. […] [17] 그리스도께서 다시 살아나신 일이 없으면 너희의 믿음도 헛되고 **너희가 여전히 죄 가운데 있을 것**이니라.

이 두 본문에 따르면, 부활은 법적으로 정죄와 죄의 통치의 정반대편에 있다. 이것은 바울이 부활을 얼마나 넓은 시야 속에서 보고 있는지 잘 보여준다.

지금까지 바울이 율법 밖에서 출현한 의의 전형인 아브라함의 의를 살펴보았다. 이것으로 바울은 증명의 첫 번째 부분을 마쳤고, 종말에 출현한 새로운 의를 확증했다. 이제 증명의 두 번째 부분을 시작하는데, 여기서 바울은 이 의의 신학적 내용을 심층적으로 설명한다.

4.5 믿음에서 난 의의 본질(롬 5:1-8:39)

바울은 "그러므로"(οὖν)라는 말로 증명의 두 번째 부분을 연다. 첫 번째 부분과 원인과 결과로 연결하려는 시도이다. 바울은 "우리가 믿음으로 의롭다 하심을 받았으므로"(롬 5:1)라고 이전 논증 부분을 요약한다. 그러면 믿음의 의의 결과는 무엇일까? 네 가지이다.

1. 하나님과 화평하게 되고 교제를 누림
2. 의를 향한 자유를 소유함
3. 율법으로부터 해방됨
4. 그리스도 안에서 정죄가 없음

먼저 그리스도를 믿는 믿음으로 의를 얻는 신자가 하나님과 어떤 관계로 들어가는지 살펴보자.

4.5.1 하나님과 화평과 교제(롬 5:1-21)

바울은 이 단락을 "그러므로"로 시작하는데, 이것은 무엇을 가리키는가? 이 접속사는 가까운 문맥인 로마서 4:23-25를 가리킨다. 이것은 다음과 같이 풀어 번역할 수 있다. "우리가 그리스도의 죽음과 부활로 의의 확고한 토대 위에 서 있으므로." 따라서 바울은 여기서 칭의의 결과를 말하려고 한다. 그러면 칭의의 결과는 무엇인가? 두 가지이다.

1. 하나님과 평화를 누리는 것(롬 5:1-2; cf. 롬 3:23)
2. 그리스도를 통해 하나님의 진노하심에서 구원을 받은 것(롬 5:9; cf. 롬 1:18)

바울은 신자는 하나님의 영광을 바라는 중에 즐거워한다고 말한다(롬 5:2). 이 즐거움에는 충분한 근거가 있는가? 어떻게 예수 그리스도 한 사람을 통해 모든 사람이 하나님과 화해하고 하나님의 진노에서 피할 수 있는가? 이 질문에 대하여 바울은 대표자 기독론으로 대답한다. 바울은 첫 인류의 대표자인 아담과 새 인류의 대표자인 그리스도가 한 일과 결과를 비교한다.[221]

롬 5:18 그런즉 한 범죄로 많은 사람이 정죄에 이른 것 같이 한

---

[221] 이 비교는 단순 비교가 아니다. 바울이 로마서 5:12-21에서 어떻게 논지를 전개하는지는 김영호, 『바울신학』, 제6강 § 4.2 "죄와 죽음의 권세 아래 있는 인간"을 참조하라.

의로운 행위로 말미암아 많은 사람이 의롭다 하심을 받아 생명에 이르렀느니라.

롬 5:19 한 사람이 순종하지 아니함으로 많은 사람이 죄인된 것과 같이 한 사람이 순종함으로 많은 사람이 의인이 되리라.

율법과 범죄, 은혜의 관계는 무엇인가? 바울은 "율법이 들어온 것은 범죄를 더하게 하려 함이라. 그러나 죄가 더한 곳에 은혜가 더욱 넘쳤다"(롬 5:20)라고 말한다. 반대자들은 말할 것이다. "그러면 은혜를 더욱 넘치게 하려면 죄에 거해야 하는가?"(롬 6:1). 바울은 이 문제를 로마서 6장과 7장에서 세례와 종됨, 결혼법 등 여러 각도에서 다룬다.

4.5.2 의를 향한 자유(롬 6:1-23)

신자는 죄 안에 머물 수 없다. 바울에 의하면, 그 증거 중 하나가 세례이다. 왜냐하면 세례는 신자가 그리스도와 연합하여 죽고, 그리스도와 연합하여 다시 살아나는 것을 뜻하기 때문이다. 이것은 그리스도의 십자가 죽음과 부활의 윤리적 적용이라고 할 수 있다. 그러므로 신자는 "죄에 대하여 죽고, 하나님에 대하여는 산 자로 여겨야 한다"(cf. 롬 6:11).

이 신자의 독특한 정체성은 그리스도와 함께 죽은 과거와 앞으로 함께 살 미래와 어떻게 관련된 것인가? 여기서 바울이 시대를 어떻게 이해하는지 알 필요가 있다. 바울은 그리스도의 성육신, 죽음, 부활로 새 시대가 현 시대로 침투해 들어왔다고 생각한다. 이 두 시대는 구약과 유대주의의 기대와는 달리 신자의 현재에 공존한다. 따라서 그리스도를 믿고 그의 부활로 칭의를 획득한 신자는 그리스도께서 의인이 부활하여 누리는 새 시대에 살고 있는 것과 같이 새 시대에 속한 자들이다. 그런데 신자가 눈에 보이는 대로 산다면, 다시 말해서 죄에 머물고,

율법 아래 산다면, 자신이 그리스도와 새 시대에 속한 자임을 실천적으로 부인하게 된다. 바울에 따르면, 이것은 신학적으로도 신앙적으로도 매우 불합리한 것이다. 따라서 신자에게 준 죄 용서와 의와 은혜와 구원과 화평은 미래의 완성 시에 누릴 하나님의 선물로서 신자들은 이것을 현재에 누리고 있다.

마샬은 로마서 6:14에서 "이는 너희가 법 아래 있지 아니하고 은혜 아래 있음이라"고 한 말을 바울의 새 관점(New Perspective on Paul) 언어로 해석한다.²²² 그러나 이 구절은 그런 의미가 아니다. 오히려 율법이 지배하던 시대에 은혜가 통치하는 새로운 시대가 들어왔고, 신자들은 이 새로운 시대의 통치 원리 아래 있다고 해석하는 것이 더 바람직하다 (cf. 롬 5:21).

다음으로 바울은 종됨이라는 개념을 사용한다. 사회에는 신분상 본래부터 종이 있을지 모르지만, 하나님 앞에서 인간은 순종하고자 하는 대상에 따라 자신의 정체성이 결정된다. 따라서 어떤 사람이 복음 이전에 죄에 순종하여 죄의 종이었다 하더라도 복음 안에서 계시된 의에 순종하면 의의 종이 된다. 그러나 "죄의 종이 된 결과는 사망이요, 하나님의 선물은 그리스도 예수 안에 있는 영생이다"(롬 6:23).

---

222 Marshall, *New Testament Theology*, 317: "바울이 강조하고자 하는 것은 은혜에 의한 구원이며, 그는 이것이 율법에 의하지 않고 믿음에 의한다고 본다. 유대교는 구원이 은혜에 의한 것이라는 것을 이해하는데에 아무 문제가 없다. 그러나 유대교는 은혜가 율법과 일치한다고 이해했다. 은혜에 의해서 하나님의 백성이 된 사람들은 그 안에 머물기 위한 조건으로 율법을 지켜야 한다는 것이다. 바울은 이 견해를 배척했다. 왜냐하면 그는 은혜가 율법의 행위를 배제한다고 믿었기 때문이다. 그래서 그는 믿음과 행위만을 대립시킨 것이 아니라 은혜와 율법까지도 대립시켰다. 하나님의 은혜의 행동은 율법에 대한 순종을 요구하지 않았다."

4.5.3 율법으로부터 자유(롬 7:1-25)

바울은 신자가 의와 자유의 관계를 이제 결혼법에 빗대어 설명한다. 신자가 믿고 의를 얻고 구원받은 것은 결혼한 남편과 아내에게 적용되는 법과 유사한 면이 있다는 것이다. 만일 어떤 여인이 결혼을 했는데, 남편이 살아 있는 동안 다른 남자에게 가면 간음한 여인이 되지만, 남편이 죽었다면 그렇지 않다(롬 7:1-3; cf. 고전 7:39). 신자도 이와 같다. 사람은 본래 율법의 지배를 받았다. 그런데 신자는 그리스도의 몸을 통해 그 율법에 대해 죽었다. 동시에 다른 남편 즉 죽은 자 가운데서 살아나신 그리스도께 속하게 되었다. 따라서 이제는 죄에 대해 죽고 하나님에 대해 살아 있는 자로 하나님을 위해 열매를 맺게 되었다(롬 7:4-5; 6:11).

신자가 그리스도의 십자가를 통해 죄에 대해 죽고 율법으로부터 해방되었다면 이제 더는 갈등이나 탄식이 없는가? 그렇지 않다. 바울에 따르면, 두 시대가 공존하고 두 권세가 서로 갈등하고 서로 싸운다. 죄와 은혜, 선이 갈등하고 있는 것을 가장 확실하고 보편적으로 관찰할 수 있는 곳이 신자의 내면 세계이다. "여기서 바울은 자기 자신의 경험에 대해서만 말하는 것이 아니라 모든 사람을 대표해서 말하고 있음이 분명하다."[223]

이곳에서 율법, 계명, 죄, 의, 선이 "나"를 두고 서로 전쟁을 한다. 거듭난 자아는 의와 선을 행하고 싶어한다. 그런데 죄가 계명으로 기회를 타서 이 거듭난 자아를 속이고 그를 포로로 끌고 간다. 거듭난 자아는 자신이 즐거워하는 하나님의 법 외에 죄의 법이 있는 것을 발견하나, 선을 행할 능력이 전혀 없고(롬 7:18), 그래서 죄의 법으로 사로잡혀 가며, 해방될 수 있는 출구를 발견하지 못한다. 그래서 탄식한다. "오호

---

223 Marshall, *New Testament Theology*, 319; 또 각주 19도 참조하라.

라. 나는 비참한 사람이라. 이 사망의 몸에서 누가 나를 건져 낼 수 있는가?"(롬 7:24).

여기서 믿음은 거듭난 자아에게 예수 그리스도를 가리킨다. 그를 본 거듭난 신자는 자신의 존재의 심연으로부터 터져 나오는 찬송을 듣는다. "우리 주 예수 그리스도로 말미암아 하나님께 감사하리로다!"(롬 7:25). 이것은 로마서 서설에서 하나님께서 전 우주에 그리스도의 십자가를 속죄의 길로 세우셨고, 이를 통해 하나님은 자신의 의를 드러내시고, 또한 그리스도를 믿는 자들을 의롭다 하신다는 선언이 신자의 존재의 중심에 도착한 모습이다(cf. 롬 3:21-26).

지금까지 바울은 믿음에서 난 의의 본질과 결과 중 하나님과 화평과 의를 향한 자유를 설명하였다. 이 설명에서 바울의 시선은 전 우주에서 신자에게로, 그리고 그 신자의 내면 중심부로, 유구한 과거로부터 바로 현 시점으로 이동한다. 그리고 신자의 존재 중심으로부터 터져 나오는 송영에 도착한다. 바로 여기서 현재까지 논의의 중간 결론이 나온다. "그러므로 이제(νῦν)[224] 그리스도 예수 안에 있는 자들에게는 결코 정죄함이 없다"(롬 8:1).

4.5.4 그리스도 안에서 정죄가 없음(롬 8:1-39)

바울은 여기서 정죄를 면하는 것뿐만 아니라 긍정적으로 새로운 율법의 성취를 말한다. 그러나 이 율법의 성취는 신자가 아닌 그리스도와 성령께서 신자 안에서 활동하는 그런 실현양식을 갖는다.

---

224 이 "이제"를 종말론적 현재라고 부른다.

롬 8:2-4 이는 그리스도 예수 안에 있는 생명의 성령의 법이 죄와 사망의 법에서 너를 해방하였음이라. ³ 율법이 육신으로 말미암아 연약하여 할 수 없는 그것을 하나님은 하시나니 곧 죄로 말미암아 자기 아들을 죄 있는 육신의 모양으로 보내어 육신에 죄를 정하사 ⁴ 육신을 따르지 않고 그 영을 따라 행하는 우리에게 율법의 요구가 이루어지게 하려 하심이니라.

이것은 성령의 지배를 말한다. 마샬은 이 "성령의 지배가 자동적인 것이 아님이 분명하다"고 말한다.[225] 그러나 마샬은 "신자에게는 어느 주인을 따라서 순종할지를 스스로 결정할 수 있는 어떤 종류의 자유가 있는 것 같이 보인다. 성령이 그들을 해방하여 성령을 따라서 살 수 있게 했지만, 성령에게 복종하려는 결정은 그들이 내려야 한다"[226]라고 말한다. 하지만 이 진술은 옳지 않다. 왜냐하면 참으로 구원받지 못한 사람이 선과 악에 중립적이지 않고 악과 죄에 경도되어 있듯이, 참으로 거듭난 사람은 하나님의 법을 즐거워하고 강력하게 따르기를 원한다. 그들이 악으로 떨어지는 것은 그들이 여전히 육신을 벗지 못하고 살아가는 상태에서 연약하기 때문이다.

이런 상황에서 신자는 탄식한다. 그들은 죄와 악이 완전히 극복된 몸의 부활을 고대한다. 여기서 바울은 부활, 곧 "몸의 구속," "하나님의 아들들이 나타나기"를 고대하는 것이 신자들만이 아니라 피조계 전체가 이 종말의 완성을 "탄식하며" 기다린다고 말한다(롬 8:20-25). 이것은 바울이 갖고 있는 신자의 부활에 대한 창조-종말론적인 시야를 보여준다. 바울에 따르면, 하나님께서 인간이 범죄했을 때, 인간만 "허무한 데 굴

---

225 Marshall, *New Testament Theology*, 321.
226 Marshall, *New Testament Theology*, 321.

복하게 하신 것이 아니요" 모든 피조계가 인간의 타락한 지위에 맞추어 "썩어짐의 종노릇 하도록" 했다는 것이다(롬 8:22). 이것은 하나님의 창조 세계의 중심이 인간이라는 것을 나타낸다. 창조계의 모든 운명은 인간과 함께 한다. 피조계는 인간과 함께 허무함과 부패함으로 내려가고, 인간과 함께 영광스러운 지위를 회복한다.

여기에 하나님의 엄위로우심과 동시에 인자하심이 드러난다. 만일 하나님께서 피조물을 허무한데 굴복하도록 하지 않았다면, 인류는 죄와 저주의 실제를 알 수 없었을 것이다. 그래서 인간은 타락한 상태에서 영광스러운 피조물을 악하게 즐기는 존재가 되었을 것이다. 그러나 하나님이 또한 피조물의 영광을 상실하게 하지 않았다면, 인간은 자신의 죄의 짐에 질식당하고 말았을 수도 있다. 피조물의 생명과 능력을 볼 때마다, 그들은 자신들이 잃어버린 것을 후회하나 돌아갈 길이 없었을 것이기 때문이다.

바울에 의하면, 신자의 부활이 바로 피조물 회복의 준거점이다. 그러면 신자 부활의 준거점은 무엇인가? 그것은 바로 그리스도의 부활이다. 왜냐하면 그리스도께서는 "우리의 낮은 몸을 자기 영광의 몸의 형체와 같이 변하게 하실 것이기" 때문이다(빌 3:21; cf. 고전 15:43-53). 따라서 그리스도의 부활은 새 시대, 완성된 하나님 나라의 본질적인 내용과 형식을 결정한다.

바울은 구원을 추수 이미지를 사용하여 묘사한다.

> **롬 8:23** 그뿐 아니라 또한 우리 곧 성령의 처음 익은 열매(ἡ ἀπαρχὴ τοῦ πνεύματος)를 받은 우리까지도 속으로 탄식하여 양자 될 것 곧 우리 몸의 속량을 기다리느니라.

여기서 "성령의 처음 익은 열매"란 "성령의 첫 열매"를 가리킨다. 만일 "성령의"라는 말을 동격의 소유격(*gen. appositionis*)으로 해석하면,[227] "성령의 첫 열매"는 성령이라는 첫 열매를 의미한다. 즉 성령이 이 추수의 첫 이삭이며, 본 추수를 알리는 시작이라는 뜻이다. 그러면 이 추수의 마침은 무엇인가? 바울에 따르면, 우리 신자가 "양자되는 것," 곧 "우리 몸의 구속"이다. 이것은 바울이 구원을 일정한 시대를 포함하는 하나의 단위로 보고 있다는 증거이다. 새로운 시대가 열렸고, 이 시대는 "추수"와 같다. 이 시대를 "처음 익은 열매–마침이 되는 열매"로 표시하므로, 이 추수는 이미 시작되었고 머지않아 완성될 것이다. 이것은 신약에서 종말론적 임박성을 표현하는 방식이다.[228] 그렇다면 "성령이라는 첫 열매"로부터 "몸의 구속"까지 능히 "참음으로 기다릴 수" 있는가? (8:25).

바울은 새 시대의 구원의 완성의 원리가 창조 후 아담의 처지와 같지 않다고 말한다. 바울에 따르면, 신자에게 있는 구원의 확신의 근거는 삼위일체 하나님이시다.

		로마서
성령	이와 같이 성령도 우리의 연약함을 도우시고, 기도할 바를 알지 못하나 친히 간구하신다	8:26-27
성자	죽으시고 부활하셔서 하나님 우편에 계시며 우리를 위하여 간구하신다	8:34
성부	하나님은 우리를 예정하시고(aor.), 부르시고(aor.), 의롭다 하시고(aor.), 영화롭게 하시며(aor.) 하나님이 우리를 위하시므로 "다른 어떤 피조물도 우리를 우리 주 예수 그리스도의 사랑에서 끊을 수 없다."	8:29-30, 39

---

227   H. Ridderbos, *Aan de Romeinen* (Kampen: Kok, 1959), 188.

228   신약 종말론에서 임박성을 표시하는 다른 방식은 두 가지가 더 있다. 첫째, 종말 사건이 발생했다고 말하는 것이다. 예를 들어, "이미 도끼가 나무 뿌리에 놓였다"(마 3:10)라든지, 종말에 엘리야의 능력으로 온 선지자가 "내 뒤에 오실 이가 있다"(마 3:11)라고 한다든지, "나보다 능력이 많으신 이가 오신다"(눅 3:16) 등이 있다. 둘째, 다가오는 시간을 은밀하게 표시하는 것이다. 예컨대 마지막 때를 소개할 때, 먼저 "그 밤에" 일어난 일을 말하고, 다음으로 새벽에 "두 여자가 맷돌을 가는 일"을 말하는 것이다(눅 17:34-35). 베자 사본(D)은 낮에 "두 사람이 밭에 있을 때" 일어날 일도 덧붙이고 있다.

다시 말해서, 바울은 새 시대 구원의 완성을 삼위일체 하나님과 그분의 활동에 근거하여 설명한 것이다. 사람은 하나님을 생각할 때, 자신 밖에 어떤 제한된 공간을 차지하고 있는 대상을 생각한다. 그러나 이것은 성경이 말하는 참된 신관이 아니다. 세계와 하나님 중에 하나님이 더 크시다. 세상의 활동과 하나님의 활동이 서로 독립적이지 않다. 인간은 삼위일체 하나님의 드라마 속에 있고, 신자는 그분이 이루어가는 나라에 참여하여 살아가고 있다.

지금까지 모든 사람이 죄를 범했다는 절망적인 상황에서(롬 1:18-3:20) 종말론적 하나님 의가 은혜로 출현하여(롬 3:21-4:24) 계시된, 믿음에서 난 의와 구원의 확신과 감격(롬 5:1-8:39)에 대해 살펴보았다. 이 선포 후 바울은 이제 하나님의 구원의 신비를 다시 위로부터 관점(Perspektiv von oben)으로 다룬다. 이 관점에서 바울은 현재부터 종말까지 펼쳐질 원대한 구원 계획을 보게 된다.

4.6 하나님의 의의 승리(롬 9:1-11:31)

바울은 이 위로부터 시각을 역설적이게도 자신이 지금까지 복음을 전할 때 겪은 비통한 경험과 내적 싸움에서 얻는다. 그리스도 예수는 일차적으로 이스라엘의 메시아로 오셨는데, 정작 이스라엘은 그 메시아를 거부하고 불신앙에 머물러 있는 현실이다. 과연 '이스라엘'의 구원은 어떻게 되며 하나님의 약속은 어떻게 되는가? 이 질문에 대답하는 것은 자세한 주해가 필요하다. 여기서는 이 단락의 전체적인 취지를 파악하는데 집중하도록 하겠다. 세 가지를 주목해야 한다. 먼저 논증 구조와 주제이고, 다음으로 바울의 논지, 마지막으로 "이스라엘" 개념이다.

4.6.1 바울의 논증 구조와 주제

바울은 자신의 논증을 디아트리베(Diatribe)를 중첩함으로써 진행한다.

		로마서
1.	그런즉 우리가 무슨 말을 하리요. 하나님께 불의가 있느냐? 그럴 수 없느니라.	9:14
2.	그러므로 내가 말하노니 하나님이 자기 백성을 버리셨느냐? 그럴 수 없느니라.	11:1
3.	그러므로 내가 말하노니 그들이 넘어지기까지 실족하였느냐? 그럴 수 없느니라.	11:11

이 외에도 여러 질문들이 연속으로 등장한다(롬 9:19, 30; 10:18, 19). 바울의 논증을 이해하려면, 먼저 바울의 논증이 직선적이지 않다는 점을 파악해야 한다. 바울은 로마서 9-11장에서 "하나님의 의의 승리"라는 한 주제를 다룬다. 이 한 주제에 여러 측면들이 있는데, 바울은 하나의 측면에서 파생되는 연관 측면들을 계단식으로 하강 심화하면서 그 측면을 끝까지 파헤쳐 간다(cf. 아래 도표: "하나님의 의의 승리" | 로마서 9:1-11:36). 이때 각 계단에서 다른 계단으로 하강 심화할 때 디아트리베와 질문들이 등장한다. 한 측면에 대한 하강 심화 단계가 끝나면 처음 출발점으로 돌아와 다른 측면으로 진행한다.

바울이 로마서 9-11장까지 다루는 주제는 무엇인가? 그것은 이스라엘의 구원이다(롬 9:1-5, 10:1, 11:25-26). 바울의 긴 논증은 또한 한 내러티브이다. 하나님이 이스라엘을 선택하셨는데(롬 9:1-29), 이스라엘은 실패했다(롬 9:30-10:21). 이것은 하나님의 말씀과 약속이 좌절되었다는 것을 의미하는가? 그렇지 않다. 하나님은 자신의 지혜와 지식의 부요함으로 모든 이스라엘을 구원받게 하실 것이다(롬 11:1-36).

여기서 주의해야 할 점이 있다. 바울이 말하는 "이스라엘"은 "유대인"과 동의어가 아니고, 바울의 논의 또한 유대인의 구원 문제로 제한할 수 없다는 점이다. 왜냐하면 바울은 전 인류 중 유대인과 이방인을 구원하시는 하나님의 구원 계획을 설명하고 있기 때문이다. 하나님께서 자기 백성을 하나도 잃지 않고, 유대인이든 이방인이든 모두 구원하시는 하나님의 지혜와 지식의 부요함을 선포하기 때문이다. 바울은 하나님의 측량할 수 없는 지혜와 지식을 찬송하기 앞서 바울은 "하나님이 모든 사람을 순종하지 아니하는 가운데 가두어 두심은 모든 사람에게 긍휼을 베풀려 함이라"(롬 11:32)고 한다. 그러므로 이 논증은 율법 밖에서 나타난 하나님 의가 인간과 우주의 모든 저항과 실패에도 승리한다는 노래와 같다.

앞에서 로마서 9-11장의 논증 구조를 간략히 살펴보았다. 또 이 부분의 주제가 유대인의 구원 문제를 넘어선 하나님의 구원 계획이라는 점을 간략히 살펴보았다. 그렇다면 바울의 논지는 구체적으로 무엇인가?

4.6.2 바울의 논지

바울은 "하나님의 말씀이 무효가 된 것 같지 않도다"(롬 9:6)라고 말한다. 여기서 "무효가 되었다"는 말을 직역하면 "떨어져 나갔다"(ἐκπέπτωκεν)이다. 즉 본연의 위치에서 떨어져 나간 결과 더는 권위와 구속력을 지니지 못한 상태를 가리킨다. 바울은 이것이 욱스 호이온 호티(οὐχ οἷον ὅτι)라고 말한다. 이것은 매우 이해하기 힘든 표현인데, 우선 형식적 특징을 살펴보면 다음과 같다. 이 표현은 두 표현이 합쳐진 것이다.[229]

---

[229] BDR § 304$_4$.

하나님 의의 승리 | 로마서 9:1-11:36

롬 9:1-29

이스라엘과 하나님의 선택
바울의 비통: 이스라엘의 구원(1-5)
"그러나 하나님의 말씀(약속)이 폐하여 진 것 같지 않도다"(6)
왜 그런가? 이스라엘에서 난 자가 다 이스라엘이 아니라 이삭으로부터 난 자가 자녀이다(7-10) "씨"(창 21:12, 22:18) = 육신의 자녀가 하나님 자녀가 아니요, 약속의 자녀가 씨(8)

> 그러면 이삭에게서 난 자는 모두 상속자가 되는가? 그렇지 않다. 태어나기 전, 선이나 악을 행하기 전 택하심을 따라 하나님의 뜻이 부르시는 이를 통해 이루어진다(9-13)
>
> 반론1: 그러면 하나님이 불의하신 것 아닌가?
>
> 답: 그럴수 없다(14). 하나님은 불쌍히 여길 자와 완악하게 할 자(바로)를 결정하신다.
> 반론2: 그러면 하나님이 어찌 허물하시는가?
> 누가 하나님을 대적하겠는가?
> 답: 오 사람이여, 네가 이런 질문을 할 수 있는가? 마치 토기장이가 어떤 그릇을 만들지 전권을 가지고 있는 것과 같다(15-29)

롬 9:30-10:21

이스라엘의 실패
바울의 질문: 그러면 우리가 무슨 말을 할까? (9:29)
이방인: 의를 따르지 않았으나 믿음에서 난 의를 얻음(30).
이스라엘: 의를 따랐으나 율법에 이르지 못함. 이들은 거치는 돌에 부딪힌 것(31-33)
바울의 기도:이스라엘을 위해 그들이 구원받도록(10:1)

> 이스라엘: 하나님의 의를 모르고 자기 의를 세우려 하고 하나님의 의에는 복종하지 않았다(2-3)
> 율법에서 난 의와 믿음에서 난 의:
> 믿음의 의: 모세가 이미 증언함. "말씀이 네게 가까워 네 입에 있으며 네 마음에 있다"(신 30:14) = 우리의 전파하는 말씀-복음(8)

"그러나 그들이 다 복음을 순종하지 않았다(16; 사 53:1)
> "그들이 듣지 않았는가?"(18a)
> 아니다! (18b; 시 19:4)
> "이스라엘이 알지 못하였는가?"(19a)
> 그렇지 않다(19b; 신 32:31)
> "이스라엘이 이방인들을 통해 시기나게 하리라." 이 이방인들에게 하나님이 알려지심.
> 그럼에도 하나님이 종일 손을 벌려 이스라엘을 기다리심 (21; 사 65:2)

롬 11:1-36

"모든 이스라엘"의 구원과 하나님의 지혜
바울의 질문: 그러면 하나님께서 자기 백성을 버리셨는가?
그럴 수 없다(11:1)
    증거1: 바울 자신(1b)
    증거2: 엘리야를 통한 하나님의 말씀:
        "내가 바알에게 무릎꿇지 않는 7,000명을 남겨두었다"(2-4)
    중간결론 1. 따라서 지금도 은혜로 택하심을 따라 남은 자 있음(5)
          2. 택하심: 행위 아닌 은혜로(6)
          3. 이스라엘은 구하는 바 의를 얻지 못하고 택하심을 입은자가 얻게 되었고, 남은 자는 완악하여 짐(7-10)

그러면 그들이 넘어지기까지 실족하였느냐?
그럴 수 없다(11a)
그들이 넘어짐으로 구원이 이방인에게 넘어갔고, 이스라엘은 '시기하는' 긴장 국면속으로 들어갔다(11b):

선전망(12; cf. 25-26):
    이스라엘의 넘어짐/실패: 세상/이방인의 풍성함
    이스라엘의 충만함: [구속을 완성으로 이끔]
    바울의 이방인 사도직과 구원으로 이끄는 이스라엘의 시기함(13-14)
    이스라엘 버림: 세상의 화목
    이스라엘의 받아들임: 죽은 자 가운데서 부활(15)
    야생 감람나무 - 감람나무 비유.
        두려워하라(20) 이방인도 이스라엘도 감람나무에 접붙일(= 구원, 하나님 나라에 참여케 함) 능력이 하나님께 있다(21-24)
        결론: 신비. 이방인의 충만함이 들어오기까지 이스라엘의 일부가 우둔하게 되리라(25)

        바울의 찬송: **모든 이스라엘의 구원**(26)
            하나님의 은혜와 부르심에는 후회가 없다(29)
            하나님이 모든 사람을 순종하지 아니하는 가운데 가두어 두심은 모든 사람에게 긍휼을 베풀려 하심이라(32)
            송영:
                깊도다, 하나님의 지식과 지혜여! 모든 것이 주께 속하였도다(33-36)

번역

1. 욱스 호이온(οὐχ οἷον)   : "결코 ~ (하지) 않다."
2. 욱스 호티(οὐχ ὅτι)   : "~ 인 것 같지 않은."

첫 번째 표현은 우 데푸(οὐ δήπου)와 같은 말인데, "아마도 ~ 일 걸"이라는 의미를 전달한다. 아틱 헬라어에서는 "가정하면…"이란 뜻으로 쓰인다. 따라서 주관적인 추측을 표현한다고 할 수 있다.

두 번째 표현은 우스 레고 호티(οὐχ λέγω ὅτι)와 같은 말인데,[230] "나는 ~ 이라고 생각하지 않아"라는 뜻이다.

욱스 호이온 호티는 두 표현이 하나가 된 것이므로, 첫 번째 표현의 주관적인 추측과 두 번째 표현의 부정의 뜻이 조합된 것이라고 볼 수 있다. "내 생각에는 ~ 인 것은 결코 아닌 것 같다"(es steht nicht so, dass…). 그 이유(γάρ)를 바울은 다음과 같이 설명한다.

		로마서
논거:	이스라엘로부터 난 자들이라고 하여 모든 사람들이 "이스라엘"이 아니다.	9:6
이유:	아브라함의 씨가 모두 자녀가 되는 것이 아니다.	9:7a
성경적 근거1:	"이삭으로부터 난 자라야 '씨'로 일컬어지기 때문이다" (창 21:12).	9:7b
결론:	"다시 말해서"(τοῦτ ἔστιν), 육신의 자녀들이 바로 이 하나님의 자녀들이 아니다. 도리어 약속의 자녀라야 씨로 여겨진다. 왜냐하면 이삭은 약속의 말씀을 따라 났기 때문이다. 그러면 그 약속의 말씀은 무엇인가?	9:8
성경적 근거1:	"[내년] 이 시기에 내가 오리니 사라에게 아들이 있으리라"(창 18:10, 14).	9:9

그렇다면 바울이 여기서 말하는 "이스라엘"은 누구인가? 또 모든 이스

---

[230] BDR § 480₆.

라엘이 구원을 받으리라는 말의 의미는 무엇인가?

4.6.3 모든 이스라엘(롬 11:25-26)

바울은 로마서 11:25-26에서 "온 이스라엘"(πᾶς Ἰσραήλ)을 말하는데, 이 문구는 민족적인 의미에서 "온 이스라엘"을 의미하는가? 바울 당시 유대인들은 극소수를 제외하고 믿지 않았는데, 그렇다면 믿지 않는 유대인들도 이 "온 이스라엘"에 속하는가? "그들의 충만"(롬 11:12)이나 "그들의 받아들여지는 것"(롬 11:15)이라는 표현이 비록 민족적 유대인이 당시에는 믿지 않았지만 언젠가는 다시 참 감람나무에 접붙여질 것이라는 의미인가? 그렇지 않다. 바울은 로마서 9-11장에서 일관적으로 민족적으로 모든 이스라엘 사람들이 구원받으리라는 생각과 거리를 둔다. 다시 말해서, 바울은 민족적 혈통과 기원에 근거하여 "이스라엘"을 생각하지 않았다. 바울이 생각한 "이스라엘"은 다음 두 그룹이다.

첫째, "이스라엘"은 "하나님의 자녀"이다(cf. 롬 9:8). "하나님의 자녀"가 되는 조건에 관하여 바울은 부정의 방법(*via negationis*)과 긍정의 방법(*via eminentiae*)을 동시에 적용하여 그 성격을 명확히 언급한다. 바울에 따르면, 우선 생물학적-인종적 출신은 하나님의 자녀 됨의 기준이 될 수 없다. 왜냐하면 "이스라엘에게서 난 자들이 다 이스라엘이 아니기"(롬 9:6) 때문이다. 여기서 바울은 "이스라엘"이라는 생물학적-인종적 집단 안에 그보다 더 작은 "이스라엘"이 있다고 말하고 있는 셈이다. 이것을 "참 이스라엘"이라고 부를 수 있을 것이다. 바울에 따르면, 이것을 다른 말로 표현할 수 있다. 다음으로 "아브라함 씨가 모두 자녀들이 아니다"(롬 9:7). 그 이유는 두 가지이다. 먼저 이삭으로부터 난 자여야 아브라함에게 [진정으로 속한] 씨이기 때문이고(롬 9:7), 다음으로 육신으로부터 난 자가 아니라 약속으로부터 난 자녀가 씨이기 때문이다(롬 9:8).

둘째, 참 이스라엘은 "남은 자들"이다(롬 9:27). 이 남은 자들은 바다의 모래와 같이 많은 다른 이스라엘(롬 9:27)과 구별된다. 이들의 특징은 무엇인가? 먼저 그들은 구원받은 소수라는 점이다. 나아가 그들은 사람들의 눈에는 보이지 않는 무리라는 점이다. 마치 아브라함 시대 소돔과 고모라가 멸망한 것 같은 상황에서도 하나님이 남겨준 "씨"(롬 9:29; 사 1:9)나, 아합 시대에 엘리야와 같이 한 사람 외에는 믿는 자가 없는 것 같은 상황에서도 하나님이 남겨두신 "7,000명"(롬 11:4)과 같은 이들이다.

바울이 출신과 기원에 근거하여 이스라엘을 생각하지 않는다는 증거는 무엇인가? 세 가지를 생각할 수 있다.

첫째, 바울의 시대관이다. 바울은 자신의 시대도 아브라함이나 이사야, 엘리야 시대와 다르지 않다고 생각했다. "그런즉 이와 같이 지금도 은혜로 택하심을 따라 남은 자가 있느니라"(롬 11:5). 그래서 "하나님이 "자기 백성을 결코 버리지 아니하셨다"(롬 11:1-2)라고 바울이 말할 때, 이 "자기 백성"은 출신과 혈통, 기원에 따른 "이스라엘 사람들"이 아니라, 자기 시대에 그리스도 안에서 하나님 나라에 참여한 신자를 가리킨다. 이 종말의 시대에 많은 유대인들 중에 그리스도를 믿는 믿음을 가진 자들을 가리킨다. 대표적인 예가 바로 바울 자신이다. 나아가 안드로니고와 유니아와 같이 사도들에게 존중을 받고 자신보다 먼저 그리스도 안에 있는 자들(롬 16:7)이나 아리스다고나 바나바의 조카 마가, 유스도라 하는 예수와 같이 할례파이지만 하나님의 나라를 위해 일했던 이들(골 4:10-11)도 여기에 속한다.[231] 바로 이들이 하나님께서 미리 아신 "자기 백성"이다.

둘째, 바울의 사역 경험이다. 바울은 복음을 전할 때 유대인들을 모

---

[231] 바울은 "이들만은 하나님 나라를 위하여 함께 동역하는 자들이니 이런 사람들이 나의 위로가 되었느니라"고 술회한다(골 4:11).

두 구원할 수 있다고 생각지 않았다. 그는 다만 그들 중 일부를 위해 최선을 다했다고 말한다.

> 롬 11:14 이는 혹 내 골육을 아무쪼록 시기하게 하여(cf. 신 32:21), 그들 중에서 얼마(τινὰς ἐξ αὐτῶν)를 구원하려 함이라.

셋째, 바울의 유대인에 대한 영적 구별이다. 바울은 로마서 9-11장 논의 밖에서도 유대인을 구별한다. 바울에 따르면, 이면적 유대인이 있는가 하면 표면적 유대인이 있다(롬 2:28-29).

지금까지 "이스라엘"에 대한 바울의 논의를 도표로 정리하면 다음과 같다.

	이스라엘	참 이스라엘
1. 출신	생물학적-인종적으로 이스라엘로 난 모든 이들 = 이스라엘 사람들 (Ἰσραηλῖται)	
2. 혈통	아브라함의 씨	자녀들 = 이삭에게서 난 자들 = 아브라함에게 [진정으로 속한] 씨
3. 기원	육신으로부터 난 자녀들	약속으로부터 난 자녀들, 하나님의 백성 = 남은 자 = 하나님이 미리 아신 자들
4. 율법, 할례	표면적 유대인	이면적 유대인

바울은 이제 "모든 이스라엘"의 구원 문제를 다룬다(롬 11:25-26). 로마서 11장 논의에서 주의해야 할 점이 있다. 먼저 바울은 이방인과 이스라엘을 분명히 대비시킨다. 다음으로 이런 배경에서 "모든 이스라엘"이 구원을 받으리라고 말한다. 따라서 여기서 "이스라엘의 수"에 들어갈 사람들은 분명 이방인을 제외한 믿는 유대인일 것이다.

하지만 여기서 신중하게 고려해야 할 점이 있다. 그것은 바울이 "이스라엘"이란 말을 이방인과 유대인을 포함한 하나님의 교회에 대한 다른 표현으로 사용하기도 한다는 점이다.

> **갈 6:15-16** 할례나 무할례가 아무것도 아니로되 오직 새로 지으심을 받은 것만이 중요하니라. ¹⁶ 무릇 이 규례를 행하는 자에게와 하나님의 이스라엘에게 평강과 긍휼이 있을지어다.

이런 점에서 "온 이스라엘이 구원받으리라"(롬 11:26)는 말을 출신, 혈통, 기원, 유대인의 외적인 표지를 갖고 있는 사람들은 모두, 아브라함부터 종말까지 모두, 구원받으리라는 말로 해석할 수 없다. 바울이 의도한 바는 우리가 알 수 없는 방식으로 "온 이스라엘" 즉, "하나님이 미리 아신 자기 백성"은 모두 구원받는다는 것이었고, 이것이 가장 타당한 해석으로 보인다.

지금까지 바울은 "모든 믿는 자에게 구원을 주시는 하나님의 의"를 설명했다. 로마서 9장에서 11장은 위로부터의 시각에서 구원을 제시한 것이라고 볼 수 있다. 이로써 바울은 로마서 1:16-17에서 예고한 하나님의 능력, 로마서 3:21-26에서 예견한 율법 밖에서 나타난 하나님의 의에 대한 증명 중 세 부분을 마쳤다. 이제 남은 것은 권면(*exhortatio*)이다. 바울은 로마서 12:1-15:13에서 이제 하나님의 능력과 의를 얻은 신자가 이 복음에 어떻게 반응해야 하는지 말한다.

4.7 하나님의 의의 결과 (롬 12:1-15:13)

신자는 하나님의 의를 소유한 이들이다. 이 의의 열매는 새로운 삶으로 나타난다. 바울은 이 새로운 생명의 발현과 열매를 크게 두 부분으로 나누어 설명한다. 먼저 신자가 살아갈 방향을 지시한다(롬 12:1-2). 신자는 하나님의 측량할 수 없는 사랑과 구원을 받았으므로 이에 걸맞게 마음의 변화를 받아 자신을 거룩한 산 제사로 드려야 한다. 이것이 서론이다.

다음으로 바울은 이 큰 방향 속에서 힘써야 할 일 두 가지를 말한다. 하나는 우주적이고 종말론적 교회의 일원으로서 삶과 관련된다. 그리스도인이 변화된 삶을 살아야 할 근거와 동력, 그 삶이 실현될 여러 영역과 내용이고(롬 12:3-13:14), 다른 하나는 로마 교회의 일원으로서 갖는 특별한 문제와 관련된다. 즉 로마 교회 성도로서 강한 자는 약한 자를, 약한 자는 강한 자를 어떻게 대해야 하는가 이다(롬 14:1-15:13). 이것이 본론이다.

여기서는 이 중 세 가지를 좀 더 자세히 다루게 될 것이다.

		로마서
1.	영적 예배	12:1-2
2.	권세에 대한 태도	13:1-7
3.	약한 자를 돌봄	14:1-15:13

처음 두 주제는 서로 전혀 관계없는 주제 같으나 사실은 하나이다. 먼저 신자의 종말론적 위치와 영적 예배를 살펴보자.

4.7.1 신자의 참된 예배(롬 12:1-2)

바울은 권면을 이렇게 시작한다.

> **롬 12:1-2** 그러므로 형제들아 내가 하나님의 모든 자비하심으로 너희를 권하노니 너희 몸을 하나님이 기뻐하시는 거룩한 산 제물

로 드리라. 이는 너희가 드릴 영적 예배니라. ² 너희는 **이 세대를
본받지 말고** 오직 마음을 새롭게 함으로 변화를 받아 하나님의 선
하시고 기뻐하시고 온전하신 뜻이 무엇인지 분별하도록 하라.

바울은 신자가 드릴 거룩한 예배를 말한다. 이것은 비유적 권면이다. 하지만 본문의 일차적인 의미는 윤리적인 행동과 덕에 있지 않다.

본문을 이해하기 위해서 먼저 인식해야 할 것은 무엇인가? 그것은 바울이 근본적으로 종말론적 개념을 동원하여 복음에 합당한 삶을 제시한다는 점이다. 바울은 "너희는 이 세대를 본받지 말라"고 명령한다. 이 명령에는 종말론적 이미지가 쓰였다. "이 세대"란 바울의 시대관에서 쌍으로 등장하는 개념 중 하나이기 때문이다. 바울은 세계와 역사를 세대 또는 시대(에온)란 말을 써서 표현하고, 세계의 시작과 진행, 종말을 "이 시대"와 "오는 시대"로 구분한다(엡 1:21). 이것은 구약과 당시 유대주의, 예수님(마 12:32)과 다른 성경 저자(히 9:26)가 공유하는 개념이었다. 이런 배경에서 바울은 지금 시대를 오는 시대 직전 시기로 본다.

> **롬 13:11-12** 이는 이제 우리의 구원이 처음 믿을 때보다 가까웠음이라. ¹² 밤이 깊고 낮이 가까웠으니 그러므로 우리가 어둠의 일을 벗고 빛의 갑옷을 입자.

바울은 단지 "오는 시대"와 대조적인 개념으로 "이 시대"를 말하지 않는다. 오히려 "이 세대를 본받지 말라"고 말한다.

여기서 "본받지 말라"는 말은 우리말 어감으로는 "무언가를 본보기로 삼아 따르다"는 의미로 보인다. 많은 현대어 번역도 "순응하다"(conform)로 번역했다. 하지만 그런 뜻이 아니다. 오히려 이 말은 "어떤 구

조나 체계에 맞추다"(συσχηματίζω)는 뜻이다.²³² 신약에서는 항상 이 의미로 쓰이고, 구조나 체계는 항상 여격이 쓰인다. 예를 들어, 사도 베드로는 "흩어진 나그네" 곧 그리스도인들에게 "전에 알지 못할 때에 따르던 너희 사욕을 본받지 말라"(μὴ συσχηματιζόμενοι ταῖς πρότερον ἐν τῇ ἀγνοίᾳ ὑμῶν ἐπιθυμίαις, 벧전 1:14)고 명령했다. 즉 이전에 이방인으로 살 때 몸의 정욕을 따르고 죄악된 체계에 적응하여 살 때와 같이 살아서는 안 된다는 것이다.

이 관찰을 본문에 적용하면, "이 세대를 본받지 말라"는 말은 일반적으로 생각하는 것보다 훨씬 더 강한 명령이다. 단지 몇몇 윤리조항이나 몇 가지 습관이 아니라 신자의 삶의 방향에 대한 명령이다. 바울은 왜 이렇게 명령하는가? "이 세대"라는 구조와 체계가 있고, 신자의 삶은 이 구조와 체계와 어울리지 않는다. 따라서 신자는 이 세대의 구조와 체계에 다시 들어가서는 안 된다. 신자는 그리스도와 함께 죽었고(롬 4:24-25; 6:1-4), 율법에 대하여 죽임을 당하였으며(롬 7:4), 죄와 사망의 법에서 해방되었다(롬 8:1-2). 이는 새 생명 가운데 살며(롬 6:4), 하나님을 위하여 열매를 맺게 하기 위함이다(롬 7:4). 만일 신자가 다시 옛 시대의 구조와 체계로 들어간다면, 그것은 자신과 자신이 받은 구원을 부인하게 된다.

이렇게 바울이 처음부터 종말론적 시대관 배경에서 권면한다는 것을 인식하면 본문을 새롭게 이해할 수 있는 문이 열린다. 바울은 "너희 몸을 거룩한 산 제사로 드리라. 이는 너희가 드릴 영적 예배니라"(롬 12:1)

---

232 스케마티조(σχηματίζω)는 스케마(σχῆμα)에서 온 말로 스케마는 에코(ἔχω), 스케인(σχεῖν)과 동족 어군에 속한다. 스케마는 라틴어로 하비투스(*habitus*)에 해당하는 말로 "형태"나 "모양"을 가리킨다. 예컨대 바울이 고린도전서 7:31에서 "이 세상의 외형(τὸ σχῆμα τοῦ κόσμου τούτου)은 지나감이라"고 말할 때, "외형"이 바로 스케마이다. 동의어로 모르페(μορφή)가 있다. Cf. Thayer, *Lexicon*, 610.

고 말한다. 이것은 분명 은유이다. 구약의 제사 언어를 신자의 삶에 적용한 것이다. 여기서 "너희 몸"(τὰ σώματα ὑμῶν)을 드리라고 말한다. 이것은 "너희 육체"와는 다른 것이다. 중요한 것은 바울이 "살과 피"가 아니라 몸(σῶμα)이라는 말을 쓴다는 점이다. 그것도 복수로 쓴다. 이 두 용어는 모두 인간 본성을 가리킨다. 하지만 살과 피는 인간의 본성의 일부로 전체를 표현한다면, 몸은 생명의 중심(영혼)이 외부와 맺는 관계와 소통을 강조한다. 따라서 너희의 몸을 거룩한 산 제사로 드리라는 명령 속에 이미 인격과 생명이 교류하는 세계가 전제되어 있다. 더글러스 무는 몸을 이렇게 말했다. "인간의 한 부분이 아니라 세상과 관계를 맺고 있는 전 인격을 언급한다. 그것은 생각과 감정, 의지를 포괄하는 것이다."[233]

　바울은 이것을 "영적 예배"(ἡ λογικὴ λατρεία)라고 한다. 여기서 "영적"이라는 말에 주의할 필요가 있다. 만일 이 말을 몸과 반대되는 "영에 속하는"이란 의미로 "영적"(spiritual)[234]이라고 한다면, 오역이 된다. 이것은 앞에서 너희 몸을 제물로 드리라는 말을 실제 육적인 몸을 제물로 바치는 일을 의미하지 않는다는 뜻으로 이 구절을 읽게 한다. 하지만 방금 살펴본 것처럼 "몸"이란 말은 실제 육체와 피로 구성된 제물이 아니라 전 인격과 전 생명을 가리킨다. 반면 이 말을 인간의 로고스(영혼)로 행하는 예배라는 의미에서 "영적"이라는 뜻으로 쓴다면 의역을 해야 한다. 실제로 성경은 이런 의미로 쓴다. 예를 들어, "신령한 젖"(τὸ λογικὸν γάλα)이라는 표현이 있다(벧전 2:2). 이 표현은 영과 관련있는 우유와 아무 상관이 없다. 베드로가 말하는 신령한 젖은 인간 로고스 즉 영혼에 자양분을 주는 젖이라는 뜻이다. 따라서 로고스로 행하는 예배

---

[233]　Moo, *Encountering the Book of Romans*, 163.
[234]　Cf. ESV, NASB.

란 "분별력을 발휘하는"(reasonable)²³⁵ 경배를 가리킨다.

이 분별력과 거듭난 이성이 발휘되어야 하는 첫 번째 대상은 무엇인가? 바로 "세대"의 구조와 체계이다. 여기에는 "이 세대"뿐만 아니라 "오는 세대"의 구조와 체계를 분별해야 한다. 바울에 따르면, 그리스도인은 이 두 세대 사이에 있다. 그러나 옛 질서와 새 질서가 선명하게 잘린 조각처럼 나뉜 사이에 끼어 있는 것이 아니다. 오히려 새 질서가 옛 질서 속으로 들어와 공존하는 자리에 서 있다. 그러므로 신자는 이 세대, 즉 옛 질서의 인력에 늘 노출되어 있다. 거듭난 생명은 강한 거부감을 느끼나 아직 육신 안에 있기 때문에 탄식하며 몸의 구속을 기다리고 있다. 동시에 신자는 이미 그리스도 안에 있고 죄와 사망의 법에서 해방되어 은혜가 지배하는 나라에 있다. 바울은 지금 이 현실을 가리키고 있는 것이다. '너희는 이제 이 세대, 너희가 이방인으로 살 때 가진 생각과 욕망, 삶의 패턴으로 다시 돌아가거나 그 구조와 체계에 함몰되어서는 안 된다. 우리 주 예수 그리스도의 십자가와 부활로 오는 세상의 생명과 질서가 우리가 서 있는 곳에 들어온 것을 생각하라. 너희는 십자가와 부활, 성령과 하나님 나라 안에 나타난 오는 세계의 질서를 탐구하고 분별하여 그 가치에 너희 생각과 열망, 삶의 패턴을 맞추라. 하나님이 선하게 여기시고, 기뻐하시며, 온전한 뜻으로 이루어진 구조와 체계에 너희 삶을 몰입하라.' 이렇게 할 때 이 세대의 인력에 더 강한 거부감을 갖게 되고 그 세대를 멀리하며, 오는 세계의 인력에 더 강한 호감을 갖고 그 세계를 갈망하게 될 것이다.

바울은 "이 세대"에 나타난 대격변을 말했다. 그리스도의 십자가와 부활로 하나님의 의가 출현한 것이다. "이 세대"에 출현한 대전환을 말한다. 신자는 이 세대의 구조와 체계에 함몰되지 말고 오는 시대의 가치와 생명에 몰입하고, 삶의 방향을 그 구조와 체계에 맞추라는 것이

235　Cf. KJV.

다. 거듭난 생명의 삶의 방향은 그 자체로 대전환의 출발점이다. 여기에는 큰 경고가 있다. 신자는 너무나 자주 자신이 옛 질서의 인력권에 있다는 사실을 망각하고, 자신을 그 질서의 가치에 함몰되도록 방치한다. 그래서 눈을 빼앗기고 귀를 빼앗겨도 잘 인식하지 못한다. "음란과 정욕과 술취함과 방탕과 향락과 무법한 우상 숭배를 하여 이방인의 뜻을 따라 행하며" 거듭난 생명이 질식당하고 있어도 깨닫지 못한다. 하지만 "지나간 때로 족하다"(벧전 4:3).

또한 여기에는 큰 격려와 특권이 있다. 신자는 오는 세계의 삶은 그때 가서야 누릴 것으로 생각한다. 그러나 "너희는 이 세대를 본받지 말라"는 바울의 권면은 뒤집으면 "오는 시대를 본받으라"는 권면이 된다. 그 구체적인 모습이 바로 "하나님의 선하시고 기뻐하시고 온전하신 뜻을 분별하는" 것이다.

롬 12:2a	롬 12:2b
너희는 이 시대의 체계에 맞추지 말라	**오는 시대의 체계에 맞추라** = 오직 마음의 변화를 받아 하나님의 선하시고 기뻐하시고 온전하신 뜻이 무엇인지 분별하라

이때 신자에게 있는 특권은 무엇인가? 소속이다. 신자는 비록 옛 시대와 오는 시대가 공존하는 시대에 살지만, 옛 질서에 속한 자들이 아니다. 이미 은혜와 의, 부활 생명이 지배하는 나라에 속한다. 따라서 믿음, 섬김, 가르치는 일, 권면하는 일, 구제하는 일, 다스리는 일, 긍휼을 베푸는 일 등 이 땅에서 하는 일(cf. 롬 12:3-13)은 오는 세계의 법과 질서, 원리에 대한 선포가 된다.

신자가 이 세대에 속한 존재가 아니라는 의미를 이 세상과 무관하게 살 수 있다거나 이 세상 질서를 무시해도 된다고 오해해서는 안 된다. 예를 들어, 신자가 궁극적으로 오는 세계에 속하였다고 하여 세상 권세에 복종하지 않으면 어떻게 되는가? 이제 이 주제를 잠시 살펴보자.

4.7.2 통치 권세에 대한 태도(롬 13:1-7)

바울은 종말론적 거시 전망에서 신자의 일상 세계에서 일어나는 구체적인 일에 대한 지침을 말했다. 여기서 바울은 가정과 교회, 정치와 경제, 문화와 사회, 종교에서 나타나야 할 신자의 종말론적 윤리를 다룬다. 모든 원칙을 말하고, "악에게 지지 말고 선으로 악을 이기라"(롬 12:21)고 권면한 후에, 이 원칙이 적용되어야 할 특별한 영역을 언급한다. 세상의 통치 권세와 이웃이다. 이 중 통치 권세에 대해서는 "복종"하라고 말한다.

> **롬 13:1-2** 각 사람은 위에 있는 권세들에게 복종하라. 권세는 하나님으로부터 나지 않음이 없나니 모든 권세는 다 하나님께서 정하신 바라. ² 그러므로 권세를 거스르는 자는 하나님의 명을 거스름이니 거스르는 자들은 심판을 자취하리라.

왜 각 사람은 "위에 있는 권세들에게 복종해야" 하는가? 바울은 이 질문에 대해 정치적인 관점이 아니라 신학적인 관점에서 말하는데, 그 이유는 두 가지다. 첫째, 권세의 기원이 하나님이기 때문이다. 신자가 권세에 복종해야 하는 이유는 권세를 세우신 이가 하나님이시기 때문이다(롬 13:1b-2). 만일 권세를 두려워하지 않으려면 어떻게 해야 하는가? 선을 행하면 된다. 만일 선을 행하지 않으면 두려워해야 한다. 권세자들은 악을 행하는 자를 징벌하기 위해 하나님이 세우신 사역자이기 때문이다(롬 13:3-4). 둘째, 각 사람의 양심 때문이다. 사람이 권세에 복종하는 것은 악에 대한 처벌을 두려워하기 때문이다. 하지만 신자가 위에 있는 권세에게 복종하는 이유는 더 깊은 차원이 있다. 신자는 궁극적으로 사람 앞에 서 있지 않고, 하나님 앞에 서 있다. 악을 행하지 않았더라도 위에 있는 권세를 존중하는 것은 그 권세를 주신 분이 하나님이시기 때문이다. 따라서 양심을 따라 권위를 존중한다(롬 13:5).

이 존중의 구체적인 표시가 납세이다. 학자들 중에는 바울이 이 명령을 하는 배경에 당시 로마 제국에서 일어난 납세거부운동이 있다고 생각하는 사람들도 있다. 실제로 타키투스는 네로 시대에 잔혹한 세금 징수 때문에 일어난 조세 저항을 보도한다.

> 같은 해에 징세 청부인의 냉혹 무정함에 대해 민중이 너무 시끄럽게 불만을 토로하고 고충을 호소해 왔기 때문에 네로는 이것저것을 생각하며 고민했다.[236]

원로원은 국가 재정의 감소로 국가가 붕괴할 위험이 있다는 이유로 네로를 반대했고, 네로는 세금 청부인들이 세금을 징수하는 규정을 공개하도록 하고, 1년 이상 간과된 세금을 추징할 수 없도록 했다.[237] 이것이 네로가 집권했던 AD 50년대 중반 상황이다.

네로 이전 클라우디우스나 티베리우스 시대에 조세 저항이 어느 정도였는지 추적하는 것은 쉽지 않다. 로마든 속주든 세금이 면제된 경우는 드물었고,[238] 주기적으로 인구조사를 해 세수를 조직적으로 관리했다.[239] 하지만 간접 증거는 충분하다. 예를 들어, 로마가 고울 지역을 점

---

[236] Tacitus, *Ann.* 13.50; Tacitus, *The Annals & The Histories*. trans. A. J. Church and W. J. Brodribb (New York: The Modern Library, 2003), 270; 『연대기』, 박광순 옮김(파주: 범우, 2020), 573.

[237] Tacitus, *Ann.* 13.51.

[238] Suetonius, "Claudius," 25에 로마가 트로이인들의 세금을 면제해 주었다는 내용이 나온다. "트로이인들에게는 로마인의 시조라는 이유를 들어 영원히 공세를 면제해 주었다."

[239] 김영호, "누가의 예수님 탄생기사(눅 2:1-7)에 관한 역사적-주석적 고찰," 신학

령한 후 BC 20년 전후 인구조사를 하려고 했을 때 갈리아인들의 저항이나,[240] 예수님 당시 로마의 세금 징수원(세리)에 대한 일반 대중의 증오를 생각할 수 있다.

하지만 이 본문에서 중요한 것은 바울이 구체적으로 어떤 정황에서 세금을 납부하도록 권면하는가 하는 점이다. 로마 교인들 중에 가혹한 세금 징수에 피해를 본 사람이 있다거나 로마 교회가 이런 납세 거부 운동에 가담할 가능성이 있었는가?[241] 그럴 수 있다. 바울은 제2차 전도여행에서 고린도에 도착했을 때, 클라우디우스 칙령으로 로마에서 축출된 브리스길라와 아굴라를 만났다. 그후 3차 전도여행을 마칠 즈음에 약 AD 57년경 예루살렘으로 가는 길에 고린도에서 로마서를 썼다. 로마 교회 교인들 중에는 상인과 중산층이 더러 있었을 것이다. 이들 중 항구 정박이나 물건에 부과하는 간접세를 내야 하는 사람들도 있었을 것이다. 이 간접세를 바로 세금 청부인들이 징수하는데, 이들이 문제였고, 네로는 간접세를 폐지해야 하느냐 고민하다가 결국 세금 청부인들의 불법 착취 명목을 없애는 것으로 정리했던 것이다.[242] 따라서 로마 교회 교인들 중 납세거부운동에 호의적이거나 참여하려는 마음을 가진 사람들이 분명히 있을 수 있다.

이것이 바울이 우려했던 일의 일부라고 볼 수 있지만, 전부라고 할 수는 없다. 더욱이 가장 중요한 이유도 아니었다. 만일 이 논증이 옳다면, 로마 교회 전체 교인들과 전체 교회에게 주는 명령이 될 수 없다. 왜냐

정론 35/2 (2017): 309–311.

[240] 김영호, "누가의 예수님 탄생기사(눅 2:1–7)에 관한 역사적–주석적 고찰," 320, 323.

[241]   D. J. Moo, *The Letter to the Romans*, NICNT, 2nd ed. (Grand Rapids: Eerdmans, 2018), 792–793; *Encountering the Book of Romans*, 170.

[242]   Tacitus, *Ann.* 13.51.

하면 이 명령은 납세거부운동과 직접적인 관련이 있는 상인과 부유층에게만 해당되기 때문이다. 그러면 모든 시대 교회에 주어진 사도적 명령이 아닐 것이다. 바울의 명령은 예수님과 사도 베드로의 명령과 같은 맥락에 있으며, 이 단락의 내용이 세상 권세와 하나님의 권위의 관계라는 보편적 주제이다. 이런 점을 생각할 때, 바울의 명령을 납세거부운동과 연결하려는 시도는 적절하지 않다. 따라서 바울에게는 이런 실제적인 이유보다 신학적인 이유가 더 중요했다고 판단할 수 있다.

이것을 가까운 문맥도 지지한다. 로마서 13:1-7은 로마서 12:1-2과 13:11-14 사이에 위치하는데, 이 단락은 모두 종말론적 주제를 담고 있다. 따라서 종말론적 시야에서 통치 권세와 신자의 태도를 바라볼 것을 요구한다. 로마 교인들 중에 신자는 오는 시대에 속한 자이며, 이 시대에서 해방된 자인 점을 들어, 이 땅의 질서를 무시하고 그 권위와 무관하게 사는 것이 믿음의 내용이라고 생각하는 사람이 있을 수 있다. 만일 이들이 로마 교회 지도자라면, 교회에 큰 혼란이 일어난다. 따라서 바울은 당시 상황을 충분히 고려하면서도 더 근본적으로 권세의 신적 기원과 양심에 근거하여 부과된 세금을 내도록 권면한 것이다. 이렇게 할 때 교회와 그리스도인이 형벌로부터 안전하게 지낼 수 있다. 나아가 이것이 작은 무리인 교회가 세상에서 지혜롭고 분별있게 행동하는 것이다. 왜냐하면 법과 질서를 존중함으로써 그리스도의 복음을 빛나게 하기 때문이다(cf. 딛 2:10).

여기서 질문이 생긴다. 바울은 '그리스도인은 통치 권세에 복종해야 한다. 그 권세는 하나님에게서 났기 때문이다. 나아가 형벌에 대한 두려움이 아니라 양심의 문제이기 때문이다'라고 말한다. 하지만 이 논리는 건전한가? 모든 경우에 통치 권세에게 복종해야 한다는 말인가? 만일 통치 권세가 '악'할 경우에도 복종해야 하는가?

바울은 여기서 모든 권세가 하나님으로부터 왔다는 근본 원리를 말한다. 즉 선한 권세라는 것을 전제한다. 바울이 말하는 권세는 선을 행하게 하고 악을 막거나 없애는 대리자이다. 즉 이 권세가 이상적이고 순기능을 하는 것을 상정한 것이다. 만일 이 권세가 선을 위하지 않고 하나님을 대적한다면 어떻게 해야 하는가? 바울도 열두 사도들처럼 성령에 따라 저항할 것이다.

> **행 4:8, 19** 이에 베드로가 성령이 충만하여 이르되 백성의 관리들과 장로들아, ... ¹⁹ 하나님 앞에서 너희의 말을 듣는 것이 하나님의 말씀을 듣는 것보다 옳은가 판단하라
> **행 5:29** 베드로와 사도들이 대답하여 이르되 사람보다 하나님께 순종하는 것이 마땅하니라

권세의 기원이 어디인지는 위에 있느냐 아니냐가 결정하지 않는다. 그것을 결정하는 것은 하나님의 뜻을 실현하고 선을 증진하는 명령을 하느냐 아니냐이다. 이것을 분별하는 것, 여기에 신자의 지혜가 있다.

지금까지 권세에 대한 바울의 권면을 살펴보았다. 이제 약한 자와 강한 자 문제로 들어가보자.

4.7.3 약한 자와 강한 자(롬 14:1–15:13)

이 단락의 내용을 파악하기 위해서는 다음 세 가지에 주목해야 한다.

1. 전체 개요
2. 약한 자의 정체
3. 현대적 적용

이 세 가지를 차례로 살펴보자. 먼저 이 단락의 전체 개요이다.

바울은 믿음이 약한 자와 강한 자가 서로 어떻게 행동해야 하는지 다음과 같이 말한다.

> **롬 14:1** 믿음이 연약한 자를 너희가 받되 그의 의견을 비판하지 말라.
> **롬 15:1** 믿음이 강한 우리는 마땅히 믿음이 약한 자의 약점을 담당하고 자기를 기쁘게 하지 아니할 것이라.

이 두 권면 속에 핵심 내용이 다 들어 있다. 로마서 14:1-15:13은 크게 세 단락으로 구분할 수 있다.

첫째는 약한 자에게 대한 적극적 관용을 요청하는 부분이다(롬 14:1-12). 바울은 "믿음이 약한 자를 너희가 받고 판단하지 말라"고 말한다(롬 14:1-3). 왜 약한 자를 받아야 하는가? 그것은 두 가지 때문이다. 하나는 "약한 자"와 "강한 자"가 모두 그리스도의 종들이기 때문이다(롬 14:4-9). 다른 하나는 오직 하나님께만 자신의 백성을 판단할 권리가 있기 때문이다(롬 14:10-12).

둘째는 강한 자에게 주는 경고 및 해야 할 의무를 상기하는 것이다(롬 14:13-15:7). 먼저 바울은 강한 자들에게 그들의 자유를 남용하는 것을 경고한다. 먼저 그리스도 안에서 그 자체로 부정한 것은 없다. 음식에 적용하면, 모든 음식은 다 먹을 수 있다. 이것이 "확실한 사실"임에도 자신이 "먹는 것"으로 형제를 넘어지게 해서는 안 된다(롬 4:13-16). "하나님의 나라는 음식, 음료가 아니라 그리스도 안에서 의와 평화와 기쁨이다"(롬 4:17-18). 따라서 신자는 평화와 덕을 위해 힘쓰고, 믿음을 따라 행하려고 해야 한다(롬 4:19-23). 그러면 강한 자에게 어떤 의무가 있는가? "믿음이 강한 우리는 믿음이 약한 자의 약점을 담당하고 자기를 기쁘게 해서는 안 된다"(롬 15:1-6). 우리는 항상 그리스도께서 보이신 본을 따라야 한다. 바울은 "그리스도께서 우리를 받아 하나님의 영광이 되게 하신 것처럼, 너희도 서로 받으라"고 말한다(롬15:7).

셋째는 하나님의 계획을 알리는 것이다(롬 15:8-13). 바울에 따르면, 하나님은 유대인과 이방인을 한 백성으로 만드실 것을 계획하셨다. 이 일을 위해 그리스도께서는 먼저 할례의 수종자가 되셔서 족장들에게 하신 약속을 성취하셨다(롬 15:8). 하나님의 약속을 성취하심으로써 이방인들로 하여금 하나님께 영광을 돌리게 하셨다(롬 15:9; 시 18:49; 삼하 22:50). 이방인들이 하나님의 긍휼을 인하여 하나님의 백성이 되어 하나님을 찬양하게 되었다(롬 15:10-12; 신 32:43; 시 117:1; 사 11:10).

바울은 이 신적 계획과 신비를 깨닫고 로마에 있는 유대인과 이방인 그리스도인들을 위해 기도한다:

롬 15:13 소망의 하나님이 모든 기쁨과 평강을 믿음 안에서 너희에게 충만하게 하사 성령의 능력으로 소망이 넘치게 하시기를 원하노라.

믿음이 "약한 자"와 "강한 자"는 구체적으로 누구를 가리키는가? 이것은 이미 앞에서 살펴보았다.[243] 본문의 문맥을 살펴보면 "강한 자"는 다음 두 문제에서 자유로운 사람을 가리킨다.

	로마서
1. 특별한 음식(고기, 포도주)을 먹어도 되는가?	14:2-3, 14-15, 17, 20-21, 23
2. 특별한 날을 지켜야 하는가?	14:5

---

243 앞의 §1 "로마 교회"를 보라.

"강한 자"는 음식에도 날에도 매이지 않는다. 반면 "약한 자"는 이 두 가지에 넘어진다. 로마 교회를 비롯한 초대교회 당시 정황을 고려할 때, 이 "약함"과 "강함"을 세 가지 측면에서 생각할 수 있다. 첫째, 갈라디아서의 율법주의자들이 제기한 것과 같은 음식법을 지켜야 하는가, 그로부터 자유로운가에 대한 관점일 수 있다. 둘째, 이 음식과 날을 이방 종교와 관련된 것으로 볼 수도 있다(cf. 갈 4:10-11; 골 2:16, 21). 셋째, 우상에게 바쳐진 고기를 먹는 일과 관련된 것일 수도 있다(cf. 고전 8:1-10:33). 이 세 가지 중 어느 것이 본문의 의도와 가장 가까운지 판단하기 쉽지 않다. 왜냐하면 우상 제물과만 관련이 있어 보이는 세 번째 경우도 우상 제물을 드리는 날과 무관할 수 없기 때문이다.

본문의 상황을 일반화하는 것도 옳지 않다. 즉 이 문제가 토라에 근거한 금욕주의적 유대 전통의 영향을 받은 자들("약한 자")과 이런 전통과 상관없이 사는 이방인 그리스도인의 갈등 문제로 보는 것이다.[244] 해석과 적용을 섞어서는 안 된다. 바울은 이 문제를 "믿음이 연약한 자"의 문제라고 분명히 말한다. 믿음이 강하거나 약하다는 것은 그들의 믿음 자체의 강도나 양의 문제가 아니다. 단지 믿음을 가졌을 때, 이 믿음 때문에 겪게 되는 특정한 행위에 대한 제한과 포용, 허용과 금지의 문제이다. 예를 들어, 유대인으로 태어나 이교도적인 환경에서 자란 사람이 믿는 자로서 고기를 먹거나 포도주를 먹는 문제에 대해 지금까지 관행을 버릴 것인가 질문할 수 있다. 따라서 로마 교회 문제는 복합적이다.

여기서 약한 자들은 유대인 그리스도인들일 가능성이 높고, 그들은 실제로 교회 내에서 수적으로나 영향력 면에서 약했다. 왜냐하면 클라우디우스 칙령 때문에 교회의 리더쉽에 큰 변화가 있었기 때문이다. 전에는 유대인 그리스도인이 이방인 그리스도인에 비해 다수였고 리더쉽을 가지고 있었기 때문에 이방인 그리스도인들을 배려해야 했지만, 바

---

[244] Cf. Moo, *Encountering the Book of Romans*, 180-181.

울이 로마서를 쓸 당시에는 상황이 역전되어 유대인 그리스도인이 이방인 그리스도인에 비해 소수가 되었다. 즉 다수의 이방인 그리스도인들이 소수의 유대인 그리스도인과 함께 신앙 생활을 해야 했던 것이다. 전에는 유대인 그리스도인들은 그들의 자유가 침해받지 않았다. 왜냐하면 유대인 그리스도인들이 다수였기 때문이다. 하지만 지금은 이방인 그리스도인들이 다수이므로 특별히 말을 하지 않더라도 생각과 행동만으로 무언의 압력을 받는 것이다. 바울은 이런 상황에서 믿음이 약하고, 그들의 자유를 보호받을 수 없는 유대인 그리스도인을 이방인 그리스도인들이 받고 그들의 생각과 의견과 행동을 비판하지 말라고 한 것이다.

바울은 유대인 그리스도인들이 그들의 율법과 전통에 따라 경건하게 살아가는 것을 문제삼지 않는다. 바울이 반대하는 것은 그들의 습관과 전통을 절대화하여 유대인 그리스도인들이나 이방인 그리스도인들이 그 습관과 전통을 따르지 않는 것을 보고 비판하고 판단하는 행위이다.[245] 반대로 이방인 그리스도인들은 유대인 그리스도인들을 무시하지 말아야 한다. 이 둘은 모두 믿음을 따르지 않는 것이므로 새 시대 원리가 아니다. 유대인 그리스도인이든 이방인 그리스도인이든 모두 한 주인의 종이므로 각자 마음에 확정한 대로 주님을 섬기고 주님을 기쁘시게 해야 한다(롬 14:5-6).

이 문제를 오늘날 어떻게 적용할 것인가? 신자가 자신의 자유를 주장할 수 있는 영역에서, 다른 동료 신자의 믿음을 굳건하게 하고, 믿지 않는 자들의 선과 덕을 증진하기 위해, 자기 자유의 영역을 제한하는 일은 자주 발생한다. 예를 들어 보자.

---

245   Cf. Moo, *Encountering the Book of Romans*, 181.

1.	유교 집안에서 태어나	조상들에게 절을 할 수 있는가?
2.		제사한 음식을 먹을 수 있는가?
3.	부모나 스승에게 공경의 표시로 절을 할 수 있는가?	
4.	그리스도인으로서	담배를 피울 수 있는가?
5.		술을 마실 수 있는가?
6.	회사의 회식자리에 참여한 후 음주, 그 후 일정을 어떻게 할 것인가?	
7.	주일에	공부나 일을 하거나 시험을 볼 수 있는가?
8.		무엇을 사 먹어도 되는가?

이러한 일들에 대하여 할 수 있다 없다 의견이 나뉠 것이다. 둘 다 성경적인 근거가 있기 때문에 어느 것이 옳고 어느 것이 그르다고 말하는 것이 쉽지 않다. 예를 들어, 성경에서 주일은 안식일의 완성으로 창조와 재창조의 구조라고 할 수 있다. 따라서 완성과 안식의 원리가 주일의 핵심 내용이다. 안식일이 하나님이 행하신 창조의 완성과 구별하신 안식을 실현하는 거룩한 날이듯이, 주일도 주님의 부활로 재창조가 완성되고 종말론적 안식을 미리 누리도록 하신 것이 틀림없다. 이런 점에서 그리스도인들의 주일 의식은 유대인의 안식일 의식의 깊이에 비해 아쉬움이 크다. 그리스도인은 묵상과 실천에 더욱 힘써야 한다. 주일에 예배와 쉼을 확보하고 종말에 주실 안식을 묵상해야 한다. 이것이 종말론적 하나님 나라에 참여하고 누리는 길이다. 반면 주님은 안식일에 일하셨다. "하나님이 일하시니 나도 일한다"(요 5:17)고 말씀하셨다. 안식일에 육신적 영적 고통 가운데 있는 사람들을 해방해 주고 복음을 전하는 일을 안식일에 문자적으로 육체적으로 쉬는 것보다 우위에 두셨다. 따라서 안식일에 생명을 살리는 일, 복음을 전하는 일, 이웃을 섬기는 일을 할 수 있다. 예컨대 목사나 선교사, 의사나 간호사와 같이 육적, 영적 생명을 돌보는 소명을 받은 사람이 문자적으로 쉬어야 한다는 이유로 자신의 일을 등한히 한다면, 그것은 주일을 거룩하게 지키는 것이 아니라 도리어 하나님의 영광을 가리는 일이 될 것이다.

문제는 행동이 아니라 동기와 의식, 목표이다. 바울이 말한 대로 주일에 일하지 않는 자도 "주를 위하여" 해야 할 것이고, 주일에 일하는 자도 "주를 위해" 해야 한다(롬 14:6). 하나님이 우리 자신과 우리의 쉼과 일, 묵상과 섬김을 통해 하늘 안식을 실현하고 있는 현장을 의식해야 한다. 이렇게 하여 하나님께 감사하고 영광을 돌려야 한다. 따라서 주일에 일하는 사람은 일하지 않는 사람을 판단하지 말고, 쉬는 사람은 일하는 사람을 무시하지 말아야 한다. 우리 중 아무도 자기를 위해 사는 자가 없고 자기를 위해 죽는 자도 없다. 우리는 살아도 주를 위해 살고 죽어도 주를 위해 죽으므로 사나 죽으나 주의 종이다. 따라서 각각 믿음대로, 마음에 확정한 대로 주님을 섬기고 주님을 기쁘시게 해야 한다(롬 14:5-8).

지금까지 로마 교회의 특성과 로마서의 저작 동기, 목적, 내용을 살펴보았다. 이제 바울이 고린도 교회에 보낸 첫 번째 편지를 살펴보자.

4장
고린도전서

1. 고린도전서의 저작 동기와 목적

1.1 저작 동기

바울이 고린도전서를 쓰게 된 동기는 크게 두 가지로 생각할 수 있다. 첫째는 바울에게 전달된 고린도 교회에 대한 소식이다. 이 소식은 두 가지 경로를 통해 에베소에 있는 바울에게 도착했는데, 먼저 인편을 통해서다.

> **고전 1:10-11** 형제들아 내가 우리 주 예수 그리스도의 이름으로 너희를 권하노니 모두가 같은 말을 하고 너희 가운데 분쟁이 없이 같은 마음과 같은 뜻으로 온전히 합하라. [11] 내 형제들아, 글로에의 집 편으로부터(ὑπὸ τῶν Χλόης) 너희에게 대한 말이 들리니 곧 너희 가운데 분쟁이 있다는 것이라.

다음으로 "들음"을 통해서였는데, 누가 이 소식을 전했는지 전달자는 나타나 있지 않다.

고전 5:1 너희 중에 심지어 음행이 있다 함을 들으니 그런 음행은 이방인 중에서도 없는 것이라. 누가 그 아버지의 아내를 취하였다 하는도다.

고전 6:1 너희 중에 누가 다른 이와 더불어 다툼이 있는데(τολμᾷ τις ὑμῶν...), 구태여 불의한 자들 앞에서 고발하고 성도 앞에서 하지 아니하느냐?

여기서 "글로에 이들에 의해서"라는 표현은 "글로에에 속한 사람들"이거나 "글로에의 종들 또는 동업자들"을 가리킬 수도 있다.[246]

인편 정보를 통해 추측해 볼 때, 바울의 지도력에 불만을 품은 사람들이 있었을 가능성이 있다(cf. 고전 4:3, 15; 9:1-2).

바울이 고린도 교회에 음행과 이방인 재판장 앞에서 소송이 있다는 소식을 글로에의 집 편이었는지(고전 1:11), "스데바나, 브드나도, 아가이고"로부터였는지(고전 16:17),[247] 아니면 그 외에 다른 경로를 통해서 들었는지 확실하지 않다.

둘째는 고린도 교회가 바울에게 서신으로 여러 가지 중요한 신학적 이슈에 관하여 문의한 것이다.

고전 7:1 너희가 쓴 편지[248]에 대하여 말하면 남자가 여자를 가까

---

246 그러면 톤(τῶν)이 중성복수일 수는 없는가? 만일 그렇다면, "글로에의 것들," 예를 들면, 글로에의 편지들이나 다른 통신수단을 가리킬 것이다. 하지만 여기서 톤을 사물의 복수라고 보기 어렵다. 만일 "수단"을 표시하고자 했다면, 디아(διά)를 썼을 것이다. Cf. 살후 2:2 μήτε διὰ πνεύματος μήτε διὰ λόγου μήτε δι᾽ ἐπιστολῆς ὡς δι᾽ ἡμῶν.

247 D. A. Carson and D. J. Moo, *An Introduction to the New Testament*, 2nd ed. (Grand Rapids: Zondervan, 2005), 416 [473].

248 원문에는 편지라는 말이 나타나지 않으나(περὶ ὧν ἐγράψατε) 편지형태였을 가

이 아니함이 좋으나 …

여기서 바울은 음행, 결혼, 우상제물, 공예배, 부활 등 여러 신학적 이슈를 다룬다. 특히 부활에 관한 질문이 있었는데, 고린도 교회 내에 몸의 부활을 부인하는 사람들이 있었던 것으로 보인다. 바울이 논증에서 취하는 질문들을 통해 추측할 수 있다.

> **고전 15:12** 너희 중에서 어떤 사람들은 어찌하여 죽은 자 가운데서 부활이 없다 하느냐?
> **고전 15:35** 누가 묻기를 죽은 자들이 어떻게 살아나며 어떠한 몸으로 오느냐?

고린도 교회의 이 공식문의는 아마도 "스데바나, 브드나도, 아가이고"(Stephanus, Fortunatus, Achaicus; 고전 16:17)를 통해 바울에게 전달되었을 것이다.

셋째, 교회 앞에서 서로에 대한 사랑의 부족으로 카리스마적인 은사들에 지나치게 심취하는 문제가 있었다. 이것은 인편이나 소식으로 얻은 정보가 아니었다. 그렇지만 바울은 이에 대해 고린도전서 11:1-14:40에서 심도 있게 다룬다. 바울과 디모데, 다른 바울 동역자들이 공통적으로 느낀 미성숙한 부분이었던 것으로 보인다.

능성이 가장 높다.

1.2 저작 목적

바울은 이 소식을 듣자마자 편지(고린도전서)를 써서 디모데를 통해 급히 보낸다(고전 4:17, 16:10). 그러므로 이 편지는 고린도 교회의 잘못을 바로잡고 신학적 문제들에 관한 실제적인 지침을 주기 위한 것이다.

2. 고린도전서 구조 및 개요

2.1 고린도전서 구조

바울은 고린도전서에서 당시 그리스 편지의 전형적인 형식을 따르고 있다. 편지의 몸체에서 다루어지고 있는 주제들은 얼핏 보면 "관련이 없는 다양한 주제들이 엉성한 연결 속에서 다루어지고 있는" 것 같이 보이나, 고린도 교회 분열 및 여러 문제, 교회의 문의 등에 대한 "통일된 대답"이 주어지고 있다.[249]

고린도전서는 크게 두 부분으로 나뉜다. 첫 번째 부분은 고린도전서 1-6장이다. 여기서 바울은 자신이 들은 소식에 반응하며 분쟁, 음행, 소송 등 주제를 다룬다. 두 번째 부분은 7-15장이다. 여기서 바울은 고린도 교회가 보낸 문의에 대해 대답하며, 결혼, 사도권, 우상제물, 공중예배, 부활 등 주제를 다룬다.

---

[249] Cf. Marshall, *New Testament Theology*, 252.

구분	주제	고린도전서
1. 소식을 들음	1) 분쟁	1:10-4:21
	2) 음행	5:1-13, 6:12-20
	3) 소송	6:1-11
2. 문의를 받음	1) 결혼	7:1-40
	2) 우상제물과 사도권, 이스라엘	8:1-11:1
	3) 공중예배	11:2-14:40
	4) 부활	15:1-58

바울은 1-6장에서 분쟁, 소송, 음행 문제를 다룬 후 7장에서 결혼 문제에 대한 논의를 한다. 그 다음 8장에서 우상제물 문제로 넘어간다. 이때 우상에게 바쳐진 제물을 먹느냐 먹지 않느냐 문제에서 사도권, 역사적 예("이스라엘")를 다룬 후 다시 이방신전 예배를 피하는 문제로 돌아온다.

바울은 8장에서 우상제물 문제를 다룬 후에 9장에서 자신의 사도권에 대하여 변증한다. 사도권 변증은 문맥에 맞지 않는 것처럼 보인다. 왜냐하면 이 변증 후에 다시 우상제물 주제가 등장하기 때문이다. 이 단락을 따로 떼어 생각하면 사도권 변증이다. 하지만 고린도전서 7장에서 10장까지 전체 문맥에서 살펴보면, 사도 바울이 사도에게 주어진 권리를 다 사용하지 않은 것은 자유 포기의 예이다. 또 그 다음 단락에 나오는 이스라엘의 원망과 간음은 자유 포기의 반대 예라고 볼 수 있다.

바울은 10장에서 갑자기 이스라엘을 예로 든다. 이것은 어떤 예인가? 고린도 교인들과 같이 구원받고 신령한 음식과 음료를 먹었다. 하지만 이스라엘은 실패했다. 그러나 우리는 간음하지 말자! 원망하지 말자!(고전 10:1-13) 이것은 고린도 교인들에 대한 엄중한 경고이다. 왜냐하면 그들도 이스라엘처럼 원망하고 간음하고 있기 때문이다.

2.2 고린도전서 개요

| | 수사학적 요소 |

1. 편지시작말(고전 1:1-9) — 서론(*exordium*)
   1) 송신자
      (1) 바울(1:1a)
         A. 그리스도 예수의 사도로 부르심을 받음(1:1aa)
         B. 하나님의 뜻을 통해(1:1ab)
      (2) 형제 소스테네(1:1b)
   2) 수신자: 고린도 교회에 있는 하나님의 교회(1:2a)
      A. 그리스도 예수 안에서 거룩하여진 이들(1:2ba)
      B. 성도라 일컬어지는 이들(1:2bb)
      C. 각 처에서 우리 주 곧 그들과 우리의 주 예수 그리스도의 이름을 부르는 모든 자(1:2bc)
   3) 문안(1:3)
      (1) 내용: 은혜와 평화
      (2) 근원: 하나님 우리 아버지와 주 예수 그리스도
   4) 감사(1:4-9) — 감사(*eucharistia*)
      (1) 대상: 하나님(1:3)
      (2) 이유: 하나님이 그리스도안에서 고린도 교회에 베푸신 은혜(1:4-9)

2. 편지본말(고전 1:10-16:12)
   1) 글로에의 집 편으로부터 소식(1:10-4:21)
      (1) 분쟁하지 말고 같은 마음과 뜻으로 연합하라(1:10) — 주제제시 (*propositio*)
      (2) 고린도 교회 상황 묘사(1:11-17) — 사실진술 (*narratio*)
      (3) 교회의 분쟁과 교만(1:18-4:21) — 증명(*probatio*)
   2) 구두소식(5:1-6:20) — 권면(*exhortatio*)
      (1) 심지어 음행이 있다는 소식을 들음(5:1-13)
      (2) 이방 재판정 앞에 소송(6:1-11)

(3) '몸' 문제. 음식; 창기와 합하는 것(6:12-20)
3) 고린도 교회의 문의(7:1-16:12)
  (1) 결혼(7:1-40)
    A. 결혼 일반: 사람이 결혼하지 않은 것이 좋으나 이것은 명령이 아니라 허락이라. 나는 모든 사람이 나 같기를 원하노라(7:1-7)
    B. 결혼하지 않은 자와 과부: 나와 같이 그냥 지내는 것이 좋으니라(7:8-9)
    C. 결혼한 자: 허락이 아니라 명령이라! 이혼하지 말라. 이혼하면 혼자 지내든지 다시 그 남편과 합하라! (7:10)
    D. 나머지 사람들(7:11-24)
      a. 믿는 남편과 믿지 않는 아내: 아내를 버리지 말라(7:12)
      b. 믿지 않는 남편과 믿는 아내: 남편을 버리지 말라(7:13-14)
      c. 믿지 않는 측(남편, 아내)이 이혼하고자 한다면, 이혼하게 하라. 신자가 이런 일에 구애되지 않는다(7:15). [그렇지 않으면 버리지 말라]. 믿는 남편 또는 아내가 믿지 않는 남편 또는 아내를 구원할지 모른다(7:16). 그러므로 부르심을 받은 대로 지내라(17-24)
    E. 처녀에 관하여(cf. B; 과부를 제외하고 처녀만 따로 다룸; 7:25-35)
      a. 환란 때문에 그대로 지내는 것이 좋으니라(7:26)
      b. 임박한 환란하에서 삶: 있는 자는 없는 것처럼, 사용할 수 있는 자는 없는 것처럼 지내라 … 너희로 하여금 이치에 합당하게 흐트러짐 없이 주를 섬기게 하려 함이라 (7:27-35).
    F. 약혼녀에 관하여(7:36-39)
      a. 결혼하는 것: 좋은 일(7:36)
      b. 결혼하지 않는 것: 더 좋은 일! (7:37-39)
    G. 결론: 그러나 내 뜻에는 그냥 지내는 것이 더욱 복이 있으리로다. 나도 또한 하나님의 영을 받은 줄로 생각하노라(7:40)
  (2) 우상 제물과 사도권(8:1-11:1)
    A. 우상제물을 먹는 일(8:1-13)
    B. 사도권(9:1-27)

  C. 이스라엘의 예(10:1-13)
  D. 이방 신전의 예배를 피함(10:14-11:1)
 (3) 공중 예배, 애찬/성찬, 성령의 은사(11:2-14:40)
  A. 여자가 머리에 두건을 쓰는 문제(11:2-16)
  B. 애찬/성찬의 남용 문제(11:17-34)
  C. 성령의 은사 분배와 활용(12:1-14:40)
 (4) 부활(15:1-58)
  A. 서론(15:1-11)   『서론』
   a. 복음의 요체(15:1)
   b. 구원 약속의 핵심(15:2)
   c. 성경에 따름(15:3-4)
   d. 다중 목격증인(15:5-10)   『사실진술』
   e. 사도들의 보편적이고 일반적인 전파 내용(15:11) 『주제제시』
  B. 논증(15:12-57)   『증명』
   a. 부활에 대한 원칙적 부정과 바울의 반박(15:12-34)
    i. 주장1: 죽은 자 가운데서 부활이 없다! (15:12a)
    ii. 부활의 실제성과 의미(15:12b-19)
     i) 죽은 자의 부활이 없다면⋯ (15:12-15a)
     ii) 하나님이 그리스도를 부활시키지
      않으셨다면⋯(15:15b-19)
    iii. 부활과 그리스도의 통치(15:20-28)
    iv. 부활과 "죽은 자를 위한 세례," 종말론적 현재
     (15:29-34)
   b. 부활체에 대한 의심과 바울의 증거(15:35-57)
    i. 주장2: 죽은 자들이 부활할 어떠한 몸으로 오느냐?
     (15:35a)
    ii. 부활체의 본질과 영광(15:35b-49)
     i) 부활체의 본질(15:35-41)
     ii) 부활체의 영광(15:42-49)
    iii. 부활과 하나님의 나라(15:50-57)
  C. 권면: 견실하며 흔들리지 말고 항상 주의 일에 힘쓰는 『권면』
   자들이 되라(15:58)
(5) 연보(16:1-4)
(6) 아볼로 방문(16:12)

3. 편지맺음말(고전 16:13-18)					결론(*peroratio*)
　1) 마지막 권면(16:13-18)					권면(*exhortatio*)
　2) 문안인사(16:19-24)

3. 고린도전서 내용

3.1 감사(고전 1:4-9)

바울은 고린도 교회에 풍성하게 된 은사(χαρίσματα) 때문에 감사한다. 이것은 언변과 지식(λόγος καὶ γνῶσις)으로 구성되어 있는데(1:5), 이로써 그리스도의 증거가 교회 안에 견고하게 되었다(1:6). 그래서 나타난 결과는 무엇인가? 고린도 교인들이 "그리스도의 최종 나타나심"(재림)을 기다리는 것이다(1:7). 바울은 교회의 영광스러운 지위에 대하여 확신하고 있다.

> **고전 1:8** 주께서 너희를 우리 주 예수 그리스도의 날에 책망할 것이 없는 자로 끝까지 견고하게 하시리라.

이 종말의식은 새 시대의 여명이 열리고 그 안에서 이루어지는 은혜의 통치에 참여하고 누리고 있는 신자들의 믿음의 핵심이다. 고린도전서를 비롯한 바울서신 전체에서 십자가 신학이 중요한 위치를 차지하는 것은 사실이다.[250] 그러나 바울이 편지 서두에서 모든 것을, 그리스도

---

[250] 그리스도의 다시 오심 사상과 십자가 신학을 서로 대립적으로 보는 것은 옳지 않다. Cf. Marshall, *New Testament Theology*, 267: "이것은 복음의 중심이 예수의 파루시아, 곧 이 서신 마지막에서 기도하는 주의 다시 오심("마라나타")이 아니라는 것을 함의한다. 아주 초기의 그리스도인들이 예수의 임박한 재림에 초점을 맞추었다가 뒤에 하나님의 시간 계획이 그것보다 더 늘어진다는 것을 인식했다는 것이 사실이든 아니든, 바울의 복음은 예수가 다시 오신다는 예언이 아니었음이 확실하다. 미래의 재림은 그 자체로서 구원의 사건이 아니다. 바울의 관심은 이미 발생한 일, 곧 예수의 죽음과 부활에 맞춰져 있다." 여기서 "미래 재림이 구원사건이 아니다"는 주장에서 "구원"이 최종 구원을 의미한다면, 이 말은 완전히 틀린 말이 되고, 만일 구원사건 중 하나가 아니라는 뜻이라 해도, 매우 위험하다. 십자가와 부활은 죄와 악과 사망을 정복했다는 점에서 구원의 시작이다. 그러나 죄와 악과 사단과 마귀와 불의와 어둠과 질병과 고통이 종식되고 진멸되며, 온전한 평화와 하나님의 통치를 누리는 그 최종 완성은 그리스도 재림을 통해 이루어진다.

인의 '현재' 자체를 종말과 완성의 관점 아래 둘 것을 강조하는 점을 잊어서는 안 된다. 편견 없이 관찰할 때, 고린도전서는 종말을 강조하면서 그 완성을 내다보면서 시작하고(고전 1:7-9), 주님의 재림을 간절히 고대하는 외침, "마라나타"(μαράνα θά)![251] 로 마친다고 볼 수 있다(고전 16:22).[252]

또한 바울의 모든 논의는 종말적 의식이 기초요 출발점이 되고 있다. 복음의 일꾼들을 판단하는 문제를 논할 때, 바울은 "그러므로 때가 이르기 전 곧 주께서 오시기까지 아무것도 판단하지 말라"(고전 4:5)고 말한다. 처녀에 관해 그가 결혼해야 하는지 논할 때도 "임박한 환난으로 말미암아 사람이 그냥 지내는 것이 좋으니라"(7:26)고 하며, 나아가 세상의 가치를 상대화해야만 한다고 말한다. "때가 단축하여졌기" 때문이다(7:29). 나아가 "각자의 작품을 밝히리니 그 날이 드러내리라"(고전 3:13)고 하면서 사도들과 복음전도자 그리스도인들이 일생 동안 행한 일에 대한 평가할 날이 있음을 강조한다.

3.2 분쟁(고전 1:10-4:21)

3.2.1 고린도 교회의 상황(고전 1:10-17)

바울은 고린도 교인들에게 먼저 "모두가 같은 말을 하고, … 같은 마음과 같은 뜻으로 온전히 합하라"(1:10)고 그리스도의 이름으로 권면한다. 그리고 글로에의 집편으로부터 들은 소식을 고린도 교인들의 눈 앞에

---

251 μαράνα θά ℵ⁴⁶ A B* C D*. 이것은 אֲתָה מָרָנָא 을 음역한 것이다. אֲתָה는 imper. v. אתה "unser Herr, komm!"; μαράν άθά B² D² 이것은 אֲתָה מָרָן 를 음역한 것이다. "unser Herr kommt." cf. Bill. III 493-494. *מָרְאָ Herr. G. Dalman, *Aramäisch-Neuhebräisches Handwörterbuch zu Targum, Talmud und Midrasch* (Hildesheim: Olms, 1967), 251.

252 따라서 고린도전서는 그리스도의 재림으로 인클루시오(*inclusio*)를 이룬다.

제시함으로써 그들의 모습을 직접 보게 한다.

> 나는 바울 추종자다
> 나는 아볼로에게 속했다
> 나는 게바를 따른다
> 나는 그리스도 파다

이 중 바울은 자신을 추종한다는 사람들의 예를 들어 모두를 비판한다. 그리스도의 교회에서 어떤 사람을 다른 형제 위에 두려는 생각은 그리스도의 십자가와 세례를 부인하는 것이 된다(1:13). 그리고 바울은 그리스도께 받은 자신의 직무가 "세례를 베푸는 것"이 아니요, "오직 복음을 전하는 것"이라 말한다(1:16). 그런데 이 복음은 사람의 지혜를 수단으로 사용하지 않고 그리스도의 십자가에 토대를 둔 것이다(1:17).

3.2.2 바울이 전한 복음(고전 1:18-2:5)

바울은 자신이 전하고 고린도 교회가 받은 복음이 그리스도의 십자가만을 내용으로 한다는 것을 설명한다. 그런데 그는 십자가를 소개할 때 말의 지혜와 십자가의 도를 대조하면서 논증한다. 십자가의 도는 역설적인 것으로 "멸망받는 자들에게는 미련한 것이요, 구원받은 이들에게는 하나님의 능력이 된다"(1:18-19). 그리고 이 대조의 양극단 중 독자들이 어디에 처해 있었는지, 이제 어디에 속할 것인지를 묻는다. 그들 중에 지혜자도, 학자도, 수사학자도 없었다. 그러나 하나님은 로마 원로원에 진출할 수 있는 그런 배경을 가진 사람들이 아니라 세상의 천하고 미련하고 약한 이들(고린도인들)을 불러서 귀하고, 지혜롭고, 강하고, 부한 이들을 부끄럽게 하려 하셨다(1:20-30).

바울이 처음 고린도에 도착하여 십자가 복음을 전할 때는 어떠했는가? 그는 능변과 지혜로 복음을 전하지 않았다. 다만 예수 그리스도의 인격과 십자가 사역을 전하였을 뿐이다. 그러나 이 말을 반지성주의 또는 신령주의로 오해해서는 안 된다. 바울이 고린도에서 일할 때는 약 AD 51-52이다. 만일 바울이 회심한 시기가 AD 33-36이었다면, 회심한지 15년이 지난 시기이다. 이 시기 사도 바울은 3주(3번의 회당설교)면, 복음의 본질적인 내용을 전할 수 있었다(cf. 행 17:3). 여기서 "능변과 지혜로 복음을 전하지 않았다"는 것은 자신이 헬라 철학자들이나 수사학자들과 같이 설득을 내용보다 앞세우거나 본질적인 요소로 보지 않았으며, 나아가 설득에 의지하지 않았다는 말이다. 오직 십자가의 종말론적 내용만을 전하고, 그 안에서 역사하는 하나님만을 의지했다는 뜻이다. 따라서 바울 복음은 능변과 지혜가 아닌 성령의 현시와 능력의 역사를 통해 이루어졌다. 그 이유는 "너희 믿음이 사람의 지혜에 있지 않고 다만 하나님의 능력에 있게 하려 했기" 때문이다(2:1-5).

3.2.3 바울이 전한 지혜(고전 2:6-16)

십자가 복음에는 전혀 지혜가 없는가? 그렇지 않다. 바울과 바울의 동역자들은 "온전한 사람들 가운데서는 지혜를 말하였다"(2:6). 그러나 그 지혜는 사람의 지혜가 아닌 하나님의 지혜이다. 이 지혜는 이전 시대에는 감추어졌던 것인데, 이제 마지막 때에 교회에 나타난 것으로, 세상의 통치자들에게는 이해가 되지 않는 것이다. 그래서 그들은 이 지혜를 추구하지 않는다. 즉 로마 원로원에 진출하려고 하는 사람들, 권력을 획득하려고 하는 사람들은 전혀 신경 쓰지 않는 지혜이다. 바울은 그런 지혜로 사람들에게 다가간 것이다.

이 지혜의 근원은 성령이다. 따라서 성령을 통해 계시한 것이며, 종말론적으로 그리스도의 십자가에서 나타난 것이다. 따라서 성령을 받지 않은 사람들과 성령의 인도하심을 받지 않는 사람들(2:13), 즉 육에 속한 자들(2:14)은 이 지혜를 인식하지 못할 뿐 아니라, 그것이 지혜인지도 분별하지 못한다(2:10-16).

지금까지 바울은 고린도 교회 내의 분쟁 문제를 다루었다. 분쟁이 그리스도의 십자가와 하나님의 부르심, 성령의 나타나심과 얼마나 어울리지 않는 일인지 진술했다. 그러면서 바울은 한 걸음 더 들어가 고린도 교인들이 복음 사역자들의 본질을 근본적으로 오해하고 있다는 점을 지적한다.[253]

바울은 고린도전서 3장과 4장에서는 이 분쟁 주제의 또 다른 차원을 보여준다. 고린도 교회의 분쟁은 단순히 말싸움이 아니라 시기, 자랑, 다툼, 교만과 관련이 있다. 바울은 이 문제를 먼저 바울과 바나바와 게바가 하나님 나라에서 어떤 존재인지 설명하고, 다음으로 고린도 교인들이 신자요 그리스도인 됨의 본질(하나님의 교회)이 무엇인지 제시함으로써 해결하고자 한다. 이 과정에서 바울이 사용한 논증 구조는 다음과 같다.

		고린도전서
1.	분쟁	1:10
2.	시기와 분쟁	3:3
3.	하나님의 전	3:16-17

바울은 이 문제를 해결해 나갈 때, 하강심화구조를 사용한 것이다. 즉 먼저 분쟁이 있다는 점을 알리고, 다음으로 고린도전서 3장에서 분쟁과 시기의 관계를 다룬 후, 분쟁이 그리스도 복음에 합당치 않다는 것을 말한 것이다.

이제 분쟁과 시기 문제에 시선을 집중해 보자. 고린도 교회의 분쟁은

---

253 Cf. Carson/Moo, *Introduction*, 415.

시기와 관련이 있다. 바울은 이 문제를 다룬 후 다시 3:3에서 본 주제인 분열과 분쟁(cf. 1:11-15)으로 돌아온다.

3.2.4 분쟁과 시기(고전 3:1-23)

바울은 분쟁이 있는 고린도 교회를 "어린아이와 같고"(3:1) 아직 "육신에 속한 자"(3:3)라고 지적한다. 바울이나 아볼로를 서로 우열을 가리고 자신이 더 높은 사람에게 속하였다고 주장하면서 서로 "시기하고 분쟁을 일으키는 것은" 교회를 위한 사역자들이 일정한 역할을 맡아 그것을 수행하는 종일뿐이요, 단지 하나님의 동역자임을 깨닫지 못한 결과이다. 중요한 것은 씨 뿌리는 자가 아니라 자라게 하시는 하나님이요, 건축가가 아니라 하나님의 집인 교회, 즉 고린도 교인들이다(3:9). 이 사실을 인식하는 것이 시급하고 필요하다. 어떤 사람이 바울이나 아볼로, 베드로에게 속하였다는 사실과 심지어 그리스도께 속하였다는 사실에 근거하여 자신들이 다른 사도들보다 더 높은 위치에 있다고 생각하는 것은 착각이요 잘못이다.

바울은 교회 사역자들의 일을 다시 종말론적 관점에서 설명한다(3:10-17). 그리고 다시 고린도전서 3:9의 주제를 이어받아 적용한다.

> **고전 3:21-23** 그러므로 누구든지 사람을 자랑하지 말라. 만물이 다 너희 것임이라. 바울이나 아볼로나 게바나 세상이나 생명이나 사망이나 지금 것이나 장래 것이나 다 너희의 것이요, 너희는 그리스도의 것이요 그리스도는 하나님의 것이니라.

바울이 볼 때, "분쟁"과 그 배후의 "시기"는 매우 악한 것으로 심판의 대상이다. 하나님의 전을 무너뜨리는 일이기 때문이다(3:16-23). 그렇다면 하나님의 전을 무너뜨린다는 것은 무엇을 가리키는가? 분쟁과 시기 뒤에는 그 주동자의 교만이 있다. 그는 자신을 지혜롭다고 생각한다(3:18-19). 그리고 사람을 자랑한다(3:21). 그런데 그는 바울이나 아볼로, 게바, 그리스도를 자랑하지만 그 일은 교인들을 나누고 그리스도의 몸의 하나됨을 파괴한다. 이 일은 마치 건물의 기둥과 벽돌을 본래 자리에서 빼내어 옮기는 것과 같다. 결국 건물을 무너뜨리게 된다. 또 머리의 통제를 받지 않을 뿐만 아니라 다른 지체와 서로 반목하므로 몸의 하나됨을 해친다.

3.2.5 분쟁과 교만(고전 4:1-21)

분쟁과 시기 뒤에는 서로 대적하여 교만한 마음을 갖는 일이 있었다. 사람이 바울이나 아볼로나 게바나 "그리스도의 일꾼이요 하나님의 비밀을 맡은 자로 생각하는 것"이 마땅했지만(4:1), 고린도 교인들 중에는 자신을 남달리 구별하여 교만한 사람들이 있었다(4:6-7). 그들은 바울과 동역자들이 없이도 "왕이 되었다"(4:8).

4장 마지막 단락에서는 책망조를 조금 누그러뜨리고 바울이 편지를 쓰는 목적과 자신이 아비와 같이 고린도 교인들을 아낀다고 알린다(4:14-15). 그리고 이 때문에 디모데를 보낸다고 말한다(4:17). 그러나 디모데를 보낸다는 것은 바울이 친히 방문하지 않겠다는 뜻이 아니다. 그는 여기서 자신의 목소리를 다시 엄한 어조로 바꾼다.

> 고전 4:19-20 주께서 허락하시면 내가 너희에게 친히 나아가서 교만한 자들의 말이 아니라 오직 그 능력을 알아보겠으니 하나님의 나라는 말에 있지 않고 오직 능력에 있음이라.

고린도 교회의 분쟁 문제는 단순히 다투는 문제가 아니다. 그 뒤에 시기, 자랑, 다툼, 교만 등과 연결된 문제다. 나아가 그리스도의 십자가라는 복음의 본질, 신자가 하나님의 교회라는 사실을 그들의 믿음과 연합하지 못한 상태를 나타낸다.

고린도 교인들이 이런 총체적인 문제에 빠진 것은 고린도라는 지역의 특성과 고린도인들의 성격과 연관이 있다. 고린도에는 카리스마적인 철학자와 수사학자들이 돌아다녔고 자기 제자들을 모아 학파를 세웠다. 이들이 고린도 교인들 주변에 항상 있었던 것이다. 고린도 교인들은 그들 중 하나와 자신을 일치시키고 서로 이론 경쟁을 벌였고, 이러한 문화를 교회 안으로 끌고 들어와서 복음 사역자들을 마치 이들 철학자나 수사학자들 중 하나와 같다고 생각한 것이다. 이것은 그 자체로 그리스도와 그리스도의 사도들에 대한 엄청난 모독이다. 그러므로 바울은 말한다.

> **고전 3:3** 너희는 아직도 육신에 속한 자로다. 너희 가운데 시기와 분쟁이 있으니, 어찌 육신에 속하여 사람을 따라 행함이 아니리요?

"육신에 속한 자"란 무엇을 가리키는가? 아직 옛 질서 속에 사는 자를 말한다. 성령의 인도함을 받는 새 시대 사람이 아니라 아직 옛 질서, 즉 그리스도의 십자가 이전 세계의 지배원리였던 육신의 지배를 받는 사람들이라는 뜻이다. 이들은 구원은 받았으나 아직도 육의 지배를 받고 세상의 원리와 철학을 따라 살아가는 사람들이다. 구원받은 후 공존 시대를 살아갈 때 육을 죽이고 새 시대 원리를 따라야 한다는 인식이 부족하거나 없는 사람들이다.

이것은 고린도 교회만의 문제가 아니다. 만일 그리스도의 십자가와 교회의 본질을 깊이 이해하지 않고, 그리스도인들이 복음을 깨닫고 성숙하여 은혜의 비밀을 갖지 못한다면, 언제든지 어디서나 일어나는 일이다.

한국교회와 우리도 예외가 아니다. 물론 고린도 교회와 같은 양상은 아닐 것이다. 하지만 한국교회에서 원로목사와 담임목사를 중심으로 계파를 이루거나 교인들이 사회적 지위나 부에 따라 심정적으로, 실제적으로 파벌을 이루며 이렇게 말할 수 있다.

　　나는 원로목사파다
　　나는 담임목사를 지지한다
　　나는 어느 장로, 어느 교수, 어느 사업가 편이다

이런 일이 일어나는 것이 현실이다. 그러면 이런 일이 왜 일어나는가? 이 일은 그리스도의 십자가와 하나님의 복음의 은혜가 작동하지 않기 때문에 발생한다. 이 현상의 심층에는 유교적이고 독재적인 계층구조가 있다. 이는 깊은 무의식에 자리잡고 있어서 실제로 이것이 반복음적이라는 사실을 인식하지도 못하는 경우가 많다. 이것이 문제이다.

　　다른 한편으로 자신이 그리스도의 몸이요, 하나님의 교회 회원이라는 높은 의식을 갖지 못하고, 교회 일을 몇몇 사람에게 맡기고, 자기는 '구원만 받겠다'는 샤머니즘적인 이기주의가 있다. 그리스도인 한사람 한사람은 하나님이 자기 아들을 주고 산 가장 존귀한 자들이다. 하나님이 이렇게 큰 값을 주고 그리스도의 몸을 이루게 하셨는데, 교회를 세우기 위해 헌신하지 않고, "나는 교회에 출석해서 또는 온라인으로 연결해서 말씀을 받고 위로만 받으면 된다"고 생각한다면 이것은 그리스도인에게 엄청난 불명예이다. 그러나 이것이 반교회적이라는 사실을 인식하지도 못할 때가 많다. 이것이 문제이다.

　　이 모든 것들은 고린도 교회의 "분쟁" 문제와 같은 맥락에 있다. 모두 십자가의 무한한 가치, 그 십자가로 이룬 구속의 무한한 깊이, 이 구속 안에서 하나님의 교회가 가진 무한히 숭고한 권위를 모두 세속적인 가치로 변질시키기 때문이다. 이것을 인식하지 못하기 때문에, 교인들은 자신들이 종말론적 새 시대에 살고 있다는 의식을 갖지 못하고, 십자가와 교회를 자신의 믿음과 통합시켜 이해하지 못한다. 따라서 복음의 빛에서 볼 때, 불의와 악과 어두움에 대한 거부감과 저항을 갖지 못한다. 마치 예레미야 시대와 같다.

> **렘 5:30-31** 이 땅에 무섭고 놀라운 일이 있도다. [31] 선지자들은 거짓을 예언하며 제사장들은 자기 권력으로 다스리며 내 백성은 그것을 좋게 여기니 마지막에는 너희가 어찌하려느냐?

예레미야 시대 이스라엘 사람들은 결국 포로로 끌려갔다. 그리고 그때서야 비로소 깨달았다. '약속의 땅에 있을 때 우리가 하나님을 모욕하고 하나님을 노엽게 했구나! 하나님을 두려워하지 않고 하나님의 뜻을 따르지 않았구나!'

신학생들 중에 단순히 먹고 살기 위해 목사가 되려는 사람이 있다. 그리스도의 십자가 복음이 마음에 없고, 부하게 살고 존경받기 위해 목사 자격증을 따려고 신학교에 들어온 사람이 있다. 이러한 목적으로 마지막 시대에 복음 사업에 들어왔다면 주소를 잘못 찾아온 것이다. 그렇게 할 수 있는 시대도 아니다. 혹 '훗날 존경받지 않겠는가' 생각하는 사람이 있을 수 있다. 성령께서 바울의 입을 통해 잘 말씀하셨다.

> **고전 4:9** 내가 생각하건대 하나님이 사도인 우리를 죽이기로 작정된 자 같이 끄트머리에 두셨으매 우리는 세계 곧 천사와 사람에게 구경거리가 되었노라!

그러니 마음을 고쳐먹고 돌아가야 한다. 역설적인 영광이 가슴에 없으면 죽은 일꾼이요 죽이는 사역자가 될 것이다. 반대로 복음을 알고 나를 구원해 주신 그리스도의 십자가를 내 중심에 두고, 내게 하나님이 주신 남은 생애에 이 역설적인 영광을 가득 채운 복된 삶을 살고 싶다면, 다르게 살아야 한다. 다르게 생각해야 한다. 하나님의 말씀을 중심에 두고 살아가야 한다. 그리고 거기에서 오는 위로가 참된 위로다. 세상의 부나 세상의 명예, 세상의 원리인 교만이나 시기, 분쟁과 여러 가지 속임수, 위선이 우리 영혼에 위로가 되는 일은 없다. 이것을 잘 기억하고 바울의 충고와 하나님의 말씀을 따라 자신의 삶을 되돌아보아야 한다.

3.3 음행 (고전 5:1-13; 6:12-20)

바울은 이제 음행 문제를 다룬다. 그런데 이 문제를 다루는 단락의 흐름이 낯설다. 바울은 고린도 교회에서 일어난 매우 악한 음행 사건을 언급한다. 다음으로 고린도 교회의 소송을 비판한다. 이 비판 후에 다시 "몸은 음란을 위해 있지 않다"고 말하면서 음행 문제로 돌아온다.

> **고전 5:1** 너희 중에 심지어 **음행**이 있다 함을 들으니, 그런 음행은 이방인 중에서도 없는 것이라, 누가 그 아버지의 아내를 취하였다 하는도다.
> **고전 6:1** 너희 중에 누가 다른 이와 더불어 다툼이 있는데 구태여 불의한 자들 앞에서 **고발**하고 성도 앞에서 하지 아니하느냐?
> **고전 6:12-13** 모든 것이 내게 가하나 다 유익한 것이 아니요 모든 것이 내게 가하나 내가 무엇에든지 얽매이지 아니하리라. [13] 음식은 배를 위하여 있고 배는 음식을 위하여 있으나 하나님은 이것 저것을 다 폐하시리라. 몸은 음란을 위하여 있지 않고 오직 주를 위하여 있으며 주는 몸을 위하여 계시느니라.

이러한 이야기의 전개는 논리적인 설명을 기대하는 독자에게 어려움을 안겨준다. 바울은 왜 이렇게 논증하는가? 음행 주제가 소송 주제 다음에 다시 이어지는 것은 무엇을 뜻하는가? 마샬은 이 두 주제, 즉 음행과 소송 문제가 관련이 있다고 보았다. 성적인 문제가 "탐욕과 속임이 신자들 사이에서 벌어지고 있는 것"과 관련 있다고 본 것이다.[254] 지금까지 세상 법정에 소송을 한 문제(6:1-11)와 그 전에 언급한 음행 문제(5:1-8)가 아무런 관련이 없다고 생각해왔다. 하지만 그렇지 않을 수 있다. 즉 이 세상 법정 앞에서 소송이 "어떤 사람이 아버지의 아내를 취하였다"는 것과 관련되거나 파생된 문제일 수 있다. 예를 들어, 아버지가 아내(첩)를 취하였는데, 아버지의 첩에게 재산이 있었고, 이 재산 때문에 아버지와 아들이 소송을 제기하는 경우일 가능성이 있다.

그러면 바울은 이 문제를 어떻게 다루는가? 바울의 생각은 선지자들의 견해와 정확히 일치한다. 선지자들은 이런 음행은 인간이 최악으로 타락했을 때 일어날 수 있는 일로 보았다. 신정국가 시대에 이런 일은 사람이 하나님을 잊어버리고 하나님을 전혀 의식하지 않을 때가 아니면 일어날 수 없는 일이다.

> **겔 22:11-12** 어떤 사람은 그 이웃의 아내와 가증한 일을 행하였으며 어떤 사람은 그의 며느리를 더럽혀 음행하였으며 네 가운데에 어떤 사람은 그 자매 곧 아버지의 딸과 관계하였으며, 네 가운데에 피를 흘리려고 뇌물을 받는 자도 있었으며 네가 변돈과 이자를 받았으며 이익을 탐하여 이웃을 속여 빼앗았으며 **나를 잊어버렸도다**! 주 여호와의 말씀이니라.
>
> **암 2:7** ... 아버지와 아들이 한 젊은 여인에게 다녀서 **내 거룩한 이름을 더럽혔도다.**

바울은 이런 음행의 문제를 어떻게 해결하는가? 그는 고린도 교인들의

---

[254] Marshall, *New Testament Theology*, 256.

신학적이고 교회론적인 정체성에 호소한다. 여기서 바울이 같은 모티브를 다른 주제에 적용한다.

		고린도전서
1. 분쟁	너희는 너희가 하나님의 성전인 것과 하나님의 성령이 너희 안에 계시는 것을 알지 못하느냐? [17] 누구든지 하나님의 성전을 더럽히면, 하나님이 그 사람을 멸하시리라. **하나님의 성전**은 거룩하니 너희도 그러하니라.	3:16-17
2. 음행	너희 몸은 너희가 하나님께로부터 받은 바 너희 가운데 계신 **성령의 전**인 줄을 알지 못하느냐? 너희는 너희 자신의 것이 아니라 [20] 값으로 산 것이 되었으니 그런즉 너희 몸으로 하나님께 영광을 돌리라.	6:19-20

여기서 바울이 같은 모티브를 전혀 다른 주제에 적용하고 있다는 점을 관찰할 수 있다. 고린도전서 3:16-17에서는 분쟁 문제를 몸과 성전이라는 깊은 신학적인 개념으로 해결했다. 그런데 이제 고린도전서 6:19-20에서는 음행 문제를 같은 몸과 성전 개념으로 해결한다. 이방인은 하나님을 떠나서 하나님 없이 산다. 몸으로 하나님께 영광을 돌리는 것과 아무런 상관이 없이 산다. 그런 이방인도 아버지의 아내를 취하는 일은 없다. 하물며 하나님의 자녀로 살고, 자기 몸으로 하나님께 영광을 돌리는 삶을 사는 것을 신앙과 삶의 규칙으로 알고 사는 그리스도인이 이런 음행을 저지를 수는 없다.

하지만 여기서 질문이 생긴다.

> 고린도 교인들은 유대인이 아니라 헬라인인데 구약의 법을 적용하는 것이 적합한가?

물론 바울은 지금 유대의 음행 문제가 아니고 헬라 세계의 음행 문제를 다루고 있다. 그래서 어떤 면에서 이상하게 보일 수도 있다. 고린도는 이방 세계이고 이방인의 기준으로 판단해야 하는 것 아닌가 생각할 수도 있다. 하지만 바울은 고린도 교인들을 이방인이 아니라 하나님의 백성으로 보고 하나님의 법을 그들에게 적용하고 있다.

바울이 이방인 그리스도인에게 이방인보다 근본적인 정체성에 근거하여 새로운 원리를 제시하는 경우는 이 외에도 더 있다. 예를 들어 몸의 부활 문제이다. 바울은 고린도전서 15장에서 "부활" 주제를 다룬다. 이때 부활체와 구속의 완성을 설명한다. 당시 고린도나 데살로니가 같은 지역은 헬라 철학이 지배하는 곳이었다. 따라서 몸 곧 물질을 악하게 보는 헬라 사상이 뿌리 깊고 광범위하게 퍼져 있었다. 그러나 바울은 이런 사상이 교회 안에 들어오고 교인들의 종말관이 되는 것을 용납하지 않았다. 부활이 없고 부활체, 즉 몸의 부활을 부인하는 것은 복음의 내용이 아니다. 만일 이방인이 그리스도를 믿는다면, 그들의 믿음은 그리스도의 십자가와 육체적 부활에 근거하게 된다. 따라서 그리스도인이라면 유대인이든 이방인이든 구약 성경이 증거한 부활에 참여하게 된다.

음행 문제도 마찬가지이다. 에스겔 22장과 아모스 7장, 레위기 18장과 신명기 27장은 이방인에게 널리 퍼져 있던 풍속을 가증하고 악하다고 말한다. 따라서 유대인들에게는 성과 거룩함을 이방인보다 더 강하게 규정하는 법이 있었다고 볼 수 있다. 그런데 바울은 헬라 세계에 속한 고린도 교회에, 하나님께서 유대인들에게 요구하시는 법을 적용했다고 볼 수 있다. 헬라 철학자들과 고린도 사람들은 바울이 제시한 법이 유대인들에게 해당하는 것이지 헬라인들인 자신들에게는 효력이 없다고 반론을 펼칠 수 있다. 이 반론에 대해 바울은 어떻게 대답할 것인가? 바울의 생각은 분명하다. 고린도 교회가 그들을 그리스도인이라고 고백한다면, 그들은 헬라인이기에 앞서 하나님의 백성이다. 즉 그들은 고린도인이기 전에 그리스도에게 속한 자들인 것이다. 수사학자들이 그들은 헬라인이라고 주장하고 헬라 세계의 법을 제시하며 계속해서 문란한 삶을 정당화할 수 있지만, 하나님은 고린도에 있는 그분의 백성을 위해서 아들을 희생하셨고 그리스도는 자기 몸을 십자가에 내놓으셨다. 그들을 값을 주고 사셨다. 그들의 영혼과 몸을 재창조하여 새로운 백성으로 만드셨다. 그러면 어떤 법이 우선인가? 바울이 고린도 교회 신자들에게 성경을 최종 권위로 제시한다는 것은 그가 그들을 이전과 전혀 다른 존재로 보고 있다는 증거이다.

따라서 이것은 바울이 단순히 유대인의 법을 헬라인에게 적용하는 차원이 아니다. 천지를 지으신 하나님이 그의 아들을 통해 재창조하신 새로운 세계의 법을 새로운 백성들에게 요구하신다. 바울은 이방인들(고린도인들)을 하나님의 백성으로 보고, 하나님의 법을 적용한다. 이것은 고린도 교회를 재창조 관점에서 보고 있다는 증거이다. 이것을 바꾸어 생각하면, 복음은 새 인류에게 주신 우주적인 법이다. 신자는 그런 영광 속에 지금 존재한다. 신자는 이 법에 따라 살고 있는 것이다.

3.4 소송(고전 6:1-11)

소송 문제는 일차적으로 앞 단락(5:1-13)의 음행 문제와 관련 있다. 왜냐하면 6:12-20에서 바울은 다시 음행 문제로 돌아와 논의를 이어가기 때문이다. 그렇다면 여기서 바울이 문제로 삼는 소송은 아버지와 아들이 한 아내(첩)에게 가는 문제로 이권다툼이 생긴 소송일 가능성이 크다. 구약 교회에서도 이런 일이 발생했다.

> **겔 22:9-10** 네 가운데에 피를 흘리려고 이간을 붙이는 자도 있었으며 네 가운데에 산 위에서 제물을 먹는 자도 있었으며 네 가운데에 음행하는 자도 있었으며 [10] 네 가운데에 자기 아버지의 하체를 드러내는 자도 있었으며 네 가운데에 월경하는 부정한 여인과 관계하는 자도 있었다.

하지만 바울은 여기서 멈추지 않는다. 음행이 주원인이 아닌 다른 다툼이 있을 때, 즉 음행이 아닌 이권 다툼이 있으면 세상 법정으로 가도 괜찮은가? 바울은 그리스도인은 세상 법정으로 가는 것을 근본적으로 재고해야 한다고 말한다. 왜 그런가? 그리스도인의 '높은 지위' 때문이다.

> **고전 6:2-3** 성도가 세상을 판단할 것을 너희가 알지 못하느냐? 세상도 너희에게 판단을 받겠거든 지극히 작은 일 판단하기를 감당하지 못하겠느냐? ³ 우리가 천사를 판단할 것을 너희가 알지 못하느냐? 그러하거든 하물며 세상 일이랴?

성도는 최후 심판 시 옛 세계와 천사들을 심판할 위치에 있다. 그런 성도가 세상 법정으로 가서 판단을 받는다는 것은 부끄러움을 넘어서 격에 맞지 않는 행위이다. 즉 그리스도인의 품격에 맞지 않는다. 이는 그리스도인들이 세상을 심판할 왕 같은 존재이고, 천사들을 심판하며, 우주를 다스릴 존재, 즉 그리스도께서 피로 사신 그리스도의 몸이기 때문이다. 그리스도는 온 우주의 주인이시고 머리시고, 그분의 몸이 바로 그리스도인들이다. 따라서 그리스도인들은 그리스도의 통치에 참여하고, 그리스도께서는 자신의 구원의 모든 혜택과 우주의 모든 비밀을 자신의 몸과 나누신다. 만일 그리스도인들이 자신의 정체성을 망각하고 세상 법정으로 간다면, 이는 교회의 명예가 심각하게 손상 받게 될 것이다.

지금까지 바울은 인편 정보와 구두 정보를 통해 알려진 고린도 교회의 문제들을 다루었다.

이제 바울은 고린도전서 7-16장에서 바울은 고린도 교회가 편지를 통해 문의한 질문들을 다룬다. 예를 들면, 7:1 이후에서 바울은 "너희가 쓴 문제에 대하여 말하면 남자가 여자를 가까이 아니함이 좋으나…"

라고 말하면서 고린도 교인들의 질의에 답하기 시작한다. 그래서 고린도전서 7장에서는 여러 가지 결혼과 관련된 문제들이 등장한다. '처녀가 결혼하는 것에 대해서 어떻게 생각하는가? 또 약혼을 했는데, 그 배우자가 주님께 헌신하고자 할 때는 어떻게 해야 하는가? 아니면 반대 상황에서는 어떻게 하는가? 과부는 어떻게 하는가?' 바울은 이런 질문에 단순히 대답하는 것으로 그치지 않고, 결혼이 가지는 의미가 무엇인지, 시대가 어떠한지에 대해 같이 다룬다. 8-10장에서는 우상숭배와 우상제물 문제, 11장에서는 공중 예배와 성찬 문제, 12-14장에서는 성령의 은사 문제를 연속으로 다룬다. 15장에 가면 고린도 교인들이 문의한 문제이기도 하고 바울 자신도 진지하게 다루어야 할 문제라고 생각한 부활 문제를 다룬다. 먼저 결혼 문제를 살펴보자.

3.5 결혼(고전 7:1-40)

바울은 고린도전서 7장에서 결혼 문제를 다룬다. 바울은 이 문제를 어떻게 다루는가? 우선 세 가지를 주목할 필요가 있다. 배경과 논지의 흐름, 핵심 전제다. 먼저 바울이 결혼 문제를 어떤 배경에서 다루는지 살펴보자.

3.5.1 배경

바울은 고린도 교회가 보낸 편지를 언급한다.

> **고전 7:1** 너희가 쓴 문제에 대하여 ...

이것은 "형제들아, 내가 들으니라"(고전 1:11, 5:1 등)로 시작한 단락과 명확하게 구분된다. 바울은 지금까지 인편 소식(고전 1:11)과 구두 소식(고전 5:1, 6:1)과 관련된 문제, 즉 분쟁과 하나님의 동역자와 일꾼, 음행 문제를 다루었다. 이제 고린도 교회가 공식적으로 문의한 내용을 다루기 시작하는 것이다.

그런데 고린도전서 6:12-20에서 7:1로 넘어올 때 내용이 무관한 것 같지 않다. 앞에서 바울은 "몸은 음란을 위하여 있지 않고 오직 주를 위하여 있으며 주는 몸을 위하여 계신다"(6:13)라고 말하면서 불법적인 성관계를 경계하기 때문이다. 특별히 부정한 성관계가 다른 죄와 다른 점을 창세기 2:24("둘이 한 육체가 되니라")를 인용하여 설명한다. 이 죄는 가정을 파괴한다. 나아가 신자의 기독론적 정체성을 무너뜨리고, 교회론적 신분을 손상한다. 음행한 자는 자신이 그리스도의 몸인 것을 부인하거나 그리스도의 몸을 더럽히며, 성령의 전을 유린하는 것이다. 따라서 하나님 나라에 들어갈 수 없도록 막는 죄와 악 속에 "음행"이 있다(고전 6:9; 엡 5:5). 그런데 이제 바울은 이 논의를 받아 '그러면 음행을 피하려면 어떻게 해야 하는가'를 다루는 것이다. 여기서 바울은 결혼과 합법적 성관계를 다룬다.[255] 바울의 대안은 매우 현실적이다. 원칙적으로는 "남자가 여자를 가까이하지 않는 것이 좋다." 그러나 현실적으로는 결혼하는 것이 낫다. "음행을 피하기 위해서"이다(고전 7:2). 이때 합법적인 성관계의 원칙을 제시한다. 결혼했다면, 남자든 여자든 자신의 몸을 주장하지 못한다(고전 7:3-4). 성관계를 무기로 써서는 안 된다.

지금까지 결혼 문제를 본격적으로 다루기 앞서 어떤 배경 속에 있는지 짧게 살펴보았다. 이제 바울의 논지를 살펴볼 차례이다. 바울은 먼저 결혼에 대한 원칙을 밝히고 난 다음, 결혼과 관련된 세 가지 다른 경우를 다룬다.

---

[255] Marshall, *New Testament Theology*, 257.

3.5.2 원칙과 바람(고전 7:1-7)

바울은 고린도전서 6:12-20을 배경으로 결혼과 합법적인 성관계의 원칙을 밝혔다. 바울에게 원칙은 분명하다.

고전 7:1 남자는 여자를, 여자는 남자를 가까이하지 않는 것이 좋다.

그러면 이것은 "결혼을 금하는 것"인가?(딤전 4:3). 그렇지 않다. 바울은 명백하게 "결혼하라"고 말하기 때문이다(7:2-3, cf. 7:9). "가까이하지 않는 것이 좋다"는 바울의 말은 명령이 아니고 허락이다. 하지만 바울은 모든 사람이 자신과 같기를 바란다고 말한다(고전 7:1-7).

바울은 이 원칙을 말한 후 합법적 성관계에서 출발하여 논의를 점차 확장한다. 마지막 부분에서는 합법적 성관계보다는 처녀의 결혼에 대한 더 일반적인 논의로 확대한다.

결혼과 관련하여 다양한 경우가 있다. 결혼하지 않은 자, 결혼을 앞둔 사람, 결혼한 부부, 결혼했다가 이혼하거나 사별한 경우, 남자와 여자 둘 다 믿는 경우, 한쪽만 신자인 경우, 둘 다 불신자일 때, 앞에서 제시한 원칙은 어떻게 적용되는가?

3.5.3 구체적 사례(고전 7:8-40)

바울은 이제 전체적으로 구체적인 것에서 일반적인 것으로 확대하며 논의를 진행한다. 이때 크게 두 경우로 나누어 말한다. 먼저 연령의 제한 없이 대상을 분류하여 말하는데, 이것을 일반 경우라고 할 수 있다. 다음으로 특별히 "처녀"의 결혼을 언급하는데, 이것을 특별 경우라고 부를 수 있다. 일반 경우에는 세 가지가 있고, 특별 경우에는 두 가지가 있다.

		고린도전서
1. 일반 경우	1) 결혼하지 않은 자와 과부	7:8-9
	2) 결혼한 사람	7:10-11
	3) 나머지 사람들	7:12-24
2. 특별 경우	1) 처녀	7:25-35
	2) 약혼녀	7:36-39

물론 특별 경우 두 가지는 일반 경우의 첫 번째, 즉 결혼하지 않은 자 속에 포함될 수 있다. 이 둘이 같은 대상일 수도 있다. 실제로 동일하게 결혼하지 않고 "그냥 지내는 것이 더 낫다"(고전 7:1, 8, 26)고 말한다. 하지만 서로 다른 대상일 가능성이 더 높다. 왜냐하면 그들에게 같은 원칙을 적용하지만, 바울이 서로 분리하여 다루려는 의지가 보이기 때문이다. 바울은 "너희가 쓴 편지에 대하여"(고전 7:1a)라고 언급하는데, 이것은 고린도 교회가 바울에게 편지 형태로 문의한 것이다. 이때 바울은 "남자가 여자를 가까이하지 않는 것이 좋다"고 말하면서 대원칙을 제시한다. 그리고 결혼에 발생하는 다양한 관계를 일반적으로 살펴본 후에, 바울은 결혼하지 않은 젊은 여성("처녀")에 대해 집중한다.[256]

그러면 차례로 살펴보자. 결혼하지 않은 자와 과부는 어떻게 해야 하는가?

---

[256] 이것은 바울이 결혼과 결혼 생활에 대한 대답을 할 때 구상일 수도 있지만, 고린도 교회가 보낸 편지의 내용을 반영한 순서일 수 있다. 즉 고린도 교회는 결혼[생활]에 대해 바울에게 문의했는데, 이 문의의 말미에 특별히 처녀들, 즉 아직 결혼은 하지 않았지만 결혼을 앞둔 사람이나 약혼한 사람에 대해 추가 질문을 했을 수 있다.

3.5.3.1 결혼하지 않은 자와 과부(고전 7:8-9)

바울은 이 경우 자신이 제시한 원칙을 반복한다. "나와 같이 그냥 지내는 것이 좋으니라"(고전 7:8).

그렇다면 결혼한 사람은 어떻게 해야 하는가?

3.5.3.2 결혼한 사람(고전 7:10-11)

바울은 여기서 '이것은 나의 허락이 아니요 주님의 명령이다'라고 강하게 말한다. 남자든 여자든 결혼했으면 이혼하지 말고, 이혼하면 혼자 지내야 한다. 만일 다시 결혼관계로 들어가려고 한다면, 다른 사람이 아니라 전 남편과 다시 합하라고 말한다(고전 7:10). 이것은 그리스-로마 사회뿐만 아니라 유대사회에도 만연했던 악습을 막고자 함이다. 다른 남자나 여자와 결혼하기 위해 현재 결혼을 파괴하는 일을 했기 때문이다(cf. 마 5:32; 막 10:11-12).

그러면 "나머지 사람들"은 어떻게 해야 하는가? 예를 들어 결혼한 사람들 중에 한 쪽만 믿거나 믿게 되었을 경우에는 어떻게 해야 하는가?

3.5.3.3 나머지 사람들: 남편과 아내 중 한쪽만 신자인 경우(고전 7:12-24)

바울은 믿는 남편이나 아내에게 더 큰 희생을 요구한다. 즉 믿지 않는 아내나 남편을 버리지 말라는 것이다(고전 7:12-13)

그러나 혹 믿지 않는 남편이나 아내가 이혼을 요구하면 어떻게 되는가? 바울의 충고는 여기서도 현실적이다. 이때는 "이혼하게 하라"는 것이다. 신자가 이런 일에 구애될 것이 없기 때문이다(고전 7:15). 왜 이렇게 해야 하는가? 신자가 따라야 할 이 원칙의 근거는 구원이다.

고전 7:16 아내 된 자여, 네가 남편을 구원할는지 어찌 알 수 있으며, 남편 된 자여, 네가 네 아내를 구원할는지 어찌 알 수 있으리요?

그리고 신자 각자에게는 부르심이 다르다(고전 7:17-24).

지금까지 바울은 결혼과 적법한 성관계의 대원칙과 결혼한 사람들이 해야 할 일을 말했다. 이제 특별한 경우를 다룬다. 하나는 그냥 처녀인 경우이고, 다른 하나는 약혼녀에 대한 것이다.

3.5.3.4 처녀(고전 7:25-35)

바울은 여기서 결혼하지 않는 남녀 청년이 어떻게 할 것인지 말한다. 남편이 없는 경우는 과부와 처녀가 있는데, 결혼하고 난 후 혼자된 사람에 대해서는 앞에서 다루었다(cf. 고전 7:7-8). 여기서는 이들을 제외하고 아직 결혼하지 않은 사람에 대한 지침이다(고전 7:25-35).

바울에 따르면, 이들에게도 대원칙이 그대로 적용된다. "임박한 환란 때문에 그대로 지내는 것이 좋다"(고전 7:26). 그러나 남자 청년이 장가가고, 여자 청년이 시집가는 것은 죄가 아니지만 "육신에 고난이 있을 것이다"(고전 7:28). 이렇게 권면하는 것은 임박한 환란 아래서 "이치에 합당하게 하여 흐트러짐 없이 주를 섬기도록" 함이다(고전 7:35).

3.5.3.5 약혼녀(고전 7:36-40)

그러면 약혼녀를 둔 사람은 어떻게 해야 하는가? 특히 약혼녀가 있는데, 남자나 여자가 결혼하고 싶지만 약혼자나 약혼녀가 환란을 고려하여 결혼하고 싶지 않거나 상대 약혼자의 혼기가 지나 그대로 두기가 부담스러울 때, 어떻게 해야 하는가? 바울은 둘 다 선하나 상대적으로 더 선한 것이 있다고 말한다. "결혼하는 것도 좋고(고전 7:36), 결혼하지 않는 것은 더 좋은 일이다"(고전 7:37-39).

결론적으로 바울은 이렇게 말한다. "그러나 내 뜻에는 그냥 지내는 것이 더욱 복이 있으리로다. 나도 또한 하나님의 영을 받은 줄로 생각하노라"(고전 7:40).

그러면 모순이 아닌가? 바울은 결혼을 결코 금하지 않는다. 하지만 고린도 교회에는 결혼하지 않고 "그냥 지내는 것" 좋다고 말함으로써 비혼을 더 추천하는 것처럼 말한다. 그러면 이 말은 고린도 교회에게만 해당하는 권면과 명령인가? 그렇지 않다. 바울은 남편과 아내 중 한 편만 신자인 가정의 그리스도인에게 각 사람에게 주신 은사대로 행하라고 하면서 이렇게 덧붙인다. "내가 모든 교회에서 이와 같이 명하노라"(고전 7:17b).

앞에서 바울은 결혼하지 않은 사람들에게 "그대로 지내는 것이 좋다"(7:26)고 말한다. 또 "결혼하는 것도 좋지만 결혼하지 않는 것은 더욱 더 좋으므로 자신의 뜻에는 그냥 지내는 것이 복되다"(고전 7:36-39, 40)고 말한다. 이러한 바울의 권면은 "음행을 피하기 위해 결혼하라"(고전 7:2)는 권면과 상충되는 것은 아닌가? 또 결혼하지 않은 사람들에게 덫이 되거나 절제가 부족할 때는 음행의 빌미가 될 수 있는 것은 아닌가? 여기서 이 단락에서 근본적으로 전제되고 있는 것이 무엇인가 질문해야 한다.

3.5.4 전제

바울이 결혼과 결혼 생활에 대해 이러한 결론을 내리는 이유는 두 가지이다. 하나는 종말론이고, 다른 하나는 거룩이다.

3.5.4.1 종말론
바울은 진정으로 결혼을 금하는가? 그렇지 않다. 이것은 한 가지를 더 자세히 관찰하면 더 분명해질 것이다. 바울은 결혼하지 않는 남녀 청년들에게 "내 생각에는 이것이 좋으니, … 사람이 그냥 지내는 것이 좋다"고 말한다. 하지만 동시에 결혼한 사람이나 이혼한 사람에게 이혼이나 결혼을 '추구하지' 말라고 말한다.

> **고전 7:27** 네가 아내에게 매였느냐? 놓이기를 구하지 말며,
> 아내에게서 놓였느냐? 아내를 구하지 말라!

이것은 무슨 말인가? 결혼했다면 결혼 생활에 부과된 의무에서 벗어나 다른 행복을 찾지 말고, 이혼했다면 결혼 생활에 주어진 기쁨과 만족, 안정을 찾지 말라는 것이다. 따라서 바울은 결혼을 금하지도 않고, 결혼을 행복의 근원으로 보지도 않았다. 이 세상을 절대화하지 않는다. 바울이 "사람이 그냥 지내는 것이 좋다"고 권면한 것은 "임박한 환란"(7:26) 때문이다. 따라서 오는 세상 앞에서 현재 세상을 상대화하라는 의미이다.

"임박한 환란"이란 무엇을 가리키는가? 이 표현에 대한 여러 가지 해석이 있다. 일반적으로 바울과 초대교회 교회는 주님의 재림을 가까이 인식했는데, 임박한 환란은 역사에 찾아올 대격변을 가리킨다는 것이다. 최근에는 고린도 지역에 닥쳐올 위기를 가리킨다는 견해도 있다.[257] 하지만 이 두 견해는 본문을 충분히 고려하지 않았다는 점에서 재고해야 한다. 바울은 똑같은 말을 다른 관점에서 말한다.

> **고전 7:29-31** 형제들아, 내가 이 말을 하노니,
> 그 때가 단축하여진 고로

---

[257] B. S. Winter, *After Paul Left Corinth: The Influence of Secular Ethics and Social Change* (Grand Rapids: Eerdmans, 2001); Marshall, *New Testament Theology*, 258.

이 후부터 아내 있는 자들은 없는 자 같이 하며,
³⁰ 우는 자들은 울지 않는 자 같이 하며,
기쁜 자들은 기쁘지 않은 자 같이 하며,
매매하는 자들은 없는 자 같이 하며
³¹ 세상 물건을 쓰는 자들은 다 쓰지 못하는 자 같이 하라.
이 세상의 외형은 지나감이니라.

여기서 "이 후부터 아내 있는 자들은 없는 자 같이 하라"는 말은 바로 앞에서 "네가 아내에게 매였느냐? 놓이기를 구하지 말며, 아내에게서 놓였느냐? 아내를 구하지 말라!"는 말을 받아서 재진술한 것이다. 그리고 "우는 자, 기쁜 자, 매매하는 자, 세상 물건 쓰는 자"로 확장한 것이다. 그렇다면 "임박한 환란"과 "때가 단축된 것"이 관련이 있다. 단순하게 연결된 것이 아니라 둘은 서로 인과 관계까지 있다. 왜 환란이 임박했는가? 때가 단축되었기 때문이다. 여기서 "때가 단축되었다"(ὁ καιρὸς συνεσταλμένος ἐστίν)는 말은 시간이 접히거나 말려 압축되었고 이 상태가 지속되고 있다[258]는 뜻이다. 따라서 이것은 사도 바울의 종말론적 시대관을 표현한다. 일반 사람들은 이 세대가 상당히 길게 남았다고 생각하지만, 바울은 부활하신 주님을 만난 이후 재림까지 이 세대의 길이가 압축되어 남은 시간이 짧게 인식된 것이다. 따라서 오는 세대가 가까운 것이다.

이것은 성경의 일관된 사상이다. 인간은 "주인이 더디 오리라"(마 24:48; 눅 12:45), "주께서 강림하신다는 약속이 어디 있느냐? 조상들이 잔 후로부터 만물이 처음 창조될 때와 같이 그냥 있다"(벧후 3:4)고 말하

258　쉰에스탈메노스(συνεσταλμένος)는 수스텔로(συστέλλω)의 현재완료 분사 수동태로 "압축된, 수축된"이란 뜻이다. 여기에 에스틴(ἐστίν)이 붙어 용장활용(*coni. peri.*) 구분이 되었다. 용장활용은 분사가 표현하는 동작의 상태가 지속된다는 것을 강조한다. Cf. 김영호, 『성경헬라어 3: 구문론』, § 2.3.3.

지만, 주님은 이렇게 압축된 세대 끝에 올 환란의 기간도 줄였다고 말씀하신다.

> **마 24:21-22** 이는 그 때에 큰 환난이 있겠음이라. 창세로부터 지금까지 이런 환난이 없었고 후에도 없으리라. ²² 그 날들을 감하지 아니하면 모든 육체가 구원을 얻지 못할 것이나 그러나 택하신 자들을 위하여 그 날들을 감하시리라.

이것은 변화된 세계의 구조에 대하여 사도 바울이 받은 계시이다. 고린도 교회를 비롯한 초대교회는 이 종말론적 틀 안에서 그리스도의 십자가와 부활, 하나님 나라 복음을 받았던 것이다.

이런 점에서 바울의 권면은 종말 시대를 사는 그리스도인들에게 초대교회나 이후 한 시대가 아니라 항구적으로 유효한 종말론적 윤리가 무엇인지 드러낸다. 그것은 이 세상을 절대화하지 말고 심지어 결혼과 가정, 기쁨과 슬픔, 소유와 경제를 모두 상대화하라는 것이다. 왜냐하면 "이 세상의 외형은 지나가기" 때문이다(고전 7:31). 다시 말해서 그리스도의 십자가와 부활 이후 인간, 특히 그리스도인은 영원하지 않는 틀 속에 살면서 영원한 틀에 참여해 살아가고 있기 때문이다.

이러한 세계에서 사는 신자는 어떻게 살아야 하는가? 이것이 다음 주제이다. 신자는 이 땅에서 거룩하게 살아야 한다.

3.5.4.2 거룩

바울이 "그냥 그대로 지내는 것이 좋다"고 말하는 두 번째 큰 전제는 거룩이다. 바울이 이 논의(7:1-40)를 시작할 때 이미 거룩이 배경(6:12-20)에 있었다. 모든 것이 가하지만 모든 것이 유익한 것이 아니다. 몸은 주님을 위하고 주님의 지체이며(cf. 6:12-13) 성령의 전이다(6:19). 따라서 주님은 몸을 위하며(6:13) 거룩과 영광의 나라를 위하신다(cf. 고전 15:47-56). 이 거룩을 근본적인 뿌리까지 파괴할 수 있는 것이 불법적 성관계다. 다른 죄는 몸 밖에 있지만 음행은 자기 몸에 죄를 짓는 것이기 때문이다(6:17-18).

모든 노력과 지혜를 기울여 이 음행을 피하고 멀리 해야 하는데, 그 방법은 무엇인가? 역사에 이미 찾아온 종말론적 실재 때문에 이상적으로는 남자가 여자를, 여자가 남자를 가까이하지 않는 것이 좋지만, 이상을 실현할 수 없거나 어렵다면 현실적인 대안이 필요하다. 그것이 결혼이다. 여기서 바울은 일반적인 결혼 개념과 약간 다른 측면을 말하고 있다. 바울이 말한 것은 하나님이 창조 설계 속에 계획된 결혼이 아니다. 이것은 하나님의 작정 속에 있는 절대선이다(cf. 창 1:31). 오히려 종말 구조 속에 아직 남아 있는 악을 막기 위한 임시적 치료책이다. 신자는 생육하고 번성하는 옛 세계의 질서와 시집가고 장가가는 일이 없는 부활의 자녀가 속한 질서가 공존하는 세계에 살고 있는 것이다(cf. 눅 20:34-35).

이 공존 시대를 살아가는 신자는 어떻게 살아야 하는가? 거룩을 기준과 가치로 두어야 한다. 바울은 이 단락에 진입할 때(cf. 6:12-20)도 거룩에서 출발했지만, 중간(7:14-15)과 끝(7:34)에도 계속해서 거룩을 상기시킨다.

바울은 여기서 어떤 "거룩"을 말하는가? 언약의 실제 목적으로서 거룩이다. 왜 거룩이 언약이 실제로 목적한 바를 이룰 수 있는가? 두 가지로 나누어 생각할 수 있다. 첫째, 거룩은 언약의 실현 통로이기 때문이다.

고전 7:13-16 어떤 여자에게 믿지 아니하는 남편이 있어 아내와 함께 살기를 좋아하거든 그 남편을 버리지 말라.

> ¹⁴ 믿지 아니하는 남편이 아내로 말미암아 거룩하게 되고 믿지 아니하는 아내가 남편으로 말미암아 거룩하게 되나니 그렇지 아니하면 너희 자녀도 깨끗하지 못하니라. 그러나 이제 거룩하니라. [...] ¹⁶ 아내 된 자여 네가 남편을 구원할는지 어찌 알 수 있으며, 남편 된 자여 네가 네 아내를 구원할는지 어찌 알 수 있으리요?

바울은 아내가 남편을, 남편이 아내를, 부모가 자녀를 거룩하게 한다고 말한다. 이 말은 결혼이 사람을 기계적으로 거룩하게 한다는 뜻이 아니다. 결혼에 이와 같은 마법적 힘을 부여하는 것은 성경의 사상과 어긋난다. 거룩은 믿는 남편이나 아내가 믿지 않는 아내나 남편에게 물질적으로 전달할 수 있는 사물이나 정신적으로 나눌 수 있는 개념이 아니다. 만일 그렇다면 하나님 나라를 세우기 위한 최선의 방법은 복음 전파가 아니라 육체적 결혼일 것이다. 하지만 이것은 이단적인 사상이다. 바울은 종말에 하나님이 구원을 위해 선택한 방식은 "전도(케리그마)의 미련한 것"이라고 말했다(고전 1:21). 이 말씀이 물질적이고 육체적이며 마법적인 방식으로 도덕적 속성을 전달한다는 뜻이 아니라면 무슨 뜻인가?

여기서 "거룩"이란 환유이다. 속성으로 전체를 표현한 것이다. 바울은 지금 종말론적 배경에서 몸과 성, 가정을 말하고 있다. 그렇다면 "거룩"은 종말론적 하나님 나라의 대표 원리를 가리킬 수 있다. 바울이 이후에 제시하는 논증이 이 해석을 지지한다. 바울은 바로 이어지는 구절에서 이 "거룩"을 "깨끗함"(7:14)과 "구원"(7:16)으로 바꿔 말한다. 언약적 정결함과 언약적 구원으로 확장한 것이다. 따라서 믿는 남편이나 아내가 믿지 않는 아내나 남편, 그들의 자녀를 거룩하게 한다는 말은 그들이 결혼이라는 제도 속에서 기계적으로 거룩함을 전달한다는 말이 아니라, 거대한 언약을 "거룩"이라는 대표적인 속성으로 압축해서 표현한 것이다. 어떤 사람이 하나님과 언약을 맺으면 언약 혜택이 미치는 범위가 언약 당사자의 주변으로 확대된다는 뜻이다. 이것은 언약이 목적한 것으로 말라기에게 말씀하신 것과 정확히 일치한다.

말 2:15 그에게는 영이 충만하였으나 오직 하나를 만들지 아니하셨느냐? 어찌하여 하나만 만드셨느냐? 이는 경건한 자손을 얻고자 하심이라. 그러므로 네 심령을 삼가 지켜 어려서 맞이한 아내에게 거짓을 행하지 말지니라.

선지자 말라기가 말하는 "경건한 자손"을 직역하면 "하나님의 씨"(זֶרַע אֱלֹהִים)이다. 신자는 종말에 하나님에게서 난 자들이다. 하나님은 그들의 하나님이요, 그들은 하나님의 씨요 백성이다. 따라서 믿는 남편과 아내에게 주신 상속, 영원한 생명과 의, 평화의 직접적인 혜택을 가장 먼저, 가장 밀도 있게, 가장 빈번히 받는 대상이 믿지 않는 아내와 남편, 그들의 자녀이다. 따라서 바울은 믿는 남편이나 아내가 이 큰 구원이 실현될 통로가 될 지 누가 아느냐고 묻는 것이다(cf. 고전 7:16).

둘째, 거룩은 언약적 실천의 지향점이기 때문이다. 바울은 이 시대의 질서에 따라 결혼한 사람의 삶의 지향점과 종말 백성의 삶의 지향점의 차이를 이렇게 설명한다.

고전 7:33-34 장가 간 자는 세상 일을 염려하여 어찌하여야 아내를 기쁘게 할까 하여 ³⁴ 마음이 갈라지며, 시집 가지 않은 자와 처녀는 주의 일을 염려하여 몸과 영을 다 거룩하게 하려 하되 시집 간 자는 세상 일을 염려하여 어찌하여야 남편을 기쁘게 할까 하느니라.

바울은 이 부분에서 다시 "거룩"을 말한다. 그런데 이 "거룩"은 "주님의 일을 염려하는 것"과 동의 개념이고, "세상 일을 염려하는 것"과 반대 개념이다. "세상 일을 염려하는 것"이란 "아내나 남편을 기쁘게 하는 것"과 같은 것이므로 거룩은 "주님을 기쁘시게 하는 것"이라고 볼 수 있다. 따라서 "거룩"은 종말을 사는 신자의 삶의 지향점을 가리킨다.

신자는 오는 세계에 맞추어 살아가야 한다. 그 세계의 기준과 가치를 이 땅에서 실현하면서 산다. 이 세계는 주님께서 죽은 자 가운데서 부활하신 첫 사람으로 들어가신 세계이다. 따라서 신령한 몸, 즉 완전해진 인간 육체와 영혼이라는 존재방식으로 살아가는 나라이다. 이 나라는 성령의 나라요, 의와 기쁨, 완전함과 평화의 나라이다. 신자는 이 땅을 살아갈 때 이미 이 나라에 참여하여 살도록 초대받았다. 따라서 몸과 영을 다 거룩하게 하고, 그 나라의 왕이신 주님을 기쁘시게 하며, 죄에 빠지거나 연약함으로 넘어짐으로 이 삶이 방해받거나 좌절될 때 탄식하는 것이다.

지금까지 사도 바울은 분쟁, 소송, 음행, 몸과 성과 결혼 문제를 다루었다. 이제 우상제물 문제로 넘어간다. 이제 이 단락의 내용을 살펴보자.

3.6 우상의 제물(고전 8:1-11:1)

바울은 고린도 교회가 공식 서한을 통해 문의한 두 번째 주제를 다룬다. 바울은 이 단락을 "우상의 제물에 대하여는"(고전 8:1)이라는 말로 시작한다. 이 단락은 고린도전서 11:1까지 이어지는데, 그 안에 주제들은 다음과 같다.

		고린도전서
1.	우상 제물	8:1-13
2.	바울의 사도권	9:1-27
3.	이스라엘의 예	10:1-11:1

이 주제들은 쉽게 연결되지 않는 것처럼 보인다. 그러므로 이 세 주제

의 내적 연결점을 파악해야만 본문을 이해할 수 있다.

　　이 단락은 크게 볼 때, 우상에 대한 주제로 인클루시오(*inclusio*)를 이룬다. 바울은 우상에게 바쳐진 제물을 먹을 수 있느냐 없느냐 문제를 다루고 난 후(8:1-13), 자신의 사도권을 다룬다(9:1-27). 이어 이스라엘의 역사를 신자의 반면교사로 소개한다(10:1-13). 이렇게 한 후 바울은 다시 "우상숭배를 피하는" 문제로 돌아온다(10:14-11:1). 따라서 이 단락 전체의 주제는 우상제물 문제다.

　　이 관찰에서 무엇을 알 수 있는가? 여기서 바울이 사도와 말씀 전파자로서 가지고 있는 깊이와 집요함을 엿볼 수 있다. 바울은 고린도 교회가 우상제물에 대해 문의했을 때, 그것을 단순히 '먹을 수 있다, 없다'라고 대답하지 않았다. 오히려 이 문제의 근원부터 과정, 궁극적 목적까지 신학과 역사를 들어 총체적인 시각을 제시한다.

먼저 "우상제물"에 대한 바울의 대답을 들어보자.

3.6.1 우상 제물(고전 8:1-13)

바울은 "우상의 제물에 대하여는"(περὶ δὲ τῶν εἰδωλοθύτων, 고전 8:1a)이라고 말한다. 이것은 새로운 단락이 시작되었다는 표시이다. 고린도 교회가 우상에게 바쳐진 제물을 먹을 수 있느냐 없느냐 질문한 것이다. 이에 바울은 세 단계로 대답한다. 먼저 이 문제에 접근하는 큰 원리를 제시하고, 다음으로 문제의 본질을 설명하며, 마지막으로 문제를 해결하기 위한 실천을 명령한다. 먼저 바울이 어떤 원리를 제시하는지 살펴보자.

3.6.1.1 원리(고전 8:1-3)

바울은 우상제물 문제를 접근할 때 지식의 한계와 사랑의 역할을 인식해야 한다고 주장한다.

고전 8:1b 우리가 지식이 있는 줄 아나 지식은 교만하게 하며 사랑은 덕을 세운다

교만을 피하고 덕을 세우려면, 지식을 내려놓고 사랑을 따라야 한다. 하지만 이 말이 지식은 지식대로, 사랑은 사랑대로 독립적으로 의미와 가치가 있고 온전히 보존될 수 있다는 말이 아니다. 바울에 따르면, 지식을 적법하게 사용하지 않으면 사랑을 실천하지 못하는데 그치지 않는다. 지식이 있다는 것을 인정받을 수 없을 뿐 아니라 하나님의 인정도 기대할 수 없다. 반면 하나님을 사랑하면 마땅히 알 것을 아는 자로 평가받고, 하나님이 인정하시는 자가 된다(8:2-3).

이것이 기초요 큰 원리이다. 그렇다면 왜 이런 원리가 필요한가? 그것은 우상의 본질 때문이다.

3.6.1.2 우상의 본질(고전 8:5-12)

우상의 제물을 먹을 수 있느냐 없느냐 하는 질문은 지식 영역에 속한다. 따라서 이 질문에 어떻게 대답하고 행동할 것인지는 우상의 본질을 어떻게 이해하느냐 하는 지식에 달려 있다. 이 지식에 따르면 우상은 아무것도 아니다.

고전 8:4 그러므로 우상의 제물을 먹는 일에 대하여는 우리가 우상은 세상에 아무 것도 아니며 또한 하나님은 한 분밖에 없는 줄 아노라.

이것이 우상의 본질이다. 하늘과 땅에 많은 신, 많은 주가 있지만, 신자에게는 한 분 하나님과 한 분 그리스도밖에 없다(고전 8:5-6a). 하나님에게서 만물이 났고, 그 만물에 속한 우리도 하나님께 존재를 받았으므로

하나님을 위해 살아야 한다(cf. 고전 8:6b). 그리스도를 통해 만물이 존재하고, 그 만물 중 하나인 우리도 그리스도를 통해 새로운 창조가 되었으므로 그를 통해 존재하고 생명을 누린다(고전 8:6b). 사람이 이 지식을 가졌다면, 그는 우상 제물에 대해 자유롭게 먹을 수 있고 먹지 않을 수도 있다. 그에게는 지식에 근거한 자유가 있다.

하지만 여기서 신자는 복음적 세계관에 한 걸음 더 들어가야 한다. 바울에 따르면, 우상 제물을 먹는 일을 결정할 자유가 이 지식에만 달려 있는 것이 아니다. 왜냐하면 신자는 자율적 존재가 아니며, 신자의 행동에서 절대적 가치는 자기 기쁨이 아니라 그리스도의 십자가이기 때문이다. 만물이 하나님께로 나서 하나님을 위해 존재하고 그리스도를 통해 존재한다면, 하물며 자기 새 존재와 생명을 하나님과 그리스도께 빚지고 있는 신자의 행동은 얼마나 더 하나님을 위하고 그리스도께 의존해야 하겠는가? 그런데 만일 형제 중에 이 지식이 없고 우상에게 바쳐진 제물에 우상과 우상의 권능이 역사한다고 생각하는 사람이 있는데, 그 형제 앞에서 이 지식을 가졌다고 생각하는 자가 우상의 제물을 먹는다면, 그 형제는 그 제물을 먹고 "양심이 약해지고 더러워질 것이다"(고전 8:7). 즉 자신은 아직도 우상의 지배를 받는다고 생각할 수 있다. 또한 이 지식을 가진 자가 이방 신전에 앉아 우상에게 바쳐진 제물을 먹는다면, 지식이 없는 형제가 따라서 먹게 되고, 스스로 아직 우상 숭배자로 여김으로써 멸망하게 될 수 있다(고전 8:9-11). 이것은 형제를 사랑하는 행동도, 그리스도의 십자가를 존중하는 행동도 결코 아니다. 따라서 한 하나님 한 아버지, 한 주 한 그리스도, 한 십자가 한 사랑 원칙을 부인하게 된다.

우상 제물의 본질과 이 제물을 먹는 일의 함의를 잠시 살펴보았다. 그러면 그리스도를 존중하고 십자가를 생각하는 행동은 어떻게 나타나는가? 신자는 타인 중심적으로 행동해야 한다

3.6.1.3 타인 중심적 행동(고전 8:13)

바울은 그리스도인이라면 사랑으로 "양심이 약한 자"를 위해 자신의 자유를 제한해야 한다고 말한다. 여기서 "양심이 약한 자"는 단순한 타인이 아니라 그리스도께서 위하여 십자가에서 죽으신 형제이다(고전 8:11). 만일 이들이 실족할 수 있다면 어떻게 해야 하는가? 바울의 결심은 이렇다.

> 고전 8:13 그러므로 만일 음식이 내 형제를 실족하게 한다면 나는 영원히 고기를 먹지 아니하여 내 형제를 실족하지 않게 하리라.

형제가 실족하지 않도록 자신의 자유를 포기하겠다는 말이다.

바울은 이 부분에서 자신의 사도권에 대하여 변증한다(고전 9:1-27). 여기서 왜 바울의 사도권 이야기가 나오는가? 또 사도권 변증 후에는 이스라엘이 출애굽한 후 일어난 몇 가지 일화를 예로 든다(고전 10:1-13). 무엇을 위한 "본보기인가?" 마지막으로 바울은 다시 "우상 숭배를 피하라"고 명령한다(고전 10:14-11:1). 마지막 단락의 주제는 앞서 8장에서 다룬 우상 제물 문제와 분명히 연관성이 있다. 이런 관점에서 보면, 이 단락은 두 종류의 예와 이방 신전에서 예배 문제를 다룬 것이라고 볼 수 있다. 그러면 무엇에 대한 예인가? 하나는 자유포기의 예로서 현재 역사에서 취한 것이고, 다른 하나는 자유포기의 반대인 자유남용의 예로서 과거 역사에서 취한 것이다.

고린도전서		역사	인물
8:1-13	우상제물		
8:13	자유포기		
9:1-27	자유포기	현재	바울

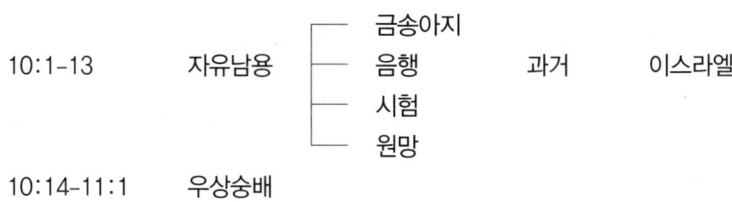

이런 관점으로 고린도전서 9:1-11:1까지 단락을 살펴보면 다음과 같다. 먼저 바울의 사도권 문제이다.

3.6.2 바울의 사도권(고전 9:1-27)

앞에서 바울은 자신은 형제를 실족하지 않게 할 수 있다면, 평생 고기를 먹지 않겠다고 선언했다. 이것은 자유포기 선언이다. 바울은 이 주제를 확장하고 심화한다. 이것은 앞에서 여러 차례 나타난 현상이다. 바울은 분쟁, 일꾼, 하나님의 교회(고전 1:10-3:23)로 논증했고, 몸, 음행, 음식, 하나님의 성전, 몸과 성, 결혼 등으로 논증해 나갔다(고전 5:1-7:40).

그러면 사도권은 어떤 논증의 흐름 속에 있는가? 두 가지를 생각할 수 있다. 자유포기와 사도의식이다.

3.6.2.1 자유포기

바울은 만일 우상 제물, 즉 고기를 먹는 일이 혹 믿음이 연약한 형제를 넘어지게 한다면, 자신은 고기 먹을 자유를 포기하겠다고 말한다(고전 8:13). 즉 자신은 우상이 아무것도 아니라는 지식이 충분하고 자유가 있으나 자신의 자유를 스스로 제한한다는 말이다. 하지만 이것이 전부가 아니다.

바울은 자유자요 사도로서 교회에서 재정적 지원을 받을 수 있는 권리가 있다. 자신에게 들어갈 비용이나 혹 아내와 동행한다면 가족을 위한 비용도 청구할 권리가 있다.

> **고전 9:4-6, 12a** 우리가 먹고 마실 권리가 없겠느냐? ⁵ 우리가 다른 사도들과 주의 형제들과 게바와 같이 믿음의 자매 된 아내를 데리고 다닐 권리가 없겠느냐? ⁶ 어찌 나와 바나바만 일하지 아니할 권리가 없겠느냐? [...] ¹²ᵃ 다른 이들도 너희에게 이런 권리를 가졌거든 하물며 우리일까보냐?

바울은 사도로서 자유와 권리를 다 쓰지 않았다(고전 9:2-12). 이런 권리는 자연법에 버금가는 원리이다. 따라서 구원 역사 전체에서 일관적으로 인정되었다. 성전 봉사자들이 제단에 참여할 권리가 있듯이(고전 9:13), 복음 전도자들은 복음에서 난 열매를 누릴 권리가 있다(고전 9:14). 이것은 마치 포도나무를 심고 가꾸면 이 일을 한 농부에게 권리가 있고(고전 9:7), 밭을 갈거나 추수를 할 때 그 일을 하는 사람이 소출을 기대하는 것과 같다(고전 9:10). 그러나 바울은 복음 때문에, 한 사람이라도 구원하기 위해, 이 권리를 포기했다.[259]

> **고전 9:12b, 19-23** 그러나 우리가 이 권리를 쓰지 아니하고 범사에 참는 것은 그리스도의 복음에 아무 장애가 없게 하려 함이로다. ¹⁹⁻²² 내가 모든 사람에게서 자유로우나 스스로 모든 사람에게 종이 된 것은 더 많은 사람을 얻고자 함이라. ... 내가 여러 사람에게 여러 모습이 된 것은 아무쪼록 몇 사람이라도 구원하고자 함이니 ²³ 내가 복음을 위하여 모든 것을 행함은 복음에 참여하고자 함이라.

---

[259] Cf. Marshall, *New Testament Theology*, 259-260.

다음으로 바울의 사도의식이다.

3.6.2.2 사도의식

바울은 어쩔 수 없는 상황에서 빼앗긴 것이 아니라 사도에게 주어진 당연하고 확고한 자유와 권리를 자발적으로 포기한 것이다. 그렇기 때문에 바울의 자유포기가 값지다. 바울은 부활하신 주님을 직접 목격하고 오는 시대의 현시를 경험했다. 이것이 사실이었다는 증거가 고린도 교인들이다(고전 9:1-2). 왜냐하면 고린도 교회 그리스도인들은 바울의 증거를 통해 그리스도의 십자가를 들었고, 부활하신 주님을 만났으며, 하나님 나라에 참여했기 때문이다. 하지만 사도의식의 핵심은 부활하신 주님과 복음을 과거 지식과 데이터로 가지고 있는 것이 아니다. 오히려 복음에서 오는 권리와 자유를 소유하지 못하거나 누리지 못하더라도 복음을 붙드는 것이다(고전 9:16). 이것이 바울에게 있던 사도의식의 핵심이다. 즉 복음과 자신, 복음과 자신의 생명을 일치시키는 것이다. 마치 복음을 전하지 않으면 자신에게 화가 있고, 자신의 감정과 처지, 상태와 상관없이, 복음을 전하는 사람이 이 세상과 오는 세상에 마치 자기 한 사람뿐인 것처럼 느끼는 것이다(고전 9:17). 그래서 복음을 자발적으로 전하고 값없이 전하면서도 복음을 통해 자신에게 주신 권리를 다 쓰지 않은 것을 자신의 상으로 여기는 것이 바로 사도의식이다(9:18). 동시에 이것을 유일한 원칙으로 믿고 스스로 버림받지 않으려고 두려워하는 마음이 바로 사도의식이다(고전 9:24-27). 이것이 어떻게 자랑이 되고 상이 되는가? 이 역설을 모르면 사도 바울을 이해할 수도 없고, 사도 바울이 전하는 복음의 비밀도 알 수 없다.

지금까지 바울은 현재에서 자신을 예로 들어 자유포기에 대해 설명했다. 그러면 과거에서 예를 찾을 수 있는가? 바울은 구약 이스라엘 역사에서 반대 증거를 찾는다.

3.6.3 이스라엘의 예(고전 10:1-13)

과거 이스라엘 백성은 하나님의 은혜로 구원을 받았으나 자신들이 받은 자유를 부정적으로 사용했다. 그들은 홍해를 건너고, 만나를 먹고 반석에서 나는 물을 마셨으나 우상을 숭배하고 하나님을 원망했다.

> 고전 10:1-3
> 형제들아, 나는 너희가 알지 못하기를 원하지 아니하노니,
> 우리 조상들이 다 구름 아래에 있고 바다 가운데로 지나며,
> ² 모세에게 속하여 다 구름과 바다에서 세례를 받고,
> ³ 다 같은 신령한 음식을 먹으며,
> ⁴ 다 같은 신령한 음료를 마셨느니라.

| 세례 |
| 만찬 |

여기서 바울은 구약 이스라엘 백성의 행위를 신약 성도가 받은 성례 용어를 써서 소개한다는 점을 관찰할 수 있다. 이것은 신구약 신자의 언약적 동질성을 나타낸다. 따라서 그들의 역사는 바울 당시 고린도 교인들의 현재와 우리의 오늘과 무관하지 않다. 그들에게 일어난 일은 "우리의 거울"(τύποι ἡμῶν)이다.[260] 신자는 이 거울에 비추어 악을 즐기지 않고(고전 10:6) 도리어 경계를 삼아야 한다(고전 10:11).

바울은 여기서 네 가지 예를 든다. 우상숭배와 음행, 시험, 원망이다. 이때 바울은 동일한 문구를 사용하는데, 이 문구는 비교할 예와 금

---

[260] 고린도전서 10:6에 나오는 튀포스(τύπος)는 "타격을 주었을 때 생기는 흔적이나 자국"을 가리킨다. 이 뜻이 좀 더 넓은 뜻으로 쓰여 "모양, 형태, 이미지"를 나타내기도 했다. 고린도전서 10:11에는 튀포스의 부사 형태인 튀피코스(τυπικῶς)가 나오는데, "예시의 형태로"라는 의미이다. Thayer, *Lexicon*, 632; 개역개정판은 튀포스를 "본보기"로 번역했는데, 본문에 적절하지 않다. 물론 본보기는 "어떤 사실을 설명하거나 증명하기 위해 내세우는 것"이나 "본을 보이기 위한 물건"이란 의미가 있지만, 주로 긍정적인 의미에서 "본받을 대상"이란 뜻으로 쓰이기 때문이다. 본문에서는 본받아야 할 대상이 아니라 경계해야 할 예시에 가깝다. 따라서 문자적으로는 전혀 다른 말이지만 내용상으로는 개역한글판의 "거울"이 더 나은 번역으로 보인다.

지명령으로 이루어진다. 이 금령은 본문에 정형화된 패턴으로 나타난다.

> 고전 10:7, 8, 9, 10 그들 중 어떤 사람들이 ~한 것처럼, 너희는 ~하지 말라

이러한 예는 모두 출애굽과 광야생활에서 취한 것들이다. 그러면 내용을 간략히 살펴보자. 먼저 우상숭배이다.

3.6.3.1 우상숭배

바울은 "너희는 우상 숭배하지 말라"고 명령한다. 이 명령의 배경은 약 1,500년 전으로 거슬러 올라간다. 이스라엘 백성은 출애굽한 지 3개월 만에 시내산에 도착했다. 모세는 언약을 받기 위해 시내산에 올라갔다. 모세가 40일이 지나도록 내려오지 않자(출 32:1; 출 24:18; 신 9:9), 이스라엘 백성은 아론에게 "우리를 인도할 신을 만들라"고 요구한다(출 32:1). 이스라엘 백성은 금을 가져왔고, 아론은 금송아지를 만들었으며, "여호와의 절일"이라고 선포했다(32:2-5). 이에 백성들은 금송아지 앞에서 제사를 드리고 연회에 참석했다(32:6).

출 32:5	고전 10:7
	기록된 바
이튿날에 그들이 일찍이 일어나	- - - -
번제를 드리며 화목제를 드리고	- - - -
백성이 앉아서 먹고 마시며 일어나서 뛰놀더라	백성이 앉아서 먹고 마시며 일어나서 뛰논다
	함과 같으니라

여기서 주목할 점이 있다. 고린도전서 10:7에는 "백성들이 번제와 화목제를 드렸다"는 말이 없다. 바울은 왜 이 말을 생략했는가? 다음과 같이 추측할 수 있다. 바울은 이스라엘 백성이 드린 제사와 연회의 성

격을 오해할 수 있다고 보았다. 만일 이 문구가 들어가면 고린도 교인들과 같은 헬라인들은 "번제와 화목제" 또 "연회"를 이스라엘 백성이 유대인의 제사를 드리고 화목제 만찬에 참여한 것으로 생각할 수 있다. 하지만 그들의 제사는 모세를 통해 계시된 제사와 만찬보다는 이집트에서 익숙하게 보았던 것들에 더 가깝다. 따라서 이교도의 제의와 유사하다. 따라서 바울은 출애굽기 말씀을 고린도와 아가야, 이방세계에 적용한 것이다.

다음으로 음행이다.

3.6.3.2 음행

이스라엘 백성이 출애굽 한 지 약 40년이 지났을 때 모압에 도착했다. 5월 1일 호르산에서 아론이 죽고 엘르아살이 대제사장이 되었다(민 20:25-29; 33:38-39). 이때 이스라엘은 모압 땅 싯딤(아벨싯딤)에 머물렀는데(33:49), 모압 왕 발락이 다시 발람을 고용하여 이스라엘을 유혹한다. 이 음행은 모압의 신전에서 이루어진 의식들 중 한 순서로 보인다. 따라서 우상숭배와 음행이 서로 연결된 것이다.

> **민 25:1-3** 이스라엘이 싯딤에 머물러 있더니 그 백성이 모압 여자들과 음행하기를 시작하니라. ² 그 여자들이 자기 신들에게 제사할 때에 이스라엘 백성을 청하매 백성이 먹고 그들의 신들에게 절하므로 ³ 이스라엘이 바알브올에게 가담한지라. 여호와께서 이스라엘에게 진노하시니라.

하나님의 진노로 이스라엘 진영에 전염병이 발생했는데, 비느하스가 이스라엘 지도자 시므리(시므온 지파 살루의 아들)와 고스비(미디안의 한 수령 수르의 딸)를 죽임으로써, 전염병이 멈추었으나 엄청난 피해가 난 후였다(민 25:4-6; 25:9).

민 25:7-9	고전 10:8
제사장 아론의 손자 엘르아살의 아들 비느하스가 보고 회중 가운데에서 일어나 손에 창을 들고 ⁸ 그 이스라엘 남자를 따라 그의 막사에 들어가 이스라엘 남자와 그 여인의 배를 꿰뚫어서 두 사람을 죽이니, 염병이 이스라엘 자손에게서 그쳤더라. 그 염병으로 죽은 자가	그들 중의 어떤 사람들이 음행하다가
⁹ 이만 사천 명이었더라	하루에 이만 삼천 명이 죽었느니라

이 음행의 성격은 무엇인가? 이스라엘 사람들이 싯딤에 머물 때 모압의 유혹을 받아 음행에 가담했다. 하나님은 이 일에 가담했던 두령들을 목매어 다는 처형을 명령했다. 그런데 시므리와 고스비는 "모세와 이스라엘 총회" 앞에서 공개적으로 이 처형에 반감을 표시했다(cf. 민 25:6). 이것은 그들의 간음이 하나님에 대한 공적인 반역이었음을 보여준다. 민수기는 이 일에 대한 하나님 진노의 강도를 숫자로 표현한다.

그런데 민수기와 고린도전서의 숫자가 다르다. 민수기에서는 전염병 사망자가 24,000이고, 바울은 23,000이라고 말한다.²⁶¹ 탈굼과 미드라쉬는 예외없이 24,000으로 읽는다.²⁶² 그렇다면 23,000이는 숫자가 등장한 이유는 무엇일까? 세 가지 가능성이 있다. 우선 기억설이다. 바울이 성경을 펴고 인용한 것이 아니라 기억에서 끌어온 것으로 본 것이다. 이렇게 본다면 고린도전서의 숫자는 사실에서 완전히 벗어난 기억은 아

---

261 Cf. Ch. Hodge, *Systematic Theology*, Vol. 1 (Peabody: Handrickson Publishers, 1999), 170: "No less unreasonable is it to deny the inspiration of such a book as the Bible, because one sacred writer says that on a given occasion twenty-four thousand, and another says that twenty-three thousand, men were slain." 하지만 핫지는 왜 불합리하지 않은지 설명하지 않는다.

262 Cf. *Bill*. IV, 410.

니다.

다음으로 겹침설이다. 여러 숫자가 겹쳐 있다고 보는 것이다. 이 숫자는 출애굽기 32장의 금송아지 사건과 민수기 25장의 싯딤 사건에 등장한다. 이 두 사건에는 우상 숭배와 관능적 연회가 나오고, 마지막에 하나님의 진노와 심판의 결과 사망자가 발생한다. 이때 두 숫자가 나오는데, 3,000과 24,000이다. 그런데 바울이 숫자를 언급하는 방식이 칠십인역과 다르다.

민 25:9 LXX	τέσσαρες καὶ εἴκοσι χιλιάδες	24,000
고전 10:8	εἴκοσι τρεῖς χιλιάδες	23,000
Cf. 민 26:62	τρεῖς καὶ εἴκοσι χιλιάδες	23,000
	[τέσσαρες καὶ] εἴκοσι [χιλιάδες], τρεῖς χιλιάδες	2[4]000, 3000

고전 헬라어에서는 만이 넘는 숫자를 표현할 때, 만 단위와 천 단위를 하나로 묶고, 백 단위를 따로 표현하되 카이(καί)로 연결했다. 이때 만 단위와 천 단위는 1의 단위와 10의 단위에 천을 곱하고, 이 두 숫자 사이에 카이(καί)를 두었다. 예를 들어, 첫 번째 인구 조사에서 유다 지파는 20세 이상 전쟁에 나갈 수 있는 수가 74,600명이었고(민 1:26-27), 두 번째 조사에서는 76,500명이었다(민 26:22). 이것을 헬라어로 표현하면 다음과 같다.

		유다
첫 번째	τέσσαρες καὶ ἑβδομήκοντα χιλιάδες καὶ ἑξακόσιοι	74,600
두 번째	ἓξ καὶ ἑβδομήκοντα χιλιάδες καὶ πεντακόσιοι	76,500

그러니까 74,600명은 "4와 70을 더해서 여기에 1,000을 곱하고, 600을 더하기"라고 읽는 것이다. 이런 읽기에 따르면 바울의 읽기는 이상한 데가 있다. "20에 3을 더하고, 여기에 1,000을 곱하기"로 읽은 것이

다. 이런 읽기는 고전과 성경에 조예가 깊은 바울에게는 이상한 표현이다. 따라서 다른 읽기가 필요하다.

그러면 어떻게 다르게 읽을 수 있는가? 여기서 킬리아데스(χιλιάδες, "1,000")를 이중의무(double duty)로 읽는 것이다. 바울은 두 사건의 숫자를 다 말했을 가능성이 있다. 즉 바울은 이스라엘의 싯딤 음행 사건의 사망자를 먼저 말했는데, 이것을 말하자마자 금송아지 사건의 사망자도 떠오른 것이다. 그래서 "그때 약 20에 1,000을 곱하기, 아 아까 금송아지 사건으로 죽은 자들은 말하지 않았군! 3에 1,000을 곱하기"!라고 말한 것이다.

마지막으로 부분수설이다. 바울이 24,000명의 사망자 중 일부만 말했다고 보는 것이다. 실제로 바울은 민수기 25:9에서 말하지 않는 정보를 한 가지 더 말하고 있다. 즉 "그 염병으로 죽은 자가 24,000명이었다"고 하지 않고, "하루에 죽은 자가 23,000이었다"고 말한 것이다. 전염병이 발생했다면, 발생한 즉시 모두 죽지 않는다. 이스라엘이 모압의 초청에 응하여 이방신에게 절하고 음행했을 때, 이스라엘 진영에 하나님의 진노가 전염병으로 나타나기 시작했고 이 일이 여러 날 진행되었을 수 있다. 그런데 시므리는 이 일에 아랑곳하지 않고 이스라엘 진영으로 이방 여인을 끌어들이고 공개적으로 음행을 저질렀다. 이렇게 해서 여호와의 진노의 강도가 높아졌을 수 있다. 비느하스가 하나님의 질투로 응징했을 때 그날 하루에 23,000명이 죽고 그 다음날까지 사망자가 계속되었을 수 있다. 따라서 "비느하스가 ... 두 사람을 죽이니 염병이 이스라엘 자손에게서 그쳤더라"(민 25:8)는 말씀의 배경에 생각보다 복잡한 역사적 상황이 있을 수 있고, 바울의 숫자는 이 상황을 반영한 것이다.

다음으로 바울이 이스라엘 역사에서 드는 예는 시험이다.

3.6.3.3 시험

바울은 이렇게 말한다.

> **고전 10:9** 그들 가운데 어떤 사람들이 주를 시험하다가 뱀에게 멸망하였나니 우리는 그들과 같이 시험하지 말자.

이 시험이 어떤 시험을 가리키는지 명확하지 않다. 출애굽 역사에서 이스라엘 백성이 "여호와를 시험한" 일이 자주 있었기 때문이다. 그러나 공통점이 있다. 홍해를 건너 광야로 진입했을 때, 그들 앞에는 큰 도전이 있었다. 이 도전은 '과연 하나님이 양식과 물을 제공할 수 있을까?'라는 질문과 관련이 있었다. 이스라엘 백성들은 애굽에 열 재앙을 내리셔서 애굽 신들을 심판하시고, 홍해를 가르셔서 구원하신 하나님을 신뢰하고 기다리는 대신, 미리 불가능하다고 판단하고 이 판단에 근거해 자신들의 존재와 상황을 원망하며, 불안에서 불신앙으로 넘어갔다. 이것은 출애굽 초기에 이스라엘이 신 광야에 막 들어갔을 때 일어났다.

> **출 17:2-3** 백성이 모세와 다투어 이르되
> "우리에게 물을 주어 마시게 하라."
> 모세가 그들에게 이르되
> "너희가 어찌하여 나와 다투느냐? 너희가 어찌하여 여호와를 시험하느냐?" ³ 거기서 백성이 목이 말라 물을 찾으매 그들이 모세에게 대하여 원망하여 이르되 "당신이 어찌하여 우리를 애굽에서 인도해 내어서 우리와 우리 자녀와 우리 가축이 목말라 죽게 하느냐?"

그뿐만 아니라 이스라엘 광야 노정 막바지에도 변하지 않았다.

> **민 21:5-6** 백성이 하나님과 모세를 향하여 원망하되 "어찌하여

우리를 애굽에서 인도해 내어 이 광야에서 죽게 하는가? 이 곳에는 먹을 것도 없고 물도 없도다! 우리 마음이 이 하찮은 음식을 싫어하노라" 하매 ⁶ 여호와께서 불뱀들을 백성 중에 보내어 백성을 물게 하시므로 이스라엘 백성 중에 죽은 자가 많은지라.

시편 기자들은 이들을 이렇게 평가했다. 하나님은 광야 생활 때 낮에는 구름기둥으로 밤에는 불빛으로 인도하시고, 반석을 쪼개어 물을 주시며, 매일 양식을 주셨으나, 그들은 계속해서 범죄하고 하나님을 배반했다(시 78:14-17). 어떻게 배반했는가? 시편 기자는 이렇게 말한다.

시 78:18-20 그들이 그들의 탐욕대로 음식을 구하여
그들의 심중에 하나님을 시험하였으며,
¹⁹ 그뿐 아니라 하나님을 대적하여 말하기를
"하나님이 광야에서 식탁을 베푸실 수 있으랴?"
²⁰ "보라, 그가 반석을 쳐서 물을 내시니 시내가 넘쳤으나
그가 능히 떡도 주시며 자기 백성을 위하여 고기도 예비하시랴?
하였도다.

마지막으로 원망이다.

3.6.3.4 원망

이스라엘 출애굽과 광야 역사에서 시험과 원망은 많은 경우 함께 나타난다. 하지만 여기서 바울이 생각한 원망은 특별한 사건을 가리킬 가능성이 높다. 바로 가데스 바네아 사건이다.

이스라엘 백성은 출애굽한 지 약 1년이 지났을 때 바란 광야 북부에 도착했다. 여기서 여호와의 명령으로 정탐꾼 열 둘을 보냈다(민 13:1-16). 사십 일을 정탐한 후, 정탐꾼의 절대 다수가 이렇게 보고했다. 땅

은 너무나 좋으나(13:27) 그 땅을 점령하는 것은 불가능하다(13:28-29)! 여호수아와 갈렙이 하나님의 함께하심에 근거하여 반대의견을 냈으나 이스라엘 백성들은 그 자리에서 밤이 맞도록 통곡하고 원망하며 애굽으로 돌아가자고 제안한다.

민 14:2-3, 29-33	고전 10:10
이스라엘 자손이 다 모세와 아론을 원망하며 온 회중이 그들에게 이르되 "우리가 애굽 땅에서 죽었거나 이 광야에서 죽었으면 좋았을 것을! ³ 어찌하여 여호와가 우리를 그 땅으로 인도하여 칼에 쓰러지게 하려 하는가? 우리 처자가 사로잡히리니 애굽으로 돌아가는 것이 낫지 아니하랴?" .... ²⁹ 너희 시체가 이 광야에 엎드러질 것이라. 너희 중에서 이십 세 이상으로서 계수된 자 곧 나를 원망한 자 전부가 ³⁰ 여분네의 아들 갈렙과 눈의 아들 여호수아 외에는 내가 맹세하여 너희에게 살게 하리라 한 땅에 결단코 들어가지 못하리라. ³¹ 너희가 사로잡히겠다고 말하던 너희의 유아들은 내가 인도하여 들이리니 그들은 너희가 싫어하던 땅을 보려니와 ³² 너희의 시체는 이 광야에 엎드러질 것이요, ³³ 너희의 자녀들은 너희 반역한 죄를 지고 너희의 시체가 광야에서 소멸되기까지 사십 년을 광야에서 방황하는 자가 되리라.	그들 가운데 어떤 사람들이 원망하다가 멸망시키는 자에게 멸망하였나니 너희는 그들과 같이 원망하지 말라.

여기서 알 수 있는 것처럼 바울은 이스라엘이 정탐꾼을 보내고, 보고를 받고, 원망하고, 광야에서 다 죽는 긴 역사를 요약하여 인용하고 있다. 이 인용에는 특이한 점이 있다. 민수기에서는 불신앙의 대가로 이스라엘 백성 중 성인은 모두 광야에서 죽고 약속의 땅에 들어가지 못하며, 그들의 자녀들은 광야에서 방황하는 처지가 되리라고 말하는 반면, 바울은 이것을 "멸망시키는 자에게 멸망한 것"이라고 표현한다. 여기서

"멸망시키는 자"는 궁극적으로 하나님이다. 이 표현은 실제로 광야 생활 전 유월절에 모세가 쓰던 표현이다.

> **출 12:23** 여호와께서 애굽 사람들에게 재앙을 내리려고 지나가실 때에 문 인방과 좌우 문설주의 피를 보시면 여호와께서 그 문을 넘으시고 멸하는 자에게 너희 집에 들어가서 너희를 치지 못하게 하실 것임이니라(cf. 출 12:12-13).

"여호와"와 "멸하는 자"가 서로 다른 존재인 것처럼 보이는 부분이 있다. 왜냐하면 출애굽기에는 넘어가는 분은 여호와 하나님("내가")이고, 멸하게 하는 자는 "재앙"이기 때문이다(출 12:13). 또 시편 기자는 재앙을 "재앙의 천사들"이라는 인격적인 존재로 표현하기도 하기 때문이다(시 78:49).

이스라엘의 "원망"의 성격은 무엇인가? 이것은 단순하게 감정적으로 불평하는 것이었다고 오해해서는 안 된다. 이스라엘 백성들은 자신들이 받은 구속과 약속을 부정하고 이전 노예 삶으로 돌아가려고 했다. 따라서 이 원망은 신약 신자에게 그리스도의 십자가를 부인하는 것과 같다.

지금까지 바울은 이스라엘 역사를 들어 네 가지를 명령했다.

금송아지 사건	우상숭배하는 자가 되지 말라!
싯딤 사건	음행하지 말자!
신광야, 불뱀 사건	시험하지 말자!
가데스 바네아 사건	원망하지 말라!

이 네 가지는 고린도 교회에 현재 있는 문제이기도 하다. 이스라엘 백

성이 시내산에서 금송아지를 만들고 절기를 선포하면 그 앞에서 방탕한 연회를 열었듯이 고린도 교인 중에도 그리스도인임에도 옛 지인이 이방 신전 의식에 부르면 응하고 우상 제물을 먹는다(우상숭배). 이스라엘이 모압이 초대한 이방 제사와 종교적 난교에 참여했듯이 고린도 교인 중에도 이교적 성적 문란에서 벗어나지 못한 사람이 있다(음행). 이스라엘 백성 중에는 하나님께서 광야에서 그들의 생명을 책임지시는 것을 의심하고 탐욕을 위해 종교를 이용하는 사람들이 있었던 것처럼, 고린도 교인 중에도 그리스도께서 십자가로 우리 영혼을 구원하셨는데 과연 일상의 필요도 채우실 수 있는가 의심하는 사람들이 있었다(시험). 이스라엘 백성이 약속의 땅 정복을 앞두고 출애굽 구속을 부인하고 아브라함에게 약속하신 언약을 신실하게 이루신 하나님의 능력을 의심하며 옛 삶으로 회귀하고 싶었던 것처럼, 고린도 교인 중에도 십자가를 부인하고 거듭난 생명과 빛에서 옛 삶으로 회귀하는 것이 낫다고 불평하는 사람들이 있었다(원망). 그러나 이 모든 일의 결과는 벌써 예시로 벽에 걸려 있다. 그 마지막은 죽음과 멸망이다.

그러면 어떻게 해야 하는가? 바울은 먼저 이겼다고 생각하는 자들에게 말한다.

고전 10:12 그런즉 선 줄로 생각하는 자는 넘어질까 조심하라!

이 말은 모든 경우에 적용할 수 있는 일반적인 교훈이다. 하지만 여기서는 특별히 우상숭배와 음행, 시험과 원망을 염두에 둔 것이다. 예를 들어, 시험과 원망에 집중해 보자. 믿음이 강한 노예 신자가 있다고 하자. 그는 하나님의 전능하심과 부활하신 그리스도의 임재를 경험하며 살고 있다. 이 땅에 사는 동안 궁핍할 때가 있지만, 더 일하며 견뎌낸다. 그러나 자기 옆에 자유인 주인이 있다. 그는 믿음이 약하여 세상과 사회의 질서를 버리지 않고, 집에서도 교회에서도 요구한다. 교회에서는 다른 사람이 다 자기 노예를 "형제"로 불러야 한다고 하기 때문에 따르다가도 집에 가면 더 가혹하게 대하거나 학대한다. 그 노예는 그리스도인이므로 주인을 더 사랑으로 대한다. 그럼에도 그 마음에 차라리 '내가 그리스도인이 아니라면 대들기라도 하고 욕이라도 할 수 있을텐데... 도둑질 할 수도 도망갈 수도 없으니, 차라리 믿지 않았더라면...' 하고 시험하거나 원망할 수 있다. 주인은 주인대로 시험이 되고 차라리 옛 삶으로 돌아가고 싶을 것이다. 왜냐하면 어떻게 자기 집의 노예를 교회에 오면 형제로 부르고 같은 식탁에서 식사를 할 수 있겠는가? 그 노예가 너무나 어려운 처지를 보고, 과부가 된 그리스도인 귀부인이 사랑하게 되고, 그 노예를 해방시켜 주기라도 한다면, 노예였던 사람이 하루 아침에 같은 신분이 되는데, 이것을 어떻게 견디겠는가? 믿음이 강한 자든 약한 자든 복음을 듣고 영혼이 살아나 새로운 시각으로 주인과 노예를 대한다. 현 시대의 질서와 가치관과 구조는 생각하는 것보다 단단하다. 한 번에, 한 순간에 무너지지 않는다. 그러므로 신자는 서 있다고 생각할 때나 이제는 극복했다고 판단할 때, 그때 조심해야 한다.

다음으로 바울은 누군가 시험을 겪고 있는 자에게 말한다.

> **고전 10:13** 사람이 감당할 시험 밖에는 너희가 당한 것이 없나니 오직 하나님은 미쁘사 너희가 감당하지 못할 시험당함을 허락하지 아니하시고 시험당할 즈음에 또한 피할 길을 내사 너희로 능히 감당하게 하시느니라.

이 말도 거의 모든 상황에서 쓸 수 있는 격언이다. 그러나 여기서는 특별히 우상숭배와 음행, 시험과 원망을 어떻게 해결할지 권하는 내용이다. 이 중에서 우상숭배와 음행에 집중해 보면 이렇다. 우상의 제물을 먹거나 우상을 숭배하지 않는 자나 그리스도께 속한 자가 되었으니 이제는 음행을 멀리 하는 자가 있다면 잘 한 것이다. 그러나 죄는 우리가 생각하는 것보다 강하고, 사단은 신자가 경계하는 것보다 지혜롭다. 그러므로 신자는 서 있다고 생각할 때, 승리했다고 판단될 때, 그때 조심해야 한다.

이런 상황에서 초대교회 교인들은 저마다 다 자기에게 시험이 너무 무겁다고 느꼈을 수 있다. 바울은 말한다. 너희에게 시험이 있으나 하나님이 감당할 수 없는 시험을 주신 적이 없다. 하나님은 신실하셔서 감당할 수 있는 시험만 주시고, 또 시험을 당할 때 피할 길을 내신다(고전 10:13). 우상 제물을 먹지 않을 수 있는 길을 주시고, 이방 신전에 초대받았더라도 몸을 지키고 이교적 음행을 피할 길을 내실 것이다. 그래서 양심이 연약한 형제들을 넘어지지 않게 하시고, 자신의 행동이 그리스도 안에서 거룩하게 되도록 하실 것이다.

지금까지 이스라엘 역사에서 자유남용의 네 가지 예를 들어 현재를 비추어 보았다. 이제 바울은 이 중 우상숭배 문제를 다시 한 번 언급한다. 이때 우상 제물 때문에 양심이 약해지고 더러워지는 사람의 문제(고전 8:7)도 함께 다룬다.

3.6.4 이방신전 예배를 피함(10:14-11:1)

우상제물에 관한 주제는 고린도전서 8:1-13에 나오는데, 고린도전서 9장과 10:1-13에서는 자유포기와 자유남용 문제를 다루다가 고린도전서 10:14-22에서 다시 등장한다. 이 주제들이 어떤 연관성이 있는가? 여기서는 자신에게 있는 자유를 적법하게 생각하고 우상제물을 먹거나 이방 신전 의식에 참여하는 사람들에게 집중한다. 이들이 고려하지 못한 것은 무엇인가? 우선 약한 형제들이다.

고전 8:7 그러나 이 지식은 모든 사람에게 있는 것은 아니므로 어떤 이들은 지금까지 우상에 대한 습관이 있어 우상의 제물로 알고 먹는 고로 그들의 양심이 약하여지고 더러워지느니라.

하지만 약한 형제들이 전부가 아니다. 무엇보다 우상 제물에 참여하는 일에 대한 본질이다. 바울은 거듭난 지혜와 구약 역사가 이를 증명한다고 말한다. 이 지혜에 따라 판단할 때(고전 10:15), 제물을 먹는다는 것은 육적 행동에 머물지 않는다. 제물은 보이지 않는 현실을 가리키는 표시이다. 예를 들어, 성만찬에서 포도주와 빵은 자기 백성을 위해 흘리신 그리스도의 피와 우리를 위해 찢으신 그리스도의 몸을 가리킨다. 따라서 성만찬에서 포도주를 마시고 빵을 먹는 것은 이 포도주와 이 빵이 가리키는 그리스도의 구속을 고백하고 참여한다는 의미이다. 지역마다 다를 수 있고 문화마다 차이가 있을 수 있지만, 이 빵이 그리스도인의 성례가 되려면, 오직 그리스도의 십자가와 연결되어 있어야 한다. 만일 이것을 고백한다면, 우리가 받는 잔은 주께서 잡히시던 날 밤에 제자들에게 주신 잔과 같고, 우리가 받는 빵은 주께서 "이것은 내 몸이니라"고 말씀하신 빵과 같다. 따라서 오직 하나의 빵이 있을 뿐이며 다 이 빵에 참여하므로 어느 시대 어느 나라에 살든 우리는 한 몸이다(고전 10:16-17).

역사를 통해 볼 때(고전 10:18), 제단과 제물은 속죄와 화목을 위해 존재한다. 따라서 물리적 제단에 드린 육적 제물을 먹는다는 것은 이 속죄와 평화의 길을 마련하신 하나님과 언약적 교제에 참여하고 누리는 것이다. 우상의 제물과 우상도 마찬가지이다. 이방인의 제단과 제물은 물리적 형상인 우상이 아니라 귀신(다이몬)을 위한 것이다. 이방인이 제사하고 제물을 먹을 때 그들은 귀신의 능력에 참여하기 위한 것이다. 따라서 우상 제물을 먹는다는 것은 귀신(다이몬)과 교제하는 것이다.

그러나 누군가 그리스도인이라면, 이것은 불가능하다. 왜냐하면 그는 이미 그리스도와 한 몸이 되었고, 한 빵에 참여했으며, 그리스도와 배타적 언약적 교제에 참여했기 때문이다. 그런데 그가 동시에 우상의 제물을 먹고 이방 신전 의식에 참여한다면 귀신(다이몬)과 한 몸을 이루고, 그 제물에 참여하며, 귀신과 배타적 교제에 들어갔다는 말이 된다. 둘 중 하나는 참이고 다른 하나는 거짓이다. 양심상 사람이 그리스도를 부인하지 않으면, 귀신(다이몬)의 제사에 참여할 수 없다. "주의 식탁과 다이몬의 식탁에 겸하여 참여하지 못한다"(고전 10:21).

그러나 이렇게 반문할 수 있다. 우상은 무(無)요, 참 신은 한 분 하나님뿐이신데, 무인 우상에게 바쳐진 고기가 신자의 양심에 무슨 영향을 미치겠는가? 이것은 정당한 질문이다. 만일 종교와 상관이 없는 장소와 상황에서 우상에게 바쳐진 제물을 먹는 문제라면 아무 문제가 없다. 그러나 본문에는 초대교회에서 행한 성찬식과 구약에서 제단에 드리는 제물, 이방인이 귀신에게 드리는 고기와 관련된 문제이다(고전 11:16-17, 18, 19-20). 그렇더라도 또 반문할 수 있다. '우상은 무요, 참 신이 아닌데, 무의 신전에 들어가고 무와 관련된 제사에 드려진 제물을 먹는 것이 신자의 양심에 무슨 영향을 미치겠는가?' 만일 진정으로 이런 뜻에서 이방 신전에 찾아갔다면 문제될 것이 없다(고전 8:4). 하지만 되묻지 않을 수 없다. 만일 그렇다면 과연 그 자리에 갈 필요가 있었는가? 무에 참여한다면 결국 무일 텐데, 무를 얻기 위해 거기에 간단 말인가? 따라서 다른 이유가 있을 가능성이 훨씬 높고, 그것은 다름 아닌 다이몬의 능력과 접촉이나 다이몬과 인격적 교제였을 수 있다.

초대교회가 신자에게 극장을 금한 적이 있는데, 같은 이유에서였다. 순수하게 연극을 보려고 예술을 즐기려는 목적이라면 문제될 것이 없다. 그러나 당시 연극을 순수하다고 할 수 없다. 순수한 연극은 없었고 연극은 모두 국가의 이데올로기를 전하기 위한 프로젝트였고, 종교적 사상과 이념을 불어넣기 위한 매체였다. 나아가 극장은 매우 외설스럽고 성적인 문란함을 자극했다. 실제로 극장에서 난교가 이루어지는 경우도 있었다.[263] 이것은 타락한 인간의 욕구와 탐욕의 양분이지 순수한 예술이 아니었기 때문에 금지한 것이다.

이방 신전에 가고 거기서 제물을 먹을 때, 거기서 이루어지는 일에 향수를 느낀다면, 이미 귀신(다이몬)의 영향 하에 있는 것이다.

시장에 나온 고기는 모두 이방 신전에서 나온 우상제물인데, 그리스도인은 고기 없는 세상으로 떠나야 하는가? 바울은 자기의 유익이 아니라 다른 사람을 유익을 구하고, 덕을 세우는 데로 삶의 주파수를 정하라고 말한다(고전 10:23-24). 대표적으로 세 가지 상황을 말하고 두 가지 지침을 소개한다.

고린도전서	지침
1. 시장에서 파는 고기(10:25)	— 양심을 위해 묻지 말고 먹는다
불신자가 초청했을 때	
2. 그 불신자가 차려놓은 고기(10:27)	— 양심을 위해 묻지 말고 먹는다
3. 타인이 우상제물이라고 말한 고기(10:28)	— 그 타인 양심을 위해 먹지 않는다

시장에서 파는 고기나 불신자가 식사초대 했을 때 내놓은 고기는 거리낌 없이 먹어도 된다. 그것은 이미 신전과 그 신전에서 숭배되는 다이몬과 관계없는 정황에 있기 때문이다. 그것은 그저 음식일 뿐이다.

그러나 불신자가 초대한 식사에 혹 다른 사람이 참석했는데, 그가 이것은 아폴론이나 아프로디테, 디오니소스에게 바쳐진 제물이라고 말한다면, 그것은 신전과 그 신전에서 숭배되는 다이몬과 관련성이 지속

---

[263] 존 폴락, 『사도바울』, 홍종락 옮김(서울: 홍성사, 2009), 221.

되는 상황이 된다. 그가 신자든지 불신자든지 상관없이 여기서는 지식에서 오는 자유를 포기해야 한다. 그가 신자라면 믿음이 연약한 자이고, 강한 자의 본을 보고 우상제물을 먹게 되므로, 후에 다이몬의 식탁에 참여했다는 생각에 양심이 약해지고 더러워질 것이기 때문이다. 그가 불신자라면, 그것을 먹는 사람도 다이몬의 능력에 접촉하고 귀신(다이몬)과 교제하며, 혹 그에게 알 수 없는 능력이 역사했을 때, 성령에게서 온 것이 아니라 귀신(다이몬)에게서 왔다고 생각하게 될 것이기 때문이다. 그러면 복음 전파에 큰 장애가 될 것이다.

신자는 이런 상황에서 어떤 원칙을 따라야 하는가? 신자는 종말론적 지향점을 보고 행동해야 한다.

> 고전 10:31 그런즉 너희가 먹든지 마시든지 무엇을 하든지 다 하나님의 영광을 위하여 하라

어떻게 이렇게 할 수 있는가? 바울은 자신을 신자의 모범으로 제시한다. 자신이 자신의 유익을 구하지 않고, 유대인이든 헬라인이든 하나님의 교회든 세상이든 거치는 자가 되지 않으며, 모든 일에 모든 사람을 기쁘게 하여 "그들이 구원받게 하라"는 것이다(고전 10:32-33). 그러면 자신은 누구를 본받았는가? 바울은 그리스도를 본받았다.

> 고전 11:1 내가 그리스도를 본받는 자가 된 것 같이 너희는 나를 본받는 자가 되라.

지금까지 바울은 고린도 교회가 문의한 주제를 다루었다. 이제 바울은 공적 예배에 대해서 가르친다.

3.7 공중 예배(고전 11:2-14:40)

이 단락은 성경 독자에게 당혹스러운 점이 많다. 우선 주제의 흐름이 자연스럽지 않아 보인다. 바울은 처음에 남녀의 기도와 예언 문제(고전 11:2-16)를 설명한다. 그러다가 갑자기 성만찬 문제(고전 11:17-34)를 이야기하고, 그 후에 은사 문제에 대한 긴 설명을 하는 것 같다(고전 12:1-14:40). 그러나 면밀히 보면, 이 세 단락은 큰 주제 아래 있다.

그러면 이 세 가지 문제를 하나로 묶는 주제는 무엇인가? 그것은 은사이다. 우선 첫 두 문제는 "전통"에 속한 것으로 볼 수 있다. 동일한 문구가 나타나기 때문이다.

고전 11:2 내가 너희에게 전하여 준 대로 그 전통을 너희가 지키므로 너희를 칭찬하노라.

고전 11:17 내가 명하는 이 일에 너희를 칭찬하지 아니하노라.

바울은 이 전통을 전하거나 명령했는데, 고린도 교인들은 이것을 따르기도 하고 따르지 않기도 했다. 이 전통 속에 남녀가 함께 모여 기도나 예언을 하고, 주의 이름으로 애찬을 나눈 것이다.

세 번째 문제도 역시 그리스도인의 정체성과 삶이라는 크고 일반적인 틀을 가리키기도 하지만, 주된 관심은 공중 예배에 있다. 물론 여기서도 동떨어진 주제를 느슨하게 나열하는 듯한 느낌이 든다. 바울은 신령한 은사를 설명하면서 단락을 시작한다(고전 12:1-31). 그런데 은사 이야기를 하다가 말고 갑자기 사랑에 대해 말하고(고전 13:1-13) 사랑을 말한 후에는 방언과 통역에 대한 내용을 설명한다(고전 14:1-33). 그리고 교회에서 남녀문제로 돌아간 것 같더니(고전 14:34-38), 마지막에는 예언과 방언에 대한 지침으로 마친다(고전 14:39-40). 따라서 이들은 모두 은사라는 큰 주제로 하나를 이룬다.

바울은 은사의 통일성과 다양성, 가장 큰 은사인 사랑, 은사 중 특별히 방언과 예언, 예배 시 질서를 차례로 다룬다. 그런데 방언과 예언, 계시와 통역 문제를 예배 문맥에서 생각한다.

> **고전 14:19** 그러나 교회에서 내가 남을 가르치기 위하여 깨달은 마음으로 다섯 마디 말을 하는 것이 일만 마디 방언으로 말하는 것보다 나으니라.
>
> **고전 14:28-30** 만일 통역하는 자가 없으면 [방언하는 자는] 교회에서는 잠잠하고 자기와 하나님께 말할 것이요, [29] 예언하는 자는 둘이나 셋이나 말하고 다른 이들은 분별할 것이요, [30] 만일 곁에 앉아 있는 다른 이에게 계시가 있으면 먼저 하던 자는 잠잠할지니라.

성령의 은사도 일반적인 상황이 아니라 공중 예배라는 구체적인 상황을 염두에 둔 것이다.

이런 점에서 이 단락(고전 11:1-14:40)은 공중 예배를 다루고 있는데, 총 네 부분으로 구성된다.

		고린도전서
1.	새로운 세계관과 체계	11:2
2.	여자가 머리에 두건을 쓰는 문제	11:3-16
3.	성찬의 남용 문제	11:17-34
4.	성령의 은사 분배와 활용	12:1-14:40

이제 이 네 부분을 차례로 살펴보자. 먼저 바울이 교회에 준 새로운 "전통"이다.

3.7.1 "전통": 종말 공동체의 새로운 세계관과 체계

바울은 이 단락을 시작하면서 이렇게 말한다.

> **고전 11:2** 너희가 모든 일에 나를 기억하고
> 또 내가 너희에게 전하여 준 대로 그 전통(αἱ παραδόσεις)을 너희가
> 지키므로 너희를 칭찬하노라.

여기서 "그 전통"은 직역하면 "전통들"이다. 이것은 무엇을 가리키는가? 보통 이 말은 "어떤 집단이나 공동체에서 오래 전에 또는 지난 시대에 형성되어 전해 내려오는 사상이나 관습, 행동 양식"을 가리킨다. 하지만 여기서는 "전수"에 더 강조점이 있다. 이것은 전문맥이 지지한다. "너희가 모든 일에 나를 기억한다"는 말은 "너희가 전통들을 지킨다"는 말과 대구를 이루기 때문이다. 즉 고린도 교인들이 지킨 것은 바울이 1년 6개월 동안 한 말과 가르침, 그들 앞에서 보인 본이 되는 행동이다(cf. 행 18:11).

또한 후 문맥도 지지한다. 이 전수된 것들은 "내가 명한 이 일"과 같은 것이기 때문이다.

고린도전서 밖에서도 발견할 수 있다. 예를 들어, 바울은 고린도에 오기 바로 직전에 데살로니가에서 3주 동안 전하고 가르치며 전수한 것을 "전통"이라고 부른다.

> **살후 2:15** 그러므로 형제들아 굳건하게 서서 말로나 우리의 편지로 가르침을 받은 전통을 지키라.
> **살후 3:6** 형제들아 우리 주 예수 그리스도의 이름으로 너희를 명하노니 게으르게 행하고 우리에게서 받은 전통대로 행하지 아니하는 모든 형제에게서 떠나라.

따라서 바울이 말한 "전통"은 길게 잡아도 2년이 안 되고 짧게는 한 달 밖에 안 된다. 그러면 이것을 "전통"이라고 할 수 있는가? 할 수 있다. 바울은 초대교회 복음 선포 내용을 이 "전통"이라는 말로 표현한다. "형제들아, 내가 너희에게 전한 복음을 너희에게 알게 하노니 이는 너희가 받은 것이요 또 그 가운데 선 것이라. 내가 받은 것을 먼저 너희에게 전했다"(cf. 고전 15:1–3a). 여기서 "받다"는 말은 파라디도미($\pi\alpha\rho\alpha\delta\iota\delta\omega\mu\iota$)인데, 이 말은 파라도시스($\pi\alpha\rho\alpha\delta\sigma\iota\varsigma$)와 동일어군에 속한다. 그런데 이 파라도시스가 "전통"을 가리키는 말이다. 고린도전서 15:3b부터 나오는 부활 복음은 고린도전서에서 가장 체계적인 변증이다. 따라서 시간은 짧지만 매우 체계적인 무언가를 전수했고 고린도 교회는 체계적으로 전수받은 내용을 실천한 것이다. 이것을 바울은 칭찬한다.

그러면 이 "전통"은 무엇이었는가? 그것은 새로운 세계관이다. 종말론적 가치체계이다. 바로 이어지는 단락에서 바울은 공중 예배에서 남녀 자태의 구별에 대해 말한다. 그런데 바울은 남녀와 노유, 주종과 내외를 어떻게 생각하는가?

> **갈 3:28** 너희는 유대인이나 헬라인이나
> 종이나 자유인이나
> 남자나 여자나
> 다 그리스도 예수 안에서 하나 [사람, 인류]이니라

여기서 유대인과 비유대인, 헬라인과 야만인, 로마시민권자와 비시민권자, 노예와 자유인, 남자와 여자는 세계를 구분하는 가장 기본적인 원리이다. 현재 시대에서 가장 근본적인 구분선이다. 하지만 바울은 이 모든 원리가 그리스도 안에서 재정의된다고 선언한 것이다. 그리스도 안에서 새로운 피조물이요 새로운 한 인류이다.

여기에 남자와 여자의 구분이 없다는 것은 충격적이다. 왜냐하면 이것은 창조에 심어 두신 구분이기 때문이다. 그러면 오는 시대에는 남자도 여자도 없고, 제3의 성이나 존재 양식이 있다는 뜻인가? 그렇지 않다. 바울이 말한 것은 차별과 불이익의 원인이 제거된다는 것이다. 유대인은 헬라인을 언약 백성에서 제외시켰고, 자유인은 종에게 인간의 권리들을 빼앗으며, 그리스-로마 시대에 남자가 여자와 어린이의 권리와 이익을 인정하지 않았다. 하지만 이런 모든 것이 그리스도 안에서는 사라진다는 말이다. 바울은 이것을 그리스도의 십자가와 부활 복음과 함께 갈라디아 남부 시골 지역뿐만 아니라 아테네와 고린도와 같은 도시에서도 전했다.

바울이 고린도에서 18개월 동안 복음을 전할 때, 복음만 전한 것이 아니다. 복음과 함께 이와 같은 종말 공동체의 가치관과 세계관을 전했다. 이 가치관과 세계관은 철저하고 혁명적이고 놀라운 것이었다. 아가야 지방의 도시에 살고 있는 여자들과 노예, 소외 계층이 이 소식을 들었을 때 그들은 새로운 세계와 만난 것이나 다름없다. 특히 여자들은 어떠했겠는가? 그리스도 안에서 남자와 동등한 지위를 갖고 예배를 드릴 때 남자와 똑같이 기도하고 예언할 수 있다는 소식은 고린도 지역 세계의 일상과 상식을 뒤집는 일이었다.

    이것이 바울이 말한 "전통"이다. 그리스도의 십자가와 부활로 시작된 오는 세계의 가치를 현재 세계의 질서 위에 두고 그 가치를 따르는 믿음과 삶의 체계를 가리킨다.

이 새로운 체계는 쉽게 오해받고 남용될 수 있었다. 이어지는 단락의 내용은 직간접적으로 모두 이 오해와 남용의 예이다. 먼저 공중 예배에서 "여자가 머리에 쓰지 않는 것"에 대해 잠시 살펴보자.

3.7.2 두건(고전 11:2-16)

바울은 여자들에게 머리에 무언가 쓰든지, 두건을 쓰지 않으려면 머리카락을 밀라고 말한다. 물론 이것은 평소 일상에서도 해야 할 의무가 아니다. 그리스도인이 "기도하고 예언할 때," 즉 공중 예배에 나왔을 때에 따라야 할 의무이다. 그렇다 하더라도 바울이 말하는 내용이 너무 낯설다. 오늘날 남녀 평등을 양보할 수 없는 가치로 받아들이고 있는 사회에서는 더욱 거부감이 드는 명령이다. 특히 머리에 무언가를 쓰거나 머리카락을 밂으로써 "권세 아래 있는 표를 머리에 두어야 한다"(고전 11:10)는 것은 현대인이 이해하기 쉬운 말은 아니다.

그러나 조금 마음을 가라앉히고 바울의 말을 자세히 들어볼 필요가 있다. 여기에는 오늘의 시대 정신과 맞지 않는 사상도 있지만, 당시나 앞으로도 이해할 수 없는 말이 있기 때문이다. 이것은 여성에게만 해당하지 않는다. 남성에게도 그렇다. 예를 들어보자.

> 고전 11:4-5 무릇 남자로서 머리에 무엇을 쓰고 기도나 예언을 하는 자는
> 그 머리를 욕되게 하는 것이요,
> ⁵ 무릇 여자로서 머리에 쓴 것을 벗고 기도나 예언을 하는 자는
> 그 머리를 욕되게 하는 것이니
> 이는 머리를 민 것과 다름이 없음이라.

여자가 두건을 벗고 기도나 예언하는 것은 자신의 머리를 욕되게 하는 것이며, 마치 여성이 삭발을 했을 때와 같이 수치스러운 것이라고 말한다. 뿐만 아니라 남자가 머리에 두건을 쓰고 기도나 예언을 해도 마찬가지로 자기 머리에 치욕이 된다고 단언한다. 어떻게 이것이 치욕이 되는가? 많은 문화권에서는 정반대이다. 인도인이나 무슬림이 터반을 쓰

지 않는 것은 수치가 된다. 유대인은 늘 키파를 쓰며 외출할 때 중절모를 쓴다. 하지만 이들이 터반이나 키파, 중절모를 쓰고 기도했다고 해서 자신의 머리에 치욕이 되지는 않는다.

바울의 명령은 일시적으로 1세기에만 지역적으로는 고린도에만 적용되는 가르침일 뿐인가? 아니다. 이 명령은 생각보다 훨씬 깊다. 바울은 이 명령과 창조와 타락, 남녀의 본성이 연관이 있다고 말한다. 바울에 따르면, 우선 창조 순서상 남자가 먼저요 여자가 나중이다(고전 11:8). 창조의 목적상 남자가 여자를 위해 창조된 것이 아니라 여자가 남자를 위해 창조되었다(고전 11:9). 다음으로 타락의 원인상 남자가 아니라 여자를 통해 죄가 들어왔다(딤전 2:14). 마지막으로 본성상 여성이 머리카락을 기른다면, 자연스럽게 두건 역할을 하기 때문에 긴 머리는 여성에게 영광이 되고(고전 11:15; cf. 11:5), 남성이 머리를 기른다면, 자신의 머리에 두건을 쓴 것이나 다름없기 때문에 하나님의 영광을 가리게 되므로 긴 머리는 남성에게 수치가 된다(고전 11:7, 4, 14). 창조와 타락과 본성은 역사요 원리이기 때문에 바꿀 수 있는 것이 아니다. 따라서 여자가 두건을 쓰는 문제도 항구적인 효력이 있는 지침이다.

바울의 명령은 이보다 훨씬 무겁고 깊다. 이것을 어떻게 알 수 있는가? 바울은 두건을 써야 할 필요성을 천사의 현존에서 찾는다.

3.7.2.1 천사 때문에
바울은 이 일이 보이는 세계와 인간의 범위를 훨씬 넘어서는 일이라고 말한다.

> **고전 11:10** 그러므로 여자는 천사들 때문에 권세 아래에 있는 표를 그 머리 위에 둘지니라.[264]

이것은 무슨 말인가? 여자가 두건을 써야 하는 이유가 천사들에게 있다는 것이다.

여기서 바울이 복음과 함께 전한 가치관과 세계관을 고려할 필요가 있다. 고린도 교회에 출석하는 여자들은 이 복음과 종말론적 가치관을 듣고 환영했을 것이다. 그러나 이 환영이 지나쳐 자신들은 재창조 세계에 들어왔으며, 그 세계에서는 그리스도 안에서 남녀도 주종도 내외도 노유도 영육도 없다고 주장하고, 공적 예배에서 모든 구별을 무시하는 사람들이 있을 수 있다. 이것은 종말에 대한 오해요, 종말론적 가치관과 세계관을 오용한 것이다. 그러나 예수님과 바울은 천국은 영혼만 들어가는 것이 아니라 몸이 부활하며, 남녀 구별이 철폐되는 것이 아니라 남자와 여자가 유지된다고 말한다. 남자와 여자는 하나님의 지혜의 다양함과 영광을 그대로 드러낼 것이다.

이것은 창조 시 남자가 먼저이며, 그리스도가 남자보다 앞서며, 영원 안에서 아버지가 제1위격이라는 사실이 없어지지 않는다는 것을 가리킨다. 무엇보다도 죄와 사망이 여자를 통해 들어왔다는 것을 지울 수 없다는 뜻이다. 이 두 사실은 전 피조계에 알려진 사실이며, 보이지 않는 세계가 알고 있다. 천사들은 인간보다 이 사실을 훨씬 깊이 인식한다.

왜 "천사들 때문에"인가? 현대인과는 달리 바울은 신자들의 공적 예배가 사람과 사람의 집합이나 교제에 그치는 것이 아니라고 생각한다. 주일에 드리는 공적 예배는 삼위일체 하나님과 이 땅의 신자만 언약 당사자로 참여하는 것이 아니다. 보이지 않는 교회, 천군과 천사들이 모두 참여한다(cf. 히 12:22-24). 그런데 공적 예배에 종말 세계관을 오

---

264 바울은 보이는 세계와 보이지 않는 세계의 공존을 인정했다. 예를 들어, 자신이 복음을 전하는 사역과 삶은 사람에게만이 아니라 천사와 세계에 현시된다고 말한다. "내가 생각하건대 하나님이 사도인 우리를 죽이기로 작정된 자 같이 끄트머리에 두셨으매 우리는 세계 곧 천사와 사람에게(τῷ κόσμῳ καὶ ἀγγέλοις καὶ ἀνθρώποις) 구경거리가 되었노라"(고전 4:9). 이것이 현대인의 세계관과 근본적으로 다른 점이다.

해하여 육을 멸시할 뿐만 아니라 창조와 재창조 세계에 존재하는 근본적인 구분과 질서에 유념하지 않는 사람들이 있다면, 그 예배는 하나님의 영광과 지혜를 드러내지 못한다. 그러면 하늘 법정에서는 '왜 이런 자를 초대했느냐'라는 공격이 있을 수 있다. 따라서 남자가 자신의 머리가 그리스도임을 잊고 머리에 두건을 쓴다면, 자기도 모르는 사이에 그리스도의 영광을 가리게 되므로, 자신에게 수치가 되는 것이다. 여자가 자신이 권위 아래 있다는 것을 무시하고 머리에 표를 두지 않으면, 자신의 의도와는 상관없이 창조의 질서와 타락의 원인과 결과를 외면하는 무책임한 존재가 되므로 부활 생명을 받은 자신에게 불명예가 된다.

오늘날 공적 예배도 동일한 상황인가?

3.7.2.2 오늘날 공중 예배

그러면 오늘날 여자는 공중 예배 때 무언가를 머리에 써야 하는가? 그렇지 않다. 이 문제는 외적 변화와 내적 일치 측면에서 생각해야 한다. 외적으로 할례를 받았더라도 율법을 어기면 무할례가 된다(롬 2:25). 마찬가지로 외적 수건을 썼다고 하더라도 신자가 자신의 내면으로 창조와 재창조, 종말 세계의 권위와 질서를 무시하면 벗은 머리가 된다. 오늘날 남자는 공중 예배 때 무언가를 써서는 안 되는가? 그렇지 않다. 세례를 받았더라도 "하나님 앞에서 마음이 바르지 못하면," 복음과 관계도 분깃도 없게 된다(cf. 행 8:12-13, 21). 따라서 벗은 머리가 되지 않고, 하나님의 형상과 영광을 드러내는 데 물리적 수건을 쓰느냐 마느냐가 중요한 것이 아니다. 그리스도의 복음과 그 복음이 담고 있는 세계관을 인정하고, 복음과 세계관에 어울리게 행동하는 것이 중요하다. 즉 창조와 종말을 아우르는 세계 앞에서, 보이는 세계와 보이지 않는 세계의 모든 택자와 택한 받은 천군 천사를 모두 포함하는 우주적 교회 앞에서, 만물 안에서 모든 것이 되신 삼위일체 하나님 앞에서 그 의식을 갖는 것, 이것이 곧 "권위 아래 있는 표를 머리에 두는 것"이며, 이것이 곧 "머리를 가리지 않는 것"이다.

바울 복음을 피상적으로 듣고 대충 이해하면, 2,000년 전 이 세상의 모든 관계와 구분은 철폐되었다고 이해하고 교회 공적 예배에 들어온 사람과 같이 될 수 있다. 오늘날 성경의 생각을 깊이 이해하고 복음이 품은 가치관과 세계관을 보려는 사람은 얼마나 적은가?

지금까지 공중 예배에서 모든 사람들, 특히 여성이 어떤 의식을 가지고 참여해야 하는지 말했다. 그 의식을 증거하기 위해서 어떤 외적인 표를 두어야 한다는 것이었다. 그러면 고린도 교회의 공중 예배에서 이루어지는 일 중에 바울이 전한 복음과 세계관에 맞지 않는 것이 두건 문제뿐이었는가? 그렇지 않았다. 여기에는 공동 식사/성찬도 있었다.

3.7.3. 애찬과 성찬(고전 11:17-34)

바울은 두건 문제를 말한 후 "명령할 것" 또는 "지침을 줄 것"을 떠올렸다. 그런데 이 명령이나 지침을 줄 바울의 마음이 그렇게 좋지 않았다.

> **고전 11:17a** 지금 내가 이 명령을 하려고 하는데, 이 일에 너희를 칭찬하지 아니하노라.

여기서 "이 일"(τοῦτο)은 팬던트(pendant)이다. 앞으로 말할 일을 미리 미리 지시하면서 독자들의 마음을 예비하게 하는 문학적 장치이다. 이 장치는 이제 말하려는 것이 말하기 어렵거나 불편한 주제임을 암시한다. 바로 "애찬/성찬" 문제이다. 이 문제로 고린도 교인들 중 일부가 죽기까지 했기 때문이다. 구약에서 나답과 아비후 사건이나 아간 사건, 신약에서 아나니아와 삽비라 사건과 같이 심각한 것이었다. 그렇다면 고린도 교회에서 애찬이 어떤 이유로 심각한 죄가 되고 형벌을 불러 일으켰는가?

3.7.3.1 애찬: 식사, 성례?

바울이 고린도전서 11:17a에서 한 말을 미루어 볼 때, 애찬 문제는 두 건 문제보다 훨씬 정착이 덜 된 사안임이 분명하다. 즉 고린도 교회가 지침을 받았어도 거의 실천하지 않았거나 도리어 바울의 지침과 반대 방향으로 나갔을 수 있다. 그래서 심각한 상황까지 가게 되었다.

> **고전 11:22** 너희가 먹고 마실 집이 없느냐? 너희가 하나님의 교회를 업신여기고 빈궁한 자들을 부끄럽게 하느냐?
> **고전 11:29-30** 주의 몸을 분별하지 못하고 먹고 마시는 자는 자기의 죄를 먹고 마시는 것이니라. ³⁰ 그러므로 너희 중에 약한 자와 병든 자가 많고 잠자는 자도 적지 아니하니라.

어떻게 애찬에서 실수가 "하나님의 교회를 업신여긴 것"이 되며, 이 실수가 "주의 몸을 분별하지 못한 일"이며, 그 결과 "자기 죄를 먹고 마시는 것"이 되는가? 이에 대한 형벌로 질병과 죽음까지 오는가?

이것은 예배 중 성찬식과 예배 후 식사나 다과 시간이 완전히 분리되어 있는 현대의 그리스도인들에게 매우 낯설다. 더욱이 애찬에서 다른 사람 배려 없이 먼저 먹는 사람들이 있었기 때문에 나중에 어떤 사람은 굶고 어떤 사람은 취하는 일을 너무 부정적이고 가혹하게 평가한 것은 아닌가? 이런 일은 보편적으로 볼 수 있는 현상이 아니므로 이해하기 어렵다.

오늘날 이것을 이해하기 위해서는 두 요소를 고려해야 한다. 하나는 예배이다. 다른 하나는 공동식사이다.

고전 11:17b 이는 너희의 모임이 유익이 못되고 도리어 해로움이라.

고전 11:20-21 그런즉 너희가 함께 모여서 주의 만찬을 먹을 수 없으니, ²¹ 이는 먹을 때에 각각 자기의 만찬을 먼저 갖다 먹으므로 어떤 사람은 시장하고 어떤 사람은 취함이라.

이 구절을 보면, 당시 고린도 교회의 애찬은 분명히 식사였다. 각자 자신의 음식을 갖다 먹는 것이므로 초대교회 "애찬"이 틀림없다. 그런데 바울은 이것을 단순한 식사가 아니라 "주의 만찬"이라고 부른다. 그러므로 이 식사는 공예배에 있는 공동 식사이면서 동시에 성만찬이었다는 것을 알 수 있다.[265]

이 식사가 애찬이면서 동시에 성례였다는 점, 이것이 첫 번째로 고려할 점이다. 다음으로 고려할 점은 종말론적 세계관이다.

3.7.3.2 종말 백성의 세계관과 삶의 체계

바울은 복음을 전할 때 종말 백성의 세계관과 삶의 체계를 강조했다. 예를 들어, 바울에 따르면, 주 안에서는 남녀나 주종이나 노유나 내외가 없이 "한 사람"이 있을 뿐이다(cf. 갈 3:28; 골 3:11). 고린도 교회에도 예외가 아니었다.

그렇다면 이 종말 백성의 세계관과 삶의 체계에 무엇이 포함되는가? 빈부도 들어간다. 이것은 갈라디아서 3:28에 등장하는 구분에 전제된 것이다. 고대에 여자와 종, 어린 아이와 외부 사람들은 가난에서

---

[265] 초대교회는 처음에 저녁에 집회를 열다가 나중에는 점점 주일로 옮겼다. 당시 주일은 오늘날처럼 쉬는 날이 아니라 평범한 날들 중 하나이므로 그리스도인들은 주일 새벽에 예배드리고 이어서 식사를 하고 일터로 나갔다. 이때 식사를 "애찬"이라고 부른다. 하지만 "애찬" 뒤에 주님의 몸과 피를 기념하는 "성만찬"이 이어졌다. 김영호,『하나님 나라와 그리스도의 교회』(미출판), 제8장 "주일"을 참조하라.

벗어나지 못한다. 그러나 그 가난한 사람들을 위해 그리스도께서 십자가에서 죽으셨다. 따라서 유대인이나 헬라인, 종이나 자유자나, 남자나 여자나 구별이 없을 뿐만 아니라, 부자와 가난한 사람이 모두 그리스도 안에서 종말 공동체에 동일한 권리를 갖고 그리스도의 나라를 동일하게 상속한다. 이 세계관과 이 삶의 체계가 가장 먼저 실현되어야 하는 자리가 바로 공동 식사 자리이다. 왜냐하면 이것은 예배에 포함된 것이요, 그리스도인에게는 공예배가 하나님의 임재 속으로 들어가고, 종말에 완성될 나라를 경험하며, 초월적 나라의 질서와 능력을 미리 맛보는 시공간이기 때문이다.

그런데 고린도 교회의 예배모임이 "유익이 되지 못하고 도리어 해롭게 되었다"(고전 11:17). 왜냐하면 예배 속에 있는 공동식사에 "분쟁"이 있었기 때문이다. 한편에는 부자들의 포식과 주흥이 있고, 다른 한편에는 굶주림과 좌절, 질투와 불평이 있었기 때문이다. 바울은 "너희가 함께 모여 주의 만찬을 먹을 수 없다"(고전 11:19)고 말한다. 다시 말해서 공동식사에서 구현되어야 할 새 시대의 원리가 상실되고, 그 자리에 이 세상의 질서가 침투하고 연장된 것이다. 즉 부자는 연회를 즐기고, 가난한 자는 소외를 견뎌야 했던 것이다. 이렇게 되면 외부 사람들도 내부 교인들도 교회를 교회로 인식하지 못할 것이다. 주종이 사라지고 남녀와 노유의 차별이 철폐되고, 헬라인은 지혜를, 유대인은 교만을 내려놓았어도, 빈부의 구별만은 여전히 남아 있는 곳으로 인식할 것이다. 이것은 하나님의 교회에 엄청난 불명예가 된다. 그러므로 교회의 공동식사의 본질을 이해하지 못하고 세속 원리를 고수하는 사람들에게 "너희가 하나님의 교회를 업신여기고, 빈궁한 자를 부끄럽게 했다"(고전 11:22)고 질책한 것이다.

바울은 여기서 "주님의 만찬"을 언급한다. 바울은 왜 주의 만찬을 언급하는가? "그 전승이 교회의 식탁의 성격과 기능을 확정한다."[266] 그러면 공동식사에 세속적 가치를 들여오면 어떻게 되는가? 그것은 바로

"주의 몸을 분별하지 못하는"(고전 11:28) 일이 된다. 부자가 세상의 가치와 태도를 그대로 교회의 공동 식사에 가지고 들어오는 것은 '이해할 만한' 일이 아니라 악한 것이다. 그 사람은 이 식탁의 의미를 이해하지 못한 것이다. 마샬은 이렇게 말한다.

> 그것은 몸을 인식하지 못한 결과이다. 그것은 그 떡이 십자가에서 죽으신 그리스도를 나타낸다는 것을 인식하지 못했음을 의미한다. 그것은 또한 함께 모인 교회가 그리스도의 몸이라는 것을 인식하지 못한 결과일 수도 있다. ... 그러므로 동등한 사람들의 몸으로서의 교회가 강조되며, 그 안에서 사회적 벽이 무너진다.[267]

3.7.3.3 주의 몸을 분별함

지금까지 많은 사람들이 "주의 몸을 분별하다"는 말을 여러가지로 해석해 왔다. 주로 구원론적 관점에서 신자들을 부정적으로 경고하는데 사용했다. 성찬에 참여하기 전에 자신에게 죄가 있는지 점검해야 한다는 것이다. 또 자신이 그리스도의 십자가를 확실히 믿고 있는지 확인한 후에 성찬에 참여해야 한다는 것이다. 물론 성찬에 참여할 때, 주님이 거룩하시므로 우리도 거룩해야 한다. 그러나 자기 죄를 점검하라고 경고한다면, 과연 누가 성찬에 참여할 수 있겠는가? 누가 나는 그리스도의 십자가를 충분히 확고하게 붙들고 있다고 확신할 수 있는가? 오히려 십자가에서 자기 몸과 피를 주신 무한한 사랑에 죄를 지었더라도 십자가를 바라보라고 권하고 성찬이 주는 위로와 은혜에 의지해서 더욱 십자가를 붙들라고 권해야 하지 않겠는가?

칼뱅은 죄와 믿음의 점검에 성도가 그리스도 몸이라는 의식을 통합

---

266 Marshall, *New Testament Theology*, 261.
267 Marshall, *New Testament Theology*, 261.

해야 한다고 말했다. 우리는 그의 말에 귀 기울여야 한다.

> 각 사람은 진심으로 예수 그리스도를 자기의 구원자로 인정하면서 입술로 고백하는지, 예수 그리스도를 함께 모시고 있는 자기 형제자매에게 그리스도의 모범을 따라 기꺼이 헌신하며 결속하고 있는지, 그리스도를 인정함에 있어서 자기의 모든 형제자매를 그리스도의 몸의 지체로 붙잡아주고 있는지, 그리스도가 그의 지체에게 하시듯이 자기도 그 지체를 기꺼이 구제하고 지켜주고 도와줄 준비가 되어 있는지 등에 관해 자기 내면을 들여다보고 반성해야 한다는 뜻이다.[268]

이점은 분명히 옳다. 아무리 강조하고 조심하며 확인해도 지나치지 않다. 성례의 기본전제는 거룩이기 때문이다.

하지만 지금까지 교회는 회개와 신앙, 연합을 촉구하면서 본문이 분명히 강조하는 부분을 간과하거나 인지하지 못했다. 바로 종말 백성의 가치와 세계관이다. 바울은 본문에서 교회, 즉 오는 시대 백성의 공동체 안에는 현 시대의 질서가 아니라 종말론적 하나님 나라의 질서와 원리가 지배해야 한다고 말한다. 공동식사는 고린도 사회의 빈부 질서가 아니라 가난한 사람은 배려와 도움을 받고, 부유한 사람은 섬길 기회를 받는, 천상의 질서가 실현되고 현시되는 장이라는 것이다. 공동체의 회의, 공동체의 구제와 다른 사업에서도 마찬가지이다.

공동식사에서 구체적으로 각 사람이 어떻게 행동해야 하는가? 바울은 공동식사에서 기다림이 필요하고, 주의 몸과 피에 대한 인식이 요구된

---

[268] 존 칼뱅, 『기독교강요』(1541), 김대웅 옮김(서울: 복있는사람, 2021), 863; cf. 『기독교강요 초판』(1536), 양낙홍 옮김(서울: 크리스찬다이제스트, 1999), 224-225 『기독교강요 하』(1561), 김종흡, 신복윤, 이종성, 한철하 공역(서울: 생명의말씀사, 1994), 510-511.

다고 말한다.

> 고전 11:33-34a 그런즉 내 형제들아 먹으러 모일 때에 서로 기다리라!
> ³⁴ 만일 누구든지 시장하거든 집에서 먹을지니라!

이렇게 하면 공동 예배가 "비판받는 모임이 되지 않을 것이다"(고전 11:34b). 동시에 오는 세계의 초월적이고 진실하며 감동적인 능력과 지혜가 드러날 것이다.

바울은 여기서 두건과 애찬 문제 외에 "그밖의 일들"이 있지만 자신이 언젠가 방문할 때 바로잡을 것이라고 말한다(11:34c). 마치 더 시급하게 다루어야 할 문제가 있는 것 같은 느낌이다. 그것은 무엇인가? 바로 성령의 은사 문제이다. 이제 이 주제를 살펴보자.

3.7.4 성령의 은사의 분배와 활용(고전 12:1-14:40)

바울은 성령의 은사 문제를 다루면서 도입문구를 쓴다.

> 고전 12:1 형제들아, 신령한 것에 대하여 나는 너희가 알지 못하기를 원하지 아니하노라.

그리고 고린도 교인들이 이방인 시절까지 소급해서 말한다(고전 12:2). 그러나 새로운 내용이 아니다. 이 도입구와 과거 회상은 현재 고린도 교인들이 우상에게서 돌이켜 성령의 역사에 참여한 자가 된 것을 강조한 것이다. 하지만 이 성령의 은사들과 은혜의 선물은 단지 신자가 회심한 후 삶과 실존보다는 앞에서 말한 교회의 예배와 밀접한 관련이 있다.

이 부분은 크게 네 부분으로 구성되지만, 두 가지 주된 주제로 나눌 수 있다. 하나는 은사이고, 다른 하나는 교회의 질서이다. 이 질서를 다룰 때 바울은 특별히 여성이 교회에서 잠잠할 것을 가르친다.

3.7.4.1 은사(고전 12:31-14:25)

바울은 은사 주제를 세 측면에서 다룬다. 먼저 다양한 은사와 한 근원과 목표를 말하고, 다음으로 가장 큰 은사인 사랑, 마지막으로 고린도 교회에 나타나는 방언과 예언이다.

		고린도전서
1.	은사의 통일성과 다양성	12:1-31
2.	사랑의 필요성과 영원성	13:1-13
3.	방언과 예언	14:1-25

고린도 교인들은 다양한 은사를 받았다. 이것을 높고 낮음, 강하고 약함, 고귀하고 비천함으로 생각할 수 있다. 실제로 초월적 능력에는 크고 작음이 있으며, 지혜와 지식도 깊이 차이가 나므로, 나타나는 현상으로만 판단하면, 이 판단은 틀리지 않다.[269] 그러나 은사는 한 몸의 지체가 한 성령에게 받은 동일한 초월적 선물이다(고전 12:4-11). 각 은사는 고유한 가치가 있으나(고전 12:12-30), 이 모든 것을 초월하는 은사가 있는데(고전 12:31), 바로 사랑이다(고전 13:1-13). 사랑이 가장 좋은 은사인 까닭은 모든 은사들의 초점을 하나님의 영광과 그리스도를 닮는 것과 교회에 덕을 세우는 일로 모으기 때문이다.

여기서 바울은 은사 중 방언과 예언을 특별히 다룬다(고전 14:1-25). 이 두 은사도 자기만의 독특한 가치가 있지만 방언은 개인에게 유익하고 예언은 교회를 세운다(고전 14:4-6). 따라서 개인적으로는 둘 다 힘쓰되, 교회로 모일 때에는 예언을 더욱 사모하라고 말한다(고전 14:15-19).

---

[269] Cf. Marshall, *New Testament Theology*, 262.

그러면 예언을 할 때는 구체적으로 어떻게 해야 하는가? 고린도 교회의 공예배는 현재와 달랐다. 찬송시, 가르치는 말씀(예언), 방언과 통역이 동시에 있었다(고전 14:26). 또 이렇게 말한다.

> **고전 14:29-30** 예언하는 자는 둘이나 셋이 말하고, 다른 이들을 분별할 것이요, 만일 곁에 앉아 있는 다른 이에게 계시가 있으면, 먼저 하던 자는 잠잠할지니라.

여기서 말한 계시나 통역, 분별은 모두 고린도 교인들이 "모일 때"(고전 14:26) 행하는 일이므로 예배 요소가 틀림없다. 만일 바울이 여기서 말하는 계시가 교회에 모인 신자가 분별하고 통역할 수 있는 것이라면, 현대의 설교와 가까울 것이다. 그러면 한 예배에서 여러 사람이 설교한다는 말인가? 이것은 현대 교회에서는 없고, 고린도 교회나 초대교회만 있었던 것이다(cf. 행 13:1-3). 그러면 여러 예언과 계시가 동시에 올 때에는 어떻게 해야 하는가? 이때는 덕을 세우기 위해, 질서를 따라, 품위 있게 해야 한다(고전 14:26, 39-40). 만일 방언이 동시에 여러 교인에게 임하면 어떻게 하는가? 그럴 때는 둘이나 셋이 말하고 통역과 분별이 이루어져야 한다(고전 14:28-32). 방언과 통역, 계시와 분별(예언)은 서로 경쟁 상대가 아니라 교회를 세우기 위해 협력해야 한다(고전 14:33).

바울은 이런 배경에서 여성의 말 문제로 넘어간다.

3.7.4.2 예배의 질서(고전 14:26-40)
바울은 여자는 교회에서 잠잠하라고 명령한다(14:34).

A. 침묵 명령
이 명령은 앞에서 바울이 여자가 교회에서 두건을 쓰라는 명령과 같은 것이 아니다. 앞의 명령은 종말 공동체의 문화에 관한 것이고, 이 명령은 공중 예배 시 예언의 주체에 대한 것이다. 이것은 방언과 예언의 분별과 관련이 있다. 왜냐하면 바울이 방언, 통역, 질서 있는 예언을 언급하는 중에 여자의 잠잠함을 명령하기 때문이다. 즉 공중 예배에서 계시나 통역이나 분별이 여자에게 있을 수도 있다. 그런데 계시와 통역, 분별은 예언, 즉 교회의 공식적인 가르침과 관련이 있다. 만일 어떤 사람이 분별하고 있는데, 여자에게 또 다른 분별이 있을 수 있고 즉흥적인 궁금함이나 아이디어가 떠오를 수도 있다. 이때 바울에 따르면, 여자는 질문을 하거나 반박을 하거나 강설을 할 수 없다는 것이다. 이것은 단호한 명령이다(고전 14:33; cf. 딤전 2:11-15).

그렇다면 이것은 당시 고린도 교회에만 해당하는 특수하고 임시적인 명령인가 아니면 모든 교회에 주어진 보편적이고 영구적인 명령인가?

B. 항구적 명령

이 명령만 생각해서는 이 질문에 대한 대답을 얻을 수 없다. 바울은 법, 배움과 교육, 적절성, 예외를 들어 설명한다. 첫째, 이것은 법이 규정한 것이라는 말이다. 이 법은 무엇을 가리키는가? 세 가지 가능성이 있다. 유대인의 율법, 고린도와 아가야의 법, 또는 헬라 사회의 관습이다. 유대인의 율법은 모세의 율법과 랍비들의 전통이 있는데, 둘 다 여성이 회당에서 말하는 것이나 랍비에게서 율법을 배우는 것을 금했다.

다음으로 배움과 교육이다. 바울은 만일 여성 중 누군가가 배우려고 한다면 공적 예배 시 예언 중에 말고 집에 가서 남편이나 집안의 가장에게 물을 수 있다고 말한다(고전 14:35a).

나아가 만일 여자가 공적 예배 시 누군가 예언하고 있는데, 질문을 하거나 대화를 하면 그것은 "부끄러운 것"이라고 말한다. 이것은 "매우 수치스럽고 부적절하며 꾸중을 들어야 할" 일이라는 뜻이다(고전

14:35b).

    마지막으로 고린도 교회에만 예외가 있을 수 없다. 왜냐하면 다른 데서는 그렇게 하지 않고, 반발이나 요청이 없기 때문이다(고전 14:36).

이 네 가지 상황을 종합해 보면, 공적 예배 시 여성의 침묵 명령은 남녀평등이나 여성의 권리와 거리가 있는 주제라는 것을 알 수 있다. 이것은 초대교회 예배의 성격과 본질에 대한 것이다. 다시 말해서, 예배 시 계시가 주어지고 계시에 대한 통역과 분별, 강설이 이루어지는 정황에서 중간에 질문하고 토론과 논쟁으로 빠뜨리는 것이 합당한가 하는 것이다. 바울에 따르면, 종말 공동체가 아무리 은사가 다양하게 나타나더라도, 계시가 넘쳐서 동시에 여러 명에게 계시와 방언이 임하더라도, 예배는 질서와 품위가 있어야 한다. 왜냐하면 예배는 오페라가 아니기 때문이다. 바울은 예배를 무질서하고 혼란스럽게 하는 여성의 질문을 중지하는 것이 옳다고 주장한다.

    여기서 질문할 수 있다. 여자만 중간에 질문할 수 없는가? 남성은 예배 시에 질문해도 되는가? 그렇지 않다. 바울은 성령에게서 기원하지 않은 사람의 아이디어와 호기심, "허탄한 신화와 족보"를 들여오는 것을 금했다.

> **딤전 1:3-4** 어떤 사람들을 명하여 다른 교훈을 가르치지 말며, ⁴ 신화와 끝없는 족보에 몰두하지 말게 하려 함이라. 이런 것은 믿음 안에 있는 하나님의 경륜을 이룸보다 도리어 변론을 내는 것이라(cf. 딛 1:10-14).

따라서 예배 시에는 모든 사람이 잠잠해야 한다. 여기에는 여성들만이 아니라 남성도 포함된다.

바울은 왜 특별히 공적 예배 시 여성들의 침묵을 명령했는가?

C. 침묵 명령의 이유

이것은 당시 정황과 관련이 있어 보인다. 델피 신전에서 여사제가 질문자의 질문을 듣고 신탁(오라클)을 말하는 것과 같다. 여기에는 모든 것이 허용되고, 심지어는 범죄와 악에 대한 신탁도 허용되었다.[270] 이때 퓌티아를 가진 여사제는 매우 불명확한 말로 신탁을 전하고, 신탁을 받은 자는 나름대로 해석해서 행동한다. 그런데 이 질문과 신탁이 대화 형태가 될 때도 있다.[271] 대개는 몇 번으로 끝난다. 하지만 고린도 교회에서 아직 기독교 예배를 모르는 사람들이 자신들의 문화에서 신탁을 받는 것과 예배를 동일시할 경우 엄청난 문제가 발생한다. 고린도 교회는 방언과 계시를 받는 사람들이 많기 때문이다. 그러면 예배가 자칫 토론과 변론의 장으로 변모할 수 있다. 그러나 바울은 결코 이렇게 해서는 안 된다고 말한다. 두 가지 이유 때문이다.

첫째, 예배 시 말씀의 기원 때문이다. 초대교회 예배에서 계시와 분별은 성령에게서 온다. 성령이 하나님의 영이시라면, 하나님의 지혜가 다양한 것처럼 다양한 은사를 주시고, 하나님의 역사가 위대한 것처럼 강력하고 초월적인 나라의 실재를 드러낼 것이다. 그러나 하나님이 한 분이시요 선하신 분이기 때문에 계시와 해석도 일관성이 있고 선과 덕을 위한다. 또한 성령은 그리스도의 영이시므로 성령의 지혜와 계시, 통역과 분별, 예언과 설교 역시 그리스도를 높이고 십자가와 부활의 비밀과 종말론적 신비를 드러낼 것이다. 마지막으로 성령은 아버지와 아들의 영이시므로 삼위일체의 신적 권위를 드러낼 것이다. 기독교 예배

---

270   B. Witherington III, *Conflict and Community in Corinth: A Socio-rhetorical Commentary on 1 and 2 Corinthians* (Grand Rapids: Eerdmans, 1995), 287.

271   Witherington III, *Conflict*, 287; cf. 278.

에는 이 지혜와 선, 구속의 비밀과 삼위일체의 영광과 종말론적 능력을 드러내야 한다. 만일 예배가 질문과 토론, 변론으로 변모한다면, 인간 생각과 논리, 부패한 의지로 점철될 것이다. 이것은 기독교 예배와 하나님의 임재에 치욕적이고 불명예스러운 일이다.

둘째, 예배의 순수성과 거룩성을 보호해야 하기 때문이다. 초대교회 예배의 핵심은 삼위일체 하나님의 임재이다. 예배는 하나님이 자기의 언약 백성을 종말론적 임재 속으로 초대한 것이며, 예배의 자리는 종말론적 공동체에 하나님이 현존하는 자리이다. 이때 예배자는 새로운 피조물이요, 부활 생명을 가진 거듭난 자로 참여한다. 이 종말론적 현실을 하나님은 말씀을 통해 창조하신다. 따라서 하늘 보좌가 열린다. 그런데 만일 이 말씀을 듣는 자 중에 일반 여자 또는 예언자로 생각되는 여자가 질문을 한다고 생각해 보자. 아니면 말씀을 잘 이해하지 못한 사람이 물었을 때, 이 질문에 퓌티아를 가진 여성이 자기 의견을 말한다고 생각해 보자. 그러면 그 자리는 순식간에 델피 신전과 다름없이 인식될 것이다. 예배 자리에 처음 온 사람이나 아직 회심하지 않은 사람들은 성령과 퓌티아를 구별하지 못할 것이요, 아폴론과 아프로디테의 임의적 출현과 삼위일체 하나님의 임재를 혼동할 것이다. 이렇게 되면 보이지 않는 교회와 보이는 교회의 모든 백성이 모인 장엄한 교회에 하나님이 권위있는 말씀으로 오시고, 임재하시는 사건이 순식간에 인간의 상상과 이교의 부패한 신화가 지배하는 곳으로 변할 것이다.

이것은 예배 자리에 있는 신자들에게도 영향을 미칠 것이다. 비록 그들 의식에 순식간에 이방 신전처럼 인식되거나 인간의 상상과 이방 신화가 몰려오지는 않을지라도 이 현실과 이제 막 들어가 누리기 시작한 종말 공동체에 임하는 하나님의 장엄한 임재 현실이 겹칠 것이다. 또 여자가 질문하거나 대답하는 말을 듣고 성령에게서 나온 생각인지 분별해야 한다. 이렇게 되면 말씀에 집중하지 못할 것이다.

이런 의미에서 바울은 "여자가 교회에서 말하는 것은 수치스러운 것이다"(고전 14:35)고 말한 것이다.

고린도 교회 신자들은 바울이 이러한 혁명적인 문화를 만들어갈 때, '왜 우리 고린도가 빌립보나 데살로니가, 아테네 교회와 같이 따라 해야 하는가' 물을 수 있다. 이것은 거듭난 신자가 믿음을 내면화하고 가치관으로 삼으며 문화로 정착시키는 것이 얼마나 어려운지 보여준다. 이런 질문이 힘을 얻는 것은 고린도 교회 신자들의 예배관에 얼마나 많은 이방문화가 남아 있는지 방증한다. 바울은 새 언약 공동체의 보편 원리를 강조하며, 이 원리가 자신에게 주신 계시에서 출발한다는 점을 강력하게 주장한다.

> **고전 14:36-37** 하나님의 말씀이 너희로부터 난 것이냐?
> 또는 너희에게만 임한 것이냐?
> ³⁷ 만일 누구든지 자기를 선지자나 혹은 신령한 자로 생각하거든
> 내가 너희에게 편지하는 이 글이 주의 명령인 줄 알라!

바울의 이 명령이 오늘날 여성 안수를 반대하는 근거가 될 수 있는가?

D. 말하는 것과 여성의 교회 사역?

이 질문에 대답하기 앞서 균형을 위해 예수님과 바울, 성경 저자들이 당시나 현재를 기준으로 볼 때 여성에 대해 얼마나 혁명적인 생각을 했고, 또한 실천했는지 명심해야 한다. 예수님은 여성을 제자로 받았고, 대화를 나누셨으며, 부활의 증인으로 삼으셨다. 바울은 여성을 동역자로 받아들이고 함께 사역했으며, 종말 세계의 관점으로 보았고 존중했다.

하지만 바울은 여성이 공적 예배에서 말하는 것이나 남자를 주관하는 것을 반대했다. 여성 안수가 여성이 안수받아 공동체의 목사가 되고 설교권과 강도권을 갖게 되는 것을 의미한다면, 바울의 명령은 그에 대

한 반대 근거가 될 수 있다. 앞에서 언급했듯이 바울 명령의 배경은 공적 예배이다. 초대교회 공예배는 하나님이 자기 백성과 택함 받은 천사, 보이는 교회와 보이지 않는 교회를 초청하신 자리이다. 이 시간과 공간은 하나님의 임재가 지배한다. 하나님의 임재는 거룩과 영광뿐만 아니라 창조와 재창조, 오는 세계의 원리가 질서와 품위를 따라 현존하는 것이다. 하나님께서 성령을 통해 계시와 예언을 주시고 이것을 말씀 사역자가 강설함으로 하나님의 뜻을 풀어줄 때, 하나님의 백성은 종말론적 하나님 나라와 법, 평화와 영원한 안식을 경험한다. 그런데 여기서 여성이 질문을 하고, 때로는 다른 설명으로 반박하며, 말씀 사역자의 예언에 변론을 일으킨다면, 한 순간에 질서와 품위는 깨지고 만다. 성령께서는 그 여성에게 그런 계시와 예언을 주실 리가 없다. 왜냐하면 그것은 단지 변론으로 인한 소음에 그치지 않고 창조와 재창조, 구속과 완성과 반대 움직임을 일으키기 때문이다. 그렇다면 그 여성의 질문과 반박, 호기심과 설명의 동기는 성령에게서 온 것이 아니다. 그렇다면 그 여성 자신에게서 왔거나 악에서 기원한 것인데, 둘 다 부패한 것이다. 만일 이것을 용인한다면, 천사들은 "질서상 나중 된 자가 먼저 되려고 하는가, 죄와 타락의 통로가 되어 권위 아래 있어야 할 자가 권위 위에 서려고 하는가" 하늘 법정에 고소할 것이고, 사단과 악한 천사들은 하늘에 일어난 무질서에 즐거워할 것이다. 이것은 삼위일체 하나님과 교회의 영광을 해치는 일이다.

바울은 다른 문맥에서 동일한 논거로 여성의 침묵을 명령한 적이 있다.

딤전 2:11-14 여자는 일체 순종함으로 조용히 배우라!
[12] 여자가 가르치는 것과
남자를 주관하는 것을 허락하지 아니하노니 오직 조용할지니라.
[13] 이는 아담이 먼저 지음을 받고 하와가 그 후며,

¹⁴ 아담이 속은 것이 아니고 여자가 속아 죄에 빠졌음이라.

여기서는 설교권과 강도권을 치리권과 연결한다. 따라서 여성 안수가 여성이 안수받아 공동체의 지도자가 되어 남성을 주관하는 것을 가리킨다면, 이 말씀은 여성 안수의 반대증거가 된다.

현대인이 남성과 여성을 대립적 위치에 놓고 사안마다 인권과 권리의 양을 재어 동일한 양을 부과하는 것을 평등이라고 생각한다. 이것은 바울과 아무런 상관이 없다. 바울은 종말 세계관에서 남녀와 노유, 주종과 빈부를 본다. 여기에는 인간뿐만 아니라 통치와 권세, 능력과 깊음을 포괄하고, 창조와 타락, 구속과 완성을 모두 시야에 담는다. 이 세계관에 근거해 바울은 남성과 여성을 존중한다. 왜냐하면 여성은 남성과 동등하게 그리스도 안에서 새 인류에 속하기 때문이다. 동시에 우주적 질서 속에 둔다. 왜냐하면 여자는 그리스도 안에서 남자의 영광이며, 남자는 하나님의 형상과 영광이며, 그리스도는 하나님의 영광의 광채이시기 때문이다. 이 세계관에 근거해 바울은 모든 소외 계층을 존중한다. 노예를 형제라고 불렀으며, 이방인 사역자들을 동료로 받았고, 이방인 시민들을 하나님의 가족으로 인정했다. 그러면서도 바울은 죄를 심각하게 생각한다. 아담이 죄를 범한 것이 창조된 세계에 일어난 최대 재앙이었던 것처럼, 하와가 유혹을 받아 죄가 들어온 것은 인간 역사에 일어난 가장 심각한 사건이다. 바울에 따르면, 여자가 남자를 지배하는 것뿐만 아니라 남자가 여자를 지배하거나, 남자가 남자, 여자가 여자를 억압하는 것은 그리스도 안에서 옳지 못하다. 이 세계관 아래서는 아내는 교회가 그리스도께 복종하듯 남편에게 복종하고, 남편은 그리스도께서 교회를 위해 십자가에 죽기까지 사랑하신 것처럼 아내를 사랑할 뿐이다(cf. 엡 5:22-33). 모든 사람은 모든 사람에게 선을 도모할 뿐이다(cf. 롬 12:17-18).

지금까지 바울이 공중 예배에 관해 말한 내용을 살펴보았다. 이렇게 하여 인편 소식과 구두 소식, 편지를 통해 공식적으로 문의한 내용에 바울이 어떻게 대답하는지 들었다. 이 소식과 문의한 것 외에도 바울은 에베소에서 고린도 교회에 복음과 신앙을 근본적으로 무너뜨리는 움직임이 있다는 것을 감지한 것 같다. 바로 부활 문제이다.

3.8 부활(고전 15:1-58)

바울은 부활 문제는 다른 주제와는 다르게 긴 서론을 앞에 둔다. 이 서론은 부활이 복음의 요체이고, 역사적 사실성에 기초하고 있으며, 모든 사도적 선포 또한 일치한다는 점을 밝힌 것이다. 이 서론 후에 바울은 부활과 복음과 재창조, 새 시대의 현재와 미래 모습을 논한 후 "견고하며 흔들리지 말라"(고전 15:58)고 권면한다.

바울의 부활 변증을 이해하기 위해서는 먼저 이 변증의 전체적인 흐름을 파악해야 한다. 이 논의는 크게 세 부분으로 나뉜다: 서론, 논증, 권면이다. 이때 논증에서는 부활과 관련하여 고린도 교회에 있었던 두 질문에 대한 반박이다. 첫째는 부활 자체에 대한 부정이고, 둘째는 부활체에 대한 의심이다. 이 두 질문을 다루면서 각 질문에 대한 반박이나 증거를 마치면 한 걸음 더 들어가 부활의 함의를 제시한다.

	고린도전서
1. 서론	15:1-11
2. 논증	15:12-57
1) 부활에 대한 원칙적 부정과 바울의 반박	15:12-34
2) 부활체에 대한 의심과 바울의 증거	15:35-57
3. 권면	15:58

이제 바울의 부활 변증의 각 부분을 차례로 살펴보자. 먼저 서론이다.

3.8.1 서론: 부활은 무엇인가?(고전 15:1-11)

이 서론에는 매우 무게 있는 신학적 진술이 여러 겹으로 엮여 있다. 하지만 바울은 "부활"이 그 모든 무게를 능히 견뎌낼 수 있다고 본다. 그렇다면 부활은 무엇인가?

3.8.1.1 복음의 요체(summa, 고전 15:1, 11)
바울의 말을 들어보자.

> **고전 15:1** 형제들아, 내가 너희에게 전한 복음을 너희에게 알게 하노니, 이는 너희가 받은 것이요 또 그 가운데 선 것이라.

이것은 부활 논증 시작말이다. 이 시작말은 처음부터 독자들의 기대와 다르다. 왜냐하면 바울은 "내가 너희에게 전한 부활을 알게 한다"고 말하지 않고 "내가 너희에게 전한 복음을 알게 한다"라고 시작하기 때문이다. 바울은 부활을 복음과 일치시킨 것이다.

그렇다면 바울이 부활을 "복음"이라고 부른 까닭은 무엇인가? 보통 독자들은 부활을 복음의 한 요소라고 생각한다. 하지만 바울은 부활이 복음 자체라고 생각한 것이다. 그래서 바울은 서론의 말미에 "그러므로 나나 그들이나 이같이 전파하매 너희도 이같이 믿었느니라"(고전 15:11)라고 말한다. 즉 부활은 "복음 자체"요, 사도들이 전한 모든 것이며, 교회가 믿는 바라는 뜻이다(고전 15:1b, 11).[272]

그러면 부활이 왜 복음의 요체가 될 수 있는가? 그것은 부활이 구원 약속의 핵심이기 때문이다.

---

[272] 바울이 복음과 동일시하는 것은 셋이다. 부활(고전 15:1, 11)과 하나님의 의(롬 1:16-17), 십자가(고전 2:1-5)이다.

3.8.1.2 구원 약속의 응축(고전 15:2)

바울은 부활이 복음의 요체임을 말하고 난 후에 고린도 교인들에게 자신이 전한 복음을 붙잡을 때 일어날 일을 선언한다.

> **고전 15:2** 너희가 만일 내가 전한 그 말을 굳게 지키고 헛되이 믿지 아니하였으면 그로 말미암아 구원을 받으리라.

바울은 고린도 교인들의 구원이 자기가 전한 부활 복음을 굳게 붙들고 믿는 믿음에 달려있다고 말한다. 따라서 구원과 구원 혜택과 생명으로 이전에 무엇이 제시되었든지 상관없이 지금은 부활을 붙들고 헛되이 믿지 않아야 구원을 받는다. 이것은 실로 엄청난 일이다. 이것은 구원과 관련된 모든 것이 부활로 응축되었다고 생각하지 않는 한 불가능하다.

하지만 바울은 이 생각에 아무리 강한 반대가 있더라도 전혀 흔들리지 않는다. 왜냐하면 성경 전체가 증언하기 때문이다.

3.8.1.3 성경의 증거(고전 15:3-4)

바울은 부활 복음을 어떻게 이해하고 있는가?

> **고전 15:3-4** 내가 받은 것을 먼저 너희에게 전하였노니 이는 성경대로 그리스도께서 우리 죄를 위하여 죽으시고, [4] 장사 지낸 바 되셨다가 성경대로 사흘 만에 다시 살아나셨느니라.

부활은 그리스도가 죄인을 위해 죽으시고 장사된 것만큼이나 성경에 따른 사건이다. 부활과 관련된 모든 것, 죽은 자 가운데서 살아나셨다는 사건 자체뿐만 아니라 "삼일 만에" 부활하신 것, 추수의 첫 열매가 되신 것, 영광에 들어가신 모든 것이 구약성경 전체의 증거를 받는다.

부활은 모세오경과 역사서, 선지서, 성문서뿐만 아니라 계시 전체와 언약 체계에 맞추어 일어난 사건이다.[273]

부활은 과거 역사와 계시만 증언한 것이 아니다. 부활은 사도들과 제자들, 사도 바울까지 당시 현재를 살아가던 증인들이 목격하고 증언한 일이다.

3.8.1.4 다중 목격 증인(고전 15:5-10)
바울은 다중 목격자들이 부활을 증언한다는 점을 강조한다.

> **고전 15:5-10** 게바에게 보이시고 후에 열두 제자에게와 ⁶ 그 후에 오백여 형제에게 일시에 보이셨나니 그 중에 지금까지 대다수는 살아 있고 어떤 사람은 잠들었으며 ⁷ 그 후에 야고보에게 보이셨으며 그 후에 모든 사도에게와 ⁸ 맨 나중에 만삭되지 못하여 난 자 같은 내게도 보이셨느니라. ... ¹⁰ 내가 모든 사도보다 더 많이 수고하였으나 내가 한 것이 아니요 오직 나와 함께 하신 하나님의 은혜로라.

즉 부활은 게바, 열두 제자들이 증언한다. 야고보를 비롯한 예수님의 형제들이 증거하는 일이다. 복음운동에 참여한 사람들과 제자들 중 오백여 명의 형제 중 절반 이상이 살아 증언을 하고 있으며, 바울 자신도 그 증인 중 한 명이다. 이들은 모두 당대 현대인이다. 따라서 누구든지 그들의 증언이 사실인지 알고 싶으면 그들에게 직접 확인할 수 있다.[274]

---

[273] 고린도전서 15:3-4에 두 번 등장하는 "성경대로"라는 표현의 의미와 바울과 신약의 "전통"개념에 대해서는 김영호, 『하나님 나라와 그리스도의 부활』(미출판), 제12장 §3.3을 참조하라.

[274] 바울은 여기서 주로 당대 현대인 중 남자들 중에서 이 목격 증인들을 채택한다.

마지막으로 부활은 모든 사도와 초대교회의 공통 전파에 기초를 두고 있다.

3.8.1.5 사도적 전파의 일치성(고전 15:11)

바울은 고린도 교회가 부활 복음을 받았다면, 그 내용은 완전히 전 세계 교회가 받은 복음과 일치하고, 그들이 믿었다면, 그들의 믿음은 초대교회 전체 그리스도인의 믿음과 같다고 말한다.

> **고전 15:11** 그러므로 나나 그들이나 이같이 전파하매 너희도 이같이 믿었느니라.

즉 부활은 열두 사도와 자신의 보편적이고 일관적인 전파 내용이었다. 보통 신약에서 말하는 복음은 십자가 복음이라고 생각한다. 나아가 바울이 고린도 교회에서 "내가 너희 중에서 예수 그리스도와 그의 십자가에 못박히신 것 외에는 아무것도 알지 아니하기로 결심했다"(고전 2:2)라고 말하기 때문에, 바울 복음은 십자가 복음이라고 인식한다. 신자들도 모든 시대 그리스도인과 같이 그리스도의 십자가를 통해 그리스도를 만나기 때문에 복음과 십자가를 동일시하기 쉽다. 그러나 바울은 복음과 부활은 하나라고 생각했다. 십자가와 부활은 뗄 수 없는 것이 사실이지만, 부활이 없다면 십자가는 의미가 없게 되므로, 자신도 열두 사도도 부활을 전했다고 말한 것이다.

바울은 이 서론 후에 15:12부터 부활을 논증한다. 이 논증은 고린도 교회 안에서 일어난 부활에 대한 큰 질문에 대한 반응이라고 할 수 있다.

하지만 복음서에서 예수님의 부활을 처음으로 목격한 사람은 여인들이다. 복음서와 바울서신에서 다른 증인이 등장하는 이유에 대해서는 김영호, 『하나님 나라와 그리스도의 부활』(미출판), 제12장 § 3.4를 참조하라.

3.8.2 논증(고전 15:12-57)

고린도 교회 사람들 중 일부는 부활을 부정하거나 의심했다. 이들의 질문은 고린도전서 15:12과 15:35에 암시되어 있다. 첫 번째 질문은 부활이 원리적으로 존재하는가로서 부활을 원리적으로 부정하는 것이다. 두 번째 질문은 만일 부활이 있다면 어떤 몸으로 나타나는가로서, 부활체의 본질에 대한 것이다. 바울은 이들의 주장이 무엇인지 제시하고 그 주장을 반박하는 방식으로 논의를 진행한다. 따라서 논증은 크게 두 부분으로 구성된다.

		고린도전서
1.	부활에 대한 원칙적 부정과 바울의 반박	15:12-34
2.	부활체에 대한 의심과 바울의 증거	15:35-57

3.8.2.1 부활에 대한 원칙적 부정과 바울의 반박(고전 15:12-34)

바울의 반박은 세 부분으로 구성된다. 우선 바울은 부활이 존재하지 않는다면 어떤 예상치 못한 모순이 나타나는지 말하고 부활이 자신과 신자에게 얼마나 실제적인지 말한다. 다음으로 부활의 실제성 중에 그리스도께서 부활하심으로서 열린 시대와 그의 통치의 모습을 설명한다. 마지막으로 고린도 교회에서 일부 사람들이 부활이 없다고 주장하지만, 만일 그 주장이 사실이라면 고린도 교회에서 실행되는 세례와 바울이 일상에서 경험하는 일들을 전혀 이해할 수 없다는 점을 지적한다.

		고린도전서
1.	부활의 실제성과 의미	15:12-19
2.	부활로 열린 세계와 그리스도의 통치	15:20-28
3.	고린도 교회의 세례와 바울의 종말론적 일상	15:29-34

이제 이 내용을 하나씩 살펴보자. 먼저 부활 부정에 대한 바울의 반박이다.

A. 부활의 실제성과 의미(고전 15:12-19)

바울은 본 논증을 이렇게 시작한다.

> **고전 15:12** 그리스도께서 죽은 자 가운데서 다시 살아나셨다 전파되었거늘 너희 중에서 어떤 사람들은 어찌하여 '죽은 자 가운데서 부활이 없다'(...ὅτι ἀνάστασις νεκρῶν οὐκ ἔστιν) 하느냐?

이 구절에서 "죽은 자 가운데서 부활이 없다"는 말은 인용으로 볼 수 있다. 즉 고린도 교회 사람들 중에 그리스도의 부활을 부정하는 사람들이 주장하는 내용을 바울이 인용한 것이다.

이 주장은 무엇을 가리키는가? 이 주장에는 우크 에스틴(οὐκ ἔστιν)이 사용되었다.[275] 이 말이 존재동사라면, 무언가가 존재하지 않는다고 주장한 것이다. 이것을 본문에 적용하면 그들은 '죽은 자의 부활은 존재하지 않는다'라고 주장한 셈이다. 즉 부활을 원칙적으로 부정하는 것이다.

이 원칙적 부정에 대하여 바울은 두 단계로 반박한다. 우선 부활이 없다면 어떤 일이 벌어지는지 논증하고, 다음으로 하나님이 그리스도를 살리시지 않았다면 어떤 결과가 일어나는지 설명한다.

a. 죽은 자의 부활이 없다면... (고전 15:13-15a)
반대자들의 주장을 사실로 받아들인다면 어떻게 되는가?[276] 바울은 말

---

[275] 여기서 에스틴(ἔστιν)은 에이미(εἰμί)의 3인칭 단수이다. 그 단어는 "있다" 또는 "없다"를 가리키는 존재동사 또는 "이다, 아니다"를 표현하는 코플라로 쓰인다. 여기서는 존재동사이다.

[276] 이런 논증법을 귀류법(reductio ad absurdum)이라고 부른다. 자세한 내용은 김영호, 『하나님 나라와 그리스도의 부활』(미출판), 제13장 § 1.2를 보라.

한다.

> **고전 15:13-15a** 만일 죽은 자의 부활이 없으면 그리스도도 다시 살아나지 못하셨으리라. ¹⁴ 그리스도께서 만일 다시 살아나지 못하셨으면 우리가 전파하는 것도 헛것이요 또 너희 믿음도 헛것이며, ¹⁵ 또 우리가 하나님의 거짓 증인으로 발견되리니 우리가 하나님이 그리스도를 다시 살리셨다고 증언하였음이라

바울에 따르면, 만일 원칙적으로 부활이 없다면 그리스도도 원칙적으로 부활하지 않았을 것이다. 즉 하나님이 세상을 창조하실 때 하나님께 부활이라는 개념이 아예 없었다면, 그리스도의 부활은 있을 수 없다는 것이다. 그렇게 되면 어떻게 되는가? 그러면 사도들의 선포, 신자들의 믿음, 사도들의 신뢰성에 큰 문제가 발생한다.

첫째, 사도들의 선포가 텅빈 것이 된다(고전 15:14a). 즉 바울을 포함한 사도들의 복음 전파는 헛것이 된다. 왜냐하면 바울과 열두 사도는 그리스도의 부활을 전했는데(고전 15:11), 원칙적으로 부활이 없기 때문이다(고전 15:12b). 다시 말해서, 바울과 열두 사도는 있지도 않은 것을 거짓으로 전한 셈이다. 마치 당시 수사학자들이 소송에서 이길 목적으로 설득의 기술을 사용하여 내용이 없는 것을 마치 진짜 내용이 있는 것처럼 거짓을 말하는 것과 다름없다. 그러면 사도들의 복음 전파만 헛된 것이 되는가? 그렇지 않다.

둘째, 신자들의 믿음이 헛된 것이 된다. 즉 신자들은 사도 바울과 열두 사도에게서 부활 복음을 받고 믿었는데, 부활이 원칙적으로 존재하지 않으므로, 고린도 교인을 포함한 초대교회 신자들은 내용 없는 빈 복음을 믿은 것이다. 그러므로 그들의 믿음은 텅 비게 된다(고전 15:14b). 왜냐하면 그들은 실체가 없는 거짓을 받아들였기 때문이다. 그러면 사도들의 복음전파와 신자들의 믿음이 텅비는 것으로 그치는가?

그렇지 않다.

셋째, 사도들을 근본적으로 신뢰할 수 없게 된다. 사도들은 그리스도께서 부활하셨다고만 전한 것이 아니다. 그리스도 안에서 하나님이 행하신 일을 전했다. 즉 하나님께서 그리스도를 부활하게 하셨다고 선포했다. 대표적인 예로 베드로와 바울을 들 수 있다.

우선 베드로는 유대인에게도 이방인에게도 자신들("열두 사도")이 증인이라고 말한다. 그 증거는 무엇인가?

행 2:32 이 예수를 하나님이 살리신지라. 우리가 다 이 일에 증인이로다.

행 10:40-41 하나님이 사흘 만에 다시 살리사 나타내시되, ⁴¹ 모든 백성에게 하신 것이 아니요, 오직 미리 택하신 증인 곧 죽은 자 가운데서 부활하신 후 그를 모시고 음식을 먹은 우리에게 하신 것이라.

행 13:30-32 하나님이 죽은 자 가운데서 그를 살리신지라. ³¹ 갈릴리로부터 예루살렘에 함께 올라간 사람들[열두 사도]에게 여러 날 보이셨으니 그들이 이제 백성 앞에서 그의 증인이라. ³² 우리[바울과 바나바]도 조상들에게 주신 약속을 너희에게 전파하노라.

바울도 마찬가지이다.

행 9:17 아나니아가 떠나 그 집에 들어가서 그에게 안수하여 이르되 형제 사울아 주 곧 네가 오는 길에서 나타나셨던 예수께서 나를 보내어 너로 다시 보게 하시고 성령으로 충만하게 하신다 하니라.

고전 9:1 내가 자유인이 아니냐?

사도가 아니냐? 예수 우리 주를 보지 못하였느냐?

주 안에서 행한 나의 일이 너희가 아니냐?

베드로와 바울의 증언에서 확인할 수 있는 것처럼 그들의 증거는 부활 자체뿐만 아니라 하나님이 그리스도 안에서 하신 일에 대한 증언이 포함되어 있다. 만일 부활이 원칙적으로 없다면, 하나님이 그 일을 행하시지 않았을 것이다. 그런데 사도들은 하나님이 그리스도를 부활케 하셨다고 증언했다. 결과적으로 사도들은 있지도 않은 부활을 전한 것이다. 그렇다면 그들은 처음부터 하나님의 거짓 증인들이 된다(고전 15:15a).

만일 하나님이 그리스도를 죽은 자 가운데서 살리시지 않았다면 어떻게 되는가?

b. 하나님이 그리스도를 부활시키지 않았다면...(고전 15:15b-19)
바울은 바로 이 말(고전 15:15a)을 받아 다시 부활이 하나님의 사역이었다는 관점에서 다시 진술한다.

> **고전 15:15b-19** 만일 죽은 자가 다시 살아나는 일이 없으면 하나님이 그리스도를 다시 살리지 아니하셨으리라. [16] 만일 죽은 자가 다시 살아나는 일이 없으면 그리스도도 다시 살아나신 일이 없었을 터이요, [17] 그리스도께서 다시 살아나신 일이 없으면 너희의 믿음도 헛되고 너희가 여전히 죄 가운데 있을 것이요, [18] 또한 그리스도 안에서 잠자는 자도 망하였으리니, [19] 만일 그리스도 안에서 우리가 바라는 것이 다만 이 세상의 삶뿐이면 모든 사람 가운데 우리가 더욱 불쌍한 자이리라.

만일 부활이 원칙적으로 없다면, 하나님이 그리스도를 다시 살리시는 일이 원칙적으로 없었을 것이다. 그러면 그리스도도 원칙적으로 부활하시지 않았을 것이다. 그러면 신자의 죄 사함과 잠자는 자들의 구원, 신자의 현재 삶에 문제가 발생한다.

첫째, 그리스도의 부활이 없으면 신자는 죄 사함을 받지 못한다. 신자의 믿음이 헛된 것이 되고,[277] 그들이 여전히 죄 가운데 있게 된다(고전 15:16-17). 이 말은 무언가 맞지 않는 것처럼 보인다. 그래서 독자들은 속으로 '그리스도의 십자가로 죄가 사해지는데 무슨 말인가?' 라고 반문할 수 있다. 하지만 이런 반문은 바울 복음을 파편적으로 알기 때문에 생기는 현상이다. 바울 자신이 무엇이라고 말하는가?

> **롬 4:24-25** 의로 여기심을 받을 우리도 위함이니 곧 예수 우리 주를 죽은 자 가운데서 살리신 이를 믿는 자니라. ²⁵ 예수는 우리가 범죄한 것 때문에 내줌이 되고 또한 우리를 의롭다 하시기 위하여 살아나셨느니라

신자는 이 복음을 듣고 믿는 것이다. 아브라함이 하나님께서 이삭을 죽은 자 가운데서 살리실 것을 믿었던 것처럼, 우리도 하나님이 그리스도를 살리신 것을 믿어야 구원을 얻게 된다. 이때 그리스도께서 하신 일이 무엇인가? 첫째는 고난과 십자가 죽음이고, 둘째는 부활이다. 그런데 바울은 그리스도의 십자가를 "내어줌," 즉 우리 죄를 위한 희생 죽음과 연결하고 그리스도의 부활을 우리의 칭의와 연결한다. 그 뿐만이 아니다.

> **로마서 8:34** 누가 정죄하리요? 죽으실 뿐 아니라 다시 살아나신 이는 그리스도 예수시니, 그는 하나님 우편에 계신 자요 우리를

---

277 Cf. Marshall, *New Testament Theology*, 278.

위하여 간구하시는 자시니라

이 말은 무슨 의미인가? 만일 그리스도께서 부활하시지 않는다면, 우리는 정죄를 받게 된다는 뜻이다. 왜 그리스도가 부활하시지 않는데, 우리가 정죄를 받게 되는가? 이것은 그리스도의 부활이 신자의 의를 위해 어떤 역할을 하는지 살펴볼 때 분명해진다. 그리스도의 부활은 그가 죄가 없다는 사실에 대한 우주적인 선포이다. 즉 그리스도에게는 죄가 없고 의인이라는 증거가 바로 부활인 것이다. 부활은 이 사실을 하나님께서 만천하에 알리신 사건이다.

하지만 그리스도의 부활은 여기서만 한정되는 것이 아니다. 신자가 그리스도를 믿으면 그리스도와 연합된다. 다시 말해서, 신자가 그리스도를 믿으면 신자와 그가 연합되기 때문에 그리스도가 죽을 때 신자도 그 안에서 죽고, 그리스도가 부활할 때 그도 그 안에서 부활하는 것이다. 따라서 하나님께서 그리스도의 부활을 통해 그의 무죄함과 의를 온 우주에 선언하신 것은 그리스도뿐만 아니라 그리스도께 속한 신자에게도 적용되는 것이다. 따라서 그리스도의 부활을 통해 그리스도의 무죄함과 의가 천명되는 것처럼, 그리스도의 부활을 통해 신자의 칭의도 천명되는 것이다. 그러므로 이제 세계의 어느 누구도, 곧 보이는 세계나 보이지 않는 세계나 높음이나 낮음이나 이 세상에 오는 것이나 다음 세상에 오는 존재가 아무리 신자를 고소하려고 해도, 하나님의 법정에서는 소용없다. 왜냐하면 하나님께서 그리스도의 부활로 신자의 의를 이미 온 우주에 선포하셨기 때문이다. 이것이 바로 바울 복음의 내용이다.[278]

---

[278] 부활과 죄 사함의 교리가 연결되어 있다는 것은 사도들의 복음선포의 핵심내용이었다. 예를 들어, 사도 바울은 사도행전 13:37-38에서 다음과 같이 말한다. "하나님께서 살리신 이는 썩음을 당하지 아니하였나니, 그러므로 형제들아, 너희가 알 것은 이 사람을 힘입어 죄 사함을 너희에게 전하는 이것이라." 또한 사도 베드로는 사도행전 2:24에서

만일 그리스도가 부활하지 않았다고 주장한다면, 이 주장은 그저 과거 역사의 한 사건에 대한 부정에서 멈추지 않는다. 바울과 사도들이 전한 복음의 모든 것을 무너뜨리는 것이다. 그 결과 부활 복음 안에서 일어나는 일의 반대가 모두 일어나게 된다. 신자들은 그리스도와 함께 죽지 않고 살아나지도 않으며, 그들에게 칭의는 없으며, 그들의 믿음은 헛된 것이 되고, 여전히 죄 가운데 있게 된다. 이것이 현재 신자들에게만 일어나는 재앙인가? 그렇지 않다.

둘째, 그리스도의 부활이 없다면, 그리스도 안에서 죽은 자들은 모두 잃어버려지게 된다. 다 정죄 심판을 받게 되고 멸망하게 된다(고전 15:18). 죽은 자들의 부활이 원칙적으로 없다면, 하나님께서도 그리스도를 살리시지 않을 것이다. 그러면 그리스도는 새 인류의 머리가 아니다. 따라서 그리스도 안에서 죽은 자들은 오직 첫째 아담에게 속해 있을 뿐인데, 그리스도께 속했다고 착각하고 죽어간 것이다. 그들에게는 죽음과 멸망만 있을 뿐 칭의의 근거를 잃게 된다. 따라서 모두 멸망한다. 자연인은 이런 기대가 없었다. 하지만 이들은 그리스도 안에서 죄 사함과 의, 평화와 생명을 기대하면서 죽었으므로 우주적 사기와 배신을 당한 것이다. 이들은 세상에 둘도 없이 비참한 사람들이다. 그러면 이들만 불쌍한가? 그렇지 않다.

셋째, 그리스도의 부활이 없다면, 현재 신자는 가장 불쌍한 자가 된다(고전 15:19). 현재 신자는 단지 생물학적 죽음을 면하는 차원이 아니라 그리스도 안에서 출현한 "오는 세계"를 발견하고 그 세계를 갈망하며 살아간다. 온갖 시험과 박해, 손해를 감수하고 산다. 그런데 하나님이 그리스도를 부활하게 하지 않으셨다면, 그의 부활로 오는 세계의 생명을 역사 안으로 들여오시지 않았다면, 그들은 눈뜨고 속으며 살고 있는 셈

부활사건 자체가 완전한 무죄성의 증거임을 증거한다. "하나님께서 그[예수]를 사망의 고통에서 풀어 살리셨으니 이는 그가 사망에 매여 있을 수 없었음이라."

이다. 나아가 이 점이 명백하게 드러났음에도 계속해서 어리석게 살고 있는 것이다. 따라서 인류 중 그리스도인들만큼 비참한 자들이 없다.

그러나 부활이 있다면 어떻게 되는가? 하나님이 그리스도를 죽은 자들 가운데서 살리셨다면 어떻게 되는가? 이 모순들은 우주적 찬송과 감추어진 모순의 종말론적 실체의 근거가 된다. "바울은 부활이 사죄의 믿음을 위한 필수적인 전제 조건이며, 이미 죽은 자를 위한 소망을 포함한 그리스도인의 모든 미래 소망의 필수적인 전제라고 논증한다."[279]

여기서 근본적인 질문 하나를 살펴볼 필요가 있다. 왜 반대자들은 부활을 원칙적으로 부정하고, 바울은 이 원칙적인 부정을 종말론적 실상과 모순된다고 생각하는가?

c. 부활 현실

바울이 죽은 자의 부활을 근본적으로 긍정하는 이유는 그리스도 부활의 실제성 때문이다. 이 사상은 이 편지의 독자들이 생각하는 것보다 훨씬 더 실제적이다. 바울에게 부활은 신학명제가 아니라 생생한 현실이다. 이것을 어떻게 알 수 있는가? 그것은 바울이 대적자들의 부활에 대한 원칙적인 부정에 맞서는 언어를 통해 조금이나마 접근할 수 있다.

바울이 고린도전서 15장에서 부활을 말할 때 사용하는 동사는 고린도전서 15:15 한 군데를 제외하고 모두 "현재 상"이다.[280] 즉 현재(고전 15:16)와 현재완료(고전 15:4, 12, 14, 17, 20)이다. 이 중 바울이 원칙적 부정자들의 견해를 반박하기 위해 사용한 시상은 현재완료이다. 현재완료란

---

[279] Marshall, *New Testament Theology*, 264.
[280] 여기서 "현재 상"이란 헬라어 동사의 동작의 모양을 말한다. 헬라어 동작의 형태로는 현재 상(현재, 미래, 미완료), 부정과거 상(부정과거), 완료 상(현재완료, 과거완료)이 있다.

과거 동작의 현재적 결과와 상태를 말한다. 반면 같은 사건을 누가복음은 부정과거로 말한다(눅 24:6; cf. 행 3:15). 부정과거는 과거의 점적인 동작을 가리킨다. 즉 역사적 사실(fact) 자체를 가리킨다. 그러면 이것을 "그리스도께서 부활하셨다"는 말에 적용하면 어떻게 되는가?

		시상
고전 15:12	그리스도께서 전파되었다면, 곧 죽은 자들 가운데서 부활하셨다고 ... (ἐγήγερται).	현재완료
눅 24:6	그[그리스도]는 여기 계시지 않는다. 그는 부활하셨다(ἠγέρθη).	부정과거

이것은 엄청난 차이가 난다. 바울이 현재완료로 "그리스도께서 부활하셨다"라고 선언한 것은 그가 과거에 살아나셨고, 지금 현재 살아 계시고(상태), 우주적 통치자가 되셨다(결과; 고전 15:25; cf. 눅 24:26; 행 2:33-36)는 말이다. 다시 말해서, 이 부활 복음을 전한 자신과 다른 사도들과 이 부활 복음을 받은 고린도 교회를 포함한 초대교회 신자들에게 그리스도는 살아 있고, 그들과 함께 계시며, 그들의 왕으로 통치하고 계시는 현실(reality)을 가리킨다. 따라서 바울의 말을 의역하면 다음과 같다. '너희가 아는 것처럼 그리스도는 살아서 바로 여기 계신다. 우리가 예배를 드릴 때, 우리가 일상을 살아갈 때, 그리스도는 지금 현재 우주와 신자들, 그들의 교회의 통치자로 활동하고 계신다. 그런데 너희 중 어떤 사람들은 어떻게 죽은 자들의 부활이 없다고 하느냐?'

그러므로 바울이 지금 반박하는 논증의 심층에는 바울과 신자에게는 생생하게 살아 있지만 반대자들과 불신자들은 없거나 어두운 현실 인식이 있는 것이다. 마치 베스도 앞에서 바울을 고소하던 유대 지도자들에게 예수는 죽은 자이나 바울에게는 살아있는 주님인 것과 같다(cf. 행 25:19). 이 관찰이 옳다면, 부활을 원칙적으로 부정하는 사람들에게 있는 문제는 단순히 말이나 주장이 아니다. 더 심각한 문제는 부활에 참여한 사람의 일치성(congeniality)이 없는 것이다. 예컨대 다윗의 영혼의 움직임, 즉 여호와와 그분의 영광을 위한 열심, 하나님 군대의 명예가 훼손되는 일에 대한 분노, 여호와 안에서 갖는 용기가 사울에게는 감지되지 않는다(삼상 17:55). 하지만 요나단에게는 자신의 영혼처럼 드러난다(삼상 18:1). 다윗과 요나단 영혼의 일치성 때문이다.[281] 이런 점에서 바울 반대자들의 주장은 이 일치성이 없다는 명백한 증거이다. 그들은 그리스도의 임재와 통치를 인식할 수 없고, 그들 안에는 부활 생명과 의가 나타나지 않는 것이다. 이것이 그들의 주장에 나타난 것이다. 즉 바울과 신자들은 알고 강하게 인식하고 있는 그리스도의 현재적 활동 즉 성령의 나타남이나 말씀의 능력, 그리스도의 교회에서 오는 세계의 실체가 부활을 부정하는 자들에게는 존재하지 않는 것으로 보이는 것이다.

여기서 바울과 진정한 신자들과 바울 대적자와 믿지 않는 자들의 거대한 차이가 드러난다. 바울과 신자들에게 부활은 증명해야 할 명제가 아니라 경험하고 있는 실제인 것이다. 바울과 신자들에게는 살아 계신 주님의 활동, 즉 그분의 통치, 보호, 인도, 사랑이 일상이다. 하지만 바울 대적자와 믿지 않는 자들에게는 부활이 어두움에 감추인 비밀인 것이다. 그래서 그들은 말을 앞세우고, 논리를 앞세워 부활이 없다고 증거하는 것이다.

지금까지 부활이 원칙적으로 없다고 말하는 자들의 주장과 바울의 반박을 살펴보았다. 바울 반대자들은 부활이 없다고 주장하지만, 만일 부활이 원칙적으로 없었다면 어떻게 되는가? 하나님이 태초에 세상을 창조하실 때 하나님의 계획 속에 부활이 아예 없었다면, 그리스도의 부활도 원칙적으로 없었을 것이다. 그렇게 되면 수많은 문제가 발생한다.

---

[281] 이러한 "믿음의 일치성" 외에 존재론적 일치성도 있다. 예를 들어 신인식 가능성의 근거로서 하나님의 형상이다. 성경은 인간이 하나님의 형상으로 지음받았기 때문에 제한적이지만 하나님을 아는 것이 가능하다고 말한다(요일 5:20). Cf. G. Vos, *Dogmatiek*, Vol. 1: *Theologie* (Grand Rapids, 1910), Q. 1.

우선 사도직과 사도적 선포에 문제가 생긴다. 만일 부활이 원칙적으로 없다면, 바울을 포함한 사도들의 복음 전파가 헛것이 되고, 사도들은 하나님의 거짓 증인이 된다. 다음으로 구원론적 문제가 따라온다. 바울과 사도들이 전한 복음을 받은 고린도 교인들과 초대교회 신자들의 믿음 또한 헛것이 되고 그 결과 그들은 여전히 죄 가운데 머물게 된다. 나아가 그리스도 안에서 잠자는 자들은 망하게 된다. 즉 잃어버린 자들이 될 것이다.

그렇다면 바울은 왜 이러한 원칙적인 부정을 근본적으로 부정하는가? 바울이 죽은 자의 부활을 근본적으로 긍정하는 이유는 그리스도 부활의 실제성 때문이다. 하지만 부활을 부정하는 자들에게는 그리스도의 부활은 어둠에 감추인 비밀이다. 그래서 그들은 말을 앞세우고, 논리를 앞세워 부활이 없다고 증거하는 것이다. 이는 부활을 부정하는 사람들의 신앙과 의식의 내면에는 그리스도가 없다는 명백한 증거인 것이다.

그러나 부활에 대한 원칙적인 부정은 그리스도의 부활 앞에 설 수 없다. 부활 현실 때문이다. 그렇다면 부활이 여는 세계와 이 세계에서 그리스도는 어떤 활동을 하는가?

B. 부활로 열린 세계와 그리스도의 통치(고전 15:20-28)
바울은 부활을 추수와 연결한다.

> **고전 15:20** 그러나 이제 그리스도께서 죽은 자 가운데서 살아나사 잠자는 자들의 첫 열매가 되셨도다.

이 문장에서 바울은 의도적으로 하나의 이미지를 동원하고 있다. 즉 "첫 열매"이다. 이 "첫 열매"는 무엇을 가리키는가? 추수를 의미한다.

과일이 아닌 보리나 밀은 가을에 뿌려 늦봄이나 초여름에 거둔다. 보리나 밀 같은 경우는 추수할 때가 되면 다른 이삭의 평균 키보다 더 웃자란 보리나 밀의 이삭이 나타난다. 이들은 더 빨리 자라므로 더 빨리 익는다. 보통 농부들은 잘라내 버리거나 내버려 둔다. 하지만 구약에서는 이것을 먼저 베어 단으로 묶어 하나님께 바치라고 명령한다. 이것이 "첫 열매"이다. 이 일이 본 추수 전 약 한 달 전에 일어난다. 첫 이삭을 바치고 나면 약 한 달 후에 본 추수가 시작된다. 모든 보리나 밀이 다 자랐기 때문이다. 따라서 첫 열매와 본 추수는 연결이 되어 있다.

그런데 바울이 여기서 이 말을 왜 하는가? 그리스도의 부활과 신자의 부활이 연결되어 있기 때문이다. 바울에 따르면, 이 첫 열매가 누구인가? 바로 그리스도이다. 그러면 본 추수는 무엇이겠는가? 그것은 잠자는 자들의 부활이다. 보통 신자는 부활을 생각할 때 예수님의 부활과 자신들의 부활을 따로 생각하지만 바울은 그렇지 않다고 말한다. 예수님의 부활이 첫 열매라면 본 추수가 곧 있는 것이다. 당시 고린도 교회 신자들이 볼 때 약 25년 전, 현대 신자들이 볼 때 2,000년 전에 일어난 그리스도의 부활은 첫 이삭에 해당하고, 보통 한 달 후에 있는 본 추수가 바로 신자들의 부활인 것이다. 따라서 예수님의 부활과 우리의 부활은 하나로 연결되어 있다.

그러면 그리스도의 부활이 어떻게 신자의 부활의 근거가 될 수 있는가? 그것은 그리스도가 첫 아담과 같은 위치에 있기 때문이다.

> **고전 15:21-22** 사망이 한 사람으로 말미암았으니 죽은 자의 부활도 한 사람으로 말미암는도다. ²² 아담 안에서 모든 사람이 죽은 것 같이 그리스도 안에서 모든 사람이 삶을 얻으리라.

그리스도의 부활은 첫 열매로서 본 추수, 곧 종말론적 새 시대를 출범하게 하는 사건이다.

나아가 부활은 단순히 생물학적인 생명의 갱생이 아니라 새 시대의 통치의 시작이다. 바울은 이것을 이렇게 말한다.

고전 15:23-25 그러나 각각 자기 차례대로 되리니 먼저는 첫 열매인 그리스도요 다음에는 그가 강림하실 때에 그리스도에게 속한 자요 [24] 그 후에는 마지막이니 그가 모든 통치와 모든 권세와 능력을 멸하시고 나라를 아버지 하나님께 바칠 때라. [25] 그[그리스도]가 모든 원수를 그 발 아래에 둘 때까지 반드시 왕 노릇 하시리라.

바울은 그리스도께서 "왕 노릇 하시리라"고 말한다. 언제 그렇게 하는가? 부활 후부터 "모든 통치와 권세와 능력을 멸하시고 나라를 아버지께 바칠 때까지"다. 그리스도께서 모든 통치권을 아버지께 드리는 때는 종말 완성 때이다. 그때까지 그리스도는 "왕으로 다스리신다." 이것은 무엇을 가리키는가? 부활하신 그리스도께서 현재 이 세대에 침투한 새 시대의 통치자로서 이 메시아적 통치를 완성으로 이끌고 계신다. 마지막에는 아들도 아버지께 복종하여 하나님이 "모든 것의 모든 것이 되신다"(고전 15:28).

이 설명으로 바울이 전하는 메시지는 무엇인가? 그들 중 일부는 생각할 것이다. '부활이 어디 있는가? 예수님은 부활하셨지만, 벌써 25년이 지났다. 오늘은 어제와 다르지 않고 앞으로도 세상은 이렇게 진행하지 않겠는가?' 바울은 이렇게 대답한다. '그리스도의 부활은 첫 열매와 같다. 첫 열매를 거둔 후 본 추수가 1년 후, 10년 후 올 것이라고 기대하는 사람은 아무도 없다. 그리스도가 부활한 것이 역사적 사실이고 그의 통치가 신자와 교회 중에 이렇게 생생하고 강력하다면 본 추수는 문 앞에 와 있다.'

이것은 오늘날 신자와 교회에 무엇을 의미하는가? 예수님이 2,000년 전에 죽으셨고, 지금 현대 신자는 2,000년이 지난 시대에 살고 있다. 이때 현대 그리스도인들도 고린도 교회 일부 사람들처럼 의문이 생길 것이다. 과연 본 추수는 언제 오는가? 하지만 본 추수가 한없이 길어질 수는 없다. 2,000년이 아니라 앞으로 얼마를 더 기다려야 할지 모르나 인간의 경험과 시간 개념에 속아서는 안 된다. 노아 시대 때 많은 사람들이 시간에 속았다. 노아가 곧 홍수 심판이 있을 것이라고 외치면서 방주를 지을 때 사람들은 비가 100년이나 오지 않자 속았다. 세상이 어제와 오늘이 똑같고, 내일도 똑같을 것이라 예상했다. 이와 같이 초대교회 조롱자들도 생각했다.

> **벧후 3:4** 주께서 강림하신다는 약속이 어디 있느냐? 조상들이 잔 후로부터 만물이 처음 창조될 때와 같이 그냥 있도다!

신자는 이처럼 시간과 인간 경험에 속아서는 안 된다. 첫 열매, 즉 그리스도의 부활이 있었다면, '한 달' 후면 본 추수가 시작된다. 그리스도의 부활이 일어났다면 이미 추수가 시작된 것이다. 새 시대가 출범했고 이 시대가 완성을 향해 쉼 없이 달려간다. 우리 몸의 부활, 구속의 완성이 임박한 것이다.

지금까지 그리스도의 부활이 부활 세계의 출범과 그리스도의 현재적 통치와 궁극적인 완성과 어떤 관련이 있는지 살펴보았다. 하지만 부활은 종말 세계관을 여는데 그치지 않는다. 부활은 종말론적 일상 및 삶과 연결되어 있다. 이제 이점을 살펴보자.

C. 고린도 교회의 세례와 바울의 종말론적 일상(고전 15:29-34)

사도 바울은 자신과 고린도 교회의 현재 삶의 일부가 부활의 실제성에 의해 결정되고 있다는 사실을 강조한다. 이 강조는 두 질문으로 드러난다.

		고린도전서
1. 고린도 교회	만일 부활이 없다면, 여러분 중 어떤 사람들은 무슨 이유로 "죽은 자를 위한 세례"를 받는가?	15:29
2. 사도와 동역자	만일 부활이 없다면, 왜 우리[바울과 동역자들]가 항상 목숨이 위협받는 상황 속에서 살아가겠는가?	15:30

이 두 질문은 한 가지 사실을 증명하기 위한 예이다. 따라서 처음부터 하나로 묶어서 해석해야 한다. 그 한 사실은 무엇인가? 그것은 부활이 없다면 현재 종말 세계에 참여한 사도나 신자가 하는 일이 무의미하다는 점이다. 그런데 첫 번째 질문은 "죽은 자들을 위한 세례"에 대한 것이다. 바울은 이것을 고린도 교회에서 현재 일어나는 일로 소개하는 것으로 보이는데, 그 일이 매우 낯설고 비성경적이므로 두 번째 질문에 나오는 사도의 일상과 분리해서 해석해 왔다. 따라서 우선 "죽은 자를 위한 세례"가 무엇을 가리키는지 밝히는 것이 필요하다.

a. "죽은 자들을 위하여"(고전 15:29a)
"죽은 자들을 위한 세례" 문제는 해석 난제(*crux interpretationis*)이다. 즉 고린도전서 15:29은 로마서 11:25과 히브리서 6:4-6, 베드로전서 3:19 등과 함께 신약에서 가장 해석하기 어려운 본문들 중 하나이다. 바울은 이렇게 말한다.

	고린도전서
그러면 죽은 자들[282]을 위해 세례를 받는 자들(οἱ βαπτιζόμενοι ὑπὲρ τῶν νεκρῶν)은 무엇을 하게 되는 것인가?	15:29a

---

282 여기에 일반 관사가 없다. 이 구절에서 "죽은 자들"이란 용어에서는 전수(全數; Vollzahl)보다 개념이 중요하다. 벧전 4:5 "그들이 산 자와 죽은 자를 심판하기로(κρῖναι

만일 죽은 자들(νεκροὶ)이 결코 살아나지 않는다면,[283]	15:29bα
무슨 이유로 그들은 도대체 그들을 위하여(ὑπὲρ αὐτῶν) 세례를 받는가?	15:29bβ

이 문장을 해석하기 어려운 것은 전치사 휘페르(ὑπέρ) 때문이다. 휘페르는 기본적으로 "위하여"를 의미한다. 예를 들어, 바울은 기도나 사역이나 그리스도의 대속사상 등을 표현할 때 이 전치사를 사용한다.

> **딤전 2:1-2** 그러므로 내가 첫째로 권하노니 모든 사람을 위하여(ὑπὲρ πάντων ἀνθρώπων) 간구와 기도와 도고와 감사를 하되 임금들과 높은 지위에 있는 모든 사람을 위하여(ὑπὲρ βασιλέων καὶ πάντων τῶν ἐν ὑπεροχῇ ὄντων) 하라.
>
> **골 1:7** 이와 같이 우리와 함께 종 된 사랑하는 에바브라에게 너희가 배웠나니 그는 너희를 위하여(ὑπὲρ ὑμῶν) 그리스도의 일꾼이니라.
>
> **고후 5:14-15** 그리스도의 사랑이 우리를 강권하시는도다. 우리가 생각건대 한 사람이 모든 사람을 대신하여(ὑπὲρ πάντων) 죽었은즉 모든 사람이 죽은 것이라. [15] 저가 모든 사람을 대신하여(ὑπὲρ πάντων) 죽으심은 산 자들로 하여금 다시는 저희 자신을 위하여 살지 않고 오직 저희를 대신하여 죽었다가 다시 사신 자를 위하여(τῷ ὑπὲρ αὐτῶν ἀποθανόντι καὶ ἐγερθέντι) 살게 하려 함이라.[284]

이 용법을 본문에 적용하면, 고린도 교인들 중 세례를 받는 사람들(pl.)

ζῶντας καὶ νεκρούς) 예비하신 이에게 사실대로 고하리라"; BDR § 2547. Cf. 고전 15:52 ἐν ἀτόμῳ, ἐν ῥιπῇ ὀφθαλμοῦ, ἐν τῇ ἐσχάτῃ σάλπιγγι· σαλπίσει γὰρ καὶ οἱ νεκροὶ ἐγερθήσονται ἄφθαρτοι καὶ ἡμεῖς ἀλλαγησόμεθα.

283   Realis.

284   고전 5:7 ℵ² C³ 너희는 누룩 없는 자인데 새 덩어리가 되기 위하여 묵은 누룩을 내어 버리라. 우리의 유월절 어린양(καὶ γὰρ τὸ πάσχα ἡμῶν ὑπὲρ ἡμῶν ἐτύθη Χριστός) 곧 그리스도께서 희생이 되셨느니라

이 있는데, 그들은 "죽은 자들을 위하여" 세례를 받은 것이다. 이러한 세례는 무엇을 가리키는가? 고대부터 지금까지 제시된 해석은 크게 세 가지이다.[285]

1. 죽은 자들을 위해 타인이 세례 받는 관습
2. 죽은 자들을 위해 타인이 무언가를 행함
3. 죽은 자들의 [부활]을 위해 세례를 받음

이 세 해석을 세례 받는 주체를 따라 나누면, 첫 두 해석은 죽은 자와 세례 받는 자가 다르다. 즉 타인이 죽은 자들을 위해 세례를 받는다는 것이다. 반면 세 번째 해석은 죽은 자와 세례 받는 자가 같을 수 있다. 즉 죽은 자들의 부활을 위해 세례를 받는 자가 있다는 것이다. 하지만 행위에 따라 나누면, 첫 번째와 세 번째는 세례를 가리키지만, 두 번째는 세례 아닌 무언가를 가리킨다. 이것을 좀 더 자세히 살펴보면 다음과 같다.

i. 죽은 자들을 위해 세례 받는 관습

교부시대부터 많은 사람들이 고린도전서 15:29을 죽은 자들을 위해 타인이 세례를 받는 관습으로 해석했다. 즉 "죽은 자들"과 세례 받는 자들이 다른 것이다. 이런 관습이 있었다는 것을 교부 크리소스토무스(Chrysostom)나 암브로시우스(Ambrose)도 증언한다. 초대교회에서 미처 세례를 받지 못하고 죽은 사람들을 위해 다른 사람이 대신하여 죽은 사람의 무덤에서 세례를 받거나 죽은 사람의 침대 밑으로 산 사람이 들어

---

[285] 고린도전서 15:29의 "죽은 자들을 위한 세례"에 대하여 지금까지 약 40가지 해석이 제시되었다. B. M. Forshini, "'Those Who Are Baptized for the Dead': 1 Cor 15:29," CBQ 12 (1950): 260-276, 379-388; CBQ 13 (1951): 46-78, 172-198, 276-283; Thiselton, *First Epistle to the Corinthians*, 1240.

가 대신 세례문답을 하는 관습이 있었다. 바울이 단지 부활을 논증하기 위해 이 관습을 인용한 것이라고 설명한다.

그러나 이 해석은 옳지 않다. 이 두 교부는 이 관습이 매우 타락한 것임을 지적했다(cf. Calvin). 왜냐하면 산 자들이 죽은 자들을 위해서 무언가를 행할 수 있다고 생각하기 때문이다. 더욱이 크리소스토무스는 이것이 마르시온 이단에 속한 것이라 말한다. "만일 이런 관습이 용인된다면, 이 세상에서 세례를 받지 못할 사람이 없게 될 것이다." 그러면 세례를 받기 전 고백해야 하는 믿음과 그 믿음의 내용을 가리키는 의식이 분리될 것이다. 이런 극심한 신학의 부패를 어떻게 용인하겠는가?

이 해석이 내포한 더 큰 문제는 이것이다. 만일 이 해석을 받아들인다면 바울은 이 부패한 세례 풍습에 대해 아무런 비판 없이 수용했다고 볼 수는 없지만, 그럼에도 그 관습을 긍정하고 자신의 논증을 위한 논거로 사용하며, 이 관습을 따르는 고린도 교회의 행동을 내버려 두었다고 말할 수밖에 없다. 그러나 바울이 그렇게 할 수 있는가? 과연 바울이 크리소스토무스보다 영적으로, 그리고 신학적으로 덜 예민했다고 보는 것이 타당한가? 그렇지 않다. 바울은 어떤 사람도 따를 수 없을 만큼 신학적으로 민감했던 사람이었다. 이는 두 사건을 보면 분명히 알 수 있다. 우선 갈라디아서 2:14-15이다. 여기에는 베드로와 바나바가 이방인과 식사를 하다가 야고보에게서 온 사람들이 나타나자 식사 자리에서 물러난 사건을 기록하고 있다. 이 사건은 다른 사람들의 눈에는 별일 아닌 것으로 보였다. 그래서 사도인 베드로와 바울 동역자 중 이방인 복음 전파자 바나바도 야고보에게서 온 자들을 두려워하여 이방인들에게서 자신들을 분리했다. 이때 바울은 이 '분리'가 신학적으로 무엇을 의미하는지 간파하고 지적한 사람이었다. 그것은 그리스도의 십자가와 그의 대속 죽음에 근거한 의를 부정하는 행위이다. 바울이 볼 때, 이 단순해 보이는 행동 이면에 신약 교회의 애찬에 부패가 일어난 것을 인식했다. 그래서 바울은 지나치지 않고 베드로를 정면으로 맞서고 베드로가 정죄받을 위치에 있다는 점을 알렸다.

또 고린도전서 10:20-21을 들 수 있다. 여기서 바울은 애찬 시 먹고 마시는 문제를 다룬다. 물론 당시 애찬은 그 후 이어지는 성찬과 분리되지 않았다. 하지만 당시 고린도 교인들의 눈에 이 문제는 그리 심각하게 보이지 않았다. 하지만 바울은 이 문제를 매우 진지하게 다룬다.

식사 자리에서 분리나 애찬 문제도 이렇게 심각하고 진지하게 다루는 바울이 하물며 산 자들이 죽은 자들을 위해 세례 받는 것과 같이 중요하고 심각한 문제를 비판하지 않았다고 볼 수 있는가? 따라서 "죽은 자들을 위한 세례"라는 문구가 마치 어떤 사람이 자신에게 소중한 사람이 죽었을 때, 그 죽은 사람을 위해서 자신이 대신 세례를 받는 관습을 가리키는 것으로 보일지라도, 첫 인상과는 달리 다른 진술일 가능성이 있다.

그러면 이 문제를 어떻게 해결할 수 있는가? 사람들은 "죽은 자들을 위해" 타인이 세례를 받는 것은 문제가 되므로, 다른 행위와 연결하려고 했다.

ii. 죽은 자들을 위해 타인이 무언가를 행함

사람들은 고린도전서 15:29에서 "죽은 자들을 위해"(ὑπὲρ τῶν νεκρῶν)라는 문구를 "세례 받는 자들"(βαπτιζόμενοι)이 아닌 "그들이 행할 것이다"(ποιήσουσιν)와 연결하려고 했다. 이 점이 앞의 해석과 다른 점이다. 하지만 여기서도 "죽은 자를 위해 무엇인가를 하는 사람들"이 "세례 받는 자들"과 다른 인물로 보는 것은 같다. "세례 받는 자들"이 영적으로 죽은 상태에 놓여 있는 사람들의 구원을 위해 무언가를 할 수 있다고 보는 것이다. 이 견해는 역사적으로 루터 당시 면벌부를 판매할 때 로마교가 외친 구호였다.

여기에 로마가 있다. 우리는 면벌부로 제공되는 구원을 회피해서는 안 된다. 죽은 부모님을 생각하라. 누구든지 면벌부를 가진 자들은 구원을 받고, 다른 것은 아무 소용이 없다.[286]

이들에 따르면, '만일 죽은 자의 부활이 없다면, 세례 받는 사람과 그리스도인들이 죽은 자들의 구원에 관계되는 그런 일에 무슨 이유로 관심을 갖겠는가?' 하고 바울이 논증했다는 것이다.[287] 하지만 여기서 "죽은 자들"을 '영적으로 죽은 자'라고 볼 수 있는가? 그렇지 않다. 고린도전서 15:29bα의 "죽은 자들"(οἱ νεκροί)은 분명히 육체적으로 죽은 자들이다.

첫 번째 견해와 두 번째 견해에 대한 근본적인 비판은 이것이다. 이 견해들이 타당성을 얻으려면, 현재보다는 부정과거를 사용해야 했다. 즉 "현재 그리고 계속 세례를 받는 자들"(βαπτιζόμενοι)보다는 "과거에 세례를 받았던 사람들"(βαπτισθέντες)이 더 잘 어울린다. 왜냐하면 논지의 흐름이 과거에서 현재로 와야 더 자연스럽기 때문이다. 다시 말해서, 누군가가 부활 때문에 이미 죽은 자들을 위해 세례를 받았다(과거). 그런데 만일 죽은 자의 부활이 없다면 죽은 자들을 위해 받는 세례가 무슨 일을 할 수 있겠는가(현재).

하지만 이 구절에서 주목해야 할 것은 단어의 시상보다 논증의 방향이다. 바울은 죽은 자들을 위해 무언가를 하는 사람들과 세례를 받는 사람들을 다르게 보는 것이 아니라 시야를 점점 더 좁히고 있다.

		고린도전서
죽은 자들을 위해	ὑπὲρ τῶν νεκρῶν	15:29bα
죽은 자들	νεκροί	15:29c

---

[286] Brecht, *Luther*, 182–183.

[287] Cf. Ph. Bachmann, *Der erste Brief des Paulus an die Korinther*, 3rd ed. (Leipzig: Deichert, 1921), 455–456.

| 그들을 위해 | ὑπὲρ αὐτῶν | 15:29d |

이 구절을 어떻게 해석해야 할 것인가? 죽은 자들을 위해 세례를 받는다는 개념이 내포한 신학적 부담은 시간이 지나도 해결되지 않았다. 그래서 세례를 받는 이유를 다르게 파악하려고 했다. 즉 죽은 자들이 아니라 부활을 위해 세례를 받는다는 것이다. 이것이 세 번째 해석이다.

iii. 죽은 자들의 [부활]을 위해 세례를 받음

신학사에서 몇몇 사람들이 고린도전서 15:29에서 "부활"(ἀνάστασις)이란 말이 생략되었다고 보았다. 이 해석의 단초는 이미 교부시대부터 있었다. 예를 들어 크리소스토무스는 자신의 고린도전서 주석에서 "만일 부활이 없다면, 당신은 왜 죽은 자를 위해 세례를 받는가?"라고 말할 때, 이미 죽은 몸의 부활을 믿고 언급했다고 말한다.[288]

아 브라켈(Wilhelmus à Brakel, 1635-1711)은 크리소스토무스의 이 생각을 심화하고 확대했다. 아 브라켈은 두 가지 관찰에서 출발한다. 하나는 고린도전서 15:29에서 "세례받는 자들"은 다름 아닌 15:12에서 "부활이 없다"고 주장하는 "어떤 사람들"(τινες)이라고 본다. 다른 하나는 15:29에서 "죽은 자들을 위하여"라는 표현에서 "죽은 자들의"라는 소유격 표현을 지배하는 것이 관사나 전치사일 수 없다는 것이다. 그러면 이 소유격을 지배하는 것은 무엇인가? 아 브라켈은 앞에서 이와 비슷한 표현이 자주 등장하는 것에 주목한다. 아 브라켈은 15:13, 16을 추가 예로 들지만, 고린도전서 15:12-28에는 거의 매절마다 "죽은 자의 부활"이 명사나 동사 표현으로 등장한다.

---

[288] Cf. Chrysostom, *Homilies on the Epistle of Paul to the Corinthians*, trans. Rev. Talbot W. Chambers, NPNF I/12, (Edinburgh: T&T Clark, 1997), 245; cf. 133.

		고린도전서
죽은 자의 부활이 없다...	... ὅτι ἀνάστασις νεκρῶν οὐκ ἔστιν	15:12
죽은 자의 부활이 없다면, ...	εἰ δὲ ἀνάστασις νεκρῶν οὐκ ἔστιν	15:13
죽은 자의 부활도 사람을 통해...	δι' ἀνθρώπου ἀνάστασις νεκρῶν	15:21
죽은 자가 다시 살아나지 않으면,	εἰ γὰρ νεκροὶ οὐκ ἐγείρονται	15:16
그리스도가 죽은 자에게 살아나지 않으면, ...	Χριστὸς ἐγήγερται ἐκ νεκρῶν	15:20
죽은 자를 위해 세례받는 자들.	οἱ βαπτιζόμενοι ὑπὲρ τῶν νεκρῶν;	15:29

고린도전서 15:29을 읽을 때, 이미 독자들에게는 죽은 자의 "부활"(ἀνάστασις)이나 죽은 자들이 "살아났다"(ἐγείρονται)는 말이 떠오른다는 것이다. 따라서 바울도 사람들이 다 연상할 수 있을 것으로 보고 "부활"이라는 말을 생략했다는 것이다. 아 브라켈에 따르면, 본문은 "죽은 자들을 위해 세례 받는 자들"이 아니라 "죽은 자들의 부활을 위해 세례를 받는 자들"을 말한다.

세례받는 자들	οἱ βαπτιζόμενοι	15:29
죽은 자를 위해	ὑπὲρ τῶν νεκρῶν;	
세례를 받는 자들	οἱ βαπτιζόμενοι	15:29
죽은 자들의 부활을 위해	ὑπὲρ ἀνάστασις τῶν νεκρῶν;	

이 두 관찰을 종합하면, 고린도전서 15:29는 이렇게 번역할 수 있다. '그러면 죽은 자들의 부활을 위해 세례를 받는 자들은 무슨 일을 한 것이냐?' 이렇게 되면 주장과 행동이 완전히 모순이 된다.

죽은 자들의 부활로 인해 세례를 받은 자들이 어떻게 부활이 없다고 주장하는지 도무지 이해할 수가 없다. 그렇다면 어떻게 그들이 죽은 자들의 부활로 인해 세례를 받는다는 말인가?[289]

이 해석의 문제점은 두 가지 관찰이 모두 가정이라는 것이다. 만일 "세례받는 자들"이 부활을 원칙적으로 부정하는 자들이라는 가정과 "부활"이란 단어가 생략되었다는 가정이 옳다면 타당한 해석일 수 있지만, 만일 옳지 않다면 타당하다고 볼 수 없다. 하지만 아나스타시스라는 말이 생략이라는 가정은 든든하지 못하다. 바울은 앞에서 여러 번 동일한 표현을 쓰면서도 반복해서 "부활"(아나스타시스)과 "살아나다"(에게이로)라는 단어를 반복했다(고전 15:12-28).[290] 그런데 왜 굳이 고린도전서 15:29에서는 생략했겠는가?

앞에서 "죽은 자들을 위해 세례받는 자들"을 신학사에서 어떻게 해석했는지 잠시 살펴보았다. 세 가지 해석이 있었지만 각각 해결되지 않은 점이 남아 있다. 가장 큰 문제는 죽은 자들을 위해 타인이 세례를 받는 것이다. 그래서 크리소스토무스나 아 브라켈은 세례받는 이유를 바꾸어 해결하려고 했다. 즉 죽은 자들을 위한 세례가 아니라 그들의 부활을 위해 세례를 받는다는 것이다. 하지만 죽은 자들과 세례 받는 자들이 동일 인물이면 어떻게 해석할 수 있는가?

iv. 죽은 자신을 위해 세례를 받음

만일 세례 받는 자들과 죽은 자들이 동일 인물이라면 앞에서 제기한 문제는 모두 해결된다. 하지만 어떻게 그렇게 볼 수 있는가? 이 질문에 대답하기 전에 세 가지 점을 고려해야 한다. 전체적인 문맥, 사용하는 어

---

[289] 아 브라켈, 『그리스도인의 합당한 예배』 2권, 김효남, 서명수, 장호준 옮김(서울: 지평서원, 2019), 760-761.

[290] "부활"(아나스타시스): 고전 15:12, 13, 21; "살아나다"(에게이로): 고전 15:12, 13, 14, 15, 16 (2회), 17, 20.

휘, 종말론적 전망이다.

우선 본문의 문맥이다. 바울은 여기서 부활을 증명하기 위해 "죽은 자들을 위해 세례를 받는 사람들"을 예로 든다. 이것은 고린도 교회에서 매우 자연스럽게 일어나는 일이다. 바울이 이 행위를 문제 삼는다는 암시가 본문에 전혀 나타나지 않는다. 나아가 이 예는 자신과 동역자들의 일상과 같은 선상에 있다.

고전 15:30-32 또 어찌하여 우리가 언제나 위험을 무릅쓰리요? [31] 형제들아 내가 그리스도 예수 우리 주 안에서 가진 바 너희에 대한 나의 자랑을 두고 단언하노니 나는 날마다 죽노라. [32] 내가 사람의 방법으로 에베소에서 맹수와 더불어 싸웠다면 내게 무슨 유익이 있으리요 죽은 자가 다시 살아나지 못한다면 내일 죽을 터이니 먹고 마시자 하리라.

부활이 없다면 바울과 동역자들이 매 순간 위협을 무릅쓰고 날마다 죽는 삶을 살 이유가 없듯이, 부활이 없다면 "죽은 자들을 위해 세례를 받을" 이유가 전혀 없다는 것이다. 이런 점에서도 볼 때 고린도 교인들이 세례를 받는 것은 근거가 명확한 행위이다.

이 점은 바울이 사용하는 어휘를 보아도 분명하다. 고린도전서 15:29을 보면, "죽은 자들"과 관련된 세 표현이 모두 "세례를 주다"($\beta\alpha\pi\tau\acute{\iota}\zeta\omega$)와 연결되어 있고, 이것이 동시에 "그들이 행할 것이다"($\pi o\iota\acute{\eta}\sigma o \upsilon\sigma\iota\nu$)의 주어이다. 다시 말해서, 바울은 죽은 사람을 위하여 다른 사람이 세례를 받는 것이 아니라 그리스도인 자신이 받은 세례를 염두에 두고 있다. 이것은 "세례를 받는 자들"($\beta\alpha\pi\tau\iota\zeta\acute{o}\mu\epsilon\nu o\iota$)과 "그들이 세례를 받는다"($\beta\alpha\pi\tau\acute{\iota}\zeta o\nu\tau\alpha\iota$)가 모두 '현재'라는 점에서 더 명확하다.

그렇다면 바울은 어떻게 "죽은 자들을 위해 세례를 받는 자들"이 그리스도인 자신들이며, 그들이 세례를 받는 행위를 현재 시상으로 표현할 수 있었는가? 그것은 바울이 이 행위를 신약 종말론적인 전망 속에서 보기 때문이다. 즉 바울은 종말 관점에서 현재를 보고 있다. 그러면 바울 당시 고린도 교인들 포함한 그리스도인들은 "죽은 자들"로 나타난다. 그들은 그 죽은 자신들을 위해 세례를 받은 것이다. 즉 그리스도와 함께 죽고 함께 일으킴을 받기 위해 그리스도와 연합 속으로 들어간 것이다.

그러면 바울이 이렇게 종말 시각에서 현재를 본다는 것을 어떻게 알 수 있는가? 바울은 방금 전 그리스도께서 부활의 첫 열매로서 현재적 통치를 마치고 나라를 아버지께 바치며, 자신도 복종하여, 하나님이 만유의 주로서 모든 것의 모든 것이 될 것이라는 종말 전망을 제시했다(cf. 고전 15:23-28). 그리고 바로 이어 "세례"를 언급한다. 만일 죽은 자들의 부활이 없다면, 그 메시아와 연합하여 세례를 받은 자들이 행한 일은 무슨 의미인가? 부활도 없고 그리스도와 신자의 연합도 없다면, 세례는 텅비게 된다. 그러나 부활이 존재하고 그리스도와 신자의 연합이 확실하다면, 세례는 그 연합을 현재화하고 사도와 교회의 현재 삶의 특성이 된다.

이 종말 전망 속에서 바울은 미래에 죽은 자가 살아나는 순간을 현재화한다. 이때 그리스도인들은 대부분 이미 죽어 있을 것이다. 만일 죽은 자들이 살아나는 일이 원칙적으로 없다면, 그들이 과거에 받는 세례는 아무 소용이 없다. 그러나 부활이 있기 때문에 신자들은 바로 "그들"을 위해서 세례를 받은 것이다. 그러므로 세례는 신자가 살아 있든지 미래의 죽은 자들 속에 있든지 그리스도와 연합되어 있다는 보증이요 표다. 따라서 지금 세례를 받은 것은 현재만을 위할 뿐 아니라 미래를 위한다.[291]

여기서 마지막 질문이 남는다. 바울은 왜 그냥 "세례 받은 자들"이라고 하지 않는가? 만일 "죽은 자들을 위하여 세례를 받는 자들"이라고 하지 않고, "세례를 받는 자들"이라고 한다면, 이 종말론적 의미에 더 적합하지 않겠는가? 바울은 아마도 "죽은 자들을 위하여"(ὑπὲρ τῶν νεκρῶν)라는 문구를 의도적으로 쓴 것으로 보인다. 왜냐하면 "죽은 자들"이란 말은 반대자들의 부정과 의심의 핵심 내용이기 때문이다.

			고린도전서
부정	그리스도께서 죽은 자들 가운데서 부활하셨음에도 불구하고, 어찌하여 죽은 자들 가운데서 부활이 없다 하느냐?	εἰ δὲ Χριστὸς κηρύσσεται ὅτι ἐκ νεκρῶν ἐγήγερται, πῶς λέγουσιν ἐν ὑμῖν τινες ὅτι ἀνάστασις νεκρῶν οὐκ ἔστιν	15:12
의심	어떤 이는 말할 것이다: 죽은 자들이 어떻게 부활하는가? [부활한다면.] 그러면 어떤 몸으로 오는가?	ἀλλὰ ἐρεῖ τις· πῶς ἐγείρονται οἱ νεκροί; ποίῳ δὲ σώματι ἔρχονται;	15:35

바울은 이 부정과 의심에 직면하여 논증을 하고 있기 때문에 단순한 세례가 아니라 "죽은 자들을 위해 세례를 받는 자들"의 행위를 종말론적 시각에서 말한 것이라고 볼 수 있다.

지금까지 사도 바울이 첫 번째 질문에 대해 반박하고 부활의 실제성과 의미를 어떻게 설명하는지 살펴보았다. 그렇다면 고린도 교회에 있었던 다음 질문은 무엇인가? 다음 질문은 부활체에 대한 것이다. 이것은 중립적인 질문이라기보다는 부정적인 의심이다. 만일 부활이 있다면, 부활의 몸은 어떤 것이고 어떻게 가능한가 하는 점이다.

3.8.2.2 부활체에 대한 의심과 바울의 증거(고전 15:35-49)

바울은 이제 "부활체가 어떤 종류의 몸인가?"라는 주제를 논증한다. 바

---

291   Cf. Bachmann, *Der erste Brief des Paulus an die Korinther*, 456-458.

울은 먼저 부활체의 본질과 영광을 설명한다. 이 설명은 부활의 몸이 필연적으로 존재하고 옛 몸과 달리 신령한 몸이요 능력의 몸이요 하늘에 속한 이의 형상이라는 점을 강조한다. 그러면 여기서 질문이 따라온다. 곧 만일 사람이 구원받았다고 하면서 부활에 참여하지 못하거나 부활의 몸을 입지 못한다면 어떻게 되는가? 그 사람은 하나님 나라에 들어갈 수 있는가? 바울은 이 주제를 다룬다.

		고린도전서
1.	부활체의 본질과 영광	15:35-49
2.	부활과 하나님의 나라	15:50-57

이제 이 주제들을 차례로 살펴보자.

A. 부활체의 본질과 영광(고전 15:35-49)

부활체는 어떤 몸인가? 바울은 두 단계로 설명한다. 먼저 자연 현상과 비교하는 것이고, 다음으로 그리스도의 부활체를 제시하는 것이다.

첫째, 바울은 자연 현상으로 부활체의 다양성과 영광을 설명한다.

> **고전 15:36-39** 어리석은 자여, 네가 뿌리는 씨가 죽지 않으면 살아나지 못하겠고 [37] 또 네가 뿌리는 것은 장래의 형체를 뿌리는 것이 아니요 다만 밀이나 다른 것의 알맹이 뿐이로되 [38] 하나님이 그 뜻대로 그에게 형체를 주시되 각 종자에게 그 형체를 주시느니라. [39] 육체는 다 같은 육체가 아니니 하나는 사람의 육체요 하나는 짐승의 육체요 하나는 새의 육체요 하나는 물고기의 육체라.

사람이 예컨대 밀이나 보리의 씨앗을 심으면 그 씨앗이 그대로 나오는 것이 아니다. 땅에 들어가 그 형체가 사라지고, 썩은 이후에 새로운 형체로 나온다. 씨앗과 전혀 다른 몸이 출현하는 것이다. 뿐만 아니라 육체는 하나가 아니다. 사람, 짐승, 새, 물고기의 몸이 있다. 즉 씨앗과 이삭의 몸이 다르고, 종을 넘어가더라도 여러 육체가 있다. 여기서 바울은 시야를 땅에서 하늘로 옮긴다. 그리고 세상에 존재하는 몸/질량체가 다르고 전혀 다른 영역에 속한 형체가 있으며 같은 영역에 있더라도 영광이 다르다고 논증한다.

> **고전 15:40-41** 하늘에 속한 형체도 있고 땅에 속한 형체도 있으나 하늘에 속한 것의 영광이 따로 있고 땅에 속한 것의 영광이 따로 있으니, [41] 해의 영광이 다르고 달의 영광이 다르며 별의 영광도 다른데 별과 별의 영광이 다르도다.

바울은 자연 세계를 다 둘러본 후에 이제 인간의 몸과 부활로 넘어간다. 어떤 몸으로 부활하는가?

> **고전 15:42-44** 죽은 자의 부활도 그와 같으니 썩을 것으로 심고 썩지 아니할 것으로 다시 살아나며 [43] 욕된 것으로 심고 영광스러운 것으로 다시 살아나며 약한 것으로 심고 강한 것으로 다시 살아나며 [44] 육의 몸으로 심고 신령한 몸으로 다시 살아나나니 육의 몸이 있은즉 또 영의 몸도 있느니라.

바울은 부활과 창조를 연결하고 있다. 다시 말해서 부활이 이미 창조세계에 계시되었다는 것이다. 이것을 한 걸음 더 깊이 나아가 생각한다면, 재창조가 창조 계획에 포함되어 있었고, 부활은 이 재창조 계획에 속하면서, 그것을 지시하고 연결하는 역할을 한다는 것이다. 그것은 밭에 뿌린 씨앗이 새로운 형체로 일어나는 것과 같고, 하늘의 천체와 별들이 각기 영광이 다른 것과 같다. 죽은 자의 부활도 이와 같다. 썩을 것,

약한 것, 육의 몸으로 심고, 썩지 않고 강하며, 영의 몸으로 부활한다. 둘째, 바울은 그리스도의 기원으로 부활체의 본질을 설명한다.

> **고전 15:45-49** 기록된 바 첫 사람 아담은 생령이 되었다 함과 같이 마지막 아담은 살려주는 영이 되었나니, [46] 그러나 먼저는 신령한 사람이 아니요 육의 사람이요 그 다음에 신령한 사람이니라. [47] 첫 사람은 땅에서 났으니 흙에 속한 자이거니와 둘째 사람은 하늘에서 나셨느니라. [48] 무릇 흙에 속한 자들은 저 흙에 속한 자와 같고 무릇 하늘에 속한 자들은 저 하늘에 속한 이와 같으니, [49] 우리가 흙에 속한 자의 형상을 입은 것 같이 또한 하늘에 속한 이의 형상을 입으리라.

그리스도는 아담과 달리 살려주는 영이며(고전 15:45), 하늘에서 나셨다(15:47). 그는 마지막 아담이시다(15:45). 인간은 모두 첫 아담에 속한다. 따라서 생령이요 땅에 속한 자에게 속한 자의 형상을 입는다. 그러나 신자는 마지막 아담에 속한다. 그러므로 살려주는 영이요 하늘에 속한 자의 형상을 입게 될 것이다(고전 15:49).

바울은 하나님 나라의 구조에 대한 계시를 진술한다. 그것은 신자가 하나님 나라를 상속할 때 대전제가 부활이라는 것이다.

B. 부활과 하나님의 나라(고전 15:50-57)

바울은 말한다.

> **고전 15:50** 형제들아, 내가 이것을 말하노니, 혈과 육은 하나님 나라를 이어받을 수 없고 또한 썩는 것은 썩지 아니하는 것을 유

업으로 받지 못하느니라.

바울에 따르면, 현재의 육체는 완성될 종말론적 하나님 나라에 적합하지 않다. 그 존재방식에 근본적인 변화가 있어야 한다. 왜 그런가? 하나님 나라는 영원한 나라이고 영적인 나라이다. 또 초월적인 세계이다. 그런데 만일 우리가 현재 우리 본성에 속한 육과 피를 가지고 그 나라에 들어간다면, 혈과 육에게 찾아오는 죽음을 맞게 될 것이다. 그러면 하나님 나라에 죽음이 있게 된다. 이것은 모순이다. 왜냐하면 하나님 나라는 부활 생명과 의와 평화의 나라이기 때문이다. 따라서 신자가 하나님의 나라에 들어가기 위해서는 존재 양식이 바뀌어야 한다. 즉 생명과 의와 평화의 나라를 상속하려면, 사망이 없고, 죄와 불의, 부패가 없으며, 불완전하지 않은 존재양식이 필요하다. 그것이 무엇인가? 바로 부활체이다. 예수님이 부활하신 후, 사도들과 여인들, 제자들에게 보여주신 변화되고 영광스러워진 몸, 그것이 바로 신자가 하늘로부터 받을 새로운 육체이다. 사망의 승리는 지나가고 폐하여 질 것이며(고전 15:54) 신자는 영원하고 초월적인 하나님 나라를 상속하게 될 것이다.

지금까지 바울은 부활에 대한 원칙적인 부정과 부활체에 대한 의심에 대해 반박하고 부활의 실제성과 부활체의 본질과 영광을 논증했다. 고린도 교인들을 포함한 인류 전체의 경험은 부활이 존재한다는 사실에 저항하고, 헬라 세계를 포함한 모든 세계는 자연에 존재하는 물질과 몸에 대한 개념에 근거하여 부활체의 영광을 의심하지만, 바울은 역사의 한복판에서 일어난 그리스도의 부활이 부활과 부활 세계를 출범시켰으며, 우주 전체가 부활체를 웅변적으로 증언하고 있다는 사실을 알렸다. 이렇게 논증을 마치고 이제 마지막으로 이 육체적 부활의 실제성에 근거하여 권면한다.

3.8.3 권면(고전 15:58)

바울은 권면(*exhortatio*)으로 부활 논증을 마친다.

> **고전 15:58** 그러므로 내 사랑하는 형제들아 견실하며 흔들리지 말고 항상 주의 일에 더욱 힘쓰는 자들이 되라 이는 너희 수고가 주 안에서 헛되지 않은 줄 앎이라.

이 권면은 "그러므로"(ὥστε)로 시작한다. 이 "그러므로"는 앞 단락 전체(15:1–57)와 연결된다. 그렇다면 바울이 논했던 부활의 사실성, 부활체의 영광, 종말론적 드라마와 그리스도의 통치, 하나님 나라에 합당한 새로운 존재양식에 대한 모든 논의가 이 한 구절로 수렴한다고 볼 수 있다.

그러면 바울의 결론은 무엇인가? "견실하고 흔들리지 말고 주의 일을 더욱 많게 하라"는 것이다. 바울의 말을 뒤집어 보면 부활에 관한 소망과 확신이 없는 사람들은 흔들리게 된다는 것이다. 여기서 "견실하다"는 말은 본래 "자리"나 "의자"에서 온 말이다.[292] 태산처럼 견고하게 앉아 흔들리지 않는 이미지이다. 언제 이렇게 할 수 있는가? 바로 앞 단락에 나오는 전 우주적인 승리, 마지막 원수인 사망과 죽음의 정복을 바라볼 때이다. 단순히 살아나리라는 기대나 소망이 아니다. 사망과 질병, 절망이 없거나 영향을 미치지 못해서도 아니다. 부활에 대한 믿음과 소망이 늘 견고해서도 아니다. 그리스도의 십자가와 부활이 역사적 진실이요, 역사에 들어온 종말이요, 신자의 존재와 삶의 새로운 출발점이기 때문이다. 그러므로 신자의 모든 활동은 의미가 있다.

반면 부활에 관한 소망과 확신이 없는 사람들은 흔들리게 될 것이

---

292 Thayer, *Lexikon*, 168.

다. 항상 주의 일에 힘쓰는 일관성을 가질 수 없게 될 것이다. 하지만 부활에 관한 소망과 확신을 가진 사람은 바울의 권면이 자신의 실제 삶이 되는 것이다. 즉 부활의 소망과 확신을 가진 사람은 견실하며 흔들리지 않고 항상 주의 일에 힘쓰는 자로 살 수 있게 된다. 그래서 어떤 사람이 주님의 나라를 위해 일할 때, 내 수고가 헛되지 않을 것이라는 확신은 바로 부활 소망 때문에 생긴다. 또 이 부활 소망이 없으면 시험에 빠지게 될 것이다. 이 세상은 악이 지배하고 있고, 이 악에 대한 징벌이 완전히 이루어지지 않는다. 나아가 이 땅에서는 선에 대한 보상 또한 온전히 시행되지 않는다. 물론 부분적으로 잠시 이루어질 수는 있지만, 신자들이 살아가는 일반적인 경험에서는 그런 일은 없다.

그러나 비록 하나님께서 나라를 궁극적으로 완성하실 마지막 순간이 아직 오지 않았고, 죽음의 세계와 부활의 세계의 경계가 아직 제거되지 않더라도, 신자는 주님 오실 날과 주님 나라의 궁극적 도래와 현시가 더딘 것 때문에 체념하지 않는다.[293] 왜냐하면 주님이 신자 안에서 행하시는 일, 신자가 주님을 섬기는 것은 모두 이 땅을 섬기는 일인 동시에 오는 세계의 삶을 선취적으로 실현하는 일이기 때문이다. 하나님께서는 그런 수고를 보시고 하나도 땅에 떨어지지 않도록 하실 것이다.

신자는 그리스도의 십자가와 부활에서 출발해 죽은 자들의 부활이 일어나는 재림으로 나아가고 있다. 이 과정에서 눈에 보이는 것은 신자의 힘을 고갈시킬 수 있다. 특별히 자신들의 존재와 생명의 근원인 부활과 복음이 공격받으면, 천지를 뒤집는 파도 속에 있는 조각배처럼 위태하고 불안하며 흔들릴 수 있다. 그러나 그리스도의 부활 복음을 기억해야 한다. 주님은 사망을 이미 정복하셨고, 최종 승리를 곧 이루실 것이다. 이것이 없다면 이 땅의 수고가 무슨 의미와 보람이 있겠는가? 크

---

[293] Cf. Schrage, *Der erste Brief an die Korinther (1 Kor 15,1–16,24)*, EKK VI/4 (Neukirchen–Vluyn: Neukirchener Verlag, 2001), 385.

리소스토무스는 이 신자의 수고와 아담의 타락 후 저주로서 수고와 비교하며 이렇게 말했다. "우리가 다시 수고를 하겠는가? 그러나 면류관과 하늘에 속한 것이 따른다!"[294]

지금까지 바울이 부활에 대한 부정과 부활체에 대한 의심에 대해 반박하고 논증하는 내용을 살펴보았다.
　이 논증을 마치고 바울은 "성도를 위하는 연보에 대하여" 말한다. 이것은 고린도 교회가 참여한 프로젝트였다.

3.9 연보(16:1-4)

이 "연보"는 무엇인가? 바울은 왜 특별히 이 프로젝트에 대해 강조하는가?
　바울의 사역 기간 동안 연보를 기록한 본문은 고린도전서 16:1-4 이외에도 많다(행 11:27-32, 12:25, 20:4; 롬 15:25-29; 고후 8:1-9:15; 갈 2:10).[295] 이 본문은 짧지만, 네 가지 정보를 담고 있다는 점에서 매우 중요하다.[296]

1. 연보 프로젝트의 규모
2. 연보의 방법
3. 연보의 전달

---

[294] Chrysostom, *Homilies on the Epistle of Paul to the Corinthians*, 257.

[295] 바울이 3차 전도여행을 마치고 예루살렘 교회를 방문했을 때, 그들은 바울에게 "결례를 행하고 그들을 위하여 비용을 내어 머리를 깎게 하라"(행 21:24)고 조언했다. 만일 이 본문을 포함하면, 연보 본문은 총 10개가 된다.

[296] 고한율, "바울의 예루살렘 연보에 관한 연구" (ThM Thesis, 수원: 합동신학대학원대학교, 2007), 51.

4. 연보의 의미

이제 이 주제를 차례로 살펴보자. 먼저 연보 프로젝트의 규모이다.

3.9.1 연보 프로젝트의 규모

고린도전서 16장이 없었다면, 바울이 사역할 당시 연보 운동이 어떤 규모였는지 짐작하기 어려웠을 것이다. 고린도후서만 읽으면 고린도 교회만의 일이라고 생각할 수 있다(고후 8-9장). 로마서에 의하면, 빌립보 교회나 데살로니가 교회 등 마게도냐 지역 교회와 고린도 교회 등 아가야 지역 교회의 운동이었다(cf. 롬 15:26). 하지만 고린도전서 16장을 통해 연보 운동이 단순히 마게도냐와 아가야 주뿐만 아니라 갈라디아 주까지 포괄하는 운동이었다는 것을 알 수 있다(고전 16:1). 이 구절에서 바울이 갈라디아 "교회들"이라고 말하기 때문에, 갈라디아와 더베, 루스드라, 비시디아 안디옥을 넘어 에베소 등 아시아 주 다른 곳까지 포함했을 가능성이 있다(cf. 행 20:4). 만일 이 추측이 옳다면, 연보 운동은 바울의 1차(비시디아 안디옥, 이고니온, 더베, 루스드라), 2차(빌립보, 데살로니가, 베뢰아, 아테네, 고린도), 3차 전도여행(에베소)에서 세운 이방인 교회 전체가 참여한 것이라고 볼 수 있다. 이렇게 볼 때, 연보 운동은 그야말로 당시 알려진 이방인 교회 전체가 참여한 프로젝트였다.

그러면 이 연보는 어떤 방식으로 해야 하는가?

3.9.2 연보의 방법

바울은 "매주 첫날에 각 사람이 수입에 따라 모아두어" 미리 준비하고, 바울이 갈라디아 교회들이나 고린도 교회를 방문했을 때 따로 연보를 하지 않도록 하라고 당부한다(고전 16:2). 언제부터 시작되었는가? 고린도후서에 따르면, 고린도 교회는 이미 "일년 전부터" 작정하고 진행해 오고 있었다. 고린도 교회가 참여했을 때는 이미 마게도냐 교회가 연보를 풍성하게 시작한 상태였다. 따라서 바울이 예루살렘으로 마지막 여행을 했던 해를 AD 57년으로 본다면, 이방인 교회의 연보는 적어도 AD 56년 5월이나 6월 전부터 진행되고 있었고, 매주 주일 예배 시 로마제국 전체의 이방인 교회가 자신의 소득에 따라 참여하는 운동이었다.

이 연보는 어떻게 예루살렘 교회에 전달되어야 하는가?

3.9.3 연보의 전달

바울은 자신의 계획을 이렇게 밝힌다.

> 고전 16:3-4 내가 이를 때에 너희가 인정한 사람에게 편지를 주어 너희의 은혜를 예루살렘으로 가지고 가게 하리니 [4] 만일 나도 가는 것이 합당하면 그들이 나와 함께 가리라

여기에 세 가지 사항이 있다. 먼저 바울은 "내가 이를 때에"라고 말한다. 즉 연보를 위해 자신이 친히 고린도 교회를 방문할 계획이었다. 다음으로 각 교회가 인정하는 대표가 있고, 그들의 손에 "편지를 주어" 예루살렘에 보내려고 생각했다. 여기서 바울이 쓰는 편지는 각 이방인 교회의 대표를 예루살렘 교회가 신뢰할 수 있도록 하는 추천서였을 가능성이 높다.[297] 마지막으로 바울이 에베소에서 고린도전서를 보낼 때는 자신이 예루살렘을 방문할지 아직 결정되지 않았다. 하지만 그 후

---

[297] 고한율, "바울의 예루살렘 연보에 관한 연구," 56-57.

바울은 자신이 직접 연보를 전달하기로 결심한다. 왜냐하면 이방인 교회와 예루살렘 교회의 하나됨을 위해 이 연보를 전달하는 일이 너무나 중요했기 때문이다(cf. 롬 15:16). 바울은 "이 은혜의 복음 증거하는 일을 마치는 일"(행 20:24)이라고 말한다.

마지막으로 이 연보는 고린도 교회와 초대교회, 신약의 교회에 어떤 의미가 있는가?

3.9.4 연보의 의미

바울이 연보를 어떻게 생각했는지는 다른 본문의 도움이 필요하다.[298] 하지만 본문은 한 마디 말로 연보의 의미를 강렬하게 전달한다. 바로 "너희의 은혜를 예루살렘으로 가져가리라"(고전 16:3)라는 말이다. 이것은 고린도 교회 신자가 드린 연보를 예루살렘에 전달할 것이라는 의미이다. 여기서 바울은 서로 다른 영역에 속한 것을 동일시하고 있다. 즉 물리적 영역에 속한 연보와 영적 영역에 속한 은혜이다. 따라서 문자적으로는 연보가 은혜일 수 없다. 하지만 이것은 결과를 원인 또는 근거로 표현한 것이라고 볼 수 있다. 즉 고린도 교인들이 그리스도의 십자가와 부활을 통해 받은 은혜 또는 이 구속에 근거한 은혜의 결과가 연보로 드러난 것이다. 따라서 바울은 연보를 고린도를 비롯한 이방인 교회의 자선이라고 보지 않는다. 오히려 그리스도의 은혜를 받은 이들이 드러내야 할 은혜로 본다(cf. 고후 8:9, 14).[299]

---

[298] 바울의 연보관에 대해서는 제5장 § 3.2 "예루살렘 성도를 위한 연보"(고후 8:1-9:15)를 참조하라.

[299] 고한율, "바울의 예루살렘 연보에 관한 연구," 57-58.

지금까지 고린도전서의 저작 동기, 목적, 내용을 살펴보았다. 이제 바울이 고린도 교회에 보낸 두 번째 편지를 살펴보자.

5장

고린도후서

1. 고린도후서의 저작동기 및 목적, 배경

고린도후서의 저작동기와 목적은 고린도후서 자체와 바울서신, 사도행전을 종합적으로 살펴야 밝힐 수 있다. 먼저 바울의 집필활동과 상황을 통해 저작동기와 목적을 알아보고, 다음으로 고린도후서의 배경을 좀 더 자세히 살펴보자.

1.1 고린도후서 이전 편지들

고린도후서에는 두 종류의 편지가 등장한다. 하나는 이전에 쓴 편지이고, 다른 하나는 바울이 현재 쓰고 있는 편지이다. 우선 고린도후서에는 "내가 [편지를] 썼다"는 표현이 자주 등장한다.

고후 2:4 내가 마음에 큰 눌림과 걱정이 있어 많은 눈물로 너희에게 썼노니(ἐκ γὰρ πολλῆς θλίψεως καὶ συνοχῆς καρδίας ἔγραψα ὑμῖν διὰ πολλῶν δακρύων) 이는 너희로 근심하게 하려 한 것이 아니요, 오직 내가 너희를 향하여 넘치는 사랑이 있음을 너희로 알게 하려 함이라.

고후 2:9 너희가 범사에 순종하는지 그 증거를 알고자 하여 내가 이것을 너희에게 썼노라.

1.1.1 "눈물의 편지"

이 "눈물의 편지"가 고린도전서였는지 아니면 다른 편지였는지 명확하게 알 수는 없다. 하지만 이 편지가 바울이 고린도후서 앞에 썼던 편지였다고 생각할 수 있다.

고후 7:8 그러므로 내가 편지로 너희를 근심하게 한 것을 후회하였으나 지금은 후회하지 아니함은 그 편지가 너희로 잠시만 근심하게 한 줄을 앎이라.

고후 7:12 그런즉 내가 너희에게 쓴 것은 그 불의를 행한 자를 위한 것도 아니요 그 불의를 당한 자를 위한 것도 아니요, 오직 우리를 위한 너희의 간절함이 하나님 앞에서 너희에게 나타나게 하려 함이로라.

이 구절들의 정황을 보면, 바울과 바울의 동료들이 한편에 있고 고린도 교인들이 다른 편에 있다. 바울은 이 둘의 연대가 중요하다고 강조한다. 자칭 대사도라고 부르는 사람들이 다른 복음과 성령을 전할 때 고린도 교회 사람들 중 일부가 영향을 받았던 것으로 보인다(cf. 고후 11:3-6). 바울은 고린도 교인들에게 자신과 동역자들을 향한 간절함이 하나님 앞에서 나타나게 하려고 이전 편지[들]를 썼다.

이렇게 볼 때, 바울의 집필 활동, 처한 상황이 서로 엮여 있다는 것을 알 수 있다. "근심," "눈물" 등의 말은 바울이 처한 상황이 좋지 않다는 것을 암시한다. 바울은 고린도후서 2:1에서 "내가 다시[재차] 슬픔 중에 가지 않기로 결심했다"고 말한다. 바울이 "다시"라고 말하므로, 이전에 "슬픔 중에" 해야 했던 방문이 있었다는 의미이다. 그러면 무엇 때문에 바울에게 "큰 근심과 눌림"이 있었는가? 고린도후서 2:2-10에는 "너희"와 대비되는 "그"(sg.)가 등장한다.[300] 이 사람은 바울을 슬프게 했다(고후 2:2). 바울은 이 사람이 형벌을 받아 마땅하다고 말하면서도(고후 2:6), 고린도 교인들에게 그를 용서하고 사랑을 나타내라고 명령한다(고후 2:7-8). 아마도 이 사람은 자칭 "대사도"로 바울을 정면으로 대적한 사람이었을 수 있다. 바울은 고린도 교인들이 순종하는지 그렇지 않은지 보려고 이 "눈물의 편지"를 보냈다(고후 2:9).

1.1.2 "혹독한 편지"

이것을 역으로 추측해 보면, 사도 바울은 고린도를 떠난 후(행 18:18), 다시 고린도에 방문한 적이 있고, 이때 한 사람 또는 소수의 사람들에게 개인적으로 매우 큰 모욕을 당했던 것이 분명하다. 아마도 바울은 그 자리에서는 침묵하고 에베소로 돌아와 고린도 교회에 편지를 보냈다. 바울에게는 고린도 교회 방문 시 겪은 일로 "큰 눌림과 걱정"이 있었고(고후 2:4), 고린도 교회에게는 바울이 보낸 편지로 "근심"이 있었다(고후 2:4, 5; 7:8, 12). 아마도 바울이 보낸 편지에는 교회가 그 사람을 치리하거나 내쫓아야 하며, 그 사람에 동조한 고린도 교인들도 회개해야 한다는 내용이 있었던 것으로 보인다(cf. 고후 7:8-12). 그래서 학자들은

---

[300] 고린도후서 2:2 ὁ λυπούμενος ἐξ ἐμοῦ; 2:5 τις; 2:6 τῷ τοιούτῳ; 2:7 ὁ τοιοῦτος; 2:8 εἰς αὐτόν.

이 편지를 "혹독한 편지"(severe letter)라고 부른다.[301]

이 "눈물의 편지"를 전달한 사람은 누구였는가? 이 "눈물의 편지"를 전달한 사람은 아마도 디도였을 가능성이 크다. 디도는 바울 동역자들 중에서 행정가로서 탁월한 능력을 발휘했다. 눈물의 편지가 고린도 교회에 활동하던 거짓 사도를 교회 공동체에서 추방하는 일이나 고린도 교인들의 회개와 관련된다면, 디도는 교회의 치리 문제를 맡을 수 있는 사람이다. 나아가 바울은 연보 문제와 같이 민감하고 책임이 무거운 일을 디도에게 맡긴다.

바울은 디도를 만난 후 또 다른 편지를 고린도 교회에 보내는데, 이것이 고린도후서이다. 바울은 디도가 '도착하기 전' 어디에 있었고, 디도의 도착은 어떻게 고린도후서를 쓰는 계기가 되었는가?

1.2 디도와 고린도후서

바울은 디모데와 에라스도를 마게도냐로 보내고 자신은 에베소에 잠시 더 머무르려고 했다(고전 16:9; 행 19:22). 그런데 에베소 상황이 악화되어 그렇게 할 수 없었다(행 19:23-41). 바울은 에베소를 떠나기 전에 디도를 아가야로 보낸 후 자신은 드로아로 간다(고후 2:12). 두 사람은 아마도 드로아에서 만나기로 했을 수 있다. 드로아에서는 복음을 전할 수 있는 큰 문이 열렸지만 디도가 오지 않아 바울은 마게도냐로 건너 간다(고후

---

301 이 "눈물의 편지" 또는 "혹독한 편지"는 고린도전서도 고린도후서도 아니다. 이 편지는 "이전 편지"(고전 5:9), "라오디게아서"(골 4:16)와 함께 보존되지 않는 바울의 편지이다. "혹독한 편지"가 보존되지 않은 것은 아마도 고린도 교회 전체를 위한 내용을 담고 있지 않아 일반인의 관심에서 멀었기 때문일 것으로 추측한다. Cf. D. Guthrie, *New Testament Introduction*, 4th ed. (Leicester: Apollos; Downers Grove: IVP, 1990), 443.

2:13). 에베소에서 마게도냐로 이동하는 동안 바울은 디도 편에 부탁한 일이 어떻게 진행되고 있는지 알 수가 없었다. 다시 말해서, 고린도 교회가 "눈물의 편지" 또는 "혹독한 편지"에 어떻게 반응했는지 아무런 정보를 얻을 수 없었다. 더욱이 자신이 이 편지로 고린도 교인들을 근심하게 하였을까 걱정했다(고후 7:8). 나아가 거짓 사도들이 고린도에서 여전히 활동하고 있었으므로, 디도의 안전에 대해서도 염려가 되었을 것이다. 그런데 디도가 도착하여 고린도 교회 그리스도인들이 "근심함으로 회개함에 이르렀고"(고후 7:9), 이 근심이 그들을 더욱 "간절하게 하고, 변증하게 하고, 분하게 하며, 두렵게 하며, 사모하게 하고, 열심 있게 하며, 벌하게 했다"(고후 7:11-12)는 소식을 전해주었다.

바울은 이 소식에 힘을 얻고 고린도후서를 써서 [아마도 마게도냐에서] 디도 편에 보낸다. 바울은 이 편지에서 자신이 변덕스럽다는 반대자들의 공격을 반박하고(고후 1:15-7:16), 고린도 교회가 이미 일년 전부터 계획한 구제금 모금 운동에 참여하도록 독려하며(고후 8:1-9:15), 자신의 사도권을 변증했다(고후 10:1-13:10).

1.3 고린도후서 배경

고린도후서의 배경은 바울의 3차 전도여행 마지막과 로마 여행 시작 전 사이에 있었던 짧은 기간이다. 이때 바울이 에베소에서 드로아를 거쳐 마게도냐까지 여행했다. 바울은 내적으로 외적으로 이 여행을 하지 않으면 안 되는 상황이었다. 고린도후서는 이 여행과 상황 속에서 기록된 편지이다.

그렇다면 바울이 에베소에 있을 때 어떤 상황이었고 왜 에베소를 떠나게 되었는가?

1.3.1 에베소에서 떠남

바울은 밀레도에서 에베소 장로들을 초청하여 마지막 고별사를 하면서 이 기간을 다음과 같이 회고한다.

> **행 20:18-21** 아시아에 들어온 첫날부터 지금까지 내가 항상 너희 가운데서 어떻게 행한 것을 너희도 아는 바니 곧 모든 겸손과 눈물이며 유대인의 간계를 인하여 당한 시험을 참고 주를 섬긴 것과 … 가르치고 … 회개와 우리 주 예수 그리스도께 대한 믿음을 증거한 것이다.

이때 바울의 계획은 무엇이었는가? 바울은 여러 "시험"이 있었음에도 불구하고 자신은 좀 더 아시아에 머물려고 했다. 왜 그랬는가? 바울 자신은 처음에는 에베소에서 마게도냐를 경유하여 아가야를 지나는 길에 고린도 교회를 방문할 계획이었다. 그러나 조금 후에 고린도에서 머물렀으면 하는 바램을 가졌다(고전 16:6-7). 에베소에서는 복음 사역의 큰 성과가 있었으나 동시에 대적들도 많았다(cf. 고전 16:9). 그래서 그는 약 AD 57년 오순절(6월 9일)[302]까지는 에베소에 머무르려고 하였다(고전 16:8).

이 즈음 에베소에 소요가 일어난다(행 19:23-41). 데메드리오와 그의 동업자들이 바울의 복음 전도로 장사에 큰 타격을 입자 소요를 일으킨 것이다. 이들은 아르테미스 신전 모형 장사로 큰 이익을 얻었던 은세공업자들의 조합원들이었다. 이들이 에베소 사람들을 선동하여 소요가 일어났던 것이다(행 19:23-32).

---

302 오순절은 유월절, 즉 AD 57년 4월 14일에서 7주 후에 온다. 7주째는 6월 7/8일이므로 오순절은 6월 8/9일이 된다.

바울은 이것을 자신이 '아시아에서 당한 큰 고난'이라고 묘사한다(고후 1:8). 바울은 이미 이보다 더 작은 규모의 소요를 경험한 적이 있다. 예를 들어, 비시디아 안디옥에서 유대인들이 그 도시의 귀족 부인들을 선동하여 "박해를 일으켰을" 때이다(cf. 행 13:50).

하지만 이 소동은 이전과 달랐다. 첫째, 이번 소요와 "구리장색 알렉산더가 입힌 해"(cf. 딤후 4:14)는 바울에게 "큰 고난"이었다. 둘째, 이 소요가 공개적이었다는 것이 중요하다. 이들 소요는 비록 국지적인 것이었으나 바울은 복음이 외부에서 볼 때, 즉 정치적인 시각에서 볼 때, "소요"를 일으킬 가능성이 있는 운동으로 비칠 수 있음을 인식했을 것이다. 바울은 에베소에서 일어난 소요로 로마제국은 기독교에 대하여 날카로운 시선을 갖게 되고, 이제 관용의 시대가 끝나고 있다는 것을 예감했을 것이다. 이런 상황에서 에베소에 더 머문다는 것은 상황을 악화시킬 뿐이므로 바울은 마게도냐로 건너갈 결심을 했다(행 20:1).

이때 바울은 어떤 계획을 세웠는가?

1.3.2 마케도냐-아가야 여행과 연보

바울은 두 가지 계획을 세운다. 하나는 마케도냐-아가야를 방문할 계획이었다(고전 16:5-6). 다른 하나는 예루살렘 그리스도인들에게 연보(구제금)를 전달하려는 계획이었다(고전 16:1-3). 이 연보는 갈라디아, 마게도냐, 아가야 교회에서 일년 전부터 진행하고 있는 프로젝트였다(cf. 고후 8:10). 처음에 바울은 자신이 직접 이 일을 하려고 하지 않고 교회가 "인정한 사람들에게 편지를 주어" 보내려고 했다(고전 16:3). 하지만 자신이 갈 수도 있다고 생각했다(고전 16:4).

이 계획으로 바울은 먼저 드로아로 간다. 그런데 바울은 그곳에서 복음을 전하고 있었지만 디도가 아직 도착하지 않았기 때문에(고후 2:13), 마음이 편치 못하여 마케도냐로 건너갔다(고후 2:13). 거기서 디도를 만났는데(고후 7:6), 디도가 가져온 소식은 기대했던 것보다 훨씬 큰 희소식이었다. 고린도 교회가 편지를 받고 처음에는 슬퍼했으나 회개했고, 바울과 바울 동역자들에 대한 신뢰를 버리지 않았다는 것이다(고후 7:7-11).

이에 바울은 디도와 고린도후서를 보낸다. 이렇게 하여 잠시 중단되었거나 진행이 더딘 예루살렘 성도를 위한 구제금 운동을 다시 일으키고 완성하려고 했다.

마지막으로 바울은 또 한 가지 문제를 다루려고 했다. 바울은 처음 고린도 교회를 떠난 후 3차 전도여행 중 에베소에 있을 때 두 번째 방문을 한 적이 있다. 그리고 이제 세 번째로 방문하려고 한다. 바울이 고린도를 떠난 후부터 세 번째 방문 전까지 바울 대적자들이 일어나 바울과 바울 복음을 공격했다.

1.3.3 바울의 대적자들

고린도 교회에는 고린도전서와 다른 양상으로 바울의 사도권을 훼손하고 거짓 비방을 일삼는 사람들이 있었다. 이들은 아마도 유대인들이었을 가능성이 높다(고후 11:22-29). 이들의 공격과 비난은 주로 바울과 바울의 복음 사역에 대한 것이었다.

	고린도후서
바울은 세상적이다.	1:17
바울과 바울 동역자들은 추천서가 없다.	3:1
그들은 자신들을 전파한다.	4:5
그들은 고린도 교인들에 대해 마음이 좁다.	6:12
그들은 불의하고 고린도 교인들을 해롭게 하고 속여 빼앗았다.	7:2

그들은 거액의 연보를 부정하게 관리한다	8:20
바울은 "온유한" 겁쟁이다.	10:1
바울은 육체대로 행한다.	10:2
그들은 그리스도께 속하지 않았다.	10:7
바울의 편지는 장중하고 힘이 있으나 외모와 웅변력이 없다.	10:10
바울은 말에 능숙하지 못하다.	11:6
바울은 복음을 전할 때 연설료를 받지 않는다.	11:7
바울은 고린도 교회를 사랑하지 않는다.	11:11
바울은 어리석다.	11:16
바울은 거짓말을 한다.	11:31
바울은 고린도 교회보다 다른 교회에 더 많은 호의를 베풀었다.	12:13

바울은 이들을 "기회를 찾는 자"요, "거짓 사도요 속이는 일꾼이요 자기를 그리스도의 사도로 가장하는 자들"이라고 보고, 그들의 기회를 끊으려 했다(고후 11:12-13). 또 이들의 유혹에 넘어간 사람들(고후 13:3)[303]을 우려한다.

고후 13:5 너희는 믿음 안에 있는가 너희 자신을 시험하고 너희 자신을 확증하라. 예수 그리스도께서 너희 안에 계신 줄을 너희 스스로 알지 못하느냐? 그렇지 않으면 너희는 버림받은 자니라.

---

[303] "이는 그리스도께서 내 안에서 말씀하시는 증거를 너희가 구함이니." 이것은 거짓 사도들의 주장에 고린도 교인들이 일부 넘어간 증거로 보인다. 왜냐하면 고린도 교인들이 그들의 생각을 일부 공유하고 있기 때문이다. '바울 안에서 그리스도께서 말씀하시는 증거를 찾아보자. 바울이 오면 관찰해 보면 알게 될 것 아닌가?'

2. 고린도후서 구조 및 개요

2.1 고린도후서 구조

고린도후서는 전체적으로 다른 바울서신과 같은 편지형식을 따른다. 크게 편지시작말(고후 1:1-2), 편지본말(1:8-13:10), 편지맺음말(13:11-13)로 구성되어 있다.

하지만 편지시작말과 본말 사이에 하나님께 드리는 송축(고후 1:3-7)이 등장한다. 일반적으로 이곳에는 감사가 오는데, 고린도후서에서는 송축이 온다. 이런 형태가 등장하는 곳은 바울서신에서는 에베소서, 공동서신에서는 베드로전서뿐이다. 바울서신과 신약서신에서 감사와 송축이 나오는 곳을 비교하면 다음과 같다.

			신약서신
1. 감사	내가 나의 하나님께 감사하노라	εὐχαριστῶ τῷ θεῷ μου	롬 1:8
	내가 하나님께 감사하노라	εὐχαριστῶ τῷ θεῷ	고전 1:4
	내가 나의 하나님께 감사하노라	εὐχαριστῶ τῷ θεῷ μου	빌 1:3
	우리가 하나님께 감사하노라	εὐχαριστοῦμεν τῷ θεῷ	골 1:3
	우리가 하나님께 감사하노라	εὐχαριστοῦμεν τῷ θεῷ	살전 1:2
	우리가 하나님께 감사하노라	εὐχαριστοῦμεν τῷ θεῷ	살후 1:3
	내가 하나님께 감사하노라	εὐχαριστῶ τῷ θεῷ	몬 1:4
2. 송축	찬송하리로다, 하나님은!	εὐλογητὸς ὁ θεός	고후 1:3
	찬송하리로다, 하나님은!	εὐλογητὸς ὁ θεός	엡 1:3
	찬송하리로다, 하나님은!	εὐλογητὸς ὁ θεός	벧전 1:3

바울은 고린도후서를 왜 하나님을 찬송함으로 시작하는가? 아마도 디도가 도착하여 전한 소식을 통해 찾아온 기쁜 마음이 "송축"으로 표현된 것일 수 있다.

편지본말의 내용을 파악하기 위해서는 두 가지를 인식할 필요가 있다. 먼저 본말의 큰 구분선이고, 다음으로 각 부분의 특성과 각 부분 간의 큰 흐름이다. 이 둘을 통합하여 짧게 살펴보면 다음과 같다.

첫째, 고린도후서의 본말은 크게 세 부분으로 나뉜다. 첫 부분은 바울의 보도(Bericht)와 변증(Apologie)이 교대로 나타난다. 보도 내용은 매우 짧다. 그런데 이 보도가 짧게 나뉘어 있고, 그 나뉜 틈에 변증이 들어가 있는 구조이다. 이것이 고린도후서 1-7장의 내용이다.

둘째, 바울은 고린도후서 2:14-7:4에서 긴 변증을 마치고 다시 7:5에서 보도로 넘어가는데, 이 보도 내용은 디도의 도착과 고린도 교회 상황에 대한 보고이다. 바울은 디도가 가지고 온 기쁜 소식, 즉 고린도 교회의 회개와 경건한 근심에 대한 소식을 듣고 힘을 내어 이제 연보문제를 말한다.[304] 그래서 고린도후서 8-9장에서 바울은 예루살렘 교회를 위한 연보의 의미를 설명하고, 고린도 교회가 해야 할 일을 권면한다.

고린도후서 10-13장에서는 사도권을 변호한다. 바울은 왜 갑자기 사도권을 변호하는가? 이 변증과 앞 단락은 어떤 관련이 있는가? 이 변증의 동기는 디도의 도착과 관련이 있을 것이라고 추측할 수 있다. 디도는 고린도 교회 상황을 바울에게 보고했을 것이다. 거기에는 바울의 사도권을 다각도로 공격하는 움직임이 있었다.

바울은 이 공격에 대해 변호하는데, 매우 긴 논증이며 바울서신 중에서 가장 변증적인 부분이다. 사실 바울은 이 변호를 자기를 변호하기 위해 하는 것이 아니다. 복음의 진정성을 변호하기 위함이다. 여기서 바울은 "어리석은 자의 변론" 방식을 택한다.

---

[304] Cf. Carson/Moo, *Introduction*, 418.

2.2 고린도후서 개요

	수사학적 요소

1. 편지시작말(고후 1:1-2)   서론(*exordium*)
  1) 송신자
    (1) 바울(1:1a)
      A. 그리스도 예수의 사도가 됨(1:1aa)
      B. 하나님의 뜻을 통해(1:1ab)
    (2) 형제 디모데(1:1b)
  2) 수신자: 고린도 교회와 아가야 모든 성도들(1:1c)
  3) 문안(1:2)
    (1) 내용: 은혜와 평화
    (2) 근원: 하나님 아버지와 주 예수 그리스도
  4) 송축(1:3-7)   송축(*eulogia*)
    (1) 대상: 하나님(1:3)
    (2) 이유: 환란 중에 받은 위로로 위로하게 하심 (1:4-7)

2. 편지본말(고후 1:8-13:10)
  1) 바울의 사도적 사역(1:8-7:16)   사실진술(*narratio*)
    (1) 에베소에서 생명의 위협을 받은 위험으로부터 구원받음(1:8-11)   보도
    (2) 바울의 여행 계획(1:12-2:11)   변증
      여행 계획을 변경한 것은 사사로이 한 것이 아님!
    (3) 드로아 그리고 마게도냐로 여행(2:12-13)   보도
    (4) 바울의 사역의 신학적 의미(2:14-17)   주제제기(*partitio*)
    (5) 바울의 복음사역과 진실성(3:1-7:4)   변증   증명(*probatio*)
      A. 바울과 동역자들의 정체성: (3:1-6:13)
        a. 새 언약의 일꾼(3:1-18)
        b. 보배를 담은 질그릇(4:1-15)
        c. 영원한 하늘 처소 덧입기를 갈망하는 자(4:16-5:10)

d. 하나님과 사람을 화해하게 하는 그리스도의
　　　　대사(5:11-6:2)
　　　e. 환란과 고난이 함께 하는 하나님의 진정한 종
　　　　(6:3-13)
　　B. 바울의 사도적 권면: "믿지 않는 자와 멍에를
　　　　함께 메지 말라. 하나님을 두려워하고 거룩을
　　　　온전히 이루라"(6:14-7:4)　　　　　　　　　　　　　중간권면
　　　　　　　　　　　　　　　　　　　　　　　　　　　　　　(exhortatio)
　(6) 디도가 돌아옴과 보고(7:5-16)　　　　　　　　　보도
　　A. 디도의 귀환으로 위로를 받음(7:5-6)
　　B. 디도의 보고를 통해 기뻐함(7:7-16)
　　　a. 고린도 교회의 회개(7:7-11)
　　　b. 고린도 교회의 간절함이 드러남(7:12-16)

2) 예루살렘 성도들을 위한 연보(8:1-9:15)　　　　　　변증
　(1) 마게도냐 교회의 모범(8:1-5)
　　A. 환란과 극심한 가난 중에서 연보함(8:1-2)
　　B. 자원하여 힘에 지나도록 연보함(8:3-4)
　　C. 먼저 자신을 주께 드리고 하나님의 뜻을 따름
　　　　(8:5)
　(2) 고린도 교회의 연보(8:6-9:15)
　　A. 시작한 것의 성취(8:6-15)
　　　a. 디도를 통해 시작한 은혜(8:6-8)
　　　b. 그리스도의 은혜: 부요한 자로서 가난케
　　　　되심, 가난한 너희를 부요케 하시기 위해
　　　　(8:9-11)
　　　c. 연보의 신학적 근거: 평균케 함, 만나의 원리
　　　　(8:12-15)
　　B. 실무 책임자(8:16-24)
　　　a. 디도: 나의 동료요 동역자(8:16-17, 23a)
　　　b. 우리 형제들: 여러 교회의 사자요 그리스도의
　　　　영광(8:18-22, 23b)
　　　c. 너희 사랑과 너희에 대한 우리 자랑의 증거를
　　　　그들에게 보이라(8:24)
　　C. 바울의 방문 전 준비(9:1-5)

         a. 바울의 자랑: 마게도냐인들에게 아가야에서는 1년 전부터 준비하였다(9:2)
         b. 형제들을 파송하여 준비하게 함(9:3-5a)
         c. 이렇게 하여 참 연보답고 억지가 아니니라 (9:5b)
      D. 연보의 원리(9:6-9)
         a. 파종과 추수(9:6-7)
         b. 하나님의 채우심(9:8-9)
      E. 연보의 효과(9:10-15)

  3) 바울의 사도권 변호(10:1-13:10)　　　　　　변증
    (1) 바울의 사도적 권위(10:1-18)
      A. 바울의 사역(10:1-6)
         a. 우리는 육체대로 행하지 않는다(10:2-3a)
         b. 우리는 "육체를 따라" 세상적인 싸움을 하지 않는다(10:3b)
         c. 우리의 싸우는 무기는 영적인 것이다(10:4a)
         d. 이 무기는 견고한 진과 이론들, 하나님을 대적하여 높아진 모든 생각과 불순종을 파괴하기 위한 것이다(10:4b-5)
      B. 사도권의 근원(10:7-12)
      C. 자칭 "대사도들" 비판(10:13-18)
    (2) "어리석은 자"의 변명(11:1-12:21)
      A. 진실한 내용과 지식에 기초한 복음 전파(11:1-6)
      B. 사도적 사역의 진정성의 증거(11:7-12:10)
         a. 무연설료(11:7-15)
         b. "약함"(11:16-33)
         c. "환상"(12:1-10)
      C. 진정한 사도됨의 표지(12:11-21)
    (3) 세 번째 고린도 방문 계획(13:1-10)

3. 편지맺음말(13:11-13)   결론(peroratio)

   1) 권면(13:11-12)   권면(exhortatio)

      (1) 기뻐하라(13:11a)

      (2) 평안할지어다(13:11b)

      (3) 서로 문안하라(13:11c-12)

   2) 축복(13:13)

      (1) 삼위 하나님: 주 예수 그리스도의 은혜와 하나님의 사랑과 성령의 교통하심이(13:13a)

      (2) 대상: 너희 무리와 함께 있을지어다(13:13b)

3. 고린도후서 내용

3.1 바울의 복음사역과 진실성(integrity; 고후 1:8-7:16)

앞의 개요에서 짧게 언급한 것처럼 이 부분은 보도와 변증이 교차로 나타난다. 이 사실은 잘 드러나지 않다가 고린도후서 7:5에서 독자들의 시야에 들어온다. 왜냐하면 바울은 지금까지 하던 변증을 중단하고 갑자기 자신의 여행을 보도하는데, 이때 지명이 2:12 - 13에서 보도를 멈추고 변증으로 들어간 장소이기 때문이다. 더욱이 바울이 어디에서 드로아로 갔는가 역추적해 보면, 바울이 3차 전도여행에서 베이스캠프로 삼았던 에베소로 돌아간다(고후 1:8). 이 세 구절을 중간에 들어온 변증을 빼고 연결하면 하나의 이야기가 된다.

	고린도후서
1. 형제들아, 우리가 아시아[에베소]에서 당한 환난을 너희가 모르기를 원하지 아니하노니 힘에 겹도록 심한 고난을 당하여 살 소망까지 끊어졌느니라.	1:8
2. 내가 그리스도의 복음을 위하여 드로아에 이르매 주 안에서 문이 내게 열렸으되, ¹³ 내가 내 형제 디도를 만나지 못하므로 내 심령이 편하지 못하여 그들을 작별하고 마게도냐로 갔노라.	2:12-13
3. 우리가 마게도냐에 이르렀을 때에도 우리 육체가 편하지 못하였고 사방으로 환난을 당하여 밖으로는 다툼이요 안으로는 두려움이었노라. ⁶ 그러나 낙심한 자들을 위로하시는 하나님이 디도가 옴으로 우리를 위로하셨느니라.	7:5-6

바울은 아시아 에베소에서 드로아로, 드로아에서 마게도냐까지 이동했다. 드로아와 마게도냐에서 무슨 일이 있었는지 보도한다. '우리는 아시아에 있을 때 큰 환난을 당했다. 거기서 잠시 머물다 드로아로 갔는데, 드로아에 복음의 큰 문이 열렸다. 하지만 디도가 오지 않았기 때문

에 내 마음이 편치 않았다. 그런데 디도가 와서 큰 위로가 받았다.'

즉 바울은 아시아에서 드로아를 거쳐 마케도냐로 오는 도중에 있었던 일을 보도하면서 그 사이사이에 그 일에 대해서 변증하는 것이다. 따라서 고린도후서 편지본말의 첫 부분을 연구할 때는 이 현상을 고려하여 본문을 연구해야 한다. 특히 고린도후서 2:14에서 7:5로 오는 긴 단락은 여러 변증이 서로 연결되어 있어서 한 부분만 따로 떼어 읽으면 왜 그러한 내용이 이 단락에 들어가 있는지 이해할 수 없게 된다. 이점을 염두에 두고 각 단락을 간략히 살펴보자.

3.1.1 바울의 에베소 사역 보도(고후 1:8-11)

바울은 자신에게 있었던 과거 일을 고린도 교인들에게 보도하고 있다, 마치 기자가 자신이 취재한 사실을 보도하듯이 말한다. 바울과 바울 일행은 2년 3개월에서 3년 동안 에베소에서 머물렀다. 이때 바울은 자신을 포함한 복음의 동역자들이 아시아에 있을 때 당한 일과 힘에 겹도록 수고한 일을 언급한다. 그러나 하나님은 그들을 "이같이 큰 사망"에서 전에도 건지셨고, 지금도 건지시고 계시며, 앞으로도 건지실 것이라고 확신한다(고후 1:10).

이 보도 후에 바울은 자신의 진실성에 대해 변증한다.

3.1.2 바울의 여행계획변경 변증(고후 1:12-2:11)

바울은 이렇게 말한다.

고후 1:12 우리가 세상에서 특별히 너희에 대하여 하나님의 거룩함과 진실함으로 행하되 육체의 지혜로 하지 아니하고 하나님의 은혜로 행함은 우리 양심이 증언하는 바니 이것이 우리의 자랑이라.

특별히 이 진실성(integrity)은 바울의 사역과 관련이 있다. 바울은 고린도로 방문할 계획을 세웠는데, 처음 계획과 다르게 변경되었다.

> **고후 1:15-17a, 23** 내가 이 확신을 가지고 너희로 두 번 은혜를 얻게 하기 위하여 먼저 너희에게 이르렀다가, ¹⁶ 너희를 지나 마게도냐로 갔다가 다시 마게도냐에서 너희에게 가서 너희의 도움으로 유대로 가기를 계획하였으니, ¹⁷ 이렇게 계획할 때에 어찌 경솔히 하였으리요? ...
> ²³ 내가 내 목숨을 걸고 하나님을 불러 증언하시게 하노니, 내가 다시 고린도에 가지 아니한 것은 너희를 아끼려 함이라.

이 여행이 어떤 여행이었는지 확실하지 않다. 하지만 분명한 것은 바울이 처음에 계획한 것과 나중에 실제로 시행한 것이 달랐다. 이것을 보고 반대자들은 바울이 "경솔했다"고 비난한 듯하다. 다시 말해서 바울이 변덕스럽다고 생각한 것이다.

바울은 이 여행 계획이 왜 변경되었는지 자세히 말하지 않는다. 다만 반대자들이 생각한 것처럼 변덕 때문이 아니라 고린도 교인들을 소중히 여겼기 때문이었다고 밝힌다(고후 1:23). 동시에 좀 더 깊은 이유가 있었다고 설명한다. 여행 계획이 바뀐 이유는 사도적 긍정 때문이다. 자신이 고린도 여행 계획을 바꾼 것은 육체를 따라 "예, 예" 또는 "아니, 아니"가 아니라 하나님을 따라 "예"라고 전한 말에 근거하고 상응한다는 것이다(cf. 고후 1:17-18). 바울에 따르면, 바울의 계획과 활동은 복음에서 출발하는데, 이 복음은 실제로 하나님의 아들 예수 그리스도 안에서 절대적인 긍정이지 애매하게 긍정과 부정이 섞여 있는 것이 아니다. 그리스도께서 하나님의 모든 약속들에 대하여 긍정("예")이 되기 때문이다(고후 1:20). 따라서 바울의 여행 계획이 바뀌고 자신이 이렇게 행하는 것이 모두 경솔하거나 변덕스러워서가 아니라, 복음이 진행하는 방향을 따른 결과였다는 것이다. 나아가 예수 그리스도의 절대적인 긍정, 곧 하나님의 약속에 대한 긍정이 반영된 행위라는 것이다.

바울은 또한 자신이 이전에 방문했을 때 그를 대적한 자(sg., 고후 2:8)가 있었는데, 그 때문에 자신도(고후 2:1, 4, 5) 고린도 교회도(고후 2:4, 5) 근심하게 되었다. 하지만 이제 바울은 그를 용서하고 고린도 교인들도 그에게 동정심을 보이도록 권한다(고후 2:8). 이를 위해 그는 지금 고린도를 방문하지 않고 고린도 교회가 사도의 말에 순종하도록 편지를 보내고 있다(고후 2:9).

바울의 여행 계획을 변경한 데는 이러한 여러 가지 사정이 있었던 것이다. 바울은 이렇게 변증을 마치고, 자신이 다시 에베소에서 드로아까지 이동할 때 있었던 일을 보도한다.

3.1.3 바울의 드로아 및 마게도냐 사역 보도(고후 2:12-13)

바울은 다시 보도를 이어간다. 자신이 에베소를 떠나 드로아로 그리고 마게도냐로 계속해서 여행했다는 것이다. 바울은 소아시아에서 사역을 할 때 큰 고난을 당했는데(고후 1:8), 드로아에 도착해서도 마음이 편치 않았다. 왜냐하면 디도를 만나지 못했기 때문이다(고후 2:13). 그래서 드로아에서 복음을 전할 수 있는 큰 문이 열렸음에도 그곳 사람들과 작별하고 마게도냐로 넘어갔다(고후 2:13).

이 보도 후에 이제 긴 변증(고후 3:1-7:4)이 나온다. 그런데 이 변증에 앞서 특별한 단락이 등장한다. 고린도후서 2:14-17이다. 이 단락은 고린도후서 1:8부터 교차해서 나타나는 보도—변증에서 "보도"에 속한다.

하지만 보도의 뼈대인 에베소—드로아—마게도냐라는 특정 장소에 묶인 에피소드가 아니다. 이 단락의 역할은 무엇인가? 바울은 앞에서 자신의 전도사역이 막힌 것을 말했다(고후 2:12-13). 하지만 이 환란과 근심이 가득한 사역을 고난으로 점철된 기간이었다고 하소연하지 않는다. 오히려 이 성공적이지 못한 전도사역의 신학적인 의미가 무엇인지 설명한다.[305] 바울에 따르면, 자신이 이 기간에 수행한 사도적 사역은 승리의 행진이다.

고후 2:14-17 항상 우리를 그리스도 안에서 이기게 하시고 우리로 말미암아 각처에서 그리스도를 아는 냄새를 나타내시는 하나님께 감사하노라. ¹⁵ 우리는 구원받는 자들에게나 망하는 자들에게나 하나님 앞에서 그리스도의 향기니, ¹⁶ 이 사람에게는 사망으로부터 사망에 이르는 냄새요, 저 사람에게는 생명으로부터 생명에 이르는 냄새라. 누가 이 일을 감당하리요?
¹⁷ 우리는 수많은 사람들처럼 하나님의 말씀을 혼잡하게 하지 아니하고 곧 순전함으로 하나님께 받은 것 같이 하나님 앞에서와 그리스도 안에서 말하노라.

다시 말해서, 바울은 드로아에서 복음전도의 문이 크게 열린 것으로부터 예수 그리스도의 승리의 행진에 참여하고 있다고 본 것이다. 마치 전쟁터에서 승리하고 돌아오는 장수가 유향으로 환영받아 그 주위에 향기를 퍼뜨리는 것처럼, 사도는 세상에 향기를 발하는데, 이 향기가 어떤 이는 생명으로, 어떤 이는 사망으로 이끈다(고후 2:14-17).

---

305 F. Watson, "2 Cor. X-XIII and Paul's Painful Letter to the Corinthians," *JTS* 35 (1984): 335-339; R. Bieringer, "Der 2. Korintherbrief als ursprüngliche Einheit. Ein Forschungsüberblick," in *Studies on 2 Corinthians*, ed. R. Bieringer and J Lambrecht, BETL 112 (Leuven: Leuven University Press et.al., 1994), 115-116.

이것은 간막극과 같이 뒤에 이어질 사도직의 영광을 소개하는 역할을 한다.

고린도후서 2:12-13에서 7:5로 넘어갈 때 미세한 문학적인 차이가 생긴다. 고린도후서 2:12-13의 주어는 "나"이지만, 7:5의 주어는 "우리"이다. 즉 1인칭 단수에서 1인칭 복수로 바뀌는 것이다.

학자들은 고린도후서 2:14-7:4이 2:13과 7:5사이에 삽입된 것이고, 본래 서신에는 2:13에서 7:5로 바로 연결되었다고 주장한다. 하지만 배럿에 따르면, 바울은 2:13에서 잠시 보도를 멈춘다. 그리고 그 보도를 7:5에서 이어간다.[306] 이것은 문학적으로 일탈(digression)이다.[307] 중간에 오는 단락에서 바울은 무언가 할 말이 있었던 것이다.

이 할 말은 무엇인가? 바울은 여기서 다시 변증으로 넘어가는데, 이 변증에서 바울 복음 사역의 성격과 본질을 다룬다.

3.1.4 바울 복음 사역의 성격과 본질(고후 3:1-7:4)

여기서 바울은 다시 변증으로 바꾼다. 이 변증은 크게 두 부분으로 구성되어 있다.

		고린도후서
1.	바울과 바울 동역자들의 정체성	3:1-6:13
2.	새 언약 일꾼의 사도적 명령	6:13-7:4

---

[306] C. K. Barrett, *The Second Epistle to the Corinthians*, HNTC (New York: Harper & Row Publishers, 1973), 206; Bieringer, "Ursprüngliche Einheit," 114.

[307] Bieringer, "Ursprüngliche Einheit," 115.

우선 첫 번째 부분은 다시 다섯 부분으로 나뉜다.

3.1.4.1 바울과 바울 동역자들의 정체성(고후 3:1-6:13)

바울은 먼저 새 언약의 일꾼과 직분을 옛 언약의 일꾼과 직분과 비교해서 설명하고, 그들이 얼마나 큰 보배(그리스도)를 담지하고 있는지 제시하며, 영원한 영광을 바라보며 위로부터 오는 처소를 덧입기를 갈망하는 새 생명 가운데 사는 삶을 제시하는 데로 논의를 진행한다. 이 주제들을 차례로 짧게 살펴보자.

첫째, 새 언약의 일꾼과 새 직분의 영광을 강조한다(고후 3:1-18).

> **고후 3:1-2** 우리가 다시 자천하기를 시작하겠느냐? 우리가 어찌 어떤 사람처럼 추천서를 너희에게 부치거나 혹은 너희에게 받으나 할 필요가 있느냐? ² 너희는 우리의 편지라. 우리 마음에 썼고 뭇 사람이 알고 읽는 바라.

바울은 자신과 동역자들의 자격은 하나님에게서 난다고 말한다(고후 3:5). 하나님께서 그들의 사역을 가능하게 했다는 것이다. 그러면서 옛 언약과 새 언약을 비교한다. 먼저 그는 새 언약을 맡은 일꾼의 영광스러움에 대해서 말한다. 즉, 모세는 잠시 있다가 사라질 영광을 가렸지만, 새 언약을 맡은 일꾼들의 영광은 가릴 필요가 없다. 이는 모세가 잠깐 있다가 없어지는 사역을 한 반면, 자신들은 영원히 머무는 사역을 하기 때문이다. 또 모세는 정죄하는 사역이지만, 새 언약의 일꾼들은 새 시대를 선포하고 사람들로 하여금 영광에서 영광으로 변하게 하는 사역을 한다(고후 3:7-18).

둘째, 새 언약의 일꾼은 보배를 담은 질그릇과 같다(고후 4:1-15). 바울은 우선 새 언약의 직분이 어떻게 수행되어야 하는지 밝힌다.

> **고후 4:1-2** 그러므로 우리가 이 직분을 받아 긍휼하심을 입은 대로 낙심하지 아니하고, ² 이에 숨은 부끄러움의 일을 버리고 속임으로 행하지 아니하며 하나님의 말씀을 혼잡하게 하지 아니하고 오직 진리를 나타냄으로 하나님 앞에서 각 사람의 양심에 대하여 스스로 추천하노라.

새 언약의 일꾼은 모든 부끄러운 것을 버리고 하나님의 말씀을 혼잡케 해서는 안 되며 오직 진리를 나타내므로 하나님 앞에서 각 사람의 양심에 스스로를 추천해야 한다.

여기서 "양심에 추천한다"(συνίστημι ἑαυτοὺς πρὸς συνείδησιν)는 말은 무엇을 의미하는가? "추천하다"(συνίστημι)를 직역하면, "같은 장소에 함께 둔다"이다. 여기서 "누군가에게 천거하다"는 의미가 파생되었다. 그런데 여기서는 인격이 아니라 "양심"이다.

바울은 지금 무슨 생각을 하고 있는 것인가? 현재 사도 바울은 공격을 당하고 있다. 많은 사람들이 바울의 말이나 행동을 트집 잡았고, 바울의 변증 방식을 공격한다. 또 바울은 마게도냐와 갈라디아, 소아시아에서 거액의 연보를 모금하여 예루살렘에 있는 가난한 성도들을 돕고자 하는 프로젝트를 진행 중이기도 했다. 반대자들 중 어떤 사람은 바울이 자금을 유용한다고 공격하기도 했다. 하지만 바울이 지금 가리키는 현실은 무엇인가? 사람이 이러저러하게 보고 판단하는 것보다 더 근본적인 현실이 있다는 것이다. 바로 각 사람의 마음 깊은 곳에 있는 양심이다. 인간은 무언가를 판단할 때, 겉으로 드러나는 원인과 결과를 보고 옳고 그름을 판단한다. 그래서 진정한 내면의 동기와 뜻을 가릴 수도 있다. 하지만 양심은 그렇지 않다. 양심은 겉으로 드러나지 않은 것도 거울처럼 밝히 보고 있으며, 숨기고 왜곡한 것도 이미 알고 있다. 바울은 자신을 사람 법정이나 눈이나 판단에 추천하지 않고, 이 내밀한 동기와 뜻이 드러나는 양심에 천거한다는 것이다. 그러면 고린도 교인들도 바울을 공격하던 반대자들도 양심으로 바울이 옳은지, 바울 복음이 진리인지 알 것이라는 말이다.

양심은 현재 은밀히 활동하지만, 종말에 완전히 드러나 각 사람을 고소할 것이다. 훗날 우리가 하늘 법정에 서게 되면, 우리는 각자 살아온 일에 대해 이런저런 변명을 할 수 있을 것이다. 하지만 그때 종말론적인 심판 자리에서 자신 속에 있는 양심은 진실을 있는 그대로 드러낼 것이다. 이것이 양심의 증언이다. 바울은 자신과 자기 동역자들의 행동이 이와 같이 고린도 교인들의 양심에 드러나기를 바란다고 말하는 것이다.

바울은 이제 새 언약의 봉사자와 그리스도의 관계를 비유를 들어 설명한다.

> **고후 4:7** 우리가 이 보배를 질그릇에 가졌으니, 이는 심히 큰 능력은 하나님께 있고 우리에게 있지 아니함을 알게 하려 함이라.

그리스도는 "보배"와 같고, 봉사자는 "질그릇"과 같다(고후 4:7). 그러므로 새 언약의 일꾼은 항상 환란과 박해, 사망에 넘겨지지만 낙심하지 않는다(고후 4:8-9). 이것은 그들 몸에 예수의 죽음을 짊어지는 것이지만, 그와 동시에 그들 몸에서 예수의 생명이 나타날 것이기 때문이다(고후 4:10-11). 그러므로 바울은 예수를 다시 살리신 하나님이 예수와 함께 그들도 살리시고 고린도 교회 교인들과 함께 그 앞에 서게 하실 것을 확신한다(고후 4:14-15).

셋째, 새 언약의 일꾼은 하늘 처소를 덧입기를 갈망하는 자이다(고후 4:16-5:10). 이것은 새 언약의 약속과 그 약속에 근거한 갈망이다. 바울은 자신이 낙심하지 않는 이유를 이렇게 말한다.

> **고후 4:16b-18** 우리의 겉사람은 낡아지나 우리의 속사람은 날로 새로워지도다. ¹⁷ 우리가 잠시 받는 환난의 경한 것이 지극히 크고 영원한 영광의 중한 것을 우리에게 이루게 함이니, ¹⁸ 우리가 주목하는 것은 보이는 것이 아니요 보이지 않는 것이니 보이는 것은 잠깐이요 보이지 않는 것은 영원함이라.

새 언약의 직분은 종말론적 빛 앞에서 수행되어야 한다(고후 4:16-5:10). 땅에 있는 장막이 무너지면, 위로부터 오는 장막을 기다리고 있고, 생명에 삼킨 바 될 것을 고대하고 있다(고후 5:1-10). 그러므로 몸으로 있든지 떠나 있든지 그리스도를 기쁘시게 하도록 노력해야 한다(고후 5:11-21). 바울은 여기서 종말에 나타난 부활 생명의 낯선 갈망을 설명하고 있다.

넷째, 새 언약의 일꾼은 사람들을 하나님과 화해시키는 그리스도의 대사이다(고후 5:11-6:2). 이 직분은 종말론적 빛 아래서 수행되어야 한다. 이때 그리스도의 사랑이 그들을 강권한다. 왜냐하면 그리스도의 대속적 죽음과 부활, 이로 인한 새로운 창조의 출현 때문이다.

> **고후 5:14b, 17** 우리가 생각하건대, 한 사람이 모든 사람을 대신하여 죽었은즉 모든 사람이 죽은 것이라. ... ¹⁷ 그런즉 누구든지 그리스도 안에 있으면 새로운 피조물이라. 이전 것은 지나갔으니 보라 새 것이 되었도다.

이 빛 아래 사는 사람들은 이제 어떻게 살고, 사람과 그리스도를 어떻게 보아야 하는가? 자신을 위해 살지 않고 그리스도를 위해 살아야 한다. 육신이 아니라 거듭난 눈으로 보아야 한다.

> **고후 15:15-16** 그가 모든 사람을 대신하여 죽으심은 살아 있는 자들로 하여금 다시는 그들 자신을 위하여 살지 않고 오직 그들을 대신하여 죽었다가 다시 살아나신 이를 위하여 살게 하려 함이라. [16] 그러므로 우리가 이제부터는 어떤 사람도 육신을 따라 알지 아니하노라 비록 우리가 그리스도도 육신을 따라 알았으나 이제부터는 그같이 알지 아니하노라.

이 일을 위해 새 언약의 일꾼은 모든 사람들을 이끌어 하나님께 이끈다. 그리고 권한다. "너희는 하나님과 화목하라"(고후 5:20-21). 지금은 마지막 때요, 마지막 기회와 은혜의 때이기 때문이다(고후 6:2).

다섯째, 새 언약의 일꾼은 하나님의 진정한 종이다(고후 6:3-13). 사도와 사도 동역자들은 환란과 고난을 당한다. 하지만 환란과 고난은 부적격과 무자격의 증거가 아니라 이 고귀한 새 언약의 직분을 수행하고 있다는 증거이다.

> **고후 6:3-5** 우리가 이 직분이 비방을 받지 않게 하려고 무엇에든지 아무에게도 거리끼지 않게 하고, [4] 오직 모든 일에 하나님의 일꾼으로 자천하여 많이 견디는 것과 환난과 궁핍과 고난과 [5] 매 맞음과 갇힘과 난동과 수고로움과 자지 못함과 먹지 못함 가운데 있노라.

다시 말해서, 견딤과 환난, 궁핍, 고난, 매 맞음, 갇힘, 난동, 수고로움, 수면부족, 굶주림은 바울과 바울 동역자들이 하나님의 일꾼이기 때문에 겪는 것이다.

바울은 자신이 그리스도의 영광스러운 사도직을 수행하고 있다고 말한다. 그는 사도직의 수행을 통해 사람들을 영광으로 변하게 하여 부활 세계에 들어가도록 돕고, 그리스도께 합당한 삶을 살 것을 권한다.

> **고후 6:6-10** 깨끗함과 지식과 오래 참음과 자비함과 성령의 감화와 거짓이 없는 사랑과 [7] 진리의 말씀과 하나님의 능력으로 의의 무기를 좌우에 가지고 [8] 영광과 욕됨으로 그러했으며 악한 이름과 아름다운 이름으로 그러했느니라.
> 우리는 속이는 자 같으나 참되고 [9] 무명한 자 같으나 유명한 자요 죽은 자 같으나, 보라! 우리가 살아 있고 징계를 받는 자 같으나 죽임을 당하지 아니하고, [10] 근심하는 자 같으나 항상 기뻐하고 가난한 자 같으나 많은 사람을 부요하게 하고 아무것도 없는 자 같으나 모든 것을 가진 자로다.

이 모든 일은 바울이 사도로서 행하고 있는 사역의 내용일 뿐만 아니라, 그의 정체성이 무엇인가를 나타내는 것이다.

여기서 바울은 자신이 전도했고, 사랑했던 고린도 교인들에게 하나님과 사도들에게 마음을 열라고 권면한다. 자신의 말을 듣고 반대자들을 따라 자신과 자신의 일행을 향해 마음의 문을 닫아 공격하지 말고 오히려 사랑으로 마음의 문을 넓게 열라고 호소한다. 자신과 동료들은 언제나 고린도 교인들을 향해 항상 마음을 열어놓고 있다고 말한다. 그러므로 거짓 일꾼이 아니라 진정한 사도와 동역자들에게 마음을 열어야 한다(고후 6:11-13).

지금까지 바울은 새 언약의 일꾼의 정체성과 표지, 진정성을 제시하고 설명했다. 이제 바울은 사도와 새 언약의 직분을 수행하는 자로서 권면한다.

3.1.4.2 바울의 사도적 권면(고후 6:14-7:4)

바울은 "믿지 않는 자와 멍에를 메지 말고"(고후 6:14) "거룩하라"(7:1)고 권면한다. 하지만 이 권면은 너무 갑작스럽고 문맥에 맞지 않는 것처럼 보인다. 나아가 고린도후서 7:2은 6:11-13에 연결하는 것이 더 자연스러워 보인다.

	고린도후서
고린도인들이여, 너희를 향하여 우리의 입이 열리고 우리의 마음이 넓어졌으니 ... ¹³ 내가 자녀에게 말하듯 하노니 보답하는 것으로 너희도 마음을 넓히라.	6:11-13
[너희는] 마음으로 우리를 영접하라.	7:2

이 단락의 내용은 무엇인가? 이 단락은 여전히 해석 난제로 남아 있다. 특별히 두 가지 문제 때문에 본문의 내용을 파악하기 쉽지 않다. 첫째는 본문과 주변 문맥을 어떻게 파악하느냐 하는 점이다. 둘째는 본문에 나오는 "믿지 않는 자들"이 누구냐 하는 점이다. 이제 이 두 가지를 차례로 살펴보자.

먼저 이 본문은 앞뒤 문맥에서 어떻게 이해할 수 있는가?

A. 문맥에서 본 고린도후서 6:14-7:1

많은 주석가와 학자들은 이 단락이 쿰란 문서와 같은 외부문서나 바울이 쓴 이전 편지가 끼어든 증거로 보기도 했다.[308] 그러나 최근 비어링거, 배럿, 거스리 등 학자들은 이 단락이 진정한 고린도후서 본문이며,

---

308 Cf. R. Bieringer, "2 Korinther 6,14-7,1 im Kontext des 2. Korintherbriefes: Forschungsüberblick und Versuch eines eigenen Zugangs," in *Studies on 2 Corinthians*, ed. R. Bieringer and J Lambrecht, BETL 112 (Leuven: Leuven University Press et.al., 1994), 551-570; 특히 556쪽에 있는 표 9를 참조하라. 이 글은 비어링거가 1986년에 쓴 자신의 박사 논문의 일부이다. 비어링거는 여기서 1840년부터 1994까지 약 150년 동안 학자들이 제시한 해석을 분류하고 있다.

앞뒤 문맥에 잘 어울린다고 논증했다.[309]

바울의 메시지는 권면에서 시작하여 근거, 결론으로 구성되어 있다.

먼저 바울은 "너희는 믿지 않는 자와 멍에를 메지 말라"(고후 6:14)고 권면한다. 바울은 이 권면에 다섯 가지 수사학적 질문을 덧붙이는데, 마지막 질문으로 "하나님의 성전과 우상이 어떻게 일치가 되겠는가?"가 나온다. 이 질문에 신학적 근거가 따라오는데, 이것이 두 번째 요소이다.

왜 고린도 교인들은 "믿지 않는 자"와 같은 멍에를 메서는 안 되는가? 그것은 "우리는 살아 계신 하나님의 성전"이기 때문이다(cf. 고후 6:16). 이 선언에 곧이어 바울은 만일 자신과 고린도 그리스도인들이 왜 하나님의 성전이며 거기에 따르는 자연스러운 행동들은 무엇인지 언급한다. 하지만 형식과 이해가 특별하다. 왜냐하면 형식은 성경 인용이지만 내용은 하나님의 명령이라고 말하기 때문이다.

왜 우리가 살아 계신 하나님의 성전인가? 하나님이 말씀하시기를 "내가 그들 중에 두루 다니며 나는 그들의 하나님이 되고 그들은 나의 백성이 될 것이기" 때문이다(레 26:12; 고후 6:16b).

하나님이 우리 중에 계시다면 어떻게 해야 하는가? "하나님이 말씀"하시기를 "[너희가 열방 곧 부정한 곳에 살고 있으니] 너희는 [그곳을 떠날지어다. 떠날지어다. 부정한 것을 만지지 말지어다"(사 52:11; 고후 6:17).

만일 부정한 곳에서 나오고 부정한 것을 만지지 않으면 어떻게 되는가? "하나님이 말씀"하시기를 "그러면 내가 너희를 영접하여 나는 너

---

[309] 고린도후서 6:14-7:1의 진정성(authenticity)과 통합성(integrity)에 대해서는 Bieringer, "2 Korinther 6,14-7,1," 565-570; Barrett, *2 Corinthians*, 21-25, 192-204; G. H. Guthrie, *2 Corinthians*, BECNT (Grand Rapids: Baker Academic, 2005), 26-27, 346-366를 참조하라.

희에게 아버지가 되고 너희는 내 자녀가 될 것이니라"(겔 20:14, 41; 삼하 7:14; 고후 6:18).

바울은 이와 같은 이유와 근거 위에서 최종적으로 고린도 교회 그리스도인들이 무엇을 해야 하는지 제시한다.

고후 7:1 그런즉 사랑하는 자들아, 이 약속을 가진 우리는 하나님을 두려워하는 가운데서 거룩함을 온전히 이루어 육과 영의 온갖 더러운 것에서 자신을 깨끗하게 하자!

바울은 이 최종 결론 후에 다시 고린도후서 6:11-13에서 중단했던 주제를 다시 진행한다. "너희도 ... 마음을 넓히라. 마음으로 우리를 영접하라"(고후 7:2).

지금까지 짧게 본문과 문맥을 살펴보았다. 그러면 본문에서 고린도 교인들이 사도 바울과 동역자들에 대해 마음을 열고 영접하는 일이 왜 "믿지 않는 자"와 멍에를 메지 않는 일과 이 일의 최종 결과인 거룩과 함께 언급되는가? 이것이 두 번째로 생각해 볼 점이다. 바울이 말하는 "믿지 않는 자들"은 누구인가?

B. "믿지 않는 자들"

본문에 나오는 "믿지 않는 자들"에 대하여 크게 두 가지 견해가 있다. 하나는 "믿지 않는 자들"은 이방인을 가리킨다는 주장이다. 다른 하나는 이들이 바울 대적자를 가리킨다는 견해이다. 두 견해 모두 바울서신과 신약에 타당한 근거가 있다. 하지만 여기서는 두 번째 견해가 더 타당해 보인다. 세 가지 이유에서다.

우선 이 단락 안에 나타나는 동의 개념 때문이다. 바울은 "믿지 않는 자들"을 "불법," "어둠," "벨리알, "우상"과 동일선상에 둔다. 따라서 이들은 의가 아닌 불법한 일을 하고, 어두움에 거하며, 벨리알과 같이 행동하며, 사실상 우상에 속한 자이다(cf. 고후 4:4).

나아가 이 단락에서 추측할 때 이들은 이스라엘 백성이 포로로 끌려간 이방나라의 의식적(ritual) 상태와 같다. 그들은 부정하다. 동시에 이들의 삶이 도덕적 부정에 연루되어 있을 가능성이 크다. 바울의 최종 결론이 무엇인가? "이 약속을 가진 우리는 하나님을 두려워하는 가운데서 거룩함을 온전히 이루어 육과 영의 온갖 더러운 것에서 자신을 깨끗하게 하자"(고후 7:1). 이 말을 뒤집어 보면, 만일 고린도 교인들이 그들과 함께 있으면, 온전히 거룩하게 살 수 없고, 육과 영의 온갖 더러운 것에서 벗어날 수 없다는 경고가 된다.

마지막으로 앞뒤 문맥을 살펴보면, 이들의 가르침과 생각, 내적 동기, 목표가 이방에 속한 소피스트들의 전통과 세속적인 삶과 사역 형태에 기초하고 있었던 것으로 보인다. 이들은 고린도 교회에 들어와 바울과 고린도 교인들을 이간하고 바울이 전한 복음을 왜곡하여 의심하거나 대적하게 만들었을 수 있다. 바울은 이런 상황을 "우리가 오직 너희 심정에서 좁아졌다"(고후 6:14)고 묘사했다.

이 세 가지를 종합하면, 이 단락에서 "믿지 않는 자들"은 일차적으로 바울 대적자를 가리킨다. 그러므로 바울은 후에 여기서 사용한 말로 자신의 대적자들을 표시한다. 그들은 "거짓 사도"이고, "사기꾼"이며, "참칭자들"이다(고후 11:13). 이들은 "다른 예수"와 "다른 복음"을 전하는데(고후 11:4; cf. 갈 1:6), 고린도 교회 사람들 중 일부는 이들을 받아들이고 따른다(고후 11:4).

이런 문맥에서 바울은 사도로서 고린도 교인들에게 권면한다.

C. 바울의 사도적 권면(고후 7:2-4)

그것은 그들과 연대를 끊고 다시 진정한 사도에게 마음을 열고 영접하고 연합하며 거짓 예수와 거짓 복음이 아니라 참된 복음에 참여하라는 것이다.

> **고후 7:2-4** [너희는] 마음으로 우리를 영접하라! 우리는 아무에게도 불의를 행하지 않고 아무에게도 해롭게 하지 않고 아무에게서도 속여 빼앗은 일이 없노라. ³ 내가 이 말을 하는 것은 너희를 정죄하려고 하는 것이 아니라 내가 이전에 말하였거니와 너희가 우리 마음에 있어 함께 죽고 함께 살게 하고자 함이라.
> ⁴ 나는 너희를 향하여 담대한 것도 많고 너희를 위하여 자랑하는 것도 많으니, 내가 우리의 모든 환난 가운데서도 위로가 가득하고 기쁨이 넘치는도다.

여기서 바울은 다시 고린도후서 2:13에서 멈추었던 여행 보도를 다시 취한다.

3.1.5 디도의 도착(고후 7:5-16)

바울은 드로아에서 떠나 마게도냐에 이르렀을 때도 육체가 편치 못하였다. "밖으로는 다툼이요 안으로는 두려움"이 있었다(고후 7:5). 그런데 디도가 도착했다(고후 7:6a).

디도가 도착함으로써 바울의 심경에 두 가지 변화가 생긴다. 첫째, 불안이 안심으로 바뀐다. 하나님의 위로 때문이다. "낙심한 자들을 위로하시는 하나님이 디도가 옴으로 우리를 위로하셨도다"(고후 7:6b)

둘째, 걱정이 기쁨과 확신으로 바뀐다. 바울은 자신이 보낸 편지로 고린도 교인들을 근심하게 했을 것으로 생각하고 매우 걱정하였다. 그런데 디도는 바울의 편지가 고린도 교회에 잠시 근심을 주었으나 회개에 이르게 했고(고후 7:9), 간절함과 두려움, 사모함과 열심을 일으켰다고 보고했다(cf. 고후 7:12). 바울은 고린도 교회와 신뢰가 다시 회복된 것을 기뻐했다.

> **고후 7:14-16** 내가 그[디도]에게 너희를 위하여 자랑한 것이 있더라도 부끄럽지 아니하니, 우리가 너희에게 이른 말이 다 참된 것 같이 디도 앞에서 우리가 자랑한 것도 참되게 되었도다.
> ¹⁵ 그가 너희 모든 사람들이 두려움과 떪으로 자기를 영접하여 순종한 것을 생각하고 너희를 향하여 그의 심정이 더욱 깊었으니, ¹⁶ 내가 범사에 너희를 신뢰하게 된 것을 기뻐하노라.

바울은 디도 앞에서 고린도 교인들을 위하여 무엇을 자랑했을까? 바울이 자랑한 내용은 디도가 고린도 교회에서 감동받은 것과 관련이 있다. 왜냐하면 디도는 고린도 교회에서 한 가지를 확인한 것으로 감동받았기 때문이다. 그것은 무엇인가? 바울이 고린도 교회에 말한 것이다(고후 7:14b). 그들에게 전한 복음이요, 성령의 능력과 하나님의 지혜에 근거한 참 신앙이다. 바울은 이것을 디도에게 자랑했고, 디도는 고린도 교회에 방문했을 때 이 은혜가 살아 역사하고 있는 현장을 확인한 것이다.

이 바울의 확신과 자랑(고후 7:4, 14)은 다음 단락에서 말하는 일과 관련된 것이다.[310] 바울은 새로운 고린도후서 8장에서 9장까지 긴 단락을 연다. 그리고 연보 주제를 다룬다. 이것은 고린도 교회가 이미 1년 전부터 진행해 온 연보 프로젝트를 완성하는 일이다(cf. 고전 16:1-4; 고후 8:21-24).

---

310   Cf. Guthrie, *2 Corinthians*, 385.

3.2 예루살렘 성도를 위한 연보(고후 8:1-9:15)

바울은 두 장에 달하는 긴 단락을 할애하여 고린도전서 16장에서 잠깐 언급했던 연보 주제를 이제 자세히 변증한다. 즉 3차 전도여행을 마치고 마지막으로 예루살렘을 향하면서 1년 정도 계획했던 구제 프로젝트가 어떻게 진행되는지, 연보의 원리가 무엇인지, 연보의 본질적 의미가 무엇인지를 자세히 설명한다.

3.2.1 연보의 원리

바울은 연보를 균등의 원리로 이해한다. 이것은 두 가지와 연결되어 있다. 하나는 만나이고 다른 하나는 "이스라엘 총회" 개념이다. 우선 바울은 연보와 만나를 연결한다.

3.2.1.1 만나: 균등의 원리

바울은 연보의 목적은 "너희"와 "그들"의 균등이라고 말한다. 이 균등을 이루어야 하는 근거는 무엇인가? 만나이다.

출 16:17-18	고후 8:14-15
이스라엘 자손이 그같이 하였더니 그 거둔 것이 많기도 하고 적기도 하나,	이제 너희의 넉넉한 것으로 그들의 부족한 것을 보충함은 후에 그들의 넉넉한 것으로 너희의 부족한 것을 보충하여 균등하게 하려 함이라.
	¹⁵ 기록된 것 같이
¹⁸ 오멜로 되어 본즉 많이 거둔 자도 남음이 없고 적게 거둔 자도 부족함이 없이	많이 거둔 자도 남지 아니하였고 적게 거둔 자도 모자라지 아니하였느니라.
각 사람은 먹을 만큼만 거두었더라.	

바울은 여기서 "많이 거둔 자도 남지 않고 적게 거둔 자도 부족하지 않았다"고 말한다. 바울은 지금 성경을 인용하고 있다. 하지만 바울은 바로 직전에 이렇게 말했다. "지금 너희의 넉넉한 것으로 그들의 부족한 것을 보충한다. 이것은 후에 그들의 넉넉한 것으로 너희의 부족한 것을 보충할 것이다. 이렇게 하여 서로 균등하게 하려는 것이다"(고후 8:14). 이 말은 당시 초대교회가 해야 할 일 다음에 바로 이어지기 때문에 마치 당시 상황묘사처럼 보인다. 하지만 바울은 출애굽 후 광야에서 일어난 사건을 끌어오고 있다. 출애굽 당시 이스라엘에는 무슨 일이 있었는가? "많이 거둔 자도 남지 않고, 적게 거둔 자도 부족하지 아니하였다." 이것은 출애굽기 16:17-18에 기록된 만나 사건의 결론이다. 출애굽한 이스라엘 백성이 하나님이 모세에게 주신 지시를 따라 밖으로 나가 보니 만나가 있었다. 사람마다 진 주변에 내린 만나를 거두었는데, 거둔 것이 많기도 하고 적기도 하였다. 하지만 오멜로 재어보니 결국 많이 거둔 자도 남는 것이 없고, 적게 거둔 자도 부족함이 없었다. 즉 각 사람에게 필요한 만큼 거두었고 충분했다는 것이다.

바울은 이 말씀과 사건을 현재에 적용하고 있다. 현재 "너희"는 "넉넉하다." 반면 "그들"은 "부족하다." 즉 고린도와 아가야, 갈라디아, 마게도냐, 아시아 교회의 성도들은 예루살렘과 유대-팔레스타인 지역에 유대인 교회의 성도들에 비해 부요하다. 따라서 이방인 교회가 예루살렘 교회의 가난을 보충하여 두 교회가 물질적으로 남지도 부족하지도 않도록 해야 한다는 것이다. 이것은 분명 이방인 교회의 큰 희생과 사랑이다. 하지만 그들의 의무이기도 하다. 왜냐하면 이방인 교회는 유대인 교회가 맡아 온 계시와 언약, 구원과 하나님 나라를 나누어 받았기 때문이다(롬 11:17-18; 3:1-2). 유대인 교회는 이방인 교회의 가난을 보충하여 두 교회가 영적으로 남지도 부족하지도 않도록 했다. 이방인 교회는 시혜자이기 앞서 수혜자였다. 이방인 교회가 유대인 교회가 맡았던 영적 축복을 나눠 받았기 때문이다. 그리고 이제는 이방인 교회가 맡은 물질적 축복으로 유대인 교회를 섬겨야 한다(롬 15:27). 그러므로 연보는 자체로 시혜와 자선이 아니라 만나와 같이 하나님이 주신 것을 나누는 일이다.

그럼에도 바울의 논증은 이해하기 힘든 점이 있다. 왜냐하면 만나는 오직 이스라엘 백성에게 주신 것이다. 이방인은 이 만나에 참여하지 못했다. 만일 이것이 사실이라면 어떻게 만나 사건이 연보의 근거가 될 수 있는가? 예리한 지적이다. 여기서 두 번째 측면을 생각해 보아야 한다. 즉 균등의 원리는 하나님께서 "이스라엘 총회"에 주신 법에 기초한다.

3.2.1.2 이스라엘 총회

바울은 새로운 "이스라엘 총회" 개념을 제시한다. 물론 고린도 교회 성도를 비롯한 아가야 사람들은 이방인이다. 그러나 바울은 그들이 "이스라엘 총회"에 속한다고 생각한다. 다시 말해서, 이방인 그리스도인들이 본래 유대인 성도로 구성된 "이스라엘 총회"에 들어가게 되었다고 말하는 것이다. 바울은 이방인 그리스도인과 유대인 그리스도인으로 구성된 교회를 이제 이스라엘의 총회로 규정한다. 바울의 이러한 생각은 에베소서에도 나타난다.

> **엡 2:12-13, 19-20** 그 때에 너희는 그리스도 밖에 있었고 이스라엘 나라 밖의 사람이라 약속의 언약들에 대하여는 외인이요 세상에서 소망이 없고 하나님도 없는 자이더니, [13] 이제는 전에 멀리 있던 너희가 그리스도 예수 안에서 그리스도의 피로 가까워졌느니라. [...]. [19] 그러므로 이제부터 너희는 외인도 아니요 나그네도 아니요 오직 성도들과 동일한 시민이요 하나님의 권속이라. [20] 너희는 사도들과 선지자들의 터 위에 세우심을 입은 자라 그리스도 예수께서 친히 모퉁잇돌이 되셨느니라.

엡 3:5-6 이제 그의 거룩한 사도들과 선지자들에게 성령으로 나타내신 것 같이 다른 세대에서는 사람의 아들들에게 알리지 아니하셨으니, ⁶ 이는 이방인들이 복음으로 말미암아 그리스도 예수 안에서 함께 상속자가 되고 함께 지체가 되고 함께 약속에 참여하는 자가 됨이라.

변화된 사람의 변화된 시각이다. 이 변화된 '교회관'이 놀라운 현실(reality)을 보게 한다. 만나는 광야에서 행군하고 있던 이스라엘 총회가 받았다. 이스라엘 총회 밖에 있는 이방인들에게는 이 혜택이 없었다. 시내 산 근처에 살고 있던 베두인들은 만나에 참여하지 못했다. 하지만 지금 바울은 연보에 이스라엘 총회에 주신 말씀을 적용한다. 이전에는 이스라엘 총회에만 주어졌던 것을, 이제는 헬라인과 유대인으로 구성된 교회, 초대교회 그리스도인들 전체에게 적용한 것이다. 그래서 바울은 갈라디아서에서 이미 이방인 신자들을 "하나님의 이스라엘"이라고 부른다(갈 6:16). 유대 — 팔레스타인에 있는 그리스도인이나 고린도 — 아가야에 있는 이방인 그리스도인이나 모두 다 하나님의 한 교회요 한 총회이기 때문이다.

지금까지 연보의 원리가 무엇인지 짧게 살펴보았다. 연보는 광야 이스라엘 총회에 주신 만나에 나타난 균등의 원리의 실현이다. 여기서 바울의 연보관이 그의 교회관에 근거한다는 것을 확인했다. 하지만 여기서 그치지 않는다. 연보는 바울의 은혜론, 구원론, 기독론과 연결되어 있다.

3.2.2 연보의 의미

바울은 연보를 세 가지 측면에서 설명한다. 첫째, 연보는 "믿음, 지식, 능변, 열심"과 같이 은사이다.

고후 8:7 너희는 믿음과 말과 지혜와 모든 간절함과 우리를 사랑하는 그 모든 일에 풍성함 같이 이 은혜에도 풍성하게 할지니라.

바울은 곧 이어지는 본문에서도 디도의 임무를 설명할 때도 연보를 "우리가 맡은 은혜의 일"이라고 말한다(고후 8:19). 다시 말해서, 모든 그리스도인들에게 주신 자산은, 그것이 고린도에서 상업적으로 얻은 것이든 팔레스타인에서 농사로 얻은 것이든, 다 하나님의 은혜다. 마치 만나가 광야에서 하나님께서 주신 은혜인 것과 같다.

둘째, 연보는 그리스도인의 사랑의 진실함을 증명하는 것이다. 따라서 바울은 명령하지 않고 고린도 교인들의 진정성에 호소한다.

고후 8:8 내가 명령으로 하는 말이 아니요, 오직 다른 이들의 간절함을 가지고 너희의 사랑의 진실함을 증명하고자 함이로라.

무엇에 대한 진정성인가? 그리스도인은 근본적으로 그리스도께 사랑을 받은 사람들이다. 그것도 무한한 사랑을 받았다. 그런데 그들이 진실로 그리스도의 사랑을 받았는지 어떻게 증명할 수 있는가? 그리스도인들이 사랑을 빛으로 드러내는 것을 통해서다. 그러한 진실한 사랑의 증명이 그리스도의 십자가 아래에서 구원을 받았는지 그렇지 않은지를 분명하게 밝힌다. 따라서 바울이 다른 사람의 간절함으로 고린도 교인들의 사랑의 진실함을 증명하고자 한다는 말을 의역하면 다음과 같다. '나는 지금 고린도 교인 여러분에게 마케도냐와 갈라디아에서, 소아시아에서 가난한 예루살렘 성도들을 돕고자 하는 사랑의 간절함이 일어나고 있는 것을 알립니다. 이렇게 알리는 것은 강요하기 위해서가 아니라, 다른 이방인 교회 성도가 행하는 사랑의 진실함이 여러분 안에도 있다는 것을 증명할 기회를 주는 것입니다.'

셋째, 연보는 그리스도의 구속 사역에 뿌리를 내리고 있다

고후 8:9 우리 주 예수 그리스도의 은혜를 너희가 알거니와 부요하신 이로서 너희를 위하여 가난하게 되심은 그의 가난함으로 말미암아 너희를 부요하게 하려 하심이라.

신자는 연보를 할 때 그리스도를 생각해야 한다. 만일 그리스도가 부요하신 자로서 스스로 가난해지시지 않았다면 누가 구원을 받을 수 있었겠는가? 그리스도께서 성육신하시고 십자가에서 죽으심으로 하나님의 진노를 감당하시며, 신자에게 주실 영원한 의를 획득하시기 위해 부활하신 것은 최고 최대의 균등 원리(*principia aequalitatis par excellence*)이다. 따라서 바울은 이 일을 알리고 고린도 교인들이 1년 전에 작정한 일을 완성하도록 독려한다. 왜냐하면 이 일이 그들에게 유익이 되기 때문이다(고후 8:10-11).

지금까지 연보의 원리와 의미를 짧게 살펴보았다. 연보는 그리스도의 구속에 힘입어 거듭난 성도의 사랑에서 나오는 은혜이다. 이 은혜는 유대인과 이방인으로 구성될 택함 받은 성도들, 곧 교회를 하나되게 한다.

3.2.3 연보와 교회의 하나됨

바울은 교회의 하나됨을 위해 연보를 매우 중요하다고 생각한다. 만일 이방인 교회가 유대인 교회와 하나라면, 유대인 교회들이 부족할 때 이방인 교회는 남고, 또 이방인 교회들이 취할 때 유대인 교회들이 목마르다면, 그들이 그리스도의 보편교회에 속한 자임을 스스로 깨는 것이라고 본 것이다. 그러므로 바울은 연보를 "너희가 복음의 진실에 순종하는지, 믿는지, 복종하는지 판단하는 시금석이 된다"(고후 9:13-14)라고 말한다.

하지만 연보는 단순하지 않았다. 이 프로젝트는 로마제국 속주 중

적어도 네 개 주가 참여하는 거대한 운동이었다(cf. 고전 16:1, 6; 고후 8:1, 10; 행 20:1-4).³¹¹ 따라서 프로젝트의 지도자, 참여자, 수혜자 모두에게 엄청난 사건이었다. 디도나 바울, 다른 형제들, 각 주 교회의 대표들과 같은 지도자들에게는 무거운 책임과 함께 성결이 요구되었다. 참여자들은 그리스도의 구속과 하나님의 은혜에 대한 깊은 이해와 함께 너그러움과 배려가 필요했다. 수혜자들에게는 하나님의 교회에 대한 이해와 함께 겸손이 요청되었다.

따라서 바울은 예루살렘 교회 성도에게 이방인 교회의 연보를 전달하는 일을 복음 사역을 완결하는 일이라고 생각했다. 바울은 거액의 연보를 가지고 이방인 교회의 대표들과 예루살렘으로 갈 때 이렇게 말했다.

> **행 20:24** 내가 달려갈 길과 주 예수께 받은 사명 곧 하나님의 은혜의 복음을 증언하는 일을 마치려 함에는 나의 생명조차 조금도 귀한 것으로 여기지 아니하노라.

여기서 "하나님의 은혜의 복음을 증거하는 일을 마치려 함"은 바울이 회심한 후 했던 복음 선포와 사역 전체와 관련된다. 하지만 문맥에서 볼 때, 이는 특별히 이방인 교회가 모금한 구제금이 유대인 교회에 받아들여지는 것이다. 왜 이 일이 중요한가? 유대인 교회가 이 연보를 받으려면 그들을 교회로 인정해야 하기 때문이다. 유대인 그리스도인들

---

311 이 연보의 규모가 어느 정도였는지 정확히 알 수는 없다. 하지만 간접적으로 추정할 수 있는 암시는 있다. 바울은 예루살렘에 올라가 이 연보를 전달한 후 붙잡혀 산헤드린에서 재판을 받은 다음 암살모의가 있어 결국 가이사랴로 이송된다. 벨릭스는 1차 변론을 들은 후 재판을 연기한다. 이렇게 해서 가이사랴 2년 감옥생활이 시작된다. 이때 벨릭스는 바울을 자주 불러 대화를 나눈다. 무엇 때문이었는가? 누가에 따르면 "돈을 받을까 바랐기" 때문이다. 즉 바울에게 뇌물을 받고자 함이었다. 어떻게 벨릭스가 이런 생각을 하게 되었는가? 바울이 가지고 온 연보 때문이었다. 당시 시리아-팔레스타인 속주 사람들은 바울이 연보를 가지고 움직인다는 것을 모두 알고 있었다(cf. 행 21:22, 27)

이 그들을 단지 이방인이라고 생각했다면, 그들뿐만 아니라 그들이 보낸 연보도 부정하게 볼 것이다. 만일 "이스라엘 총회"에 속한 하나님의 백성으로 인정한다면, 형제의 것을 나누어 받는 것이 된다. 만일 이 일이 어긋나 바울과 이방인 교회 대표들이 전달한 연보를 거부하면, 이것은 교회가 둘이 되는 것을 의미한다. 이것은 단지 이방인 교회가 이류나 유대교 체계에서 개종자 위치로 전락하는 것으로 그치지 않는다. 결국 그리스도가 세우신 보편교회가 붕괴되고 만다. 왜냐하면 이방인 교회는 보편교회의 정회원이 되지 못하고, 유대인 교회는 이방인 그리스도인들을 "내 백성"(행 18:10; cf. 10:16, 12:20, 32; 17:20)이라고 말한 부활하신 주님을 부인하게 될 것이기 때문이다. 따라서 바울은 "이 일을 마치려 함에는 나의 생명조차 조금도 귀한 것으로 여기지 아니하노라"고 말한다. 바울은 복음 사역의 완성, 즉 교회의 하나됨을 지키기 위해 목숨을 걸었다.

지금까지 연보 주제를 살펴보았다. 이제 마지막 단락(고후 10-13장)이다. 바울은 여기서 유대인 그리스도인 대적자들, 즉 "지극히 큰 사도들"(고후 11:5, 12:11)과 거짓 사도들(고후 11:13 "사단의 일꾼"; 11:15)을 대항하여 자신의 사도권을 변호한다.

3.3 바울의 사도권 변호(고후 10:1-13:10)

고린도후서 10-13장에는 "부득불 자랑한다"는 모티브가 자주 등장한다 (고후 11:1, 10, 11, 30). 이 모티브는 바울이 자신의 변증을 시작할 때도 나타나지만, 자칭 "대사도들"의 주장을 소개할 때도 등장한다.[312]

312　이 문구 없이 바울의 대적자들의 의견을 인용하는 구절로는 고린도후서 12:16이 있다. "여하간 [어떤 이의 말이] 내가 너희에게 짐을 지우지는 아니하였을지라도 교활한 자가 되어 너희를 속임수로 취하였다 한다"(ἔστω δέ, ἐγὼ οὐ κατεβάρησα ὑμᾶς· ἀλλὰ ὑπάρχων πανοῦργος δόλῳ ὑμᾶς ἔλαβον).

이 "대사도들"은 누구인가? 이 말을 직역하면 "지극히 탁월한 사도들"(οἱ ὑπερλίαν ἀπόστολοι)이다.³¹³ 바울은 실제로 그들이 탁월하거나 커서 이렇게 부르는 것이 아니다. 이것은 반어이다. 바울은 아마도 대적자들이 자신들을 부를 때 쓰는 용어를 가져와 표현한 것으로 보인다. 바울이 인용하거나 변증하는 내용들을 역추적해 볼 때, 이들은 당시 철학자, 수사학자, 소피스트들 중 일부일 가능성이 높다. 이들은 바울이 고린도 교회에서 영적인 권위를 얻자 육적인 생각으로 시기하며 바울과 바울 동역자들을 공격하는 사람들이었다.

그러면 이들은 그리스도인이었는가? 바울은 갈라디아 교회 그리스도인들 중 일부가 다른 복음으로 넘어가고 있었음에도 그들을 비그리스도인라고 말하지는 않았다. 하지만 고린도 교회 안에서 활동하는 자칭 "지극히 큰 사도들"은 그리스도인으로 인정하지 않는다. 바울은 이들을 "거짓 사도"(고후 11:13)요 "사단의 일꾼"(고후 11:15)이라고 불렀다. 다시 말해서, 이들은 흔들리는 그리스도인들이 아니라 이미 적그리스도에게 속하는 사람들로 "빛의 천사로 가장하는 사람들"이었다(고후 11:14). 마치 주인의 밭에 가라지를 뿌리고 간 원수와 같았다(cf. 마 13:24-30).

이들의 주장은 무엇이며 바울은 어떤 입장을 취했는가?

3.3.1 대적자들의 주장과 바울의 입장(stance)

자칭 "대사도들"은 고린도 교인들을 설득하는데 성공적이었던 것으로 보인다. 이들은 스스로를 교사로 인식했는데, 소피스트와 수사학자, 철학자들이 모두 교사에 속한다. 이 교사들은 당시 규격화된 기대와 상

---

313 우리말 성경은 "지극히 크다 하는 사도들"이라고 번역했다. 독일어 번역과 영어 번역도 비슷하다. ELB: "übergroße Apostel," ESV, NRSV: "super-Apostles."

에 호소하였다. 소피스트들은 일종의 지식 사업자였고, 수사학자들은 지금으로 말하면 교수들이었다. 이들은 여러 도시를 돌아다니며 사람들에게 연설하는 법을 가르쳐 원로원에 들어갈 수 있도록 돕거나, 도시 법정에 일할 수 있도록 돕는 사람들이었다. 히포의 아우구스티누스도 회심 전까지 일종의 수사학자였다. 철학자들은 수사학자보다 훨씬 뛰어난 사람들로 생각하는 일을 전담하는 자들이었다. 어느 사회든 교사나 연설가하면 일정한 이미지가 형성되어 있고 그 이미지에 맞는 학문적 실력과 윤리적인 의무를 기대하듯이, 바울이 고린도 교회에서 복음을 전할 때도 이러한 교사들에 대하여 정립된 이미지가 있었다. 그들은 이 이미지를 고린도 교회에 도입하고 사도들에게 적용하여 사도와 사도적인 사역을 평가했는데, 이것이 사람들의 호응을 이끌어냈다. 이는 그들이 사회적인 합의로 형성된 이미지로 사도들을 공격했기 때문에 효과가 있었던 것이다. 그들은 바울과 바울의 동역자들을 헬라 사회가 규정하고 요구하는 이상에 미치지 못하는 무가치한 자들로 평가했다.

그러면 헬라 사회의 교사나 연설가의 이상은 무엇이었고, 청중들은 그들에게 무엇을 기대했는가?

3.3.1.1 이상적 연설가의 모습
헬라 사회가 요구하는 이상적인 연설가는 네 가지 조건을 갖추어야 했다.

1. 웅변력
2. 전문성
3. 신과의 접촉
4. 외모

이 내용을 하나씩 살펴보자.

첫째, 훌륭한 연설가는 웅변력이 있어야 했다. 이것이 바울 당시 헬라 세계가 교사에게 요구하는 능력이었다. 따라서 이러한 요구 때문에 헬라 사회의 철학자들와 수사학자들, 소피스트들은 웅변력을 중시했고 "아주 복잡한 거만함이 덕인 줄 알았다. 소피스트 폴레몬(Polemon)은 많은 도시에서 자기는 뛰어난 자이며 왕에 버금가며 신과 다름없다고 말하곤 했다."[314] 그래서 그들은 수려하게 말하기를 힘썼다. 필로스트라우스(Philostraus)는 "어떤 소피스트는 즉석 연설장 밖으로 쫓겨났는데, 청중들이 심각한 표정을 짓고, 찬사가 더디며, 박수를 받지 못했기 때문이다"(2.26.3)[315]라고 기록하고 있다. 이 두 예는 바울 당시 헬라 세계가 어떤 교사를 요구하는지 보여주는 증거이다.

그러나 바울은 "말에 부족하다"(고후 11:6)고 말했다. 이 말은 누가 한 말인가? 바울의 고백인가 아니면 자칭 "지극히 큰 사도들"이라고 하는 대적자들이 한 말인가? 이는 대적자들이 한 말일 가능성이 높다.

고후 11:5 나는 '지극히 크다 하는 사도들'보다 부족한 것이 조금도 없는 줄로 생각하노라

어떤 점에서 그런가? 말의 형식과 소리가 아니라 말의 내용을 갖추었기 때문이다.

고후 11:6 내가 비록 말에는 부족하나 지식에는 그렇지 아니하니, 이것을 우리가 모든 사람 가운데서 모든 일로 너희에게 나타

---

314 Vit. Soph. 1.25.4; 소크라테스는 자신의 「변론」17c-d, 27b 등에서 자신이 법정 용어를 능숙하게 쓰지 못하고 생소한 어투로 말하더라도 놀라거나 소동을 일으키지 말아 달라고 부탁한다.

315 D. A. Carson, *From Triumphalism to Maturity: (An) Exposition of 2 Corinthians 10-13* (Grand Rapids: Baker Book House, 1984), 18.

내었노라.

바울은 대적자들보다 "말에" 뛰어나지 못했다. 즉 탁월한 웅변력이 없었다. 이것은 바울에게 무능력이 아니라 의도적 선택이기도 했다. 바울은 복음을 전할 때 사람의 "말과 지혜의 아름다움으로" 하지 않았고 오직 성령과 능력의 현시로 했다고 말했다(고전 2:4). 그 이유가 무엇인가? "너희 믿음이 사람의 지혜에 있지 아니하고 오직 하나님의 능력에 있도록" 하기 위함이었다(고전 2:5). 바울은 그리스도의 십자가를 전할 때, 사람들의 귀를 사로잡고 마음을 사로잡는 웅변에 호소하지 않았다는 것이다.

둘째, 훌륭한 교사는 전문인이어야 했다. 여기서 "전문"적이라는 말은 무슨 뜻인가? 이것은 현대의 전문성 개념과 약간의 차이가 있다. 당시 철학자들은 다음 네 가지 중 하나로 삶을 꾸려갔는데, 후원자의 후원과 강의료, 구걸, 노동이었다. 일부 철학자들은 부유한 후원자에게 소속되어 있었고, 그 후원자는 그 철학자가 저녁에 과시적인 강의를 열게 했다. 다른 경우는 자신의 강의에 비싼 수업료를 청구했다. 나아가 소수이기는 하지만 냉소주의자들 같은 경우는 구걸을 하기도 했는데, 대부분은 이것을 경멸했다. 마지막으로 육체노동자의 노동인데, 이것은 가장 바람직하지 않은 것이었다. 물론 일부 철학자들과 유대인 지혜자들은 육체노동을 가치 있게 여겼고, 장인들은 일반적으로 자신의 일에 자부심을 느꼈다.

문제는 고린도 교인들 중 헬라 세계의 가치관을 버리지 않고 교회로 들어온 귀족과 그 귀족들의 가치를 공유하는 사람들이다. 이들은 육체노동을 경멸했다.[316] 따라서 고린도 교회의 설립자이자 교사인 바울이 직공으로 일하는 모습에 매우 당황했을 것이다. 왜냐하면 그들은 헬라 세계의 기준에 맞는 연설가를 기대했고, 바울이 자신들에게 연설료를 청구하는 것을 상상했을 것이기 때문이다. 그러나 바울은 손수 일했다. "어찌 나와 바나바만 일하지 아니할 권리가 없겠느냐?"(고전 9:6).

셋째, 탁월한 교사는 환상이나 이상 등으로 신과의 접촉이 있어야 했다. 이때 환상이나 이상의 절정은 신에게 직접 계시를 받는 것이었다. 신의 계시를 주는 존재를 '퓌티아'라고 하는데, 이런 '퓌티아'는 보통 신전에 있는 여사제에게 신탁을 주는 존재였다(cf. 행 16:16).

소크라테스는 자신의 활동의 정당성을 이 "계시"에 두었다. 어떤 데몬이 자기 뒤에서 계속 한 말에 따랐다는 것이다.[317] 소크라테스는 자신을 신에 접촉한 사람이라고 말하고 있다.

따라서 계시와 환상을 통한 신과의 접촉이라는 전통이 매우 오래된 것임을 알 수 있다. 바울도 이것을 알고 있다.

> **고후 12:1** 무익하나마 내가 부득불 자랑하노니, 주의 환상과 계시를 말하리라.

그런데 당시 교사들과는 다르게 마치 제삼자처럼 말한다. "내가 그리스도 안에 있는 한 사람을 안다. 그가 셋째 하늘로 올라갔다. 그가 말하지 못할 말을 들었고 듣지 못할 말을 들었다. 이런 사람들은 자랑하지만 나는 자랑하지 않겠다"(고후 12:2-5). 하지만 바울은 자기 경험을 이야기하고 있다. 이처럼 신에게서 계시를 받는 것은 굉장히 중요한 요소였다. 그러나 바울은 복음을 전할 때, 보통 방식으로 성경을 강론하고 해설하며 그리스도의 십자가를 사람들 눈 앞에 그리고 양심에 호소하는

---

[316] Cf. C. S. Keener, *(The) IVP Bible Background Commentary: New Testament*, 2nd ed. (Downers Grove: IVP Academic, 2014), 478.

[317] 플라톤, 『소크라테스의 변명』, 31c-d. 소크라테스에 따르면, 이 데몬은 특이하게도 무언가를 하라는 명령은 하지 않고 하지 말라는 금령만 전한다.

방식을 택했다.

넷째, 탁월한 연설가는 육체적 아름다움이 있어야 했다. 이 육체적인 아름다움은 두 가지 의미일 수 있다. 먼저 건장한 체격과 잘 생기된 외모를 뜻할 수 있다.[318] 바울이 "너희는 외모만 보는도다"(고후 10:7)라고 말할 때도 이런 의미일 것이다. 다음으로 연설 시 훌륭하고 적절한 몸놀림을 의미할 수도 있다(cf. 고후 10:10). 그러나 바울은 그렇지 못했고, "약했다"(cf. 고후 11:21, 5:11-12). 그러면 왜 육체적 아름다움을 그렇게 중요하게 생각했는가? 링컨에 따르면, "대적자들은 하늘의 생명이 현재의 육체를 통해 가시적으로 표시된다고 보았다."[319] 이 관찰이 옳다면, 헬라 사람들이 헤라클레스처럼 우람한 몸과 풍부한 성량으로 이야기하는 모습이 단순히 그 사람의 몸의 활동으로 그치지 않고 그 연설가가 하늘 세계와 접촉하고 그 접촉을 통해 능력이 나타난다고 본 것이다.

만일 누군가 고린도 교회의 어떤 사람에게 '바울이 사도다'라고 말하면 그는 이 네 가지를 마음속에 떠올릴 것이다. 그런데 바울은 이런 모습과는 거리가 멀었다. 하지만 당시 소피스트나 수사학자들을 따라가려고 하지 않았다. 오히려 단호하게 거부하고 복음과 성령, 하나님의 지혜와 능력을 붙잡았다.

이것은 현대 말씀 사역자와 그리스도인에게 시사하는 점이 크다. 우리는 성령의 충만함을 구해야 한다. 성령의 능력을 구해야 한다. 하지만 그 능력이 나타나는 방식은 지극히 일반적인 것이어야 한다. 그

---

318   Platon, *Politeia*, 6.494a–d.

319   A. T. Lincoln, *Paradise Now and Not Yet: Studies in the Role of the Heavenly Dimension in Paul's Thought with Special Reference to His Eschatology*, SNTSMS 43 (Cambridge/New York: Cambridge University Press, 1981), 70: "For the Corinthians the life of heaven had nothing to do with the body; for the opponents the life of heaven was to be demonstrated visibly through the present body."

래서 우리가 말씀을 전할 때, 사람들의 양심이 '아, 내가 하나님 앞에서 내 영혼에 하시는 말씀을 듣고 있구나!'라고 느껴야 한다. 자기 안에 내용은 없거나 부족한데, 달변과 현학으로 사람들을 설득하려고 한다면, 이것은 바울이 복음을 전하는 원리와 반대된다.

3.3.1.2 대적자들의 주장

자칭 "대사도들"들은 바울이 결코 헬라 사회가 요구하는 진정한 교사가 아니라고 주장했다. 대적자들이 볼 때, 바울은 교사로서 이미 첫 번째 자격 요건에 미달한다. 웅변력이 없기 때문이다. 바울은 전문인이 아니었다. 강렬한 환상에 둔한 사람이었다. 외모도 탁월하지 못하다. 그는 "몸으로 있을 때는 약했기" 때문이다.

대적자들의 눈에 바울은 자격을 갖추지 못한 점이 많았고 그들은 이것을 이용했다. 그들은 여기서 멈추지 않고 이 세상의 가치와 평가 기준을 교회에 끌어 들이고, 바울이 전한 복음의 본질을 변질시키려고 하면서 그와 그의 사역을 비방했다.

이러한 비방과 공격에 바울은 어떻게 반응했는가? 바울은 그들의 교만을 터트리고, 그들의 주장에 있는 오류를 폭로하며, 복음의 본질이 어떤 것인지 제시하고자 했다. 바울은 여기서 매우 특이한 입장을 취한다. 바로 "어리석은 자"이다.

3.3.1.3 바울이 취한 입장: "어리석은 자"

반대자들이 바울을 그들의 공격 대상으로 삼았기 때문에, 바울은 그를 변호하는데 자신을 사용할 수밖에 없었다. 이것은 그의 본의도 스타일도 아니었고 그가 좋아하는 것도 아니었다. 고린도후서 12:11에서 바울은 말하기를 "내가 어리석은 자가 되었으나 너희가 억지로 시킨 것이니 내가 너희에게 칭찬을 받아야 마땅하도다"고 한다. 이것은 반어이다.[320] "어리석은 자가 되는 것," 이것이 바울이 여기서(고후 10-13장) 하고 있는 것이다.

이 "어리석은 자의 변명"에 관하여 링컨은 베츠(H. D. Betz)[321]의 글을 인용하여 다음과 같이 설명했다. 그에 따르면, 바울이 고린도후서 10-12장에서 하는 변증과 소크라테스 전통에서 발견되는 변명의 행태 사이에 유사한 점이 발견된다는 것이다.

소크라테스식 변명이란 무엇인가? 이것은 소크라테스와 그의 제자들이 소피스트들의 논리적인 공격에 직면하여 놀라게 되었을 때, 자신들을 변증하는 방식이다. 소크라테스는 '허풍을 떠는 사람들'(charlatan)이 고발할 때 변증하는 독특한 전략을 쓴다. 변명이 진행되는 동안 참된 철학자는 수사학의 통상적인 수단을 버리고 아이러니를 사용한다. 이렇게 하여 그의 가난과 약함이 자신이 주장하는 바가 순수하다는 증거임을 증명한다. 반대로 그의 반대자들, 즉 소피스트들은 재정적 부와 정치적 권력과 수사학적 속임수를 무기로 쓴다고 폭로한다. 이렇게 함으로써 그들 주장의 모순을 드러내고, 자신의 정당성을 철학의 이름으로 입증하는 것이다.

이러한 변명에서 참된 철학자가 자신의 업적을 자랑하는 것은 좋지 않다. 만일 자기 업적을 드러내는 것이 필요하다면 다른 사람을 통해 절제된 상태에서 해야 한다.

참된 철학자가 거짓된 참소에 대항하여 절대적으로 자신을 변호해야 할 필요가 있을 때, 직접 자기를 자랑하는 일을 피하기 위해 채택할 수 있는 수단이 바로 '어리석은 자'의 입장이다. 왜냐하

---

[320] 고린도후서는 신약 중에서 반어법이 가장 많이 나오는 성경이다. 따라서 본문을 문자 그대로 받아들이면 이해할 수 없다. 수사적인 표현을 잘 읽어야 한다.

[321] H. D. Betz, *Der Apostel Paulus und die sokratische Tradition*, BHT 45 (Tübingen: Mohr, 1972).

면 어리석은 사람은 정상적인 사람에게 허용되지 않는 주장이나 지나친 주장을 할 수 있기 때문이다.[322]

그러면 바울이 이러한 헬라 세계의 변론 문화 속에 들어가는 것은 무엇 때문인가? 바울은 그리스도의 사도이지만, 헬라 세계의 연설가처럼 된다. 이것은 헬라 변증 문화 속에 있는 자들을 구원하기 위함이었다(cf. 고전 9:19-23).

바울이 말을 잘 하는 것으로 대적자들을 이기면, 그들은 바울이 말솜씨로 이겼다고 생각할 것이다. 반대로 바울이 지면, 그들은 바울이 말에 부족해서 졌다고 생각할 것이다. 나아가 바울이 전한 복음도 그 웅변력에 따라 평가받아야 한다고 생각할 것이다.

바울은 헬라 세계 변론 문화에 들어가더라도 수사학이나 웅변을 택하지 않고, 그 문화에서 참된 철학자가 취하는 입장을 취한 것이다.

바울은 이 변증에 앞서 자신의 사도됨을 강조한다. 이것이 변증의 서론이다.

3.3.2 바울의 사도적 권위(고후 10:1-18)

3.3.2.1 사도의 사역(고후 10:1-6)

바울은 그의 변호를 강한 서두로 시작한다. 그러나 바울은 자신의 변증을 헬라 문화에서 높이 사는 덕(가치)에 기초하지 않는다. 도리어 그들이 가치있게 생각하지 않는 "온유와 관용"으로 권면한다(cf. 마 11:29; 고전 2:3). 바울은 네 가지를 말한다.

---

322 Lincoln, *Paradise Now and Not Yet*, 73-74.

		고린도후서
1.	우리는 육체대로 행하지 않는다.	10:2–3a
2.	우리는 "육체를 따라" 세상적인 싸움을 하지 않는다.	10: 3b
3.	우리의 싸우는 무기는 영적인 것이다.	10: 4a
4.	그 무기는 파괴를 위한 것이다.	10:4b–5
	견고한 진	
	이론들(λογισμούς)[323]	
	하나님을 아는 것을 대적하여 높아진 모든 것	
	모든 생각	
	모든 복종치 않는 것	

그리스 사상에 따르면, 잘못된 사상과 싸우는 것을 전쟁으로 묘사한다.[324] 바울은 여기서 궁극적으로 자칭 "대사도들"(사람)과 싸움을 하는 것이 아닌 것을 밝히고 있다. 그러므로 만일 자칭 대사도들이 바울을 대적한다면, 그들은 바울이 아닌 하나님과 싸우고 있는 것이다.

3.3.2.2 사도권의 근원(고후 10:7–12)

바울은 사도가 가진 권리를 외모에 따라 판단하는 고린도 교인들을 비판한다. "너희는 외모만 보는도다"(고후 10:7). 고린도 교인들의 이 외모에 대한 선입견은 소피스트들이 가진 적절하고 설득력 있는 연설에 대한 관심과 다르지 않다.[325]

이어서 바울은 자신의 사도로서 권위의 근원과 목적을 밝힌다. 그 근원은 "그리스도"이다(고후 10:7b). 그 목적은 "너희"(성도)를 세우기 위한 것이다(고후 10:8b).

---

[323] NIV: "arguments."
[324] Keener, *IVP BBCNT*, 515.
[325] Cf. Keener, *IVP BBCNT*, 515.

바울은 고린도 교인들이 거짓 사도들로부터 들었을 주장을 상기시킨다.[326]

		고린도후서
편지	무게가 있고 힘이 있다.[327] 곧 바울의 편지는 상류사회 권위 있는 인물의 글에 속하는 것 같이 무게가 있다.	10:10a
연설	(복음전도 시) 바울의 연설은 고린도와 로마 사회의 지도층 사람들에게 인상을 줄 수 있을 만큼 충분한 수사학적 훈련이 담겨있지 않다.[328]	10:10b

이 [대적자들의] 말을 인용하고 난 후 바울은 자신은 인격과 말이 불일치한 것이 아니라고 말한다. "이런 사람은 우리가 떠나 있을 때에 편지들로 말하는 것과 함께 있을 때 행하는 일이 같은 것임을 알지라"(고후 10:11). 그러나 바울은 자기를 칭찬하는 사람들과 거리를 두고 짝하지 않는다. 왜냐하면 그들에게는 "비교" 지혜가 없는데, 왜냐하면 비교대상이 "자기 자신"이기 때문이다(고후 10:12).

3.3.2.3 자칭 "대사도들" 비판(고후 10:13-18)

바울은 자기 능력 또는 자기 업적을 자랑하는 자들을 비판한다. 10:13에서 "자기 분수를 넘어서"(εἰς τὰ ἄμετρα)[329] 자랑하는 자들, 또는 "하나님이 정해주신 범위의 경계"(κατὰ τὸ μέτρον τοῦ κανόνος)[330]라는 표현은 여러 해석이 존재한다. 조병수 교수는 전자를 바울이 자기 자신을 제한

---

[326] Cf. Keener, *IVP BBCNT*, 516.

[327] βαρεῖαι καὶ ἰσχυραί; "gravitas"

[328] ἡ δὲ παρουσία τοῦ σώματος ἀσθενὴς καὶ ὁ λόγος ἐξουθενημένος. 인상적이지 못하고 제스쳐와 옷이 품위있지 못하고 어색한 것을 뜻할 수 있다. Keener, *IVP BBCNT*, 516.

[329] NASB: "beyond *our* measure"; NIV: "beyond proper limits."

[330] NIV: "to the field that God has assigned to us."

하는 것으로, 그리고 그 제한하는 표준은 하나님이 정하신 것 곧 "하나님의 표준"이라고 해석했다.[331] 키너(Craig C. Keener)는 위 표현의 반대말, 타 메트라(τὰ μέτρα)를 로마시대에 공적인 일에 종사하는 봉사자가 일할 수 있는 어떤 지역의 범위를 가리킬 수도 있고, 또는 로마 제국의 정복지를 가리킬 수도 있다고 말한다.[332] 그런데 문제는 이 자칭 대사도라 하는 사람들은 그들이 교회를 세웠다고 주장하면서 바울과 그의 동역자들이 해 놓은 일을 자랑하는 것이다. 머피 오코너(Jerome Murphy O'Conner)는 아마도 이것이 바울 당시 로마제국에 살던 600만 유대인 중 오직 4만명 만이 팔레스타인에 살았는데, 비록 바울과 베드로가 예루살렘 공회에서 각각 지역을 분할했으나 그것을 주의하지 않은 활동을 염두에 둔 표현이라고 생각한다.[333] 바울은 자신들은 이런 일을 하지 않으며, "규모에 따라, 하나님이 나눠주신 그 범위의 경계를 따라" 일하고, 그 결과 고린도 교회 교인들에게 이른 것이라고 말한다(10:13-17).

바울은 "분수 이상으로 자랑하지 않는다"(ἡμεῖς δὲ οὐκ εἰς τὰ ἄμετρα καυχησόμεθα). 당시 도시에서 일하던 철학자들과 수사학 교사들은 지중해 전역에서 그들이 가르칠 학생과 받을 급료를 두고 경쟁했다. 이때 자신을 돋보이게 하고 상대방을 얕보이게 하기 위해 자주 자신을 경쟁자와 비교했다. "바울은 여기서 아이러니라는 고대 문학장치를 사용하여 반대자들의 자랑을 들어 그들을 비판한다."[334] 바울은 "자신은 분수 이

---

[331] 조병수, 『신약총론』(수원: 합동신학대학원출판부, 2006), 286.

[332] C. S. Keener, *(The) IVP Bible Background Commentary: New Testament*, 1st ed. (Downers Grove: IVP Academic, 1993), 509: "The language of a 'sphere' (NASB) or 'proper limits' (NIV) was sometimes applied to the extent of a public servant's service in a district or region; Paul could also meant it in terms of the language of Roman imperial conquest (cf. 10:3-6)."

[333] J. Murphy-O'Connor, *The Theology of the Second letter to the Corinthians* (New York: Cambridge University Press, 1991), 105.

[334] Keener, *BBCNT*, 516.

상으로 자랑하지 않는다"고 한 것이다. 즉 자신에게 고유한 '학급'인 고린도 교인들을 넘어서 자기 주장을 하지 않는다. 동시에 바울과 바울 동역자들은 그들의 대적자들과는 다른 목적과 바람과 동기가 있었다. 동기는 무엇인가? 고린도 교인들의 믿음이 자라는 것이다. 바람은 무엇인가? 고린도 교인들 가운데서 바울과 복음의 영역이 넓어지는 것이다. 무엇을 목적으로 했는가? 고린도와 아가야 지역을 넘어 더 널리 복음을 전하기 위함이었다.

	고린도후서
1. 동기: 그들의 믿음이 자람	10:15a
2. 바람: 그들 가운데서 영역이 넓어지기를 바람	10:15b
3. 목적: 그래서 고린도(아가야) 지역을 넘어 복음을 전하기 위함	10:15c

바울은 전체 변증(고후 10-13장) 중에서 서론(고후 10장)을 마쳤다. 바울은 고린도후서 10:15b이하에서 자신과 동역자들을 자칭 "대사도들"과 대조시킨다. 이제 독특한 입장에 들어간다. 바로 "어리석은 자"의 입장이다.

3.3.3 "어리석은 자"의 변명(고후 11:1-12:13)

3.3.3.1 진실한 내용과 지식에 기초한 복음 전파(고후 11:1-6)

바울은 "어리석은 자의 변명"을 시작한다. 바울은 여기서 거짓 사도들의 활동을 사단이 하와를 유혹하던 것과 비교한다(고후 11:2). 조금 후에는 그들을 "사단의 일꾼"이라 부르고 "저들의 마지막은 그 행위대로 되리라"고 예언한다(고후 11:15).

바울은 자신의 사역을 중매자 은유를 사용하여 설명한다. 곧 그는 중매자로서 고린도 교인들을 "정결한 처녀로" 한 남편인 그리스도에게 드리려 한다(고후 11:2). 그런데 반대자들이 와서 고린도 교인들 사이에서 활동하는 것을 보니 이것은 마치 뱀이 하와를 미혹하는 것과 같아 보였다. 그들이 고린도 교인들을 어떻게 미혹하는가? 세 가지를 통해서이다.

다른 예수
다른 성령
다른 복음

고린도 교인들은 이것들을 받을 때 기꺼이 용납한다(고후 11:3-4).

상황이 이와 같으니 그들은 "지극히 큰 사도들"(super-apostles)이다(아이러니)! 자신이 1년 6개월을 힘썼어도 참 예수, 참 성령, 참 복음을 받아들이지 않았는데, 저들은 이렇게 속히 사람들에게 다른 예수, 다른 성령, 다른 복음을 받아들이게 하였으니 저들은 얼마나 탁월한 사도인가? 사도 바울은 여기서 대적자들이 스스로를 부풀려 사용했던 명칭을 써서 비꼰다. 그리고 그들이 했던 주장을 가져와 반박한다. 바울은 자신이 웅변적이지 않다고 인정하나 어리석지는 않다고 말한다. 바울은 그가 그들에게 이미 예수와 성령과 복음에 대하여 알아야 할 모든 것을 가르쳤다는 것을 상기시킨다(고후 11:6). 바울에 따르면, 자신은 진실한 내용 없이 설득만을 앞세우는 빈 웅변이 아닌 든든한 지식에 근거하여 복음을 전했다는 것을 "모든 사람 가운데 모든 일로 나타냈다"(고후 11:6).

3.3.3.2 사도적 사역의 진정성의 증거(고후 11:7-12:6)

바울은 자신이 사도라는 증거를 든다. 그 증거는 모두 세 가지다. 무연설료와 약함, 환상이다. 이 셋은 모두 당시 소피스트들과 청중에게 해당 강연자나 변론가, 연설가가 무능하다는 증거였다. 먼저 무연설료를 살펴보자.

A. 무연설료(고후 11:7-15)

바울은 복음을 전할 때 처음 개척하는 교회에서는 지원을 전혀 요구하지 않았다. 보통 이 본문을 유교의 '염치의 덕'으로 해석하곤 한다. 그러나 이것을 이해하기 위해서는 앞에서 언급했던 당시 헬라 사회의 교사 상을 떠올릴 필요가 있다. 당시 순회 철학자들, 소피스트들, 수사학자들이 가르침의 대가를 요구했다.

헬라 사회의 강사나 교사는 아무리 경제적인 어려움이 있더라도 후원을 받거나 강의료를 받거나 아니면 구걸을 해야지 전문적인 육체노동을 해서는 안 된다. 그런데 바울은 연설료를 받지 않았다. 따라서 복음을 이해하지 못하고 십자가를 받아들이지 않은 사람들은 바울이 말도 시원치 않은데 강의도 그럴 것이라고 생각했을 것이다. 그래서 연설료조차 요구하지 못하는 사람이라고 생각했을 수 있다.

하지만 바울은 이 압력에 굴하지 않았다. 헬라 사회의 인식 위에 복음을 건설하지 않았다. 그렇다고 해서 바울이 당시 인식이나 관습을 몰랐을 리 없다. 바울은 20년 이상 로마 제국의 거점 도시들을 방문하여 복음을 전했고, 헬라 문화와 로마 문화에 익숙했다. 따라서 자신에게 일어난 일들을 충분히 이해할 수 있었고, 그런 문제에 대해 해결 능력을 갖춘 사람이었다. 고린도 지역 사람들은 이런 문화속에 살았기 때문에 이 두 가지를 자신의 사도됨의 증거로 들었다면, 고린도 교인들에게도 매우 어리석은 일로 보였을 것이다.

바울은 고린도 교인들에게 계속해서 아이러니로 가득한 질문을 한다.

> **고후 11:7** 내가 너희를 높이려고 나를 낮추어(cf. 고후 12:21a) 하나님의 복음을 값없이 너희에게 전함으로 죄를 지었느냐?

바울은 자신이 고린도에서 복음 전도 시 복음을 전하는 것이 하나님의 구원 열망이 아닌 바울 자신의 생계유지 열망으로 오해될 것을 두려워하여 복음과 연설료를 분리한다. 그런데 그 결과는 무엇인가? 다른 교회를 "탈취한 것이라!"(아이러니, 고후 11:8). 그리고 자신이 복음을 전할 때 원칙이 무엇이었는지 언급한다. "또 내가 너희와 함께 있을 때, 비용이 부족하였으되 아무에게도 누를 끼치지 아니하였음은 마게도냐에서 온 형제들이 나의 부족한 것을 보충하였음이라. 내가 모든 일에 너희에게 폐를 끼치지 않기 위하여 스스로 조심하였고 또 조심하리라"(고후 11:9). 이것은 자칭 "대사도들"의 행동과 대조를 이루고 나아가 정반대의 모습이다. 바울은 복음을 전하는 이에게 필요한 비용, 당연한 권리를 그들에게 부담시키지 않았고, 이미 복음 안에 있는 교회가 스스로 지원한 것으로 충당했다. 바울은 이 원칙을 계속 고수하겠다고 선언한다(고후 11:10). 그 이유는 고린도 교인들에 대한 사랑과 정직 때문이다(고후 11:11).

바울은 지금까지 논의를 다시 한번 요약하면서, 자칭 대사도들의 의도와 성격을 폭로한다.

> **고후 11:12** 나는 내가 해 온 그대로 앞으로도 하리니 기회를 찾는 자들이 자랑하는 일로 우리와 같이 인정받으려는 그 기회를 끊으려 함이라.

바울이 복음을 전할 당시에 그런 오해가 있을 수 있지만, 그가 복음을 전하고 그 자리를 떠나고, 다른 사람이 그 자리에 오게 되면 사람들은 분명하게 알게 될 것이다. 그들은 바울이 얼마나 헬라의 수사학에 정통한 사람이었는지, 또 언어에 정통했을 뿐만 아니라 성경에 정통했는지를 알게 되었을 것이다. 나아가 바울이 얼마나 그리스도의 은혜와 하나님의 큰 계시를 전했는지, 바울이 떠난 뒤에 다른 사람이 말하는 것을 들어보면 알게 될 것이다. 이것이 양심에 호소하는 것이다.

어떤 사람이 와도 바울을 대신할 수 없다. 어떤 사람이 오더라도 바울처럼 그가 머물고 간 곳마다 부활 생명이 자라고, 보이지 않는 세계가 열리며, 하나님이 종말에 약속한 그분의 나라가 세워지도록 할 수는 없다. 이를 통해서 바울의 진실성이 드러날 것이다.

바울은 자칭 대사도라 주장하는 자들의 공격이 계속되고 있고, 그들이 자신의 복음과 이방인 교회를 무너뜨리려고 하는 것을 잘 알고 있다. 그들은 "거짓 사도들"이요, "속이는 일꾼"이며, "사단의 일꾼"이다. 그들의 주인은 사단이므로, 그들의 일에는 사단의 속성이 나타난다. 사단이 "빛의 일꾼으로 가장하듯이," 그들도 "그리스도의 사도들"과 "빛의 일꾼으로 가장한다"(고후 11:13-15).

지금까지 바울은 무연설료에 대해 변증했다. 자신이 복음을 전할 때 처음 복음을 받은 교회에 비용을 부담하게 하지 않는 사실과 원리를 밝혔다. 이것이 사도적 사역의 첫 번째 증거이다. 두 번째 증거는 약함이다.

B. "약함"(고후 11:16-33)

사도 바울의 진실성의 근거는 무엇인가? 그것은 약함이다. 바울은 이 단락에서 "어리석은 자의 변증"을 계속하지만, 역설적으로 자신을 '어리석은 자라고 생각하지 말라'고 말한다(고후 11:16a). 바울은 자신을 변호하기 위해 어리석은 자의 역할을 해야 하므로 자랑하지만, 이렇게 하는 것이 하나님의 방법이 아님을 명확히 한다(11:16b). 그럼에도 자칭 "대사도들"을 반박하고 그들의 주장을 무너뜨리기 위해서 어리석은 자의 말을 계속해야 한다(고후 11:17). 자칭 "대사도들"이 누구인가? 그들은 "육신을 따라 자랑하는 자들"이다(고후 11:18). 바울은 여기서 소크라테스식으로 신랄하게 지적한다.

고후 11:19-20 너희는 지혜로운 자로서,
어리석은 자들을 기쁘게 용납하는구나!
²⁰ 누가 너희를 종으로 삼거나 잡아먹거나,
빼앗거나 스스로 높이거나 뺨을 칠지라도,
너희가 용납하는도다!

이 말을 의역하면 이렇다. '아 나는 너희가 이런 어리석은 변론을 할 때, 내 의도를 들을 수 있을 것이라 생각한다. 너희 모두가 너희에게 썩은 짓을 하는 자들과 함께 있구나! 그러나 나 또한 이 썩을 짓에 지지 않을 것이다.'

바울은 마치 지혜를 놓아버린 사람처럼 말한다.

고후 11:21a 나는 우리가 약한 것 같이 욕되게 말하노라(κατὰ ἀτιμίαν λέγω, ὡς ὅτι ἡμεῖς ἠσθενήκαμεν)

'내가 말하면 말할수록 불명예가 되겠지만, 마치 우리가 약한 것처럼, 곧 약한 자의 처지에 있는 것처럼(pf.) 말하리라'.

이렇게 말한 후에 바울은 자칭 "대사도들"의 자랑을 취하여 자기도 자랑하는 어리석고 미친 자처럼 말한다(아이러니).

자칭 "대사도들"	바울	고린도후서
그러나 누가 무슨 일에 담대하면	어리석은 말이나마 나도 담대하리라!	11:21b
그들이 히브리인이냐?	나도 그러하며,	11:22
그들이 이스라엘인이냐?	나도 그러하며,	
그들이 아브라함의 후손이냐?	나도 그러하며,	
그들이 그리스도의 일꾼이냐?	정신없는 말을 하거니와 나는 더욱 그러하도다!	11:23b

이렇게 자칭 "대사도들"의 자랑이 얼마나 "미친 말"인지 보인다. 그런 다음 바울은 자신의 고난(고후 11:23b-27), 교회를 위한 염려(11:28-29), 약함(11:30-33)을 자랑한다고 말한다. 다시 사도의 입장으로 돌아온 것이다.

이것을 당시 어조로 바꿔보면 다음과 같다. '믿을 수 없이 많은 고난, 온 세계에 있는 교회에 대한 염려, 나에게는 이런 것밖에 없다. 이것이 나의 사도됨의 증거이다. 나는 약한 자들과 함께 약하고, 실족한 자들과 함께 애태우며 살았다. 아, 그렇지. 영웅적인 일이 하나 있긴 하지. 내가 다메섹에서 일하던 초기, 아레다 왕의 고관이 나를 잡으려고 성을 지킬 때, 전사처럼 싸우지 않고 도망갔다'.[335] 바울은 이렇게 함으로써 고린도 교인들의 의식을 깨운다. '사람이 사람 앞에서 자기가 히브리인이고, 이스라엘 사람이며, 지식이 얼마나 되며, 경력이 얼마인지 자랑한다고 해서 어떻게 사도가 될 수 있는가? 너희가 이런 말을 하는 사람을 사도로 인정하고 그가 전하는 다른 예수, 그런 가짜 능력을 자랑하는 영을 받으며, 그런 거짓 복음을 잘도 받아들이고 있구나. 거짓에 속아서는 안 된다.'

바울은 이렇게 고난과 역경, 비겁함을 "자랑한다"고 한다. 하지만 이것은 당시 사회 고위층이 자랑하던 영웅주의가 아니다. 그들은 권세와 관계에서 곤경에 처하는 것을 가치 있게 보지 않았다.[336] 따라서 바울의 "자랑"에는 고린도 교회의 사도관을 반박하는 내용이 들어 있다. 우리는 바울이 펼치는 이 언어가 얼마나 강력한 언어인지 볼 수 있어야 한다. 소크라테스가 『소크라테스의 변명』에서 철학자의 정체성과 임무와 이상적인 사회를 다시 정의했듯이, 바울은 그것보다 훨씬 더 강력하고 뛰어

---

[335] 이것은 헬라세계의 영웅 상과 맞지 않는다. 헬라인들의 이상은 아킬레스나 헥토르이다. 헥토르를 죽이면 자신도 죽는다는 것을 알면서도 친구를 위한 복수를 하는 아킬레스, 적수가 못된다는 것을 알면서도 조국을 위해 전장에 나가는 헥토르와 같은 이가 영웅이다. 하지만 여기서 바울은 어떤가? 도피자이다!

[336] Cf. Keener, *BBCNT*, 520; 또한 518을 보라.

난 방식으로 진정한 사도가 누구인지를 묻는다. '교회에 하나님의 복음과 계시를 전하는 사도는 어떤 존재인가? 그는 어떤 것에 신경 쓰고, 마음 아파하고 염려하며 열정을 쏟아 붓는가?' 이것이 바울의 질문이다. 바울은 또 말한다. '사도는 모든 영역에서 성공하는 초인이 아니다. 너희가 듣고 믿는 것과는 대조적으로 사도의 삶은 역경과 수고의 삶이요 근심과 염려의 삶이요, 자기가 일하지 않고 고민하지 않으면 마치 하나님의 복음과 하나님의 나라가 무너질 것 같이 그렇게 생각하는 삶이다. 대사도들이 하나님의 나라가 무너진다고 꼼짝이라도 하겠는가? 그들은 모두 십자가의 원수로 살아가고 있고, 다른 복음을 전하는데 너희는 그것을 분별하지 못한다는 말이냐?' 이렇게 말함으로써 바울은 자신이 자칭 그리스도의 일꾼이라고 자랑하는 이들의 자랑을 잠재우려고 했다. 이런 과정을 통해 결국 고린도 교인들의 마음에는 교만 잔치가 전복되고 뒤집히는 일이 일어났다.

이 말은 이천 년 전 고린도 교회뿐만 아니라 오늘날 교회도 귀담아 들어야 한다. 우리는 거짓에 속아서는 안 된다. 말씀 사역자들은 교회의 성도가 속지 않도록 도와야 한다. 귀를 열어 듣고 영적으로 분별할 수 있는 사람들이 되도록 해야 한다. 누가 참된 사역자인지, 누가 참된 하나님의 종인지 구별할 수 있는 신자들이 되게 해야 한다(cf. 마 7:15-18).

어떤 신자가 되어야 하는가? 아무도 보지 않는 곳에서 하나님의 말씀을 보고, 아무도 알아주지 않는 곳에서 기도하며, 아무도 모르는 내 죄와 가족, 교회, 나라의 죄 때문에 가슴을 치는 사람이 되어야 한다.

어떤 사역자가 되어야 하는가? 자신과 교회가 그리스도의 은혜, 십자가와 부활을 모르고, 하나님 나라와 부활 세계를 갈망하지 않는 것에 가슴 아파하는 목사가 되어야 한다. 자칭 대사도들이 추구했던 길을 따라서는 안 된다. 말씀을 조리 있게 전해야 한다. 성경과 신학, 책과 디지털 자료의 진위를 판단할 만큼 지식이 있어야 한다. 그러나 우리의 능변과 지식은 시대를 위해 부름받은 사역자의 진정한 증거가 아니다. 바울과 같이 내가 일한 곳에서 생명의 역사가 일어나느냐? 그리스도의 복음 때문에 우는 사람이 생기느냐? 하나님께 받은 은혜가 마음에 가득하여 다른 사람에게 은혜를 베푸느냐? 그것이 진정한 증거이다. 이런 증거들이 없다면 남모르게 골방에 들어가서 기도해야 한다.

지금까지 바울은 약함에 대해 변증했다. 자신이 복음을 전할 때 자신의 강함이나 용맹을 자랑하지 않고 오히려 약함과 도망감을 자랑한 사실을 알렸다. 이것이 사도적 사역의 두 번째 증거이다. 세 번째 증거는 "환상"이다.

C. "환상"(고후 12:1-10)

바울은 "환상"으로 넘어간다. 고린도인들은 사도권을 주장하는 사람들에 대한 확증으로 환상이나 계시에 무게를 두었다. 소크라테스 전통에서 환상에 대한 자랑은 그들에게 주어진 특별한 계시적 말씀에 이르러 절정에 이른다.[337] 그들은 또한 과장된 설명과 눈에 띄는 기적을 기도 후에 행한다. 이것을 염두에 두고 바울은 대적자들이 자랑하는 항목, 고린도 교인들의 일부가 요구하는 사항을 다루는 것이다. 이것을 어떻게 알 수 있는가? 바울이 어떤 공식을 사용하는지 관찰해 보자:

> 고후 12:1 무익하나마 내가 부득불 자랑하노니,
> 주의 환상과 계시를 말하리라!

여기서 "내가 필연적으로 자랑해야 한다"는 말은 공식이다. 즉 고린도

---

[337] 플라톤, 「크리톤」, 43d-44b, in 『플라톤의 네 대화편: 에우티프론, 소크라테스의 변론, 크리톤, 파이돈』, 백종현 역주(파주: 서광사, 2003), 210-211.

후서 10-13장에서 대적자들의 자랑을 소개할 때 사용하는 정형화된 공식이다.

수사학자들	바울	고린도후서
저들이 자랑하니	내가 자랑하리라	
강의료를 받음	복음을 전하고 대가를 받지 않음	11:10
육체	육체	11:17
용맹; 설득으로 지킴	'영웅적으로' 도망감	11:30

여기서 바울은 "환상"과 "계시"를 자랑하는데로 넘어간다. 고린도 교인들에게 자칭 "대사도들"도 이것들로 자신을 천거했을 것이다.

여기서 바울은 1인칭("나," "내가")을 사용하지 않는다. 그것은 한편으로 바울의 철저한 절제에서 원인을 찾을 수 있을 것이다. 다른 한편으로 자칭 대사도들의 방식과 직접적인 대조를 이루게 함으로써, 자랑하지만, 그들의 허탄한 자랑을 하지 않고, 그들의 과장에 참여하지 않기 위함이었을 수도 있다. 소크라테스 전통 중 하나는 어떤 사람이 자신에 대해 자랑하지 않고 필요하다면 이것이 다른 사람에 의해 드러나도록 하는 것이었다. 따라서 바울은 3인칭을 사용했다. 그러나 바울은 잠시 후에(고후 12:6-7) 환상의 주인공이 자신인 것을 밝힌다.

바울의 "환상" 진술에서 두 가지 주목할 점이 있다. 하나는 고대성이다. "14년 전에"(고후 12:2). 이것은 "확실성"의 탁월함을 가리킨다. 다른 하나는 비형언성이다. 바울에 따르면, 그는 "사람이 해서는 안 되는 표현할 수 없는 말"(ἄρρητα ῥήματα ἃ οὐκ ἐξὸν ἀνθρώπῳ λαλῆσαι)을 들었다. 구체적으로 말할 수도 표현할 수도 없다는 말이다. 이것은 경험의 척도로 잴 수 있는 영역을 초월한 것임을 가리킨다. 친숙한 것도, 그렇다고 믿을 수 없는 것도, 공유할 수 있는 것도 아니다. 따라서 자신이 사도임에도 과거에 이를 나누지 않은 것이다.

이것이 자칭 "대사도들"과 진정한 사도의 다른 점이다. 바울은 고린도 교회에서 1년 6개월 동안 끊임없이 말하고 가르쳤다. 그래도 바울에게는 남은 것이 있다. 자신이 삼층천에 올라간 것은 이제야 말한다. 그럼에도 바울이 무슨 말을 들었는지 무엇을 보았는지 모른다. 그가 들은 것과 본 것은 현재 세계와 어떤 연관성이 있는지 아직도 비밀로 남아 있다. 또 바울은 다른 누구보다 많은 방언을 했다. 이 모든 것은 모두 계시의 바다에 속한다. 그 중 일부가 바울의 13서신이 된 것이다. 거짓 사도에게는 이런 것이 없다.

이것이 다음 논의로 넘어가는 징검다리가 된다. 바울은 지금 자신은 확실하고 초월적인 환상과 계시를 경험했으나 그것이 자신이 사도가 되는 조건이 아니라고 말하고 있는 것이다. 왜 그런가? 바울이 환상과 계시를 "약한 것을 자랑하는 것"과 연결하기 때문이다.

> **고후 12:5-6** 내가 이런 사람을 위하여 자랑하겠으나, 나를 위하여는 약한 것들 외에 자랑하지 아니하리라. ⁶ 내가 만일 자랑하고자 하여도 어리석은 자가 되지 아니할 것은 내가 참말을 함이라. 그러나 누가 나를 보는 바와 내게 듣는 바에 지나치게 생각할까 두려워하여 그만두노라.

바울이 이것을 자랑해도 거짓이 되지 않는다. 사실이기 때문이다. 그러나 그가 이것을 자랑한다고 해서 사도가 되는 것이 아니다. 대적자들과 똑같이 될 뿐이다. 바울은 고린도 교인들에게 이점을 밝히고 있는 것이다. 그의 사도적 권위는 환상이나 계시가 아니라 주님의 부르심, 동행, 새 시대 능력의 현시에 있다(고후 12:12).

그러나 이 능력은 다시 역설 속에 있는 능력이다. 고린도인들과 헬라 세계는 사도는 강해야 하고, 사도는 환상과 계시를 자랑할 줄 알아야 한다고 말한다. 하지만 바울은 말한다. 나에게는 "가시 곧 사단의 사자"가 있다. 육체적인 연약함이다. 주님께서는 "내가 자고하지 않게 하시려고"(고후 12:7), 육신의 가시를 내 안에 머물게 하셨다. 왜냐하면 그분의 사도에게 그분의 능력이 머물게 하기 위함이었다(고후 12:8-9).

바울에게는 받은 계시가 지극히 많아 하나님이 주신 "육체의 가시"가 있었다! 그래서 바울은 이것을 제거해 달라고 기도했다고 말한다. 기적을 바란 것이다. 하지만 "사단의 사자"는 물러가지 않았다. 대적자들은 '만일 바울이 하나님이 보내신 사도라면, 어떻게 이런 약한 것이 있는가? 그도 기도하지 않았는가? 그런데 그가 하나님의 사도라면, 하나님은 그의 기도를 들어 주셔야 하지 않는가?' 하지만 바울의 기도는 역설적으로 육체의 가시, 사단의 사자를 계속해서 그에게 두시는 것으로 응답되었다. 이것이 바울의 대답이었다. 혁명적인 주장이다. 헬라인들의 생각과는 정반대이다.

그렇다면 이유가 무엇이었는가? 바울이 받은 계시가 지극히 많으므로 그가 교만하지 않도록 하기 위함이었다. 여기서 교만과 사도성이 상극이라는 것을 알 수 있다. 그리스도의 십자가와 부활을 전하는 사도는 자기 안에 능력이 있지 않고, 하나님의 능력이 역사하는 사람이다. 그는 스스로 움직이는 사람이 아니다. "이는 내 능력이 약한 데서 온전하여짐이라"(고후 12:9). 이것이 바울의 자랑이다.

그러면 바울이 "약했기" 때문에 바울의 사역이 이류로 전락했는가? 그렇지 않다. 오히려 "온전해졌다." 왜 그런가? 사람들이 바울이 전한 복음을 듣고 구원받았을 때, 그들은 알렉산더와 같은 "위대한 영웅 바울"이 아니라는 것을 인정했기 때문이다. 이것은 바울이 자신의 사도직을 수행할 때 제일 원칙으로 삼은 목표에 부합하는 일이었다. 곧 그들의 믿음이 "오직 하나님의 능력에 있도록"(고전 2:5) 한 것이었다. 따라서 복음을 듣고, 바울이 행하는 "표적과 기사, 능력"을 통해 구원을 받았다면, 그것은 전적으로 "하나님의 은혜"에서 온 것이다. 이것을 통해 저들도,

사도도 그리스도의 능력에 머문다. 바울이 전에 말한 것과 같다.

> **고후 4:7** 우리가 이 보배를 질그릇에 가졌으니, 이는 심히 큰 능력은 하나님께 있고 우리에게 있지 아니함을 알게 하려 함이라.
> **고후 1:9** 우리는 우리 자신이 사형 선고를 받은 줄 알았으니, 이는 우리로 자기를 의지하지 말고 오직 죽은 자를 다시 살리시는 하나님만 의지하게 하심이라.

환상과 계시에 대한 결론은 무엇인가? 바울은 환상의 장엄함과 위대함을 다 버리고 그는 "약한 것을 … 기뻐한다"고 말한다.

> **고후 12:10** 그러므로 내가 그리스도를 위하여 약한 것들과 능욕과 궁핍과 박해와 곤고를 기뻐하노니, 이는 내가 약한 그 때에 강함이라.

이것은 역설의 극치이다. 동시에 자칭 "대사도들"과 정반대이다.

여기서 바울은 환상과 계시를 마무리한다. 그러면서 진정한 사도됨의 표징이 무엇인지 제시한다.

3.3.3.3 진정한 사도됨의 표지 (고후 12:11-21)

바울은 자신이 다시 한번 어리석은 자가 될 것이라고 말한다. 그러면서 자신이 아무것도 아니지만 "대사도들"보다 작지 않다고 한다.

> **고후 12:11** 내가 어리석은 자가 되었으나, 너희가 억지로 시킨 것이니, 나는 너희에게 칭찬을 받아야 마땅하도다! 내가 아무것도 아니나, 지극히 크다는 사도들보다 조금도 부족하지 아니하니라!

바울의 말을 의역하면 다음과 같다. '고린도인들이여, 너희가 나를 억지로 어리석은 자가 되게 하였다. 그래서 저들이 자랑한 대로 육체를 자랑했고, 약한 것을 자랑했고, 도망한 것, 환상까지 자랑했다. 따라서 나는 너희에게 칭찬을 받아야 한다!'(고후 12:11a) 이것은 역감정에 호소하는 것이다. 고린도인들은 오히려 눈살을 찌푸릴 것이다. 여기서 그들의 마음에서 나오는 생각과 책망이 바로 바울이 하고 싶은 말이다. '너희는 어리석다. 환상과 계시를 자랑하는 사람을 칭송한다. 성공과 웅변으로 허풍 떠는 사람들 앞에서 움츠러들고, 자신들의 능력을 과시하는 사람들을 높이 평가한다. 그러나 나는 아무것도 아니나 이렇게 자칭 지극히 크다 하는 사도들보다 조금도 부족하지 않다'(고후 12:11b).

그러면 사도됨의 진정한 표징은 무엇인가?

> **고후 12:12-13** 사도의 표가 된 것은 내가 너희 가운데서 모든 참음과 표적과 기사와 능력을 행한 것이라. [13] 내 자신이 너희에게 폐를 끼치지 아니한 일 밖에 다른 교회보다 부족하게 한 것이 무엇이 있느냐? 너희는 나의 이 공평하지 못한 것을 용서하라!!

바울은 자신이 진정한 사도인 증거는 고린도 교회를 포함한 모든 교회 가운데서 자신의 인내와 새 시대를 섬기는 일꾼의 표적과 능력이라고 말한다(cf. 고후 6:4-10). 그는 이 세상에 속한 연설가가 아니다. 바울의 주장은 고린도 교인들의 마음에 이렇게 말하는 것과 같다. '사도됨의 표지를 원하느냐? 그것은 나의 인내와 삶이다. 내 안에 나타나는 종말론적 능력과 표적이다. 나는 생명의 복음을 전하고도, 연설료는 받지 않았다. 미안하다. 앞으로도 그럴 것이다. 그런데 내가 너희에게 폐를 끼치지 않은 것 외에 고린도 교회, 너희에게 차별한 것이 무엇이냐?'

그러면 바울은 왜 연설료를 받지 않았는가? 바울의 관심은 재물이 아니라 영혼이었기 때문이었다(고후 12:14). 그런데 어떤 사람들은 수군거렸다.

> **고후 12:16** 하여간 어떤 이의 말이 내가 너희에게 짐을 지우지는 아니하였을지라도 교활한 자가 되어 너희를 속임수로 취하였다 하니라.

이것은 말 그대로 추악한 비난이다. 사람은 자기의 이해 코드로 다른 이를 해석한다. 눈이 성하면 온 몸이 밝을 것이요, 눈이 어두우면 몸의 빛이 어두울 것이므로 그 흑암이 얼마나 깊겠는가? 따라서 눈이 건강한지 점검해야 한다. 이 비난은 분명 연보(구제금) 모금과 관련 있다. 바울은 자신이 보낸 자나 디도가 사적인 이득을 취한 적이 있었는가 하고 되묻는다(고후 12:17-18).

그러니까 저들은 다시 역질문하고, 바울은 이에 반문한다.

고린도후서

대적자들	그것 봐라. 변명하고 있지 않은가?	
바울	너희는 이 때까지 우리가 자기 변명을 하는 줄로 생각하는구나! 우리는 [우리 자신을 변명하려는 것이 아니요,] 그리스도 안에서 하나님 앞에 말하노라! 사랑하는 자들아, 이 모든 것은 너희의 덕을 세우기 위함이니라.	11:19

3.3.3.4 세 번째 고린도 방문 계획(고후 13:1-10)

바울은 이제 강하게 경고한다. 자신은 이제 세 번째로 고린도 교회에 가는데(고후 13:1), 두 세 증인의 입으로 말마다 확정할 것이며, 이제 "다시 가면 용서하지 않으리라"(고후 13:2)고 한다. 왜냐하면 "대사도들"과 그들과 부화뇌동한 일부 고린도 교인들이 바울에게서 "그리스도께서 말씀하시는 증거"를 찾았기 때문이다(고후 13:3a). 그리스도는 약함 가운데 있는 강함의 절정이시다.

고후 13:3b-5a 그는 너희에게 대하여 약하지 않고 도리어 너희 안에서 강하시니라. [4] 그리스도께서 약하심으로 십자가에 못 박히셨으나 하나님의 능력으로 살아 계시니 우리도 그 안에서 약하나 너희에게 대하여 하나님의 능력으로 그와 함께 살리라. [5] 너희는 믿음 안에 있는가 너희 자신을 시험하고 너희 자신을 확증하라!

6장

갈라디아서

1. 갈라디아서 저작 동기와 목적

갈라디아서의 저작 동기는 무엇인가? 바울은 자신이 전한 "복음"을 변증하기 위해 이 편지를 쓰고 있다고 볼 수 있다. 이 변증이 구체적으로 어떤 내용인지 이해하기 위해서는 두 가지를 살펴볼 필요가 있다. 첫째, 갈라디아서의 역사적 배경과 배후 논쟁을 개괄적으로 파악하는 것이다. 둘째, 갈라디아서 내의 내적 논증을 주해적으로 밝히는 것이다. 이 둘은 상호 보완적이다. 먼저 갈라디아서의 역사적 배경과 배후 논쟁을 살펴보자.

1.1 갈라디아서 역사적 배경

갈라디아서를 반복적으로 읽으면, 하나의 주제가 선명하게 나타난다. 이 주제에 여러 논증이 집중되어 있는데 그 중심에는 한 질문이 있다.

구원의 유일한 토대가 무엇인가? 오직 예수 그리스도인가 아니면 그리스도 외에 할례와 율법이 더 필요한가?

이 질문을 다른 말로 표현하면 '구원과 자녀됨과 상속권이 믿음에만 근거하는가 아니면 율법의 행위에 토대를 두고 있는가?'

이 문제가 역사의 수면으로 떠오르고 첨예한 갈등이 시작된 것은 바울의 1차 전도여행과 2차 전도여행 사이였다. 어떤 사람들이 유대지역으로부터 시리아 안디옥 교회로 왔다(행 15:1a). 이들은 아마도 예루살렘과 유대 지역과는 전혀 다른 모습을 지닌 '교회'를 처음으로 목격했을 것이다. 그런데 그들은 율법을 비롯한 유대 전통을 준수하지 않으면서도 자신들이 메시아를 믿고 구원을 받았고, 심지어 자신들이 아브라함의 후손이며 아브라함의 약속에 참여하고 상속한다고 주장했다(cf. 행 13:32-33, 38-39; 48; 14:22). 이것은 유대인 그리스도인들에게는 충격적인 것을 넘어 불가능한 일이었다. 그래서 그들은 안디옥 교회 그리스도인들을 "가르쳤다"(행 15:1a). 무엇을 가르쳤는가? "너희가 모세의 법대로 할례를 받지 않으면, 능히 구원을 얻지 못하리라"는 것이었다(행 15:2b).

하지만 바울이 볼 때, 이들의 행동은 용납할 수 없는 일이었다. 시리아 안디옥 교회 그리스도인들은 하나님 나라를 동일하게 상속할 "형제들"이었다. 그래서 바울과 바나바와 유대주의자들 사이에 "적지 않은 다툼과 변론"이 있었다(행 15:2). 여기서 "적지 않은"이란 리토테스(litotes)이다. 반대를 말해서 강조하는 표현이다. "조금 많이"가 아니라 "아주 엄청나게 격렬하고 심한, 큰" 다툼과 변론이 일어난 것이다. 초대교회의 첫 번째 신학 충돌이다. 이 문제를 해결하기 위해서 시리아 안디옥 교회는 "바울과 바나바와 및 그 중에 몇 사람을 예루살렘에 있는 사도와 장로들에게 보내기로 작정하고"(행 15:2b), 그 결과 예루살렘 공의회가 열린다(행 15:4-41).

이 예루살렘 공회는 갈라디아서 2장에서 말하는 예루살렘 방문과 일치하는가? 바울은 자신이 "계시를 따라 예루살렘에 다시 올라갔다"고 말한다(갈 2:1). 나아가 갈라디아서 2장에는 바울의 예루살렘 방문과 연결되어 있는 사안이 더 등장한다. 그것은 "가난한 자들을 생각"하는 것이다(갈 2:10). 따라서 갈라디아서 2장에 기록된 바울의 예루살렘 방문에는 3가지 요인들이 얽혀 있다는 것을 알 수 있다. 예루살렘 방문 자체와 이 방문의 최종 동인인 계시, 이 방문의 또다른 목적인 가난한 자들을 돕는 문제이다.

만일 바울의 예루살렘 방문을 기준으로 갈라디아서 2장의 시기를 결정한다면, 사도행전에는 총 다섯 개의 후보가 있다. 사도행전 9, 11, 15, 18, 21장이다. 여기에 바울의 예루살렘 방문의 이유를 설명하는 "계시를 따라"를 고려한다면, 사도행전 11장이 가장 근접한 것이 될 것이다. 그리고 "가난한 자들을 돕는 일"을 기준으로 판단한다면, 사도행전 18장도 21장도 제외되지 않는다.

그러나 여기서 바울의 재방문의 목적은 "자신이 이방인들에게 전한 복음을 제시"하기 위한 것이다. 이런 점에서 갈라디아서 2장은 사도행전 15장과 동일 사건일 가능성이 가장 크다.[338]

하지만 하나의 사건 곧 바울이 예루살렘에서 빠져나와 가이사랴를 거쳐 길리기아 다소로 간 것에 여러 요인이 작용했다(cf. 행 9:23-27, 22:17-21).[339]

앞에서 두 가지를 간략하게 살펴보았다. 갈라디아서의 역사적 배경은 어디인가? 사도행전 15장이다. 바울이 1차 전도여행을 마치고 2차 전

---

[338] Cf. J. B. Lightfoot, *St. Paul's Epistle to the Galatians* (London: Macmillan, 1865), 123-128. 라이트풋은 갈라디아서 2장과 사도행전 15장이 동일사건임을 세 가지로 논증한다. 우선 두 사건의 일치하는 점들에 대한 증거를 제시하고, 다음으로 두 사건이 동일사건으로 보기 어렵다고 주장하는 반대논증을 반박하며, 마지막으로 가능성 있는 해결책을 제시한다. 그중 첫 번째 것, 곧 두 사건이 일치하는 증거로는 두 사건의 지리적 요소(예루살렘, 안디옥), 관계된 인물들(바울, 바나바 | 게바, 야고보, 반대자들 모습), 논쟁의 주제, 공회의 성격('긴 그리고 과열된 논쟁')과 결과(이방인들에게 율법도입을 면제함)이다.

[339] 김영호, "갈라디아서 2장에 나타나는 바울의 예루살렘 방문에 대한 역사적-주석적 고찰," 신학정론 40/1 (2022), 83-115.

도여행을 떠나기 직전 이방인 교회가 역사의 수면 위로 떠오르는 시기였다. 이때 어떤 논쟁이 배후에 있었는지 살펴보자.

1.2 갈라디아서 배후의 논쟁

바울은 갈라디아서에서 자신이 변호하는 복음을 제시하는데 힘을 기울인다. 갈라디아서를 처음으로 대하면 바울이 왜 그와 같은 논쟁을 하고 그와 같은 변호를 하는지 잘 나타나지 않는다. 그러나 갈라디아서를 끝까지 읽고 난 후 다시 처음부터 읽어보면, 그 배후에 어떤 논쟁이 있었는지, 반대자들의 주장이 무엇이었는지 짐작할 수 있는 구절들을 발견할 수 있다.

> **갈 1:6-10** 그리스도의 은혜로 너희를 부르신 이를 이같이 속히 떠나 다른 복음을 따르는 것을 내가 이상하게 여기노라(θαυμάζω ὅτι οὕτως ταχέως μετατίθεσθε ἀπὸ τοῦ καλέσαντος ὑμᾶς ἐν χάριτι [Χριστοῦ] εἰς ἕτερον εὐαγγέλιον).
> ⁷ 다른 복음은 없나니 다만 어떤 사람들이 너희를 교란하여 그리스도의 복음을 변하게 하려 함이라. ⁸ 그러나 우리나 혹은 하늘로부터 온 천사라도 우리가 너희에게 전한 복음 외에 다른 복음을 전하면 저주를 받을지어다. ⁹ 우리가 전에 말하였거니와 내가 지금 다시 말하노니 만일 누구든지 너희가 받은 것 외에 다른 복음을 전하면 저주를 받을지어다.
> ¹⁰ 이제 내가 사람들에게 좋게 하랴 하나님께 좋게 하랴? 사람들에게 기쁨을 구하랴? 내가 지금까지 사람들의 기쁨을 구하였다면 그리스도의 종이 아니니라.

갈라디아 교회들의 그리스도인들은 그들을 그리스도의 은혜로 부르신

이를 떠나 "다른 복음"을 "따른다." 여기서 "따른다"는 말은 "옮기다"는 뜻이다. 그런데 바울은 "옮기다"는 말을 현재(μετατίθεσθε)로 쓰고 있다. 즉 현재 진행 중인 상황을 가리킨다. 그러면 어떤 종류의 복음으로 이동하고 있는가? 그것은 "그리스도께서 죄인을 구속하시려고 자신을 주시고 현재의 악한 시대에서 건지신" 사실을 어떤 식으로든 부정하는 형태이고(갈 1:4), 나아가 "하나님을 기쁘시게 하는 것이 아니라 사람을 기쁘게 하는" 사람들의 노력이다(cf. 갈 1:10).

그러면 구체적으로 어떤 형태였으며 무슨 노력이었는가? 다음 구절들이 실마리를 제공해 준다.

갈 4:10 너희가 날과 달과 절기와 해를 삼가 지키는도다.
갈 5:1-4 그리스도께서 우리를 자유롭게 하려고 자유를 주셨으니, 그러므로 굳건하게 서서 다시는(πάλιν) 종의 멍에를 메지 말라. ² 보라, 나 바울은 너희에게 말하노니, 너희가 만일 할례를 받으면(ἐὰν περιτέμνησθε) 그리스도께서 너희에게 아무 유익이 없으리라. ³ 내가 할례를 받는 각 사람에게 다시 증언하노니, 그는 율법 전체를 행할 의무를 가진 자라. ⁴ 율법 안에서 의롭다 함을 얻으려 하는(οἵτινες ἐν νόμῳ δικαιοῦσθε) 너희는 그리스도에게서 끊어지고 은혜에서 떨어진 자로다.
갈 6:12-13 무릇 육체의 모양을 내려 하는 자들이 억지로 너희에게 할례를 받게 함은 그들이 그리스도의 십자가로 말미암아 박해를 면하려 함뿐이라. ¹³ 할례를 받은 그들이라도 스스로 율법은 지키지 아니하고 너희에게 할례를 받게 하려 하는 것은 그들이 너희의 육체로 자랑하려 함이라.

이 구절을 볼 때, 갈라디아 교회들이 겪고 있는 문제는 "율법 안에서 의롭게 되려하는" 노력이었고, 이것에 대한 외적인 형태는 "유대인의 전통(날, 달, 절기, 해)을 지키는 것"과 "할례를 받는 것" 그래서 "육체의 모양을 내려하는 것"이었다. 이러한 일에 대하여 바울은 이런 일을 행하는 자들은 그리스도의 구속의 혜택 밖에 있게 된다고 말한다(5:2b).

현대인의 눈에는 갈라디아 그리스도인들의 행동을 도무지 납득하기 어려운 점이 있다. 그리스도를 믿은 후에 어떻게 다시 할례를 받고 다시 초보적인 전통으로 돌아갈 수 있는가? 하지만 이것은 갈라디아 교회의 신자들에게는 삶과 죽음이 걸린 문제였다. 왜냐하면 복음과 함께 율법을 붙들어야 하는가 하는 질문은 구원받은 신자로서 신분과 바울 복음의 진정성에 대한 핵심 문제와 연결되어 있었기 때문이다. 그러므로 야고보로부터 온 어떤 사람들이 왔을 때, 베드로와 바나바와 나머지 유대인 그리스도인들조차도 그들의 압력을 이길 수 없었다(갈 2:12). "유대인들은 비유대인과 엄격한 분리를 고수해 왔기 때문이다. 유대인들은 이방인들과 함께 식사를 하지 않았다. 또 종교적 결례를 준수하지 않는 이방인들에 의해서 만들어진 음식을 먹지 않았다. 그 외에도 유대인들은 여러 규정들을 지켰다. 그런데 교회의 애찬에 참석한다는 것은 지금까지 지켜온 엄격한 분리를 버려야 한다는 것을 뜻한다. 이제 유대인들이 할례 받지 못한 '부정한' 이방인들과 함께 먹어야 한다는 것을 의미했다."[340] 그렇기 때문에 그들의 압력을 이기는 것은 쉽지 않았다.

이런 상황에서 유대주의자들은 '이것은 무언가 잘못되었다'라고 생각했다. 그들의 주장에는 두 가지 전제가 있다. 그 전제는 무엇인가? 첫째는 "예수님을 믿는 것만으로는 하나님의 백성으로 온전히 받아들여지기에 불충분"하다는 것이다. 그들 생각에 바울은 비록 복음을 의도적으로 왜곡하지는 않았을지라도 "최소한 실수한 것으로" 보아야 한다. 과연 그는 참된 유대인인가? "그가 자신을 사도라고 주장하지만, 그 권

---

[340] Marshall, *New Testament Theology*, 211.

위는 어디서 오는 것인가? 어떤 인간적인 조직도 바울에게 그런 권위를 주지 않았다. 그의 선포는 정당한 근거를 가지고 있지 못하다. 그러므로 바울은 신뢰할 수 있는 인물이 아니다."[341] 둘째는 "만일 사람들이 율법을 지키지 않는다면, 율법이 요구하는 도덕성에 일관된 삶을 어떻게 살수 있겠는가?"[342]

이 두 전제는 갈라디아 교인들에게 매우 설득력이 있었다. 이 유대주의자들의 주장과 그 전제를 듣고 자신의 구원에 관하여 동요하지 않을 사람은 많지 않다. 따라서 아주 설득력 있는 해결책은 그리스도를 믿고 있는 이방인들이 "유대인 그리스도인들이 하는 것처럼 할례를 받고 율법을 지키는 것이다."[343]

그런데 바울은 이것을 배교요, 그리스도의 십자가를 부인하는 일이요(갈 6:11-16), 그들을 은혜로 부르신 하나님을 떠나 다른 복음으로 넘어가는 일로 본 것이다(갈 1:6-9).

바울은 아주 치밀하고 체계적으로 논증한다. 이 논증을 살펴보기 전에 갈라디아서의 구조와 개요를 간략하게 살펴보자.

---

341 Marshall, *New Testament Theology*, 211-212.
342 Marshall, *New Testament Theology*, 212.
343 Cf. Marshall, *New Testament Theology*, 211.

2. 갈라디아서 구조 및 개요

갈라디아서는 바울서신 중에서 가장 치열한 논증이 전개되는 서신이다. 바울은 이방인 교회가 율법의 지배하에 다시 들어갈 수도 있다는 위기 의식을 느끼는 중에 이 글을 썼다(갈 3:4; 6:11). 바울은 갈라디아 교회 앞에 그리스도의 복음과 십자가가 선명히 드러나게 하기 위해 어떤 문학적 구조를 사용하는가?

2.1 갈라디아서 구조

갈라디아서는 크게 세 부분으로 구성되어 있다.

    1-2장: 개인적이고 서사적인 부분
    3-4장: 교리적이고 신학적인 부분
    5-6장: 권면적이고 윤리적인 부분

이 구분에 따르면, 독자들 앞에 문학적으로, 내용적으로 다른 세 지역이 놓여 있다. 그들은 곧 바울의 개인적이고 역사적이며 서사적인 측면이 기록된 지역을 만나게 된다. 그 지역을 지나면 교리적이고 신학적인 논쟁이 치열한 지역을 여행하게 되고, 마지막으로 권면적이고 윤리적인 내용을 듣게 된다. 이것이 갈라디아서에 나타나는 문학적 지형의 모습이다.

    갈라디아서 안으로 들어가면 이 지역이 고대 수사학의 관점에서 총 네 부분으로 이루어져 있음을 알 수 있다.

구분			갈라디아서	주제
			1:1-5	편지서두
1.	서론	exordium	1:6-10	'다른 복음'
2.	사실진술	narratio	1:11-2:14	바른 복음의 진리성
	주제제시	propositio	2:15-21	율법이 아닌 믿음!
3.	증명	probatio	3:1-6:10	오직 믿음에 근거한 구원
	확증	confirmatio	3:1-4:31	믿음으로 난 의를 증명함
	권면	exhoratatio	5:1-6:10	믿음으로 난 자들의 삶
4.	결론	peroratio	6:11-18	편지결말

갈라디아서는 수사학적인 면에서 볼 때 잘 작성된 변증(연설)이다. 여기서는 서론, 사실진술, 주제제시와 증명이 어떻게 조직되어 있는지 살펴보자.[344] 서언에서 바울은 신약에서 가장 깊은 탄식과 놀라움으로 다른 복음으로 넘어가는 일에 안타까워하고, 가장 강한 어조로 다른 복음을 전하는 자들에게 저주를 선언한다.

다음으로 바울은 사실진술로 넘어가는데, 갈라디아서의 사실진술은 다른 서신과 비교할 때 매우 길다. 바울이 왜 이렇게 자신의 이야기를 길게 하고 있는가? 그것은 다름아닌 갈라디아서를 읽는 독자들을 자신의 논증에 최대한 참여하게 하기 위함이다. 여기서 바울은 자신이 전한 복음이 인간적 차원과 역사에서 기원할 수 없다는 것을 갈라디아 교인들이 모두 아는 역사를 이야기함으로써 제시한다. 바울은 이 개인적인 내러티브를 계속할 것 같았지만, 베드로가 시리아 안디옥 교회에서 복음에 따라 행하지 않은 것을 지적하는 부분에서 갑자기 멈춘다(갈 2:14). 그리고 거기서 문제제기로 넘어간다(갈 2:15-21).

이 주제제시는 갈라디아서가 긴 사실진술에서 증명으로 넘어가는

---

344 갈라디아서와 바울서신의 수사학적 요소에 대해서는 앞의 1장의 3.3.2과 4장을 참조하라.

전환점이다. 여기서 바울은 앞으로 논증할 내용을 집약적으로 제시한다. 하지만 이 부분은 단순한 전환이나 요약문이 아니라 갈라디아서 3-5장에서 다룰 내용을 다 담고 있다. 바울은 증명에서 그리스도 예수를 믿는 믿음으로 말미암는 칭의와 구원에 대해 여덟 가지 논거를 들어 논증한다.

갈라디아서의 개요는 다음과 같다.

2.2 갈라디아서 개요

	수사학적 요소

1. 편지시작말(갈 1:1–10)   서론(*exordium*)

  1) 편지서두(1:1–5)

    (1) 송신자: 바울(1:1)

      A. 사도됨(1:1a)

      B. 사도됨의 기원(1:1b)

        a. 사람에게서, 사람들을 통해서도 아님

        b. 예수 그리스도와 그리스도를 살리신 하나님을 통해

    (2) 수신자: 갈라디아에 있는 교회들(1:2)

    (3) 문안(1:3–5)

      A. 내용: 은혜와 평강(1:3a)

      B. 기원: 하나님 아버지와 예수 그리스도(1:3b)

      C. 확장(1:4–5)

        a. 그리스도의 구속사역(1:4a)

        b. 하나님의 뜻과 아버지됨(1:4b)

        c. 송영—아멘!(1:5)

  2) 책망—아나데마!(1:6–9)

    (1) 갈라디아 교인들의 배교(1:6)

      A. 그들을 부르신 자를 떠남(1:6a)

      B. 위조 복음을 따름(1:6b)

    (2) 다른 복음을 전하는 자에 대한 저주 선언(1:7–9)

  3) 바울과 바울 복음의 본질(1:10):   주제제시
    내가 누구(사람, 하나님)를 기쁘게 하는가?   (*propositio*)

---

2. 편지몸체(갈 1:11–6:10)

  1) 바울 복음의 진리성(1:11–2:14)   사실진술
                                                 (*narratio*)

(1) 바울 복음의 신적 기원(1:11-24)

(2) 예루살렘 사도들의 인정(2:1-10)

(3) 바울 복음 방어(2:11-14)

2) 바울 복음의 요체 제시(2:15-21)   서설(*expositio*)

3) 오직 믿음으로 획득하는 의: 구원은 오직 그리스도에 있고,   증명(*probatio*)
율법에 있지 않다; 구원은 오직 믿음 안에서 얻으며, 율법
의 행위로 획득하지 못한다(3:1-4:31)

  (1) 논란의 여지가 없는 경험으로부터 증명: 성령과 은사가
율법의 행위에서인가 듣고 믿음에서인가? (3:1-5)

  (2) 성경으로부터 증명: "아브라함이 하나님을 믿으매 그
것을 그의 의로 정하셨다 함과 같으니라"(cf. 창 15:6)
(3:6-9)

  (3) 믿음의 반대로부터 증명: "율법 행위에 속한 자들은 저
주 아래 있다"(3:10). 따라서 의를 획득하는 것은 율법으
로부터는 불가능하다(3:11-12)

  (4) 율법의 저주를 대신 지신 그리스도 사건으로부터 증명:
"그리스도께서 우리를 위해 저주를 받은바 되사 율법의
저주로부터 우리를 속량하셨다. 이것은 그 안에서 아브
라함의 복이 이방인에게 미치게 하고, 우리로 하여금 믿
음을 통해 성령의 약속을 받게 하려 하심이다"(3:13-14)

  (5) 인간의 일반적 관습으로부터 증명: 유언. 아브라함 언약
이 율법에 대하여 시간적으로 절대적 우선성을 갖고 있
으므로 먼저 세워진 언약을 후에 온 율법이 무효화할 수
없다(3:15-18)

  (6) 율법의 본질과 출현 목적, 역할로부터 증명: 율법은 아
들이 올 때까지 임시적으로 주어진 초등교사와 같다
(3:19-4:7)

  (7) 율법으로 돌아가면 맞게 되는 결과로부터 증명: 그러므
로 율법으로 향하는 것은 다시 노예상태로 복귀하는 것
이나 다름 없다(4:8-20)

  (8) 율법 자체의 증언으로부터 증명: 아브라함의 두 아들에
대한 미드라쉬적 해석: 율법(이스마엘, 하갈)은 노예로,
복음은 자유를 준다(4:21-31)

4) 구원받은 신자(아브라함의 자손, 자유자, 상속자)의 삶: "그   권면
리스도께서 자유를 주셨으니 다시는 종의 멍에를 메지 말   (*exhortatio*)
라"(5:1-12)

5) 사랑 안에서 섬김으로서 자유의 삶(5:13–6:10)

3. 편지맺음말(갈 6:11–18) 결론
1) 대적자들의 정체와 그들의 시도의 본질: "십자가의 핍박을 *(peroratio)*
   면하려 하고, 너희로 육체를 자랑하게 하려 한다"(6:11–13)
2) 바울과 신자의 자랑: 그리스도의 십자가! (6:14–15)
3) 당부와 문안인사(6:16–18)

3. 갈라디아서 내용

갈라디아서를 편지시작말과 편지맺음말을 제외하고 보면, 본말은 크게 네 부분으로 구분된다. 우선 서두와 책망을 지나면 갈라디아서 1:11-2:14까지 자전적 진술이 나타난다. 여기서 바울은 주로 과거 시제를 사용한다. 그런데 바울은 이 진술 중에 2:15에서 갑자기 논증조로 바뀐다. 이것은 본격적인 논증에 앞서 전체 논증과 결론을 간결하게 제시하는 서설 부분이다. 이 서설 후에 3장에서 4장까지 서설에서 제시한 "오직 믿음으로 난 의"를 다각도로 증명한다. 이 증명의 마지막은 율법의 실제 증언인데, 이 증언 후에 문체가 명령형으로 바뀌고 앞에서 증명한 믿음의 의와 연결된 종말론적 삶이 어떠해야 하는지 논증한다.

		갈라디아서
1.	바울 복음의 진리성	1:11-2:14
2.	바울 복음의 요체	2:15-21
3.	믿음에서 난 의 증명	3:1-4:31
4.	믿음에서 난 삶의 실체	5:1-6:10

이제 이 내용을 하나씩 살펴보자.

3.1 바울 복음의 진리성(갈 1:11-2:14)

바울은 먼저 자신의 자전적인 역사를 길게 서술한다(갈 1:11-2:14). 이 서술은 바울서신에 나타나는 가장 자세한 전기적 진술들 중 하나이다(cf. 롬 15장; 고후 11-12장).

이 단락은 네 부분으로 나뉜다. 우선 바울은 자신의 복음이 예수 그리스도의 계시와 하나님이 자신 안에 그의 아들을 나타내신 것이라고 말한다(갈 1:11-12, 15-16). 그 결과 자신의 복음은 모든 인간과 전통, 조직에서 독립적이고(1:13-24), 그래서 예루살렘 사도들과 초대교회 기둥들도 인정했으며(2:1-10), 자신이 이방인의 사도로서 변호하고 지킨 것이라고 주장한다(2:11-14).

		갈라디아서
1.	복음의 신적 기원	1:11-12
2.	바울 복음의 독립성	1:13-24
3.	바울 복음에 대한 예루살렘 사도들의 인정	2:1-10
4.	바울 복음 방어	2:11-14

이 진술은 한편으로 복음에 대한 변증이지만, 동시에 바울 사도권의 진정성에 대한 변호이기도 하다. 이 단락에서 바울은 소명을 강하게 주장한다. 바울서신 전체에서 바울이 자신의 소명을 거의 진술하지 않는다는 점과 바울이 자신의 사도권의 진정성을 증명할 때가 아니면 자기 소명을 언급하지 않는다는 점을 고려할 때, 이 단락은 매우 이례적이다. 이것은 바울이 지금 자신의 사도됨을 강력하게 주장한다는 방증이다. 그러면 바울이 왜 이렇게 강하게 자기 이야기를 하는 것인가? 그것은 자신의 사도됨의 진정성에 복음의 사활이 걸려 있기 때문이다.[345]

이제 이 네 가지 사항을 차례로 살펴보자. 바울은 먼저 자신의 복음이 오직 신적 계시에 근거한 것이라고 주장한다.

3.1.1 바울 복음의 신적 기원(갈 1:11-12, 15-16)

바울은 복음의 신적 기원을 말할 때, "왜냐하면"(γάρ, 갈 1:10)이라는 접

---

[345] Cf. H.-J. Eckstein, *Bibelkunde*. Nachschrift der Vorlesung von Prof. Hans-Joakim Eckstein. Sommersemester 1990, 213.

속사로 시작한다. 이것은 바울의 주장을 바로 앞에 나오는 수사학적 질문과 연관성 속에서 이해해야 한다는 것을 뜻한다.

갈 1:10 이제 내가 사람들에게 좋게 하랴? 하나님께 좋게 하랴? 사람들에게 기쁨을 구하랴? 내가 지금까지 사람들의 기쁨을 구하였다면 그리스도의 종이 아니니라!

이 말은 앞으로 전개되는 모든 논의와 연결되어 있다. 여기서 바울 대적자들이 제기했을 것으로 예상되는 두 가지 비난을 생각할 수 있다. 먼저 바울이 전하는 율법 없는 복음은 위선과 아첨에 근거한다는 비난이다. 바울은 자신의 복음이 예수 그리스도의 계시를 통해서 온 것이며, 자신은 사람을 기쁘게 하는 사람이 아니라고 말한다.[346] 만일 자신이 지금도 사람을 기쁘게 하고 있다면, 그리스도의 종이 아닐 것이다 (갈 1:10).[347]

그렇다면 "사람을 기쁘게 한다"는 것은 무엇을 뜻하는가? 두 가지 해석이 가능하다. 첫째는 앞 단락(갈 1:6-9)에 등장하는 "저주가 있을지어다"와 같은 강한 언어와 관련하여 해석하는 것이다. '내가 이렇게 강한 말을 쓰는 것이 사람을 의식해서인가?' 바울은 대답한다. '그렇지 않다. 나는 사람이 듣고 싶어하고 사람이 좋아하는 말을 하려고 하지 않았다!'[348] 둘째는 "은혜로 부르신 이를 떠나 다른 복음으로 감," 곧 율법

---

[346] πείθω "설득하다"; "conciliate 달래다, 무마하다; 친절을 다하여 누군가의 호의를 얻다/환심을 사다"; "set at ease 안심시키다".

[347] 이 문장은 현재 비현실이므로 현재와 반대를 가리킨다. 즉 "자신은 사람을 기쁘게 하지 않으므로 그리스도의 종이다"는 의미이다.

[348] Cf. H. N. Ridderbos, *The Epistles of Paul to the Churches of Galatia*, NICNT (Grand Rapids: Eerdmans, 1984), 56: "And that should be enough to prove, consequently, that Paul was not out to win people by telling them what they like to hear. … The last part of the sentence confirms all this by pointing to the fact that human desire and the service of Christ are incompatible."

준수와 관련지어 해석하는 것이다. "내가 율법 준수 없이 구원받는다는 복음을 전하는 것이 사람을 기쁘게 하기 위해서인가? 곧 헬라인들 중 개종자들, 곧 "하나님을 두려워하는 자들"에게 '너희는 율법을 지킬 필요가 없다. 예수를 믿는 것으로 충분하다'라고 아부하는 것인가? 바울은 대답한다. '그렇지 않다. 나는 그렇게 사람을 기쁘게 하거나 아부하지 않았다. 만일 그랬다면, 헬라인들이 나를 좋아했을 것이다. 이것은 사실과 맞지 않다. 나는 유대 지역에서 헬라인들의 암살 모의를 피해 다소로 피해야 했고(행 9:29-30), 각처에서 "이방인의 위험"을 감내해야 했다'(고후 11:26). 이것이 첫 번째로 생각할 수 있는 비난이다.

다음으로 어떤 비난이 있었을 것으로 추측할 수 있는가? 반대자들은 바울 복음이 예수 그리스도에게서 기원한 것이 아니라고 비난했을 수 있다. 왜냐하면 바울은 베드로를 비롯한 열두 사도에 속하지 않았고 주의 형제 야고보나 유다와 같이 예수님의 가족도 아니었기 때문이다.[349]

이상으로 반대자들이 제기했을 비난의 내용을 잠시 살펴보았다. 바울은 이에 대하여 어떻게 대답했는가? 바울은 자신이 전한 복음은 전혀 다른 기원에서 왔다고 대답한다.

> 갈 1:11-12 형제들아, 내가 너희에게 알게 하노니, 내가 전한 복음은 사람의 뜻을 따라 된 것이 아니니라. [12] 이는 내가 사람에게서 받은 것도 아니요, 배운 것도 아니요, 오직 예수 그리스도의 계시로 말미암은 것이니라.

이 구절에는 두 반립적인 개념이 등장한다. 하나는 "사람의 뜻을 따라

---

349 Cf. Eckstein, *Bibelkunde*, 212-213.

된 것"과 "예수 그리스도의 계시로 말미암은 것"이다. 첫 번째 개념은 다시 두 가지 요소로 구성된다. "사람에게서 받은 것"과 "사람에게서 배운 것"이다. 사람에게서 받은 것은 전통과 관련되고, 사람에게서 배운 것은 교육과 연관된다면, 사람의 뜻을 따라 된 것이란 전통과 교육에서 온 것이라는 뜻이다. 따라서 바울 복음은 인간적 전통과 교육에 기원이 있는 것이 아니다. 그러면 어디에서 온 것인가? 주 예수 그리스도께서 바울에게 계시한 것이다. 사람의 전통이나 교육으로는 드러나거나 알려지지 않은 것을 '열어 보이신 것'이다.

바울은 다음 구절에서 하나님의 계시를 언급한다. 하나님은 과거에 이사야(cf. 사 49:1)나 예레미야(렘 1:5)를 모태에서부터 구별하여 선지자로 세우셨듯이 이제 복음을 위해 자신을 사도로 부르시고 세우셨다. 그리고 그분의 기쁘신 뜻에 따라 하나님의 아들, 예수 그리스도를 "내 속에 나타내셨다"(갈 1:15-16a).

여기서 바울이 편지시작말에서 밝힌 자신의 사도됨의 기원에 대한 주장을 이해할 수 있다.

> 갈 1:1 사람들(pl.)에게서 난 것도 아니요 사람(sg.)으로 말미암은 것도 아니요, 오직 예수 그리스도와 그를 죽은 자 가운데서 살리신 하나님 아버지로 말미암아 사도 된 바울은...

바울의 사도됨은 사람들(pl.), 즉 열두 사도회나 예루살렘 장로회나 시리아 안디옥 교회 지도자회 등에서 온 것이 아니다. 나아가 열두 사도 중 하나인 베드로나 초대 예루살렘 교회의 지도자인 야고보나 바울을 사도와 장로회에 소개한 바나바와 같은 사람(sg.)에게서 온 것도 아니다. 오직 한 기원에서 왔다. "예수 그리스도와 하나님 아버지"에게서 기원한 것이다.[350]

이제 바울은 자신이 전한 복음의 독립성을 단계적으로 설명한다.

3.1.2 바울 복음의 독립성(갈 1:13-24)

바울은 자신의 복음이 세 가지 점에서 독립적이라고 말한다.

첫째는 유대인의 전통으로부터 독립성이다(갈 1:13-14). 바울이 어떻게 살아왔는지(ἀναστροφή)는 갈라디아 교인들도 잘 알고 있다. 만일 그리스도께서 그에게 나타나지 않으셨고, 하나님이 개입하지 않으셨다면, 자신의 삶은 교회를 핍박하는 랍비의 모습으로 귀결되고, 십자가에 못 박힌 그리스도를 전하는 자의 모습으로 나타나지 않았을 것이다.

둘째는 모든 인간으로부터 독립성이다(갈 1:15-16). 바울은 계시를 받았을 때 "혈과 육"에 호소하지 않았다.

셋째로 예루살렘 사도들과 유대지역 교회로부터 독립성이다(갈 1:17-2:14). 여기서 바울은 두 가지를 언급한다. 먼저 바울에 따르면, 그는 "3년 후에" 예루살렘에 올라갔지만, 베드로 외에는 만나지 못했고, 그것도 단 15일뿐이었다(갈 1:17-20). 다음으로 "그 후에" 자신은 시리아와 길리기아로 갔으며, 유대인 교회에는 자신이 전혀 알려지지 않았다는 것이다(갈 1:21-24).

3.1.3 예루살렘 사도들의 인정(갈 2:1-10)

사도 바울은 이어서 "14년 후에" 예루살렘 재방문에 대해 이야기한다. 바울은 예루살렘에 올라 갔고, 그때 디도도 동행했다. 그러나 바울의

---

350 우리말은 삼위일체 두 위격을 가리키므로 복수처럼 보이나 본문에는 한 전치사에 두 명사가 걸려 있다: "예수 그리스도와 하나님 아버지를 통해"(διὰ Ἰησοῦ Χριστοῦ καὶ θεοῦ πατρός). 이러한 표현은 사도 바울에게 이미 삼위일체 개념이 있었다는 간접 증거이다.

보도에 의하면, 디도는 헬라인이었음에도 억지로 할례를 받는 일이 없었다. 나아가 예루살렘 사도들은 자신의 복음에 어떤 것도 더하거나 어떤 의무도 더한 것이 없었으며, 바울이 전하는 복음과 그들이 전하는 복음의 일치성을 인정했다(갈 2:1-10). 만일 그렇다면 반대자들의 주장을 따를 이유가 없어진다.

반대자들은 베드로를 사도의 대표요 진리의 기준으로 제시하는데, 과연 그런가?

3.1.4 복음을 지키고 변호함(갈 2:11-14)

바울은 베드로가 정죄 받을 위치에 있었을 때, 베드로를 공개적으로 비판하고 진리대로 행하지 않는다는 것을 지적했다(갈 2:11-14).

바울은 이와 같이 반대자들이 가질 수 있는 모든 의혹을 근원까지 부수고 있다. 바울이 이렇게 하는 이유는 무엇인가? 그것은 "복음의 진리가 너희 안에 계속해서 머물게 하려 함이다"(갈 2:5).

만일 바울이 사도가 아니라면, 그의 복음은 진리에 기초한 흔들림 없는 구원과 상관없게 된다. 그러나 바울이 예수 그리스도의 사도이고 바울의 복음이 부활하신 주님께서 직접 계시하신 복음이라면, 야고보로부터 온 사람들 또는 유대주의자들은 바울의 입장에서 거짓 형제들이다. 그러면 둘 중 하나이다. 그가 전한 복음이 진리이므로 유대주의자들이 전한 '복음'은 거짓이 되거나, 유대주의자들이 옳으므로 바울이 거짓의 앞잡이요 인간적 복음을 전하는 이류 사도가 된다. 둘 중 하나는 저주를 받게 되고 제3의 가능성은 없다.

이러한 비타협성은 오늘날 교회 상황에서는 찾아보기 힘들다. 하지만 바울에게 현대의 다원주의와 상대주의는 거리가 멀다. 그것은 바울이 고지식해서가 아니고 현대인이 진리에 대해 민감하지 않고 무디어졌기 때문이다. 바울에게는 이것이 그의 존재보다 더 중요했다. 왜냐하면 만일 바울이 전한 복음이 진리가 아니라면, 약 15년 동안 이방인 그리스도인들을 거짓된 길로 인도한 셈이다. 그러면 이방인들은 모두 구원을 잃게 된다.[351]

지금까지 바울의 자전적 진술을 살펴보았다. 바울은 본 논증에 앞서 자신의 논증을 한 눈에 파악할 수 있도록 요점을 짧고 간결하게 제시한다.

3.2 바울 복음의 요체(갈 2:15-21)

바울은 갈라디아서 2:15에서 소위 '수사학적 양보'(rhetorische Konzession)로 시작한다.

3.2.1 수사학적 양보

'수사학적 양보'란 무엇을 가리키는가? 이것의 의미를 알기 위해 '수사학적 질문'과 비교해 보면 도움이 된다. '수사학적 질문'이란 대답을 알고 있고, 그 대답에 대해 질문자도 청중도 모두 당연하게 생각하는 것을 묻는 수사법이다.

이것을 이 구절에 적용하면 다음과 같다. 바울은 "우리는 유대인이요, 이방인 출신 죄인이 아니다"라고 말한다. 이 말은 바울과 베드로, 유대인들, 심지어 이방인들도 인정할 수 있는 말이다. 이것은 유대인의 자의식이다. 다시 말해서, "우리는, 곧 바울 자신과 바나바 모든 유대인 그리스도인들은 태어나면서 유대인이요, 이방인에 속한 죄인이 아니

---

[351] Cf. Eckstein, *Bibelkunde*, 213-214.

다." 그러니까 바울은 식탁에 모인 모든 사람들 앞에서 유대인의 자의식에서 논의를 시작한 것이다. 이어서 바울은 말한다.

> 갈 2:16 사람이 의롭게 되는 것은 율법의 행위로 말미암음이 아니요, 오직 예수 그리스도를 믿음으로 말미암는 줄 알므로, 우리도 예수 그리스도를 믿나니, 이는 우리가 율법의 행위로서가 아니고 그리스도를 믿음으로써 의롭다 함을 얻으려 함이라.

여기서 주 문장은 "우리 또한 예수 그리스도를 믿는다"이다. "바울과 베드로, 바나바, 야고보에게서 온 사람들이 모두 그리스도를 믿게 되었다는 것은 논란의 여지가 없다. 바울과 베드로가 유대인인 것도, 그들이 예수님을 믿는다는 것도 모두 당연하고, 그 자리에 있는 모든 사람들이 인정할 수 있는 말이다.

그런데 이 두 주장은 사실상 모순이다. 왜 그런가? '우리는 유대인이요 이방인 출신 죄인이 아니다'(2:15)는 말은 자신들이 죄인이 아니라는 주장이다. 반면 '우리는 예수 그리스도를 믿는다'는 말은 자신들이 죄인임을 고백한 것이다. 죄인이 아니라면, 즉 유대인 의인이라면, 예수를 믿을 필요가 없다. '우리는 유대인이고 이방 죄인이 아니다'는 말과 '우리는 예수 그리스도를 믿는다'는 문장은 서로 모순이다. 따라서 이 두 문장이 모순이 되지 않으려면, 갈라디아서 2:15이 내용적으로, 신학적으로 '양보 구문'이 되어야 한다. 즉 '우리는 비록 유대인이요 이방출신 죄인이 아닐지라도, 우리 또한 예수를 믿는다'는 말이다.

그러면 바울이 '수사학적 양보 구문'으로 의도한 것은 무엇인가? 왜 그는 베드로가 정죄 받을 처지에 있음을 보고 그것을 알렸다는 말을 한 후 곧바로 이 구문을 쓰면서 본론으로 들어왔는가? 바울은 여기서 그들이 합의를 이끌어 낼 수 있는 두 가지 사실을 지적한 것이다. 우선 유대주의자들의 행동의 의미를 폭로하는 것이다. 그것은 믿음을 버리는 것이다.

3.2.2 유대주의자들의 '배교'

바울은 유대주의자들의 입장이 매우 모순적임을 밝힌다. 바울의 말을 의역하면 다음과 같다. '만일 우리가 모두 예수 그리스도를 믿게 되었다면, 다음 사실 또한 명백하다. 즉 사람이 의롭게 되는 것은 율법의 행위를 통해서가 아니라 오직 예수 그리스도를 믿는 믿음을 통해서이다. 만일 어떤 유대인이 자신의 율법 준수에 근거하여 의롭게 될 수 있었다면, 왜 십자가에서 죽으시고 저주를 받은 바 되신 예수 그리스도를 믿는 것인가? 그러한 믿음은 전혀 필요 없다. 만일 너희가 시내산 율법이 구원으로 이끈다고 실제로 주장한다면, 왜 그리스도를 믿는 것인가? 이것을 어떻게 이해할 수 있는가? 또 너희는 왜 모세를 배반했는가? 너희가 회개한 사실과 회개와 함께 발생하는 것이 무엇인지 시편이 잘 말해 준다.'

> **시 143:2** 주의 종에게 심판을 행하지 마소서. 주의 눈 앞에는 의로운 인생이 하나도 없나이다.

많은 학자와 신자들이 갈라디아서 2:16, 20; 3:22와 로마서 3:22 등에 나오는 디아 피스테오스 예수 크리스투(διὰ πίστεως Ἰησοῦ Χριστοῦ)를 "그리스도를 믿는 믿음"(gen. obj.)이 아니라 "그리스도의 신실함"(gen. subj.)으로 해석하려고 한다.[352] 그러나 갈라디아서 2:16은 문법적으로도, 문

---

[352] Marshall, *New Testament Theology*, 225: "하지만 바울의 말에 대한 근래의 중요한 해석은 이 어구가 '예수 그리스도가 보여준 신실성'으로 해석되어야 한다는 것이다." 갈

맥적으로도 이 해석을 지지하지 않는다.

> **갈 2:16**
>
> εἰδότες [δὲ] ὅτι οὐ δικαιοῦται ἄνθρωπος ἐξ ἔργων νόμου ἐὰν μὴ διὰ πίστεως Ἰησοῦ Χριστοῦ, καὶ ἡμεῖς εἰς Χριστὸν Ἰησοῦν ἐπιστεύσαμεν, ἵνα δικαιωθῶμεν ἐκ πίστεως Χριστοῦ καὶ οὐκ ἐξ ἔργων νόμου, ὅτι ἐξ ἔργων νόμου οὐ δικαιωθήσεται πᾶσα σάρξ.
>
> 사람이 의롭게 되는 것은 율법의 행위로 말미암음이 아니요, 오직 예수 그리스도를 믿음으로 말미암는 줄 알므로, 우리도 그리스도 예수를 믿나니 이는 우리가 율법의 행위로써가 아니고 그리스도를 믿음으로써 의롭다 함을 얻으려 함이라 율법의 행위로써는 의롭다 함을 얻을 육체가 없느니라.

여기서 소유격 예수 크리스투(Ἰησοῦ Χριστοῦ)는 소유격 노무(νόμου)와 반립적 위치에 있다. 이것은 분명 "율법이 행한 것"(gen. subj.)으로 볼 수 없고 "율법을 행한 그 일들"이라고 해석해야 한다. 나아가 바울은 바로 뒤에서 "우리도 그리스도를 믿는다"고 말한다. 따라서 예수 크리스투(Ἰησοῦ Χριστοῦ)는 목적격적 소유격(gen. obj.)으로 해석되어야 한다.[353]

다음으로 바울은 유대인과 이방인이 하나님 앞에서 동일한 출발점에 서 있다는 사실을 알린다.

3.2.3 유대인과 이방인에게 동일한 출발점

베드로와 유대인들은 시리아 안디옥 교회에 있을 때 자신들이 죄인인

라디아서 2:16과 더불어 로마서 3:22에도 이 문구가 등장하는데, 주격적 소유격으로 해석하는 예로는 D. A. Campbell, *The Rhetoric of Righteousness in Romans 3.21-26*, JSNTSup 65 (Sheffield: Sheffield Academic Press, 1992), 58–60; 185 참조하라.

[353] Cf. 엡 3:12 διὰ τῆς πίστεως αὐτοῦ; 3:17 κατοικῆσαι τὸν Χριστὸν διὰ τῆς πίστεως ἐν ταῖς καρδίαις ὑμῶν; 행 3:16 ἐπὶ τῇ πίστει τοῦ ὀνόματος αὐτοῦ τοῦτον; ἡ πίστις ἡ δι' αὐτοῦ.

것을 인정했을 것이다. 하지만 그 식탁 자리에서 물러났을 때, 베드로의 행동은 '우리는 이방 죄인은 아니다'라고 주장한 것과 같다. 이것은 율법주의자들의 신학이다. 그런데 이 신학에 바나바까지 오염되었던 것이다. 베드로와 바나바는 유대인 신학에서 자신들을 본 것이다. 결국 그들은 의도하지는 않았으나 그리스도의 십자가를 실제적으로 부인하게 되었다. 바울은 이 사실을 선명히 보고, 그들이 정죄 받은 위치에 있다는 사실을 지적했다. 바울은 그들에게 계시의 빛 아래서 인간의 처지를 보도록 한 것이다.

바울은 이 논의를 인간론적 측면에서 심화한다.

> 갈 2:17 만일 우리가 그리스도 안에서 의롭게 되려 하다가 죄인으로 드러나면 그리스도께서 죄를 짓게 하는 자냐? 결코 그럴 수 없느니라!

바울은 회심 시 그와 모든 유대인 그리스도인들은 실제적으로 이방인들 곧 죄인들로 발견되었다고 말한다. 그들이 살아온 삶에 관련하여 유대인도 이방인과 마찬가지로 동일한 저주 아래 있다. 둘 다 죄 아래 있다.

여기서 바울은 그의 대적자들의 주장을 받아 논의를 이어가는데, '그의 복음 전파는 그리스도를 죄의 조성자로 만든다'는 것이다(cf. 갈 2:17b). 곧 그리스도께서 모세의 율법에서 해방하셨다고 말하는데, 만일 이것이 사실이라면, 그리스도는 이방인들을 더 악한 죄를 짓게 하는 것인가?[354]

하지만 이 비난은 말도 되지 않는다. 바울은 이렇게 반박한다. '이

---

[354] Cf. Eckstein, *Bibelkunde*, 215.

방인들을 더 큰 죄인으로 만드는 것은 바로 너희, 나의 대적자들이 하는 일 아닌가? 만일 내가 무너뜨린 것을 다시 세운다면, 나는 나 스스로를 범법자로 만드는 것이다'(갈 2:18). 바울이 무너뜨린 것은 시내산 율법이 아니다. 갈라디아서 2:15에 대한 잘못된 생각이다. 유대인 그리스도인들은 시내산 율법으로 구원에 이를 수 있다고 생각했다. 이것을 바울이 무너뜨린 것이다. 이것은 바울이 회심하기 전에 그에게 있던 확신이었는데, 바울은 이것을 무너뜨렸다. "만일 유대주의자들이 그들이 그리스도께 회심했음에도 불구하고 다시 방향을 바꾼다면, 그래서 오로지 그리스도 안에서가 아니라, 그리스도와 그리고 시내산 율법에서 구원을 찾는다면, 그들은 자신들을 다시 율법 아래 있게 하는 것이고, 그와 함께 회심 이전처럼 범법자들이 된다. 마샬은 "만약 사람들이 할례의 요구, 유대교의 절기 등을 지키는 데로 돌아간다면, 그들은 그것들을 완전히 지키지 못하고 어느 지점에선가 미치지 못할 것이며 따라서 율법의 요구에 의해서 죄인이 되리라는 것이다"라고 해석했다.[355] 그러면 그들은 그리스도에게서 끊어지고 은혜로부터 떨어져 나오게 된다 (갈 5:1-4)."[356]

그러면 바울과 신자에게 그리스도를 믿는다는 것은 무엇을 의미하는가? 바울은 자신이 율법을 통해서 율법에 대하여 죽었다고 말한다. 이를 통해 하나님께 대하여 살며, 그리스도와 함께 십자가에 못 박혔다(갈 2:19-21). 여기서 "율법을 통해 죽었다"는 말은 무슨 뜻인가? 율법에 따르면 우리는 죽어야만 했다. 이 죽음은 최후심판 후 우리에게 찾아올 궁극적인 죽음을 의미했다. 그런데 그리스도께서 그 저주의 죽음을 우리를 위해 우리를 대신하여 지셨다는 것이다(cf. 갈 3:13).

---

[355] Marshall, *New Testament Theology*, 216.
[356] Eckstein, *Bibelkunde*, 215.

이것은 율법을 거짓으로 만들지 않는다. 율법은 의롭지 못한 것이 아니라 반대로 완전히 옳다. 율법은 하나님의 말씀으로서 인간에게 재앙이 있을 것이라 명시하였고 문서화했다. 에크슈타인은 말한다.

> 그러나 우리는 그리스도인으로서 단순히 **율법에 대해** 완전히 죽은 것이 아니라, 다만 율법의 저주, 즉 정죄에 대해 죽었을 뿐이다. 이는 우리가 그리스도와 함께 십자가에 못 박혔기 때문이다. 그리스도를 통해 우리 그리스도인들은 오히려 하나님을 위한 삶에 이르게 된다.[357]

지금까지 갈라디아서 서설을 살펴보았다. 바울은 이 서설을 통해 "구원은 오직 그리스도에게 있고, 율법에 있지 않으며, 구원은 오직 믿음 안에서 얻으며, 율법의 행위로 획득하지 못한다"는 것을 간략하게 진술했다. 이제 바울은 이것을 본 논증에서 증명한다.

3.3 오직 믿음으로 획득하는 의(갈 3:1-4:31)

바울은 증명(*probatio*) 단계로 들어오자마자 갈라디아서 1:6-9과 같이 다시 강한 언어를 사용한다. "어리석도다, 갈라디아 사람들이여!" 이것을 시작으로 바울은 서설에서 제시한 명제를 총 여덟 가지 측면에서 증명한다.

---

[357] Eckstein, *Bibelkunde*, 216: "Durch das Gesetz sind wir als Christen jedoch nicht einfach definitive gestorben, sondern wir sind "dem Gesetz" nur insofern gestorben, als wir dem Fluch, d. h. der Verurteilung, des Gesetzes gestorben sind, weil wir mit Christus gekreuzigt sind. Durch Christus kommt es für uns Christen gerade zu einem Leben für Gott."

증명	갈라디아서
1. 논란의 여지가 없는 경험으로부터	3:1–5
2. 성경으로부터	3:6–9
3. 믿음의 반대로부터	3:10–12
4. 율법의 저주를 대신 지신 사실로부터	3:13–14
5. 인간의 일반적 관습으로부터	3:15–18
6. 율법의 출현이유와 목적으로부터	3:19–4:7
7. 율법으로 돌아가는 일의 의미로부터	4:8–20
8. 율법 자체의 증언으로부터	4:21–31

이제 이 내용을 하나씩 살펴보자.

3.3.1 논란의 여지가 없는 경험으로부터 증명(갈 3:1–5).

바울은 본 논증의 첫 문을 어떻게 여는가? 바울은 갈라디아 교인들이 "어리석도다!"라고 지적하면서 "누가 너희를 꾀더냐?"라고 묻는다. 여기서 "꾀다"는 마법을 걸다는 말이다. 왜 이런 말을 쓰는 것인가? 자신이 전한 복음을 통해 그리스도의 십자가가 갈라디아 교회 그리스도인들 앞에 마치 그림처럼 그려지고 펼쳐졌기 때문이다(갈 3:1). 이것은 그들이 명백하게 복음과 복음으로 드러난 보이지 않는 현실(reality)에 참여했기 때문이다. 바울은 이 사실에 근거해서 볼 때 자명한 네 가지 질문을 한다.

질문	갈라디아서
	내가 너희에게서 다만 이것을 알려 하노니,	3:2a
1.	너희가 성령을 받은 것이 율법의 행위로냐, 혹은 듣고 믿음으로냐?	3:2b
2.	너희가 이같이 어리석으냐? 성령으로 시작하였다가 이제는 육체로 마치겠느냐?	3:3

3.	너희가 이같이 많은 괴로움을 헛되이 받았느냐? 과연 헛되냐? 3:4
4.	너희에게 성령을 주시고 너희 가운데서 능력을 행하시는 이의 일이 율법의 행위에서냐, 혹은 듣고 믿음에서냐? 3:5

이것은 수사학적 질문이다.

> 너희 믿음의 시초에 성령을 받았고, 하나님께서 그때부터 지금까지 너희 가운데서 행하시는 능력이 율법을 행함에서 왔는가, 아니면 믿음을 일으키는 들음에서 왔는가?

이 질문에 대해 바울과 바울의 독자는 동일한 대답을 갖고 있다. "듣고 믿음을 통해서!"이다(갈 3:2b).

바울은 "성령으로 시작하였다가 육체로 마치려느냐?"고 묻는다(갈 3:3). 이것은 성령에 육체를 더하려는 시도로 볼 수 있다. 이 대비는 제 유 대 제유의 대비이다. 다시 말해서 성령은 하나님이 그리스도를 믿는 신자들을 위해 행하신 모든 것들의 대표요, 육체는 인간이 자신의 힘으로 더할 수 있는 모든 것들의 대표이다. 바울의 질문은 이것이다. '하나님께서 신자에게 성령을 주셨다면, 과연 인간이 구원을 위해 더할 것이 있을 수 있는가? 성령이 신자의 구원을 위해 최종적이고 궁극적으로 오시는 일이 복음을 듣고 동의하고 받아들이며 인정하는 믿음을 통해서인가, 아니면 그만한 조건을 갖춘 행위를 통해서인가?'

성령은 시간적으로 율법의 행위에 앞선다. 이것이 모든 신자들의 공통된 경험이다.[358] 성령과 육체는 원리적으로 서로 반립하므로 "서로 거스른다"(갈 5:17). 이것은 신자의 신앙 세계에서 율법과 성령이 역사하는 방식이다. 사람이 율법을 이루려고 하는 순간 율법은 자신에게 다

---

[358] Cf. Marshall, *New Testament Theology*, 216.

가오는 그 사람을 노예로 만든다. 인간 편에서는 자기 자신(self)을 중심으로 세계를 재조직하는 노력이고, 여기에는 그리스도와 하나님까지 포함된다. 인간은 자신을 또 다른 신으로 만든다. 그는 죽은 자기 자아(ego)를 일으켜 세우고 숭배한다. 이렇게 되면 정서가 왜곡되어 빈약한 종교에 만족하고 남을 판단한다. 그러나 성령의 지배를 받으면, 자신을 중심에 두지 않고서도 인간 본연의 자리에서 누리는 기쁨을 소유하게 되고, 그를 재창조하신 하나님을 경배하고, 자신 옆에 있는 다른 이들을 불쌍히 여기고 사랑한다.

그렇다면 믿음의 의는 바울과 신자가 성령을 경험했을 때 비로소 나타났는가? 그렇지 않다. 이미 성경이 오래 전에 전한 것이다. 성경은 세 가지를 증언한다. 첫째, 믿음에서 난 의의 예, 둘째, 이 의의 반대, 즉 행위에 속한 자의 저주, 셋째, 이 저주를 대신 진 그리스도의 십자가이다. 바울은 다음 단계에서 이 세 가지를 증명한다.

3.3.2 성경으로부터 증명(갈 3:6-9)

바울은 '너희가 복음을 듣고 믿어 그 믿음을 통해서 의를 얻었지만, 이것은 너희부터 시작된 것이 아니라 이미 아브라함에게서 시작되었다'라고 말한다. 다시 말해서 "믿음의 의"는 이 시대에 처음 나타난 것이 아니라 아브라함에게 나타난 원리라는 것이다. 왜냐하면 성경이 이렇게 증언하기 때문이다.

> 갈 3:6 아브라함이 하나님을 믿으매 그것을 그의 의로 정하셨다 함과 같으니라(cf. 창 15:6).

바울은 로마서 4장에서 이것을 좀 더 세밀하게 논증한다. 그는 묻는다.

아브라함이 의를 얻었을 때, 그는 할례자였는가 아니면 무할례자였는가?(롬 4:10). 그리고 바울은 창세기를 매우 엄격하게 주석적으로 읽는다. 바울에 따르면, 아브라함의 의를 증거하는 창세기 15장이 할례를 증언하는 창세기 17장보다 앞에 있다. 유대인 랍비들은 창세기 22장, 곧 이삭을 바친 것을 순종으로 보았고, 이 순종이 아브라함의 의의 근거라고 해석했다. 하지만 바울에 의하면, 아브라함에게 의가 주어진 것은 창세기 15:6의 하나님의 약속에 근거한 것이다. 더 정확하게 표현하면 하나님의 약속에 대한 아브라함의 믿음에 기초한다. 바울은 당시 랍비들과는 달리 엄격하게 '문법적 역사적'으로 본문을 해석한 것이다. 즉 연대에 기초하여 신학적 관계를 유도한다. 창세기 12장에서 약속을 언급하고, 15장에서 믿음을 제시하며, 17장과 22장에서 의의 결과로서 할례와 순종[359]이 기록되어 있기 때문에, 아브라함의 의는 믿음에서 온 것이라는 결론에 이른다는 것이다.

그러면 아브라함과 신자는 어떤 관계에 있는가? 바울에 따르면, 창세기 15장을 통해 몇 가지가 분명해진다. 하나는 신자의 믿음과 아브라함의 믿음이 연결된다는 것이고, 다른 하나는 믿음에서 난 자들은 아브라함의 자녀라는 것이다(갈 3:7). 이것은 이방인이든 유대인이든 상관이 없다. 혈통이 아니라 믿음의 유무가 아브라함의 자녀됨을 결정한다. 그리고 이 복음이 이미 아브라함에게 선포되었다(cf. 창 18:18; 22:18). 아브라함의 자녀됨은 아브라함의 축복에 참여하는 근거가 된다(갈 3:19).

그러면 믿음이 아니라 율법의 행위에 의지하면 어떻게 되는가? 바울은 반대면을 가리키며 논증을 이어간다.

---

[359] Eckstein, *Bibelkunde*, 217.

3.3.3 믿음의 반대로부터 증명(갈 3:10-12)

여기서 반대 질문이 일어날 수 있다. '만일 사람이 아브라함과 달리 듣고 믿음에서 나는 의를 의지하지 않고 율법의 행위에서 나는 의를 구한다면 어떻게 되는가?' 바울은 대답한다.

> **갈 3:10a** 무릇 율법 행위에 속한 자들은 저주 아래에 있느니라
> (ὅσοι γὰρ ἐξ ἔργων νόμου εἰσίν, ὑπὸ κατάραν εἰσίν).

이것은 역으로부터 증명(argumentum a contrario)이라고 할 수 있다. 그런데 이 문장에 특이한 점이 있다. 이 문장은 관사가 하나도 없다. 다시 말해서 "제한 없는 일반적 진술"(eine uneingeschränkte generelle Aussage)이다. 이것은 무엇을 의미하는가? 이 저주 선언은 이스라엘 백성들이 출애굽한 후 가나안 에발산에서 선언할 저주(신 27:26; cf. 수 8:33-35)와 율법을 불순종했을 때 하늘과 땅을 증인으로 소환하여 선언된 저주(신 28:58-59)에 기초하고 있다. 바울은 이것을 상기시키고 있다. 특정한 율법이 아니라 거기에 기록된 대로 다 행하지 않고, 그 중에 하나라도 빠뜨린 사람은, 누구를 막론하고 다 저주 아래 있다. 따라서 율법을 행함으로부터 의를 획득하는 것은 불가능하다.

이제 성경이 율법의 행위에 속한 사람은 저주 아래 있다고 선언하는 것을 이해했다. 그러면 그 반대는 실제로 가능한가? 여기서 바울은 그리스도께서 하신 일을 소개한다.

3.3.4 율법의 저주를 대신 지신 사실로부터 증명(갈 3:13-14)

율법 행위에 속한 자에게 저주가 있다는 선언은 두려움과 의구심을 일

으킨다. '그렇다면 성경의 증언대로 율법의 행위를 의지하지 않고 그리스도를 믿는 믿음에서 의를 구하면 이 저주에서 해방될 수 있는가? 만일 그렇다면, 그 근거는 무엇인가?' 바울은 그리스도의 십자가와 성경의 증언을 제시한다.

		갈라디아서
그리스도의 십자가	그리스도께서 우리를 위하여 저주를 받은 바 되사 율법의 저주에서 우리를 속량하셨으니,	3:13a
성경의 증언	기록된 바 "나무에 달린 자마다 저주 아래에 있는 자라 하였음이라."	3:13b

이것은 바로 앞선 논증, 즉 믿음의 반대에 대한 반명제(antithesis)이다. 즉 어떻게 율법의 행위가 아니라 믿음이 율법의 저주를 해결하는가? 그것은 이 저주를 그리스도께서 맡으셨기 때문이며, 이 사실을 구약이 이미 증언했기 때문이다(갈 3:13).

이어서 바울은 그 이전 논증, 즉 아브라함의 의에 대한 성경의 증언을 신자의 구원에 적용한다. 이때 바울은 이 복된 소식의 범위를 아브라함 시대에 국한하지 않고 바울의 시대까지 확장한다. "그리스도께서 우리를 위해 저주를 받은 바 되사 율법의 저주로부터 우리를 속량하셨다." 그 이유가 무엇인가?

> 갈 3:14 이는 그리스도 예수 안에서 아브라함의 복이 이방인에게 미치게 하고, 또 우리로 하여금 믿음을 통해 성령의 약속을 받게 하려 하심이다.

지금까지 성경으로부터 증명을 살펴보았다. 그렇다면 성경만 이 의를 증언하는가? 그렇지 않다. 바울은 인간 관습에 비추어봐도 이 원리가 성립한다고 말한다.

3.4.5 인간의 일반적 관습으로부터 증명(갈 3:15-18)

바울은 믿음의 의 원리를 증명하기 위해 인간의 일반 관습 하나를 예로 든다. 어떤 관습인가? 바로 "유언"이다.

> 갈 3:15 형제들아, 내가 사람의 예대로 말하노니, 사람의 언약이라도 정한 후에는 아무도 폐하거나 더하거나 하지 못하느니라

여기서 "언약"이라는 말은 유언을 가리킨다. 그러면 유언이 어떻게 아브라함이 획득한 믿음의 의 원리를 지지할 수 있다는 말인가?

> 갈 3:16-17 이 약속들은 아브라함과 그 자손에게 말씀하신 것인데 여럿을 가리켜 그 자손들이라 하지 아니하시고 오직 한 사람을 가리켜 네 자손이라 하셨으니 곧 그리스도라. [17] 내가 이것을 말하노니 하나님께서 미리 정하신 언약을 사백삼십 년 후에 생긴 율법이 폐기하지 못하고 그 약속을 헛되게 하지 못하리라.

아브라함 언약이 율법에 대하여 시간적으로 절대적 우선성을 갖고 있으므로 먼저 세워진 언약을 후에 온 율법이 무효화할 수 없다(갈 3:17). 만일 이 유업이 율법에서 난 것이라면 아브라함에게는 불가능했을 것이고, 그에게 주신 약속과 전혀 상관없을 것이다. 왜냐하면 아브라함은 모세가 태어나기 430년 전 사람이기 때문이다. 하지만 구원 역사가 어떻게 증거하는가? "그러나 하나님이 [이 유업을] 약속으로 말미암아 아브라함에게 주신 것이라"(갈 3:18).

여기서 논란의 여지가 없는 공통 경험과 성경을 통한 증명이 일단락된다. 이 증명 후에 제기되는 큰 반론이 있다. 만일 의가 믿음을 통해 오고, 율법이 의와 전혀 상관이 없다면 율법의 목적은 무엇인가? 율법이 출현한 후 1,500년간의 구약 시대는 무슨 의미가 있는가? 바울은 이제 이 반론에 대하여 설명하는데, 세 단계로 나누어 진행한다. 우선 율법의 정체와 출현한 목적, 역할을 규정하고, 다음으로 그런 율법으로 돌아가면 봉착하는 결과를 내다보며, 마지막으로 율법 자체가 말하는 것을 들려준다.

3.3.6 율법의 본질과 출현 목적, 역할로부터 증명(갈 3:19-4:7)

바울은 "그러면 율법이 무엇이냐?"라고 묻고 "추가된 것"이라고 대답한다.

> 갈 3:19 그런즉 율법은 무엇이냐? 범법하므로 더하여진 것이라. 천사들을 통하여 한 중보자의 손으로 베푸신 것인데 약속하신 자손이 오시기까지 있을 것이라.

그렇다면 율법이 출현한 것은 어떤 이유와 목적 때문인가? "율법은 믿음이 오기 전에 그 믿음이 계시될 때까지" 약속의 자녀들을 가두어 두는 간수와 같다(갈 3:23). 또 아들을 아버지가 정한 때가 이르기까지 임시적으로 맡았다가 그리스도께로 인도하는 초등교사와 같다(갈 3:24).

아들이 후견인과 집사 아래 있듯이 우리도 세상의 초등학문 아래서 종노릇하였다. 그러나 때의 성숙이 도래했을 때, 하나님은 신자에게 구속과 상속, 자유를 주셨다(갈 4:1-7).

그런데 자유와 상속을 받은 신자가 어찌 다시 약하고 천한 "기초요소"로 돌아가려고 하는가? 사람이 율법으로 향한다는 것은 무엇을 의미하는가?

3.3.7 율법으로 돌아가면 맞게 되는 결과로부터 증명(갈 4:8-20)

신자가 그리스도를 믿은 후에 율법으로 다시 돌아가 율법을 의지하는 것은 자유인이 다시 노예상태로 복귀하는 것이나 다름없다(갈 4:9). 바울은 갈라디아 교회 그리스도인들이 하나님을 알뿐만 아니라 하나님께 아신 바 되었으나 다시 낮고 비천한 날과 절기, 전통으로 돌아가는 것을 보고 자신이 갈라디아 신자들을 위해 "수고한 것이 헛될까" 염려한다(갈 4:10-11).

하지만 반대자들은 반문할 수 있다. 율법을 지키는 것은 자유인 자녀의 자유와 상속을 확보하려는 것이다. 그런데 이 일이 어떻게 자유인을 종의 신분으로 예속시킬 수 있는가? 바울은 이것이 사람의 생각이라고 반박한다. 그리고 바울은 자리에서 물러나 그들이 추구하는 율법이 직접 말하도록 한다.

3.3.8 율법 자체의 증언으로부터 증명(갈 4:21-31)

율법주의자들이 전하는 율법이 무엇을 말하는가? 아브라함에게 두 아들이 있었는데, 하나는 종에서 난 자로 그 아래 난 자들은 모두 종이다(갈 4:22-23a, 24-24). 반면 다른 하나는 자유자에게서 난 자로 약속을 따라 났으며 그 아래에서 난 자들을 모두 자유자이다(4:23b, 26-27).

    여기서 바울은 아브라함의 두 아들에 대한 미드라쉬적 해석을 한다. 율법(이스마엘, 하갈)은 노예로 만들며, 복음은 자유를 준다. 이 중 신자는 "이삭과 같이 약속의 자녀"다(갈 4:28). 바울에 따르면, 만일 신자가 정체성을 분명히 한다면, "종의 자녀"의 최종 상태에 주목하고 경고로 삼아야 한다.

갈 4:29-30 그러나 그 때에 육체를 따라 난 자가 성령을 따라 난 자를 박해한 것 같이 이제도 그러하도다. ³⁰ 그러나 성경이 무엇을 말하느냐? 여종과 그 아들을 내쫓으라. 여종의 아들이 자유 있는 여자의 아들과 더불어 유업을 얻지 못하리라 하였느니라

이것이 율법이 증거하는 것이다. 즉 율법 행위에 속한 자, 곧 여종의 아들은 자유자의 아들, 곧 믿음의 의에 속한 자의 유업에 들어올 수 없다! 바울은 이렇게 갈라디아서 3장부터 4장까지 여덟 차원에서 의는 오직 그리스도를 믿는 믿음에서 오는 것이고, 그 믿음 밖에 있는 사람들에게는 다 저주가 있으며, 율법이 온 것은 그 자체가 목적이기 때문이 아니라 그리스도께서 오실 때까지 임시적인 간수와 초등교사의 역할을 하기 위해서 온 것이며, 율법 자체가 율법의 행위가 아니라 믿음이 자유자의 자녀를 낳고, 자유자의 자녀를 지금 현재 아브라함의 자손이 되게 한다고 증명했다.

바울은 이 8중 증명을 마치고 이제 권면으로 넘어간다. 여기서 그는 믿음에서 난 의의 열매와 실체를 다룬다.

3.4 믿음에서 난 의의 실체(갈 5:1-6:13)

갈라디아서 5:1-6:15은 수사학적으로 권면(*exhortatio*)이다. 우선 이 단락의 성격을 밝히려면 먼저 갈라디아서 5:1이 갈라디아서 전체에서 어떤 역할을 하는지 밝혀야 한다. 갈라디아서 5:1에 대해 크게 두 가지 견해가 있다. 하나는 앞 단락의 결론이라는 견해이고,³⁶⁰ 다른 하나는

---

360 이 견해를 가진 학자들은 갈라디아서 5:1을 4:31과 연결해서 읽으려고 한다. 대표적으로 라이트풋과 펑이 있다. Lightfoot, *Galatians*, 185; Zahn, *Galater*, 244-245; Fung,

새로운 단락의 시작이라는 견해이다. 다시 말해서 갈라디아서 5:1부터 새로운 단락이 시작된다고 보는 것이다. 대표적으로 리델보스와 버튼이 있다. 이들은 갈라디아서 4:31을 4:21-31의 결론으로 보고, 5:1부터 새로운 단락이 시작된다고 본다.[361]

이 두 견해 중 두 번째 견해가 더 적절해 보인다. 왜냐하면 5:1의 앞 단락(4:21-31)에는 이미 결론부가 있기 때문이다.

> 그런즉(διό) 형제들아, 우리는 여종의 자녀가 아니요 자유 있는 여자의 자녀니라(갈 4:31)

또 갈라디아서 5:1은 수사학적으로 증명(*probatio*)과 권면(*exhortatio*) 구조와 바울 서신의 일반적인 구조, 즉 교리—권면에서 권면에 해당한다.

여기서 처음부터 유념해야 하는 것이 있다. 보통 권면은 교리의 부록으로 생각하는 경우가 많다. 부록은 본말에 속하지 않는다. 하지만 바울 당시 수사학에서 권면(*exhortatio*)은 본 논증의 서술(*narratio*)이나 증명(*probatio*)과 분리할 수 없다.

그러면 어떻게 보아야 하는가? 갈라디아서 세 번째 부분은 복음 진리가 실제 삶의 차원에서 어떻게 전개되어야 할지 논한 것이다. 이것은 단순한 권면이 아니다. 대적자들은 말할 것이다.

> 그러면 믿음으로 구원받았다는 현실성이 어디 있느냐?
> 그 복음의 실제성이 어디 있느냐?

Galatians, 215-217. 이렇게 읽으면 5:1은 4:21-31의 결론이 된다.

361 슐리어와 무도 갈라디아서 5:1-12은 권면 단락의 시작이며 갈라디아서의 클라이막스로 본다. Schlier, *Galater*, 228-229; Moo, *Galatians*, 316-317.

그 내용을 우리에게 보이라

이때 바울이 내놓는 대답이 이 권면부다.

> 갈 5:1, 16 그리스도께서 우리를 자유롭게 하려고 자유를 주셨으니 그러므로 굳건하게 서서 다시는 종의 멍에를 메지 말라. […] ¹⁶ 내가 이르노니 너희는 성령을 따라 행하라. 그리하면 육체의 욕심을 이루지 아니하리라.

따라서 이 권면부는 바울 복음이 조건 없고 제한 없는 구원을 선포하기 때문에 전혀 결과나 열매가 없는 믿음으로 이끈다는 비난을 막아준다.

실제로 바울은 이 단락에서 분명히 하고자 한다. 조건 없고 제한 없는 복음을 그리스도인들의 삶 속으로 받아들이는 것, 이것이 믿음인데, 믿음은 매우 많은 열매를 가져온다. 그래서 실제로 성령을 따라서 행하는 일, 서로 온유한 심령으로 서로를 바로잡는 일, 연약한 자를 받는 일, 이런 일들이 가능한 것이다. 그리스도 안에서 자유는 그리스도에게서 분리되어 자율적인 상태가 되는 것이나 개인주의적으로 쟁취하는 것이 아니다. 그리스도인이 받은 자유는 그리스도와 하나님을 위해서 살아가는 자유이다.³⁶² 마음껏 자유롭게 누군가의 강제나 율법이나 어떤 종교의식이나 다른 어떤 제약이나 철학이 이끌어 가고 강요하기 때문에 행사하는 자유가 아니다. 오히려 하나님이 주신 거듭난 심령으로, 거듭난 자유로 하나님을 위해서 살아가는 그런 자유로, 그리스도를 찬양하고 감사하는 그런 자유인 것이다.

---

362 Cf. H. J. Eckstein, *Bibelkunde*, 222.

7장

옥중서신

에베소서와 빌립보서, 골로새서, 빌레몬서를 "옥중서신"이라고 부른다. 바울이 감옥에 갇혀 있을 때 기록한 편지들이기 때문이다. 이것이 전통적으로 네 서신을 분류하는 방식이었다.

하지만 근대에 들어오면서 이러한 전통적인 견해가 도전을 받기 시작했다. 주된 반론은 두 가지였다. 우선 "옥중서신"이라는 명칭이다. 이 네 서신의 존재는 인정하지만 이들의 범주를 하나로 묶는 것을 반대하는 것이다. 다음으로 수감 장소이다. 이 네 편지가 바울이 수감되었을 때 기록한 것은 인정하지만, 그곳이 구체적으로 어디였는지 다르게 보는 것이다. 이들은 로마 감옥이 아니라 다른 지역의 감옥이었을 수 있다고 주장한다.[363] 이러한 주장은 에베소서와 골로새서가 바울의 저작이 아니라는 주장과 연결되어 있다.

이런 배경에서 옥중서신을 다른 관점에서 연구할 필요가 생겼다. 전에는 옥중서신의 내용을 파악하는 것이 주된 목적이었다면, 현재는

---

[363] 로마 외 다른 장소로는 가이사랴(존슨), 에베소(던컨) 등이 있다. Johnson, "Pauline Letters from Caesarea," *ExpTim* 38 (1956/57): 24–26; G. S. Duncan, *St. Paul's Ephesian Ministry: A Reconstruction with Special Reference to the Ephesian Origin of the Imprisonment Epistles* (New York: Charles Scribner's Sons, 1930), 66–71.

앞에서 언급한 다양한 반론에 대한 변증이 필요하게 된 것이다. 이 변증은 두 가지 큰 질문에 대한 대답으로 구성된다.

1. 과연 바울이 옥중서신의 저자인가?
2. 과연 바울이 감옥에 갇힌 적이 있었고, 이 감옥은 실제로 어디였는가?

이 두 질문에 대한 답을 찾기 위해서는 내적인 증거와 외적인 증거를 모두 참고할 필요가 있다. 이때 내적 증거란 바울서신 안에 바울이 실제로 감옥에 갇힌 적이 있는가, 또 바울이 갇힌 상태에서 어떤 사도적인 활동을 했는가를 확인할 수 있게 해 주는 자료를 말한다. 외적 증거란 성경 밖 자료들 가운데 바울이 로마 감옥에 수감되었는지 알려주는 자료를 가리킨다. 일차적으로 역사적 문헌이 여기에 속한다.

옥중서신을 연구하기에 앞서 이 내적 증거와 외적 증거를 살펴보는 일은 대단히 중요하다. 왜냐하면 이 두 가지를 통해 에베소서, 빌립보서, 골로새서, 빌레몬서 연구의 토대를 마련할 수 있기 때문이다. 즉, 두 증거에 대한 선행 학습을 통해 옥중서신에 대한 문학적, 역사적 토대를 구축할 수 있다.

그러면 먼저 내적 증거에 대해 살펴보자. 내적인 증거에는 어떤 것들이 있는가?

1. 내적 증거

에베소서와 빌립보서, 골로새서, 빌레몬서를 보면, 바울이 감옥에 갇혔고, 자신을 "갇힌 자"라는 특별한 호칭으로 부른다는 것을 알 수 있다.

1.1 수감자

1.1.1 에베소서

먼저 에베소서를 보자.

> **엡 3:1, 13; 4:1** 이러므로 그리스도 예수의 일로 너희 이방인을 위하여 갇힌 자 된 나 바울이 말한다. [⋯] ¹³ 그러므로 너희에게 구하노니 너희를 위한 나의 여러 환난에 대하여 낙심하지 말라(cf. 행 20:22-24, 25). [⋯]. ⁴:¹ 그러므로 주 안에서 갇힌 내가 너희를 권하노니 ⋯

이 말은 매우 특이한 말이다. 오늘날의 신자들은 어떤 면에서 대단히 개인주의적인 경향이 강하기 때문에 이 말을 제대로 이해하기 어려울 수 있다. 예를 들어 자신이 소속된 교회의 목사가 감옥에 갇히게 되는 상황이 벌어져도 마음이 아프기는 할 수 있지만, 그 환난 때문에 낙심하게 되고 복음에 대한 확신이 흔들리지는 않는다. 또 그가 전한 복음의 진위 여부에 대하여 심각한 고민에 빠지는 일은 적다. 왜 그런가? 자신이 출석하고 섬기는 교회의 목회자와 복음을 동일시하지는 않기 때문이다.

하지만 초대교회에서 바울은 오늘날과는 전혀 다른 위치에 있었다. 만일 바울이 전한 복음이 사실이 아니라면, 에베소 교인들은 흔들리고 낙심하게 될 것이다. 당시 에베소 교회가 처한 상황으로 볼 때(AD 60년경), 바울이 감옥에 갇힌 틈을 타 바울의 대적자들이 교회를 어지럽히기에 충분했다. 바울은 로마 세계에 알려졌고, 그의 대적들 또한 집요했다. 바울 대적자들은 바울이 가이사랴에서 잡힌 후 로마로 이송되기까지 2년 이상 투옥된 상황을 빌어 복음을 전한 바울에게 문제가 있기 때문에 오랫동안 석방되지 못하고 있다는 주장으로 에베소 교인들을 선동할 수 있었다. 즉 바울에게 죄가 있기 때문에 풀려나지 못한다고 주장할 수 있는 것이다. 또 그들은 자신들의 설득으로 바울에 대한 에베소 교인들의 신뢰에 균열이 가는 것을 보게 되었다면, 한 걸음 더 나아가 죄인인 바울이 전한 복음도 문제가 있고, 그 때문에 감옥에 갇히게 되었다고 주장했을 것이다. 그들은 다음과 같이 주장했을 수 있다: '바울은 감옥에 갇혔다. 그가 죄인이기 때문이다. 죄인인 그가 전한 복음에도 분명히 문제가 있다. 그렇다면 바울이 전하지 않은 복음, 즉 율법주의 복음이 참 복음일 수 있다. 즉, 참 복음은 바울이 설파한 은혜의 복음이 아니라 율법주의 복음인 것이다. 따라서 에베소 교인들은 바울의 복음을 배격하고 율법주의 복음을 받아들여야 한다.'

바울은 자신의 갇힌 상황을 전혀 다르게 해석하고, 그것이 사람들에게 나타났다고 말한다. 예를 들어 빌립보서를 보자.

1.1.2 빌립보서

바울은 빌립보 교인들에게 말한다.

> **빌 1:7** 내가 너희 무리를 위하여 이와 같이 생각하는 것이 마땅하니 이는 너희가 내 마음에 있음이며, 나의 매임과 복음을 변명함과 확정함에 너희가 다 나와 함께 은혜에 참여한 자가 됨이라.
> **빌 1:12-14** 형제들아, 내가 당한 일이 도리어 복음 전파에 진전이 된 줄을 너희가 알기를 원하노라. [13] 이러므로 나의 매임이 그리스도 안에서 모든 시위대 안과 그 밖에 모든 사람에게 나타났으니, [14] 형제 중 다수가 나의 매임으로 말미암아 주 안에서 신뢰함으로 겁 없이 하나님의 말씀을 더욱 담대히 전하게 되었느니라(cf. 행 28:16, 30-31).

바울은 여기서 자신이 감옥에 갇힌 것이 모든 사람들에게 나타났다고 주장하고 있다. 어떻게 나타났다는 것인가? "주 안에서 신뢰"를 주는 모습으로 드러났다. 즉 자신이 옥에 갇힌 것이 개인적인 허물이나 죄 때문이 아니요, 나아가 자신이 복음을 왜곡해서 전한 일 때문이 아니라, 오히려 이방인의 사도요 복음의 대변자요 하나님의 사절로서 일하다가 감옥에 갇혔다는 사실이 드러났다는 것이다.

바울은 이 말을 한 후에 자신의 확신을 알리고 편지를 마치면서는 자신과 황제 가(家) 사람들이 있다는 사실을 언급한다.

> **빌 1:25-26** 내가 살 것과 너희 믿음의 진보와 기쁨을 위하여 너희 무리와 함께 거할 이것을 확실히 아노니, [26] 내가 다시 너희와 같이 있음으로 그리스도 예수 안에서 너희 자랑이 나로 말미암아 풍성하게 하려 함이라. [...].
> **빌 4:22** 모든 성도들이 너희에게 문안하되 특히 가이사의 집 사람들 중 몇이니라.

만일 대적자들의 주장이 옳고, 바울이나 바울의 복음에 문제가 있다면, 바울이 빌립보에 다시 갔을 때, 그들에게 "믿음의 진보와 기쁨"이 되지 않을 것이다. 나아가 바울이 빌립보나 로마제국 다른 도시에 세워진 교회 교인들과 함께 있을 때, 바울을 통해 그들의 자랑이 더 풍성해질 수는 없을 것이다. 그러나 바울이 있는 곳에는 믿음의 진보와 기쁨, 성도들의 자랑이 커졌다. 심지어 그가 감옥에 있음에도 황제 가문 사람들 중 몇 사람도 그리스도인이 되어 교회의 성도요 하나님의 백성이 되었다. 바울을 중심으로 사람들이 모여드는 것이다. 이것은 다른 이유가 있어서가 아니다. 바울에게 진리가 있기 때문이다.

지금까지 에베소서와 빌립보서의 증언을 들어보았다. 이제 골로새서에서 바울의 수감에 대해 어떻게 말하는지 살펴보자.

1.1.3 골로새서

바울은 골로새서를 마치면서 골로새 교인들에게 기도 부탁을 한다.

> 골 4:3, 18 또한 우리를 위하여 기도하되 하나님이 전도할 문을 우리[바울, 디모데]에게 열어주사 그리스도의 비밀을 말하게 하시기를 구하라. 내가 이 일 때문에 **매임**을 당하였노라. […]. [18] 나 바울은 친필로 문안하니 내가 매인 것을 생각하라.

여기서 바울은 자신의 상황을 은유적으로 "매임"으로 표현한다. 이것은 바울이 수감된 사실을 가리킨다. 자신이 수감된 원인은 다름이 아니라 "그리스도의 비밀을 말하는 일 때문"이라고 밝힌다. 그리고 이것을 생각해 줄 것을 부탁한다.

바울이 갇힌 사실과 상황은 빌레몬서에 더 구체적으로 기록되어 있다.

1.1.4 빌레몬서

바울은 빌레몬에게 오네시모를 위해 부탁하면서 오네시모를 어떤 상황에서 만나게 되었는지 언급한다.

> 몬 1:10, 12-14, 23-24 갇힌 중에서 낳은 아들 오네시모를 위하여 네게 간구하노라. [12] 네게 그[오네시모]를 돌려보내노니 그는 내 심복이라. [13] 그를 내게 머물러 있게 하여 내 복음을 위하여 **갇힌 중에서** 네 대신 나를 섬기게 하고자 하나, [14] 다만 네 승낙이 없

이는 내가 아무것도 하기를 원치 않는다. […]. ²³ 그리스도 예수 안에서 나와 함께 **갇힌 자** 에바브라와 ²⁴ 또한 나의 동역자 마가, 아리스다고, 데마, 누가가 문안하느니라.

바울은 "갇힌 중에서" 오네시모를 만났고 복음으로 "낳았다." 이 오네시모는 누구인가? 바울은 골로새서에서 오네시모를 "형제"라고 부른다.

> **골 4:9, 14** 신실하고 사랑을 받는 형제 오네시모를 함께 보내노니, 그는 너희에게서 온 사람이라. 그들이 여기 일을 다 너희에게 알려주리라. … ¹⁴ 사랑을 받는 의사 누가와 또 데마가 너희에게 문안하느니라.³⁶⁴

바울은 투옥되어 있는 상황에서도 밖에서 복음을 전할 때와 마찬가지로 복음으로 사람을 구하는 일을 계속하고 있다. 여기서 '갇혔다'라는 말을 통해 어느 지역인지는 분명하게 모르지만 투옥되어 있다는 사실은 확실히 알 수 있다.

그러면 "갇혔다"고 할 때, 그 갇힌 감옥은 어디였을까?

---

364 · 이것은 골로새서가 빌레몬서 이후이거나 동시적으로 기록되었다는 것을 암시해준다. 아마도 빌레몬서는 골로새서보다 상당히 앞선 시기에 기록되었을 것이다. 왜냐하면 아직 데마가 변절하기 전이기 때문이다(cf. 딤후 4:10-11). 빌레몬서에 따르면, 바울은 오네시모를 빌레몬에게 보냈다. 그 이후에 오네시모의 활동에 관하여 성경은 침묵한다. 그런데, 골로새서에서는 그가 빌레몬의 노예가 아닌 형제로서 바울의 동역자로서 활동하고 있는 것으로 묘사하고 있다. 그러므로 빌레몬서와 골로새서 사이에 아마도 빌레몬은 오네시모를 다시 바울에게 보냈을 것으로, 그리고 오네시모는 바울과 함께 사역했던 것으로 생각할 수 있다. 노예를 형제로 받을 수 있는 바울과 빌레몬, 바울과 복음을 위해 자신의 사람을 기꺼이 보낼 수 있는 빌레몬의 도량, 이것이 초대교회 복음의 능력이었다.

1.2 감옥

바울이 갇혔던 감옥 후보지가 충족해야 할 조건은 둘이다. 첫 번째는 갇힌 기간이 2년 이상의 시간이어야 한다. 두 번째는 바울이 환난을 당하고 있다는 사실을 구체적으로 나타낼 수 있어야 한다. 이 두 조건을 고려할 때, 바울이 갇혔을 것으로 추정할 수 있는 곳은 세 곳이다.

1. 가이사랴
2. 에베소
3. 로마

가이사랴는 사도행전 21-24장에 기록된 대로, 바울이 예루살렘에서 붙잡혀 천부장 루시아가 당시 시리아-팔레스타인 총독이었던 펠릭스에게 보낸 후, 펠릭스 재임 기간 동안 투옥되어 있었던 곳이다(행 21:27-24:27). 에베소는 바울이 3차 전도여행에서 2년 3개월, 즉 약 3년 동안 사역한 곳이다(행 19:8-20:1, 31). 마지막으로는 로마는 바울이 "온 이태를 자기 셋집에 머물면서 오는 사람을 다 영접"한 곳이다(행 28:30-31).

이제 이 세 후보지가 2년 이상 수감 기간과 환란을 당함이라는 두 조건을 충족하는지 차례로 살펴보자. 먼저 가이사랴이다.

1.2.1 가이사랴

바울은 분명 가이사랴에서 약 2년 동안 수감되었다(cf. 행 24:27). 따라서 첫 번째 조건에 맞는다. 그렇다면 두 번째 조건은 어떠한가? 바울은 가이사랴에서 환난을 당했는가? 사도행전 보도에 따르면, 바울은 예루살렘에서 가이사랴로 이송된 뒤 간단한 확인절차 후에 헤롯 궁에 수감된다(행 23:34-35). 그리고 5일 후 재판이 있었지만 벨릭스는 천부장 루시오가 올 때까지 재판을 연기한다(행 24:1-23).

> **행 24:24-27** 수일 후에 벨릭스가 그 아내 유대 여자 드루실라와 함께 와서 바울을 불러 그리스도 예수 믿는 도를 듣거늘, ²⁵ 바울이 의와 절제와 장차 오는 심판을 강론하니 벨릭스가 두려워하여 대답하되 지금은 가라 내가 틈이 있으면 너를 부르리라 하고, ²⁶ 동시에 또 바울에게서 돈을 받을까 바라는 고로 더 자주 불러 같이 이야기하더라. ²⁷ 이태가 지난 후 보르기오 베스도가 벨릭스의 소임을 이어받으니 벨릭스가 유대인의 마음을 얻고자 하여 바울을 구류하여 두니라.

본문에 따르면, 바울은 총독 벨릭스에게 수시로 불려갔다. 그리고 벨릭스에게 뇌물을 요구받았을 가능성이 있다. 나아가 벨릭스는 원고가 2년 동안 오지 않았음에도 바울의 무죄 방면을 허락하지 않았다. 이러한 점에서 바울은 분명히 환난을 당했다고 볼 수 있다.

다음으로 에베소를 살펴보자.

1.2.2 에베소

바울은 에베소에서 명시적으로 2년 3개월 동안 머물렀다(행 19:8, 10). 또 에베소 장로들에게는 자신이 "삼 년 동안"(행 20:31) 일깨운 사실을 기억하라고 말했다. 하지만 이것은 감옥에 갇혀서 지낸 기간이라기보다는 바울의 3차 전도여행 기간 중 에베소에서 사역했던 기간이다. 이런 점에서 첫 번째 조건에 잘 맞지 않는다. 그렇다면 두 번째 조건은 어떠한가? 바울은 자신이 에베소에서 싸움을 언급한 적이 있다.

	고전 15:32
εἰ κατὰ ἄνθρωπον ἐθηριομάχησα ἐν Ἐφέσῳ,	내가 사람의 방법으로 에베소에서 맹수와 더불어 싸웠다면(과거 비현실),
τί μοι τὸ ὄφελος;	내게 무슨 유익이 있으리요?
εἰ νεκροὶ οὐκ ἐγείρονται,	죽은 자가 다시 살아나지 못한다면(현실),
φάγωμεν καὶ πίωμεν,	먹고 마시자 하리라.
αὔριον γὰρ ἀποθνῄσκομεν.	이는 내일 죽을 것임이니라.

이 본문에 근거해서 바울이 에베소서에서 '문자적'으로 "갇힌 자"가 되었다고 결론을 내릴 수 있는가? 먼저 다음 세 가지 점을 생각해 보자.

첫째, 바울은 로마 시민권자이다. 로마 시민권을 가진 사람이 검투사로서 극장에서 맹수와 싸우는 일은 없었다.[365] 그렇다면 이것은 바울이 실제로 "갇힌 자" 되었다든지, 에베소에서 "맹수와 더불어 싸웠다"는 뜻일 가능성은 낮다. 바울의 말은 자신이 에베소에서 사역할 때, 항상 생명의 위협을 받는 상황이었다는 것을 뜻한다.[366] 그래서 그는 "우리는 날마다 죽노라"고 말했다(cf. 고전 15:31).

둘째, 바울은 여기서 자신이 실제로 맹수와 싸웠다는 사실을 진술한 것이 아니다. "내가 사람의 방법으로 에베소에서 맹수와 더불어 싸웠다면…"이라는 문장은 헬라어의 다섯 가지 조건문 중 '과거비현실 조건문'이다. 따라서 이 가정문을 따라 앞의 문장을 해석하면, '내가 에베소에서 맹수와 싸웠다면….,' 또는 '내가 에베소에서 맹수와 싸웠더라

---

[365] J. van Bruggen, *Die geschichtliche Einordnung der Pastoralbriefe* (Wuppertal: Brockhaus, 1981), 43; 로마 황제가 검투사로 원형경기장에서 싸우기도 했다. 예를 들어 코모두스는 직접 경기장에 들어갔다. 하지만 이것은 로마인들에게 "수치와 분노"의 대상이 되었다. 이는 로마 법률과 풍속이 검투사를 수치스러운 직업으로 규정했기 때문이다. E. Gibbon, *The History of the Decline and Fall of the Roman Empire*, Vol. 1 (London: Penguin Books, 1994), 118; 로마 기사들이 검투사 시합에 참여할 때가 있었지만, 아우구스투스 때 원로원이 금지했다. Sueton, "Augustus," 43.

[366] Cf. 이그나치우스, 로마서 5:1.

면...,'이 된다. 이 말은 과거비현실이므로, 실제로는 과거에 내가 맹수와 싸우지 않았다는 의미이다. 바울은 에베소에서 고린도전서를 쓰고 있는데, 이 말을 통해 자신이 현재 지속적으로 환난을 당하고 있는 상황을 표현한 것이다.

셋째, 바울의 에베소 수감 상황에 대하여 누가가 전혀 기록하고 있지 않은 점이다. 만일 바울이 여기서 오랜 감금 상태에 있었다면, 이에 대한 기록이 있었을 가능성이 높다.[367]

1.2.3 로마

바울은 로마에 도착한 후 처음에는 가택 연금 형태로, 나중에는 더 중한 수감 상태로 2년을 보냈다(cf. 행 28:30-31). 이런 점에서 첫 번째 조건에 부합한다. 그러면 두 번째 조건은 어떠한가? 바울이 로마에서 환난을 당한 정황은 바울서신에서 어렵지 않게 발견할 수 있다. 먼저 바울은 자주 자신이 처한 어려운 상황을 토로하며 가까운 사람에게 필요한 것을 부탁했다(딤후 4:13). 다음으로 바울은 수감 사실을 부끄러워하는 사람들과 그들이 자신을 버리고 떠난 사실, 자신에게 죽음이 임박한 상황을 언급하면서 그를 방문한 동역자에게 감사를 표시하기도 하고(딤후 1:16-18) 요구하기도 했다(딤후 4:21). 바울이 이렇게 감사하고 요구한 이유는 그가 큰 압박과 환난 가운데 있었기 때문이라고 보는 것이 가장 타당할 것이다.

지금까지 바울이 수감되었을 가능성이 있는 후보지 세 곳, 곧 가이사랴, 에베소, 로마에 대해 살펴보았다. 바울서신 기록시기와 정황, 위치

---

[367] Guthrie, *New Testament Introduction*, 4th ed. (Leicester: Apollos; Downers Grove: IVP, 1990), 493-494; Van Bruggen, *Geschichtliche Einordnung*, 44.

등을 고려할 때,³⁶⁸ 이 세 후보지 중 바울이 수감된 곳은 로마였을 가능성이 가장 높다. 이것은 방금 살펴본 내적 증거뿐만 아니라, 이제 살펴볼 외적 증거도 지지하고 있다.

2. 외적 증거

바울이 수감되었다는 외적 증거들을 몇 가지 들어보면 다음과 같다. 첫째, 초대교회 사도교부들은 바울의 투옥을 알고 있었고, 로마에서 순교한 것으로 보도한다. 먼저 클레멘트는 이렇게 말한다.

> **클레멘트 1서 5:5-7** 시기와 다툼 때문에, 바울은 인내의 싸움을 해야 했다. ⁶ 그는 일곱 번 쇠사슬에 매였고, 쫓겨났으며, 돌에 맞았으며, 동방과 서방에서 사절(κήρυξ)로서 그의 믿음에 대한 진정한 명성을 얻었다. ⁷ 그는 온 세상에 의를 가르쳤고, 서쪽 경계까지 이르렀으며, 통치자들 앞에 증거하고 이렇게 세상으로부터 해방되어 거룩한 장소로 받아들여졌는데, 인내의 큰 모델(ὑπομονῆς μέγιστος ὑπογραμμός)이 되었다.³⁶⁹
>
> **클레멘트 1서 6:1** 이 사람들에 더하여 수많은 사람들이 있는데, 이들은 시기 때문에 많은 순교와 고문 중에 고난을 받고 우리에게 좋은 본이 되었다.³⁷⁰

---

368 자세한 논의는 Guthrie, *New Testament Introduction*, 489-495; 조병수, 『신약총론』, 310-312을 참조하라.

369 J. A. Fischer, *Die Apostolische Väter* (Darmstadt: Wissenschaftliche Buchgesellschaft, 1958), 31-33; 번역: 김영호.

370 "[로마에 있는] 우리에게." cf. 클레멘트1서 55:2; Fischer, *Die Apostolische Väter*, 33; 번역: 김영호.

나아가 이그나치우스 또한 바울을 순교자로 소개한다.

> **이그나치우스, 에베소서 12:1-2** 나는 내가 누구이며 누구에게 쓰는지 알고 있다. 나는 [세속 법정에서] 정죄를 받았으나 너희는 자비를 받았다. 나는 위험에 처해 있으나 너희는 안전하게 있다. ² 너희는 하나님을 위해 죽임을 당하는 자들을 위한 통로이며, 거룩하고 명성있으며 축복받은 바울의 동료 헌신자들이다. 내가 하나님께 이르렀을 때, 내가 그의 발자취 안에서 발견되기를 원하노라. 바울은 편지마다 너희를 예수 그리스도 안에서 기억하였다.[371]

이 기록들을 보면, "사슬에 매였다"라는 말이 등장한다. 이 말은 은유적인 표현으로 감옥에 갇혔다는 뜻이다. 그러면 어느 감옥에 갇혔다는 말인가? 클레멘트와 이그나치우스에 따르면 로마 감옥이다. 클레멘트에 따르면, 그의 시대에 시기 때문에 많은 사람들이 순교와 고난을 받았는데, 그들이 교회의 본이 되었다. 바울을 비롯한 많은 사람들이 앞에 있었고 그들을 따르는 많은 순교자들이 있었다는 것이다. 하지만 바울이 어디서 순교했는지 클레멘트 1서에 명시적으로 기록하지는 않지만 정황상 로마("우리")일 가능성이 높다.

지금까지 옥중서신의 내적 증거와 외적 증거를 살펴보았다. 이를 통해 바울의 수감 사실과 로마 감옥설의 타당성을 재차 점검해 보았다. 이제 옥중서신을 차례로 살펴보도록 하자.

---

371 Fischer, *Die Apostolische Väter*, 150-153; 번역: 김영호.

8장
에베소서

1. 저자 및 수신자

에베소서의 저자는 사도 바울이다. 수신지는 에베소이다. 그러나 현재 이 자명해 보이는 진술의 진정성을 의심하는 학자들이 많다. 그 이유는 무엇인가? 우선 저자를 의심하는 견해에 대해 살펴보자.

1.1 바울저작설에 대한 회의

에베소서의 저자가 바울이 아니라고 생각하는 근거는 크게 둘로 나뉜다. 하나는 문체적 차이점이고 다른 하나는 교리적 상이점이다.

1.1.1 문체

에베소서의 문체는 다른 바울서신과 비교할 때 많은 차이가 있다. 이것은 에베소서가 바울 저작이 아니라는 근거들 중 가장 자주 언급되는 것이다.

에베소서는 다른 바울서신에 비해 "더 회상적이며, 좀 더 세심하게 고려된 방법으로 서술이 진행되고 있으며 갈라디아서나 고린도서에서 볼 수 있는 거친 방법이 보이지 않으며 또한 로마서보다는 덜한 논리적 주장을 하고 있다."[372]

그러나 만일 '바울의 제자' 중 한 사람이 에베소서를 기록했다면, 이것은 긍정적인 증거가 될 수 있지만, 반대로 부정적인 증거도 될 수 있다. 즉 에베소서의 저자가 바울의 제자 중 한 사람이라면, 그 사람이 바울을 모방했을 수 있고, 바울이 아니기 때문에 문체가 다를 것으로 추측할 수 있다. 그러나 위서이론은 문체의 차이를 지지하기보다는 반대할 수도 있다. 왜냐하면 "만일 모방자가 에베소서를 기록했다면 좀 더 바울의 문체에 가깝게" 썼을 것이기 때문이다.[373]

다음으로 교리적으로 차이가 나기 때문에 바울 저작이 아니라는 주장이 있다.

1.1.2 교리

에베소서와 바울서신의 교리가 서로 차이가 나는가? 이 질문에 긍정적인 대답을 한다고 생각되는 구절들이 있다. 특별히 세 가지 영역에 나타난다. 교회론과 기독론, 결혼관이다.

1.1.2.1 교회론

교회의 터는 누구인가? 이 질문에 바울서신과 에베소서는 다르게 대답한다. 에베소서는 "사도들과 선지자들"이라고 말하지만(엡 2:20), 고린도전서는 "그리스도"라고 말한다(고전 3:11).

---

[372] Guthrie, *New Testament Introduction*, 510.
[373] Cf. Guthrie, *New Testament Introduction*, 511.

1.1.2.2 기독론

화목케 하시는 분은 누구신가? 에베소서에는 "그리스도"로 나오지만 (엡 2:16), 골로새서에서는 "하나님 아버지"이다(골 1:20, 2:14).

또 교회의 사역자를 임명하는 분은 누구신가? 에베소서에 따르면, "그리스도"지만(엡 4:11), 고린도전서에 의하면 "하나님"이시다(고전 12:28).

1.1.2.3 결혼관

에베소서는 그리스도와 교회의 관계를 신랑과 신부로 보고, 큰 신비가 머문다고 말하지만(엡 5:22-33), 고린도전서는 결혼보다 독신이 종말의 시대에 더 적당한 것으로 생각하는 듯한 인상을 준다(고전 7:1, 8, 26).

하지만 이러한 성경 읽기는 옳지 않다. 예컨대 에베소서 2:20이 실제로 고린도전서 3:11과 다른 사상을 담고 있는가?

> **엡 2:20** 너희는 사도들과 선지자들의 터 위에 세우심을 입은 자라. **그리스도 예수**께서 친히 **모퉁잇돌**이 되셨느니라.

바울은 여기서 교회의 터를 "사도들과 선지자들"이라고 하면서 동시에 동일한 구절 말미에 "그리스도 예수"께서 친히 교회의 기초인 모퉁잇돌 되셨다고 말하지 않는가? 만일 성경에서 교회의 터를 여기서는 사람에게 두고, 저기서는 그리스도께 둔다면, 이것은 심각한 문제가 될 것이다. 그러나 교리의 차이가 있는지 여부를 교리 체계 전체 속에서 논의하지 않고, 자구(字句)가 일치하는지 여부로 판단하는 것은 적절하지 않다. 같은 표현이 다른 것을 가리킬 수 있고, 다른 표현이 같은 것을 의미할 수 있다. 여기서는 시야를 넓히면 표현까지 일치한다. 에베소서 2:20과 고린도전서 3:11은 같은 교리를 담고 있다.

이외 나머지 항목들은 반박할 필요가 없다.[374]

문체의 차이점과 교리의 상이성은 에베소서가 바울의 저작이 아니라는 주장의 근거로 충분하지 못하다.

다음으로 수신지가 에베소가 아니라는 의심이 있다. 즉 에베소서의 저자가 바울인 것은 인정하지만 이 서신이 에베소에 보내진 것은 아니라는 것이다.

1.2 에베소에 대한 의심

에베소서의 수신지가 "에베소"가 아니라면 이 편지가 "에베소서"일 수 있는가? 이 반론에는 한편으로 이 서신의 진정성에 금이 가게 하려는 의도를 엿볼 수 있지만, 다른 한편으로 진공 상태에서 나온 주장은 아니다. 사본 증거 때문이다. 따라서 잠시 신중하게 살펴볼 필요가 있다.

1.2.1 "에베소에…"가 없는 사본

바울서신 사본들 중 가장 중요한 사본에 "에베소에 있는"(ἐν Ἐφέσῳ)이라는 문구가 빠져 있다.

	사본
Παῦλος ἀπόστολος Χριστοῦ Ἰησοῦ διὰ θελήματος θεοῦ	
τοῖς ἁγίοις τοῖς οὖσιν καὶ πιστοῖς ἐν Χριστῷ Ἰησοῦ, …	$\mathfrak{P}^{46}$ ℵ* B*
τοῖς ἁγίοις τοῖς οὖσιν ἐν Ἐφέσῳ καὶ πιστοῖς ἐν Χριστῷ Ἰησοῦ, …	ℵ² A B²

---

374 Cf. Guthrie, *New Testament Introduction*, 522–527.

여기서 하나의 경향을 관찰할 수 있다. "에베소에 있는"(ἐν Ἐφέσῳ)이라는 문구가 원본에는 없으나 이후 필사본에 등장한다는 점이다. 다시 말해서, 파피루스 46($\mathfrak{P}^{46}$), 시내산 사본 원본(ℵ*)과 바티칸 사본 원본(B*)에 없는 문구가 시내산 사본 두 번째 필사본(ℵ²)과 바티칸 사본 두 번째 필사본(B²)에는 있다.

그러면 이 사본적 증거를 어떻게 해석할 것인가? 우선 이 편지를 에베소에 보낸 것은 아니라고 주장한다. 그러면 이 편지를 누구에게 보낸 것이라고 생각하는가? 특정 지역 교회가 아니라 에베소, 골로새를 포함한 아시아의 여러 지역의 교회에 회람된 서신이었다고 생각한다(cf. 엡 6:21-22; 골 4:7-9). 즉 원래 이 편지는 회람서신이었는데, 후대 필사자들이 "에베소에"(ἐν Ἐφέσῳ)라는 문구를 끼워 넣어 바울이 에베소에 보낸 편지로 만들었다는 것이다.

하지만 이 주장은 정당한가? 이 주장의 논거는 매우 부족하다. 반대로 가정해 보자. 바울이 "에베소에 있는"(ἐν Ἐφέσῳ)이란 문구를 처음부터 기록했다고 하자. 그러면 이 편지를 사데나 두아디라, 빌라델비아 등 다른 지역 교회를 보낼 수 없었는가? 바울은 특정 지역의 교회에 보낸 편지를 다른 지역의 교회가 읽도록 했다.

> **골 4:16** 이 편지[골로새서]를 너희에게서 읽은 후에 라오디게아인의 교회에서도 읽게 하고 또 라오디게아로부터 오는 편지를 너희도 읽으라.

송신자 바울 편에서뿐만 아니라 수신자 교회 편에서도 마찬가지였다. 바울서신이 수집되었을 때, 어떤 편지가 특정 지역에 보낸 것이 분명했지만, 다른 지역의 교회도 그 서신을 자신들에게 준 하나님의 계시로 받아들였다. 라오디게아에 보냈던 편지가 골로새 지역에도, 또 반대로 골로새에 보낸 편지도 라오디게아 지역에서 자연스럽게 회람되었다.

여기서 한 가지 더 살펴볼 점이 있다. "에베소에 있는"(ἐν Ἐφέσῳ)라는 문구가 빠져 있는 문헌이 하나 더 있다. 바로 마르시온 성경이다.

1.2.2 마르시온 '성경'

테르툴리아누스와 에피파니우스에 따르면, 마르시온(Marcion)은 이 편지의 표제를 다음과 같이 바꾸었다.

프로스 라오디케이스 Πρὸς Λαοδικεῖς[375]

이 표제 다음 내용은 현재 에베소서와 같다. 그런데 표제만 "에페시우스"(에베소)가 아니라 "라이디케이스"(라오디게아)로 바뀌었고, 골로새서 앞에 있다.[376] 그렇다면 왜 에베소 자리에 라오디게아의 명칭이 들어가 있는가? 마르시온은 왜 이렇게 바꾸었는가?

이에 대해 한 가지 합리적인 추론을 해 볼 수 있다. 앞에서 인용한 골로새서 4:16에 따르면, 바울은 골로새서와 '라오디게아서'를 함께 보냈다. 두 교회가 먼저 자신이 읽고 그 다음에는 서로 교환하여 읽도록 했다. 즉 골로새서를 골로새 지역에 있는 모든 교회가 돌아가며 다 읽고, 마찬가지로 '라오디게아서'도 라오디게아 지역의 모든 교회가 읽은

---

[375] 마르시온(Marcion)이 약 144년 초대 카톨릭교회로부터 이단정죄를 받고 분리되어 로마에 자체적으로 교회를 세우고 사용했던 성경 본문의 모습에 대하여는 Th. Zahn, *Geschichte des neutestamentlichen Kanons II/2: Urkunden und Belege zum ersten und dritten Band* (Erlangen/Leipzig: Deichert, 1892, 409-529를 참조하라; 에베소서 표제에 관해서는 522를 참조하라; 더불어 마르시온 성경에 관한 설명은 Th. Zahn, *Grundriss der Geschichte des neutestamentlichen Kanons. Eine Ergänzung zu der Einleitung in das Neue Testament*, 2nd ed. (Leipzig: Deichert, 1904), 227-29을 보라.

[376] 마르시온 정경목록에 바울서신은 총 10권인데, 순서는 다음과 같다: 갈라디아서, 고린도전서, 고린도후서, 로마서, 데살로니가전서, 데살로니가후서, 라오디게아서, 골로새서, 빌립보서, 빌레몬서.

후에, 그 두 통의 편지를 서로 바꾸어 읽으라는 말이다. 바울은 이 말을 지금 자신의 편지를 받은 골로새 교회에게 하고 있다.

여기서 한 걸음 더 들어가 보자. 에베소서와 골로새서를 살펴보면 내용이 놀라울 만큼 비슷하다. 따라서 마르시온은 '라오디게아서'를 에베소서로 오해하고 에베소서에 프로스 라오디케이스(Πρὸς Λαοδικεῖς)라고 표제를 붙였을 수 있다. 그러면 "에베소에 있는"이란 문구의 부재는 어떻게 설명할 것인가? 두 가지 중 하나일 수 있다. 우선 마르시온이 "에베소에 있는"(ἐν Ἐφέσῳ)이란 문구를 에베소서 1:1에서 뺐을 수 있다. 왜냐하면 마르시온은 골로새서 4:16에 근거하여 이 서신이 라오디게아서라고 확신했을 수 있기 때문이다. 다음으로 마르시온이 모은 바울서신 수집본에 "에베소에 있는"(ἐν Ἐφέσῳ)이란 문구가 아예 없는 사본이었을 수 있다. 이것을 확인하고 마르시온은 표제를 "라오디게아인들에게"라고 고친 것이다. 따라서 마르시온의 정경목록에는 에베소서 자리에 라오디게아서가 있다. 즉 마르시온이 말하는 라오디게아서는 실제로 바울이 라오디게아 교회에 보낸 서신이 아니라 에베소서일 가능성이 높다.

이제 지금까지 학자들의 눈에 포착되지 않은 점을 지적함으로써 사본에 근거한 반론을 반박해 보자.

1.2.3 카이(καί)

앞의 논의를 고려하더라도 장소가 없는 문장은 매우 부자연스럽다. 에베소서 1:1에서 수신자 부분만 인용하면 다음과 같다.

사본

예수 그리스도 안에 있는 그리고 신실한 성도들에게…

τοῖς ἁγίοις τοῖς οὖσιν   καὶ πιστοῖς ἐν Χριστῷ Ἰησοῦ, …   𝔓46 ℵ* ℵ²
                                                                    A B* B²

이것은 모든 사본에서 동일하다. 만일 여기서 카이(καί)가 없었다면 "거룩한 이들, 곧 그리스도 예수를 믿는 자들에게"(τοῖς ἁγίοις τοῖς οὖσιν πιστοῖς ἐν Χριστῷ Ἰησοῦ)라고 읽을 수 있었을 것이다. 하지만 카이가 중간에 있기 때문에 비문이 된다. 따라서 많은 이론이 제시되었는데, 그 중 하나가 앞에서 소개한 회람서신 이론이다. 즉 토이스 우신(τοῖς οὖσιν…) 뒤에는 장소 기입란이 와야 한다는 것이다. 그래서 "어디어디에 있는 성도들에게 그리고 그리스도 예수를 믿는 자들에게"(τοῖς ἁγίοις τοῖς οὖσιν … καὶ πιστοῖς ἐν Χριστῷ Ἰησοῦ)라고 읽으려고 한 것이다.

물론 바울이 에베소서를 쓸 때, 에베소뿐만 아니라 에베소를 중심으로 한 아시아 지역 여러 교회에 보내는 편지로 구상을 했다면 토이스 우신(τοῖς οὖσιν) 다음에 공란을 남겨 두었을 것이고, 이 편지를 전달한 자나 받은 지역 교회들은 모두 그 공란에 자신들의 지역 이름을 기입할 수 있었을 것이다. 예를 들면 에베소뿐 아니라 사데나 두아디라 지역에 편지가 가면 그 편지를 전달하는 자가 그 공란에 "사데" 또는 "두아디라"라는 지명을 썼을 수 있다.

그러나 이 주장은 네 가지 점에서 당시 상황과 거리가 멀다.

첫째, 당시 출판 현실이다. 바울과 초대교회는 오늘날과 같이 어떤 글을 쓸 때 같은 글을 여러 부 또는 여러 권 쓰지 않았다. 만일 이것이 가능했다면 바울이 왜 골로새서와 '라오디게아서'를 두 부 또는 그 이상을 써서 골로새 교회와 라오디게아 교회에 각각 두 통씩 보내지 않았겠는가?

둘째, 바울서신의 증거이다. 오늘날 사람들은 갈라디아서나 고린도 전후서가 "갈라디아"나 "고린도"라는 특정 지역에 보낸 편지라고 생각한다. 하지만 "갈라디아"는 로마제국 속주의 명칭이다. 나아가 고린도는 "아가야" 지방의 대표 도시이다. 따라서 바울은 고린도 교회에 편지를 쓰면서도 아가야 주에 있는 교회들을 염두에 둔다(고전 1:1 "각처"; 고후 1:1 "아가야 있는 모든 성도들"). 그런데 갈라디아서나 고린도서도 갈라디아-부르기아 지역의 교회들, 아가야 지방의 교회들에게 보낸 편지임에도 분명한 지명이 있다.

셋째, 사도 바울의 저작 원칙에 맞지 않는다. 바울은 설사 대필자를 두고 편지를 쓰더라도 반드시 자신이 확인한 후에 친필로 서명했다(살후 3:17; cf. 골 4:18). 이미 AD 50년경부터 바울의 편지를 위조하는 일이 있었기 때문이다(cf. 살후 2:2). 하물며 편지의 시작을 다른 사람이 쓰게 하겠는가? 자신이 "편지마다 이렇게 쓰노라"(살후 3:17)고 말한 이가 편지의 서두부터 비어 있는 채로 두었다면, 데살로니가후서 이후 바울이 쓴 모든 편지는 자기 저작 원칙을 스스로 어긴 것이 되는데, 이런 가정이 합리적인가? 바울이 당시 편지의 주소에 해당하는 수신자를 명확히 밝히지 않고 전달자가 임의로 쓰게 했을 가능성은 희박하다.

넷째, 사본상 증거이다. 앞의 이론에 따르면, 편지 전달자가 각 도시마다 전달했다면, 그가 전달한 각 사본에 그 도시 이름을 기록했을 것이다. 그러면 에베소 외에 다른 지명이 기록된 편지가 존재해야 한다. 다시 말해서 내용은 에베소서와 동일하지만, 표제가 다른 예컨대 '사데서,' '빌라델피아서,' '두아디라서' 등이 있어야 한다. 그런데 이러한 도시 이름이 기록된 사본은 전혀 발견되지 않는다. 에베소서 이외에는 전혀 발견되지 않는다는 점이다.

이 네 가지 점을 고려할 때 회람서신 이론의 신뢰성은 낮아진다. 그러므로 바울은 이 편지를 에베소 교회에 보냈고, 에베소 교인들은 그들에게 보낸 편지를 받은 것이다. "에베소에 있는"이라는 문구가 들어 있는 사본 외 다른 사본들이 존재하지 않는다는 사실도 이것을 지지한다.

우신 다음에 나오는 카이(τοῖς ἁγίοις τοῖς οὖσιν ἐν Ἐφέσῳ καὶ πιστοῖς)는 앞에 나오는 "성도들"을 설명하는 카이(kai epexegeticus)로 해석할 수 있다.

따라서 이 서신의 수신자는 에베소 교회였다. 이것이 19세기 비평학이 등장하기 이전 전통적인 견해였다. 이 전통적인 견해를 뒤집기에 충분한 이론은 아직까지 없다. 따라서 이 견해를 전복할 만한 확실한 다른 이론이 등장하기 전까지는 그 견해의 정당성은 무너지지 않을 것이다.

2. 에베소서 구조 및 개요

2.1 에베소서 구조

에베소서의 편지시작말와 편지맺음말은 다른 바울서신과 같다. 편지본말은 전체적으로 볼 때 교리와 윤리로 나눌 수 있는데, 바울은 이 둘을 "그러므로"(οὖν, 엡 4:1)로 연결한다. 이 점에서는 다른 서신과 같다.

하지만 에베소서는 바울의 다른 서신과 비교할 때 두 가지 특징이 있다. 하나는 감사 대신 송영이 들어온 점이고, 다른 하나는 논지의 시작과 끝이 명확하지 않다는 점이다. 이것은 묵상의 넓이와 깊이가 너무 커서 기존의 형식으로 다 담아내지 못하면서 나타나는 현상이다.

편지본말은 크게 세 부분으로 나뉜다. 먼저 바울은 그리스도 안에서 나타난 삼위일체 하나님의 예정과 구속, 인치심을 생각하며 송영을 드리고 그 크신 하나님께 에베소 교인들을 위해 기도한다(엡 1:3-23). 여기까지는 문단의 경계가 명확하다. 그러나 다음 두 부분은 너무 많은 주제가 나오고 그 주제들이 서로 얽혀 등장한다. 그러나 바울이 자신의 글에 심어둔 문학적 장치를 민감하게 읽으면 단락과 내용을 파악할 수 있다. 에베소서 2:1이후 본문을 보면, 4:1부터 접속사 "그러므로"와 함께 명령법이 눈에 띄게 증가하는 것을 관찰할 수 있다. 따라서 이 단락은 크게 에베소서 2:1-3:21와 4:1-6:20, 두 부분으로 나뉜다는 것을 알 수 있다. 그러면 각 부분의 주제는 무엇인가?

첫 부분은 죄, 구원, 화목, 교회(엡 2:1-22), 기도, 그리스도의 비밀, 하나님 지혜의 계시(엡 3:1-21) 등이 쉴새 없이 이어 나온다. 그러나 바울은 에베소서 3:1-4에서 에베소 교인들에게 들려준 "은혜의 경륜," 자신에게 있는 "그리스도의 계시와 신비"를 말한다. 만일 "내가 간단히 미리 기록한 대로"(καθὼς προέγραψα ἐν ὀλίγῳ, 3:3b)가 바울이 에베소서를 쓰기 전에 썼던 알려지지 않은 글이 아니라 에베소서 3장 앞부분을 가리키고, 그 "비밀"(엡 3:5-13)까지 다시 설명하는 것이 사실이라면, 에베소서 2-3장에 등장하는 다양한 주제는 하나님이 그리스도 안에서 계시하신 "복음의 비밀과 영광"이라는 제목으로 묶을 수 있다. 그러면 이 "복음의 비밀과 영광"은 무엇으로 이루어져 있는가? 이는 두 가지이다. 하나는 죄인을 구속한 것이고, 다른 하나는 이방인을 종말에 하나님의 나라에 공동상속자로 들어오게 하신 것이다.

두 번째 부분은 첫 번째 부분에서 말한 영광스러운 복음에 합당하게 하는 삶이 무엇인지 말한다. 이 부분은 다시 다섯 단락으로 나뉘는데, 부르심에 합당한 행함, 종말론적 새 인류의 원리와 표준에 따르는 삶, 옛 세계에서 성도의 삶의 모습, 특별히 가정에서 성도의 빛을 드러냄, 주와 주의 힘으로 강해지는 일이다. 여기서 첫 단락과 마지막 단락이 내용상 원칙을 제시한 부분이라면, 그 안에 세 단락이 실제 삶과 행동을 권면하는 부분이라는 것을 알 수 있다. 그런데 가운데 오는 단락이 모두 그리스도 안에서 새로운 창조(cf. 고후 5:17), 즉 새 인류가 되었으나 옛 세계와 가정에서 어떻게 '오는 세계'의 원리와 생명을 드러내야 하는지 말하는 내용이다.

에베소서의 개요는 다음과 같다.

2.2 에베소서 개요

| | 수사학적 요소 |

1. 편지시작말(엡 1:1–23)   서론(*exordium*)
   1) 서두(1:1–2)
     (1) 송신자: 바울(1:1a)
       A. 그리스도 예수의 사도(1:1aα)
       B. 하나님의 뜻을 통해(1:1aβ)
     (2) 수신자: 에베소에 있는 성도들, 주 예수를 믿는 자들(1:1b)
     (3) 문안(1:2)
       A. 내용: 은혜와 평화(1:2a)
       B. 근원: 하나님 아버지와 주 예수 그리스도(1:2b)
   2) 송영과 기도(1:3–23)   송축(*eulogia*)
     (1) 삼위일체 하나님께 드리는 찬양(1:3–14)
     (2) 성도를 위한 바울의 감사와 기도(1:15–23)

2. 편지본말(엡 2:1–6:20)
   1) 복음의 비밀과 영광(2:1–3:21)   사실진술(*narratio*)
     (1) 죄인을 구속함(2:1–22)
       A. 허물과 죄로 죽음(2:1–3)
       B. 그리스도 안에서 구속하심(2:4–10)
       C. 종말론적 새 인류를 창조하심(2:11–22)
     (2) 이방인이 공동상속자가 됨(3:1–21)   증명(*probatio*)
       A. 그리스도의 비밀(3:1–6)   주제제시(*partitio*)
       B. 바울, 계시의 일꾼(3:7–9)
       C. 교회, 계시 전달 기관(3:10–13)
       D. 바울의 기도(3:14–21)
   2) 복음에 합당한 삶(4:1–6:20)   권면(*exhortatio*)
     (1) 부르심에 합당하게 행하라(4:1–16)
       A. 서로 용납함(4:2)
       B. 하나됨을 굳게 지킴(4:3–6)
       C. 다양한 은혜로 그리스도에게까지 자라감(4:7–16)

(2) 새 인류의 원리에 따르라(4:17–5:2)
      A. 옛 사람의 행위의 본질(4:17–24)
      B. 옛 삶에서 새 삶으로(4:25–32)
      C. 새 삶의 표준: 하나님과 그리스도의 사랑(5:1–2)
   (3) 옛 세계에서 성도의 삶을 살라(5:3–20)
      A. 음란과 탐욕을 피함(5:3–7)
      B. 성도의 정체성을 자각함(5:8–14)
      C. 모든 일에 주의 뜻을 분변함(5:15–20)
   (4) 가정에서 성도의 삶을 살라(5:21–6:9)
      A. 대원칙: 그리스도를 경외함으로 서로 복종(5:21)
      B. 남편과 아내(5:22–33)
      C. 자녀와 부모(6:1–4)
      D. 종과 주인(6:5–9)
   (5) 주와 주의 힘으로 강해지라(6:10–20)
      A. 하나님의 전신갑주를 입음(6:10–18)
      B. 성령 안에서 항상 기도하고 복음을 전파함(6:19–20)

3. 편지맺음말(엡 6:21–24)　　　　　　　　　　　　　결론(*peroratio*)
   1) 바울의 사정을 두기고를 통해 알림(6:21–22)
   2) 문안인사(6:23–24)

이제 에베소서의 내용을 간략히 살펴보자.

3. 에베소서 내용

에베소서는 그리스도 안에서 역사와 시대를 초월하는 구속을 이루신 하나님, 그리스도의 계시와 신비, 우주적 교회, 종말에 출현한 새 인류의 새로운 삶을 전한다. 하지만 바울은 이 모든 것에 앞서 하나님께 찬송과 기도를 드린다. 이것을 개관하면 총 세 부분이 나타난다.

		에베소서
1.	바울의 송영과 기도	1:3-23
2.	복음의 비밀과 영광	2:1-3:21
3.	복음에 합당한 삶	4:1-6:20

이제 이 세 부분을 차례로 살펴보자.

3.1 바울의 송영과 기도(엡 1:3-21)

에베소서 1장에는 송영(엡 1:3-14)과 기도(1:15-21)가 등장한다. 그런데 이 기도는 세 가지로 구성되는데, 마지막 기도가 길게 확장되어 있다. 여기서 바울은 그리스도의 교회가 얼마나 영광스러운지 진술한다(1:22-23).

여기서는 송영과 기도를 한 묶음으로 다루고, 교회의 영광은 독립적인 단락으로 따로 떼어 설명하도록 하겠다. 우선 송영을 살펴보자.

3.1.1 바울의 송영(엡 1:3-14)

에베소서는 베라카로 시작한다. 이것은 무엇인가? 서두를 마치자마자 바울은 "찬송하리로다!"라고 외친다. 이것은 어떤 인물이나 사건을 생각할 때, 영혼 깊은 곳에서 솟아나는 탄성과 외침을 말하는데 베라카

(בְּרָכָה)라고 부른다. 구약에서 나오는 문학 형식으로 하나님께서 과거에 행하셨고 앞으로 자기 백성을 위해 행하실 일을 생각하면서 하나님께 드리는 송영을 가리킨다(cf. 창 9:26, 24:27; 시 28:6, 31:22, 41:14, 66:20, 72:18, 106:48). 이 송영의 전체적인 구조는 다음과 같다.

	에베소서
찬송하리로다.	1:3
성부 하나님 – 그의 은혜의 영광을 찬송이 되도록 하기 위해	1:6
성자 하나님 – 그의 영광의 찬송이 되게 하려고	1:12
성령 하나님 – 그의 영광을 찬송하게 하려고	1:14

이 송영은 간단하게 도식화하는 것이 불가능하지만, 성부께는 예정을, 성자께는 속죄(속량 곧 죄 사함; 1:7)를, 성령께는 기업의 보증을 돌리고 있다.

하나님께서는 그리스도 안에서 하늘에 속한 모든 신령한 복으로 우리에게 복주셨다(엡 1:3). 그는 창세 전에 그리스도 안에서 우리를 택하셨고(1:4), 사랑 안에서 그의 아들들로 예정하셨다(엡 1:5). 나아가 그의 사랑하시는 자, 그리스도 안에서 그의 은혜를 우리에게 거저 주셨다(엡 1:6). 하나님께서는 그의 은혜를 풍성히 주셔서 우리를 구속하시고 죄를 용서하여 주셨다(엡 1:7, 8). 또한 모든 지혜와 총명을 주셔서 하나님 뜻의 비밀(mystery)을 우리에게 알리셨으며(엡 1:9), 그리스도 안에서 예정하셨는데, 이것은 하늘과 땅의 모든 것이 다 그리스도 안에서 통일되게 하기 위함이다(엡 1:10). 우리로 그리스도 안에서 그의 영광을 찬송하게 하셨다(엡 1:12). 하나님께서는 우리의 기업의 보증으로 성령을 주셨으며(엡 1:14), 우리를 불러 부르심의 소망을 주셨다(엡 1:18).

이 송영은 본래 말로도, 번역어로도 논리적인 분석의 대상이 아니다. 느끼는 언어이다. 깊은 밤 홀로 눈을 감을 때 갑자기 온 세상과 우주가 한꺼번에 나타나고 삼위일체 하나님이 하신 일이 만조 위에 석양처럼 거대한 바다 앞에 다가서는 것과 같다. 거기서 개미 같은 인간을 창조주 하나님이 계획하시고, 유한한 시간과 공간 안의 사건에 무한한 영원이 연결되며, 마른 낙엽 같은 인생을 위해 우주보다 큰 성령 하나님이 보증이 되신다. 어리석은 일에 드러난 무한한 지혜와 심원한 사랑에 압도당한 영혼만이 느끼는 신비, 시간이 존재한 순간부터 지금까지 망각과 시간의 지배 아래서 사라지고 묻혀 존재하는지도 몰랐던 "구속"이 바다 깊은 곳에서 땅이 올라오듯이 나타나는 경이, 눈과 손의 정교함이나 생각과 상상의 기묘함으로 만든 신들의 구름 아래 두려움과 불안의 폭우와 불만족의 바람에 휩쓸리다가 구름 위 저 너머 세상으로 진입하여 보게 된 세계, 이것이 이 송영이다.

송영 후에 기도가 이어진다.

3.1.2 바울의 기도(엡 1:17-21)

바울의 기도를 볼 때 세 가지 측면에서 살펴볼 필요가 있다. 먼저 이 기도의 문학적 역할이고, 다음으로 기도의 형식적 특성이다. 마지막으로 기도의 내용이다.

3.1.2.1 문학적 역할

바울은 송영(엡 1:3-14)을 마치고 하나님께 기도한다. 세 가지를 간구하는데, 그 세 가지는 하나님과 성도의 기업, 하나님의 능력을 알게 해 달라는 것이다.

	에베소서
하나님이	
지혜와 계시의 영을 주셔서 하나님을 알게 하소서	1:17
마음의 눈을 밝히사 성도의 기업의 부요함을 알게 하소서	1:18
우리에게 베푸신 하나님의 능력을 알게 하소서	1:19-23

그런데 이 세 가지 기도를 면밀히 살펴보면, 에베소서 전체의 내용을 담고 있다는 것을 알 수 있다.

바울의 기도	기도 본문	에베소서 본문	내용
하나님	1:17	1:3-14	송영
성도의 기업	1:18	2:1-3:21	복음의 비밀과 영광
하나님의 능력	1:19-23	4:1-6:20	복음에 합당한 삶

그리스도 예수 안에서 하늘에 속한 모든 신령한 복을 주신 하나님(엡 1:17; cf. 1:3-14), 그 하나님이 그리스도와 함께 우리를 살리시고, 일으키시며, 하늘에 함께 앉게 하셔서 구속을 성취하시고 이방인과 유대인으로 구성된 하나의 백성, 하나님의 한 가족을 만드셨다(엡 1:18; cf. 2:1-3:21). 이 큰 복음을 받은 사람들은 옛 사람을 벗어버리고 새 사람을 입고 복음에 합당하게 살며 그리스도 안에서 강하여지며 영적으로 무장하고 늘 기도에 깨어 있어야 한다(엡 1:19-23; cf. 4:1-6:20).

바울의 기도는 에베소서 전체의 내용을 개관하는 목차와 같다.

지금까지 기도의 문학적 역할이 무엇인지 살펴보았다. 이제 이 기도에 집중해 보자. 이 기도는 어떤 형식으로 되어 있는가?

3.1.2.2 기도의 형식적 특징

바울의 기도는 형식에서 약간 독특하다. 보통 기도는 기도의 대상을 부르고, 그 대상에게 간청이나 소원을 말하는 형식인데, 여기서는 기도의 대상이신 하나님이 행위의 주체로 나서 달라는 형식이다. "하나님이"(ἵνα ὁ θεός ..., 1:17). 여기서 바울이 기도를 어떻게 생각했는지 드러난다. 기도는 파도 같은 것이 아니다. 하나님과 사람 사이에 기도자의 소원이 나타났다가 그 소원이 만족되면 물러가는 이미지가 아니다. 기도는 바다와 하늘 저편에 눈을 돌리는 것이다. 바다를 움직이고(시 78:13;

77:16; 합 3:15; 눅 8:24) 하늘을 가르시고 내려오시는 분(사 64:1; 눅 3:23)의 일하심을 구하는 것이다. 그래서 바울은 기도하면 하나님이 주도적으로 일하시고, 행하시며, 다가오시는 것으로 본 것이다. 기도는 이신론적 체계에서 하나님과 인간을 잇는 가느다란 끈이 아니라 하나님의 일하심에 하나님의 백성이 참여하는 역사적이고 영적인 장이다.

그러면 바울은 특별히 어떤 영역에서 하나님이 일하여 주시기를 간구하는가? 이제 기도의 내용을 살펴보자.

3.1.2.3 기도의 내용

먼저 바울은 하나님께서 "지혜와 영을" 에베소 교인에게 주셔서 "하나님을 알게 하시기를" 간구한다. 여기서 "지혜와 계시의 정신"은 사람에게 있는 정신력이나 지혜, 지식의 힘이 아니다. 왜냐하면 인간의 지혜는 하나님을 아는 일에 무익하기 때문이다(cf. 고전 1:21). 오히려 이것은 "지혜와 계시의 성령"을 가리킨다. 그렇다면 바울은 성령께서 하나님을 더 알게 해 주시기를 간구하는 것이다. 다시 말해서, 성령의 지혜와 성령의 계시를 통해 알게 해 달라고 간구하는 것이다.

다음으로 하나님이 우리를 성도로 부르셨을 때, 자신의 나라(기업)의 소망이 얼마나 큰 것인지 신자들에게 드러내 주시기를 간구한다. 이것을 알기 위해서는 "마음 눈이 밝아져야" 한다. 인간은 스스로 얼마나 어두운지 모른다. 심지어 거듭난 성도라도 하나님의 부르심과 기업을 말씀을 통해 연구하고 관심을 가지며 묵상하는데 너무나 소홀하다. 하나님이 우리를 부르셨을 때, 그 소망과 그 기업의 풍성함은 "롯이 눈을 들어 바라본 요단 들" 정도가 아니다(창 13:10). 그 땅이 아무리 "소알까지 물이 넉넉하고," "여호와께서 소돔과 고모라를 멸하시기 전이었는 고로 여호와의 동산 같고 애굽 땅과 같았다"고 할지라도 이 기업의 풍성함에 비할 수 없다. 이 소망은 영생에 대한 소망이다. 이 소망은 장차 받을 영원한 생명뿐만 아니라 하나님께서 그리스도를 믿는 순간 그의 성도들 안에 역사하게 하신 예수 그리스도의 부활생명이며, 이렇게 누리는 생명의 맛을 장차 그 나라에서 충만하게 누리도록 하신 그런 소망이다. 이 기업은 어떤 기업인가? 본래는 오직 예수 그리스도만이 하나님의 독생자의 지위에서 받을 수 있는 기업이었다. 그 기업을 그리스도를 믿는 모든 신자들에게 아무런 대가 없이 받아 누리도록 하신 것이다. 그러므로 신자는 자신의 삶의 어두움과 어두운 현실이 아무리 크더라도 이 부르심의 소망과 성도 안에서 기업의 풍성함을 질식시키지 못하게 해야 한다.

마지막으로 바울은 하나님께서 성도에게 베푸신 능력이 얼마나 큰 것인지 알게 해 달라고 기도한다. 이 능력은 무게나 강함이나 인간적 척도로 측정할 수 있는 것이 아니다. 이 능력은 신적인 척도로 드러낸 것이다. 구약 백성은 하나님의 전능하심을 무엇으로 표현했는가? 창조로 표현했다. 하나님은 "하늘과 땅을 지으신 분"이시다(창 1:1; 시 115:15, 124:8; 사 37:16; 렘 32:17). 그러나 신약 성도는 하나님의 전능하심을 무엇으로 나타내는가? "그리스도의 부활"이다. 하나님은 "그리스도 예수를 죽은 자 가운데서 살리신 분"이시다(행 2:24, 3:15, 13:30, 17:31; 롬 4:24; 8:11). 바울은 이 전능하심과 권능을 성도에게 적용했다고 말한다. 그리스도를 죽은 자 가운데서 부활시키는 능력이요, 무에서 우주를 출현시키듯이 현재의 시대 속에서 근본적으로 다른 질서가 지배하는 새 시대를 출범시키는 능력이요, 메시아를 하나님의 우편에 앉히시고, 나사렛 예수를 "모든 통치와 권세와 능력과 주권과 현 세대와 오는 세대의 모든 존재보다" 높이시는 능력이다(1:20-21).

사도 바울은 하나님의 능력을 알게 해 달라고 간구한 후에 이 능력에 대해 설명한다. 이 능력이 예수님을 죽은 자들 가운데서 부활하게 하셨고, 하늘에 있는 자신의 우편에 앉히시며, 모든 존재 위에 뛰어나게 하셨다는 것이다.

그런데 여기서 그치지 않는다. 이렇게 높이신 그리스도와 만물, 교회는 어떤 관계가 있는지 말한다. 여기서 바울은 교회를 독특하게 표현하는데, 교회는 "충만"이라는 것이다. 그러면 이 말은 무슨 의미인가?

3.2 교회의 영광(엡 1:22-23)

바울은 에베소서 1:22-23에서 그리스도가 누구인지 교회는 어떤 존재인지 소개한다.

22a   καὶ πάντα ὑπέταξεν ὑπὸ τοὺς πόδας αὐτοῦ

       καὶ αὐτὸν ἔδωκεν κεφαλὴν
  b   ὑπὲρ πάντα τῇ ἐκκλησίᾳ,
23a   ἥτις ἐστὶν τὸ σῶμα αὐτοῦ,
              τὸ πλήρωμα τοῦ τὰ πάντα ἐν πᾶσιν πληρουμένου
  b

22a   하나님이 만물을 그리스도의 발 아래 복종케 하셨다
       그리고 그리스도를 하나님이 주셨다, 머리로,
  b   모든 것 위에, **교회**에게
23a   교회는 그의 **몸**이다,
              충만, 만물을 만물 안에서 충만케 하시는 이의
  b

이 본문은 매우 생소한 표현들로 이루어져 있는데, 이것을 정리하면 다음과 같다.

		에베소서
1.	하나님은 그를 머리로 만물 위에 교회에게 주셨다.	1:22b
2.	교회는 그리스도의 몸이다.	1:23a
3.	그 몸은 곧 만물을 만물 안에서 충만케 하시는 자의 충만이다.	1:23b

이 본문은 매우 생소한 표현들로 이루어져 있는데, 이러한 말들은 무엇을 의미하는가? 이 표현들은 그리스도와 만물, 교회의 관계를 말하는 것 같은데, 정확히 무엇을 뜻하는 것인가? 또 교회는 그리스도의 "몸"일 뿐 아니라 만물을 충만케 하시는 자의 "충만"이라고 하는데, 이 "충만"이란 어떤 현실을 가리키는가?

3.2.1 교회의 우주적 지위

3.2.1.1 만물 위 교회에게

먼저 바울이 교회와 그리스도의 관계를 말할 때, 소유격("그를 교회의 머리로 주셨다")이 아닌 여격("그를 교회에게 머리로 주셨다")을 썼다는 점이다. 여기서 "주셨다"(ἔδωκεν)고 말하기 때문에, 그리스도께서 교회의 머리가 되신 것은 하나님의 선물의 성격을 띤다. 하나님께서 그리스도를 은혜로 교회에 수여하셨다는 것이다. 하나님이 만물을 그리스도의 발 아래 복종하게 하셨다면, 그리스도는 만물보다 큰 분이신데, 그렇게 크신 분을 어떻게 교회에게 선물로 주실 수 있는가?

다음으로 "만물 위에"(ὑπὲρ πάντα)라는 말이다. 이 말이 무엇을 수식하는가에 따라 이 구절의 의미가 달라진다. 주석가들은 거의 대부분 "만물 위에"란 말을 "머리"와 함께 읽는다(Ewald, O'Brien, etc.). 그러면 "만물 위에 머리"(오브라이언), "모든 것을 다스리는 머리", "만유 위에 통치권을 행사하는 머리"라는 의미가 된다. 이것은 그리스도의 주권을 강조한다. 그러나 "만물 위에"를 머리가 아니라 교회와 함께 읽을 수도 있다(조병수). 그러면 우리말 번역처럼, 하나님이 그리스도를 "만물 위 교회," 즉 "만물 위에 있는 교회에게" 주셨다는 뜻이 된다. 이것은 교회의 높은 지위를 강조한다.

이 두 가지 읽기 방식 중 두 번째가 더 옳아 보인다. 많은 사람들이 첫 번째를 지지한다. 그러나 그들이 놓친 점이 두 가지가 있다. 첫째,

바울은 에베소서 1:21-22에서 시편 8:7을 인용하면서 무엇을 의도했는가 하는 것이다. 그것은 부활하여 영화롭게 된 그리스도의 모습을 그리는 것이다.

> 하나님이
> > 그리스도의
> > > [몸]
> >
> > 발 아래
> > 만물을
>
> 복종하게 하셨다.

여기서 그리스도와 만물의 위치가 선명하게 나타난다. 그리스도가 있고 그 발 아래 만물이 있다. 여기에는 몸이 없다. 몸은 다음 구절에서 언급한다. 즉 에베소서 1:22-23에 따르면, 그리스도의 발 위에 교회가 있고, 그리스도는 그 교회의 머리이며, 교회는 그 그리스도의 몸이라는 것이다. "머리-몸-발 아래"라는 은유를 써서 그리스도의 모습을 그리고 있다는 것, 이것을 포착하는 것이 중요하다.

둘째, 이 그림에 대한 설명이라는 점이다. 에베소서 1:23은 1:22에서 한 말을 설명한다. 교회는 그리스도의 몸이다. 곧 모든 정사와 권세와 통치 위에 높아지시고, 이 세상이나 오는 세상에 일컫는 모든 이름 위에 뛰어나신 분, 그리고 하나님의 우편에서 자신의 통치를 행하시는 분의 몸이다. 하지만 바울은 이것으로 만족하지 않고, 한걸음 더 나아간다. 즉 몸 은유에 머리 은유를 결합한다. 곧 몸에 생명력과 질서와 통치와 영광을 주는 기관이 머리이다(고전 12; 골 1:15-20).[377]

---

[377] H. N. Ridderbos, *Paulus: Ontwerp van zijn theologie* (Kampen: Kok, 1978), § 61-62, 420-438.

이 두 관찰을 종합해 보면, 만물 위에 교회가 있고, 이 교회에 하나님은 그리스도를 머리로 주셨다는 것을 알 수 있다. 이것을 도식화하면, 다음과 같다.

머리 : 그리스도
↓
몸 : 교회-충만
↓
발 아래 : 만물

여기서 만물을 우주라고 본다면, 교회는 우주보다 높은 기관이라는 것을 알 수 있다. 이 관찰이 옳다면, 바울은 그리스도의 모습을 그리면서 동시에 교회의 우주적 우월성을 선언했다고 볼 수 있다.

우리는 보통 지구가 우주의 점과 먼지에 지나지 않고, 교회는 이 지구와 나라와 지역의 작은 일부일 뿐이라고 생각한다. 하지만 이러한 교회에게 하나님은 모든 세계 위에 높아지신 그리스도를 주셨다. 현대인은 이것을 너무나 큰 불균형이라고 생각한다. 하지만 바울은 이 불균형을 균형으로 보았다. 그래서 하나님이 교회를 만물 위에 두셨고, 우주보다 높고 영광스러운 존재로 만드셨다고 선언한다.

그러면 그리스도와 교회, 만물의 지위가 각각 분명하게 드러난다. 바울은 단지 무엇이 우위인가를 말하는 데 그치지 않고 더 심화시킨다. 교회가 그리스도의 몸이 되고, 그리스도가 교회의 머리가 됨으로써, 그의 충만이 교회에, 교회의 충만이 만물을 채운다고 말한다! 그러면 그리스도의 "충만"이라는 말은 무엇을 의미하는가?

3.2.1.2. 그리스도의 충만

마샬은 이 충만을 그리스도께서 교회에 임재하시고, 이 임재를 통해서 교회가 승리하는 것으로 해석했다. 마샬에 따르면, 그리스도는 만유를 충만케 하시는 분이다. 그리고 교회는 만물의 일부이다.[378] 교회가 만물의 일부요, 그리스도가 만유를 충만케 하시므로, 그 만유의 일부인 교회에도 임재한다는 것이다. 그러므로 교회는 그리스도의 능력을 소유하며 자신을 공격하는 악의 세력을 이길 수 있다는 것이다.[379] 에베소서에는 "충만"과 "충만하게 한다"는 말이 한 번 더 나온다. 에베소서 4장이다. 마샬은 에베소서 4:10의 "만물을 충만케 하신다"는 말도 승천하신 그리스도가 신적 속성을 공유하여 높아지시고 전능하신 것을 가리킨다고 해석한다.[380]

그러나 마샬의 해석에는 바울이 말한 내용의 절반만 반영되어 있다. 본문은 그리스도가 만물을 충만케 하시는 이시라는 사실뿐만 아니라 교회가 만물에 그리스도의 충만이 된다는 사실을 전하고 있다. 교회가 만물에 대하여 그리스도의 충만이 된다. 왜냐하면 그의 충만의 몸이기 때문이다. 즉 교회는 그리스도의 몸이므로, 그리스도는 이 몸을 통해 만물에 자신의 충만을 전달하고, 만물은 교회라는 몸을 통해 그리스도께 접근하는 것이다. 교회의 영광스러움은 바로 여기에 있다. 그리스도께서 "교회 안에서 곧 그의 몸 안에서, 자신의 생명과 영광의 완전함이 존재하고 펼쳐지게 한 것"이다.[381] 이것이 우주적 지위를 지닌 교회의 영광이다.

그러면 이렇게 영광스러운 교회가 하는 일은 무엇인가? 교회는 우주적 지위를 소유할 뿐만 아니라 우주적 사역을 하고 있다. 그것은 무엇인가?

---

[378] Cf. Marshall, *New Testament Theology*, 383.

[379] Cf. Marshall, *New Testament Theology*, 383.

[380] Cf. Marshall, *New Testament Theology*, 394.

[381] J. A. C. van Leeuwen, *Paulus' zendbrieven aan efeze, colosse, filémon, en thessalonika* (Amsterdam: H. A. van Bottenburg, 1926), 47.

3.2.2 교회의 우주적 사역

하나는 그리스도의 천상 사역이다.

3.2.2.1 만물을 충만케 함

바울은 말한다. "이는 만물을 충만하게 하려 하심이라"(엡 4:10) "만물을 충만케 하신다"는 것이 그리스도께서 만유를 다스리시는 신적 섭리와 능력을 가리키는 표현인가?[382] 물론 그리스도는 하나님의 아들로서 참된 신성을 가지고 계시고, 따라서 전지하고 전능하시다. 하지만 이 구절과 그리스도의 신성과 전능성을 연결하는 것은 문맥상 맞지 않다. 여기서 바울은 시편 68편을 인용하고 있다.

> 시 68:16-18 너희 높은 산들아,
> 어찌하여 하나님이 계시려 하는 산을 시기하여 보느냐?
> 진실로 여호와께서 이 산에 영원히 계시리로다.
> [17] 하나님의 병거는 천천이요 만만이라.
> 주께서 그 중에 계심이 시내 산 성소에 계심 같도다.
> [18] 주께서 높은 곳으로 오르시며,
> 사로잡은 자들을 취하시고,
> 선물들을 사람들에게서 받으시며 반역자들로부터도 받으시니,
> 여호와 하나님이 그들과 함께 계시기 때문이로다.

시편 68:18을 인용한 후에, 바울은 이 구절에 의거하여 그리스도가 승천한 분이라고 말한다. 그다음에 교회에 주신 직분자들을 말한다. 따라서 "만물을 충만하게 한다"는 것과 직분자들을 주셨다는 말이 서로 맞

---

[382] Cf. Marshall, *New Testament Theology*, 383.

지 않는 것처럼 보인다. 만물은 인류를 포함한 우주 전체이고, 사도와 선지자, 교사가 활동하는 곳은 교회인데, 이러한 직분자들을 주신 것을 만물을 충만하게 한다고 말할 수 있는가?

또 이상하지 않은가? 그리스도께서 승천하실 때, 가장 먼저 교회와 세상에 주신 것은 교사와 목사가 아니었다. 성령이었다. 나아가 부활과 초월적인 하나님 나라를 드러낼 표적과 기사였다. 그런데 여기서는 왜 사도, 선지자, 교사와 목사부터 말하는 것인가? 이 질문과 사도, 선지자, 교사와 목사의 주된 직무가 무엇인지 생각해 보는 것, 거기에 해석의 열쇠가 있다. 바울이 먼저 이들을 말한 것은 바로 계시의 중요성 때문이다. 바울은 지금 일부로 전체를 대신한 것이다.

그러면 왜 계시 담지자와 전달자를 보내신 것을 "만물을 충만하게 하는 것"과 동일시할 수 있는가? 우주가 충만하게 되기 위해서는 어떤 변화가 있어야 하는가? 플레로마("충만")는 다양한 의미를 지니고 있지만, 그 본질은 사망을 정복하고, 영생을 얻으며, 하나님과 관계가 회복되고, 우주와 자연과 갈등이 극복되는 것이다. 여기서 가장 중요한 것이 참된 생명이다. 만일 우주와 만물이 빈 곳 없이 가득 차 있다 하더라도 거기에 참 생명이 없다면 무슨 소용이 있겠는가? 그런데 이 참된 생명의 핵심이 바로 계시이다.

만일 계시가 없다면, 피조물이 창조주를 알고, 거듭나며, 하나님과 화목되고, 언약적 교제로 들어가지 못한다. 반대로 계시만 있다면, 이 모든 일이 가능하다. 따라서 만물을 충만하게 하기 위해 주님이 승천하셔서 첫 번째 하신 일이 성령을 보내신 일이요, 사도와 선지자, 목사와 교사를 보내신 것이다. 따라서 바울은 충만을 물리적이고 양적인 개념('채움')이 아니라 영적이고 질적인 개념('계시')으로 본 것이다. 바울이 볼 때, 만물 충만의 핵심 중의 핵심은 계시를 통한 하나님의 지혜와 공의, 거룩과 생명이고, 이 일이 말씀 사역자들을 통해 이루어지며, 그 중심 현장이 교회이다. 이 교회는 그리스도의 몸이고, 이 몸의 머리가 만유 위에 높아지신 그리스도시요, 그리스도는 만물을 충만케 하시는 이요 만유를 통일할 분이시다. 따라서 우주적 충만이 물질적이고 공간적인 채움이 아니라 그 우주의 존재가치와 내용의 중심부인 생명에서 시작하며, 이 출발점이 교회에 있다. 따라서 교회는 그리스도 안에서 받은 새로운 정체성 때문에 우주의 가장 상위 기관이며, 그 위는 그리스도요 그 위는 하나님이시다.

교회가 현재 우주적 사역을 하는 큰 틀을 살펴보았다. 부활하신 그리스도께서 자신의 사역자들을 교회에 보내시고, 이들을 통해 진정한 생명으로 우주를 채운다. 그렇다면 교회는 어떻게 우주적 사역을 담당하는가? 교회의 우주적 사역은 지상에서 구체적으로 어떻게 이루어지는가? 그것은 바로 복음 사역, 곧 교회의 지상 사역을 통해서다.

3.2.2.2 복음을 만유에 전달함(엡 3:10-13)

교회는 하나님의 계시와 생명을 전달하는 기관이다. 이것이 바울과 사도들의 생각이다.

> **엡 3:10-11** 이는 이제 **교회를 통해** 하늘에 있는 통치자들과 권세들에게 하나님의 각종 지혜를 알게 하려 하심이니 ¹¹ 곧 영원부터 우리 주 그리스도 예수 안에서 예정하신 뜻대로 하신 것이라.
> **벧전 1:12** 이 섬긴 바가 자기를 위한 것이 아니요, 너희를 위한 것임이 계시로 알게 되었으니, 이것은 하늘로부터 보내신 성령을 힘입어 복음을 전하는 자들로 이제 너희에게 알린 것이요 **천사들도 살펴 보기를 원하는 것**이니라.

여기서 "하나님의 각종 지혜"란 "다른 세대에서는" 인류에게 알리지 않은 하나님의 구속경륜, "만물을 창조하신 하나님 속에 감추어졌던 신비/비밀/미스테리의 경륜"을 의미한다(엡 3:3-5, 9). 이 위대한 구원 경륜 속에 이방인이 복음을 통해 그리스도 예수 안에서 함께 하나님 나라 상속자가 되고, 측량할 수 없는 그리스도의 풍성함이 그들에게 전해지는 일이 포함되어 있다(엡 3:6-7). 교회가 지상에서 복음 사역을 할 때, 그것은 단순히 어느 지역이나 어느 세대에만 영향을 미치는 것이 아니다. 이것은 보이지 않는 세계까지 섬기는 일이다. 만일 교회가 침묵하면, 천사들이라도 그리스도의 십자가와 부활 복음에 나타난 하나님의 지혜와 은혜, 선과 아름다움을 들을 길이 없고 위로와 기쁨을 얻을 길이 없다는 뜻이다. 따라서 바울은 3차 전도여행 때 이렇게 말했다.

> 우리는 세계 곧 천사와 사람에게(καὶ ἀγγέλοις καὶ ἀνθρώποις) 구경거리가 되었노라(고전 4:9)

다시 말해서, 자신의 복음 사역을 보이는 세계와 보이지 않는 세계가 다 보고 있다는 것이다. 이런 관점에서 바울이 다른 문맥에서 교회의 우주적 지위와 영광에 대해 한 말을 이해할 수 있다. 바울에 따르면, 교회는 단순한 소송뿐만 아니라 세상과 천사를 심판할 것이라고 말하고(고전 6:2-3), "만물이 다 너희 것임이라. 바울이나 아볼로나 게바나 세상이나 생명이나 사망이나 지금 것이나 장래 것이나 다 너희의 것이요, 너희는 그리스도의 것이요, 그리스도는 하나님의 것이니라"(고전 3:21-23)고 말한다.

이것은 현대 자연과학적 우주관에서 볼 때는 매우 낯선 일이다. 하지만 신학적인 면에서 볼 때, 하나님은 교회와 우주의 지위를 재조직하시고, 교회를 우주 위 상위기관에 두셨다.

바울은 송영과 기도를 마치고 복음의 비밀과 영광을 논한다. 이 단락은 크게 두 부분으로 나뉘는데, 첫 번째 부분은 죄인을 구속함(엡 2:1-22)에 대해 설명하고, 두 번째 부분은 이방인이 공동상속자가 되는 일(엡 3:1-21)을 선포한다. 첫 번째 부분은 다시 허물과 죄로 죽음(2:1-3), 그리스도 안에서 구속하심(2:4-10), 종말론적 새 인류 창조(2:11-22)로 이루어져 있다. 여기서는 종말론적 새 인류 창조(§ 3.3.2)와 이방인이 하나님 나라에 참여하는 일의 신비(§ 3.3.3)를 중점적으로 살펴보도록 하겠다.

3.3 복음의 신비(엡 2:1-3:21)

바울은 이제 이방인 사도인 자신에게 이방인을 위해 주신 하나님의 은혜의 경륜을 말하기 시작한다. 이 단락은 세 가지 이유에서 당황스럽다. 첫째, 주어와 핵심 개념이 잘 드러나지 않는다. 둘째, 2인칭과 1인칭이 바뀌는 것이다. 예를 들어 바울은 "너희"의 죄와 허물을 말하는 것 같다가(엡 2:1) 조금 지나서는 "우리도 본질상 진노의 자녀"였다고 말한다(엡 2:3). 그러다가 "너희"가 은혜로 구원받았다고 하다가(엡 2:8) 다시 "우리"는 그의 작품이라고 말한다(엡 2:10). 셋째, 반복이다. 바울은 이미 이방인으로 허물과 죄로 죽었으며 본질상 진노의 자녀라고 말했는데(엡 2:1-3), 왜 이 사실과 이방인인 그들이 하나님의 가족과 교회가 된 것을 다시 말하는가 하는 점이다(엡 2:11-22).

따라서 먼저 단락 전체를 문학적으로 관찰하는 것이 필요하다. 이 문제의 실마리 역시 세 가지이다.

3.3.1 문학적 관찰

첫째, 바울의 요약이다. 바울은 자신이 앞에서 했던 말을 이렇게 정리한다.

엡 3:1-4 이러므로 그리스도 예수의 일로 **너희 이방인을 위하여 갇힌 자 된 나 바울이** 말하거니와 ² **너희를 위하여 내게 주신 하나님의 그 은혜의 경륜**을 너희가 들었을 터이라. ³ 곧 계시로 내게 비밀을 알게 하신 것은 내가 먼저 간단히 기록함과 같으니, ⁴ 그것을 읽으면 내가 그리스도의 비밀을 깨달은 것을 너희가 알 수 있으리라.

이것을 보면 에베소서 2장의 내용이 이방인을 위해 바울이 받은 하나님의 계시라는 것을 알 수 있다. 이로써 세 번째 문제가 풀린다. "너희"와 "우리"가 교차하다가 이방인인 "너희" 문제로 넘어가는 것은 본래 주제가 이방인이 받은 복음과 구원이었기 때문이다.

다음으로 두 번째 문제를 해결하려면 질문을 바꿀 필요가 있다. 너희와 우리가 교차하는 것이 아니라 왜 바울이 "너희" 이야기를 할 때 자신과 유대인을 포함시키는가 하는 점이다. 이것은 바울과 그의 동료들이 죄인인 측면에서도, 예정의 대상인 측면에서도 자신들을 에베소 교인들을 비롯한 이방인 그리스도인과 동일한 처지에 두려고 했다는 증거이다(엡 3:8; cf. 갈 2:15-16).

마지막으로 첫 번째 문제는 매우 어렵다. 그러나 에베소서의 문장이 묵상에 잠긴 사색적인 경우가 매우 많다는 점을 감안하여 설명하면 이렇다. 에베소서 2장을 '해독'하기 위한 실마리는 에베소서 2:5-6에 나오는 세 개의 한정 동사와 에베소서 2:15에 나오는 "한 새 사람을 만들다"는 문구이다. 바울은 기도를 마친 후에 한참 동안 죄인의 상태를 묘사하면서 표시하지 않던 주어의 활동을 말한다. "긍휼이 풍성하신 하나님이 자신의 사랑에 근거해" 하신 일은 무엇인가?

엡 2:5-6 [긍휼에 풍성하신 하나님이]
허물로 죽은 우리를 그리스도와 **함께 살리셨고**

(너희는 은혜로 구원을 받은 것이라)

6 또 함께 일으키사
그리스도 예수 안에서 **함께 하늘에 앉히시니라.**

처음 단락은 하나님이 허물과 죄로 죽은 자기 백성에게 하신 일이 무엇인가 하는 질문에 그리스도와 함께 부활하게 하시고 하늘에 앉히셨다는 것이다. 이렇게 구속받은 백성은 어떤 존재인가 하는 질문에 "그들은 하나님의 작품이며, 그리스도 예수 안에서 선한 일을 위해 창조된 자들이다. 이 선한 일은 하나님이 자신의 영원한 예정 속에서 준비한 것이다"(엡 2:10)는 내용이다. 영원 전에 종말론적 하나님의 백성과 그 백성의 선한 일과 인생이 계획되었고, 이제 역사 속에서 영원 전 일들이 드러난 것이다.

지금까지 바울은 허물과 죄, 구속에 대해 말했다. 이제 이방인이 받은 구원에 대해서 본격적으로 말한다.

3.3.2 종말론적 새 인류를 창조함(엡 2:11-22)

바울은 화해와 교회를 강조한다. 그런데 바울은 이것을 "새 창조"로 설명한다.

> **엡 2:15** 이는 이 둘로 자기 안에서 한 새 사람을 지어 화평하게 하셨다(cf. 엡 4:13).

잠시 멈추어 생각해 보아야 한다. 바울은 어떻게 이방인이 구원받은 것을 창조에 버금가는 일 또는 재창조로 설명할 수 있는가? 그것은 그들이 "그 때에 그리스도 밖에 있었다"는 것이다. 이 말은 언뜻 보면, 아무런 의미가 없는 말처럼 보인다. '이방인들이 그리스도와 상관없이 산 것은 당연하지 않은가?' 그러나 이런 관점에서 보면, 유대인도 마찬가지이다. 유대인도 그리스도 밖에서 살았기 때문이다. 따라서 유대인은 그리스도 안에 있었던 반면 이방인은 그리스도 밖에 있었다는 말이 의미가 있으려면, 언약을 전제할 수밖에 없다.[383] 그러면 이 말은 유대인에게도 새로운 의미를 갖는다. 바울은 구약 언약을 그리스도라는 도착(목표)점에서 보고 있다. 구약의 모든 언약은 메시아 소망과 메시아가 언약 백성들에게 가져올 특권들로 요약할 수 있다는 것이다. 반대로 이방인들은 "그리스도 없는 존재"였다. 그 비참함을 바울은 다시 네 가지로 상세화한다.

이방인들은	상태
1. 이스라엘 나라 또는 시민권, 제도에 낯선 이들이었다. 따라서 그들에게는 이스라엘이 누린 언약적 권리와 하나님의 나라의 특권이 없었다(2:11).	특권의 부재와 결핍
2. 약속의 언약들에는 외국인들이었다(2:12a).	언약적 소외
3. 소망이 없는 자들이었다(2:12b).	종말론적 절망
4. 세상에서 하나님 없는 자들이었다(2:12c).	존재론적 비참함

여기서 이방인들의 비참한 처지가 이스라엘 나라와 언약이라는 중심에서 종말론적 소망이 없는 데로 그려지고 있다. "소망을 가지지 않은 자들"은 "부활세계에 대한 기대를 가질 수 없는 자들"을 의미한다(cf. 행 23:6, 24:15). 이 절망은 궁극적으로 "하나님이 없는 자들"로 나아간다. 이방인들이 생명, 축복, 하나님과 언약적 교제에서 멀어져 급기야 창조주와 단절된 존재가 된 것이다.

그러나 "이제는"(νυνὶ δέ, 엡 2:13) 그리스도 예수의 피로 이방인이 가까워졌다. 본래 유대인과 이방인 사이에는 중간벽이 있었고, 그 중간벽

---

[383] Cf. S. M. Baugh, *Ephesians*, EEC (Bellingham: Lexham Press, 2016), 183.

은 "모세의 율법"이었다. 이 율법을 통해 분리되고, 단절되어, 이방인들과 유대인들 사이에는 뿌리깊은 증오가 생겼다. 유대인들은 이방인들을 "개들"이라 불렀고, 이방인들은 유대인들을 "모든 사람들에게 적대감을 품은 사람들"이요, "비정하고 불친절한 사람들"이라 악평하고, "배타적인 종교의식과 관습"을 비난했다.[384] 이렇게 하여 점점 적의의 골은 깊어갔다. 그리스도는 "그의 육체 안에서 이 적의를 제거하셨다." 그 육체 안에서 이방인과 유대인 사이의 장벽, 증오, 죄를 정죄하신 것이다.

그러면 이 분리장벽, 적의가 왜 생기는가? 유대인을 이방인과 분리하는 율법, 그 율법을 구성하는 계명들과 법령들 때문이다. 이것을 예수님은 폐지하셨다.

이렇게 하여 하나님은 둘을 그리스도 안에서 "한 새 인간"을 창조하시고 평화를 이루셨다. 여기서 "한 새로운 인간"(ὁ καινὸς ἄνθρωπος)은 단수(sg.)이다! 이것은 "새로운 인류"를 가리킨다.[385] 유대인과 이방인을 "한 몸 안에서" 하나님과 화해시키기 위함이다. 여기서 "한 몸 안에서"는 위에서 언급한 "그리스도의 피로"의 또 다른 측면이다. 이때는 그리스도 십자가의 화목제물로서 성격을 부각한 것이다. 이렇게 그리스도는 유대인과 이방인 사이의 적의를 그 자신 안에서 소멸하셨다. 그리고 "오셔서" 하나님께로부터 멀리 떠나 있는 이방인에게 평안을 전하시고 가까이 있는 유대인에게 평안을 전하셨다. 그 이유는 이방인과 유대인이 그리스도를 통해 한 성령 안에서 아버지께로 나아가게 하시려는 것이었다.

그리스도의 십자가는 인류의 대부분, 곧 모든 이방인들이 하나님으

---

[384] W. Hendriksen, *Galatians & Ephesians* (Edinburgh: Banner of Truth Trust, 1969), 133-134; cf. Juneval, *Satires* XIV, 96-106.

[385] F. W. Grosheide, *De Brief van Paulus aan de Efeziërs* (Kampen: Kok, 1960), 45.

로부터 점점 멀어지는 이 거대한 흐름에 근본적인 대전환을 가져왔다. 다시 말해서, 그리스도 안에서 이방인과 유대인이 하나가 되고 한 영 안에서 아버지께 나아가며(엡 2:11-18), 한 가족이 되며(엡 2:19), 한 성전 으로 지어져 간다(엡 2:20-22).

바울은 이방인이 하나님의 언약에 참여하고, 하나님의 가족이 되며, 하나님의 성전으로 지어져 간다는 말로 마쳤다. 바울은 왜 이 사실을 이렇게 강조할까? 물론 이방인이 유대인 없는 교회관을 가질 수 있는 위험이 있었을 수도 있다.[386] 그러나 이방인이 언약과 하나님 나라의 공동상속자가 된다는 것은 종말론적 신비에 속하는 계시이다.

3.3.3 이방인이 공동상속자가 됨(엡 3:1-21)

바울은 이방인을 위해 자신에게 주신 계시와 그리스도의 신비를 말하는데, 그 신비란 무엇인가?

> **엡 3:5-6** 이제 그의 거룩한 사도들과 선지자들에게 성령으로 나타내신 것 같이 다른 세대에서는 사람의 아들들에게 알리지 아니하셨으니, ⁶ 이는 이방인들이 복음으로 말미암아 그리스도 예수 안에서 함께 상속자(συγκληρονόμα)가 되고 함께 지체(σύσσωμα)가 되고 함께 약속에 참여하는 자(συμμέτοχα)가 됨이라.

그것은 다름이 아니라 "이방인들이 그리스도 예수 안에서[387] 복음을 통해서 공동상속자가 되고 공동 몸이 되고, 약속에 공동 참여자가 되는

---

386 Cf. Marshall, *New Testament Theology*, 338; 또한 326를 보라.
387 "그리스도 예수 안에서"는 뒤의 세 구절에 모두 연결된다.

것이다."

이것이 왜 놀라운 신비인가? 구약에서도 이방인이 약속에 참여하는 사례가 있었다. 아브라함 때 다메섹 엘리에셀이나 출애굽 때 "이방 잡족들"(출 12:38), 여리고 라합, 사사시대 모압여인 룻 등이다. 하지만 이들은 개인적인 참여이다.

구약에서도 민족 단위로 약속에 참여하는 일이 있었다. 가나안 정복 때 기브온이 있다. 나아가 선지자들은 이방인들이 시온으로 와 언약에 참여할 것을 말했다.[388]

> **사 18:3-7** 세상의 모든 거민, 지상에 사는 너희여, 산들 위에 기치를 세우거든 너희는 보고 나팔을 불거든 너희는 들을지니라. ... ⁷ 그 때에 강들이 흘러 나누인 나라의 장대하고 준수한 백성 곧 시초부터 두려움이 되며 강성하여 대적을 밟는 백성이 만군의 여호와께 드릴 예물을 가지고 **만군의 여호와의 이름을 두신 곳 시온산에 이르리라**.
>
> **사 49:22-23** 주 여호와가 이같이 이르노라 내가 뭇 나라를 향하여 나의 손을 들고 **민족들**을 향하여 나의 기치를 세울 것이라 그들이 네 아들들을 품에 안고 네 딸들을 어깨에 메고 올 것이며, ²³ **왕들은 네 양부가 되며 왕비들은 네 유모가 될 것이며**, 그들이 얼굴을 땅에 대고 네게 절하고 네 발의 티끌을 핥을 것이니, 네가 나를 여호와인 줄 알리라. 나를 바라는 자는 수치를 당하지 아니하리라.

그러나 이 경우 이방인들이 이스라엘과 평등한 관계가 아니다. 공동상속자도, 하나의 몸도, 약속의 공동참여자도 아니다. 그런데 여기서는

---

[388] 나아가 선지자들은 나라 전체와 온 인류 중 택자는 누구든지 하나님의 백성에 들어오는 일을 예언했다(시 87:1-6, 7).

이방인들이 그렇게 할 것이라고 말하고 있다!

당시 이방인들 중 고위 관료나 귀부인, 상인(예, 루디아), 노예(빌립보 여자 종)들이 포함된 것을 생각할 때, 이것은 기겁할 일이다. 따라서 이방인들, 그 중 왕족 및 귀족, 자유인이나, 노예나 여성, 아이들 모두 복음을 들을 때, 공동상속자들이 되고, 한 몸이 되고, 약속에 공동 참여한다는 것은, 세상이 전복되지 않고서는 있을 수 없는 일이었다.[389] 하지만 구약 말씀에 대한 강론과 초자연적 표적과 기적, 그리스도의 계속적 활동과 성령의 역사는 이 메시지의 신빙성을 증거했다.

그러나 이것뿐인가? 바울은 그저 자유민과 노예, 유대인과 이방인이 공동상속자가 된다고 말하는 데서 그치지 않았다. 신자는 그리스도와 함께 공동상속자가 된다.

롬 8:16-17 성령이 친히 우리의 영과 더불어 우리가 하나님의 자녀인 것을 증언하시나니, [17] 자녀이면 또한 **상속자** 곧 **하나님의 상속자**요(κληρονόμοι μὲν θεοῦ) **그리스도와 함께 한 상속자**(συγκληρονόμοι δὲ χριστοῦ)니 우리가 그와 함께 영광을 받기 위하여 고난도 함께 받아야 할 것이니라.

이것은 이전 시대 어떤 선지자들에게도 계시되지 않았던 것이다. 오직 주님이 택하신 열두 사도와 바울에게 주어졌다.

지금까지 바울은 복음의 비밀과 영광에 대해 말했다. 특별히 인류의 중간에 언제부터 생겼는지도 알 수 없는 보이지 않는 거대한 장벽, 그 벽을 사이에 두고 유대인과 이방인 사이에 있었던 바닥이 없는 증오와 반목을 제거하고 둘을 가깝게 하여 새로운 종말 공동체를 재창조하신 십

---

[389] Cf. Baugh, *Ephesians*, 235.

자가의 놀라운 신비와 이방인이 공동상속자가 되는 신비를 강조했다.

이제 바울은 이 복음에 합당한 삶에 대해 말한다. 이 단락은 총 다섯 부분으로 구성된다. 첫째, 부르심에 합당하게 행함(엡 4:1-16), 둘째, 새 인류의 삶의 원리(엡 4:17-5:2), 셋째, 옛 세계에서 성도의 삶(엡 5:3-20), 넷째, 가정에서 성도의 삶(엡 5:21-6:9), 다섯째, 영적 전쟁(엡 6:10-20). 이 중에서 구원받은 신자의 종말론적 삶의 원리와 가정과 사회에서 삶, 영적 전쟁을 간략히 살펴보자.

3.4 성도의 삶(엡 4:1-5:2)

이 복음을 받는 종말 백성은 어떻게 살아야 하는가? 종말론적 공동체요 새 인류인 교회는 복음에 합당하게 살아야 한다.

3.4.1 종말론적 대원리

성도는 겸손과 온유와 인내와 사랑으로 서로 용납해야 하고(엡 4:2), 성령께서 하나되게 하신 것을 굳게 지켜야 한다(엡 4:3-6). 범사에 그리스도의 장성한 분량까지 자라가야 한다(엡 4:7-16). 이것이 대원리이다.

그러면 새 인류가 따라야 할 원리는 무엇인가? 그것은 세 가지이다. 첫째, 부정적으로 옛 사람의 행위를 벗어야 한다(엡 4:17-24). 둘째, 모든 일에 옛 삶에서 새 삶으로 변화가 있어야 한다(엡 4:25-32). 예를 들어 전에는 이웃에게 거짓말이나 더러운 말을 했다면 이제는 참된 것과 덕을 세울 선한 말을 해야 한다(엡 4:25, 29). 셋째, 하나님과 그리스도의 사랑을 새로운 삶의 표준으로 삼아야 한다.

엡 5:1-2 그러므로 사랑을 받는 자녀 같이 너희는 **하나님**을 본받는 자가 되고, ² **그리스도**께서 너희를 사랑하신 것 같이 너희도 사랑 가운데서 행하라. 그는 우리를 위하여 자신을 버리사 향기로운 제물과 희생제물로 하나님께 드리셨느니라.

이어지는 단락에서 바울은 신자가 육신적으로 현재 시대와 오는 시대가 공존하는 시대에 살기 때문에 옛 세계(엡 5:3-20)와 가정에서(엡 5:21-6:9) 어떻게 성도의 삶을 살 것인지 말한다. 이 중 가정에서 성도의 삶을 살펴보자.

3.4.2 가정과 사회에서 삶(엡 5:21-6:9)

바울은 그리스도인의 대사회적 생활의 원칙을 간결하게 제시한다. 이 원칙이 제시된 본문을 "가정규칙"(Haustafel)이라 부른다(엡 5:22-6:9; 골 3:18-4:1; 벧전 2:13-3:7; 딤전 2:8-3:13; 딛 2:1-10; 디다케 4:9-11; 바나바서 19:5-7; 클레멘트1서 21:6-9; 이그나치우스 폴리갑서 5:1).[390]

바울의 가정규칙을 다른 문헌의 가정규칙을 비교해 보면, 로마사회의 가정규칙과 차이가 있다. 왜냐하면 기독론적 대원칙에서 출발하기 때문이다. 바울은 "그리스도를 경외함으로 피차 복종하라!"고 명령한다(엡 5:21). 바울은 하나님의 자녀들이 구체적으로 사회적 관계 속에서 어떤 변화된 삶과 태도, 행동과 지향점을 가지고 살아야 하는지 권면한다.

그리고 바울은 인간의 전 삶의 관계를 세 쌍으로 정의한다. 그리고 이 모든 관계와 책임, 의무를 "그리스도"를 기준으로 다시 정의한다.

---

390   Cf. 김영호, "가정규칙 비교표"를 참조하라.

분류	명령	핵심어	에베소서
1. 원칙	그리스도를 경외함으로 피차 복종하라!	ὑποτάσσω	5:21
2. 아내와 남편	복종하라; 사랑하라		5:22-33
3. 자녀와 부모	순종하라; 양육하라	ὑπακούω	6:1-4
4. 종과 주인	순종하라; 온유하라		6:5-9

바울은 각 대상에게 다른 용어를 사용한다. 남편과 아내에게는 휘포탁소(ὑποτάσσω)를, 자녀와 부모, 종과 주인에게는 휘파쿠오(ὑπακούω)를 쓴다. 즉 남편과 아내에게는 통치와 질서 개념을 사용하고, 자녀와 부모, 종과 주인에게는 권위 개념을 쓴 것이다.

전체적으로 볼 때, 에베소서의 '가정규칙'에는 남편과 아내, 종과 주인에 대한 항목이 크게 확대되어 있다. 이것은 베드로전서도 비슷한 경향을 나타낸다. 그런데 에베소서에서 바울은 아내와 남편에 대하여 확장된 언급을 할 뿐 아니라 이것을 창조론, 교회론, 기독론으로 심화시킨다.

그러면 각 항목을 하나하나 살펴보자. 먼저 남편과 아내에게 주는 권면은 무엇인가?

3.4.2.1 남편과 아내(5:22-33)

우선 당시 "남편과 아내" 개념을 생각해 볼 필요가 있다. 바울 당시 여성들의 평균 결혼 연령은 14세였다. 오늘날 소위 제2차 성징이 나타나고, 여성이 첫 월경을 하면, 결혼 적령기에 이르렀다고 생각했다.[391] 당시에 여성의 사회적 역할은 출산과 육아에 한정되어 매우 제한적인 것

391　로드니 스타크, 『기독교의 발흥』, 손현선 옮김 (서울: 좋은씨앗, 2020), 160-166.

이 사실이었다. 이런 일은 산업혁명 이후 19세기까지 지속되었다.

이런 점에서 바울이 "아내들이여"하고 말하는 대상은 꼭 30대 40대 여성들만을 염두에 둔 것이 아니다. 여기에는 14-16세 오늘날 중학교 고등학교 학생들에게도 해당되는 말씀이다.

일찍 결혼함으로써 남성과 가정을 이루어 인간성이 낭비되지 않는 것은 장점이었으나 그리스-로마 사회에서 결혼은 결속력이 약했다. 그 피해는 고스란히 아내에게 돌아왔다.

근대에 이르러 "청소년기"를 새롭게 인식하여 사람이 인생을 계획하고, 가정관, 경제관, 사회 및 국가관을 기를 수 있는 가지게 된 것은 하나님의 복되신 섭리이다.

A. 아내

바울은 "아내들에게 남편에게" ["복종하라"]고 말한다. 여기서 동사가 생략되어 있다. 이것은 바로 앞에 "복종하라"(ὑποτασσόμενοι)에 지배를 받은 것이다. 이런 현상은 교회와 그리스도의 관계를 제시한 후 이것을 적용할 때도 동일하게 나타난다.

> **엡 5:24** 그러므로 교회가 그리스도에게 하듯,
> 아내들도 범사에 자기 남편에게 **복종할지니라**(ὑποτάσσεται)

개역개정은 도착어의 성격에 맞게 동사 위치를 바꾸었지만, 본래는 "그러므로 교회가 그리스도에게 복종하듯이, 이와 같이 아내들도 모든 일에 남편들에게"이다.

여기서 "복종하라"(ὑποτάσσω)는 말은 "지위나 계급에 있어 누군가의 밑에 있다" 또는 "누군가의 아래에 정렬하다"를 가리킨다. 통치와 질서 용어이다. 그러면 위에 있는 이가 누구인가? 그리스도이다. "마치 그리스도께 하듯."

이때 그리스도는 독특한 지위에 있다. 곧 "머리"의 지위이다. 나아가 교회 또한 독특한 지위에 있다. 곧 "몸"의 자리이다. 몸과 머리는 서로 불화하는 일이 없다. 교회의 그리스도께 대한 복종이 이와 같다.

B. 남편

바울은 "남편들에게 아내를 사랑하라"고 명령한다. 그런데 이것은 아내에 대한 요구와 비교할 수 없이 큰 책임과 의무이다.

> 엡 5:25 남편들아, 아내를 **사랑하라**! 마치 그리스도께서 교회를 사랑하시고 그 교회를 위하여 자신을 주심 같이.

바울은 그리스도께서 교회를 사랑하신 것처럼 아내를 사랑하라고 말한다. 나아가 교회를 위해 "자신을 주심과 같이" 사랑하라고 요구한다. 이것은 남편들에게 십자가 사랑을 요구한 것이다. 실제로 가정이 '일상'이 되려면, 희생이 필요하다. 여기서 '일상'이란 평범하고, 화목하고, 남자와 여자가 한 가정에서 회복된 하나님의 형상으로, 다시 태어난 언약 백성으로 삶을 영위해 가는 것을 말한다. 바울에 따르면, 신자가 받은 이 '일상'은 그리스도의 십자가와 부활 위에 지어진 집과 같다. 그런데 사람은 너무나 자주 십자가를 잊는다. 나아가 너무 역사적이고 관념적으로만 생각하는 경향이 있다. 그래서 일상에서 십자가 사랑의 다양하고 깊은 내용을 경험할 수 있는 장치를 마련하셨는데, 그것이 가정이다. "사랑과 희생"의 구체적인 모습이 어디에서 나타나는가? 바울은 십자가 사랑이 남편의 "희생"에서 나타나야 하고, 이를 통해 사랑을 '볼 수 있게 하라'고 말하는 것이다.

C. 결혼과 교회

바울은 구속만이 아니라 창조를 말한다.

엡 5:31-32 그러므로 사람이 부모를 떠나 그의 아내와 합하여 그 둘이 한 육체가 될지니, ³² 이 비밀이 크도다! 나는 그리스도와 교회에 대하여 말하노라.

하나님께서 최초로 아담을 창조하시고, 아담에게서 아내를 창조하셨을 때 장면이다. 그런데 바울은 이것을 그리스도와 교회에 대하여 적용시키는 것이다.

하나님께서는 태초에 하와를 아담을 "돕는 자"로 창조하셨다. 그런데 그 전에 아담의 존재의 출발점과 동일한 지점에서, 즉 "땅으로부터" 지음받은 존재들이 있었다. 바로 동물들이다. 하나님은 이들을 모두 아담에게 이끌어 오셨다. 이것이 무슨 의미인가? 아담의 "조력자"로 데려 오신 것이 틀림없다.

현대인의 눈에는 아담의 조력자로 "동물"이 나오므로 창세기가 동화처럼 보일 수 있다. 우습게 느낄 수도, 화가 날 수도 있다. 그러나 동물은 현대인이 생각하는 것보다 훨씬 높은 존재였다. 창조 당시 동물은 사람이 함부로 대하거나 죽이거나 할 수 있는 존재가 아니었을 뿐만 아니라 타락한 후에도 사람을 대신하여 제물이 될 수 있을 정도의 존재였다. 다시 말하면 한시적이긴 하지만 인간의 생명을 대속할 수 있는 존재였다.

아담이 동산을 일구고 관리하려면 때로 소의 힘이 필요하고, 때로 말이나 표범의 빠르기도 필요했을 것이다. 독수리나 매와 같은 강한 마음과 높이 날 수 있는 재능이나 코끼리와 같은 큰 몸집과 힘, 기린과 같은 큰 키나 시야가 필요했을 수도 있다. 그러나 그들 중에 아담의 돕는 자는 없었다. 여기서 "돕는다"는 개념의 핵심이 드러난다. 그것은 동등한 기원에서 온 인격에 있다. 그래서 하나님은 아담을 깊은 잠에 들게 하신 후 갈비뼈를 취하여 하와를 지으셨다. 그래야 그들은 전인격적으로 하나가 될 수 있었다. 그러므로 성경은 말한다. "남자(사람)가 그 부모를 떠나 그의 아내를 향하여 단단히 고정되어 그 둘이 한 몸이 될 것이니라"(창 2:24-25).

이 말씀은 결혼의 시초를 가리킨다. 그러나 바울은 이 결혼과 결혼 제도를 신학적으로 깊이 파고들어 간다. 결혼과 그리스도의 성육신, 고난과 죽음, 부활과 교회를 세우신 일이 연관성이 있다고 말한다. 바울이 창세기를 인용하는 것은 일차적으로 하나님께서 제정하신 결혼이 얼마나 영광스럽고 신성한 것인지를 알게 하기 위함이었다. 그러나 여기서 그치지 않는다. 바울은 "이 신비가 크도다!"고 말한다. 이것은 무슨 의미인가? 두 가지 점에서 신비이다.

첫째, 창세기에서 볼 수 있는 것처럼, 결혼이란 근본적으로 다른 "성"을 가진 두 사람이 이루는 법적인 관계이다. 그런데 그리스도와 교회의 관계가 이와 같다. 즉 남자와 여자가 서로 법적인 관계를 맺는 것처럼, 거룩하시고 죄가 전혀 없으신 하나님의 아들이 그와는 전혀 다른 부정하고 악으로 가득 찬 죄인들과 법적인 관계를 형성하는 것이다. 이런 점에서 큰 비밀이다.

둘째, 결혼은 특별한 약속을 하는 의식을 통해 성립된다. 그런데 그리스도와 교회의 관계도 이와 같다. 남녀 사이에 결혼식이 있듯이, 그리스도와 신자 사이에는 십자가라는 심오하고 비밀스러운 의식이 있었다. 남자가 부모를 떠나듯이, 그리스도께서는 죄인 된 우리를 구원하려는 하나님의 자비롭고 놀라운 작정 때문에, 성부이신 하나님을 떠나 이 땅에 오셔서 택자들의 죄를 짊어지시고 십자가에 오르셨다. 이런 점에서 비밀 중에 비밀이다.

셋째, 결혼이란, 한 남자가 한 여자에게 남편이 되는 것이다. 한 여자가 한 남자에게 아내가 되는 것이다. 그런데 그리스도와 교회가 이와 같다. 예수 그리스도는 십자가를 통해서 교회의 신랑이 되었으며, 교회는 남편이신 하나님의 아들의 신부가 되었다. 그러므로 큰 신비이다.

	그림자적 결혼	나타날 결혼
정의	남자 + 여자	그리스도 + 교회
방법	남자가 부모를 떠나 아내와 한 육체가 됨	그리스도께서 하나님을 떠나 교회(몸)의 머리가 되심
의식	결혼식	십자가의 고난과 부활과 승리

바울은 이 큰 비밀을 가정이라는 일상으로 주신 것을 기억하면서 남편과 아내가 그리스도를 두려워함 가운데 서로 복종하라고 말한 것이다.

> **엡 5:33** 그러나 너희도 각각 자기의 아내 사랑하기를 자신 같이 하고 아내도 자기 남편을 존경하라.

한쪽만 복종하거나 사랑하는 것이 아니라 둘 모두 그리스도 아래 있어야 한다. 남편이 희생하지 않는데 아내가 존경(두려워)할 수 없고, 아내가 복종하지 않는데, 남편이 사랑할 수 없다. 그러나 남편이 그리스도를 두려워하고 십자가 사랑을 붙들면, 그리스도께서 십자가에 죽으시고, 자신의 대속 죽음으로 영광스러운 교회를 세우셨듯이 아내를 사랑할 것이다. 아내가 그리스도를 두려워하고 십자가 사랑을 붙들면, 남편에게 그리스도께 하듯 복종하고 존경할 것이다.

지금까지 남편과 아내에게 주는 권면을 살펴보았다. 그러면 자녀와 부모에게는 어떻게 말하는가?

3.4.2.2 자녀와 부모(엡 6:1-4)

바울은 자녀와 부모에게는 자신의 명령이 아니라 십계명의 명령으로 권면한다(cf. 출 20:12; 신 5:16). 그리고 "이것이 약속 있는 첫 계명"이라는 해석을 덧붙인다.

엡 6:1-3 자녀들아, 주 안에서 너희 부모에게 순종하라 이것이 옳으니라. ² 네 아버지와 어머니를 공경하라. 이것은 약속이 있는 첫 계명이니, ³ 이로써 네가 잘되고 땅에서 장수하리라.

부모에게는 아이들을 화나도록 자극하거나 억압하지 말고 교육하고 양육하라고 권면한다.

엡 6:4 또 아비들아, 너희 자녀를 노엽게 하지 말고 오직 주의 교훈과 훈계로 양육하라.

그러면 부모는 무엇으로 양육해야 하는가? "주님의 훈련과 훈계"이다. 여기서 무엇을 유추할 수 있는가? 만일 부모가 "주님의 훈련과 훈계"로 양육하면 아이가 '분노를 품지 않을' 것이라는 점이다. 이렇게 하기 위해서는 부모 자신이 주님의 훈련과 교훈을 따라야 한다. 그러면 아이들은 자연히 부모도 임의로 훈육하거나 변덕스러운 규율과 기준을 자신에게 부과하지 않는다는 것을 깨닫게 된다. 부모가 그렇게 할 때 자녀들도 그리스도 아래 있고자 하는 마음을 갖게 된다.

지금까지 자녀와 부모에게 한 권면을 들었다. 그러면 종과 주인에게는 무엇을 요구하는가?

3.4.2.3 종과 주인(엡 6:5-9)

바울은 종들과 주인들에게 현재 시대에 관계의 표층이 아닌 새 인류의 심층과 양심에 호소하여 명령한다. 먼저 종들에게 말한다.

엡 6:5-8 종들아, 두려워하고 떨며 성실한 마음으로 육체의 상전에게 순종하기를 그리스도께 하듯 하라. ⁶ 눈가림만 하여 사람을 기쁘게 하는 자처럼 하지 말고 그리스도의 종들처럼 마음으로 하나님의 뜻을 행하고, ⁷ 기쁜 마음으로 섬기기를 주께 하듯 하고 사람들에게 하듯 하지 말라. ⁸ 이는 각 사람이 무슨 선을 행하든지 종이나 자유인이나 주께로부터 그대로 받을 줄을 앎이라.

이 모든 것은 "한 주인 한 백성" 원칙에 따라 이루어져야 한다. 바울은 종들에게 "눈가림만 하지 말라"고 말한다. 이 말은 문자적으로 "눈을 섬기는 것"을 가리킨다. "사람을 기쁘게 하는 종이나 군인"이 아니라 그리스도의 종으로서 일하고, 영혼으로부터 하나님의 뜻을 행해야 한다. 무슨 일을 하든지 영혼을 들여 해야 하는 것이다.

다음으로 주인들에게 말한다.

> **엡 6:9** 상전들아, 너희도 그들에게 이와 같이 하고 위협을 그치라. 이는 그들과 너희의 상전이 하늘에 계시고 그에게는 사람을 외모로 취하는 일이 없는 줄 너희가 앎이라.

바울은 주인들에게 "이와 같이" 곧 "이런 원리로" 노예들에게 온유하고 위협을 그치라고 말한다. 당시 노예들은 항상 죽음과 십자가 처형의 위험에 노출되어 있었다. 하지만 자유인 주인들 중 어떤 사람이 그리스도인이 되었다면, 그는 이 세상의 질서에 따라 행동해서는 안 된다. 오히려 새 인류의 생각과 눈, 양심으로 살아야 한다. 그 노예를 십자가의 피로 구속하신 그리스도를 자신도 같은 주인으로 모신다는 사실을 기억해야 한다.

3.4.2.4 바울 '가정규칙'의 원리
바울이 제시하는 가정규칙에는 두 가지 근본적 원리가 자리잡고 있다. 첫째, 양방향성이다. 그리스도인은 모두 형제이며 자유자이나 "서로"(ἀλλήλοις) 종노릇해야 한다. 오직 겸손한 마음으로 "서로를"(ἀλλήλους) 자신보다 더 낮게 여겨야 한다. "서로에게 대하여"(ἀλλήλοις) 겸손으로 허리를 동여야 한다(갈 5:13; 빌 2:3; cf. 벧전 5:5).

둘째, 그리스도의 구속이다. 바울이 말하는 그리스도인의 관계는 당시 개념을 초월한다. 우선 부모와 자녀의 관계의 토대는 "주 안에서 복종"과 "주의 교양과 훈계"이다. 나아가 종과 주인의 관계도 마찬가지이다. 이 관계의 기준도 그리스도이다. 어떤 사람의 현재 신분이 무엇이든 그들에게는 "참 주인"이 있다. 따라서 그들은 무엇을 하든지 "그리스도를 섬기듯" 해야 한다. 따라서 "주인의 주인"이 최종 권위이다. 마지막으로 남편과 아내의 관계도 동일한 원리 아래 있다. 아내의 섬김과 남편의 사랑의 근저에 그리스도가 있어야 한다. 그래서 아내는 "교회가 주님께 순종하듯이" 따르고, 남편은 "주님이 교회를 사랑하시고 자신을 주심같이" 사랑해야 한다.

앞에서 신자가 가정과 사회에서 어떻게 살아야 하는지 살펴보았다. 하지만 신자는 종말론적 하나님 나라를 상속하는 성도("거룩한 무리")인 동시에 영적 전쟁을 수행하는 군사이기도 하다.

3.5 영적 전쟁(엡 6:10-20)

3.5.1 완전무장

바울은 먼저 영적 무장에 관한 일반 원칙과 영적 싸움의 성격을 밝힌다.

> **엡 6:10b-13** 마지막으로 너희는 주 안에서, 그리고 그분의 힘의 능력으로 강하여지라. ¹¹ 하나님의 완전무장을 **입으라**(ἐνδύσασθε).

이는 너희가 마귀의 간계들에 대항하여 설 수 있기 위함이라.
^{12} 우리의 싸움(πάλη)은 혈과 육을 대항하는 것이 아니요, 통치자들과 권세들과 이 어둠의 세상 주관자들과 하늘에 있는 악의 영들을 대항함이라.
^{13} 그러므로 하나님의 완전무장을 **갖추라**(ἀναλάβετε). 이는 악한 날에 너희가 능히 대적하고 모든 일을 행한 후에 서기 위함이라.

바울은 "주 안에서 강하라"고 말한다. 이 말로 신자와 교회가 당면한 현실을 맞서도록 한다. 보이는 세계에 오는 세계의 생명과 의를 지닌 특이한 존재들, 곧 신자들이 나타났다. 이들은 천사들이 수종들어야 할 만큼 존귀한 자들이다.

그런데 사탄과 마귀들이 가만히 있을 리 없다. 그러므로 주님의 역사적 출현 이후 우주는 새로운 전기를 맞았다. 사탄은 각종 지혜를 동원하여 신자들을 공격한다. 순교의 시대에는 죽음으로 겁을 주기도 하고, 공인의 시대에는 기득권 안에서 향락과 나태에 중독되어 도덕적으로 타락하게 했으며, 중세에는 교리를 변질시켜 그리스도의 십자가 대신 인간의 공로, 성인들과 천사들, 마리아에게 의존하게 하기도 했다. 계몽주의 시대에는 인류의 대부분의 합의 아래 초월 세계를 몰아내고, 하나님의 역사 개입을 신화화했으며, 신학 진영 내에서는 자유의지를 신격화하기도 했고, 산업혁명 시대에는 인간을 노동과 돈의 노예로 만들기도 했다. 현대와 포스트모던 시대에는 개인을 세계의 중심에 세우고, 사람으로 자기와 자아 안에 있는 것들을 숭배하게 한다. 이런 과정에 인간은 눈을 뜨고 속는다. 눈과 마음이 계시에서 떠나면 그야말로 밝아지는 것이 아니라 어두움과 수치에 휩싸인다.

인간은 복음을 듣고 믿어 거듭남과 동시에 이 사실을 깨닫게 된다. 그리고 생각과 행동 양측면에서 더 강한 공격을 받게 된다. 바울은 이 현실을 누구보다 잘 알고 있다. 그래서 신자에게 권면한다. '자기를 의지하지 말라. 자기 것으로 무기를 삼지 말라. 오직 그의 힘의 강함 안에서 강해지라'(엡 6:10b-11).[392]

문제는 사탄과 마귀들은 보이지 않는다는 것이다. 바울은 이들과 전쟁을 "싸움"이라고 말한다. 이 말은 팔레(πάλη)를 번역한 것으로 "일대일 격투"를 가리킨다. 신약 시대 싸움은 궁극적으로 보이지 않는 존재와 "격투"이다.

> **엡 6:12** 우리의 씨름은 혈과 육을 상대하는 것이 아니요 통치자들과 권세들과 이 어둠의 세상 주관자들과 하늘에 있는 악의 영들을 상대함이라.

여기서 "혈과 육"은 제유적 표현이다. 이 말은 오는 세계, 즉 하나님 나라의 존재양식에 맞는 능력이 결핍된 인간본성을 가리킨다(cf. 고전 15:50). 또 현재 세계에 속해 있는 인류를 가리키기도 한다(cf. 롬 3:20).

이것을 본문에 적용하면, 신자가 직면한 싸움의 대상은 인간이 아니라 궁극적으로 악한 영적 세력이라는 뜻이 된다. 그러나 이 말은 이상하지 않은가? 신자는 사람에게서 박해를 받고, 그들이 행하는 물리적인 공격이나 정신적-영적 싸움에 직면하지 않는가? "통치자들과 권세들, 이 어둠의 세상 주관자들과 하늘에 있는 악한 영들"은 너무 추상적이지 않은가? 이 "격투"는 추상적이지 않다. 바울이 말하는 "천사들"은 에베소 그리스도인들과 그리스-로마 세계의 이방인들, 유대인들에게는 자신들의 일상을 지배하는 세력들이다. 그렇기 때문에 마술사들에게 큰 힘이 있었다(행 8:9-13, 18-24; 13:8; 19:14-20). 이 권세들이 "혈과 육"을 지배한다.

---

[392] Cf. Hendriksen, *Ephesians*, 272.

따라서 이 표현은 부패한 인간 본성이나 육에 속한 인류를 넘어서 사탄과 마귀가 활동하는 장을 가리킨다. 이 악의 세력들이 로마의 속주, 각 도시와 각 마을과 개인의 영혼에 거하고 억압하고 미혹하고 속이면서 다양한 방식으로 지배하고 있는 것이다. 바울은 이러한 현실(reality)을 이방 세계를 두루 다니며 복음을 전하면서 확인했다(cf. 롬 1:18-3:20).

그러면 이 현실을 어떻게 대비해야 하는가? 바울은 "하나님의 완전무장을 갖추라"(ἀναλάβετε)고 말한다. 이것은 갑옷을 입으라는 말과 약간의 차이가 난다. 즉 땅에 놓은 갑옷과 무기를 들어올려 무장을 갖추는 것이다.

"하나님의 완전무장"이란 무엇을 가리키는가? 성경과 유대주의 문헌은 이 무장을 여러 가지 말로 설명한다.

> **사 59:15-18** 여호와께서 이를 살피시고 그 정의가 없는 것을 기뻐하지 아니하시고, [16] 사람이 없음을 보시며 중재자가 없음을 이상히 여기셨으므로, 자기 팔로 스스로 구원을 베푸시며, 자기의 공의를 스스로 의지하사, [17] 공의를 갑옷으로 삼으시며 구원을 자기의 머리에 써서 투구로 삼으시며 보복을 속옷으로 삼으시며 열심을 입어 겉옷으로 삼으시고, [18] 그들의 행위대로 갚으시되 그 원수에게 분노하시며 그 원수에게 보응하시며 섬들에게 보복하실 것이라.
>
> **지혜서 5:17-20** 주님은 당신의 열렬한 사랑으로 갑옷으로 삼으시고, 당신의 원수들을 징벌하기 위하여 피조물로 무장시키실 것이다. [18] 또 정의를 가슴받이로 삼으시고, 어김없는 심판을 투구로 쓰실 것이다. [19] 주님은 거룩하심을 무적의 방패로 잡으시고, [20] 준엄한 분노를 날카로운 칼처럼 가실 것이다. 그러면 온 세상은 주

님과 함께 미친 자들과 더불어 싸우러 나갈 것이다.

시 18:31-36 여호와 외에 누가 하나님이며
우리 하나님 외에 누가 반석이냐?
³² 이 하나님이 힘으로 내게 띠 띠우시며
내 길을 완전하게 하시며,
³³ 나의 발을 암사슴 발 같게 하시며
나를 나의 높은 곳에 세우시며,
³⁴ 내 손을 가르쳐 싸우게 하시니
내 팔이 놋 활을 당기도다.
³⁵ 또 주께서 주의 구원하는 방패를 내게 주시며
주의 오른손이 나를 붙들고
주의 온유함이 나를 크게 하셨나이다.
³⁶ 내 걸음을 넓게 하셨고 나를 실족하지 않게 하셨나이다.

살전 5:8 우리는 낮에 속하였으니 정신을 차리고 믿음과 사랑의 호심경을 붙이고 구원의 소망의 투구를 쓰자.

이 구절들을 에베소서와 비교해 보면 다음과 같다.

항목	사 59:15-18	지혜서 15:17-20	시 18:31-36	엡 6:10-18	살전 5:18	시 109:19-20
1. 투구	구원	심판	—	구원	구원의 소망	
2. 흉패 (θώραξ)		정의	—	정의/의	믿음, 사랑	
3. 방패 (θυρεός)	—	—	방패 (ὑπερασπισμός)	믿음	—	
4. 속옷	보복	—	—	—	—	
5. 겉옷	열심	—	—	—	—	
6. 갑옷	공의	사랑	—	—	—	

7. 검	—	분노	—	성령의 검 (하나님의 말씀)	—	
8. 허리띠	—		힘	진리	—	저주
9. 신발	—		[암사슴같이]	평화의 복음	—	
10.				기도		

바울은 앞에서 전사요 승리자인 그리스도를 이미 소개했다(엡 4:7-16). 십자가에 죽으시고, 부활하신 그리스도 예수께서는 만물을 충만하게 하시기 위해 노획물을 사람들에게 나눠 주셨다. 이것은 이사야 59장에서 여호와께서 그의 백성들을 구원하시려고 나서실 때, 무장을 갖추는 모습과 닮았다. 그런데 그 때 전쟁에서 쓰인 그의 갑옷과 무기들을 신자들이 입고 갖추는 것이다.

마지막으로 바울은 이 완전무장에 생명을 불어넣고 능력을 부여하는 것이 무엇인지 말한다. 바로 기도와 복음 전파다.

3.5.2 기도와 복음 전파(엡 6:18-20)

바울은 에베소 교인들이 자신들과 성도를 위해 기도하고 자신을 위해 기도해 줄 것을 부탁한다.

> 엡 6:18-20 모든 기도와 간구를 하되 항상 성령 안에서 기도하고 이를 위하여 깨어 구하기를 항상 힘쓰며 여러 성도를 위하여 구하라. [19] 또 나를 위하여 구할 것은 내게 말씀을 주사 나로 입을 열어 복음의 비밀을 담대히 알리게 하옵소서 할 것이니, [20] 이 일을 위하여 내가 쇠사슬에 매인 사신이 된 것은 나로 이 일에 당연히 할 말을 담대히 하게 하려 하심이라.

이 구절은 영적 전쟁 단락(엡 6:10-20)의 절정이다.[393] 그러나 고대부터 이 구절을 영적 전쟁과 독립적인 주제로 생각하는 사람들이 많았다.[394] 왜냐하면 주제와 대상의 변화가 있기 때문이다. 우선 주제가 군사 은유에서 신자의 삶의 영역으로 바뀐다. 나아가 대상이 에베소 교인에서 바울로 옮겨가는 느낌이 든다. 왜냐하면 영적 무장을 하고 기도해야 할 주체는 에베소 교인이지만 복음을 전파해야 할 주체는 사도 바울이기 때문이다.

하지만 이 단락은 새로운 단락이 아니다.[395] 왜냐하면 바울은 거대한 영적 전쟁을 생각하면서 먼저 외적 무장을 말했고, 다음으로 내적 무장을 명령하고 있기 때문이다.

이 내적 무장은 무엇인가? 기도와 복음 전파를 위한 담대함이다. 이 둘을 교회가 하나님을 대적하여 높아진 영적 세력으로 둘러싼 세계에서 굳게 서고 거침없이 세계를 향해 진군하기 위한 주요 방어수단으로 해석하는 사람도 있다.[396] 하지만 바울은 이미 믿음의 방패(엡 6:16)와 복음 전파를 위한 신(엡 6:15)을 이미 말했다.

여기서 기도는 앞에서 말한 완전무장을 실제 무기로 기능하게 하는 근원과 능력, 동력을 말한다. 바울은 이것을 에베소 교인들 자신뿐만 아니라 모든 성도들로 확대하여 적용하라고 권면하고, 동시에 자신에게는 담대함을 주셔서 "하나님의 비밀"을 전할 수 있도록 기도해 줄 것을 부탁한다. 이것은 바울이 로마 황제와 원로원 앞에서 하게 될 마지막 변증이 보이는 법정의 범위를 넘어선 싸움임을 암시한다.

---

393   Baugh, *Ephesians*, 556.
394   시내산 사본(ℵ)은 "모든 기도와 간구로"(엡 6:18a)를 "성령의 검을 가지라"(엡 6:17b)와 연결하고, "기도하라"(엡 6:18b)부터는 줄을 바꿔서 새로운 단락으로 만들었다.
395   알렉산드리아 사본(A)과 바티칸 사본(B)은 같은 단락으로 본다. 현대 및 최근 주석가의 견해로는 P. Ewald, *Die Briefe des Paulus an die Epheser, Kolosser und Philemon* (Leipzig: Deichert, 1910), 254-256; Baugh, Ephesians, 526-532, 556-562를 참조하라.
396   Cf. Baugh, *Ephesians*, 557.

9장
빌립보서

빌립보서는 에베소서와 다르다. 에베소서와 달리 빌립보서는 저자나 수신지 문제가 제기된 적이 없다. 일반 독자든 전문 학자든 모두 바울이 빌립보 교회에 보낸 편지로 인정한다. 따라서 빌립보서는 에베소서나 골로새서와는 다르게 접근해야 한다.

바울은 빌립보서를 쓸 때 자신이 늘 사용하는 기본 틀은 유지하지만 로마서나 갈라디아서와는 다르게 쓴다. 빌립보 교회도 바울을 대할 때 고린도 교회나 골로새 교회와 달리 애정과 지원을 아끼지 않는다. 이것은 모두 사도 바울과 빌립보 교회 교인들의 관계 때문에 나타나는 현상이다. 따라서 빌립보서를 이해하려면 우선 바울과 빌립보 교회의 관계를 파악해야 한다. 나아가 이 서신의 구조와 내용에 어떻게 반영되었는지 주목해야 한다.

이 점을 염두에 두고 이제 바울과 빌립보 교회, 이 둘의 관계를 살펴보고, 이어서 교회 상황을 고찰한 후에, 빌립보서의 주제를 설명하도록 하겠다.

1. 바울과 빌립보 교회

빌립보 교회는 바울이 두 번째 전도여행에서 세운 교회이다.

1.1 빌립보 교회의 태동

사도행전 16:11-17:15에는 바울이 마게도냐의 세 도시, 즉 빌립보, 데살로니가, 베뢰아에서 전도하는 것을 기술하고 있다. 누가에 따르면, 이 중 빌립보는 마게도냐 지역의 "첫 성이요 또 로마의 식민지"였다(행 16:12). 여기서 "첫 성"(πρώτη πόλις)은 "가장 큰 도시"나 "수도"를 의미하는 것이 아니다. 마게도냐의 수도는 데살로니가였고, 가장 큰 도시는 암비볼리였기 때문이다.[397] 당시 마게도냐는 네 지역으로 분할되어 있었는데, 빌립보가 첫 번째 지역으로 인도하는 성(a leading city of the district of Macedonia)이었다. "첫 성"이란 이것을 가리킨다.[398]

1.2 빌립보

"빌립보"라는 이름은 BC 4세기 마게도냐 왕 필립(Philip II, 382-336 BC)이 지은 것이다. 필립은 알렉산더 대왕(Alexander the Great, 356-323 BC)의 아버지이다. 필립은 빌립보 주변에 금광을 차지할 목적으로 이 도시를 정복했다.

빌립보는 약 200년 동안 헬라의 식민지였다가 BC 168년 제3차 마게

---

[397] D. L. Bock, *Acts*, BECNT (Grand Rapids: Baker Academic, 2007), 546.

[398] ESV, NASB, RSV; cf. KJV: "the chief city of that part of Macedonia." C. K. Barrett, *The Acts of the Apostles. Vol. II: Acts 15-28*, ICC (London/New York: T & T Clark, 2006), 778-780; Bock, *Acts*, 533.

도냐 전쟁 때 로마의 집정관 에밀리우스 파울루스(Lucius Aemilius Paullus Macedonicus, ca. 229-160 BC)에게 패함으로써 로마의 식민지가 되었다. 그리고 BC 42년 이곳에서 특별한 전투가 벌어진다.

> 아우구스투스는 안토니우스와 레피두스, 그 자신으로 이루어진 삼두체제의 일원으로서, 비록 건강이 좋지 못한 상태였지만, 필리피에서 브루투스와 카시우스를 무찔렀다. 그러나 첫 번째 전투에서는 숙영지를 버리고 안토니우스 진영까지 도망쳐야 했다. 두 번째 결정적인 전투가 끝난 뒤 아우구스투스는 패배한 적군에게 손톱만큼의 자비도 보여주지 않았고, 브루투스의 머리는 카이사르의 조각상 밑에 던져 넣기 위해 로마로 보냈다.[399]

이 "두 번째 결정적인 전투"가 바로 빌립보 전투이다. 이 전투에서 안토니우스-옥타비우스가 부르투스-카시우스를 이기고 승리함으로써 로마는 공화정 시대를 마감하고 제정 시대로 들어가고, 빌립보는 황제령 식민지가 된다.

빌립보 전투가 끝난 후 옥타비아누스(아우구스투스)는 빌립보를 군사 식민지로 만들고 유스 이탈리쿰(*jus Italicum*)이라는 특별한 지위를 부여했다. 이 "이탈리아 법"은 로마제국의 특정 도시나 지역이 로마 본토(이탈리아 반도)의 도시들이 누리던 법적 혜택과 동등한 특권을 누릴 수 있도록 했다. 이 지위를 받은 도시는 자치권을 보장받고, 인두세나 토지세와 같은 세금이 면제되었으며, 식민지이면서도 로마 본토와 같이 로마법이 직접 적용되었다.

아우구스투스는 이때 빌립보 전투에 참전했던 많은 군인들을 그곳

---

399 Suetonius, 「아우구스투스」 § 13, in 『열두 명의 카이사르』, 조윤정 옮김(서울: 다른세상, 2009), 92.

에 정착하게 했다.[400] 따라서 많은 로마의 퇴역군인들이 빌립보에 자리 잡고 살았다.

이렇게 시작된 빌립보 교회는 무엇에 힘썼는가? 빌립보 교회는 바울의 복음 사역에 동참했다.

1.3 복음 사역에 참여

빌립보 교회는 처음부터 바울의 복음 선포와 변증에 적극적으로 참여했다. 나아가 고린도 교회와 같이 분쟁이나 음행, 성찬에 대한 옳지 못한 태도, 부활을 부정하는 것과 같은 문제나 갈라디아 교회처럼 율법주의자들의 활동으로 '다른 복음'으로 넘어가는 것과 같은 문제가 없었다. 물론 유오디아와 순두게에게 연합을 권고한다든지(빌 4:2) "할례당을 조심하라"는 경고가 나온다(빌 3:2-3). 이것을 볼 때, 빌립보 교회에도 이미 율법주의자들의 영향을 완전히 배제할 수는 없었다. 하지만 이것을 과장해서는 안 된다. 율법주의자의 활동은 교회 내에 유대인이 있고, 교회가 유대인과 이방인이 섞여사는 사회 가운데 있는 한 모든 지역에 공통적인 것이다. 나아가 시기와 분쟁은 인간의 죄성에 깊이 자리잡고 있기 때문에 완성된 하나님 나라가 오기 전에는 없어지지 않는다.

빌립보 교회는 복음의 시초뿐만 아니라 그 이후에도 바울의 복음 사역을 지원했다. 바울은 고린도 교회 그리스도인들에게 자신의 사도권을 변호하면서 자신이 사도로서 권리를 쓰지 않고 손수 일하며 복음을 전

400　M. R. Vincent, *A Critical and Exegetical Commentary on the Epistles to the Philippians and to Philemon* (Edinburgh: T&T Clark, 1976), xiii-xviii; J. MacArthur, *The MacArthur Bible Commentary: Unleashing God's Truth, One Verse at a Time* (Nashville: Thomas Nelson, 2005), 1709.

했다고 말한다. 그리고 그의 부족함을 "마게도냐에서 온 형제들이 보충했다"고 말한다(고후 11:9). 이 마게도냐 형제들 중에 빌립보 교회 출신들도 포함되었을 것이다(cf. 빌 1:5; 4:14-15).

빌립보 교회는 사도 바울이 로마 감옥에 수감되었다는 소식을 듣고, 바울을 돕기 위해 에바브라디도를 그들의 지원금과 함께 보냈다(빌 4:18). 빌립보 교회의 지원은 일차적으로 교회가 바울을 소중히 여긴 것에서 연유한다. "너희가 나를 생각하던 것이 이제 다시 싹이 남이니 너희가 또한 이를 위하여 생각은 하였으나 기회가 없었느니라"(빌 4:10). 그러나 빌립보 교회의 지원은 궁극적으로는 복음전도에 참여하는 일이었다(빌 4:15-16; 1:7). 마샬은 빌립보 교인들이 "외부 사람들로부터 겪고 있었던 반대에도 불구하고 그리스도에 대한 증언 사역을 계속했다는 내용을 포함하고 있다"고 말하는데,[401] 빌립보서는 이것을 구체적으로 지시하고 있지 않다.

그런데 에바브라디도가 중간에 병들었고, 이 소식을 빌립보 교인들이 들었으며, 이것이 바울과 에바브라디도에게 "큰 근심"이 되었다. 그러나 에바브라디도가 회복되자 그를 보낸다(빌 2:25-28). 바울은 자신이 "갇힌 것" 때문에 복음 전파에 진전이 있음을 알린다(빌 1:12).

바울은 빌립보서를 쓸 때, 자신의 죽음이 임박했다는 것을 인식하고 있고(빌 1:20-21), 동시에 하나님의 뜻이면 풀려나 빌립보 교인들을 만나기를 기대하고 있다(빌 1:25, 2:24).

지금까지 우리는 바울과 빌립보 교회의 관계에 대해 살펴보았다. 이제 빌립보 교회의 상황에 대해 살펴보도록 하겠다.

---

[401] Marshall, *New Testament Theology*, 345.

2. 빌립보 교회의 상황

2.1 구성원

누가는 바울과 바울 일행이 빌립보에 도착했을 때 일어난 세 가지 일을 기록하고 있다.

		사도행전
1.	자주 장사 루디아를 만난다.	16:13-15
2.	귀신들린 익명의 여종을 고쳐준다. 이것 때문에 바울과 실라 (둘 다 로마시민)는 감옥에 갇히게 된다. 이때 심한 매를 맞는다 (cf. 고후 11:23, 25).	16:16-23
3.	간수장과 그의 가족이 회개한다.	16:24-40

방금 앞에서 설명한 것처럼, 안토니우스와 옥타비아누스는 빌립보 전투에서 결정적으로 승리한 후에 이 전투에 참가한 군인들 중 많은 사람에게 빌립보에 정착하도록 했다. 로마는 그들의 정착을 위해 로마시민권은 물론 토지와 정착에 필요한 여러 특혜를 주었다. 결국 빌립보는 군인들이 다스리는 도시가 되었다.

이런 배경에서 빌립보 교회에는 군인 출신 신자가 다수 있었을 것이라 추측할 수 있다. 성경도 이 사실을 말하고 있다. 사도행전 16장에는 군인이 한 명 나오는데, 바로 간수이다. 이 간수는 바울을 만나 회심을 하고 가족과 함께 세례를 받은 뒤 빌립보 교회의 핵심 신자가 된다.

하지만 바울이 감옥에 갇히기 전에 먼저 두 사람을 만난다. 그 중 한 사람은 자색 옷감 장사를 하는 루디아였고, 다른 한 사람은 귀신들린 익명의 여종이었다. 바울과 실라는 그 여종에게서 귀신을 쫓아내고 그 일로 감옥에 갇힌 후 간수를 만나게 되었다. 이 세 사건을 통해 빌립보 교회 구성원과 교회의 상황을 짐작할 수 있다.

우선 루디아다.

2.1.1 루디아

루디아는 현재 마게도냐 주에 살면서 사업을 하고 있지만 원래 고향은 소아시아 중부의 두아디라다. 루디아는 아마도 이주민이거나 외국인이었을 가능성이 높다.

성경은 루디아를 "자주 옷감 장사"라고 소개한다. 두아디라는 루커스 계곡에 있는 도시로서 수세기 동안 염료 산업으로 유명했다. 심지어 염색공들의 조합이 결성되어 있을 정도였다. 루디아가 취급하는 자주색 옷감은 로마 귀족 계층에서만 사용하는 고가의 상품이었던 점을 고려할 때, 루디아는 값비싼 자색 염료로 처리된 옷감을 전문적으로 취급하는 부요한 여인이었던 것으로 추측할 수 있다.

또 루디아에게는 빌립보에 집이 있었다. 보통 초대교회는 가정집에서 모임을 가졌다(cf. 롬 16:5; 몬 1:2). 유대인들은 한 건물을 사거나 귀족이나 유력한 사람에게 기증을 받아 회당을 짓고 그곳에서 모였던 반면, 초대교회는 대부분 가정에서 시작했다. 이때 교회로 쓰는 가정집은 보통 아트리움(*atrium*)이 있는 건물이었다. 아트리움은 밖으로 건물이 있고 그 안에 정원과 마당, 분수가 설치되어 있는 공간을 가리킨다. 초대교회는 이런 공간을 가진 사람들의 집을 모임장소로 사용하였다. 아굴라와 브리스길라의 집이 그런 곳이었다. 루디아도 마찬가지였다. 누가에 따르면, 루디아에게는 바울, 실라, 디모데, 누가가 숙박할 수 있는 큰 집이 있었기 때문이다(cf. 행 16:15, 40).

다른 한편으로 성경은 루디아를 "두아디라 시에 있는" 자주 옷감 장사라고 말한다. 이것은 루디아가 취급하는 자주 옷감 공장의 본점이 두아디라에 있었다는 것을 암시한다. 따라서 루디아는 빌립보 지점이나 마게도냐 지점들의 책임자였을 수도 있다. 아무튼 루디아는 막대한 부를 소유한 재력가였을 가능성이 높다.

루디아는 안식일에 기도하는 사람이었다(행 16:13). 나아가 바울의 설교에 귀를 기울였다. 즉 바울이 성경을 논증하는 방식, 즉 강의 형식으로 전도하는 바울의 말을 주의 깊게 들었다. 그때 주님께서 마음을 여셔서 복음을 받아들이고 그리스도인이 되었다(행 16:14). 이를 통해 루디아는 지적인 필요와 영적인 필요를 깊이 느끼는 사람이었다고 볼 수 있다.

다음으로 귀신들린 여종이다.

2.1.2 귀신들린 여종

이 "귀신들린 여종"은 아마도 헬라 거류민이었거나 외국인이었을 가능성이 있다. 일반적으로 헬라 도시에 거주하는 노예들 중 일부는 그 도시에서 태어나기도 했지만, 많은 경우 외국에서 노예로 팔려온 사람들이었기 때문이다. 또 사도행전에 따르면, 이 여종은 주인이 여럿이었다. 아마도 한 사람이 소유하기에는 경제적인 수익성이 너무 커서 공동 소유권 아래 있었던 사람이었다. 이 익명의 여종은 비록 종의 신분이었지만 로마 귀족과 정치인들을 가르친 이솝과 같이 특별한 사람이었을 수 있다. 헬라 시대에 외국 출신의 노예들 중에는 로마에 의해 정복당한 나라의 귀족이었거나 평민들, 즉 자유민들인 경우가 많았다. 종들은 외국에서 수입되었기 때문이다. 이 여종은 노예였으므로 루디아와 반대로 아무것도 가진 것이 없는 최하층민이었다.

이 여종은 귀신에 들려 있어 자신의 정체성과 자유를 모두 잃고 "여러 주인들"의 소유로 전락해 있었다. 즉 여러 주인에게 한 인간으로서 존엄과 자유뿐만 아니라 자신의 능력과 재능을 착취당하며 살아야 했다. 성경은 그녀를 "귀신 들린 여종"이라고 말하는데, 이 말을 직역하면, "퓌티아를 가진 여인"이다. 헬라 세계에는 델포스나, 사모스와 같은 장소에 있는 신전에서 일하는 여사제들이 있었다. 이 여사제를 "퓌티아를 가진 여인"이라고 불렀다. 이들은 신탁을 통해 전쟁을 할 것인가 등 도시국가와 개인의 운명을 결정하는 일에 지대한 영향을 미쳤다. 이 점을 고려할 때, 이 여종은 외국의 신전에서 신탁을 담당하던 사람이었을 가능성이 있다. 그래서 한 사람이 소유하지 못하고 여러 주인이 있었던 것이다. 이 여인은 이들에게 엄청난 경제적 이득을 주었다.

그런데 바울이 그녀에게서 귀신(퓌티아)을 쫓아냈다. 그 결과 그 주인들은 막대한 경제적 손실을 입게 된다. 누가는 이것을 "자기들의 이익의 소망이 끊어진 것을 알았다"고 말한다(행 16:19). 그래서 바울과 실라를 잡아 관리들에게 데려갔고, 결국 감옥에 갇히게 된다.

이 "귀신 들린 여종"은 퓌티아의 영을 소유하고 있었지만, 그것은 악령의 역사일 뿐이었다. 이 여종은 이 영을 소유한 것 때문에 인간의 존엄과 자유를 잃고 모든 것을 착취당하며 비참한 삶을 살고 있었다. 이 여종에게는 악령에게서 해방됨으로써 찾아오는 영혼의 평화가 절실히 필요했다. 바울은 귀신을 쫓아냄으로써 이 일을 한 것이다.

마지막으로 간수이다.

2.1.3 간수

이 간수는 은퇴한 군인이었든지 아니면 재향 군인이었을 가능성이 있다. 이 간수는 분명 로마 사람이었다. 왜냐하면 로마식민지의 합법적인 행정기관 안에 있는 모든 관리는 로마인이어야 했기 때문이다. 간수는 모든 가족과 함께 빌립보에 정착하여 사는 자유인이요, 집과 토지를 가진 빌립보 사회의 주류층이었다. 간수는 사회적인 배경에서 보면 루디아와 여종의 중간에 있었다.

간수는 빌립보의 주류로서 많은 혜택을 누리며 사는 사람이었지만,

그 사회가 가지고 있는 구조적인 악과 퇴폐하고 타락한 문화의 영향 아래 있었다.

이 세 사람을 만난 사건은 빌립보 교회가 태동하게 된 계기가 된다. 바울은 감옥에서 나온 다음 곧바로 이동해야 했으므로 시간을 두고 교회를 세울 수는 없었다. 그러나 빌립보에서는 루디아의 집에서 루디아와 간수, 그들의 가족, 귀신에게서 해방된 여종을 중심으로 교회가 시작되었다(cf. 행 16:40).

빌립보 교회는 인종적인 기원과 사회적인 계층과 배경의 차이로 처음부터 쉽지 않은 공동체였다. 그럼에도 이 복잡한 상황을 극복하고 한 교회를 이루고 아무런 차별 없이 대등하게 공동체에 받아들여질 수 있었다. 이것이 초대교회와 복음의 능력이었다. 하지만 이 하나됨과 연합은 굳게 지켜야 했다. 따라서 바울은 "마음을 같이 하여 뜻을 합하여 한 마음을 품어 아무 일에든지 다툼이나 허영으로 하지 말고 오직 겸손한 마음으로 각각 자기보다 남을 낮게 여기라"고 말한다(빌 2:3).

빌립보 교회 구성원처럼 인종과 배경, 사회 신분이 다른 이들에게 바울의 권면은 결코 쉽지 않은 일이다. 부유한 여인이 가난한 여인을, 자유자가 노예를, 로마시민이 비로마시민권자를, 유대인이 이방인을 자신보다 낮게 여기는 일은 결코 자연스럽게 되지 않는다. 진심으로 마음에서 우러나와 자기 영혼을 다해 그렇게 하는 것은 어렵다 못해 불가능하다. 따라서 빌립보서를 이해할 때 가장 중요한 것이 무엇인가? 하나됨과 연합의 진정한 토대가 무엇인가 하는 점이다. 이 하나됨의 진정한 토대는 예수 그리스도이다(빌 2:6-11).

빌립보 교회에는 극복해야 할 일뿐만 아니라 대적자들도 있었다.

2.2 대적자들

바울에 따르면, 빌립보 교인들과 자신을 대적하는 사람들이 있었다. 빌립보서에는 네 가지 다른 표현들이 등장한다.

		빌립보서
1.	빌립보 교인들을 "대적하는 자들"	1:28
2.	"할례당": "개들을 삼가고 행악하는 자들을 삼가고 몸을 상해하는 일을 삼가라"	3:3
3.	"투기와 분쟁으로 그리스도를 전파하는 이들"	1:15
4.	바울의 "매임에 고통을 더하게 하려는" 이들	1:17

이들이 동일한 대적이었는지 아니면 빌립보 교인들에게 다양한 대적자들이 있었는지 판단하는 것이 쉽지 않다. 그러나 "바울이 하나 이상의 대적들을 직시하고 있는 것 같다. 그는 두 전선에서 싸우고 있는 것으로 보인다. 하나는 교회 안에서 자신의 복음 전파에 동의하지 않는 이들(빌 1:15, 17), 다른 하나는 교회 밖에서 교회 전체를 대적하는 자들이다(빌 1:28; 3:2).[402]

그러나 위의 네 가지 표현에서 출발하여 빌립보 교회를 위협하는 대적자들의 구체적인 모습을 재구성하고, 바울이 그 대적들을 반박하기 위해서 빌립보서를 쓴 것으로 생각하는 것은 지나친 해석이다. "바울은 다른 서신처럼 거짓 교훈을 대적하지만, 이 서신의 취지는 다른 데 있다." 왜냐하면 빌립보서는 바울이 세운 교회의 문제가 아니라 그 교회에 대한 기쁨과 감사를 담고 있기 때문이다. 이런 점에서 상대적으로 희귀한 서신이다.[403]

---

[402] Cf. Carson/Moo, *Introduction*, 511.
[403] Cf. Carson/Moo, *Introduction*, 511-512.

3. 빌립보서 구조와 개요

빌립보서의 구조는 문학적으로 어떤 장르에 속한다고 판단하느냐에 따라 크게 달라진다. 따라서 우선 장르에 대해 간단히 살펴볼 필요가 있다.

3.1 장르

빌립보서는 크게 세 유형으로 이해되고 있다. 첫째, 편지이다. 많은 사람들이 빌립보서를 고대의 다양한 편지 형태들 중 특별히 우정편지(friendship letter)[404] 또는 가족편지(Familienbrief)[405]에 가깝다고 본다. 이것은 빌립보서가 바울과 빌립보 교회의 친밀한 관계에 기초하고 있기 때문이다.

둘째, 많은 연구자들이 빌립보서에 고대연설의 요소가 많다고 본다. 여기에는 두 가지 견해가 있다. 케네디는 칭찬연설(epideictic speech)로 분류한다.[406] 하지만 어떤 점에서 그런지 자세히 설명하지 않는다. 다만 바울이 빌립보 교인들이 복음의 시초부터 지금까지 참여한 것을 칭찬한 것 때문에 이렇게 분류했을 것으로 추측할 수 있다. 다른 학자들은 조언연설(deliberative speech)로 본다. 바울이 분명 복음을 위해 협력하고, 반대로 "다툼이나 허영"을 멀리하라고 설득한다는 점을 생각할 때 "조언연설"을 닮았다. 하지만 현재 이 견해를 반대하는 사람들이 늘고 있다.

---

[404] G. W. Hansen, *The Letter to the Philippians*, PNTC (Grand Rapids: Eerdmans, 2009), 8–12.

[405] L. Alexander, "Hellenistic Letter-Forms and the Structure of Philippians," *JSNT* 37 (1989): 87–101.

[406] Kennedy, *New Testament Interpretation Through Rhetorical Criticism*, 77.

셋째, 다른 학자들은 서신분석이나 수사학적 접근법과 상관없이 또는 거리를 두며 내용을 파악하려고 하기도 한다. 예를 들어, 빌립보서 전체가 하나의 커다란 교차대조(great Chiasm)로 이루어진 글로 보는 사람도 있고,[407] 또는 고대연설의 구조가 아니라 고대수사학의 격언(maxim)과 명제(sententiae)와 더불어 개인적인 예를 사용하여 설득하는 논증이라고 보는 사람도 있다.[408] 하지만 하나는 너무 인위적이고 다른 하나는 너무 지엽적이다.

앞의 제2장에서 언급한 것처럼 바울서신은 실제 어떤 한 장르로 분류할 수 있는 것이 아니다. 빌립보서도 마찬가지이다. 바울이 어떤 문학적인 표현법에 자기 서신 내용 전체를 조직하는 일이나 빌립보서 전체 메시지가 특별한 격언이나 개념을 중심으로 움직이게 했을 가능성이 낮다면 세 번째 견해를 배제하고 생각할 수 있다. 그렇다면 바울이 빌립보서를 쓸 때, 당시 고대연설에서 쓰는 요소를 활용하여 편지를 썼다고 추측할 수 있다. 이 점에서 출발할 때, 빌립보서의 구조를 어떻게 이해할 수 있는가?

3.2 구조

빌립보서의 구조를 파악할 때, 두 가지 점을 고려할 필요가 있다. 빌립보서는 고대연설이나 고대서신과 비교할 때 낯선 것이 많다는 점이다.

---

[407] A. B. Luter and M. V. Lee, "Philippians as Chiasmus: Key to the Structure, Unity and Theme Questions," *NTS* 41 (1995): 89–101.

[408] R. A. Ramsaran, "Living and Dying, Living is Dying (Philippians 1:21): Paul's Maxim and Exemplary Argumentation in Philippians," in *Rhetorical Argumentation in Biblical Texts*, ed A. Erikson, T. H. Olbricht, and W. Übelacker (Harrisburg: Trinity Press International, 2002), 325–338.

3.2.1 고대연설 관점에서

빌립보서에는 고대연설 요소는 나타나지만 구성이 독특하다. 전체적으로 볼 때, 빌립보서는 고대연설의 다섯 부분을 모두 지니고 있다. 하지만 많은 학자들의 연구결과 빌립보서가 고대연설의 구조와 일치하지 않는다는 것이다. 따라서 학자들마다 구조를 다르게 제시한다.[409]

구분		왓슨[410] (1988)	불룸퀴스트[411] (1993)	위더링턴 III[412](1994)	블랙[413] (1995)
1. 서론	exordium	1:3–26	1:3–11	1:3–11	1:3–11
2. 사실진술	narratio	1:27–26	1:12–14	1:12–26	1:12–26
3. 주제제시	propositio			1:27–30	
논제	partitio	1:15–18a			
4. 증명	probatio	2:1–3:21	1:18b–4:7	2:1–4:3	1:27–3:21
		2:1–11 전개1	1:18b–26 확증		1:27–30 주제제시
		2:12–18 전개2	1:27–2:18 권면		2:1–30 증명

---

[409] Cf. Hansen, *Philippians*, 14. 이외에 분석으로는 E. J. Schnabel, "Rhetorische Analyse," in *Das Studium des Neuen Testaments*, vol. 1: *Eine Einführung in die Methoden der Exegese*, edited by H.-W. Neudorfer and E. J. Schnabel (Wuppertal: Brockhaus, 1999), 315–316을 참조하라.

[410] D. F. Watson, "A Rhetorical Analysis of Philippians and Its Implications for the Unity Question," *NovT* 30 (1988): 57–88. 왓슨은 증명을 "주제제시의 전개 1–3"(1st–3rd development of *propositio*)라고 명명한다. 그 중간에 일탈(*digressio*)이 있다고 본다.

[411] L. G. Bloomquist, *The Function of Suffering in Philippians*, JSNTSup 78 (Sheffield: JSOT Press, 1993). 불룸퀴스트에 따르면, 증명은 확증(*confirmatio*), 권면(*exhortatio*), 예(*exempla*), 책망(*reprehensio*), 권면(*exhortatio*)으로 구성되어 있다.

[412] B. Witherington III, *Friendship and Finances in Philippi: The Letter of Paul to the Philippians*, New Testament in Context, Valley Forge: Trinity Press International, 1994), 11–20.

[413] D. A. Black, "The Discourse Structure of Philippians: A Study in Textlinguistics," *NovT* 37 (1995): 16–49. 블랙은 증명(*probatio*)을 논증(*arguemntatio*)이라고 부른다. 블랙에 따르면, 이 논증은 주제제시(*propositio*)로 시작하여 증명, 반박 순으로 진행된다. 눈에 뜨는 점은 빌립보서 4:10–20을 사실진술로 본다는 것이다. 따라서 이 구조에서는 사실진술이 두 번 등장한다(빌 1:12–26, 4:10–20).

			2:19–30	일탈	2:19–30	예		3:1–21	반박
			3:1–21	전개3	3:1–16	책망			
					3:17–4:7	권면			
5.	결론	*peroratio*	4:1–20		4:8–20		4:4–20	4:1–9	
			4:1–9	반복				4:10–20	사실진술
			4:10–20	정서					

    실제로 이 구조를 보면, 권면이 증명에 반복적으로 나오거나(블룸퀴스트), 주제제시가 증명 속에 있다거나(블랙), 권면이 나타나지 않기도 한다(왓슨, 위더링턴, 블랙).

    슈나벨은 사실진술의 본문이 분석자마다 달라지는 것뿐만 아니라 실제로 고대연설에서 말하는 나라치오(*narratio*), 즉 연설에 앞서 연설의 주제를 더 명확하게 하기 위해서나 연설을 통해 얻고자 하는 효과(재판에서 승리, 설득, 격려)를 확보하기 위해 하는 연설자(바울)와 청중(빌립보 교인)의 관계에 대한 진술이 필요한가 질문한다.[414]

    물론 학자들의 분석이 다양하고 일치하지 않거나 연설 요소의 위치가 바뀐 것이나 특정 요소의 역할이 불필요하다는 것이 빌립보서에 고대연설적 요소가 없다는 증거는 아니다. 하지만 빌립보서의 구조를 규정하는데 고대수사학적 관점이 제한되어야 하고, 빌립보서 단락을 고대연설의 각 요소의 기능으로 설명할 수 없는 점이 많다는 것은 분명하다.

    지금까지 빌립보서의 구조를 고대연설의 관점에서 분석해 보았다. 이제 고대서신 관점에서 살펴보자. 빌립보서는 고대서신이나 다른 바울서신과 비교할 때도 낯선 점이 많다.

---

[414] Schnabel, "Rhetorische Analyse," 316.

3.2.2 고대서신의 관점에서

빌립보서는 사도 바울의 열세 서신 중 하나이다. 로마서와 갈라디아서가 가장 교리적인 서신이라면, 빌립보서와 디모데후서는 가장 "관계적"인 서신이다. 하지만 디모데후서와는 달리 빌립보서는 사도와 교회의 관계를 강조한다. 빌립보서는 전체적으로는 바울서신 양식을 따른다.

		빌립보서
1.	편지시작말	1:1-11
	1.1 송신자, 수신자, 문안	1:1-2
	1.2 감사 및 기도	1:3-11
2.	편지본말	1:12-4:1
3.	편지맺음말	4:2-23

하지만 여기에는 바울서신의 일반적인 구조와 다른 점이 있다.

3.2.2.1 변형된 틀: "교리-윤리"

빌립보서는 바울서신과 비교할 때, 일반적으로 나타나는 "교리-윤리"의 구조(예, 로마서, 갈라디아서)나 교회의 문제와 그에 대한 신학적 답변과 같은 형식(예, 고린도전서)이 발견되지 않는다. 대신 빌립보서는 바울의 개인 사정을 자세히 알리고 있고(빌 1:12-26), 빌립보 교회의 지원에 대한 감사를 길게 표현하고 있다(빌 4:10-19). 그 중간에 복음의 대적자들을 경계하라는 당부를 담고 있다(빌 3:2-21).

그렇다면 교리적인 내용은 없는가? 이 질문을 '로마서 1:18-11:36과 같이 복음 교리를 따로 다른 부분은 없는가?'로 받아들이면, 대답은 부정적이다. 그러나 반대로 과연 바울 서신에서, 심지어 로마서 초반부에서, 복음의 내용과 실천이 분리되는가? 반문할 수 있다. 실제로 믿음에서 나는 의를 다루는 핵심부에서 바울은 실천을 강조한다:

롬 6:10-11 그가 죽으심은 죄에 대하여 단번에 죽으심이요 | **교리**
그가 살아 계심은 하나님께 대하여 살아 계심이니
¹¹ 이와 같이 너희도 너희 자신을 죄에 대하여는 죽은 자요, | **실천**
그리스도 예수 안에서 하나님께 대하여는 살아 있는
자로 여길지어다!

다시 말하면, 바울에게 교리는 실천의 근거요, 실천은 교리의 열매이다. 이 둘은 뿌리와 줄기처럼 하나로 통합되어 있다. 다만 자신의 편지를 읽는 대상에 따라 이 둘 중 어느 측면이 부각되는 것뿐이다.

이런 점에서, 빌립보서에서 복음의 내용을 찾아낼 주소는 바울과 빌립보 교회 그리스도인들, 그들의 내외적 삶과 방향인 것이다. 여기에서 복음의 심층을 발굴해야 한다. 만일 고린도후서와 빌립보서 같은 서신이 없었다면, 오는 시대에 속한 사람으로 현 시대를 살아가는 새 인류의 비밀, 부활하신 그리스도께서 신자의 삶에서 그의 나라를 이루시고 통치하시는 이 특이한 삶의 비밀은 교리-실천의 이분법 속에 묻혀버렸을 것이다. 반대로 만일 빌립보서를 진정으로 읽는 독자들은 복음이 열어주는 세계, "그리스도의 [부활] 생명과 그 생명 안에서 사는 삶"[415]을 만나게 될 것이다.

또 한 가지 주목할 사실이 있다. 빌립보서는 공동 송신자 형태를 띠고 있다("바울과 디모데"; 빌립보서 1:1 주해 참조). 이것은 데살로니가전서와 후서도 마찬가지이다("바울과 실루아노와 디모데"). 주목할 점은 바울이 공동 송신자로 보낸 서신들 모두가 마게도냐 교회라는 것이다.

---

[415] Cf. Lightfoot, *Philippians*, 73.

3.2.2.2 끼어든 단락

빌립보서는 문학적으로 볼 때 중간에 끼어든 단락이 있다. 바울은 서론에서 문안인사, 감사, 기도를 하고 난 후(빌 1:1-11), 로마에서 자신의 사정을 알린다(빌 1:12-26). 그리고 모두가 같은 생각과 마음을 가지라고 권면하고, 이를 위해 "나보다 남을 낫게 여겨야 한다"는 새 시대 원리를 말한다. 그 예로 그리스도를 제시한 후(빌 1:27-2:18), 디모데와 에바브로디도를 보낼 계획을 알린다(빌 2:19-30). 그리고 "마지막으로" 할 말을 전한다. 아마도 본래 계획은 다시 한번 하나됨을 강조하고, 빌립보 교회 내에 다툼이 있는 두 인물을 예를 들면서 서로 같은 생각을 품으라고 권면하려고 했을 것이다(빌 4:2). 그러므로 빌립보서 3:1에서 4:2로 이어지는 것이 자연스럽다.

그런데 그 중간에 빌립보서 3:2-4:1의 내용이 온 것이다. 바울은 여기서 두 종류의 대적자를 언급하고 있다. 라이트풋은 바울이 빌립보서 3:1에서 편지를 마무리하려고 했는데, 문득 바울의 마음에 '로마에서 나를 괴롭게 하는 율법주의자들이 빌립보 교회도 공격하면 어떻게 하나...' 하는 걱정이 들었을 것으로 추측한다. 그래서 편지를 다시 시작했다는 것이다.[416]

하지만 그렇지 않을 수도 있다. 사람들은 보통 바울이 편지를 단숨에 내리 썼을 것이라고 생각한다. 이것은 빌립보서나 골로새서, 빌레몬서와 같은 짧은 서신뿐만 아니라 로마서나 고린도전후서와 같은 큰 편지도 마찬가지였을 것이라고 상상한다. 하지만 큄멜은 다른 가능성을 제시한다. 즉 바울이 편지를 쓰다가 알 수 없는 상황에서 중단되었을 수도 있다는 것이다.[417] 예컨대 잠시 쉬거나 산책을 하거나 대화를 나누

---

[416] Lightfoot, *Philippians*, 69-70.

[417] 큄멜의 중단이론은 고린도후서의 진정성과 통일성을 설명할 때 등장한다. W. G. Kümmel, *Einleitung in das Neue Testament*, 21th ed. (Berlin: Evangelische Verlagsanstalt, 1989), 254: "Paulus hat den Brief mit Unterbrechung diktiert; daher is die Möglichkeit von

었을 수도 있고, 그 중간에 로마에서 또는 마게도냐를 비롯한 식민지에서 전해오는 정치적 소식을 들었을 수도 있다. 바울은 이런 소식과 함께 각 교회에 대한 소식을 들었을 것이다. 그렇지 않았다면 꼭 해야 말이 떠올랐을 수도 있다.

바울은 이 경계문에서 복음의 본질과 그리스도인의 정체성을 실천적 의미에서 강하게 주장한다.

지금까지 빌립보서의 장르와 구조를 짧게 관찰했다. 이 관찰에 따라 개요를 작성하면 다음과 같다.

Unebenheiten von vornherein gegeben." 하지만 이 이론은 빌립보서에도 적용할 수 있을 것이다.

3.3 빌립보서 개요

수사학적 요소

1. 편지시작말(빌 1:1–11)　　　　　　　　　　　　　　　　　서론(*exordium*)
  1) 서두(1:1–2)
    (1) 송신자: (1:1a–b)
      A. 인물(1:1a)
        a. 바울(1:1aα)
        b. 디모데(1:1aβ)
      B. 신분: 그리스도 예수의 종들(1:1b)
    (2) 수신자(1:1c)
      그리스도 안에서 빌립보에 사는 모든
      A. 성도들(1:1cα)
      B. 감독들(1:1cβ)
      C. 집사들(1:1cγ)
    (3) 문안(1:2)
      A. 내용: 은혜와 평화
      B. 근원: 하나님 아버지와 주 예수 그리스도
  2) 감사(1:3–8)　　　　　　　　　　　　　　　　　　　　감사(*eucharistia*)
    (1) 대상: 하나님(1:3)
    (2) 이유: 첫날부터 지금까지 복음에 참여함(1:4–11)
  3) 기도(1:9–11)

2. 편지본말(빌 1:12–4:1)
  1) 바울의 상황과 복음의 진보(1:12–26)　　　　　　　　　　[사실진술
    (1) 바울의 매임에도 그리스도의 복음은 전파됨(1:12–18)　　(*narratio*)]
    (2) 바울의 기대와 소원(1:19–26)
      A. 자신의 몸에서 그리스도를 존귀하게 되는 것(1:19–20)
      B. 자신에게는 그리스도와 함께 있는 것이 훨씬 좋은 일
        (1:21–24)
      C. 그러나 빌립보 교인들에게는 그가 사는 것이 유익
        (1:25–26)

2) 너희는 그리스도의 복음에 합당하게 생활하라(1:27–30)   주제제시
                                                          (*propositio*)
3) 바울의 권면과 바람(2:1–30)   권면(*exhortatio*)
  (1) 같은 마음과 사랑, 겸손으로 연합하라(2:1–4)
  (2) 이를 위해 그리스도 예수 안에 있는 것을 생각하라
      (2:6–11)
    A. 그리스도의 선재(2:6)
    B. 그리스도의 낮아지심과 십자가에 죽으심(2:7–8)
    C. 그리스도의 높아지심(2:9–11)
  (3) 두렵고 떨림으로 너희 구원을 이루라(2:12–18)
  (4) 디모데와 에바브로디도를 보내기를 바라노라
      (2:19–30)
    A. 디모데를 보냄(2:19–24)
      a. 이유: 빌립보 교회의 사정을 알고자 함(2:19)
      b. 인물: 주 예수의 일을 구하고 복음을 위해
         수고함(2:20–23)
      c. 후계획: 주 안에서 나도 갈 것이라(2:24)
    B. 에바브로디도(2:25–30)
      a. 인물: 바울의 형제요 군사요 빌립보 교회 사절
         (2:25)
      b. 이유: 에바브로디도가 병들어 죽게 된 것을 빌립
         보 교인들이 듣고 근심함; 그를 보냄으로 빌립보
         교인들이 기뻐하고, 바울 자신의 근심도 덜려 함
         (2:26–30)
4) 바울의 경고와 초청(3:1–4:1)
  (1) 유대주의자들을 삼가라(3:1–3)
    [할례를 비롯한 이들의 주장이 얼마나 근거가 빈약한지
    나를 보라!]
  (2) 바울의 예와 바울이 소유한 의(3:4–16)
    A. 나는 육체를 신뢰할 근거에서 빠진 것이 없다:
       할례, 이스라엘 족속, 지파, 히브리인, 율법준수, 열심
       (3:4–6)
    B. "그러나 이제는 무엇이든지 해로 여긴다. 그리스도를
       아는 지식이 가장 중요하기 때문이다. 나는 그리스도
       를 얻고 그 안에서 발견되기를 원한다. 왜냐

　　　　　오직 그리스도를 믿음으로 말미암는 의, 곧 믿음으로
　　　　　하나님께로부터 난 의이기 때문이다"(3:7–11)
　　　　C. "그러므로 나는 뒤에 것을 잊어버리고 부활에 이르려
　　　　　한다"(3:12–16)
　　　(3) 너희는 나를 본받고, 그리스도의 십자가의 원수로
　　　　살아가는 이들을 멀리하여 주 안에 서라(3:17–4:1)
　5) 바울의 권면: 주 안에서 같은 마음을 품으라(4:2–9)　　　　권면(*exhortatio*)

　6) 빌립보 교회의 동역에 대한 바울의 감사(4:10–20)

---

3. 편지맺음말(빌 4:2–23)　　　　　　　　　　　　　　　결론(*peroratio*)
　1) 마지막 당부와 요청, 격려
　　(1) 당부: 같은 마음을 품고(유오디아, 순두게) 서로 도우라
　　　 (글레멘드 및 동역자들; 4:2–3)
　　(2) 요청: 주 안에서 항상 기뻐하고 관용하며, 모든 일에 기
　　　 도하라(4:4–7)
　　(3) 격려: 그리스도인의 여덟 가지 덕을 생각하라(4:8–9)
　2) 빌립보 교회의 복음 참여에 감사(4:10–20)
　3) 문안(4:21–22)
　4) 축복(4:23)

이제 빌립보서의 내용을 살펴보자.

4. 빌립보서 내용

빌립보서에서 자주 반복되는 개념은 복음과 기쁨, 하나됨이다. 이것은 다음 두 가지 주제를 형성한다.

1. 복음 안에서 기뻐하는 것
2. 복음을 위해 하나되는 것

교회 공동체가 거듭난 신자들의 모임이라고 해도, 죄의 영향력은 지대하기 때문에 이것을 이루기란 쉽지 않다. 그러면 무엇이 이것을 가능하게 하는 토대인가? 이 토대는 두 가지 권면에서 찾을 수 있다.

1. "너희 안에 이 마음을 품으라"(빌 2:5)
2. "너희는 이것들을 생각하라"(빌 4:8)

이것은 "권면"인 동시에 "명령"이다. 하지만 단순한 명령이 아니라, 깊은 "신학적 명령"에 속한다.

4.1 "이 마음을 품으라"(빌 2:5-11)

바울은 "너희 안에 이 마음을 품으라. 곧 예수 그리스도의 마음이다"(빌 2:5)고 말한다. 어떤 상황에서 이 마음을 품어야 하는가? 이것은 두 가지로 나누어 생각할 수 있다. 그것은 가까운 문맥(빌 2:1-4)이고, 다음은 확대된 문맥이다(빌 1:27-30). 먼저 근접 문맥을 살펴보자. 여기에 "이 마음"을 품어야 하는 상황이 등장한다.

4.1.1 상황(빌 2:1-5)

우선 교회 내에 "권면, 위로, 교제, 긍휼, 자비" 등이 실현되어야 할 때이다(빌 2:1). 이런 것들은 자체로 선한 것이다. 하지만 인간의 죄와 부패성으로 선한 것이 선한 것으로 나타나지 않을 수 있다. 그래서 권면을 할 때, 그 권면이 연약한 자에게 무거운 짐이 될 수 있고, 위로가 사랑에 기반하지 않을 수도 있다. 교제가 성령 안에서 서로에게 힘과 영적인 소망을 주지 못하고 오히려 쓴 뿌리가 독초와 같이 점점 더 깊이 내려서 서로의 관계를 점점 멀어지게 할 수도 있다. 긍휼이나 자비를 베풀어야 할 때, 베푸는 자의 의가 드러나서 그것을 받는 이가 도리어 베푸는 자의 행위를 수습해야 할 때도 많다. 그러므로 이 모든 일을 할 때, "다툼이나 헛된 영광을 구하는 식으로" 해서는 안 된다(빌 2:3). 바로 여기서 바울은 권면이나, 위로, 교제, 긍휼, 자비와 같은 은사를 행하는 이들의 자세를 말한다.

> **빌 2:4-5** 온유한 마음으로 각각 자기보다 남을 낮게 여기라.
> 자신의 일을 돌아볼 뿐만 아니라 남의 일을 돌아보라.

이 자세를 말한 후, 바울은 "너희 안에 이 마음을 품으라. 곧 그리스도 예수의 마음이라"고 말하는 것이다.

다음으로 확대된 문맥을 살펴보자. 빌립보서 1:27-30에 따르면, "이 마음을 품어야" 할 문맥은 "복음에 합당한 삶"이다.

바울은 "너희는 그리스도 복음에 합당하게 생활하라"(빌 1:27)고 명령한다. 이것은 두 가지로 구성된다.

1. 너희가 한 마음으로 서서 한 뜻으로 복음 신앙을 위하여 협력하는 것(빌 1:27b)
2. 너희가 무슨 일에든지 대적자들을 두려워하지 않는 것(빌 1:28a)

빌립보 교인들에게는 복음을 믿는 신앙 때문에 "대적자들"이 있다. 이들은 빌립보 교인들에게 두려움이 되고 있다. 그들 때문에 빌립보 교인들은 복음을 위해 개인이 일하는 것도, 함께 협력하는 것에도 어려움을 겪고 있다. 그러므로 바울은 "너희에게도 그와 같은 싸움이 있다"(빌 1:30)라고 말하고 있다.

그러면 이것은 어떤 싸움이었는가? 우리는 바울서신 여러 곳에서 복음이 들어가는 곳이면 어디에서나 유대 사회에서나 헬라 사회에서나 복음 때문에 고난의 싸움이 발생한다는 것을 관찰할 수 있다.

> **갈 3:4** 너희가 이같이 많은 괴로움(고난)을 헛되이 받았느냐? 과연 헛되냐?

이 구절은 다음과 같이 의역할 수 있다. '너희가 이 큰 고난을 헛되이 받았느냐? 아, 헛된 것이냐?' 여기서 "아, 헛된 것이냐?"(εἴ γε καὶ εἰκῇ;)는 말은 "아직 상황이 되돌릴 수 없는 상황만 아니기를 하는 바람을 이렇게 표현한다."[418] 바울은 조금 후에 다시 이런 안타까움과 두려움 섞인 심경을 표현한다. "너희가 날과 달과 절기와 해를 삼가 지키니, 내가 너희를 위하여 수고한 것이 헛될까 두려워하노라"(갈 4:11). 누군가

---

[418] F. F. Bruce, *The Epistle to the Galatians: A Commentary on the Greek Text*, NIGTC (Grand Rapids: Eerdmans, 1982), 155.

잘 걸어가다가 발이 미끄러지고 있는데, 완전히 낭떠러지로 떨어지지 않았기를 바라는 심정인 것이다. 만일 떨어져 버렸다면, 무언가 수포로 돌아가 버린다.

개역개정은 이 구절(갈 3:4a)을 "이같이 많은 괴로움을 헛되이 받았느냐?"라고 번역하는데, 이 문장은 두 가지로 번역할 수 있다. 여기서 파스코(πάσχω)[419]라는 동사는 일반적으로 "고난을 받다"는 뜻도 있지만 간혹 "경험하다"라는 의미도 있다. 만일 "경험하다"로 번역하면, "너희가 이 큰 일(위대한 일)을 너희가 헛되이 경험하였느냐?"가 된다.[420] 이렇게 번역하는 이유는 갈라디아서 3:2, 3, 5이 모두 성령에 대한 주제이기 때문이다. "이 위대한 일"을 갈라디아 교인들이 신앙 초기에 경험한 성령 사건으로 해석한 것이다. 이 해석을 지지하는 또 다른 근거는 사도행전에도 바울서신에도 갈라디아 교인들이 고난을 받았다는 말이 등장하지 않기 때문이다.

그러나 갈라디아서 3:4a는 신자가 처음 믿을 때 필연적으로 따라오는 고난으로 보는 것이 더 타당하다. 어떤 사람들은 사도행전과 바울서신에 갈라디아 교인들의 고난이 기록되지 않았다고 반박한다. 하지만 이것은 너무 피상적인 관찰이다. 만일 갈라디아가 바울이 1차 전도여행 때 방문했던 남갈라디아 지역이었다면, 갈라디아 교회는 비시디아 안디옥과 이고니온, 루스드라, 더베 등에 있는 교회였다. 사도행전은 분명히 이 교회가 받은 고난을 기록하고 있다.

> **행 14:22** 제자들의 마음을 굳게 하여 이 믿음에 거하라 하고 또 우리가 하나님의 나라에 들어가려면 많은 환란을 겪어야 할 것이라.

---

419 영어 단어 패션(passion)은 라틴어 파시오(passio)에서 유래했다.

420 Cf. H. J. Eckstein, *Verheißung und Gesetz: eine exegetische Untersuchung zu Galater 2,15 – 4,7* (Tübingen: Mohr, 1996), 90–91.

또 이런 상황을 반영하듯 바울은 갈라디아서에서 말한다.

> **갈 4:29** 그러나 그 때에 육체를 따라 난 자가 성령을 따라 난 자를 박해한 것 같이 **이제도 그러하도다**(... ἐδίωκεν ..., οὕτως καὶ νῦν).

나아가 사도행전에 기록이 없는 것이 초대교회가 겪은 여러 박해와 사건의 실제가 없는 증거가 될 수 없다. 예를 들어, 사도행전에는 데살로니가 교인들이 핍박이나 고난을 받았다는 기록이 없다. 그러나 바울은 데살로니가 교회에게 보낸 편지에 이렇게 쓴다.

> **살전 2:14** 형제들아, 너희가 그리스도 예수 안에서 유대에 있는 하나님의 교회들을 본받은 자 되었으니 저희가 유대인들에게 고난을 받음과 같이 너희도 너희 나라 사람들에게 동일한 것을 받았느니라.

또 히브리서 기자는 말한다.

> **히 10:32** 전날에 너희가 빛을 받은 후에 고난의 큰 싸움을 견디어 낸 것을 생각하라.

데살로니가 교인들처럼 그리스 사람이 아니면 이 박해에서 벗어나는가? 그렇지 않다. 바울 당시 로마인들은 그리스도를 믿자마자 무신론자라는 오명을 뒤집어써야 했다. 현대도 마찬가지이다. 무슬림 중 그리스도를 믿는 사람들은 가족과 동족으로부터 목숨의 위협을 받고, 우리나라에서도 그리스도를 믿고 제사를 지내지 않으면, 조상을 공경하지 않고 조부나 부친을 굶기는 불효자식이라고 핍박을 받았고 지금도 받고 있다. 현대 서양사회는 이런 일이 적으므로 다른 해석을 하려 하지만, 그것은 초대교회 당시 현실을 반영한 것이 아닐 수 있다.

바울이 빌립보 교인들에게 "너희 안에 이 마음을 품으라. 곧 그리스도 예수의 마음이라"(빌 2:5)고 했을 때, 빌립보 교인들은 한편으로 신앙의 참 실천이라는 과제와 복음을 받은 신앙 아래에서 핍박이라는 문제를 안고 있었다. 이런 상황에서 바울은 권면한 것이다. 그리스도인들은 복음에 합당하게 생활해야 하며, "그를 믿을 뿐 아니라 고난을 받게 하시려고" 부르셨다는 것을 잊어서는 안 된다. 또 모든 일에 한 마음과 한 뜻으로 서서 각각 남을 나보다 낫게 여기라고 말한다.[421]

그러면 이것이 어떻게 가능한가? 바울은 믿는 자의 신앙의 참된 실천과 신앙을 흔들리지 않고 파수하는 일이 기독론에 토대를 두고 있다고 말한다. 다시 말해서, 너희 안에 그리스도 예수의 마음을 품지 않으면, 복음 안에서 기뻐하고, 복음을 위해 한 마음으로 협력하며, 복음을 위해 핍박을 견디어 내는 것이 불가능하다. 복음의 진정한 내용으로 권면하고 위로하고, 성령 안에서 교제하며, 긍휼히 여기고, 자비를 누리는 것, 이 모든 것이 불가능하다는 것이다(cf. 딤전 3:9). 여기서 믿음의 전제와 만난다. 그것은 우리 주 그리스도시다.

---

[421] 이 모든 것에서 빌립보서 주제(복음, 기쁨, 한 마음)가 어떻게 드러나고 있는지 주목하라.

4.1.2. 전제(빌 2:6-11)

바울은 그리스도 찬송시를 통해 그리스도의 신분과 사역의 세 단계를 말하고 있다.

		빌립보서
1.	그리스도의 선재	2:6
2.	그리스도의 성육신과 십자가 죽음	2:7-8
3.	그리스도의 높아지심	2:9-11

이 그리스도 찬송시의 내용은 무엇인가? 이 시의 내용을 이해하려면, 선재와 성육신, 승귀 개념을 잘 파악해야 한다. 그러나 바울은 이 시를 기록하기 앞서 "너희 안에 이 마음을 품으라. 곧 그리스도 예수의 마음을"이라고 말했다(빌 2:5). 즉 그리스도께서 행하신 사역의 세 단계 개념과 이 세 단계의 유기적 관계를 이해하는 것도 중요하지만, 이 모든 사역을 행하실 때 "그리스도의 마음"이 무엇인가를 이해하는 것이 필요하다. 이 둘은 서로 보완적이므로 하나를 다른 것에서 제외하고서 의미를 파악할 수 없다.

4.1.2.1 그리스도의 선재(빌 2:6)

바울은 먼저 그리스도의 선재에 관하여 말한다.

> 빌 2:6 그는 근본 하나님의 본체시나 하나님과 동등됨을 취할 것으로 여기지 아니하셨다.

A. 하나님의 본체

그리스도는 근본 하나님의 모르페(μορφή)로 계셨다(빌 2:6a).[422] 이 모르페에 대하여 세 가지 해석이 있다.

1. 형상이란 본질과 동의개념이다.
2. 형상이란 어떤 대상의 가시적 형태를 지시한다.
3. 형상이란 영지주의의 개념에서 천상적 구속자를 가리킨다.

이 해석을 차례로 살펴보자.

a. 우시아("본질")

첫째, 모르페(μορφή)라는 말이 우시아(οὐσία)라는 말과 관련이 있다는 해석이다. 우시아란 "본질"을 뜻한다. 이것을 본문에 적용하면, "그는 근본 하나님의 우시아 곧, 하나님의 본질로 존재하셨다"는 뜻이 된다. 즉 "그리스도는 신성을 소유하고 있었다"는 의미이다.

하지만 헬라 세계에서 모르페(μορφή)와 우시아(οὐσία)는 서로 엄격히 구별된다. 따라서 동의어로 쓰일 수 없다. 이것이 이 해석의 약점이다.

그러면 모르페를 어떻게 이해할 수 있는가? 이 둘을 동의개념으로 보지 않고도 해석할 수 있는가? 그렇다. 빌립보서 2:6에는 사실상 두 개념이 나오고, 이 두 개념이 서로 대구를 이루고 있다. 이 두 개념을 동사 문장으로 바꾸어 보면 다음과 같다.

빌 2:6a 그는 하나님의 형상으로 존재했다.
빌 2:6 bβ 그는 하나님과 동등되었다.

그러면 이 구절을 어떻게 해석하느냐는 이제 이 두 문장을 어떻게 이해하느냐로 바뀐다. 이 두 문장은 무엇을 의미하는가? 어떤 관계인가? 뒤 문장은 앞 문장을 설명한다. 그러면 뒤에 오는 개념이 앞에 있는 개념

---

422 개역개정은 "본체"(本體)라고 번역하고, 각주에 "형체"(形體; "물건의 생김새나 그 바탕이 되는 몸체")라고 다른 번역 가능성을 덧붙인다.

을 풀이한다고 볼 수 있다. 이것을 적용하면, "그리스도는 하나님의 형상으로 존재했다"는 말은 이미 "하나님과 동등성을 소유했다"는 의미를 포함한다.[423]

b. 신성의 외적 표시

두 번째 해석은 칠십인역의 용례에 근거를 둔다. 모르페(μορφή)를 "어떤 대상의 가시적 형태"와 관련 속에서 생각하는 것이다. 예를 들어 다니엘서를 보자.

> **단 3:19 LXX** 느부갓네살이 분이 가득하여 사드락과 메삭과 아벳느고를 향하여 얼굴 빛을 바꾸고 명령하여 이르되 그 풀무불을 뜨겁게 하기를 평소보다 칠 배나 뜨겁게 하라 하였다(τότε Ναβουχοδονοσορ ἐπλήσθη θυμοῦ, καὶ ἡ μορφὴ [θ': ὄψις] τοῦ προσώπου αὐτοῦ ἠλλοιώθη, καὶ ἐπέταξε καῆναι τὴν κάμινον ἑπταπλασίως παρ' ὃ ἔδει αὐτὴν καῆναι).

여기서 "얼굴 빛"이란 문자적으로 그의 "얼굴의 모르페," 곧 "얼굴의 모양" 또는 "얼굴의 외적 나타남"을 가리킨다. 느부갓네살 얼굴에 나타나는 "외적인 모양"의 변화로 그의 내적인 분노의 강도와 내용을 표현한다고 볼 수 있다. 이것을 빌립보서 2:6 본문에 적용하면, 하나님의 "형상"이란 하나님의 내적인 속성을 인식할 수 있는 외적인 표지를 의미할

---

423 라이트풋은 모르페(μορφή)를 소유한다는 것은 또한 우시아(οὐσία)에 참여하는 것과 관련 있다고 해석했다. "왜냐하면 모르페는 외적이고 우연적인 요소를 가리키는 것이 아니라 본질적인 속성을 가리키기 때문이다." Lightfoot, *Galatians*, 110.
거스리는 이 해석이 헬라 문헌의 지지를 받을 수 있으나 구약 성경의 지지를 받지 못한다는 점을 지적한다. D. Guthrie, *New Testament Theology*, (Leicester: Inter-Varsity Press, 1981), 346. 하지만 과연 모르페-우시아-동등성에 관한 구약의 지지가 없다는 이유로, 이 두 개념의 연관성에 관하여 바울이 염두에 두지 않았다고 볼 수 있는가?

것이다.

문제는 그 외적인 표지가 무엇인지 말하기 쉽지 않다는 것이다. 신약은 이 외적인 표지로 "영광"이나 "이미지" 등을 말하는 것 같다.

히 1:3 　　　그는 하나님의 영광(δόξα)의 광채시다
고후 4:4; 골 1:15 그는 하나님의 형상(εἰκών)이시다

여기서 "영광"(독사)과 "이미지"(에이콘) 중 어떤 것이 빌립보서 2:6의 "형상"에 가까운가 논의하는 것은 무의미하다.[424] 그보다 "하나님의 형상"이란 말이 "하나님이 가지신 형상"(gen. subj.)을 가리키든, "하나님을 나타내는 형상"(gen. obj.)을 나타내든, 그것이 빌립보서 2:7에 나오는 "종의 형상"과 대조가 된다는 점이 중요하다. 여기서 "종의 형상"이라는 말은 종인지 아닌지 인식할 수 있는 외적 표지를 가리킨다. 그렇다면 "하나님의 형상"이란 하나님의 내적인 속성뿐만 아니라 하나님이 하나님이신 것을 가리키는 표지라고 볼 수 있다. 따라서 "그는 근본 하나님의 형상이시다"는 말은 결국 그리스도께서 하나님이신 것을 나타낸다.

c. 데미우르고스의 형상

세 번째 해석은 이 찬송시 전체를 신화적으로 이해하는 것이다. 이 해석은 특별히 영지주의와 관련 있다. 영지주의 대표적 문서인 헤르메스 신화에 따르면, 원인간이 있고, 데미우르고스가 있다. 데미우르고스는 "만물의 아버지"이고, 원인간은 이 데미우르고스의 아들이다. 그래서

---

[424] 리델보스는 이 둘이 서로 동의어로 모르페와 에이콘은 서로 교호적으로 쓸 수 있다고 말한다. H. Ridderbos, *Paulus: Ontwerp van zijn theologie*, 4th ed. (Kampen: Kok, 1966), 73-74 [= *Paul: An Outline of His Theology*, trans. J. R. de Witt, Grand Rapids: Eerdmans, 1975, 74].

원인간에게는 "만물의 아버지"와 동일한 모르페(μορφή)가 있다. 그러나 데미우르고스는 완전한 신성을 가진 존재가 아니다. 영지주의에서 신성을 가진 존재는 모나드라고 부른다. 데미우르고스는 모나드로부터 가장 늦게 분리되어 나온 존재로서 물질계를 창조한 신일 뿐이다.

이 세 가지 견해를 평가해 보자.

d. 평가

세 번째 해석은 영지주의 문헌이 빌립보서보다 훨씬 후대라는 것이 밝혀졌으므로 타당하지 않다. 첫 번째와 두 번째 해석 중에서 어느 것이 더 적절한지 선택하는 것은 쉽지 않다. 다만 한 가지 확실한 것은 그리스도께서 "하나님의 동등성을 소유했다"고 해석하든, "그리스도께는 그가 하나님이시라는 표지가 있다"라고 해석하든, 이러한 표현들은 그의 선재를 가리킨다는 점이다. 즉 창세 전 시간이 시작되기 이전, 그의 존재를 가리킨다.

그렇다면 "그는 근본 하나님의 형상이시나 하나님과 동등됨을 취할 것으로 생각지 않으셨다"는 말은 무슨 뜻인가?

B. 동등성 강탈?

빌립보서 2:6b에서 "취함"이란 말은 "강탈"(ἁρπαγμός)을 의미한다. 이것을 본문에 적용하면, 그리스도는 "하나님과 동등성을 소유하고 계셨고, 따라서 하나님이셨으나 하나님과 동등성을 '강탈'할 것으로 생각하지 않았다"라고 번역할 수 있다. 두 가지 해석이 있다.

1. 그리스도께서는 그가 이미 소유하신 것, 곧 하나님과 동등한 것을 붙들지 않고 포기했다(res rapta).

2. 그리스도께서는 그가 아직 소유하지 못하고 계신 것(*res rapi-denda*)을 잡으려는 유혹에 빠지지 않고, 그에게 주어질 때까지 기다리셨다.

이 두 해석 중에서 첫 번째 해석은 신학적으로 맞지 않다. 왜냐하면 그리스도는 그 어떤 경우에도 자신의 신성을 포기하는 일은 없기 때문이다. 심지어 중보자로서 세상에 출현하실 때도 이런 일은 일어나지 않는다.

그러면 두 번째 해석이 남는다. 이 해석을 지지하는 사람들은 "그가 소유하지 못한 것"이란 본질의 동등성이 아니라 우주에 대한 왕적 지위를 가리킨다고 말한다. 그러면 이 지위가 언제 주어지는가? 그것은 그리스도께서 승귀하실 때이다(cf. 빌 2:11).

그리스도는 그때까지 이 왕적 지위를 강제로 빼앗으려 하지 않으셨다(cf. 마 4:8-10). 이것은 빌립보서 2:6bα에서 바울이 강조하는 것과도 일치한다. 이 구절을 문자적으로 번역하면 다음과 같다.

	그는 근본 하나님의 형상이시나,
개역개정:	강탈을 생각하지 않으셨다(οὐχ ἁρπαγμός ἡγήσατο)
사역 :	비강탈을 생각하셨다(οὐχ ἁρπαγμός ἡγήσατο)
	하나님과 동등됨(τὸ εἶναι ἴσα θεῷ)을

이것은 본문의 전체적인 흐름에도 잘 맞는다. 왜냐하면 바울은 곧이어 "오히려 자신을 비어 종의 형상을 취하셨고, 사람의 모양으로 나셨으며, 죽기까지 복종하셨다. 그리고 하나님이 그를 높이셨다"(빌 2:7-9)고 말하기 때문이다.

그렇다면 그리스도 안에 무엇이 있었고, 우리는 무엇을 생각해야 하는가? 여기서 발견할 수 있는 "그리스도의 마음"은 무엇인가?

C. 그리스도의 마음

바울은 빌립보 교인들과 신약교회 신자들에게 지금 삼위일체 신비의 한 자락을 보여준다. 우리는 초대교회에 이미(약 AD 60년) 이렇게 높은 기독론이 있었다는 것에 놀라게 된다.[425] 더욱 놀라운 것은 초대교회가 자신들의 윤리의 기준을 이 깊은 삼위일체 하나님에 두었다는 것이다.

어떤 근거에서 그들은 핍박 중에도, 고난 중에도 즐거워했는가? 한 마음으로 복음에 협력했는가? 권면이나 성령의 교제나 긍휼이나 자비가 있을 때 이 교제와 자비를 실현하는 자에게서 인간의 부패함이 드러나지 않게 하였는가? 나보다 남을 낫게 여기는 하나님의 나라의 완전한 원리를 그들의 불완전한 삶과 일상과 관계와 세계에 심을 수 있었는가? 성자 하나님이 본래 성부 하나님과 동등한 분이시나 곧 우주의 왕으로서 신적 지위를 강제로 뺏지 않고, 오히려 종의 형체를 취하여 사람이 되시고 아버지의 뜻에 완전히 복종하신 것을 생각하고, 이것을 그들의 내면에 끌어들인 것이다. 이렇게 함으로써 삼위일체 하나님 안에 완전한 평화와 온전한 일치와 충만한 기쁨이 있듯이, 교회 안에서 서로 뜻을 협력하여 복음을 위하고 한 뜻으로 복음의 신앙을 위해 일할 수 있다. 권면과 자비 속에서 성령의 교제와 성도의 사귐이 더욱 풍요로워질 수 있었던 것이다.

다음으로 바울은 그리스도의 성육신을 말한다.

4.1.2.2 그리스도의 성육신과 십자가 죽음(빌 2:6-8)

바울은 성육신과 고난의 여러 측면을 나열한다.

---

[425] Cf. Carson/Moo, *Introduction*, 512.

빌 2:7a 그[그리스도]는 자신을 **비우셨다.**
  b 종의 형체를 취하심으로써,
 c 사람과 같이 되셨고,
  d 사람의 모양으로 나타나시며,
빌 2:8a 자기를 **낮추셨다.**
  b 죽기까지 복종하셨으니
  c   곧 십자가의 죽음까지.

바울은 그리스도께서 "자신을 비웠다"(ἐκένωσεν)고 말한다. 이것이 성육신의 첫 번째 측면이다. 무엇을 비웠다는 말인가? 세 가지를 생각할 수 있다. 첫째, 신성이다. 둘째, 하나님과 동등한 지위다. 셋째, 스스로 높이는 것이다.

A. 자기를 "비움"

만일 첫 번째 해석을 따른다면, 그리스도께서 "자신을 비우다"는 말은 신성을 비운다는 뜻이 된다. 다시 말해서, '그리스도께서 하나님과 동등됨을 취하지 않으셨다면 무엇을 비운다는 말인가? 그리스도께서 자신의 신성을 비우는가?'라고 논의를 진행하는 것이다. 하지만 "비움"을 이렇게 이해하면 여러 가지 문제가 발생한다. 이 질문에 긍정적으로 대답하는 사람들의 이론을 소위 "케노시스 이론"이라고 한다. 이 이론은 역사적 예수 연구가들이 매우 좋아했다. 그들의 의도는 예수님에게서 신성을 완전히 제거하는 것이었다.

두 번째 해석은 "비운다"는 말이 하나님과 동등한 지위에만 한정된다고 보는 것이다.

세 번째 해석은 "비움"을 자기-비하, 즉 자기-높임의 반대로 이해하는 것이다.

이 세 해석 중에서 어느 것이 가장 적절한가? 이것은 본문의 앞 뒤 문맥으로 판단해야 한다. 본문의 문맥을 볼 때, 첫 번째 해석과 두 번째 해석은 타당하지 못하다. 바울은 비움과 입음을 대구로 말한다. "그리스도는 비웠다." 어떻게 그렇게 하셨는가? "종의 형체를 입음으로써." [426] 하나는 동사(ἡγήσατο), 다른 하나는 분사(λαβών)지만 모두 부정과거이다. 따라서 "비움"은 "종의 형상을 입는 것"과 동시 사건이다.

이것은 빌립보서 2:6과 비교할 때 더 분명해진다. 그리스도는 "동등됨을 취할 것으로 여기지 않았다." 이 말을 그리스도께서 후에 그에게 주어질 영광을 미리 갈취하지 않았다고 해석한다면 그리스도께서 "자기를 비우셨다"는 것은 스스로 자신을 높이지 않고 자기를 낮추셨다는 의미일 것이다. 그리스도는 자신을 낮추시되 "종의 형상"을 입는 것을 거부하지 않으셨고, 사람으로 나타나시되 타락한 아담의 본성을 취하셨으며, 종으로서 복종하시되 죽음까지 순종하셨으며, 죽으시되 심지어 가장 극악한 범죄자의 자리, 십자가의 죽음의 자리까지 내려가셨다.

다음으로 바울은 그리스도께서 "종의 형상을 취하셨다"고 말한다. 이 표현은 무엇을 의미하는가?

B. 종의 형상을 취하심

"종의 형상을 취하셨다"는 표현에서 "종의 형상"은 무엇을 가리키는가? 이것은 아마도 이사야 53장의 여호와의 종과 가장 가까울 것이다.

> 사 53:3-10 그[내 종, 여호와의 종]는 멸시를 받아 사람들에게 버림받았으며, 간고를 많이 겪었으며, 질고를 아는 자라. … ⁴ 그는

---

426 김영호, 『성경헬라어3: 구문편』, (미출판), 113–114.

> 실로 우리의 질고를 지고, 우리의 슬픔을 당하였거늘, 우리는 생각하기를 그는 징벌을 받아 하나님께 맞으며 고난을 당한다 하였노라. [...]. ¹⁰ 여호와께서 그에게 상함을 받게 하시기를 원하사 질고를 당하게 하셨도다.

본문의 종의 "형상"이 특별히 이사야 53장을 염두에 두고 있는 증거는 빌 2:9-10이 사 45:22-23을 배경에 두고 있기 때문이다. 이 해석이 옳다면, 본문은 하나님의 종이 하나님의 뜻에 전폭적으로 순종했듯이, 그리스도는 하나님께 완전히 복종하셨다는 것을 가리킨다. 그는 "사람의 모양으로 나시고, 사람과 같은 모양으로 나타나셨다." 이보다 더 첨예하게 신성과 인성이 대비될 수는 없다.[427]

나아가 바울에 따르면, 그리스도는 "죽기까지 복종하셨다." 그것도 "십자가"의 죽음을 죽으셨다.

C. 죽기까지 복종하여 십자가에서 죽으심

바울이 이 편지를 쓸 당시, 로마 세계에서 "십자가"는 자유인인 로마 사람들에게는 생각의 대상으로 어울리지 않는다고 여겨졌던 것이었다. 그만큼 끔찍한 것이었다. 그런데 본래 하나님이셨던 분이 인간이 되실 뿐 아니라 죽기까지 복종하셨고, 십자가까지 내려가셨다. 로마 세계에서 평범한 인간에게도 이보다 더 낮은 자리는 없다. 하물며 하나님의 아들이신 그리스도께는 어떠하겠는가? 이보다 더 깊은 심연은 없다.

그러므로 "너희 안에 그리스도 안에 있는 것을 생각하라!"는 말은 무엇

---

[427] 그러나 바울은 이것이 어떻게 동시에 존재할 수 있는지 해결하려고 하지 않는다.

을 의미하는가?

D. 그리스도의 마음

그리스도께서 성육신과 고난, 십자가에서 이루신 일은 그 어떤 교만과 높아진 생각도 옳을 수 없다는 것을 말한다. 지극히 높고 높은 그리스도께서 자기 백성을 구원하시기 위해 노예나 더 이상 손쓸 수 없는 행악자나 내려가는 가장 낮은 곳으로 가셨다면, 하나님의 아들이 십자가 형벌을 받을 만큼 하나님께서 자기 백성 하나를 가치 있게 보셨다면, 교회 내에 아무리 작고 낮은 자도 무시할 수 없고, 아무리 사회적으로 높고 부요하다고 하더라도 높은 마음을 품어서는 안 된다. 그리스도께서는 "겸손"을 다시 정의하신 것이다. 그리스도께서는 자기보다 남을 못하게 보는 모든 인간 세상의 질서를 뒤엎고, 하나님 나라의 질서, 남을 나보다 낮게 여기고, 남을 그리스도의 사람으로 여기는 새로운 질서를 세우신 것이다.

마지막으로 바울은 그리스도의 높아지심을 말한다.

4.1.2.3 그리스도의 높아지심(빌 2:9-11)

하나님은 종의 형체를 취하여 복종하시되 십자가에서 죽는 데까지 낮아지신 그리스도를 어떻게 하시는가? 하나님은 그리스도를 보이는 세계와 보이지 않는 세계를 통틀어 가장 높은 위치로 높이신다.

A. 최고의 위치

바울은 선포한다.

> 빌 2:9-11 이러므로 하나님이 그를 지극히 높여(ὑπερύψωσεν) 모든 이름 위에 뛰어난 이름을 주사 [10] 하늘에 있는 자들과 땅에 있

는 자들과 땅 아래에 있는 자들로 모든 무릎을 예수의 이름에 꿇게 하시고, [11] 모든 입으로 예수 그리스도를 주라 시인하여 하나님 아버지께 영광을 돌리게 하셨느니라.

여기서 "지극히 높이다"(ὑπερύψωσεν)에서 전치사 휘페르(ὑπερ)를 최상급으로 보느냐(RSV) 아니면 비교급(이전 보다 높게)으로 보느냐에 따라 해석이 달라질 수 있다. 그러나 바로 이어서 "모든 이름 위에" 뛰어난 이름을 말하고 있으므로, 최상급으로 생각하는 것이 더 낫다. 바울은 여기서 이사야의 예언을 인용하고 있다.

빌립보서 2:10에서 바울은, 방금 언급한 바와 같이, 이사야를 인용한다.

사 45:22-23	빌 2:10-11
땅의 모든 끝이여,	하늘에 있는 자들과 땅에 있는 자들과 땅 아래 있는 자들로
내게로 돌이켜 구원을 받으라. 나는 하나님이라 다른 이가 없느니라. [23] 내가 나를 두고 맹세하기를, 내 입에서 공의로운 말이 나갔은즉, 돌아오지 아니하나니,	
내게 모든 무릎이 꿇겠고,	**모든 무릎을 예수의 이름에 꿇게 하시고,**
모든 혀가 맹세하리라 하였노라.	[11] **모든 입으로 예수를 주라 시인하여** 하나님 아버지께 영광을 돌리게 하셨느니라

빌립보서 2:10-11이 초대교회 찬송시와 관련이 있다면, 이 찬송시는 여호와 하나님의 자리에 그리스도를 두었다는 것을 알 수 있다. 즉 구약에서 하나님께만 돌린 경외를 동일하게 예수 그리스도께 돌리고, 그리스도의 높아진 위치를 미래에 그에게 주어질 우주적 경배에 대한 예

언으로 강화한 것이다. 이것은 자체로 그리스도의 신성을 인정하는 것이다.

그러면 "모든 무릎"은 무엇을 의미하는가?

B. "모든 무릎"

두 가지 해석이 있다. 어떤 사람들은 영적인 세력이라고 말하기도 하고, 다른 사람들은 인간이라고 주장한다. 인간으로 한정하는 것은 사탄과 악한 천사들도 그리스도께 무릎 꿇는다는 개념이 낯설기 때문이다.

하지만 바울은 아무런 제한을 하지 않는다. "모든 무릎이 예수의 이름 앞에 꿇게 하셨다"라는 표현을 오해해서는 안 된다. 바울은 "모든 무릎"이라는 표현으로 선한 천사들이나 신자들만 말하는 것이 아니다. 여기에는 그리스도를 믿지 않는 불신자들과 악한 천사들까지도 포함될 뿐 아니라, 이 세상과 보이지 않는 세계의 지배자들까지도 포함된다. 왜냐하면 훗날 그리스도의 이름보다 높은 이름은 없기 때문이다. 또 이 문장은 매우 상징적이다. 따라서 인간과 영적 세계를 모두 망라하여 드리는 경배를 가리킨다고 보는 것이 타당하다.[428]

그렇다면 "모든 무릎"의 대상에 악한 천사들까지 포함된다는 말은 무엇을 뜻하는가? 그들이 그리스도 앞에서 회개한다는 말인가? 자발적으로 그리스도께 복종한다는 말인가? 그렇지 않다. 그렇게 되면 그들은 더는 악한 천사가 아닐 것이다. 천사에게는 회개가 없으므로, 악한 천사는 끝까지 악하게 남는다. 그들에게는 구속이라는 것이 없다. 그러면 그들이 어떻게 그리스도께 '무릎을 꿇고 복종한다'는 말인가? 그때 그렇게 될 것이다. 그렇기 때문에 이것은 강력한 말씀이다. 그 때가 되면 비록 악인들은 물론이고 악한 천사들까지도 그리스도께 경의를 표

---

[428] 이에 관해서는 디모데전서 3:16을 해설하면서 더 자세히 살펴보게 될 것이다.

하지 않을 수 없다는 말이다. 회개나 신앙고백을 하는 것이 아니라 그들조차도 그리스도의 주권을 인정하지 않을 수 없을 만큼 하나님이 그를 높이신다.

그렇다면 이 그리스도의 높아지심에서 신자가 생각해야 할 것은 무엇인가?

C. 그리스도의 마음

신자가 그리스도 안에서 찾아야 하는 것은 보이지 않는 현실에 대한 신앙이다. 그리스도께서는 선재하셨다. 그런데 신성을 가지신 분이 인간의 몸인 종의 형체를 가지고 사람이 되어 나타나셨다. 고난을 당하시고 십자가에서 죽임을 당하셨다. 그리스도의 성육신부터 십자가 죽음까지는 모두 가시적으로 나타난 사건들이었다. 역사상 아무도 부인할 수 없도록 공개적으로 이루어졌다.

그러나 부활부터는 몇몇 증인들 외에는 볼 수가 없다. 나아가 부활 사건 자체는 신비이다. 그리스도께서 무덤에 장사되시고 부패 과정을 겪으시고 다시 자연의 법칙을 거슬러 어떻게 부활 생명으로 변화되셨는지 과정은 아무도 알 수 없다. 그것은 오직 하나님의 비밀에 속한다. 따라서 부활부터는 보이지 않는 현실이 작용한다. 또 하나님은 그리스도를 자신의 우편에 앉히시고 가장 높은 곳에 올리셨다. 하지만 이것을 어떻게 어떤 과정으로 하셨는지 알려져 있지 않다. 신자는 단지 구름이 있는 곳, 인간의 시야가 미치는 곳까지만 갈 수 있다. 그 너머 초월 세계는 알 수 없다. 신자는 일부 증인들이 "하늘을 본"(행 1:10, 11) 사실에 대한 증언에 근거해서 보이지 않는 현실을 '보고 안다.'

하나님은 그리스도의 비하를 그리스도의 승귀로 바꾸셨다. 그리스도를 두고 인간은 더 악할 수 없을 만큼 큰 악을 행하여 십자가에 죽게 했지만, 동시에 하나님이 보이지 않는 중에 일하셔서 이 모든 것을 전복시키셨다.

신자가 복음 신앙을 위해 협력하고, 같은 마음을 품을 때, 이 모든 것은 보이지 않는 하나님의 일하심과 동행에 대한 확신이 없이는 불가능하다. 하나님께서 그리스도를 가장 낮은 곳에서 높이실 때 이 모든 일이 보이지 않는 중에 이루어졌다는 사실을 기억해야 한다. 이것이 신자의 신앙의 기반이요 신비이다. 이 신비를 체득해야 한다. 그래야 눈에 보이는 좁고 제한된 현실(reality)이 아니라 보이는 세계 너머 보이지 않는 광대한 세계에서 펼쳐지는 현실을 볼 수 있다. 이런 점에서 가장 실제적(realistic)인 사람이 누구인가? 우리 주 예수 그리스도이시다. 주님은 십자가라는 이해되지 않는 일, 하나님의 아들로서도, 중보자로서도, 인간으로서도 이해되지 않는 일임에도 아버지의 뜻에 순종하셨다. 그 현실 앞에서 "내 뜻대로 마옵시고 아버지의 뜻대로 하옵소서"라고 기도하며 묵묵히 걸어가셨다. 그 걸음 때문에 구속이 실현된 것이다. 이것이 비밀이다. 신앙은 보이지 않는 것들에 대한 증거이다. 신자는 이제부터 그리스도도, 세계도 육신을 따라 알지 않는다(cf. 고후 5:16; 10:3).[429]

지금까지 첫 번째 신학적 명령을 살펴보았다. "그리스도의 마음을 품으라!" 바울은 여기에 두 번째 명령을 덧붙인다. 그것은 신자의 삶의 지향성에 대한 것이다.

4.2 "이것들을 생각하라"(빌 4:8)

바울은 이제 "이것들을 생각하라"고 말한다. 이 명령은 믿는 자는 하늘 시민이라는 정체성에 근거한 선과 덕의 추구로 요약할 수 있다.

---

[429] 김영호, 『하나님 나라와 그리스도의 부활』(근간), § 16.4 "신자의 삶"을 참조하라.

4.2.1 하늘 시민권(빌 3:20)

바울은 "그리스도의 마음을 품고," 신앙의 비밀을 가진 사람들의 정체성을 "하늘에 시민권을 가진 자들"(빌 3:20)이라고 표현한다. 이것은 사도와 사도적 사람들의 모범을 따라 사는 사람들의 특징이다(3:17). 반대로 "십자가의 원수로 사는 사람들"과는 정반대의 모습이다(3:18). 이들을 바울은 여러 모습으로 묘사한다.

>   **빌 3:19a** 그들의 마침은 멸망이다
>   b 그들의 신은 배(stomach)다
>   c 그들은 그들의 수치스러운 것에서 영광을 찾는다
>   d 그들은 땅의 일을 생각하는 자다

이것은 빌립보 지역을 비롯한 헬라 세계 전반에 관한 바울의 평가일 수 있다. 그러나 단지 헬라 세계가 아니라 복음의 빛 밖에 있는 모든 세계의 처지를 묘사한 것이라고 볼 수도 있다(cf. 유대인 알렉산더; 딤후 4:14; 행 19:33-34; 딤전 1:20).

바울은 "땅의 일을 생각한다"는 마지막 측면과 정반대를 그리스도인들의 정체성으로 제시한다.

>   **빌 3:20** 그러나 우리의 시민권은 하늘에 있는지라. 거기로부터
>   구원하는 자 곧 주 예수 그리스도를 기다린다.

여기에는 두 가지 내용이 들어 있다. 첫째, 바울은 빌립보 교인들의 사회-지리적 특색에 맞는 용어로 그들이 얻은 새로운 신분을 말한다. 빌립보 지역은 퇴역 로마 군인들이 많이 살던 곳이다. 이들에게는 모두

로마 시민권이 있었다. 다른 한편으로 빌립보가 동서 교차적 거점에 있었기 때문에 외국인들이 많았음에도 불구하고, 그들은 상대적으로 권리가 적었다. 그 증거로 유대인 회당이 없었던 것을 들 수 있다. 따라서 빌립보는 로마 지역의 어느 곳보다도 로마 시민권의 위력을 경험할 수 있는 곳이었다(cf. 행 16:37-38).[430] 이런 상황에서 바울은 로마 시민권이 아니라 "하늘 시민권"을 말하는 것이다. 이것은 빌립보 지역 시민들뿐만 아니라 노예도 외국인도 그리스도를 믿으면 주어지는 권세이다.

둘째, 바울은 이 시민권과 종말론적 삶을 연결시키고 있다. 빌립보서를 관찰해 보면, 다양한 영역에서 이 둘이 연결된다는 것을 알 수 있다.

> **빌 1:10-11** 너희로 지극히 선한 것을 분별하며 또 진실하여 허물 없이 그리스도의 날까지 이르기를 간구하노라.
>
> **빌 2:16** (모든 일을 원망과 시비가 없이 하라…) 생명의 말씀을 밝혀 나의 달음질이 헛되지 아니하고 수고도 헛되지 아니함으로 그리스도의 날에 내가 자랑할 것이 있게 하려 함이라.

이 구절들을 고려할 때, 하늘 시민권 행사는 선을 분별하고 진실과 허물없는 윤리적 생활, 복음사역 등과 연결되어 있다. 나아가 처음 출발점과 최종 목표점은 그리스도의 재림이다.

신자가 하늘 시민권을 생각하고 그리스도의 재림을 대망할 때, 자신을 현실 도피적인 삶으로 이끌지는 않는가? 그렇지 않다. 앞에서 하늘 시

---

[430] 빌립보에서 부하들은 바울과 실라가 "로마 사람"이라는 말을 듣고 "두려워하였다"(행 16:38). 왜냐하면 로마 시민권자를 재판도 없이 감금했기 때문이다(16:37). 또 바울이 예루살렘에서 붙잡혔을 때 천부장 루시아 휘하 군인들은 바울이 로마 시민권자라는 말을 듣자마자 채벌하려는 손을 멈추고 "즉시 물러났고" 정식 절차를 무시하고 "결박한 것 때문에 두려워했다"(행 22:29).

민권과 땅에서 믿음의 삶이 연결되어 있다는 점을 보였다. 뿐만 아니라 신자의 삶은 선과 덕을 추구하는 것으로 현재를 채워가는 일상이다.

4.2.2 선과 덕을 추구함(빌 4:8)

바울은 "십자가의 원수들"(빌 3:18)이나 "대적자들"(3:19a)과 같이 "땅의 일을 생각하지" 말고(3:19), 하늘 시민권자들답게 복음에 합당하게 생활하라고 명령한다(빌 3:20; cf. 1:27). 바울은 이 명령에 대한 광범위한 그물을 "이것들을 생각하라"(빌 4:8)는 명령으로 펼치고 있다. 그러면 "이것들"은 무엇인가? 그것은 여덟 가지로 구성되고, 다시 하나의 요약명령과 약속으로 마무리된다.

빌 4:8 끝으로 형제들아,

무엇에든지 참되며	진리
무엇에든지 경건하며	경건
무엇에든지 옳으며	정의
무엇에든지 정결하며	거룩
무엇에든지 사랑받을 만하며	사랑스러움, 호감 어림
무엇에든지 칭찬받을 만하며	칭찬
무슨 덕이 있든지	덕
무슨 기림이 있든지	칭송/찬송
	이것들을 생각하라!

4:9a 너희는 내게 배우고 받고 듣고 본 바를 행하라.
b 그리하면 평강의 하나님이 너희와 함께 하시리라.

여기에 등장하는 여덟 가지 덕목들은 무엇인가? 이것은 사람이 로마 시민으로서 이루고자 했던 덕목들이다. 그러나 인간성의 한계로 항상 이상으로 남아 있을 수밖에 없었던 선과 가치이다. 하지만 빌립보 교인들은 사도와 그가 전하는 복음 안에서 이 시민 의식과 덕성들을 실제로 목격했다(cf. 행 16). 루디아는 바울 안에서 진리와 경건을 보았고, 퓌티아의 영을 소유한 여자 노예는 거룩과 사랑스러움과 덕을 인식했고, 빌립보 감옥 간수장은 복음의 능력과 배려를 목격했다. 이것은 그들이 몸담아 왔던 사회에서는 찾아볼 수 없는 능력이었다. 동시에 이 능력은 바울과 바울 동역자 안에만 머무는 것이 아니라 복음을 듣는 자들 안에 전수되고 성령을 통해 살아 역사한다. 아마도 빌립보 교인들은 이러한 성품들을 초기 멤버(루디아, 여종, 간수장)에게서 '전수' 받았을 것이다. 따라서 이 명령은 복음의 능력과 종말 실제에 대한 증거의 성격을 띤다.

그러므로 바울은 권면한다. "너희는 내게 배우고, 받고, 듣고, 본 바를 행하라"(빌 4:9a). 그리고 약속한다. 그리하면 로마 황제의 평화(*pax*)가 아닌 이 평화의 진정한 주인이신 하나님이 "너희"와 함께 하시리라(4:9b).

인간은 언제 기뻐하고 한 뜻이 될 수 있는가? 복음을 받고 복음의 빛 영역 안으로 들어올 때이다. 이때 그리스도의 십자가를 만나게 된다. 거기서 그리스도의 마음 곧 아버지의 뜻에 복종하고, 이렇게 자신의 뜻을 이룬 아들을 높이시며, 서로 한 본질에 참여하고, 서로 한 뜻을 공유하며, 서로 구속을 위해 일하시는 삼위일체 하나님의 세계 속에 참여하게 된다. 하늘 시민권자들로서 선과 덕을 추구하게 된다.

그러나 그리스도의 복음 밖에 있는 자들은 십자가의 원수로 살게 된다. 믿는 자들에게는 고난이 있으나 그 고난이 결국 구원이 된다. 하지만 십자가의 원수들은 복음과 생명에 불순종하고 잠시 즐거워하나 그 즐거움이 멸망이 된다. 그러므로 바울은 자신에게 하나님의 의를 주는 복음을 자랑하고 복음을 위해 한 뜻으로 협력하며 기뻐한다.

골로새서

골로새서는 바울서신 중에서 서론적 이해가 가장 필요한 책이다. 골로새서에 등장하는 여러 표현들은 에베소서와 유사하다. 바울은 그 중에서 유대 사회와 헬라 사회를 하나로 묶는 핵심어를 택하여 신학적인 논증을 전개하는데, 바로 "초등학문"(스토이케이아)이다. 바울은 왜 이 단어로 공통점이 전혀 없을 것 같은 유대 사회와 헬라 사회를 묶는가? 이 질문은 골로새서의 배경과 저작 동기, 목적과 깊은 관계가 있다.

1. 골로새서 저작 동기와 배경 및 목적

1.1 골로새서 저작 동기

골로새 지역은 현재 튀르키에 남중부에 위치한 루커스 계곡에 있는 도시이다. 히에라볼리와 라오디게아, 골로새가 루커스 강 양편에 자리잡고 있다. 바울은 골로새 지역을 직접 방문하여 복음을 전하지는 않았던 것으로 보인다. 왜냐하면 "내가 너희와 라오디게아에 있는 자들과 무릇 내 육신의 얼굴을 보지 못한 자들을 위하여 얼마나 힘쓰는지를 너희가 알기를 원하노라"(골 2:1)고 말하기 때문이다. 바울이 복음을 전하지 않았다면 골로새 교회는 누구에게서 복음을 들었는가? 아마도 에바브라였을 가능성이 크다.

> **골 1:7-8** 이와 같이 우리와 함께 종 된 사랑하는 **에바브라**에게 너희가 배웠나니 그는 너희를 위한 그리스도의 신실한 일꾼이요, [8] 성령 안에서 너희 사랑을 우리에게 알린 자니라.

그럼에도 여전히 의문은 남는다. 에바브라는 어떻게 바울과 바울 복음을 알게 되었는가? 흑해에서 지중해까지 사선을 그으면, 소아시아 지역이 둘로 나뉜다. 중앙은 갈라디아 지역이고, 왼쪽은 아시아와 루디아 지역이다. 이때 갈라디아는 다시 북갈라디아와 남갈리디아로 나뉜다. 루디아 지역을 따라 남단으로 내려가면 서쪽에 항구로 연결되는 도로가 있다. 그 항구 중 중요한 도시가 에베소였다. 바울은 3차 전도여행 중 에베소에 도착하여 처음 3개월 동안 그곳 회당을 중심으로 사역했는데, 유대인의 반대가 일어나자 두란노 서원으로 옮겨 2년 동안 사역했다. 성경은 이것을 다음과 같이 묘사한다.

> **행 19:10** 두 해 동안 이같이 하니 **아시아에 사는 자는 유대인이나 헬라인이나** 다 주의 말씀을 듣더라.

이 말씀에 따르면, 아시아에 사는 유대인과 헬라인 중 하나님의 말씀을 듣고자 하는 사람들은 다 에베소로 몰려왔다. 아마도 에바브라도 이 "아시아에 사는 헬라인"에 포함되었을 가능성이 높다. 에바브라는 에베소에 와서 바울을 통해 복음을 들었고, 바울은 에바브라를 통해 골로새 지역의 소식을 들었다. 골로새는 에바브라를 통해 바울의 선교 영향권에 들어가게 된 것이다. 바울은 에바브라를 다음과 같이 소개한다.

골 4:12-13 그리스도 예수의 종인 너희에게서 온 에바브라가 너희에게 문안하느니라. 그가 항상 너희를 위하여 애써 기도하여 너희로 하나님의 모든 뜻 가운데서 완전하고 확신있게 서기를 구하나니 ¹³ 그가 너희와 라오디게아에 있는 자들과 히에라볼리에 있는 자들을 위하여 많이 수고하는 것을 내가 증언하노라.

에바브라는 디도나 디모데, 실라와 같은 초대교회에 유력한 복음 전도자로, 골로새와 라오디게아 지역에 가서 복음을 전했고 교회의 책임자가 되었다. 바울은 에바브라의 기도를 소개하면서 자신의 바람도 말하고 있다. 즉 자신도 에바브라의 기도와 같은 마음을 가지고 있다는 것이다. 이것이 바로 골로새서의 저작 동기 가운데 하나라고 볼 수 있다. 바울은 골로새 교인들이 항상 "하나님의 모든 뜻 가운데서 완전하고 확신 있게 서 있기를"(골 4:12) 바란 것이다.

이 사도적 바람은 어떤 상황을 배경으로 하고 있는가? 그것은 "하나님의 모든 뜻 가운데서 완전하고 확신 있게 서지 못하는" 상황이었다. 그러면 이 상황은 구체적으로 무엇인가?

1.2 골로새서 배경

골로새 지역은 헬라 세계의 교훈, 곧 헬라 철학(φιλοσοφία)과 유대주의가 혼합된 상태에 있었다.[431] 이런 상황에 대한 암시가 골로새서에 나타난다.

---

[431] Cf. Carson/Moo, *Introduction.*, 524.

1.2.1 헬라 철학

우선 바울은 헬라 철학에 대해 다음과 같이 말한다.

> 골 2:8 누가 철학(φιλοσοφία)과 헛된 속임수로 너희를 사로잡을까 주의하라. 이것은 사람의 전통과 세상의 초등학문(τὰ στοιχεῖα τοῦ κόσμου)을 따른 것이다.

당시 골로새는 이오니아를 중심으로 한 헬라 세계의 중심부가 아니었다. 골로새 지역에 헬라 철학이 들어왔을 때 그곳에는 그들 나름의 종교와 사상이 있었다. 따라서 지역 종교와 사상이 헬라 철학과 혼합되었을 것으로 추측할 수 있고, 그들이 가진 헬라적 교훈은 순수하게 소크라테스나 플라톤, 아리스토텔레스의 철학이 아니라 이 헬라 철학이 그들 의식에 굴절되어 들어온 형태였을 것이다.

그뿐만이 아니다. 골로새 지역에는 유대주의가 영향을 미치고 있었던 것으로 보인다.

1.2.2 유대주의

바울은 말한다.

> 골 2:16-18 그러므로 먹고 마시는 것과 절기나 초하루나 안식일을 이유로 누구든지 너희를 비판하지 못하게 하라. [...]. 18 아무도 꾸며낸 겸손과 천사 숭배를 이유로 너희를 정죄하지 못하게 하라. 그가 그 본 것에 의지하여[432] 그 육신의 생각을 따라 헛되이 과장하느니라.

골로새는 아시아 지역에 위치하고 있고 시리아나 팔레스타인에서 이주한 사람들이 많았으며 그 중에는 유대인들도 있었다(cf. 행 21:27; 24:18-19). 이들은 골로새 사회에 일정 부분 영향을 끼쳤다.

위에서 언급한 두 구절을 통해서 몇 가지를 추측할 수 있다. 첫째, 골로새서 2:8을 보면, "사람의 전통," "세상의 초등학문"(τὰ στοιχεῖα τοῦ κόσμου)이라는 표현이 나오는데, 이것은 헬라 철학을 가리킨다. 그런데 바울은 이들을 "헛된 속임수"라고 말한다. 골로새서 2:16, 18을 보면, "먹는 것"과 "마시는 것," "절기," "초하루" 등이 등장하는데, 이들은 유대 세계만이 아니라 이방 세계에도 있었던 것들이었다. 하지만 안식일은 유대인의 전통이다. 이방 세계에는 안식일이라는 개념이 없거나 매우 희박했다.[433] 반면 유대 세계에는 안식일 개념이 창조부터 시작하여 일상까지 시스템화되어 있었다. 그래서 안식일, 안식년, 희년이 정해져 있었다. 따라서 "안식일을 이유로"(골 2:16)라는 표현을 미루어 생각할 때, 골로새 지역에 유대 전통이 있었음을 알 수 있는 것이다.

---

432 여기서 "그가 본 것"이 무엇을 가리키는지 여러 견해가 있다. 어떤 사람은 유대인과 이방인이 추구했던 "하늘의 비전이나 환상"을 의미한다고 생각한다. Keener, *BBCNT*, 575. 다른 사람은 거짓 교사들이 보았다고 주장하는 "환상과 계시"로 생각한다. 또 "의지한다"는 엠바토이오(ἐμβατεύω)를 번역한 것으로, 직역하면 "안으로 들어가다"이다. 여기서 "무언가를 체계적으로 자세히 조사하다"는 의미가 파생되었다. Cf. Thayer, *Lexicon*, 206.

433 우리나라에 안식일이라는 개념이 들어온 것은 조선말이었다. 우리나라 첫 세례자 중 한 사람인 이승훈는 서학을 읽고 세례를 받은 후 하루를 쉬었다고 한다. 이것이 조선에서 안식일 개념이 생활문화에 들어온 최초의 사건이다. 그전까지 조선은 유교 나라이기 때문에 조상이나 가족의 제사(cf. 이순신, 『난중일기』, 1592년 1월 23일: 충무공의 둘째 형님 요신; 1월 24일: 큰 형 희신) 나 조상의 제사(cf. 이순신, 『난중일기』, 1596년 6월 22일: 충무공의 할머니)가 있는 날에 쉬었고 또 개인적으로 규칙을 정하거나 의미를 두는 날에 쉬었을 뿐이다. 물론 조정의 관원들은 나라의 제삿날이나(cf. 이순신, 『난중일기』, 1592년 1월 2일: 인순왕후 심씨의 제사; 1595년 6월 28일: 명종의 제사; 7월 1일: 인종의 제사) 한 달에 한 번 궐을 사모하는 날이라는 뜻의 망궐례 때 쉬기도 하였다. 그러나 이것은 안식일과는 거리가 멀다. 일주일의 하루가 아니라 특별히 정해진 날일 뿐이기 때문이다. 이처럼 이방 세계에는 안식일 개념이 희미했다.

이 관찰을 종합하면, 골로새 교회에는 헬라 철학과 토속 신앙, 유대주의가 함께 혼합되어 있다고 생각할 수 있다. 이런 상황에서 골로새 교인들은 신자가 되었을 때 필연적으로 헬라 철학과 유대주의의 압박을 받을 수밖에 없었다. 그들은 이러한 이중적 압박 속에서 "하나님의 모든 뜻 가운데서 완전하고 확신 있게 서지 못했다"(골 2:12).

바울은 이렇게 된 원인이 모두 기독론이 약해진 것에 있음을 발견하고, 골로새 교인에게 한편으로 그리스도가 어떤 분이신지를 소개하고 그리스도와 세상의 철학과 초등 학문의 관계가 어떠한지, 그리스도 안에는 어떤 충만함이 있는지 말한다(골 2:9). 그리고 골로새 신자들은 이미 그리스도 안에서 "충만하여졌다"는 사실을 알린다. 왜냐하면 그리스도가 "모든 통치자와 권세의 머리"시기 때문이다(골 2:10).

다른 한편으로 "먹고 마시는 것"과 여러 절기들은 "장래 일의 그림자요, 그 몸(실체)은 그리스도"(골 2:17)라는 점을 알린다. 사람들은 꾸며낸 겸손이나 천사 숭배를 이유로 그리스도 예수를 믿는 신앙을 비난하고 정죄하지만 이것은 도리어 "머리를 붙들지 않는 것"(골 2:19b)이라고 논증한다.

그러면 여기서 "꾸며낸 겸손과 천사 숭배"는 무엇을 가리키는가? 이것이 헬라 철학이나 유대주의와 무슨 상관이 있는가?

1.2.3 혼합된 전통

이러한 의문에 대한 단면을 디오게네스 라에티우스(Diogenes Laertius)의 기록을 통해 엿볼 수 있다. 라에티우스는 자신의 책 『탁월한 철학자들의 삶』(Lives of Eminent Philosophers)에서 알렉산더 폴리히스토르(Alexander Polyhistor, BC 1세기)가 기록한 피타고라스의 교리를 인용하고 있다.[434] 이것을 간추려 소개하면 다음과 같다.

	피타고라스 교리	골로새서
Lives VIII, 25	알렉산더가 쓴 피타고라스 회고록에 다음 사항이 발견된다. 피타고라스에 따르면, 만물의 원리(ἀρχή)는 모나드이다. 모나드로부터 두아드가 나고, 이것이 이 모나드에 대하여 물질적 기저 역할을 한다. 이 모나드와 두아드가 만물의 두 원리들 (ἀρχαί)이다. 이로부터 만물이 생성되는 과정은 다음과 같다. 모나드 숫자 점 선 모양 평면 입체 ↓ 감각할 수 있는 몸 이 몸의 4개 요소(στοιχεῖα): 불, 물, 흙, 공기	cf. 골 2:8 cf. 골 2:10 통치자들 (ἀρχαί; cf. 골 1:16; 2:15) cf. 골 2:8
Lives VIII, 26	그런데 이 지구 주위의 공기는 움직이지 않고 병들어 있어서, 그 안에 있는 것은 모두 죽을 운명에 있다. 가장 상층의 공기는 항상 움직이고 건강하며 그 안에 있는 모든 것은 불멸하고 따라서 신적이다. 태양, 달, 다른 별들은 신들(θεοί)이다.	cf. 골 2:18
Lives VIII, 32	공기 전체는 다이모네스([악한]영들; 데몬)라고 불리는 것들과 영웅들로 가득차 있는데, 이들이 바로 인간들에게 꿈과 미래에 대한 징조와 질병과 건강을 보낸다. 인간들에게만이 아니라 양과 소에게도 보낸다. 정결, 정화 예식 등은 이들에 대하여 행해지는 것이다.	하늘과 땅에서 보이는 것들, 보이지 않는 것들, 정권들(θρόνοι), 주권들(κυριότητες), 통치자들(ἀρχαί) 권세들(ἐξουσίαι) (cf. 골 1:16; 2:10).

---

434 Diogenes Laertius, *Lives of Eminent Philosophers*, trans. R. D. Hicks (London: Heinemann, 1925), 340–349; cf. A. T. Lincoln and A. J. M. Wedderburn, *The Theology of the Later Pauline Letters* (Cambridge: Cambridge University Press, 2003), 4–5.

Lives VIII, 33	정결하게 하는 것에는 깨끗하게 하는 것, 씻어 내는 것, … 등이 포함되고, 죽은 동물의 고기와 살을 먹는 것을 삼가는 것, 어류, 알류, 알에서 나오는 동물들, 콩들을 삼가해야 한다.	"어찌하여 세상에 사는 것 같이 규례에 순종하느냐? 곧 붙잡지도 말고 맛보지도 말고 만지지도 말라. … 사람의 명령과 가르침에 따르는 것이니라" (cf. 골 2:21)

피타고라스와 그의 후계자들이 활동하며 전한 내용은 무엇인가? 이들의 사상이 어떻게 골로새 지역이나 다른 이방 지역의 신앙과 결합되어 종교화 되었는지 살펴보자.

피타고라스에 따르면, 만물의 원리는 아르케(ἀρχή)이다. 이 아르케는 무엇을 가리키는가? 아르케는 단수에서 "시작(beginning)"이나 "기원"(origin), "통치권"(sovereignty)을 가리키고, 복수(아르카이, ἀρχαί)에서 "통치자들"(the authorities, magistrates)을 의미한다(LSJ, 252). 성경 독자들은 보통 "통치권"이나 "통치자들"이라는 단어를 들으면 당시 로마 황제나 고위관료를 떠올릴 수 있다. 하지만 여기서는 정치적인 의미가 아니라 우주적 차원에서 만물의 원리를 가리킨다. 즉 보이는 세계와 보이지 않는 세계의 존재들을 가리킨다. 이 아르카이가 골로새서 1:16에 나온다. 바울은 이 아르카이("통치자들")과 함께 "왕권들과 주권들, 권세들"을 언급하고, 이들을 모두 그리스도를 통해서 존재하게 되었고 그를 위해 창조되었다고 말한다(골 1:16).

그렇다면 바울은 골로새서 1:16로 어떤 메시지를 전달하려고 한 것인가? 이제 이 아르카이를 좀더 자세히 살펴보자.

피타고라스에 의하면, 만물의 원리(아르케)는 모나드(monad)이다. 모나드는 단자(單子), 즉 일자를 뜻하고, 숫자로는 1이다. 이 모나드에서 숫자 2를 뜻하는 두아드가 나오는데, 이 모나드와 두아드가 서로 결합하고 연합하여 모든 만물이 창조된다. 즉 모나드에서 두아드가 나오고, 모나드와 두아드의 활동으로 만물이 형성되는 것이다. 따라서 이 모나드와 두아드가 만물을 형성하는 두 원리들(ἀρχαί)이 되는 것이다.

이 두 원리들에서 숫자가 나오고, 숫자에서 점이 나오며, 점이 선이 되고, 선이 모이면 어떤 모양이 된다. 그리고 모양은 평면이 되고, 평면이 쌓이면 입체가 된다. 평면이 입체가 될 때부터 보이는 세계가 시작된다. 그리고 그 보이는 세계는 바로 감각할 수 있는 몸이 된다. 이것이 바로 바울이 "세상의 초등 학문"(골 2:8)이라고 표시한 개념이다. 다시 말해서, 스토이케이아는 세계의 기초 요소인 것이다.

스토이케이아는 후에 철학이나 학문의 기초 요소라는 의미로 전이되기도 하고, 언어의 기초로서 알파벳을 가리키기도 했다. 하지만 본래 피타고라스 철학에서는 세상을 구성하는 기본 요소를 가리킨다. 이 네 요소를 통해 보이는 세계를 이루는 모든 것이 출현한 것이다. 즉 공중과 공중 아래 있는 존재들, 지상에 있는 존재들이 생성되었다. 스토이케이아는 모나드부터 시작해서 입체까지 과정의 마지막 단계에 등장하는 요소, 즉 보이지 않는 세계와 보이는 세계의 경계에서 몸을 이루는 네 가지 기초요소를 의미한다.

그렇다면 피타고라스는 보이는 세계와 그 안에 사는 존재들을 어떻게 생각했는가? 이 질문에 대한 대답이 『탁월한 철학자들의 생애』 8:26이하에 나온다. 인간은 지구에 산다. 이때 지구는 지표면과 대기, 곧 공기로 되어 있는데, 지표에서 가까운 공기는 움직이지 않고, 병들어 있어서 그 안에 있는 것은 모두 죽을 운명에 있다. 반면 지구의 가장 상층의 공기는 항상 움직이고 건강하며 그 안에 있는 것은 모두 불멸한다. 따라서 신적이다. 이곳에서 활동하는 태양과 달, 다른 별들을 신들(θεοί)로 본 것이다. 그러므로 지구 상층부에는 불멸이 있고 지표면에는 질병과 죽음이 있는 것이다.

그러면 지구 상층부와 지표면 사이는 어떠한가? 『탁월한 철학자들의 생애』 8:32에 따르면, 그 사이는 공기가 채우고 있다. 하지만 공기는 중성적이지 않고 악한 영들인 다이모네스(데몬)라고 불리는 존재들과 영웅들이 가득 차 있다. 그리스-로마 사람들은 황제나 용맹한 군인이 죽으면 하늘로 올라가 신이 된다고 생각했다. 이들이 영웅들이다. 이 존재들은 인간들에게 꿈과 미래에 대한 징조와 질병과 건강을 보낸다. 인간들뿐만 아니라 인간들과 함께 살고 있는 양과 소에게도 보낸다고 생각했다.

바울은 이러한 존재들을 두려워하지 말라고 말한다. 왜냐하면 "하늘과 땅에서 보이는 것들과 보이지 않는 것들과 혹은 왕권들이나 주권들이나 통치자들이나 권세들이나 만물이 다 그로 말미암고 그를 위하여 창조되었기"(골 1:16) 때문이다. 이들은 보이지 않는 세계를 다스리고 지배한다고 생각했던 존재들이었다. 만물이 그리스도를 통해 창조되었고 그를 위해서 존재한다고 말한다. 따라서 바울은 그리스도를 가리켜 만물의 머리시며, 첫 번째 나신 자, 즉 만물보다 뛰어난 분이라고 말하는 것이다. 설사 왕권들과 주권들, 통치자들, 권세들이 신자에게 악한 운명을 보낸다 해도 그 존재들보다 뛰어난 분이 바로 예수 그리스도이므로, 신자의 운명은 그리스도의 손에 있다.

만일 데몬과 영웅들이 지상에 있는 모든 존재에게 질병과 선한 운명과 악한 운명을 보낸다면, 지상에 사는 사람들은 어떻게 해야 하는가? 그들을 잘 달래야 한다. 달래기 위해서 행하는 것이 바로 정결 의식이다. 『탁월한 철학자들의 생애』 8:33에 따르면, 정결의식은 먼저 깨끗하게 하고 씻어 내는 것, 곧 세례가 있다. 나아가 죽은 동물이나 고기와 살을 먹는 것을 삼가고 어류, 모든 종류의 알, 그 알에서 나온 동물들, 그리고 콩을 섭취하지 않는 것이다. 이들은 모두 부패하기 쉽기 때문이다. 골로새 지역에서는 이러한 철학적 종교 의식들이 성행하였고, 골로새서는 이러한 상황을 반영하고 있다.[435]

그러면 골로새서의 저작 목적은 무엇인가? 이것은 앞에서 살펴본 배경과 밀접한 연관성이 있다.

1.3 골로새서 저작 목적

바울은 이러한 배경에서 그리스도의 완전한 충족성을 다시금 일깨우고자 했다. 다시 말해서, 만일 골로새 교인들이 예수 그리스도를 믿는다면, 그 믿음 하나로 충분하고, 아무것도 더 필요하지 않으며 부족하지 않다는 것이다. 이것은 이 복음의 내용을 다시 선포하고자 했다. 이 선포의 내용을 한마디로 요약하면 다음과 같다.

> **골로새서 2:8-10** 누가 철학과 헛된 속임수로 너희를 사로잡을까 주의하라. 이것은 사람의 전통과 세상의 기초 교훈(τὰ στοιχεῖα τοῦ κόσμου)[436]을 따름이요, 그리스도를 따름이 아니니라. ⁹ 그 안에는 신성의 모든 충만이 육체로 거하시고, ¹⁰ 너희도 그 안에서 충만하여졌으니, 그는 모든 통치자와 권세의 머리시라.

이런 점에서 바울은 골로새 지역 그리스도인들에게 그들이 에바브라에게서 받은 복음을 굳게 붙들고 그들의 믿음이 그리스도 안에 깊이 뿌리내리도록 하기 위해 이 편지를 썼다. 나아가 그들의 신앙을 위협하는

---

435 골로새 이단의 혼합주의적인 성격과 헬라적 및 유대적 전통, 이 이단에 대항하여 바울이 그리스도의 완전한 충분성과 충족성을 어떻게 논증하는지 자세한 내용은 김영호, "그리스도의 할례: 골로새서 2:11-12에 대한 주해적 연구," 신학정론 38/2 (2020): 454-469를 참조하라.

436 NASB: "elementary principles of the world"; NIV: "basic principles of the world"; RSV, ESV: "elemental spirits of the world"; ESV margin: "elemental principles of the world"; TNIV: "elementary spiritual forces of the world"; KJV: "rudiments of the world"; ELB: "Elemente der Welt."

오류와 거짓 교훈들에 대항하여 골로새 지역 그리스도인들을 보호하려고 했다.

2. 골로새서 구조 및 개요

2.1 골로새서 구조

골로새서는 고대편지의 큰 틀을 따른다. 따라서 편지시작말-본말-맺음말, 이 세 부분으로 구성된다. 골로새서의 시작말에는 서두(골 1:1-2)에 이어 감사(골 1:3-8)와 기도(골 1:10-13)가 나온다. 맺음말에는 보도(골 4:7-9)와 문안인사(골 4:10-17), 축복(골 4:18)이 있다. 이 부분은 어느 정도 고대편지의 모습을 찾을 수 있다.

독자들은 편지본말(골 1:4-4:6)로 들어오면 바울서신에서 공통적으로 나타나는 먼저는 교리적인 논증, 나중에는 윤리적인 권면이 나올 것으로 기대한다. 골로새서에서는 신학적인 논증이 없다. 대신 거짓 가르침에 대한 경계(골 2:8-23)와 신자의 삶의 목표(골 3:1-17)와 신자의 새로운 관계(골 3:18-4:6)를 제시하면서 편지본말이 끝난다. 이런 점에서 골로새서는 고대편지와 닮지 않았다. 바울서신이 교리-윤리 틀로 되어 있기 때문에 골로새서도 유사한 구조가 나타나리라는 독자들의 기대를 이해할 수 있지만 정당한 것은 아니다. 바울서신의 구조는 교리-윤리여야 하는 것이 아니다. 바울은 각 교회와 당시 상황에 가장 적합한 형식을 택하기 때문이다. 따라서 골로새서의 본말에 신학적인 논증이 있어야만 하는 것은 아니다.

골로새서는 고대연설의 요소도 찾기 힘들다. 이런 점에서 골로새서는 에베소서와 매우 유사하다. 그럼에도 올브리히트는 골로새서의 수사학적 장르를 "조언연설"(deliberative)로 볼 수 있다고 주장한다.[437] 하지만 올브리히트도 골로새서를 고전적인 세 부분으로 나누기는 어렵다고 인정한다.[438] 무엇보다 골로새서는 고대연설의 뼈대 중 하나인 증명(probatio)에 해당하는 부분이 없다.

썸니는 골로새서에서 고대연설 요소를 찾아보려고 시도했다. 썸니에 따르면, 전체적으로 볼 때 3:1-4:6은 권면(exhortatio)으로 볼 수 있다. 그러면 그 앞 부분(골 1:15-2:23)이 증명에 해당할 것이다. 하지만 썸니는 증명으로 분류할 수 있는 부분을 확정하지 못했다. 다만 서론과 논제, 증명, 반박에 해당하는 부분을 언급하는 것으로 그쳤다. 썸니에 따르면, 골로새서 1:3-8에 나오는 감사(eucharistia)가 서론,[439] 골로새서 1:15-20에 있는 그리스도 찬송시가 증명에 가깝다.[440] 나아가 골로새서 2:8-15은 반박(refutatio)으로 볼 수 있으며,[441] 골로새서 2:6-7은 주제제시(propositio) 또는 논제(partitio)의 성격이 있다.[442] 하지만 설사 썸니의 주장이 옳다 인정한다고 해도 이런 형태로 연설이 배열된다면, 서론-증명-주제제시-반박이라는 순서를 지닌 연설이 된다. 이것은 고대연설과 유사성보다는 차이점을 드러낸다. 나아가 골로새서가 실제로 고대연설을 엄격하게 따르지 않는다는 사실을 방증한다고 볼 수 있다. 바울은 고대편지에도, 고대연설에도 매이지 않는다. 자신만의 장르로

---

[437] T. H. Olbricht, "Stoicheia and the Rhetoric of Colossians: Then and Now," in *Rhetoric, Scripture and Theology: Essays from the 1994 Pretoria Conference*, ed. S. E. Porter and Thomas H. Olbricht, JSNTSup 131 (Sheffield: Sheffield Academic Press, 1996), 310.

[438] Olbricht, "Stoicheia and the Rhetoric of Colossians," 311.

[439] J. L. Sumney, "The Argument of Colossians," in *Rhetorical Argumentation in Biblical Texts: Essays from the Lund 2000 Conference*, ed. A. Eriksson and Thomas H. Olbricht et al. (Harrisburg: Trinity Press International, 2002), 344.

[440] Cf. Sumney, "The Argument of Colossians," 345-346.

[441] Cf. Sumney, "The Argument of Colossians," 347.

[442] Cf. Sumney, "The Argument of Colossians," 346: "Verses 2:6-7 reprise the main thesis of the letter; they must retain the faith they have in Christ."

편지를 썼으며, 이 편지의 주된 주제는 "그리스도의 비밀"이다. 그리스도의 충만과 함께 이 그리스도의 충만에 근거한 신자들의 충만을 전한 것이다.

그렇다면 골로새서의 전체 개요는 어떤 모습인가?

2.2 골로새서 개요

| | 수사학적 요소 |

1. 편지시작말(골 1:1–8)   서론(*exordium*)
  1) 서두(1:1–2)
    (1) 송신자(1:1)
      A. 바울(1:1a)
        a. 그리스도 예수의 사도(1:1aα)
        b. 하나님의 뜻을 통해(1:1aβ)
      B. 형제 디모데(1:1b)
    (2) 수신자: 골로새에 있는 성도들 곧 그리스도 안에서 믿는 형제들(1:2a)
    (3) 문안(1:2b)
      A. 내용: 은혜와 평화(1:2bα)
      B. 근원: 하나님 우리 아버지(1:2bβ)
  2) 감사(1:3–8)   감사(*eucharistia*)
    (1) 대상: 하나님, 우리 주 예수 그리스도의 아버지(1:3)   [사실진술
    (2) 이유: 그리스도 안에 너희의 믿음과 성도에 대한 사랑,   (*narratio*)]
        하늘에 쌓아둔 소망(1:4–5)
    (3) 복음(1:6–8)
      A. 골로새인들에게 이르러 자람(1:6)
      B. 에바브라를 통해(1:6–7)
  3) 기도(1:10–13)

2. 편지본말(골 1:4–4:6)
  1) 그리스도의 절대적 크심: "보이지 않는 하나님의 형   [증명(*probatio*)]
     상"(1:15–23)
    (1) 모든 피조물보다 먼저 나신 이요, 만물은 그를 위해 창조됨(1:15–17)
    (2) 몸인 교회의 머리시요, 죽은 자 가운데서 먼저 나신 이 (1:18–23)
  2) 그리스도의 일꾼과 그의 사역(1:24–2:5)
    (1) 바울, 그리스도의 남은 고난을 자신의 몸에 채움(1:24)

(2) 골로새와 라오디게아 교회를 위해 애씀(2:1-5)
　3) 그리스도 안에서 행하고 그 안에 뿌리 박으며 세움을 입어　　논제(*partitio*)
　　야 함(2:6-7)
　4) 거짓 가르침에 대한 경계(2:8-23)　　　　　　　　　　　　　반박(*refutatio*)
　　(1) 철학과 헛된 속임수에 사로잡히지 말라(2:8)
　　(2) 그리스도의 절대적 탁월성을 생각하라(2:8-15)
　　(3) 세상의 초등학문과 종교의식에서 벗어나라(2:16-19)
　　　A. 음식이나 절기의 무효성(2:16-17)
　　　　a. 이들은 장래 일의 그림자임(2:16)
　　　　b. 몸(실체)은 그리스도! (2:17)
　　　B. 꾸며낸 겸손과 천사숭배의 무효성(2:18-19)
　　　　a. 이들은 육신의 생각을 따라 헛되이 과장한 것임
　　　　　(2:18)
　　　　b. 머리(그리스도)를 붙들어야 함(2:19)
　　　C. 비난이나 정죄의 근거가 될 수 없는 두 가지 이유
　　　　(2:20-23)
　　　　a. 신자는 세상의 초등학문에서 그리스도와 함께 이
　　　　　미 죽음(2:20-22)
　　　　b. 세상의 기초요소와 이방의 종교의식은 육체를 제
　　　　　어하는데 실제적으로 유익이 없음(2:23)
　5) 신자의 새로운 삶의 지향과 목표(3:1-17)　　　　　　　　　권면(*exhortatio*)
　　(1) 전제: 신자는 그리스도와 함께 다시 살리심을 받음(3:1)
　　(2) 권면(3:2-17)
　　　A. 위의 것을 찾으라(3:2-4)
　　　B. 땅에 있는 지체를 죽이라(3:5-11)
　　　C. 하나님이 택하사 거룩하고 사랑받는 자처럼 행하라
　　　　(3:12-17)
　6) 신자의 삶의 새로운 관계와 태도(3:18-4:6)
　　(1) 가정에서 새 시대 백성의 생명으로 살라(3:18-4:1)
　　　A. 아내들: 남편에게 복종하라(3:18)
　　　B. 남편들: 아내를 사랑하고 괴롭게 하지 말라(3:19)
　　　C. 자녀들: 모든 일에 부모에게 순종하라(3:20)
　　　D. 아비들: 너희 자녀를 노엽게 하지 말라(3:21)

E. 종들: 모든 일에 육신의 상전에게 순종하라
　　　　(3:22–25)
　　　F. 상전들: 종들에게 의롭고 공평하게 대하라(4:1)
　(2) 기도에 전념하라(4:2–4)
　　　A. 개인을 위하여: 기도에 착념하고 감사함으로 깨어
　　　　있으라(4:2)
　　　B. 복음을 위하여: 전도의 문을 열어 주사 그리스도의
　　　　비밀을 말하게 하시기를 구하라(4:3–4)
　(3) 외인에 대하여 세월을 아끼라(4:5)
　(4) 말을 정제하라(4:6)

3. 편지맺음말(골 4:7–18)　　　　　　　　　　　　　결론(*peroratio*)
　1) 두기고와 오네시모를 통해 바울의 사정을 알림(4:7–9; cf. 엡 6:21–22)
　2) 문안 인사: 아리스다고, 마가; 유스도, 에바브라(4:10–17)
　3) 축복: 은혜가 너희에게 있을지어다(4:18)

3. 골로새서 내용

위의 배경에서 살펴보았듯이, 골로새 지역 그리스도인들은 유대주의와 헬라 철학이 혼합된 인간적 교훈의 압력을 받고 있었다. 이것을 염두에 두고 바울의 기도(골 1:9-14)와 그리스도께 드리는 송영(골 1:15-20)을 살펴보면, 이 기도와 송영은 이후 모든 신학적 논의와 권면의 토대가 된다는 것을 알 수 있다.

3.1 바울의 기도(골 1:9-14)

바울은 먼저 "너희로 하여금 모든 신령한 지혜와 총명에 하나님의 뜻을 아는 것으로 채우게 하여 주시기를"(1:9) 간구한다. 골로새 교인들이 인간적 철학과 전통의 빈약함과 부족함을 분별하고 그들이 하나님의 뜻을 알도록 간구하는 것이다. 그래서 하나님을 아는 것에 자라가고 하나님을 기쁘시게 하며, 모든 선한 일에 열매가 있도록 간구한다. 바울은 여기서 골로새 그리스도인들이 이미 기업을 받았음을 상기시킨다(1:12). 이 기업은 어떻게 받게 되었는가? "우리를 흑암의 권세에서 건져내사 그의 사랑의 아들의 나라로 옮기신"(1:13) 하나님의 구원사역으로 이루어졌다. 그는 하나님의 아들, 그리스도가 누구인지 소개한다.

3.2 그리스도의 절대성(1:15-23)

바울은 그리스도를 소개할 때 2연으로 된 시를 제시한다. 아마도 이 시는 골로새 교회를 비롯한 초대교회가 예배 시 불렀던 찬송시였을 가능성이 크다.[443] 이 시는 그리스도의 절대성을 강조한다. 즉 그리스도는 우주와 교회에서 절대적인 분이시라는 것이다. 바울에 따르면, 그리스도는 만물의 주권자이시며 동시에 교회의 머리시다.

	골로새서
1. 만물의 머리이신 그리스도:	**1:15-17**
그는	1:15
보이지 아니하시는 하나님의 형상이시요,	
모든 창조물보다 먼저 나신 자이시다	
그의 안에서	1:16a
모든 것들이 창조되었다:	
하늘에 있는 것들,	
땅에 있는 것들,	
보이는 것들,	
보이지 않는 것들,	
정권들(θρόνοι),	
주권들(κυριότητες),	
통치자들(ἀρχαί)	
권세들(ἐξουσίαι)	
그를 통해, 그를 위해서	1:16b
모든 것들이 창조되었다.	
그는	1:17a
만물보다 먼저 계신자	
그의 안에	1:17b
만물이 함께 세워진다.	
2. 교회의 머리이신 그리스도:	**1:18-20**
그는	1:18a
몸인 교회의 머리시다	

---

443   P. Beasley-Murray, "Colossians 1:15-20: An Early Christian Hymn Celebrating the Lordship of Christ," in *Pauline Studies: Essays Presented to Professor F. F. Bruce on His 70th Birthday*, ed. D. A. Hagner and Murray J. Harris (Exeter: The Paternoster Press, 1980), 169-183.

그는	1:18b
근본(ἀρχή)이요	
죽은 자들로부터 먼저 나신 자시며,	
만물의 으뜸이시다.	
그의 안에	1:19
모든 충만(πᾶν τὸ πλήρωμα)이 거한다.	
그를 통해	1:20
하나님은 만물을 자신에게 화목하게 하셨다	
즉 하늘에 있는 것, 땅에 있는 것들...	

그렇다면 왜 그리스도는 우주와 교회에서 절대적인 분이신가? 바울은 왜 이 말을 하고 있는가? 위의 배경에 대한 논의에서 언급한 것처럼, 이것은 골로새 교인들이 처한 상황과 관련이 있다.

골로새 교인들은 복음을 받아들인 후에도 헬라 철학과 유대주의가 혼합된 교훈의 압력을 완전히 떼어버리지 못했다.

　이런 현상은 바울 당시에만 있었던 것이 아니라 현대에도 반복된다. 복음을 받았지만 죄 사함을 확신하지 못한 사람은 성령의 충만함 속에서 살지 못하며 귀신을 두려워하며 살 수도 있다. 죄 사함의 확신이 없는 사람은 자신 있게 살지 못한다. 왜 그런가? 신자가 복음을 받을 때 그 복음이 그 사람 안에서 능력이 되기 위해서는 두 가지가 필요하기 때문이다. 첫째는 그 복음을 전하는 사람이 복음을 분명하게 이해하고 순수하게 전하는 것이다. 둘째는 그 복음을 받는 사람이 복음의 내용을 전한 대로 이해하고 받아들이는 것이다. 이것이 가장 이상적인 모습이다. 바울과 사도들이 복음을 전할 때는 선포자 편에서는 오류가 없으나 청중 편에서 오류가 있었다. 그러나 사도 시대 후에는 더 큰 문제가 있다. 복음을 전하는 쪽에서도 오류가 있고 또 복음을 받는 편에서도 오류가 있을 수 있으며, 둘 사이에 소통 문제도 있기 때문이다.

　바울과 에바브라는 골로새 교인들이 하나님 안에서 모든 선한 일에 열매가 있고, 하나님 안에서 완전하고 확신있게 서며, 어떤 철학이나 토속 신앙, 유대주의에 흔들리지 않고 그리스도에 뿌리를 내린 사람이 될 수 있도록 노력했다. 하지만 골로새 교인들은 이것을 다 소화하지 못했다. 그 결과 그리스도에 대한 오해가 생기고, 그 자리를 자신들이 태어나 살아온 사회의 철학과 토속신앙이 차지하게 된다. 이것은 우리나라에 처음 복음이 들어오고, 복음 전도자들이 천국이나 성령의 오심을 전할 때, 불교적 내세 개념과 샤머니즘적 이해에서 완전히 벗어나지 못하는 것과 같다. 골로새 교인들 또한 이러한 영향을 다 떨쳐내지 못한 것이다. 그래서 그들은 확신 있게 서지 못했다. 그 증거가 그리스도의 절대성을 아직 인식하지 못하고 그리스도를 믿는 신앙에 금욕이나 천사 숭배를 병행한 것이다. 이것은 마치 갈라디아 교인들이 그리스도도 믿고 할례도 받으려고 했던 것과 같다.

3.2.1 만물의 주권자(골 1:15-17)

바울은 골로새 교인들에게 사람이 그리스도를 믿으면, 그리스도 한 분으로 충분하다고 말한다. 이것이 이 시의 첫 번째 연의 내용이다.

왜 그리스도 한 분만으로 충분한가? 왜냐하면 그리스도는 전 우주보다 먼저 계신 분이요, 우주의 모든 것을 합한 것보다 뛰어나시기 때문이다. 만물이 그를 위해서 창조되었고, 그를 통해 존재를 받았으며, 그 안에서 함께 선다(1:16). 다시 말해서, 그리스도는 우주에서 더 상위의 것을 생각할 수 없는 절대성, 부요함, 권능을 가지시므로, 신자들은 그 분 한 분 외에 다른 존재를 두려워하거나 의지할 필요가 없다. 골로새 교회 주변의 혼합주의자들은 영적인 세력을 막아주는 길이 금욕에 있고, 천사들, 곧 정권들, 주권들, 통치자들, 권세들이 그들의 현재와 운명을 결정할 수 있다고 말할 수 있지만, 그것은 그리스도를 모르기 때문이다.[444] 그리스도는 "모든 것 위에 뛰어나시다." 다시 말해서, "신자들과 관련하여 그리스도보다 뛰어난 그 밖의 다른 권세의 원천은 존재하지 않는다." 따라서 "신자들이 구원을 받기 위하여 비위를 맞추거나 복종하여야 하는 그 밖의 다른 존재는 없다. 하나님의 모든 능력이 예수 안에 거한다. 그 능력은 다른 존재들에게 분배되지 않았다. 하나님은 그리스도를 십자가 위에서 그의 죽음을 통해서 화목제를 드리게 하심으로써 만유를 자기와 화목케 하셨다."[445]

이것은 골로새 교인들과 현대 그리스도인에게 어떤 함의를 갖는가? 바울은 지금 골로새 교회와 갈라디아 교회 그리스도인들을 통해 세계의 상태를 알리고 신자의 복된 신분을 복음을 통해 알린 것이라고 볼 수 있다. 세계 전체는 갈라디아나 골로새가 있는 루커스 계곡이나 유럽이나 미국, 한국을 막론하고 스토이케이아($\sigma\tau о\iota\chi\varepsilon\tilde{\iota}\alpha$), 즉 "초등학문" 또는 "세계의 기초요소"에 묶여 있다. 그러면 이 "스토이케이아"에서 어떻게 해방되는가? 이 세계를 지배하는 세계관을 무너뜨리는 것이다. 골로새 그리스도인에게는 헬라 세계와 자신들의 지역에 만연한 종교적 의식이다. 그들은 그리스도의 복음을 받아들인 후에도 여전히 악한 영들과 영웅들의 영향 아래 살아가고 있는데, 그들의 세계관 전체를 바꾸어야 한다. 바울은 어떻게 이것을 이루는가? 바울은 이론이 아니라 복음의 현실과 실제(reality)를 통해 그들의 세계관을 무너뜨린다. 바울의 메시지를 풀어서 표현하면 다음과 같다. '골로새 교인들과 현대 그리스도인이여, 너희가 믿는 그리스도가 누구인지 생각해 보라. 그리스도는 만물보다 먼저 계신 분이시다. 또 만물, 곧 보이는 세계와 보이지 않는 세계가 다 그리스도를 통해 창조되었을 뿐 아니라 그를 위해 존재한다. 그가 우주의 주권자신데 누가 그에게 속한 자를 해칠 수 있겠는가?'

---

444 Cf. Marshall, *New Testament Theology*, 366-367.
445 Cf. Marshall, *New Testament Theology*, 369.

그리스도는 만물의 으뜸이시다. 이것이 바울이 전한 복음의 첫 번째 측면이다. 하지만 여기서 그치지 않는다. 그리스도는 교회의 머리시다.

3.2.2 교회의 머리(골 1:18-20)

바울은 그리스도를 "아르케"(ἀρχή)라고 부른다. 이 말을 듣자마자 골로새 교인들은 바울이 이 말을 앞에서 한번 언급했다는 것을 떠올릴 것이다. 곧 그리스도는 만물의 근원인 "아르케"이다. 그들에게 이것은 어느 정도 익숙하다. 하지만 "교회의 아르케"라는 말은 그렇지 않다. 이 말은 무엇을 뜻하는가? 골로새 교인들은 우주의 아르케라는 표현과 유비를 통해 이 개념에 접근할 것이다. 그리스도가 만물의 아르케라면, 그가 만물보다 먼저 계시고, 만물이 그를 통해, 그를 위하여 창조되었으며, 보이는 세계와 보이지 않는 세계의 주권자시다. 따라서 그리스도가 교회의 아르케라면, 그가 교회의 근본이며, 교회는 그에게서 생명과 통치와 질서를 받는다. 교회의 성립 과정이나 교리나 직분이나 조직이나 삶이 모두 그리스도에게서 시작된다.

그리스도는 교회에서 더 상위의 것을 생각할 수 없는 절대성, 부요함, 권능을 가지시므로, 신자들은 구원을 위해서 그 분 한 분 외에 다른 존재를 찾거나 의지할 필요가 없다. 그리스도의 주권은 다른 어떤 존재에게도 이양되거나 나눠지지 않는다.

그러면 바울은 어떻게 이것을 알게 되었고 어떤 근거로 이런 주장을 할 수 있는가? 그것은 그리스도의 부활이다(골 1:18-20). 하나님은 그리스도를 십자가 위에서 그의 죽음을 통해서 화목제를 드리게 하심으로써 만유를 자기와 화목케 하셨다."[446] 바울의 논지를 질문과 대답 형태로

---

[446] Cf. Marshall, *New Testament Theology*, 369.

풀어보면 다음과 같다.

	골로새서
그리스도는 몸인 교회의 머리시다. 그가 근본이요, "죽은 자들 가운데서 먼저 나신 자"이다.	1:18a
Q. 그리스도가 부활한 첫 인류가 된 이유는 무엇인가? A. 그것은 그리스도가 "만물의 으뜸"이 되려 하심이다.	1:18b
Q. 그러면 하나님은 새로운 그 첫 인류인 그리스도에게 어떤 일을 하셨는가? A. 아버지께서는 모든 충만으로 예수 안에 거하게 하시고, 그의 십자가로 화평을 이루셨다.	1:19-20a
Q. 그러면 그리스도의 십자가가 성취한 것은 무엇인가? A. 그것은 만유, 하늘과 땅과 그 안에 있는 모든 것들이 그리스도를 통해 하나님과 평화를 누리도록 하신 것이다.	1:20b

그리스도께서 만물과 교회의 머리가 되신다는 내용을 짧게 살펴보았다. 그렇다면 이 둘을 종합하면 어떤 결론에 이를 수 있는가? 그리스도는 골로새 교인들이 살아가는 두 세계, 곧 우주와 교회에서 더 높은 것을 생각할 수 없는 절대성, 부요함, 권능을 가지신 분이시다. 따라서 골로새 교인들은 더는 그리스도 한 분 외에 다른 존재를 의지하거나 두려워할 필요가 없다. 골로새 교회 대적자들은 보이지 않는 세계의 권세들과 영웅들을 달래기 위해 정결예식과 금욕 등을 행해야 한다고 주장한다. 왜냐하면 천사들, 곧 정권들, 주권들, 통치자들, 권세자들과 영웅들이 그들의 현재와 미래의 운명과 건강을 결정할 수 있다고 생각했기 때문이다. 하지만 이러한 주장을 하는 사람들과 이 "기초요소"에 유혹을 받는 사람들이 모르는 것은 무엇인가? 그것은 바로 그리스도가 이 모든 권세들과 만물, 우주와 교회의 주권자라는 사실이다. 바울은 골로새 교인들에게 혹 이전에 이러한 대적자들의 말을 따라 살아왔다 하더라도 이제는 그리스도의 절대적 주권을 믿는 자로 이 땅을 살라고 권면한다.

반대자들은 바울의 반박을 듣고 '바울은 유대인이 아닌가? 바울이 전한 복음은 유대인의 메시지다. 하지만 우리는 헬라인이고, 문명인이며 발전된 종교의식을 가지고 있지 않은가? 헬라인은 헬라인만의 구원의 방법이 있는 것 아닌가?'라고 반문할 수 있다. 바울은 이것은 헬라인이나 유대인의 문제가 아니라고 대답한다. 이것은 창조의 문제요 역사의 한 복판에 출현한 오는 세계의 문제이다. 바울은 창조와 재창조의 으뜸이시고 주인이신 분이 바로 그리스도라고 선언한다. "그리스도를 붙들라. 그리스도가 실체이고 다른 모든 것은 다 그림자다"(골 2:17).

바울은 골로새 지역 그리스도인들에게 기독론을 재천명한 것이다. 그 기독론 안에서 구원론과 교회론을 다시 일깨우고, 신자들의 지식과 삶에 새로운 토대를 마련했다.

3.3 그리스도를 통한 십자가 구속의 혜택(골 1:24-2:7)

바울은 이제 그리스도가 만물과 교회의 머리시라는 사실의 적용점을 말한다. 이 부활 세계의 시작자에게 속한 자는 하나님의 종말론적 샬롬(평화)이 현실이 된 세계에 속하게 되고, 십자가에 근거한 거룩과 무흠과 완전한 의를 소유한 자로서 그 세계에 참여한다(골 1:21-22). 그러므로 다른 어떤 것보다도 그리스도 안에 머물고 복음을 붙드는 것이 중요하다. "만일 너희가 믿음에 거하고 터 위에 굳게 서서 너희 들은 바 복음의 소망에서 흔들리지 아니하면 그리하리라"(골 1:23a).

그러나 이것이 지혜 있는 자(철인)의 길인가? 이방인은 이방인 식의 구원방식을 따라야 하지 않는가? 그렇지 않다. 이것은 온 세계, 모든 시대를 위한 하나님의 신비로서 전에는 감추어졌으나 이제는 나타났다(골 1:26). 이 하나님의 신비가 누구인가? 바로 "예수 그리스도," 곧 인간과 우주의 "영광의 소망"이시다(골 1:27). 그러므로 "이방인들이 배제되었다거나 그들은 구원을 받기 위해 유대인들과는 다른 통로를 따라야

한다"는 대적자들의 주장은 그저 공교한 말로 속이는 것에 지나지 않는다(cf. 골 2:4).[447]

그리스도는 "하나님의 비밀"이시고, "그 안에는 지혜와 지식의 모든 보화가 감추어져 있다"(골 2:2-3). 이것은 "철학자들이 그들이 받은 묵시들을 토대로 추가적인 지식이 필요하다"는 주장을 반박한다.[448]

3.4 거짓 철학에 대한 경계와 복음에 입각한 반박(골 2:7-23)

여기서 바울은 거짓 철학을 경계하라고 말하고 이 철학, 곧 신, 세상, 삶을 포함하는 이론의 본질적 특성을 지적하고, 이것을 복음의 탁월성에 근거하여 반박한다. 이때 바울은 먼저는 거짓 철학을 다음에는 그리스도를 교차하여 언급한다.

3.4.1 거짓 철학과 그 전파자들의 사기성과 반박(골 2:8-15)

바울은 복음의 내용을 요약한다.

> 골 2:8-10 누가 철학과 헛된 속임수로 너희를 사로잡을까 주의하라. 이것은 사람의 전통과 세상의 기초 교훈(τὰ στοιχεῖα τοῦ κόσμου)을 따름이요, 그리스도를 따름이 아니니라. ⁹ 그 안에는 신성의 모든 충만이 육체로 거하시고, ¹⁰ 너희도 그 안에서 충만하여졌으니 그는 모든 통치자와 권세의 머리시라.

여기서 "철학"과 "헛된 속임수"는 헨디아두이온이다. 즉 두 단어로 표

---

[447] Marshall, *New Testament Theology*, 370.
[448] Cf. Marshall, *New Testament Theology*, 370-371.

현한 한 개념이다. 따라서 바울은 관사를 하나만 쓴다(διὰ τῆς φιλοσοφίας καὶ κενῆς ἀπάτης). 이것을 본문에 적용하면, 거짓 철학은 헛된 속임수라는 의미가 된다. 바울은 이것으로 너희를 "노략물로 탈취해 가는 자"(ὁ συλαγωγῶν)가 있는가 주의하라고 경고한다. 왜냐하면 이것은 세상의 기초요소를 따르는 것이요 그리스도를 따르는 것이 아니기 때문이다(골 2:8). 그리스도 안에 신성의 충만함이 "육체로"(σωματικῶς) 거하신다(골 2:9). 여기서 "육체로"는 "몸으로"를 가리킨다. 다시 말해서, 하나님의 충만함이 그리스도 안에 머물고 있고, 전 우주는 그를 통해서 이 충만함에 접근한다. 그리스도를 믿는 자는 그에게 속하게 되었으므로 이 충만에 참여한다.

3.4.2 거짓 철학의 실체(골 2:16-19)

거짓 철학이 강요하는 규칙은 그림자요 실체(몸)는 그리스도시다(골 2:17) 이 규칙은 무엇인가? 그것은 "먹고 마시는 것, 절기, 초하루, 안식일" 등이다(골 2:16). 이것은 유대적 요소라 할 수 있다. 또 "꾸며낸 겸손, 천사숭배"인데, 이것은 헬라적 요소이다. 이러한 것들은 장래 일의 그림자요 몸은 그리스도시다. 그러므로 이런 혼합주의적 인간 전통에 빠지는 자는 실체에 속한 것을 붙들지 않고, 나아가 "본질과 근원"(머리)을 붙들지 않는 것이다(골 2:18-19).

3.4.3 거짓철학과 신자의 신분의 부조화(incongruity, 골 2:20-23)

이 거짓 철학을 따르려 하는 것은 신자의 현상태를 망각하는 일이다.

> 골 2:20 너희가 세상의 초등학문에서 그리스도와 함께 죽었거든, 어찌하여 세상에 사는 것과 같이 규례에 순종하느냐?

신자는 그리스도와 함께 죽고 그리스도와 함께 부활했다. 이것이 "믿는다"는 고백의 내용이다. 그러면 무엇에 대하여(*dat. incommodi*) 죽었는가? 그것은 "세상"과 "세상의 초등학문"이다.

이 표현은 갈라디아서에도 나온다. 즉 바울은 자신이 "율법에 대해서 죽었다"(갈 2:19)라고 말한다. 유대 사회를 지배하는 것은 율법인데, 율법의 행위로 돌아가는 것을 "다시 약하고 천박한 초등학문으로 돌아가서 다시 그들에게 종노릇하는 것"이라고 말한다(갈 4:9; cf. 4:3). 유대인에게 "율법"이 있는 것처럼, 이방인 사회를 지배하고 있는 것이 있는데, 바울은 이것을 "초등학문"이라고 부른다. 그러면 골로새 교인들에게 이 "초등학문"은 구체적으로 무엇인가?

골 2:21-22a 곧 붙잡지도 말고 맛보지도 말고 만지지도 말라 하는 것이니, ²² 이 모든 것은 한때 쓰이고는 없어지리라.

바울에 의하면, 이러한 것들은 영원한 법칙을 따르는 것이 아니라 "사람의 명령과 가르침을 따른 것"이다(골 2:22b). "자의적 숭배"요, "몸을 괴롭게 하는" 금욕일 뿐이다(2:23a). 따라서 이러한 금욕에는 지혜가 있어 보이지만 실제로는 실체가 없는 것들이다. 금욕을 강조하는 것은 피타고라스 교리에만 나오는 것이 아니다. 헬라 종교에서 인간이 신에 대한 두려움을 가지고 있을 때 그것을 해결하는 방법이었다. 예를 들면, 아가멤논과 그리스 연합군이 트로이로 출전할 때 바다에 폭풍이 일었다. 아가멤논은 자기 딸을 데리고 오게 한 후 바다의 신에게 제물로 바쳤다. 이에 바다가 잠잠해지자 함대는 트로이로 진군할 수 있었다.[449] 하지만 바울은 이것을 철저하게 금한다.

---

[449] Euripides, *Iph.* 742-750; 「아울리스의 이피게이아」 in 『에우리피데스 전집 2』, 천병희 옮김 (파주: 도서출판 숲, 2014), 408-409.

나아가 더 큰 문제가 있다. 설사 신자가 오직 그리스도를 붙들지 않고, 세상의 기초요소를 붙든다고 해도, 그들은 목표한 바, 곧 몸을 제어하는 일은 이루지 못한다. 왜 그런가?

골 2:23b 이런 것들은 자의적 숭배와 겸손과 몸을 괴롭게 하는 데는 지혜 있는 모양이나 오직 육체 따르는 것을 금하는 데는 조금도 유익이 없느니라.

그것은 사람의 명령과 가르침이기 때문이다(cf. 골 2:23a).

헬라 철학이나 유대교의 메르카바 신비주의, 이 둘의 혼합된 사상은 골로새 교인들이 기독교 신앙에 따라 생각하고 살아가며 복음과 하나님 나라에 참여하는데 저해가 되었다. 이런 것들이 우리에게는 없는가? 있다면 무엇인가? 두 가지를 예로 들 수 있다. 한국교회의 신자는 태어날 때부터 유교, 불교, 샤머니즘의 토양에서 태어나 자라는 나무와 같다. 그래서 신의식이 낮다. 그 증거가 무엇인가? 신사참배이다. 북한의 경우, 많은 사람들이 사람을 신격화하는 일을 하고 있다. 한국교회는 하나님이 아닌 우상을 공적으로 숭배하고도 온 교회가 공적으로 회개하지 않았다.

나아가 기독론의 실천적 부재이다. 그래서 전적으로 십자가를 붙들지 않는다. '내가 믿으니 구원받았다'고 생각한다. 이런 개인적이고 실존적 심리적 구원 이해는 매우 위태롭다. 이것의 폐해가 무엇인가? 그것은 너무나 쉽게 자기 의에 빠지는 것이다. 경건의 비밀이 없고, 십자가 구속에 대한 감사와 감격, 믿음의 비밀이 없거나 부족하다. 신자의 의식과 삶에서 그리스도가 우주의 머리요, 교회의 근본이며, 신성의 충만이 육체로 거하는 분이 아니고, 실천적 고백 속에 모든 정사와 권세, 현재 세계와 오는 세계의 모든 것을 주관하시는 분이 아니시므로, 그리스도 외에 다른 것을 찾는 경향이 생긴다.

3.5 기도 명령과 부탁

바울은 편지를 마치면서 골로새 교인들에게 기도를 부탁한다.

> **골 4:2-3** 기도를 계속하고 기도에 감사함으로 깨어 있으라. ³ 또한 우리를 위하여 기도하되, 하나님이 전도할 문을 우리에게 열어 주사 그리스도의 비밀을 말하게 하시기를 구하라. 내가 이 일 때문에 매임을 당하였노라.

바울은 기도를 "계속하라"고 말한다. 여기서 "계속하라"는 말은 "전념하라"($προσκαρτερέω$, 골 4:2a)는 뜻이다. 기도에 이 동사가 연결된 경우가 많다(행 1:14). 유대인들이 기도하던 모습을 이방인들에게 요청하고 있다. 바울은 기도를 "씨름"한다고도 표현한다(골 4:12, 1:29, 2:1).

이 기도는 감사와 깨어 있음으로 이어진다. "기도 안에서 감사에 깨어 있으라! 깨어 있으라, 감사함 중에!"(골 4:2b). 새 시대 신자의 깨어 있음은 이전 시대 사람들의 깨어 있음과 내용이 다르다. 이전에는 깨어 있음-불확실-불안이었으나 새 시대에는 안정과 평화, 감사 중에 깨어 있는다.

나아가 바울은 자신을 위해 기도해 달라고 부탁한다. 하나님이 전도할 문을 열어 주셔서 그리스도의 비밀을 말할 수 있도록 기도해 달라는 것이다. 만일 골로새서가 약 60년경 로마 감옥에서 쓰였다면, 이 기도 부탁은 의미심장하다. 바울은 처음부터, 즉 회심 후 다메섹(cf. 행 9:20)과 예루살렘(행 9:29)에서 힘썼고, 그 인생의 말년까지 로마에서 한결같이 그리스도 복음을 전파하고자 했다.

지금까지 골로새서 1:15-20을 간략히 해설하였다. "그리스도는 죽은 자들 가운데서 먼저 나신 자," 다시 말해서, 부활 생명과 의와 평화가 지배하는 새 시대의 시작자시요, 종말론적 하나님 나라의 존재 양식을 가진 첫 번째 사람이요, 새 인류의 대표자시다. 바울은 이 말을 새 시대가 현재 역사 속으로 침투한 시대관 속에서 논의하고 있다.

그러므로 신자는 그리스도 외에 어떤 영적인 존재들을 두려워하거나 섬기거나 "기초요소"를 따르거나 믿지 않는 자들이 섬기는 방식으로서 금욕이나 정결예식 등을 지킬 필요가 없다. 왜냐하면 이 모든 것은 그림자요, 이 모든 존재는 우주와 교회의 머리이신 그리스도께 속했기 때문이다.

11장

데살로니가전서

데살로니가전후서는 짧은 간격을 두고 연속으로 보낸 서신들로 보인다.[450] 바울이 이렇게 두 편지를 쓰게 된 이유는 무엇인가?

　이 두 서신은 바울서신 중에서 가장 초기 저작이다. 그런데 이 두 서신에는 종말론적 주제가 두드러지게 나타난다. 바울이 이 주제를 집중적으로 다루게 된 원인은 무엇인가?

　이 두 질문은 모두 이 서신들의 저작 배경과 목적과 밀접하게 연관되어 있다.

1. 데살로니가전서의 저작 배경과 목적

데살로니가 교회는 바울이 2차 전도여행 때 세운 교회이다. 이 교회는 헬라 세계 가운데서 태동했는데, 초대교회 다른 교회와 같이 외부에서 오는 박해와 내부에서 생겨난 문제가 있었다. 특별히 복음을 받은 후 그들 중에 죽은 사람들이 생겼는데 이들에 대해 나머지 사람들과 같이

450　Cf. Carson/Moo, *Introduction*, 544.

슬퍼한 것이다. 이 두 가지는 바울과 바울 동역자들이 데살로니가를 급하게 "떠난 것"과 직·간접적으로 관계가 있다. 때문에 데살로니가 교회에 더욱 큰 문제가 되었다. 따라서 데살로니가전서를 이해하기 위해서는 다음 세 가지를 살펴볼 필요가 있다.

1. 바울의 "짧은 체류"와 변증
2. 데살로니가 교회의 박해와 고난
3. 죽은 자들에 대한 슬픔

먼저 바울이 짧게 체류한 사실과 이 사실에 대한 바울의 변증을 살펴보자.

1.1 저작 배경

1.1.1 "짧은 체류"

사도 바울과 바울의 동역자, 실라와 디모데는 데살로니가에 "짧게" 체류할 수밖에 없었다. 사도행전에는 다음과 같이 기록되어 있다.

> **행 17:1-2** 저희[바울, 실라]가 암비볼리와 아볼로니아로 다녀가 **데살로니가**에 이르니, 거기 유대인의 회당이 있는지라. ² 바울이 자기의 규례대로 저희에게로 들어가서 **세 안식일**에 성경을 가지고 강론하니라.

바울은 빌립보에서 암비볼리, 아볼로니아를 거쳐 "데살로니가"에 도착했다. 당시 데살로니가는 마게도냐의 수도였다. 인구 약 10만 정도의 도시로 많은 사람들이 살았고 유대인들도 다수 거주하고 있었다. 사도행전에 따르면, 그곳에 회당이 있었고 경건한 귀부인들(γυναῖκες τῶν πρώτων)도 있었다(행 17:4). 이들은 유대교에 대한 동경과 호의를 가진 사람들이었다. 따라서 데살로니가의 회당은 이러한 헬라인들의 지원을 받고 있었을 가능성이 있다. 바울은 이 회당에서 복음을 전했고, 유대인들뿐 아니라 경건한 헬라인들이 와서 복음을 들었던 것이다.

그러면 바울은 데살로니가에 얼마나 머물렀는가? 바울은 여기서 약 3주밖에 머물 수 없었다.

1.1.1.1 세 안식일

누가는 바울이 이 회당에서 활동한 시기를 "세 안식일"이라고 명시하고 있다. 여기서 "세 안식일"은 안식일 집회 세 번을 가리킨다. 날 수로 계산하면 짧게는 15일, 길게는 21일이다. 따라서 바울과 바울 동행은 한 달이 채 되지 않는 기간 동안 데살로니가에 머물렀던 것이다.

1.1.1.2 효과적 전파

바울은 이 3주 강론을 통해 복음의 핵심 내용을 전달할 수 있었다. 이것을 어떻게 알 수 있는가? 그 증거는 두 가지다. 첫째, 긍정적 측면에서 설득과 참여가 일어났다.

> **행 17:3-4** [바울이 성경을 가지고 강론하며] 뜻을 풀어 그리스도가 해를 받고 죽은 자 가운데서 다시 살아나야 할 것을 증언하고 이르되, "내가 너희에게 전하는 이 예수가 곧 그리스도라" 하니, [4] 그 중의 어떤 사람 곧 경건한 헬라인의 큰 무리와 적지 않은 귀부인도 권함을 받고 바울과 실라를 따르더라.

여기서 "권함을 받다"(ἐπείσθησαν)라는 말은 수동태로서 그들이 바울의 말에 "설득되었다"는 뜻이다. 나아가 그들은 설득되었을 뿐만 아니라 바울과 실라를 "따랐다." 이 말은 누군가의 뒤를 좇았다는 뉘앙스로 읽힐 수 있으나 사실은 "제비로 배당되다"는 의미이다. 이 말은 여격과 함께 쓰이는데, 이 여격은 배당되는 대상을 가리킨다. 본문에서는 바울과 실라이다(προσεκληρώθησαν τῷ Παύλῳ καὶ τῷ Σιλα). 사이어는 이 동사를 수동태로 보고 "그들이 하나님에 의해 바울과 실라에게 배당되었다, 즉 제자와 추종자가 되었다"라고 번역했다.[451] 그러나 중간태로 볼 수도 있다. 그러면 "그들은 그들의 분깃을 바울과 실라와 함께 했다"라고 번역할 수 있다.[452] 다시 말해서, 바울과 실라가 전하는 구원, 복음, 하나님의 나라에 분깃을 갖게 된 것이다.

이 둘 중에 중간태가 더 나아 보인다. 이것은 이 단어 속에 있는 "분깃"이라는 개념과 바로 이어 나오는 유대인의 "시기" 때문이다. 이 시기에 대해서는 뒤에서 다시 논의하겠다. "분깃"이란 구약의 상속 개념이다. 이스라엘 백성이 출애굽 구속 후에 모두 기업을 받는다. 이 개념이 복음 전파에 적용된 것이다. 대럴 벅은 수동태가 이방인들을 새로운 공동체의 일원으로 만드는데 하나님이 하신 일을 가리킨다고 해석했다.[453] 하지만 중간태가 하나님 나라에 참여를 더 나타낸다고 할 수 있다. 그렇다면 데살로니가 사람들은 복음과 그 복음을 통해 드러난 하나님의 나라에 참여하게 된 것이다.

바울이 복음을 전할 때, 비록 이방인일지라도 설득을 받고, 바울과 실라가 전하는 복음과 종말론적 하나님의 나라에 참여하는 일이 일어난 것이다. 다시 말하면, 바울과 그의 동역자들과 데살로니가에 사는 헬라인들이 복음으로 연결이 된 것이다. 그것도 단 3주 만에 이 일이 이루어

---

[451] Thayer, *Lexicon*, 547; Barrett, *Acts* II, 811-812; Alexander, *Acts* II, 598.

[452] KJV: "And some of them believed, and **consorted with** Paul and Silas"; NASB: "And some of them were persuaded and **joined** Paul and Silas."

[453] Bock, *Acts*, 551.

졌다. 이것은 바울이 복음을 매우 효과적으로 전했다는 증거이다. 둘째, 부정적인 측면에서 유대인들의 "시기"가 일어났다.

> 행 17:5 그러나 유대인들은 **시기하여** 저자의 어떤 불량한 사람들을 데리고 떼를 지어 성을 소동하게 하여 야손의 집에 침입하여 그들을 백성에게 끌어내려고 찾았더라.

누가는 유대인들이 "시기했다"고 말하는데, 이 "시기"는 무엇을 의미하는가? 이 질문에 대답하기 위해서 다른 사건과 비교해 보자. 바울이 비시디아 안디옥에서 복음을 전했을 때, 많은 유대인들과 개종자들이 믿게 되었다. 그리고 한 주가 지난 후 상황을 사도행전은 이렇게 보도한다.

> 행 13:44-45 그 다음 안식일에는 온 시민이 거의 다 하나님의 말씀을 듣고자 하여 모이니, ^{45} 유대인들이 그 무리를 보고 **시기가 가득하여** 바울이 말한 것을 반박하고 비방하니라.

비시디아 안디옥에 사는 "온 시민"이 회당에 모이는데, 유대인들이 왜 시기하는가? 그들 시기의 대상은 바울인가? 그럴 수 있다. 하지만 한 사람에 대한 시기보다 바울이 전하는 언약에 이방인들이 들어오는 것에 대한 시기라고 볼 수 있다. 이와 동일한 현상이 데살로니가 유대인에게도 나타나는 것을 관찰할 수 있다. 따라서 이 "시기"는 하나님의 나라에서 자신들의 "자리"를 이방인들이 차지하는 일이 발생할 때, 유대인들에게 나타나 정서와 감정이다.

바울은 이미 복음을 전한 지 약 15년의 경험을 가진 원숙한 복음 전도자로서 자신이 전달해야 할 복음의 핵심을 헬라어를 모국어로 하는 사람들의 영혼의 중심부에 선포할 수 있었다.

그러면 바울이 전한 복음의 핵심 내용은 무엇이었는가?

1.1.1.3 바울 복음의 핵심 내용

바울이 전한 복음의 핵심은 그리스도의 고난과 부활, 그리스도의 왕 되심, 메시아 됨이다. 이것은 우리 주님께서 부활하신 후에 사도들의 마음을 열어 성경을 깨닫게 하시면서 계시하신 내용이었다.

	눅 24:46-47 이같이 기록되었다.	행 17:3 성경을 가지고 강론하며:	행 9:20 즉시로 각 회당에서 전파하니:
고난	그리스도가 고난을 받고,	그리스도가 해를 받고,	
부활	제 삼일에 죽은자 가운데서 살아날 것과	죽은 자 가운데서 다시 살아나야 할 것을	
죄 사함을 위한 회개전파	또 그의 이름으로 죄 사함을 얻게 하는 회개가 예루살렘에서 시작하여 모든 족속에게 전파되어야 할 것이.		
그리스도 선포	(48 너희는 나의 증인이라)	증언하고 이르되 내가 너희에게 전하는 이 예수가 곧 그리스도라	예수는 하나님의 아들 이시다

사도행전에서 열두 사도가 전한 복음과 바울이 전한 복음을 비교해보면 위의 네 가지가 모두 일치한다. 그러나 바울은 사도로 부르심을 받은 초기부터 15년이 지난 지금까지 자신이 복음을 어떻게 전해야 할지 열두 사도와 만나 의논해 본 적이 없다. 그런데 열두 사도와 바울이 전하는 복음의 내용이 동일하다. 이것은 복음의 놀라운 통일성이다. 복음

이 그리스도에게서 왔다는 증거이다. 또 그리스도께서 자신의 성령으로 이방인들에게는 이방인의 사도를 통해, 유대인들에게는 유대인 사도를 통해서 일하고 계시다는 증거이다.

이렇게 복음을 전했을 때, 바울은 데살로니가를 떠나야 했다. 그 이유는 무엇이었는가?

1.1.1.4 소요와 떠남

바울 복음의 확장과 함께 반대가 일어났다. 유대인들이 그 성을 소동하게 하여 바울은 거기서 떠날 수밖에 없었다(행 17:5-9, 10). 그리고 바울은 자신이 떠난 후의 상황과 그 후 다시 방문하려고 시도했던 상황을 알린다.

> **살전 2:17-18** 형제들아, 우리가 잠시 너희를 떠난 것은 얼굴이요, 마음은 아니니 너희 얼굴 보기를 열정으로(ἐν πολλῇ ἐπιθυμίᾳ) 힘썼노라. [18] 그러므로 나 바울은 한 번 두 번 너희에게 가고자 하였으나 사탄이 우리를 막았도다.
>
> **살전 3:1-5** 이러므로 우리가 참다 못하여 우리[바울, 실라]만 아덴에 머물기를 좋게 생각하고 … [2] 디모데를 보내노니 … [5] …이는 혹 시험하는 자가 너희를 시험하여 우리 수고를 헛되게 할까 함이라.[454]

그런데 이렇게 보낸 디모데가 돌아와 데살로니가 그리스도인들이 바울과 바울 일행을 "저들 또한 간절히 보고자" 한다는 "기쁜 소식"을 가져

---

[454] Cf. 갈 3:3; 4:9-11; 고후 11:28 "이외의 일은 고사하고 오히려 날마다 내 속에 눌리는 일이 있으니 곧 모든 교회를 위하여 염려하는 것이라".

왔다(살전 3:6). 바울은 이 소식에 위로를 받았다(살전 3:7). 왜냐하면 바울과 데살로니가 교인들이 복음으로 연결이 되었는데, 그 사이에 누군가가 들어가지 않았고 바울과 교회가 복음 안에서 서로 연결되어 있었기 때문이다. 그래서 바울은 이렇게 말한다.

살전 3:8 그러므로 **너희가 주 안에 굳게 선즉** 우리가 이제는 살리라

왜 바울은 데살로니가 그리스도인들이 복음 전도자들을 간절히 보고자 한다는 말을 "주 안에 굳게 서서 흔들림 없는" 것으로 생각했는가? 이것은 데살로니가에 새롭게 일어난 박해와 그 안에서 인내해야 하는 외적인 상황과 바울이 이 박해 중에 있는 그들을 두고 떠난 사실에 대한 '해석'과 관계가 있다.

1.1.2 박해와 고난

데살로니가 교회는 복음을 받아들인 후 동족으로부터 박해를 받았다.

> **살전 2:14-16** 형제들아, 너희가 그리스도 예수 안에서 유대에 있는 하나님의 교회들을 본받는 자 되었으니 그들이 유대인들에게 고난을 받음과 같이 너희도 너희 동족에게서 동일한 고난을 받았느니라. … ¹⁶ 우리가 이방인에게 말하여 구원받게 함을 금하여 자기 죄를 항상 채우매 노하심이 끝까지 그들에게 임하였느니라.

바울은 이 짧은 문장 속에 두 세계의 상황을 동시에 보도하고 있다. 하나는 유대인 그리스도인이 살고 있는 팔레스타인이고, 다른 하나는 헬라인들이 살고 있는 마게도냐이다. 이 두 세계에서 똑같은 일이 일어나고 있다. 바로 동족에게서 박해를 받는 일이다. 복음 때문에 유대인은

유대인에게, 헬라인은 헬라인에게 고난을 받고 있다.

박해의 내용은 무엇인가? 물론 물리적이고 육체적인 압박과 고통일 수도 있지만, 유대인인 바울과 바울 동역자들이 복음을 이방인에게 전하는 일을 "방해하는 일"(κωλυόντων)이다.

그런데 이러한 일이 유대 지역에서만 일어나는 일이 아니라 헬라 세계 마게도냐 지역 데살로니가에서도 있다는 것이다. 바울은 데살로니가 교인들의 상황을 몇 달 후 이렇게 쓴다.

> **살후 1:4** 그러므로 너희가 견디고 있는 모든 박해와 환란 중에서
> ...
> **살후 1:6** 너희가 그 나라[하나님의 나라]를 위하여 또한 고난을 받느니라.

이런 박해와 고난은 예수님을 주와 그리스도로 고백하자마자 어느 문화권에나 있는 일이다. 유대에 있는 교회들이 십자가에 못 박힌 수치스러운 일의 주역을 메시아로 섬긴다는 오명을 뒤집어쓰고 적대적인 시선과 출교 등을 감수해야 했듯이, 마게도냐 대도시의 시민인 데살로니가 교인들은 "천하를 어지럽히고"(행 17:6) 황제의 명을 거역하여 다른 왕 예수를 섬기는 반역적인 무리라는 위협과 무식하고 무신론적인 사람들이라는 오명을 감수해야 했다(cf. 행 17:7-9).

그러나 바울은 데살로니가에서 복음을 전할 때 이미 이 사실에 대해 말했다.

> **살전 3:4** 우리가 너희와 함께 있을 때에 장차 받을 환란을 너희에게 미리 말하였는데, 과연 그렇게 된 것을 너희가 아느니라.

이 박해와 그로 인한 고난과 환란은 이제 막 믿기 시작한 데살로니가 교인들에게 큰 시험이 되었을 것이다. 바울은 이것을 크게 근심하였다 (cf. 살전 3:1, 5). 그런데 데살로니가 교인들은 "주 안에서 굳게 서 있었고"(살전 3:8), "잘 견디고 모든 박해와 환란 중에서 인내와 믿음을 가졌다"(살후 1:4). 이것이 바울에게 큰 위로와 자랑이 되었다.

데살로니가 교회에는 박해와 고난뿐만 아니라 신학적인 동요도 있었다. 그것은 신자 중 그리스도의 재림 전에 죽은 자들에 대한 문제였다.

1.1.3 "나머지 사람들의 슬픔"

바울은 "죽은 자들에 대하여" 반드시 알아야 한다고 말한다. 그 이유는 무엇인가?

> **살전 4:13** 형제들아, 자는 자들에 관하여는 너희가 알지 못함을 우리가 원하지 아니하노니, 이는 소망 없는 다른 이와 같이 슬퍼하지 않게 하려 함이라.

이것은 아마도 데살로니가 교회가 디모데를 통해서 바울에게 문의한 주제일 수도 있고, 디모데가 데살로니가에 다녀온 후 교회의 상황을 보고 받고 난 후(cf. 살전 3:2, 6) 바울이 알게 된 문제일 수도 있다. 곧 신자 중에서 죽은 자들에 대하여 데살로니가 그리스도인들이 "나머지 사람들과 같이 슬퍼하는" 것이다. 바울은 데살로니가 교인들이 이 주제에 대하여 "알지 못함을 원치 않는다"고 말한다. 이것은 리토테스(litotes)로서 반대를 강조하는 표현이다. 따라서 바울에 따르면, 이 문제는 신자가 반드시 알아야 하고, 매우 중요하다. 왜냐하면 이 주제는 단지 복음의 주변 사항이 아니라 복음의 핵심인 부활과 재림과 연결되어 있기 때문이다.

지금까지 데살로니가전서 배경을 간략하게 살펴보았다. 바울의 짧은 체류와 데살로니가 교회에 일어난 박해와 고난은 서로 결합되어 새로운 문제를 낳았다. 반대자들은 바울의 행동에 근거하여 바울이 전한 복음의 진정성을 흔들려고 시도했을 것이다. 따라서 바울은 자신의 짧은 체류를 변증해야 했고, 동시에 데살로니가 교회의 신학적인 질문에 대답해야 한다.

1.2 저작 목적

바울은 이제 막 개종한 데살로니가 교회 교인들, 어린 그리스도인 공동체의 믿음을 강화해 주고 신학적으로 부족한 부분을 채워주기 위해 이 편지를 썼다.

그러면 바울은 어떻게 데살로니가 교회의 믿음을 강화해 줄 수 있었는가? 여기서 바울의 짧은 체류에 대한 변증을 눈여겨 볼 필요가 있다(살전 2:1-12). 바울은 외형상 핍박이 일어나자마자 데살로니가를 떠났다. 따라서 바울의 행동은 "핍박이 있으니 도망치는" 소피스트들 중 하나로 오해를 받을 가능성이 있었다. 왜냐하면 3주 밖에 머물지 않았기 때문이다. 여기서 데살로니가 도시에 다음과 같은 비판이 일어날 수 있다. '저들, 곧 바울과 바울 일행들도 일반 소피스트들과 다르지 않다. 보라, 핍박의 징후가 포착되자마자 그들의 신변의 안전을 위해 도망가지 않는가?'

반대자들은 이것을 빌미로 바울이 전한 복음의 진정성을 공격했을 수 있다.[455] 바울은 자신을 변호한다. 하지만 이것은 낯선 일이다. 바울

---

[455] Carson/Moo, *Introduction*, 545.

은 애매한 비난을 끊임없이 받았다. 대부분 바울 개인 때문이 아니라 복음 사역 때문이었다. 유대인들에게 비난받은 것은 유대 전통에 맞지 않는 메시아를 전하기 때문이었고, 헬라인에게 비난받은 것은 그들의 철학이 말하는 지혜와 어울릴 수 없는 십자가를 전했기 때문이다. 바울은 예수를 주와 그리스도로 전했는데, 그의 십자가와 왕권은 두 세계가 모두 받아들일 수 없는 것이었다.

만일 반대자들의 비판이 바울 자신의 개인적인 측면에 그쳤다면, 바울은 애써 자신을 변호하지 않았을 것이다. 문제는 이 비난이 자신이 아니라 자신이 전한 복음의 진정성을 공격하는 것이다. 다시 말해서, 반대자들은 바울을 소피스트 중 한 부류로 보고, 그가 전한 복음을 일반 철학과 이론으로 규정하며, 이 '교훈'을 전했던 사람이 박해가 일어나자마자 자리를 떠난 것은 그의 복음도 거짓이거나 가치가 없다는 증거라고 주장한 것이다. 그래서 바울은 자신을 변증하면서 네 가지 사실을 상기시킨다(살전 2:1-12). 바울의 변증을 풀어보면 다음과 같다.

첫째, 우리는 고난 때문에 데살로니가를 떠난 것이 아니다. 만일 그랬다면, 우리가 데살로니가에 도착하기 전에는 평안했어야 했다. 하지만 우리는 이미 빌립보에서 "고난과 능욕을 당했다."[456] 이 박해 속에서도 우리는 하나님의 힘을 의지하여 싸움 중에 너희에게 복음을 전했다"(살전 2:1-2).

둘째, 사람들은 우리가 부정하고 속이며 교활하다고 주장한다. 하지만 우리의 복음선포는 간사함이나 부정에서 난 것이 아닌 하나님의

---

456 데살로니가에서 유대인이 주동한 소동이 일어났을 때, 바울과 실라를 데살로니가에서 베뢰아로 보낸 것은 누구였는가? 바울 동역자들이 아니라 "형제들"이었다(행 17:10, 14). 물론 이 "형제들"이 바울 동역자들일 가능성을 완전히 배제할 수는 없지만, 아마도 데살로니가에서 막 회심한 그리스도인들이었을 것이다. 그들 중 데살로니가 도시 사정에 밝고 마게도냐 지역의 법을 잘 아는 사람들이 도시 경계 밖으로 보내서 바울과 실라에게서 위험을 제거하려고 했던 것이다. "소요"는 당시 로마 제국 내에서 매우 민감한 사안이었다(cf. 행 19:40).

위탁에 근거한 것이다. 또 아첨이나 탐심에서 출발한 것이 아니다. 만일 우리가 아첨하거나 탐욕을 부렸다면, 사람들을 기쁘게 하려고 했을 것이다. 하지만 우리는 사람을 기쁘게 하려하지 않았고, 너희에게나 다른 사람들에게 영광을 구하지 않았다. 다만 하나님을 기쁘시게 하려 할 뿐이었고, 하나님은 이 모든 일에 증인이시다(살전 2:3-6).

셋째, 너희는 우리가 보통 헬라 도시의 연설가와 다르게 행동하며 믿을 수 없다는 말을 들었을 것이다. 하지만 우리는 그리스도의 사도들(ἀπόστολλοι)이다. 그러나 우리는 사도의 권세를 쓰지 않았다. 우리는 복음을 전할 때, 유모가 자녀를 양육하는 것 같이 했고(살전 2:7-9), 밤낮으로 일하면서 수고하고 애썼다. 이것을 너희가 알 것이다(살전 2:10). 나아가 우리는 너희 믿는 자들에게 거룩과 의, 무흠한 생활에서 본이 되었다(살전 2:10). 또한 우리는 아비가 자식에게 하듯 권면하고 위로하고 경계하였다(살전 2:11).

넷째, 그렇다면 우리가 무엇을 위해 이렇게 전하고 이렇게 살았겠는가? 그것은 "너희를 부르시고 자기 나라와 영광에 이르게 하시는 하나님께 합당하게 생활하도록 하기 위해서"이다(살전 2: 12).

지금까지 데살로니가전서의 저작 배경과 목적을 살펴보았다. 이제 데살로니가전서의 구조와 개요를 관찰해 보자.

2. 데살로니가전서 구조 및 개요

데살로니가전서는 전통적으로 서신접근법에 따라 해석되어 왔다. 그러나 최근에 고대연설의 요소가 비교적 분명하게 나타나는 서신으로 보고 해석하려는 시도가 있다.

2.1 데살로니가전서 구조

데살로니가전서는 어떤 장르에 속하는가? 어떤 종류의 글인가에 따라 구조가 달라진다.

2.1.1 고대편지

데살로니가전서는 바울서신 중 가장 이른 서신들 중 하나이다. 따라서 고대편지 형식으로 분석할 수 있다.[457] 이것을 간략하게 도식화하면 다음과 같다.

			데살로니가전서
1.	편지시작말	송신자	
		수신자	
		문안	
		감사	1:2-10
2.	편지본말	주제	

---

[457] 여기서 굳이 어느 연구자가 편지형식으로 데살로니가서를 분석하는지 일일이 언급할 필요가 없을 것이다. 대표적으로 독일, 화란, 영미권 근현대 주석가들 몇 명만 소개하면 다음과 같다. D. G. Wohlenberg, *Der erste und zweite Thessalonicherbrief* (Leipzig: Deichert, 1909); J. A. C. van Leeuwen, *Paulus' zendbrieven aan Efeze, Colosse, Filemon, en Thessalonika* (Amsterdam: H. A. van Bottenburg, 1926); J. B. Lightfoot, *First Epistle to the Thessalonians, in his Notes on the Epistles of St. Paul* (Peabody: Hendrickson Publishers, 1999). F. F. Bruce, 1 & 2 Thessalonians, WBC 45 (Waco: Word Books, 1982); J. E. Frame, *Epistles of St. Paul to the Thessalonians*, ICC (Edinburgh: T & T Clark, 1975).

		감사	2:13
		...	
		감사	3:9
3.	편지맺음말	문안	

여기서 알 수 있는 것처럼 데살로니가전서에는 당시 편지와 다른 점이 있다. 그것은 감사가 세 번이나 나온다는 점이다(살전 1:2, 2:13, 3:9). 이것은 데살로니가후서도 마찬가지이다. 모두 두 번(살후 1:3, 2:13) 등장하는데, 편지시작말 외에 본말에 한 번 더 나타난다. 워너메이커는 이 현상은 고대편지형식으로 잘 설명할 수 없다고 주장한다.[458]

물론 이 감사를 편지이론으로 설명한 예도 있다. 와이마는 시작말의 감사에 세 가지 기능이 있다고 설명한다. 첫째, 목회적 기능이다. 바울은 데살로니가전서를 "우리가 너희 모두로 말미암아 항상 하나님께 감사하며 기도할 때 너희를 기억한다"(살전 1:2)로 시작하는데, 이것은 바울과 바울 일행의 관심과 영적인 돌봄이 계속되고 있다는 것을 알린다는 것이다.[459] 바울은 자신과 동료들의 동기와 행위가 정직했음을 길게 변증한다. 이렇게 함으로써 데살로니가 교회와 관계를 재건하려고 했다는 것이다.[460]

둘째, 권면적 기능이다. 바울은 하나님께 감사하는 이유를 밝히면서 데살로니가 교인의 "믿음의 역사와 사랑의 수고와 우리 주 예수 그리스도에 대한 소망의 인내"를 언급한다. 또 데살로니가 교인들이 그들과 주님을 본받는 자가 되었고, 그들의 믿음이 마게도냐와 아가야에 알려졌으며, 헛된 우상에게서 살아계신 하나님께 참으로 회개한 것에 증거를 받았다고 말한다. 이것은 자체로 바울이 감사한 이유이면서 동시

---

[458] Wanamaker, *Thessalonians*, 46.

[459] J. Weima, *Paul the Ancient Letter Writer: An Introduction to Epistolary Analysis* (Grand Rapids: Baker Academic, 2016), 61–62.

[460] Weima, *Paul the Ancient Letter Writer*, 62–63.

에 계속 그렇게 하라는 암묵적 권면이라는 것이다.[461]

셋째, 암시적 기능이다. 와이마에 따르면, 이 부분이 바로 바울의 문학적 능력이 탁월하게 발휘된 부분이다. 바울은 시작말의 감사에서 자신에 대해 한 가지(바울 복음의 도착과 수용), 데살로니가 교인에 대해 두 가지(고난 중에 믿음, 회개)를 언급하는데, 이것은 본말에서 더 자세히 말할 내용의 암시였다는 것이다.[462] 예컨대, 바울은 시작말의 감사에서 데살로니가 교인들이 "우상을 버리고 하나님께 돌아와서, 살아 계시고 참되신 하나님을 섬기는지" 말하는데(살전 1:9), 이것이 본말에서 자세히 다루는 주제와 연결된다. 즉 "우상을 버리고 하나님께로 돌아옴"을 언급한 것은 데살로니가 교인들이 박해 중에서 견디는 것에 대한 예고였고, 하나님을 "섬기는 것"에 대한 감사는 후에 데살로니가 교인들이 복음에 합당하게 거룩과 사랑을 실천하는 주제(살전 4:1-12, 5:12-22)에 대한 도입이었다.[463] 또 바울은 감사에서 두 번이나 재림을 언급하는데(살전 1:3, 10), 특히 두 번째에서는 부활을 말한다. 와이마에 따르면, 이것은 바울이 본말에서 부활과 재림(cf. 살전 4:13-5:11)을 다룰 것을 계획했기 때문이었다는 것이다.[464]

와이마의 이론은 편지시작말과 본말의 유기적 연결성을 잘 설명한다. 하지만 데살로니가전서에는 시작말에서 등장한 감사와 칭찬은 본말에서 다시 나타날 뿐 아니라 반복해서 나타난다(살전 2:13, 3:9). 이 현상은 설명을 기다리고 있다.

그렇다면 아직 명확하지는 않지만 데살로니가전서에는 고대서신

461　Weima, *Paul the Ancient Letter Writer*, 63-64.
462　Weima, *Paul the Ancient Letter Writer*, 64-69.
463　Weima, *Paul the Ancient Letter Writer*, 68.
464　Weima, *Paul the Ancient Letter Writer*, 68-69.

형식으로 담을 수 없는 무언가 다른 요소가 있다는 것을 짐작할 수 있다. 따라서 질문을 새롭게 할 필요가 있다. 바울은 왜 데살로니가에 보내는 자신의 편지를 이와 같은 형식으로 썼는가? 여기서 바울서신에서 고대연설의 요소를 찾는 시도를 소개하도록 하겠다.

2.1.2 고대연설

지난 세기 학자들은 고대 수사학을 바울연구에 도입했다. 그 결과 이전에 명확하지 않던 것들을 설명할 수 있게 되었다. 특히 갈라디아서나 로마서, 고린도후서의 구조와 내용에 대한 이해는 더 깊어졌다. 실제로 바울의 편지들을 살펴보면, 바울이 고대 수사학을 잘 알고 있다는 흔적이 나타난다.[465]

데살로니가전서에도 이러한 증거를 찾을 수 있는가? 데살로니가전서에 나타나는 고대연설의 요소는 다음과 같다.

2.1.2.1 고대연설의 요소

우선 바울은 편지를 시작하면서 하나님께 감사한다(살전 1:2-10). 이것은 청중과의 동감을 이끌어내기 위한 것이라고 볼 수 있다. 이 부분은 고대연설의 서론(*exordium*)에 해당한다.

다음으로 바울은 자신과 데살로니가 교회가 어떻게 만났는지 자세히 진술한다(살전 2:1-16). 자신이 어떻게 데살로니가에 이르렀는지, 어떻게 행동했는지, 어떤 모범을 보였는지, 데살로니가 교인들은 어떻게 반응했는지 등이다. 이것은 사실진술(*narratio*)에 해당한다. 연설자가 청중과 신뢰관계를 구축하는 곳이다.

---

465 Wanamaker, *Thessalonians*, 49.

그 후 바울은 기도한다. 자신을 위해서는 데살로니가 교회로 갈 길을 열어 주시고, 데살로니가 교인들을 위해서는 그들의 사랑이 풍성해지고 거룩함으로 강해지도록 간구한다. 이것은 사실진술에서 증명으로 넘어가기 위한 전환(*transitus*)이다.

마지막으로 바울은 사실진술에서 제시한 주제를 다룬다. 여기서 바울은 자신이 전한 진실한 복음에 따라 거룩하고, 형제를 사랑하며, 자기 일에 힘쓰며, 재림과 부활을 바르게 이해하며, 사회적 책임을 다하라고 권면한다. 이 부분은 연설자가 연설의 목적에 맞는 논지를 전개하는 증명(*probatio*)에 해당한다.

데살로니가전서를 고대연설로 보고 분석하면 다음과 같다.[466]

구분			데살로니가전서	주제
			1:1	편지서두
1.	서론	*exordium*	1:2–10	감사
2.	사실진술	*narratio*	2:1–3:10	바울과 데살로니가 교회의 관계
	1부		2:1–12 에토스	바울과 복음의 진입
	일탈	*digressio*	2:13–16 파토스	데살로니가 교인들의 반응
	2부		2:17–3:10	바울의 재방문을 위한 노력
3.	전환	*transitus*	3:11–13	바울의 기도
4.	증명	*probatio*	4:1–5:22	바울의 권면
5.	결론	*peroratio*	5:23–27	편지맺음말

그러면 데살로니가전서에서 이 고대연설의 요소는 다른 바울서신에서와 같은가? 그렇지 않다.

---

[466] Cf. Wanamaker, *Thessalonians*, 49.

2.1.2.2 데살로니가전서의 독특성

데살로니가전서를 고대연설과 다른 바울서신과 비교할 때, 다르고 특이한 부분은 서론과 사실진술, 증명이다.

A. 사실진술

우선 바울의 다른 서신과 비교할 때, 데살로니가전서의 사실진술은 길다. 이 사실진술에서 바울은 고대 수사학에 등장하는 두 가지 주요 설득술을 결합하고 있는데, 에토스(*ethos*)와 파토스(*pathos*)이다.

에토스는 연설가가 지닌 신뢰성을 가리킨다. 청중이 연설을 들을 때, 그 연설의 효과는 연설가의 말을 신뢰할 수 있느냐에 달려 있다. 바울은 자신과 동료들이 어떻게 데살로니가인들에게 들어갔는지 말하고, 자신의 복음이 거짓이나 부정함, 사기에서 온 것이 아님을 말한다(살전 2:3). 이것은 에토스에 호소하는 말하기이다. 그런가 하면 바울은 파토스에 호소하기도 한다. 파토스는 청중이 들은 연설에 하는 반응을 가리킨다. 바울은 데살로니가 교인들에게 박해 중에서도 말씀을 받고 인내하는 것을 기대한다. 이것을 위해 바울은 어떻게 하는가? 그들을 칭찬한다.

	데살로니가전서
1. 너희가 하나님의 말씀을 받을 때 사람의 말이 아니라 하나님의 말씀을 받았다. 과연 그러하다!	2:13
2. 너희가 유대에 있는 교회들을 본받는 자들이 되었다	2:14
3. 너희는 우리의 면류관이다	2:20
4. 우리가 너희의 믿음으로 위로를 받았다!	3:7

다음으로 주목할 것은 서론과 증명이다.

B. 서론과 증명

바울은 서론에서 데살로니가 교인들에게 동감을 얻고자 노력한다. 두 가지를 통해서이다. 하나는 칭찬이고, 다른 하나는 이후에 사실진술과 증명에서 다룰 주제를 제시하는 것이다.

		서론		진술, 증명
칭찬		믿음의 일, 사랑의	1:2-3 2:13	하나님의 말씀을 받으라.
		수고, 소망의 인내	3:6-9	주 안에서 굳게 서라.
주제들	바울의 사역과 사도성	1:5	2:1-12	고난 중에 복음을 전하였노라.
			2:17-3:10	너희 믿음의 부족한 것을 채우려 하였노라.
	박해	1:6	2:13-16	너희가 유대에 있는 교회들을 본받는 자들이 되었도다
	회개와 재림기대	1:9-10	4:1-18	잠자는 자들과 그리스도의 다시 오심에 관하여 너희가 알기를 바라노라.
			5:1-22	때와 시기에 관해서 쓸 것이 없노라.

우선 가장 눈에 띄는 점은 서론과 증명에 칭찬이 두드러진다는 점이다. 나아가 증명부에 데살로니가 교인들이 현재 하고 있는 행위들을 언급하고 여기서 권면이 시작된다는 것이다.

	데살로니가전서
1. 그러므로 형제들아, 우리가 끝으로 주 예수 안에서 너희에게 구하고 권면하노니, 너희가 마땅히 어떻게 행하며 하나님을 기쁘시게 할 수 있는지를 우리에게 배웠으니, 곧 너희가 **행하는 바라**. 더욱 많이 힘쓰라	4:1
2. 너희가 온 마게도냐 모든 형제에 대하여 과연 **이것을 행하도다**. 형제들아, 권하노니 더욱 그렇게 행하라	4:10
3. 그러므로 **이러한 말로** 서로 위로하라.	4:18
4. 그러므로 피차 권면하고 서로 덕을 세우기를 **너희가 하는 것 같이 하라.**	5:11

이것은 칭찬 자체는 아니지만 다른 형태의 칭찬이라고 볼 수 있다. 따

라서 데살로니가전서는 고대연설 중에서 선전연설(demonstrative speech) 또는 칭찬연설(laudatic speech)에 가깝다.[467]

하지만 어떤 고대연설도 서론(exordium, 감사)에 주제제시(propositio)나 논제(partitio)의 기능을 부여하지 않는다. 나아가 감사를 서론, 사실진술, 증명에 명시적으로 반복하지는 않는다. 이렇게 하면 매우 미숙한 연설가라는 평가를 받게 될 것이다. 이것은 바울이 고대연설의 형식을 있는 그대로 따르지 않는다는 것을 보여준다. 따라서 데살로니가전서는 선전연설의 형식을 딴 편지라고 부를 수 있을 것이다.

2.1.3 바울서신으로서 데살로니가전서

서신분석이나 수사비평은 데살로니가전서를 이해하는데 도움이 된다. 특히 데살로니가전서에 시작말과 본말, 맺음말에 나오는 개념, 표현, 단락의 취지를 이해할 수 있다. 또 왜 감사와 칭찬이 자주 등장하는지 알 수 있다. 하지만 여기에서 주의할 점이 있다. 고대편지의 요소나 고대연설의 구조를 지나치게 강조하면, 데살로니가서가 이런 문학적인 패턴을 기계적으로 따르는 것은 아닌가 생각이 들 수 있다.

하지만 사도 바울은 막 태어난 교회에 대한 염려와 그들의 믿음의 부족한 부분을 채우기 위한 내용을 독특한 형식에 담았다. 고대문헌의 어떤 요소나 구조로도 데살로니가전서를 비롯한 바울의 편지 전체와 부분을 다 설명할 수는 없다. 따라서 베뢰아 사람들처럼 '이것이 그러한가?'(행 17:11) 하는 태도와 정서로 바울서신을 읽는 것이 중요하다. 또 사람의 글로만 읽는 것이 아니라 영혼 깊은 곳으로 침투하는 성령과

---

467 케네디는 데살로니가전서가 조언연설(deliberative)이라고 주장한다. Kennedy, *New Testament Interpretation Through Rhetorical Criticism*, 142.

능력을 확인하고(살전 1:5), 사람의 말로만 아니라 신자의 지성과 삶에 말씀하시는 하나님의 말씀으로 받는 것이 중요하다(살전 2:13b).

위의 세 가지 점을 염두에 두고 데살로니가전서를 분석해 보면 다음과 같다.

2.2 데살로니가전서 개요

| | 수사학적 요소 |

1. 편지시작말(살전 1:1–10)   서론(*exordium*)

  1) 서두(1:1)

    (1) 송신자(1:1a)

      A. 바울

      B. 실루아노

      C. 디모데

    (2) 수신자: 하나님 아버지와 주 예수 그리스도 안에 있는 데살로니가인의 교회(1:1b)

    (3) 문안: 은혜와 평화(1:1c)

  2) 감사(1:2–10)   감사 (*eucharistia*)

    (1) 대상: 하나님(1:2a)

    (2) 방식: 우리가 기도할 때 너희를 항상 언급함으로써(1:2b)

    (3) 이유(1:3–5)

      A. 너희의 믿음의 역사와 사랑의 수고와 소망의 인내를 기억하기 때문에(1:3)

      B. 너희의 택하심을 알기 때문에(1:4–5)

    (4) 설명(1:6–10)

      A. 너희가 많은 환란 가운데서 성령의 기쁨으로 말씀을 받아 우리와 주를 본받는 자가 되었다(1:6–7)

      B. 주의 말씀이 너희로부터 마게도냐와 아가야에 들리고, 하나님을 향하는 너희 믿음의 소문이 모든 곳에 들린다(1:8)

      C. 저희가 우리의 이름과 너희의 회심, 주의 강림을 기다림을 말한다(1:9–10)

2. 편지본말(살전 2:1–5:22)

  1) 바울과 데살로니가 교회의 만남과 관계(2:1–3:13)   사실진술 (*narratio*)

    (1) 바울과 바울 일행의 들어감(2:1–12)

      A. 복음이 데살로니가에 이름(2:1–2)

      B. 바울 권면(복음)의 기원과 내용(2:3–4)

         C. 바울이 데살로니가에서 나타낸 행동(2:5–8)
            a. 말의 진정성(2:5)
            b. 겸손과 사랑(2:6–8)
         D. 바울이 데살로니가에서 보인 모범(2:9–12)
            a. 일상 삶에서(2:9–10)
            b. 복음 선포에서: 아비가 자녀에게 하듯(2:11–12)
      (2) 데살로니가 교인들의 반응(2:13–16)
         A. 하나님의 말씀을 하나님의 말씀으로 받음(2:13)
         B. 유대에 있는 하나님의 교회를 본받는 자가 됨(2:14)
            a. 그들이 같은 유대인에게 고난을 받음같이(2:14b)
            b. 너희도 너희 동족에게서 고난을 받았다(2:14c)
         C. 유대인의 복음적대행위와 결과(2:15–16)
      (3) 바울의 데살로니가 교회의 믿음을 위한 일(2:17–3:10)
         A. 바울의 재방문 계획과 좌절(2:17–20)
         B. 디모데를 보냄(3:1–5)
         C. 디모데의 귀환과 보고, 위로와 감사(3:6–10)
   2) 바울의 간구(3:11–13)   전환(*transitus*)
      (1) 데살로니가로 직행하게 하옵소서(3:11)
      (2) 데살로니가 교인들의 사랑이 더욱 많아지게 하소서(3:12)
      (3) 데살로니가 교인들이 거룩으로 강해지게 하소서(3:13)
   3) 바울의 권면(4:1–5:22)   증명(*probatio*)
      (1) 서론: 너희는 이미 하나님을 기쁘시게 하기 위해 할 수
          있는 일을 행하고 있다. 더욱 힘쓰라(4:1–2)
      (2) 거룩: 하나님의 뜻은 이것이니 너희의 거룩함이라. …
          하나님은 부정이 아니라 거룩함을 위해 우리를 부르셨다.
          따라서 이 부르심을 저버리는 자는 사람이 아니라 하나님
          을 저버림이니라(4:3–8)
      (3) 형제 사랑: 이에 대해서는 쓸 것이 없다. 너희가 하나님의
          가르침을 받아 이미 서로 사랑함이라. … 더욱 그렇게
          행하라(4:9–10)
      (4) 자기 일에 힘씀(4:11–12)
      (5) 잠자는 자들(4:13–18)
      (6) 재림의 때와 시기(5:1–11)
      (7) 사회적 책임과 영적 의무(5:12–22)

A. 말씀 사역자와 지도자를 알아주고 귀히 여기라(5:12–13)
B. 함께 지체된 자들에 대한 책임을 다하라(5:14–15)
   a. 게으른 자들을 권계하라(5:14b)
   b. 마음이 약한자를 격려하라(5:14c)
   c. 힘이 없는 자들을 붙들어 주라(5:14d)
   d. 모든 사람에게 오래 참으라(5:14e)
   e. 악으로 악을 갚지 말고 모든 사람을 향하여 선을 추구하라(5:15)
C. 종말론적 시민답게 살라(5:16–22)
   a. 항상 기뻐하라(5:16)
   b. 쉬지 말고 기도하라(5:17)
   c. 모든 일에 감사하라(5:18)
   d. 영을 소멸하지 말라(5:19)
   e. 예언을 무시하지 말라(5:20)
   f. 모든 것을 분별하여 선을 택하라(5:21–22)
4) 바울의 기도(5:23–24)
  (1) 주체: 종말론적 평화를 완성하실 하나님이(5:23a)
  (2) 내용(5:23b–c)
    A. 너희를 온전히 거룩하게 하시고(5:23b)
    B. 너희의 영과 혼과 몸 전체를 예수 그리스도의 파루시아 때 완전하게 보존하게 하시기를 원하노라(5:23c)
  (3) 확신의 근거: 너희를 부르신 하나님은 미쁘시니 그가 또한 이루시리라 (5:24)

3. 편지맺음말(살전 5:25–28)　　　　　　　　　　　　결론(*peroratio*)
  1) 마지막 부탁: 우리를 위해 기도하라(5:25)
  2) 문안(5:26)
  3) 엄숙한 명령: 모든 형제에게 이 편지를 읽어 주라! (5:27)
  4) 축복(5:28)

지금까지 데살로니가전서의 구조와 개요를 살펴보았다. 이제 데살로니가전서의 내용을 좀 더 자세히 볼 차례이다. 여기서는 이 편지의 내용 전체가 아니라 특별히 종말론에 집중할 것이다. 데살로니가전서는 바울서신 중에서 가장 초기 서신으로 알려져 있는데, "마지막에 있을 일들"을 가장 많이 강조하는 서신이다. 바울은 왜 이 초기 서신에 종말에 대한 내용을 다루었는가?

3. 데살로니가전서 내용

3.1 종말론

데살로니가전후서는 종말론의 책이다. 이 두 편지에는 종말론적 관심이 두루 스며 있다.[468]

3.1.1 바울 복음의 종말론적 성격

데살로니가전서는 바울이 전한 복음으로 회개부터 마지막 심판까지 종말 세계를 그리면서 시작한다.

		데살로니가전서
그들이 …. 너희가 어떻게 우상을 버리고 하나님께로 돌아와서 살아 계시고 참되신 하나님을 섬기는지와	회개	1:9
10 또 죽은 자들 가운데서	고난	1:10a
다시 살리신	부활	1:10b
그의 아들이 **하늘로부터 강림하실 것을** 너희가 어떻게 기다리는지를 말하니,	**재림**	1:10c
이는 장래의 노하심에서 우리를 건지시는 예수시니라.	심판	1:10d

나아가 편지 중간에도 이 주제는 계속해서 등장한다. 바울은 자신과 동료들의 소망과 기쁨, 자랑의 면류관은 "그가 강림하실 때에 우리 주 예수 앞에 너희가 아니냐?"고 말한다(살전 2:19). 종말 주제는 데살로니가후서에서도 이어진다.

468　Cf. Weima, *Paul the Ancient Letter Writer*, 68.

		데살로니가후서
주 예수께서 자기의 능력의 천사들과 함께 **하늘로부터 불꽃 가운데서 나타나실 때에**…	재림	1:7-9
하나님을 모르는 자들과 우리 주 예수의 복음에 복종하지 않는 자들에게 형벌을 내리시리니, 9 이런 자들은 주의 얼굴과 그의 힘의 영광을 떠나 영원한 멸망의 형벌을 받으리로다.	심판	
그 날에 **그가 강림하사** 그의 성도들에게서 영광을 받으시리라.	재림	1:10
그 때에 불법의 비밀이 나타나리니	전조	2:8
주 예수께서 그 입의 기운으로 그를 죽이시고 **강림하여 나타나심으로** 폐하시리라.	재림, 심판	

여기서 인용한 부분 외에도 데살로니가전서 4:13-5:11과 데살로니가후서 2:1-12과 같이 종말론적 주제만 다루는 단락이 나온다.[469] 그 외에도 모든 내용이 종말론적 주제와 직간접적으로 연관이 있다. 이것은 사도행전에서 바울이 데살로니가에 도착하여 전한 복음의 내용(행 17:2-3)과 비교할 때 놀라지 않을 수 없다. 왜냐하면 일반적인 기대와 다르기 때문이다. 바울 복음의 내용은 세 요소로 구성된다(행 17:3).

  그리스도의 고난
  그리스도의 부활
  그리스도의 이름으로 죄사함을 위한 회개가 전파됨

이것은 분명 바울 복음이 기독론적이고 구원론적인 특성을 갖는다고 생각할 수 있다. 그러나 데살로니가전후서를 통해 이 주제들이 근본적

---

[469] 이러한 단락은 공관복음서의 마태복음 24장, 마가복음 13장, 누가복음 17, 21장에 해당한다.

으로 종말론적인 특성을 띠고 있다는 사실을 알려준다. "너희가 하나님께 돌아와 ... 그의 아들이 하늘에서 다시오심을 고대한다!" 회심한 사람들이 창조주 하나님과 구속자 예수님을 사랑하고 기다린다. 이것은 이상한 일이다. 창조 이후 인류 역사가 시작된 이래 왕이 자기 백성을 돌본 일이 얼마나 있었는가? 대다수 장소, 대부분 기간 동안 백성들은 왕의 은혜로운 돌봄과 통치에서 소외되고 방치된 채 몇 천 년동안 살아왔다. 그런데 이방인이 창조주에게 돌아오고 구속주의 나타남을 고대한다는 것이다.

또 사도행전에서는 바울이 기독론적이고 구원론적인 복음 메시지만을 전한 것처럼 보이는데, 데살로니가전후서에서 바울은 장차 받을 환란과 종말론적 현상들에 관해 이미 전했다고 말한다.

> **살전 3:4** 우리가 너희와 함께 있을 때에, 장차 받을 환란을 너희에게 미리 말하였는데, 과연 그렇게 된 것을 너희가 아느니라.
> **살후 2:3-5** 먼저 배역하는 일이 있고, 저 불법의 사람 곧 멸망의 아들이 나타나기 전에는 … ⁵ 내가 너희와 함께 있을 때에, 이 일을 너희에게 말한 것을 기억하지 못하느냐?

이것은 바울의 복음 전파가 사도행전 17:3에 나타난 항목들 이상의 것이 있었으며, 그의 복음 전파 내용이 종말론의 토대 위에 있었다는 것을 암시한다. 이 관찰이 옳다면, 바울이 그리스도의 고난과 부활, 죄 사함과 회개를 근본적으로 종말론적으로 이해했고, 종말론적 구속사역으로 전파했다는 것을 알 수 있다.

여기서 잠시 멈추어 생각해야 한다. 왜냐하면 이것이 우리 시대 복음이 상실한 내용이기 때문이다. 신자는 성경을 읽을 때 이 사실을 마음과 영혼으로 깨달아야 한다. 왜 그런가?

3.1.2 신약종말론의 의미

만일 복음에서 신약종말론 내용이 빠지면 그 자리에 필연적으로 윤리적 내용이 들어올 것이다. 그래서 본질적으로 그리스도의 십자가와 부활, 재림과 심판의 빛 아래서 전한 회개와 구원, 성화 등 모든 것이 윤리화 될 것이다. 즉 복음의 종말론적인 내용이 사라지면, 그 모든 내용이 종말론적 하늘 나라와 연결되지 않고, 한 순간에 땅의 전통과 인간적 사상으로 추락하게 된다.

바울이 전한 복음의 종말론적 세계관 속에서 신자의 윤리는 위로부터 오는 하나님의 일이다. 신자가 성화를 이룬다고 할 때에도 그것은 하나님의 일하심과 성령의 역사, 오는 세계의 능력의 현시이다. 신자는 그 나라에 반응하고 참여하는 것일 뿐이다. 만일 인간이 스스로 더 높은 영광에 들어갈 수 있었다면 왜 아담이 실패하고, 이스라엘 백성이 율법을 성취하지 못하며, 현재 인류가 다 절망과 비참함 가운데 있겠는가?

그러므로 우리는 복음을 영혼으로 깨달아야 한다. 하나님의 절대 중심성과 오는 세계의 능력이 회복되지 않으면 우리가 전하는 복음은 한 순간에 윤리적 명령집이 될 것이다. 그 결과 억지와 강요, 종교적 계층화가 일어나는 것이다. 하지만 정직한 신자와 말씀 사역자는 자신이 전하는 내용을 자신도 지키지 못한다는 것을 안다. 이것은 연약한 상태에서뿐만 아니라 현재 인간 본성의 역량이 최대로 발현되더라도 마찬가지이다. 인간 본성은 인간이 상상하는 것보다 부패해 있다. 요나단 에드워드는 인간은 죄짓는 것을 깨달으면 그 깨달음을 자랑한다고 했다. 죄인인 것을 알았다면 회개로 나아가지 않고 그것을 자랑하니 인간의 처지가 어떠한가?

그러나 바울이 전한 복음은 '오는 세계의 생명'을 준다. 복음을 전하는 사람도, 복음을 받는 사람도 모두 같은 자리에서 출발하고 그 자리로 돌아오게 한다. 곧 십자가 아래 죄인의 자리이다. 거기서 둘 모두 그리스도의 은혜로 하나님의 나라에 참여한 사실에 감사하고 감격하며 찬송한다. 지식이 있고 부해도 교만하지 않고, 부족해도 절망하거나 정죄하지 않는다. 오직 자신을 "나라와 제사장으로 삼으신" 삼위일체 하나님의 은혜 아래 거하고, 거하고자 하며, 거하도록 초대한다.

바울은 약 20여 일 남짓한 짧은 체류 기간 동안 복음의 핵심 내용을 전할 수 있었다. 하지만 복음의 구체적인 부분을 자세하게 설명하기에는 충분하지 못했을 수 있다. 바울이 자세하고 충분하게 전했다 하더라도 데살로니가 교인들 편에서 다 이해하고 수용하지 못했을 가능성도 있다. 그 결과 양편 모두에게 부족한 부분이 생겼을 것이다.

그런데 바울이 데살로니가를 떠나 데살로니가전서를 보내기 전 몇 개월 동안 데살로니가 교인들 가운데 죽은 사람이 생겼다. 그리고 데살로니가 그리스도인들이 이들 때문에 "나머지 사람들과 같이 슬퍼하는" 일이 생겼다. 바울은 이것을 중요한 문제로 생각하고 두 단락을 할애한다. 이제 이 주제를 살펴보자.

3.2 파루시아 이전 죽은 자들에 관하여(살전 4:13-18)[470]

바울은 첫 번째 단락에서 "그리스도의 재림 이전에 죽은 자들"에 대한 슬픔의 문제를 다룬다. 이것은 매우 짧은 단락이지만 당시 연설의 요소를 모두 갖추고 있다.[471]

---

[470] 이 단락에 대한 자세한 주해와 부활과 재림 메시지에 대해서는 김영호, 『하나님 나라와 그리스도의 부활』(근간), 제17장 "신자, 부활에 참여함으로 위로를 받다"를 참조하라.

[471] 바울이 이렇게 고대연설의 형식을 완벽하게 갖추어 논증하는 주제로는 고린도전서 15:1-58이 있다. 이것을 통해 바울이 재림을 부활만큼 중요하게 생각했다는 점을 알 수 있다.

구분		주제	살전
1. 서론	주제제시	잠자는 자들에 관하여	4:13a
	목적	"나머지 사람들과 같이" 슬퍼하지 않게 하려고	4:13b
2. 사실진술	대원리	그리스도의 죽음과 부활	4:14a
	소원리	하나님이 잠자는 자들을 이끌어 들이심	4:14b
3. 증명	부활순서	잠자는 자들에게 우선권	4:15
	부활과정	호령에 죽은 자들이 일어남	4:16
		그 후 산 자들이 공중으로 들려 주님을 맞음	4:17a
	부활 후	주님과 영원히 함께 함	4:17b
4. 결론		"그러므로 이 말들로 위로하라!"	4:18

여기서 "자는 자들"(살전 4:13)은 "그리스도 안에서 죽은 자들"(4:16)을 가리킨다. 바울은 "잔다"는 완곡한 표현(*euphemism*)을 사용하여 데살로니가 교인들이 "그리스도 안에서 죽은 자들"에 관하여 잘 알기를 바랐다. 왜냐하면 데살로니가 교인들이 "죽은 자들"에 대하여 "슬퍼하였기"(λυπέω) 때문이다. 그들은 왜 슬퍼하였는가? 그리고 이에 대한 바울의 대답은 무엇인가?

데살로니가 교인들이 슬퍼한 이유에 대하여 두 가지 이론이 있다. 하나는 바울이 임박한 재림사상에 근거하여 부활을 설교하지 않았다는 이론이다. 다른 하나는 이 본문은 파루시아의 전체가 아닌 일부 국면, 즉 죽은 자들과 산 자들의 연대기적 순서에 강조가 있다는 이론이다. 그러면 이 두 이론을 좀 더 자세히 알아보자.

3.2.1 "슬픔"의 이유에 대한 두 가지 이론

우선 '바울은 죽은 자들의 부활을 가르치지 않았다'는 이론이다.

3.2.1.1 부활 없는 복음선포(G. Lüdemann)

이 이론은 뤼더만(G. Lüdemann)이 주장한 것이다. 이 주장은 두 가지 전제와 얽혀 있다. 하나는 성경관이다. 이 견해를 주장하는 사람들은 누가의 두 번째 책(사도행전)의 역사적 진정성을 인정하지 않는다. 이들은 바울연대기를 비롯한 바울신학의 모든 것들을 결정할 때 오직 바울서신에 한정하여 논의를 진행한다. 다른 하나는 초대교회 종말론에 대한 사상이다. 이들에 따르면, 바울은 "임박한 재림 사상"(Naherwartung)을 내용으로 하는 종말론을 가지고 있었다는 것이다. 바울은 예수님이 곧 오시는데, 자신이 살아 있을 동안 오실 것으로 생각했으며, 그렇기 때문에 예수님의 부활에 관하여 굳이 전하려고 하지 않았다는 것이다.

그러나 이 견해는 성립할 수 있는가? 바울에게 부활은 어떤 것인가? 부활 없이 바울 복음이 가능한가? 그렇지 않다. 부활은 바울을 비롯한 사도들이 전한 복음의 필수 내용이므로, 부활을 제외하고 복음을 전할 수는 없다(고전 15:1-11; 17; 눅 24:45-47; 행 4:2, 33; 17:18). 나아가 초대교회 임박한 재림 사상을 많은 경우 오해하고 있다. 바울을 비롯한 초대교회 그리스도인은 실제로 그리스도의 재림을 가깝다고 생각한 것이 사실이다. 왜냐하면 '그리스도께서 곧 다시 오신다'는 교리는 신앙의 본질에 속하기 때문이다.

많은 사람들이 데살로니가전서 4:15과 4:17에서 "우리"(ἡμεῖς)라는 말을 근거로 바울이 그가 살아 있는 동안 파루시아가 일어나리라고 생각했다고 주장한다.[472] 여기서 "우리"를 이해할 때 그 반대가 무엇인지 잘 생각해야 한다. 하지만 분명한 것은 "우리"라는 말이 "너희," 즉 "데살

---

[472] Cf. A. L. Moore, *The Parousia in the New Testament* (Leiden: Brill, 1966), 109–110.

로니가 사람들"과 "나," 곧 "바울"을 나누어 특정한 그룹을 나타내고 있지 않다는 점이다. 다만 바울은 "우리"라는 말로 일반적인 그리스도인 교회를 가리키고 있다. 이와 비슷한 대조를 고린도전서 15:51에서도 발견할 수 있다.

고전 15:51ba	고전 15:51bb
우리가 다 잠잘 것이 아니요,	다시 살고 우리도 변화하리라.
πάντες οὐ κοιμηθησόμεθα,	πάντες δὲ ἀλλαγησόμεθα
자는 자들 [= 죽은 자들]	우리 살아 있는 자들

다시 말해서, 바울은 자신이 파루시아 때 살아있으리라고 주장하고 있는 것이 아니라, 단지 일반적으로 몇몇 그리스도인들이 그럴 것이라고 말하는 것이다. 다섯 가지 근거가 있다. 첫째, 대조의 성격이다. 바울은 데살로니가전서 4:15, 17에서 파루시아 때 살아있는 사람들과 그 전에 죽은 사람들을 대조하고 있다. 여기서 중요한 것은 누가 각 그룹을 구성하는가 하는 것이 아니라 대조 자체다.

둘째, 파루시아의 시점이다. 바울은 본문에서 파루시아 시점을 말하고 있지 않지만, 곧이어 데살로니가전서 5:1-11에서 논한다. 바울은 분명하게 파루시아는 도둑이 오는 것처럼 갑작스러운 사건이 될 것이므로 모든 사람들은 깨어 있어야 한다고 말한다(살전 5:2-11). 만일 바울이 자신은 그리스도가 올 때를 알고 나아가 그 때에 자신이 살아있을 것을 알았다면 깨어 있으라는 명령은 무의미하게 된다. 또 바울은 데살로니가전서 5:9-10에서 "우리"는 "깨어 있든지"(γρηγορῶμεν) "자든지"(καθεύδωμεν) 할 것이라고 말한다. 따라서 바울은 자신과 독자들이 파루시아 시점까지 살아 있을 가능성도 있지만 또한 그 전에 죽을 가능성도 있다는 점을 부인하지 않는다.

셋째, "우리"의 수식구이다. 데살로니가전서 4:15과 4:17에서 바울은 "우리"라는 말을 더 구체적으로 설명한다.

> **살전 4:15** 우리, 살아 있는 자들, 주께서 강림하실 때까지 남은 자들(ἡμεῖς οἱ ζῶντες οἱ περιλειπόμενοι εἰς τὴν παρουσίαν)
>
> **살전 4:17** 우리, 살아 있는 자들, 남은 자들(ἡμεῖς οἱ ζῶντες οἱ περιλειπόμενοι)

"우리" 다음에 나오는 말들은 현재부터 재림 때까지 지평을 넓혀가며 살아있는 자들을 가리킨다. 따라서 파루시아까지 살아 남아 있는 사람들의 구성원이 이미 닫혀 있지 않고 실제 구성원이 열려 있다는 것을 암시한다.

넷째, 바울의 개인적 경험이다. 바울은 스데반의 죽음에 동의하는 표를 던졌다(행 8:1). 회심한 후에 바울이 스데반의 죽음을 떠올렸을 때, 자신도 죽을 수 있다는 가능성을 완전히 배제할 수 있었겠는가? 또 바울은 다메섹에서 도망했다(행 9:23-25). 만일 주님 오시기까지 살아 있을 것이라고 생각했다면, 왜 목숨을 위해 도망가겠는가? 마지막으로 바울은 복음을 전파하는 동안 수없는 위험에 직면했다(고후 11:23-29, 30-31). 그런 그가 파루시아 때까지 살아 있을 것이라고 자신만만하게 기대할 수 있었겠는가?

다섯째, 발전 이론의 약점이다. 학자들은 바울의 종말관의 변화 과정을 다음과 같이 재구성했다.

	나는	본문
1.	파루시아 전에 죽지 않을 것이다.	살전 4:13-18
2.	파루시아 전에 죽을 수도 죽지 않을 수도 있다.	고후 5:6-10
3.	파루시아 전에 죽을 수 있다.	빌 1:23

그러나 바울이 데살로니가전서 4:13-17에서 "죽은 자들"과 "우리 산

자들"을 비교할 때, 자신의 삶의 기간을 파루시아의 조건으로 생각했을 가능성이 있는가? 만일 시간의 주관자는 하나님이시라는 성경종말론의 제1원리(cf. 전 3:11; 행 1:7)를 바울이 공유하고 있었다면 이런 생각은 불가능하다. 나아가 고린도후서 5:9이 여전히 이중 가능성을 계산하고 있다는 것을 잊어서는 안 된다.[473]

그러므로 "우리"(ἡμεῖς)라는 말은 반드시 시간이 한정된 기대를 가리키는 것이 아니다. 시간이 한정되지 않은 기대에 대한 표현으로서 데살로니가전서 4:13-18은 5:1-11에 대한 자연스러운 서곡이 된다. 여기서 바울은 데살로니가 교인들에게 종말의 날이 알려지지 않았으므로, 모든 사람은 깨어 있고 순종하는 제자도를 견지해야 한다고 말한다.

지금까지 바울의 복음 선포에 부활이 없었다는 견해와 그 비판점을 살펴보았다. 다음으로 임박한 재림사상에 근거한 이론을 살펴보자. 이것은 재림 전 죽은 이들은 산 자들과 달리 구원에 손실이 있을 것을 염려했다는 이론이다.

3.2.1.2 재림 시 손해(E. Best, A. J. Malharbe)

이 이론은 바울이 그리스도의 부활을 전파한 것도 그리스도의 재림에 관하여 이야기했다는 것도 전제한다. 그래서 그들은 죽은 그리스도인들의 부활과 산 자들이 "공중으로 들려 올려지는 것" 등에 문제를 제기하지 않았다. 그런데 데살로니가 교인들에게 문제가 된 것은 그들 중에 죽은 자들이 살아 있는 자들과 비교할 때, 그리스도의 재림 시에 불이익을 경험하게 될 것을 염려했다는 해석이다.[474] 문제는 "그리스도의 재

---

[473] Moore, *Parousia in the NT*, 109–110.
[474] Carson/Moo, *Introduction*, 545. 하지만 여기서 어떤 불이익인지는 말하지 않는다.

림과 죽은 자들의 부활, 산 자들의 연합 등의 관계"인 것이다.[475] 그래서 바울은 그리스도 안에서 죽은 자들은 어떤 불이익도 당하지 않으며, 그리스도의 재림 시에 오히려 산 자들보다 우선권을 갖는다고 위로했다는 것이다.

하지만 이 이론은 데살로니가 그리스도인들의 "슬픔"에 관하여 설명하지 못한다. 왜냐하면 바울은 "소망 없는 다른 이들"이 갖는 "슬픔"을 이야기하고 있기 때문이다. 만일 데살로니가 교인들이 죽은 자들이 부활한다는 사실과 재림 시 공중에서 연합한다는 사실을 확실히 알았다면, 왜 "소망 없는 자들"("믿지 않는 자")과 같이 슬퍼했는가?

3.2.1.3 두 이론에 대한 평가와 질문

바울은 데살로니가 교회에 부활을 전했다(행 17:3). 이런 점에서 첫 번째 이론은 적절하지 못하다. 데살로니가 교인들은 부활 복음을 받았음에도 "나머지 사람들처럼 슬퍼했다." 이것은 모순이다. 신자가 부활할 것을 믿는데 믿지 않는 자들과 같이 슬퍼할 수 없기 때문이다. 이런 점에서 두 번째 이론은 부족하다.

데살로니가 교인들에게 있던 문제는 무엇이었는가? 바울의 대답 속에 암시가 있다.

> **살전 4:14** 우리가 예수께서 죽으셨다가 다시 살아나심을 믿을진대, 이와 같이 예수 안에서 자는 자들도 하나님이 그와 함께 데리고 오시리라.

---

475 Carson/Moo, *Introduction*, 546; E. Best, *The First and Second Epistles to the Thessalonians* (Peabody: Hendrickson Publishers, 1986), 180–184; Wanamaker, *Thessalonians*, 165–166; A. J. Malherbe, *The Letters to the Thessalonians: A New Translation with Introduction and Commentary*, AB (New York: Doubleday, 2000), 283–285.

바울은 지금 부활과 연합을 강조한다. 이것이 핵심이다. 데살로니가 교인들은 그리스도의 부활과 재림을 자신들의 부활과 통합하여 이해하지 못한 것이다. 그래서 어떤 사람이 재림 전에 죽는다면 그리스도와 연합할 수 없을 가능성이 있다고 추측하고 슬퍼한 것이다. 바울은 사람이 그리스도를 믿으면 그리스도와 연합되어 있고 죽더라도 그리스도께 속한 사실을 파괴할 수 없다고 말한다.

그러나 여기서 질문이 생긴다.

> 그렇다면 데살로니가 교인들이 누군가 재림 전에 죽으면 그리스도와 연합할 수 없다고 생각한 근거는 무엇인가?

이제 복음을 받았음에도 쉽게 이런 생각으로 기우는 이유를 좀 더 깊이 살펴보자. 데살로니가 사람들이 살던 세계는 어떤 세계였고, 바울은 이 세계로 들어가 어떤 복음을 전했는가? 다시 처음 본문으로 돌아가 보자.

3.2.2 나머지 사람들

바울은 데살로니가 교인들의 슬픔을 지적하면서 그들이 "다른 이와 같이" 슬퍼한다고 말한다. 이들은 누구인가?

3.2.2.1 "다른 이"?

바울은 이 "다른 이들"에 대해서 이미 앞에서 언급했다. 이들은 "외인"이다. 즉 "밖에 있는 자들"(οἱ ἔξω, 살전 4:12)이다. 또 뒤에서도 다시 언급한다. 이들은 "나머지 사람들"(οἱ λοιποί, 살전 5:6)이다.

그러면 이들을 왜 "다른 사람들" 또는 "나머지 사람들"이라고 부르는가? 바울과 데살로니가 교인들이 사는 세계에는 인류를 구분하는 여러 방식이 있었다. 유대인들은 유대인과 비유대인, 즉 이방인으로 구분했고, 로마 사람들은 로마 시민권자와 비시민권자로 나누었으며, 헬라인들은 지혜자와 비지혜자, 곧 야만인을 구별했다. 이러한 구분에 따르면, 주류가 아닌 나머지 사람들이 "다른 사람들"이다. 따라서 비유대인, 이방인, 야만인이 "나머지 사람들"에 속한다.

하지만 바울은 이 말을 다르게 사용했다. 바울은 유대인과 이방인이 아니라 유대인 중에 "선택이 이른 몇몇 사람"(ἡ δὲ ἐκλογὴ ἐπέτυχεν)과 "그 외 사람들"(οἱ δὲ λοιποὶ ἐπωρώθησαν)을 구별하면서 이 말을 사용하였다(롬 11:7). 이런 구별을 데살로니가 지역에 적용하면, 한편으로 데살로니가 사람들이나 더 넓게 헬라인들 중에 몇몇 그리스도인이 있고, 다른 한편으로 이 그리스도인들 외에 나머지 헬라 사람들이 있는데, 이 중 비그리스도인을 "나머지 사람들"로 표현한 것이다.

이제 데살로니가전서와 로마서에서 바울서신 전체로 시야를 확장해 보자. 이들은 누구인가? 이들은 소망이 없는 이방인들이다.

> 엡 2:3 전에는 우리도 다 그 가운데서 우리 육체의 욕심을 따라 지내며 육체와 마음의 원하는 것을 하여 **다른 이들과 같이 본질상 진노의 자녀들**이었느니라(καὶ ἤμεθα τέκνα φύσει ὀργῆς ὡς καὶ οἱ λοιποί).
> 엡 2:12 그 때에 너희는 그리스도 밖에 있었고 이스라엘 나라 밖의 사람이라 약속의 언약들에 대하여는 외인이요 **세상에서 소망이 없고 하나님도 없는 자들**이었느니라(ἐλπίδα μὴ ἔχοντες, καὶ ἄθεοι ἐν τῷ κόσμῳ).

에베소서에 따르면, "소망이 없는 자들"은 "하나님이 없는 자들"과 동의어이다. 이 관찰을 본문에 적용하면 어떻게 되는가? 바울은 "소망 없는 다른 이와 같이 슬퍼하지 않게 하려 함이라"(살전 4:13)고 말한다. 즉 "하나님이 없고, 그래서 소망이 없는" 이방인들과 같이 슬퍼하지 말라는 것이다.

그러면 하나님 없는 이방인들은 어떻게 슬퍼하는가?

3.2.2.2 나머지 사람들의 슬픔

창조 세계에는 인간의 부활과 유사한 현상들이 많이 있다. 예를 들면, 식물이 겨울에 죽었다가 봄에 싹이 나는 것, 태양이 졌다가 다시 떠오르는 것 등이다. 헬라 세계, 근동 및 가나안 세계가 이 현상을 자신들의 종교로 만들고 때로 희망의 근거로 삼으려고도 했다. 데메테르 신화(엘루시스 신비주의), 마르둑 신화(근동), 바알-아세라(가나안) 종교 등이 모두 이런 것을 배경으로 하고 있다. 그러나 이런 종교와 신비주의는 인간에게 더 깊은 절망을 주었다. 헬라 세계 사람들에게 이런 현상은 인간이 이러한 비이성적 창조물보다 더 못한 처지라는 믿음을 강화해 줄 뿐이다. 왜냐하면 식물은 다시 살아나고, 태양은 다시 떠오르기 때문이다. 이것은 인류의 지성과 영혼이 근본적으로 일그러져 있어서 창조가 굴절되어 들어온 결과이다.

이런 절망은 데살로니가 교인들이 살아가는 헬라 세계의 철학으로 더 강화되었다. 그들은 태어나면서부터 사람이 죽으면 영육이 분리되고 몸은 썩는다고 믿었다. 몸은 물질이며 학파에 따라 경중은 있으나 물질은 악과 동일시되었다. 따라서 사람이 죽으면 물질인 몸이 분해되고 흩어지며, 몸의 구성 요소는 동물이나 식물의 일부가 되며, 결국 인격은 사라지게 된다.

데살로니가 교인들은 부활 복음을 받았지만, 그들 중 죽은 자들이 생겼을 때, 이렇게 분해되고 흩어진 육체가 다시 영혼과 결합하고 부활한다는 일이 불가능한 일로 보인 것이다. 몇 천년 동안 그들의 생각과 삶, 제도와 세계를 지배하던 철학을 일순간에 없앨 수 없었던 것이다. 이들의 눈에 죽은 자는 분명히 산 자와 다르고, 주님이 재림할 때 죽은 지 오랜 사람은 며칠 전에 죽었거나 살아 있는 자들과도 다른 것이다. 따라서 그들이 생각할 때, 그 죽은 자들이 육체적으로 부활하여 낙원에 들어가는 것은 있을 수 없고, 이것은 영혼을 부인하는 것과 다름이 없었을 것이다. 따라서 비록 그리스도를 믿었으나 최근에 죽은 자들이 하나님 나라, 곧 낙원을 잃어버릴지도 모른다고 생각하고 슬퍼한 것이다.

바울은 신자에게 이러한 슬픔이 어울리지 않는다는 사실을 일깨운다. 바울은 이제 그리스도의 부활이 신자에게 어떤 의미인지 설명한다.

3.2.3 부활과 연합

바울은 그리스도를 믿고 죽은 신자들이 어떤 상태에 있는지 말한다. 하지만 바울은 이것을 그리스도의 죽음과 부활, 하나님의 일과 연결한다. 이 말을 직역하면 다음과 같다.

> **살전 4:14** 우리가 예수께서 죽으시고 다시 사셨다는 것을 믿는다면, 이와 같이 예수를 통해 자는 자들(οἱ κοιμηθέντες διὰ τοῦ Ἰησοῦ)도 하나님이 그와 함께 이끌고 오실 것이다.

바울은 "하나님께서 그리스도 안에서 죽은 자들을 그와 함께 이끌고 오실 것이다"라고 말하지 않는다. 실제로 조금 뒤에 바울은 "그리스도 안에서 죽은 자들"(οἱ νεκροὶ ἐν Χριστῷ)이라고 말한다(살전 4:16). 하지만 본문에는 이와 달리 "예수를 통해 잠자는 자들"이라고 말한 것이다. 이 말은 무슨 뜻인가?

3.2.3.1 예수를 통해 잠

성경에 "그리스도 안에서" 또는 "주 안에서 자는 자들"이라는 표현은 있다.

> **고전 15:17-18** 그리스도께서 다시 살아나신 일이 없으면 너희의 믿음도 헛되고 너희가 여전히 죄 가운데 있을 것이요, ¹⁸ 또한 **그리스도 안에서 잠자는 자들**(οἱ κοιμηθέντες ἐν Χριστῷ)도 망하였으리라.
> **계 14:13** 또 내가 들으니 하늘에서 음성이 나서 가로되 기록하라. 지금 이후로 **주 안에서 죽는 자들**(οἱ νεκροὶ οἱ ἐν κυρίῳ ἀποθνῄσκοντες)은 복이 있도다 하시매, 성령이 이르시되, "그러하다 저희 수고를 그치고 쉬리니 이는 저희의 행한 일이 따름이라" 하시더라.

이 구절들은 일반적인 표현이다. 다시 말해서 "예수 안에서 자는 자들"이라는 표현은 고린도전서나 다른 서신서에 나오는 일반적인 표현이다. 하지만 "예수를 통해서 자는 자들"이라는 표현은 오직 데살로니가전서만 유일하게 나타난다.

그렇다면 이 표현을 어떻게 이해할 수 있고, 죽은 신자들의 상태와 어떤 관계가 있는가? 성경에 이와 동일한 표현을 발견할 수 없지만 이와 유사한 문구는 찾을 수 있다. 바울은 갈라디아서에서 율법을 통한 죽음을 말한다.

		갈라디아서
내가 **율법으로 말미암아** 율법에 대하여 **죽었나니**.	ἐγὼ γὰρ διὰ νόμου νόμῳ ἀπέθανον,	2:19a
이는 하나님에 대하여 살려 함이라.	ἵνα θεῷ ζήσω.	2:19b
내가 그리스도와 함께 십자가에 못 박혔노라.	Χριστῷ συνεσταύρωμαι.	2:19c

바울에 따르면, "내가 율법을 통해서 율법에 대해서 죽었다." 다시 말

해서, 내가 죽는데, 그 방편이 율법이라는 말이다. 이것은 이상한 말이다. 바울이 언제 율법을 통해 죽었단 말인가? 사람이 죽는 것은 죄 때문이 아닌가? 이 죽음은 어떤 죽음을 가리키는가?

바울은 곧 이어 말한다. "내가 율법에 대하여 죽었다. 하나님께 살려고. 내가 그리스도와 함께 십자가에 못 박혔노라"(갈 2:19b-c). 그렇다면 바울을 비롯한 신자의 죽음과 그리스도의 십자가 죽음이 관련이 있고, 이것이 다시 신자가 율법을 통하여 죽는 것과 연관이 있다. 그리스도는 왜 십자가에 못 박히셨는가? 그리스도께서 십자가에 못 박히신 것은 율법의 저주를 받기 위해서이다. 즉 예수님은 율법을 통해서 죽으신 것이다. 그렇다면 그리스도는 왜 율법을 통해서 죽으셔야 했는가? 율법이 규정한 죽음을 죽기 위해서이다.

인간이 죽는 것은 율법의 선언에 따라 죽은 것이다. "죄의 삯은 사망이기" 때문이다. 즉 인간은 율법이 요구하는 죄책을 모두 감당하고 죽는 것이 아니라 단지 형벌로써 죽는 것이다. 그래서 인간의 죽음은 율법을 통해서 죽은 것이 아니다. '율법을 통해서 죽는다'는 말은 자신은 죽을 필요가 없으나 율법 때문에, 율법이 규정하는 죽음을 죽는다는 뜻이다. 이런 죽음은 인간이 감당할 수 없다. 율법은 하나님의 무한한 영광과 완전한 거룩과 무한히 큰 영예를 주장한다. 율법을 어기면 이 영광과 거룩, 명예를 손상시키게 된다. 따라서 율법은 무한한 손상을 만족시킬 것을 요구한다. 인간의 죽음은 결코 이 만족을 이룰 수 없으므로, 인간은 자기 죽음을 죽을 수 없다. 여기서 참 사람이시면서 참 하나님인 중보자가 필요하고 이 중보자가 예수 그리스도이신 것이다. 오직 예수만이 율법을 통해서 죽을 수 있고, 십자가에서 이 죽음을 죽으셨으며, 죽음을 죽이셨다. 이것을 바울은 "율법을 통한 죽음"이라고 표현한 것이다.

이 관찰을 본문에 적용하면, "예수를 통해 잠잔다"는 말은 참으로 충격적이다. "잠"은 "죽음"을 가리키므로, "예수를 통해 잠자는 자들"

이란 "예수를 통해 죽은 자들"이라고 번역해야 한다. 그러나 어떻게 이렇게 될 수 있는가? 모든 인류는 죽으면 잠을 자면서 생명을 기다리는 모습이 아니라 어두움과 절망에 삼키운다. 이것이 "소망이 없다"는 말이다. 나머지 자들이 처해 있는 상황이다. 그러나 그리스도인들은 다르다. 그들은 "예수를 통해," "역사적으로 이 땅에 오셔서 우리의 죽음을 대신 죽으시고, 죄와 사망으로부터 구원을 주신 예수님을 통해" 죽음에서 생명과 평화의 잠으로 옮겨진 것이다.[476] 잠을 자는데 그 잠을 자는 통로가 예수라는 뜻이다.

그러므로 "잠자다"는 말은 "죽다"는 말과 동치될 수 없다. "잠잔다"는 말은 죽은 상태를 가리키지만, 생명의 저편, 고통과 두려움, 슬픔이라는 죽음의 부정적 측면이 아닌 죽음의 '긍정적이고 적극적인' 측면을 의미한다. "평화로움"과 "깨움"을 염두에 둔 표현이다. "잠자는 자들"이란 "평화롭게 일시적으로 잠든 자들"이란 뜻이다. 즉 그리스도를 믿는 신자는 죽었을 때 "예수를 통해 잠을 잔다." 즉 사람이 하루 일을 마치고 잠을 자며 휴식하듯이, "예수를 통해" 안식과 평화를 누린다는 말이다. 이것이 바울이 말하는 바이다. 신자는 "그 예수를 통해" 즉 역사적으로 실존했던 메시아와 연합되어 있고, 그 메시아의 부활을 통해 종말론적 안식과 평화 속으로 들어갔다. 하나님이 예수를 통해 이 안식과 평화를 누리고 있는 자들을 그와 함께 이끄신다는 것이다.

3.2.3.2 하나님이 이끄심

여기서 "이끌다"(ἄγω)는 말은 미래이다(ἄξει). 보통 이 말을 그리스도의 재림 때 하나님이 죽은 신자들의 영혼을 하늘에서 지상으로 데리고 오시는 것으로 이해한다.

---

[476] Lightfoot, *1 Thessalonians*, 65. 이런 점에서 여기서 디아는 도구적 디아라기보다는 통과를 뜻하는 디아(dia of passage)라고 볼 수 있다.

하지만 꼭 그렇지 않을 수 있다. 가장 큰 이유는 이 일이 파루시아 영광에 어울리지 않기 때문이다. 만일 하나님이 "아브라함의 품"에 있는 영혼들을 지상으로 데리고 오신다면, 그들은 인간 본성 중 몸이 없는 완전하지 못한 상태가 된다. 불완전한 것은 영광스럽지 않다. 따라서 성경이 그리스도께서 다시 오실 때 아버지의 영광과 능력으로 오신다고 할 때, 이 영광과 불완전한 인간 본성은 어울리지 않는다. 따라서 바울은 그리스도께서 오실 때, 죽은 자가 먼저 일어난다고 말한다. 그래서 영화로운 몸과 영화롭게 된 영혼이 결합하여 부활체를 입은 후 살아 있는 자들과 공중으로 끌어올려져 주님을 맞는다고 말한다.

그러므로 하나님이 현재 그리스도를 통해 잠자는 자들, 즉 그리스도와 연합하여 종말론적 평화와 안식을 누리는 자들을 이끄는 방향이 정반대일 수 있다. 종말에 완성될 하늘 나라로, 하나님의 날개 그늘 아래로 이끄는 것을 묘사한 말이다. 바울은 중간에 있을 여러 가지 일을 일일히 기록하지 않는다. 다만 그리스도의 연합을 강조하고 동시에 종말이 완성될 때 하나님께서 예수와 함께 인도하시는 장면을 선포함으로 위로하고자 했다.

그렇다면 이 장면과 그리스도의 부활은 어떤 관련이 있는가?

3.2.3.3 예수와 함께

바울은 하나님이 신자를 예수와 함께 이끄시는 장면을 그리스도의 죽음과 부활과 연결한다.

> 살전 4:14a 우리가 예수께서 죽으시고 다시 살아나심을 믿는다면,...

바울은 여기서 "살아나셨다"는 말을 에게르데($ἠγέρθη$)가 아니라 아네스테($ἀνέστη$)로 표현한다. 아니스테미($ἀνίστημι$)는 "어떤 직무에 세우다,

일으키다"는 뜻이다(cf. 행 3:22; 신 18:15). 따라서 바울이 "예수께서 죽으셨고 살아나셨다"고 할 때, 마치 모세가 "여호와께서 너희 가운데 네 형제 중에서 너를 위하여 나와 같은 선지자 하나를 일으키시리라"는 의미로 말했다는 것이다. 이것은 단순히 죽음에서 생명으로 이동을 가리키는 것이 아니다. 예수님께서 부활을 통해 오는 세계의 왕으로 등극했다는 말이다.

하지만 바울은 여기서 "그리스도께서 일어나셨다"고 말하지 않는다. "예수께서 죽으시고 살아나셨다"고 말한다. 만일 "일으키다"는 말이 "어떤 직무에 세우다"는 의미라면, 예수보다 그리스도가 더 어울릴 것이다. 왜냐하면 그리스도는 직분 명칭이고, 예수는 고유 이름이기 때문이다. 바울은 여기서 왜 고유 이름에 직분 행위를 표시하는 동사를 썼는가? 그것은 "예수"라는 역사적인 인물의 부활과 이 부활의 직무적 측면을 강조하기 위함이다. 다시 말해서, 이 낯선 조합을 통해서 한편으로는 역사적인 면을 강조하고 또 다른 편으로는 직분적인 면을 부각시킨 것이다. 이것은 데살로니가 교인들과 현대 그리스도인에게 어떤 메시지를 주는가? 예수가 역사적인 인물로서 20년 전에 너희 앞에 십자가에서 죽었다. 그리고 추상적인 메시아가 아니라 구체적인 그 예수가 종말론적 메시아로 일으킴을 받아 왕적 지위에 오른 것이다. 여기서 바울은 신자의 믿음의 종말론적 함의를 드러낸다. 즉 신자가 예수가 죽었다가 살아나셨다고 믿는 것은 예수 개인에게 일어난 일을 지적으로 알고 마음으로 동의하며 영혼으로 신뢰를 두는 행위를 훨씬 넘어선다. 예수를 믿는 사람들은 20년 전에 십자가에서 죽고 삼일 만에 부활하여 종말론적 새 시대를 여신 부활 세계의 첫 사람과 연합하게 된다. 신자가 믿음으로 둘째 아담에게 속한 새 인류, 하나님의 권속이요 상속자가 되었으므로, 하나님은 예수를 통해서 잠자는 자들을 하나님 나라로 이끄신다.

바울은 이렇게 절망에 함몰된 헬라 세계에 들어가 그리스도의 부활 복음을 전했다. 이 부활 메시지는 데살로니가를 비롯한 세계를 어떻게 바꾸었는가?

3.2.3.4 부활 복음을 통한 변혁
헬라 사람들은 인간이 모든 피조물보다 탁월하지만 죽음을 생각하면 식물이나 자연보다 못하므로 슬퍼했다. 이것은 헬라 세계뿐만 아니라 죽음에 직면한 인간에게 공통적으로 나타나는 탄식이다.

> **욥 14:7-10** 나무는 희망이 있나니,
>   찍힐지라도 다시 움이 나서 연한 가지가 끊이지 아니하며,
> [8] 그 뿌리가 땅에서 늙고 줄기가 흙에서 죽을지라도,
> [9] 물 기운에 움이 돋고 가지가 뻗어서 새로 심은 것과 같거니와,
> [10] 장정이라도 죽으면 소멸되나니,
>   인생이 숨을 거두면 그가 어디 있느냐?

그러나 바울은 말한다. 인간이 피조물보다 열등한 것이 아니다. 나아가 피조물의 소부활 및 일시부활과 같은 생명현상은 부활의 궁극적 견본이 아니다. 오히려 그들은 하나님의 아들들이 나타나기를 기다리고 있다. 그들은 누구인가? 신자들이다. 그 나타남이란 무엇인가? 그들의 육체적 부활이다. 그들은 어떻게 나타나는가? 그리스도의 재림 시 나타난다. 그리스도의 부활체의 전형과 수준으로 몸의 구속을 받는다(롬 8:18-25). 그러나 그 부활체는 무엇인가? 우리가 씨를 뿌릴 때, 다시 날 몸을 심지 않고 씨를 뿌린다. 그것이 썩고 다시 날 때 하나님께서 그분의 뜻에 따라 몸을 부여하신다'(고전 15:26-38).

여기서 바울은 인간과 자연을 보고 자신들의 운명과 자연의 소부활과

비교하여 깊은 절망에 함몰되어 있는 헬라 세계 사람들에게 바로 그 현상이 절망의 근거가 아닌 승리의 함성의 이유가 된다고 말하는 것이다.

바울 이후 그리스도인들은 전에는 '저들은 살아나나 우리는 죽는다'는 절망을 주었던 식물, 천체, 인간(예, 잠) 안에 나타나는 현상을 불멸에 대한 가르침을 지지해주는 것으로 보기 시작했다. 로마의 클레멘트는 다음과 같이 말한다.

> **클레멘트 1서 24장** 낮과 밤이 우리에게 부활을 선포한다!

이런 점에서 데살로니가 교인들이 신자 중 죽은 자들 때문에 하나님이 없고 소망이 없는 사람들과 똑같이 슬퍼한다는 것은 어울리지 않는다. 나아가 바울이 전한 부활 복음을 실천적으로 부인하는 것이 된다. 바울은 자신이 전한 부활 복음을 재천명함으로써 신자들이 종말론적 하나님 나라의 빛 아래서 현재를 보도록 했다. 바울은 이렇게 말함으로써 데살로니가 교인들을 위로했고 그들도 "이 말들"로 서로 위로하라고 권면한다.

3.2.4 "이 말들"과 위로

데살로니가 교인들이 "슬픔"을 극복하고, 자신들이 사는 세계의 절망에서 벗어나기 위해서는 어떻게 해야 하는가? 처음 받은 복음을 확고히 하고 그 복음의 넓고 깊은 범위와 의미를 곱씹어야 한다. 바울은 이것을 "이 말들"이라고 표현한다(살전 4:18).

부활 복음을 심화하면 어떻게 되는가? 데살로니가 교인들이 지금까지 가지고 있던 죽은 자들에 대한 생각과 이와 관련된 현재와 미래를 포함한 세계 전체에 대한 관점을 예수님 중심으로 바꾸게 된다. 부활 복음은 누룩처럼 세계관 전체를 부활 생명과 빛으로 변혁한다. 이를 통해 그리스도 밖에 있는 소망 없는 사람들이 갖는 슬픔을 버리게 된다. "예수를 통해 죽은 자들"은 종말론적 안식과 평화, 생명을 현재 누리고 있다. 따라서 그리스도를 믿다가 먼저 "잠자는 자들"은 하나님을 믿지 않는 이방인들과 전혀 다른 상태에 있다. 이들은 살아 있는 사람과 비교할 때, 결코 어떤 불이익이나 손상이나 손해를 보지 않을 것이다. 왜냐하면 "예수께서 죽으시고 종말의 왕으로 다시 일으킴을 받으셨다면," 그분은 우리의 연합의 머리시므로, 우리도 그와 함께 죽고 그와 함께 일으킴을 받았기 때문이다. 따라서 신자는 죽어도 "그리스도를 통해서 자는 자들"이 되며, 하나님은 예수와 함께 그들을 하늘 나라로 이끄실 것이다. 그리스도는 다시 오실 것이고, 죽은 자들이 먼저 일어나고, 그들과 함께 우리 살아 있는 자들도 공중으로 끌어 올려 영원히 주와 함께 있게 될 것이다(살전 4:15-17).

그렇다면 예수 그리스도는 언제 오시고 종말론적 하나님 나라는 언제 궁극적으로 나타나는가?

3.3 때와 시기(5:1-11)

바울은 부활 복음과 종말 세계관을 제시한 후에 이제 "때와 시기"에 대하여 말한다. 바울은 이 단락에서 두 가지를 말한다. 하나는 바울이 이 논의를 시작하는 성경적 종말론의 기본 전제이고, 다른 하나는 이 전제에 근거한 바울의 권면이다.

3.3.1 성경적 종말론 제1원리

바울은 때와 시기에 대해 쓸 필요가 없다고 말한다.

살전 5:1 형제들아 때와 시기에 관하여는 너희에게 쓸 것이 없느니라.

이것은 무슨 말인가? 왜 쓸 필요가 없는가? 성경은 "때와 시간"이 하나님의 주권에 속해 있다고 말한다. 주님은 이렇게 말씀하셨다.

		신약
그러나 그 날과 그 때는 아무도 모르나니 하늘의 천사들도, 아들도 모르고, **오직 아버지만** 아시느니라.	Περὶ δὲ τῆς ἡμέρας ἐκείνης καὶ ὥρας οὐδεὶς οἶδεν, οὐδὲ οἱ ἄγγελοι τῶν οὐρανῶν οὐδὲ ὁ υἱός, εἰ μὴ ὁ πατὴρ μόνος.	마 24:36 cf. 막 13:32
[예수께서] 이르시되, 때와 기한은 아버지께서 **자기 권한에 두셨으니**, 너희의 알 바가 아니니라.	εἶπεν δὲ πρὸς αὐτούς· οὐχ ὑμῶν ἐστιν γνῶναι χρόνους ἢ καιροὺς οὓς ὁ πατὴρ ἔθετο ἐν τῇ ἰδίᾳ ἐξουσίᾳ.	행 1:7

종말의 날과 시간은 아무도 모른다. 보이는 세계와 보이지 않는 세계에서 어떤 존재도, 심지어 아들도 모르며, 오직 성부 하나님의 마음 깊은 곳에 있는 것이다. 이 생각은 이미 구약부터 깊이 뿌리내린 것이다.

		구약
여호와께서 아시는 **한 날**(יוֹם־אֶחָד; μίαν ἡμέραν)이 있으니, 낮도 아니요, 밤도 아니라. 어두워 갈 때에 빛이 있으리로다.		슥 14:7
하나님이 하시는 일의 **시종**(מֵרֹאשׁ וְעַד־סוֹף; ἀπ' ἀρχῆς καὶ μέχρι τέλους)을 사람으로 측량할 수 없게 하셨도다.		전 3:11

나아가 유대주의에서도 변치 않고 견지된 사상이다(Sib. 3:570-572, 758; 1 QpHab 7:7-14). 이런 점에서 바울도 이와 같은 성경 종말론적인 근본 전제를 공유했을 것이라고 생각할 수 있다.

바울은 여기서 출발해 종말 시대에 알아야 하고 행해야 할 것을 말한다.

3.3.2 바울의 권면

바울이 때와 시기에 대해 쓸 필요가 없는 것은 성경 종말론의 기본전제이기도 하지만, 이 전제를 자신과 데살로니가 교인들, 모든 하나님의 교회가 공유하고 있기 때문이다.

> **살전 5:2-3** 주의 날이 밤에 도둑 같이 이를 줄을 너희 자신이 자세히 알기 때문이라. ³ 그들이 '평안하다, 안전하다' 할 그 때에 임신한 여자에게 해산의 고통이 이름과 같이 멸망이 갑자기 그들에게 이르리니, 결코 피하지 못하리라.

바울에 따르면, "주의 날은 도둑 같이 오고," 임산부에게 "해산의 고통이 임할 때"처럼 온다. 즉 그리스도의 재림이 사람이 계산하거나 예상하지 못할 때 온다는 것이다. 그러면서 로마세계 전체가 빠져 있는 안일주의를 지적한다. "평안하다, 안전하다"(*pax et securitas*)는 바울 당시 로마 제국의 프로파간다 내용이다. 이것은 로마가 섬기던 팍스와 세큐리타스라는 신들의 이름이기도 하다. 이들이 이렇게 무사와 안일에 중독되어 있을 때 멸망이 찾아올 것이다.

하지만 바울에 따르면, 그리스도인은 다른 정체성과 태도로 살아야 한다.

> **살전 5:4-6** 형제들아, 너희는 어둠에 있지 아니하매,
> 　　그 날이 도둑 같이 너희에게 임하지 못하리니,
> ⁵ 너희는 다 빛의 아들이요 낮의 아들이라.

우리가 밤이나 어둠에 속하지 아니하나니,
⁶ 그러므로 우리는 다른 이들과 같이 자지 말고
오직 깨어 정신을 차릴지라.

바울은 신자들이 근본적으로 "빛의 아들들"이라고 말한다. 그래서 신자들은 빛에 속해 있고 어둠에 속해 있지 않은 자들이기 때문에 그 날이 도덕처럼 오지 않는다. 신자가 깨어 있고 늘 그리스도의 복음 안에 있다면, 마치 도둑이 밤에 급습해서 집을 강탈하듯이 주님의 재림이 그렇게 오지 않는다. 여기서 이미 데살로니가후서에서 말하는 것처럼, 아무도 모르게 "주의 날이 이르렀다"(살후 2:2)고 말하는 사람들의 주장을 근본적으로 반박하고 있다.

지금까지 데살로니가전서에 나타난 종말에 관한 내용을 살펴보았다. 오늘날 한국교회에서는 부활 복음을 단순히 생물학적인 갱생 측면에서만 전하는 경향이 있다. 이것은 신자에게 죽음을 극복하고 부활 소망을 전한다는 점에서 귀한 것이다. 나아가 세계의 많은 곳에서 육체적 부활의 실제성을 부인하지만 이에 저항하여 부활 메시지를 지키고 있다는 점에서 매우 가치 있는 일이다. 하지만 부활 복음을 생물학적 죽음의 반대로 축소하는 경향이 강하다는 점에서 매우 안타까운 일이다. 이렇게 되면, 부활을 기독론과 종말론적 의미에서 묻지 않게 되고, 부활 메시지를 통해 사도들이 전했던 현재에 침투한 부활 세계라는 관점을 잃게 된다. 또 그리스도의 부활과 재림을 신자의 믿음과 삶에 통합적으로 생각하지 못하게 된다. 그러면 데살로니가 교회에서 일어났던 일들이 다시 일어날 수도 있다. 이런 일이 지속되면 부활은 부활절에만 잠깐 기억하는 개념으로 전락하게 된다. 이것은 큰 병폐이다. 이것은 신약과 나아가 하나님의 계시 자체를 이해하는데 큰 장애물이 된다. 따라서 신약교회가 건강한 공동체가 되려면 사도들처럼 부활을 신약 교회 메시지 중심에 두어야 한다.

종말론은 데살로니가전서뿐만 아니라 데살로니가후서의 주된 주제이다. 이제 데살로니가후서의 종말 메시지를 살펴보자.

12장
데살로니가후서

데살로니가후서는 데살로니가전서와 하나의 배경에서 함께 살펴보아야 한다. 데살로니가전서와 후서가 짧은 기간에 연속으로 쓰인 편지이기 때문이다. 여기서는 우선 데살로니가후서의 저작 배경과 목적을 살펴보자.

1. 데살로니가후서의 저작 배경과 목적

1.1 저작 배경

데살로니가 교회에는 두 가지 위협이 있었다. 하나는 박해와 환란이었고 다른 하나는 신학적 공격이었다. 하지만 이 신학적 위협은 교리적 혼란을 일으키는데 그치지 않았다. 동시에 도덕적 방종을 조장하기도 했다.

1.1.1 박해와 환란

데살로니가 교회에는 데살로니가전서 때와 마찬가지로 데살로니가후서에서도 계속되는 박해와 환난이 있었다.

> **살후 1:4** 그러므로 너희가 견디고 있는 모든 박해와 환난 중에서 너희 인내와 믿음으로 말미암아 하나님의 여러 교회에서 우리가 친히 자랑하노라

바울은 데살로니가 교회가 박해와 환난 중에 있으면서도 믿음으로 잘 견디고 있음을 자랑스럽게 여겼다. 그런데 이런 박해와 환란이 진행되는 과정에서 새로운 도전에 직면하게 되었다. 바로 신학적 위협이다.

1.1.2 신학적 위협

데살로니가 교회에 "주의 날이 이르렀다"고 주장하는 사람이 나타난 것이다. 이 주장을 하는 대적자들은 여러 가지 방법으로 이들을 공격했던 것 같다.

> **살후 2:2** 영으로나 또는 말로나 또는 우리에게서 받았다 하는 편지로나(μήτε διὰ πνεύματος μήτε διὰ λόγου μήτε δι᾽ ἐπιστολῆς ὡς δι᾽ ἡμῶν) 주의 날이 이르렀다고 해서 쉽게 마음이 흔들리거나 두려워하거나 하지 말아야 한다는 것이라.

이 구절을 보면 반대자들의 주장과 이 주장의 방편이 나온다. 주장은 무엇인가? "주의 날이 이르렀다"는 것이다. 여기서 "이르렀다"는 현재완료(ἐνέστηκεν)이다. 파루시아가 이미 실현되어 현실로 드러난 상태라는 것이다. 이것은 바울과 데살로니가 교인들을 비롯한 지상의 초대교회 전체가 오는 세계에 참여하지 못했다는 의미이므로 엄청난 혼란을 일으킬 수 있다.

이 주장의 방편은 무엇인가? 바울에 따르면, "영"과 "말," "편지"이다. 따라서 세 가지 도구를 통해 공격이 왔다. 그런데 이 "편지" 다음에 "우리에게 받았다 하는"이라는 말이 온다. 직역하면, "우리를 통해서 온 것과 같은"이다. 따라서 "우리에게 받았다고 하는 편지"를 통해 "주의 날이 이르렀다"고 주장했다는 것이다.

여기서 주해적으로 한 가지 주목할 사실이 있다. 개역개정은 "우리에게서 온 것 같은"(ὡς δι᾽ ἡμῶν)을 "편지"만 수식하는 것으로 보고 번역했다. 하지만 이것은 적절한 해석인가? 하지만 "우리에게서 온 것과 같은"은 바로 앞에 나오는 "영"과 "말"도 수식할 수도 있다. 만일 맨 앞에 나오는 "영으로"만 수식한다면 메테(μητέ) 앞에 호스 디 헤몬(ὡς δι᾽ ἡμῶν)을 붙였을 것이다. 그런데 바울이 그렇게 하지 않고 맨 뒤에 붙였다. 따라서 앞에 언급된 세 가지, 즉 "영"과 "말"과 "편지"를 수식하도록 한 것일 수 있다. 이것은 바울서신에서만 나타나는 현상은 아니다. 사도 요한도 이와 같이 글을 쓴다. 예컨대 요한계시록 한 구절을 보자.

> **계 1:9** 나 요한은 너희 형제요
> 예수의 환난과 나라와 참음에 동참하는 자라.
> ἐν τῇ θλίψει καὶ βασιλείᾳ καὶ ὑπομονῇ ἐν Ἰησοῦ

여기서 "예수의", 직역하면 "예수 안에"(ἐν Ἰησοῦ)라는 말은 "참음"(인내)만 수식한다고 볼 수 있는가? 우리말 번역과 같이 "환란"과 "나라," "인내"를 모두 수식한다고 보는 것이 적절하다. 이 관찰을 본문에 적용하면, "우리에게서 온 것과 같은"이란 말은 "편지"뿐만 아니라 그 앞에 있는 "영"과 "말"과도 연결되는 것으로 보는 것이 더 적절하다. 본문은 "전수된 것"(παραδόσις)을 말하고 있는데, 바울에 따르면, 이 전수에 분명히 "말"도 들어가기 때문이다. 나아가 본문 바로 뒤에서 바울은 "그러므로 형제들아, 굳건하게 서서 말로나 우리의 편지로 가르침을 받은 전통을 지키라"고 말한다(στήκετε καὶ κρατεῖτε τὰς παραδόσεις ἃς ἐδιδάχθητε εἴτε διὰ λόγου εἴτε δι᾽ ἐπιστολῆς ἡμῶν, 살후 2:15).[477] 이 관찰을 반영하여 번역하면 다음과 같다.

	데살로니가후서
형제들아, 우리가 너희에게 구하는 것은 우리 주 예수 그리스도의 강림하심과 우리가 그 앞에 모임에 관하여,	2:1
우리에게서 왔다고 하는 영으로나, 또는 우리가 했다고 하는 말로나, 또는 우리에게서 받았다고 하는 편지로나 '주의 날이 이르렀다'	2:2

고 해서 쉽게 마음이 흔들리거나 두려워하거나 하지 말아야 한다는 것이라.

그렇다면 당시 데살로니가 교회의 상황을 생각해 보자. 데살로니가 교인들은 바울과 그 동역자들에게 복음을 받았다. 그런데 다른 사람들이 와서 바울과 실라, 디모데에게서 온 영으로 말한다고 하면서 "주의 날이 이르렀다"고 하고, 그들이 했다고 하는 말로 그리스도의 강림의 날짜에 대해 다시 말한다고 하며, 그들에게서 왔다는 편지를 보여주면서 그 이전에 전한 복음의 내용을 수정하려 한다면 어떻게 되겠는가? 이것은 그야말로 심각한 일이 아닐 수 없다.

1.1.3 방종한 삶

반대자들은 이렇게 주장하면서 아마도 일을 하지 않고 자신들도 방종

---

477 Cf. C. A. Wanamaker, *The Epistles to the Thessalonians*, NIGTC (Grand Rapids: Eerdmans, 1990), 239.

한 삶을 살고, 다른 사람들도 그렇게 살도록 미혹했던 것으로 보인다.

살후 3:6, 11 게으르게 행하고 우리에게서 받은 전통대로 행하지 아니하는 모든 형제에게서 떠나라. … ¹¹ 우리가 들은즉 너희 가운데 게으르게 행하여 도무지 일하지 아니하고 일을 만들기만 하는 자들이 있다 하는도다.

바울은 이들과 사귀지 말라고 명령한다(살후 3:6-15).

이런 배경에서 바울은 데살로니가후서를 쓴다.

1.2 저작 목적

바울은 먼저 박해와 환란을 겪는 데살로니가 교인들을 위로하고 격려하고자 했다. 무엇보다 바울은 그리스도의 재림과 종말을 근거로 신앙을 흔드는 이들의 공격에 대하여 데살로니가 교회를 보호하려고 했다. 특별히 그들이 바울의 영과 말과 서신을 사칭하므로 편지를 쓸 뿐만 아니라 직접 서명도 한다.

살후3:17 나 바울은 친필로 문안하노니 이는 편지마다 표시로서 이렇게 쓰노라.

여기서 "친필로"라는 말은 테 에메 케이리(τῇ ἐμῇ χειρί)인데 우리말 표현보다 훨씬 강한 표현이다. 이것은 인칭대명사(τῇ χειρί μου)가 아니라 소유형용사(τῇ ἐμῇ χειρί)를 쓰고 있다. 직역하면, "내게 속한 이 손으로"이다. 손수 사인을 한 것이다.[478] 이것은 바울이 자신의 편지를 사칭하는 자들 때문에 얼마나 고통스러웠는지, 교회가 진정한 편지를 받고 교리적 순수성과 거룩을 지키는 일에 얼마나 열의를 가졌는지 보여준다.

여기서 잠시 멈추어 생각해 보자. 오늘날 교회는 "주의 날이 이르렀다"는 신학적 공격이 와도 비교적 면역력이 강하다. 그렇다면 데살로니가 교회는 왜 "주의 날이 이르렀다"는 공격에 그렇게 쉽게 노출되었는가? 우선 박해와 환난을 생각할 수 있다. 박해와 환란이 일어나면 일반적으로 종말론적인 기대가 높아진다. 따라서 데살로니가 교인들도 마찬가지였을 것이다.

하지만 이것이 전부는 아니다. 박해를 생각하더라도 종말론적 기대가 일어나기에는 데살로니가 교회의 역사가 너무 짧다. 그들은 복음을 받은 지 몇 개월 밖에 안 되었기 때문이다. 따라서 외적인 요인 외에 다른 원인이 있는 것이다. 그것은 무엇인가? 바울 복음의 종말론적 성격이다. 바울 복음의 내용은 처음부터 종말론이었다. 오늘날 성경 독자는 이 점을 자주 놓친다. 바울 복음이 종말론적이었다는 것을 어떻게 알 수 있는가? 대적자들의 행동이 이를 방증한다. 만약 바울이 복음을 전할 때 종말론적인 내용을 전하지 않았다면 대적자들이 바울이 전한 복음의 내용을 파악하고 유사한 방식으로 반응하지 않았을 것이다. 하지만 대적자들은 바울의 방식을 정확하게 간파하고 바울이 전했던 것과 비슷한 방식으로 데살로니가 교회를 공격한다. 그래서 데살로니가 교인들이 쉽게 속을 위험에 놓인 것이다.

다른 한편으로 바울은 종말 기대와 임박성을 강조하는 동시에 일상의 삶을 강조한다. 이것이 바울을 비롯한 성경이 말하는 종말론의 특징이다. 이것은 무슨 의미인가? 성경에 따르면, 재림과 종말은 분명히 있다. 따라서 신자는 주의 날을 기다려야 한다. 나아가 주님은 곧 오신다. 그럼에도 신자는 부지런히 일하고 거룩하게 살고 하나님 앞에서 흠이

---

478 Cf. 갈라디아서 6:11 "내 손으로 너희에게 큰 글자로 쓴 것을 보라!"

없고 정결하며 책임 있게 살아야 한다는 것이다. 하지만 대적자들은 어떻게 주장하는가? 종말이 가까이 왔으니 삶이 무슨 소용인가? 내일 죽을 것이니 방종하고 게으르며 부패하게 한다. 그러면서 바울에게서 받은 "전통"대로 살지 않는다(살후 2:15; 3:6; cf. 3:14). 그들은 일을 하지 않고 일을 만들기만 하는 사람들을 양산해 낸다(살후 3:6).

이상의 관찰에서 박해와 환란, 종말에 대한 이단적 가르침, 방종한 삶은 모두 하나로 연결되어 있다는 점을 알 수 있다. 따라서 "주의 날이 이르렀다"는 주장은 지엽적이고 파편적인 공격이 아니다. 이것은 복음의 뿌리를 흔드는 위협이다. 이런 상황은 1세기 중반부터 바울이 로마에 연금될 때까지 계속되었고, 이것은 교회에 큰 시험이 되었다.

> **딤후 2:18** 진리에 관해서는 그들이 그릇되었도다.
> 부활이 이미 지나갔다 함으로 어떤 사람들의 믿음을 무너뜨리느니라.

따라서 바울은 이 신학적 위협을 해결하는 일을 매우 중요하게 생각했다. 이 문제를 해결하지 않으면 신자의 믿음이 와해되기 때문이다. 데살로니가후서는 이런 의식에서 저작되었다고 볼 수 있다.

2. 데살로니가후서 구조 및 개요

2.1 데살로니가후서 구조

데살로니가후서를 분석하는 방법에는 두 가지가 있다. 하나는 전통적인 서신 분석법이다. 다른 하나는 수사비평을 적용한 분석법이다.

2.1.1 고대편지

데살로니가후서는 전체적으로 고대편지의 형식을 따른다.

		데살로니가후서
1.	편지시작말	1:1–12
2.	편지본말	2:1–3:15
3.	편지맺음말	3:16–18

하지만 데살로니가전서와 약간 어조가 다르다. 또 파루시아에 대한 거짓 교훈과 이 거짓 가르침으로 발생한 신자의 삶의 문제를 자세하게 다룬다. 따라서 바울은 데살로니가전서 때와는 다르게 접근한다. 이러한 점은 최근 수사비평을 통해 잘 드러나게 되었다.

2.1.2 고대연설

데살로니가후서는 고대 연설 형식으로 분류하면, 조언연설(deliberative speech)과 가장 닮았다. 조언연설이란 주로 정치적 집회에 등장하는 것으로서 어떤 행동을 하도록 설득하거나 어떤 행동을 하지 못하도록 설득하는 것을 가리킨다.

데살로니가후서는 이런 형식을 따서 데살로니가교회 그리스도인들에게 파루시아가 이미 일어났다는 거짓선동에 흔들리지 말고 굳게 서서 복음을 굳게 붙잡도록 설득한다(살후 2:1, 15).

형식적으로 볼 때 데살로니가후서는 사실진술(*narratio*) 부분이 없다. 대신 논제를 제시하는 부분(*partitio*)이 있다. 이 부분이 아주 중요하다. 여기서 바울은 자신의 편지에서 다룰 두 가지 논제가 무엇인지 제시한다.

1. 파루시아와 신자의 종말론적 회집
2. 파루시아에 대한 소문에 요동하지 않는 일

이 논제에 대한 증명(*probatio*) 후 긴 권면(*exhortatio*)이 이어진다. 이것을 도식화하면 다음과 같다.

구분		데살로니가후서	주제
		1:1-2	편지서두
1. 서론	*exordium*	1:3-12	감사와 기도
2. 사실진술	*narratio*		[——]
3. 논제	*partitio*	2:1-2	파루시아와 우리가 그 앞에 모임
4. 증명	*probatio*	2:3-12	파루시아가 이미 도래했다는 선동에 대한 반박
5. 결론	*peroratio*	2:13-17	사도적 "전통"을 따라야 함
6. 권면	*exhortatio*	3:1-15	방종한 자들을 멀리하고 선을 행하라
7.		3:16-18	편지맺음말

이 도식에서 알 수 있는 바와 같이 데살로니가후서에서는 증명 후 긴 권면이 따른다. 이런 점에서 데살로니가후서는 조언연설에 가장 가까운 편지이다.

데살로니가후서를 데살로니가전서와 비교하면 다음과 같다.

구분			데살로니가전서 (칭찬연설)	데살로니가후서 (조언연설)
편지 시작말			1:1	1:1-2
	1. 서론	*exordium*	1:2-10	1:3-12
편지 본말	2. 사실진술	*narratio*	2:1-3:10	
	1부		2:1-12	에토스
	일탈	*digressio*	2:13-16	파토스
	2부		2:17-3:10	
	3. 전환	*transitus*	3:11-13	
	4. 논제	*partitio*		2:1-2
	5. 증명	*probatio*	4:1-5:22	2:3-12
편지 맺음말	6. 결론	*peroratio*	5:23-27	2:13-17
	7. 권면	*exhortatio*		3:1-15
			5:28	3:16-18

위 사항을 고려하여 데살로니가후서를 분석해 보면 다음과 같다.

2.2 데살로니가후서 개요

　　　　　　　　　　　　　　　　　　　　　　　　수사학적 요소

1. 편지시작말(살후 1:1–12)　　　　　　　　　　　　　서론(*exordium*)
　1) 서두(1:1–2)
　　(1) 송신자(1:1a)
　　　A. 바울
　　　B. 실루아노
　　　C. 디모데
　　(2) 수신자: 하나님 우리 아버지와 주 예수 그리스도 안에 있는 데살로니가인의 교회(1:1b)
　　(3) 문안(1:2)
　　　A. 내용: 은혜와 평화(1:2a)
　　　B. 근원: 하나님 아버지와 주 예수 그리스도(1:2b)
　2) 감사(1:3–10)　　　　　　　　　　　　　　　　　감사(*eucharistia*)
　　(1) 대상: 하나님(1:3)
　　(2) 이유: 박해와 환란 중에서도 너희 믿음이 더욱 자라고 사랑이 더 많아졌기 때문에(1:3b–4)
　　(3) 감추어진 현실(reality)과 드러날 때(1:5–10)
　　　A. 현재 감추어진 현실(1:5–9)
　　　　a. 너희를 박해하는 자에게는 환란과 형벌로 갚으실 것이다(1:6, 8–9)
　　　　b. 환란 받는 너희에게는 안식으로 갚으시고 그의 나라에 합당한 자로 여기신다(1:5, 7a)
　　　B. 드러날 때: 우리 주 예수께서 자기의 능력과 천사들과 함께 하늘로부터 강림하시는 날(1:7b–10)
　3) 기도(1:11–12)
　　(1) 우리 하나님이 너희를 그 부르심에 합당한 자로 여기시고(1:11a)
　　(2) 모든 선한 뜻과 믿음의 역사를 능력으로 완성하시며(1:11b)
　　(3) 우리 주 예수 그리스도의 이름이 너희 가운데서 영광을 받으시고, 그 안에서 너희도 영광을 받게 하려 함이라(1:12)

2. **편지본말**(살후 2:1–3:15)
  1) 파루시아에 대한 거짓 교훈과 바울의 반박(2:1–12)
    (1) 파루시아와 우리가 그 앞에 모임(2:1–2)   주제제시(*partitio*)
    (2) 파루시아가 이미 일어났다는 선동을 반박함(2:3–12)   증명(*probatio*)
    (3) 결론: 사도적 선포 내용을 붙들어야 함(2:13–17)   결론(*peroratio*)
      A. 감사: 하나님의 부르심과 구원에 대하여(2:13–14)
        a. 하나님이 처음부터/첫 열매로 너희를 택하시고, 성령으로 거룩하게 하셨으며, 진리를 믿고 구원을 받게 하셨다(2:13)
        b. 그리고 이를 위해 우리가 전한 복음을 통해 너희가 주 예수 그리스도의 영광을 상속하게 하실 것이다(2:14)
      B. 권고: 굳건하게 서서 우리가 한 말이나 보낸 편지로 가르침을 받은 전통을 지키라(2:15)
      C. 기도(2:16–17)
        a. 우리 주 예수 그리스도와 우리를 사랑하시고 영원한 위로와 좋은 소망을 은혜로 주신 하나님 우리 아버지께서(2:16)
        b. 너희 마음을 위로하시고 모든 선한 일과 말에 굳게 하시기를 원하노라(2:17)
  2) 바울의 권면(3:1–15)   권면(*exhortatio*)
    (1) 기도하라(3:1–5)
      A. 우리를 위해(3:1–2)
        a. 말씀의 전파(3:1)
        b. 부당하고 악한 자에게서 보호(3:2)
      B. 너희를 위해(3:1–5)
    (2) 게으르고 방종한 자들에게서 떠나라(3:6–13)
      A. 바울의 본(3:6–9)
      B. 바울이 데살로니가 체류 시 했던 명령: 누구든지 일하기 싫어하거든 먹지도 말라(3:10–13)
    (3) 선을 행하다가 낙심하지 말고, 거역하는 자들을 온유하게 권면하라(3:14–15)

3. 편지맺음말(살후 3:16–18)
   1) 바울의 소원기도(3:16)
   2) 바울의 친필사인(3:17)
   3) 축복(3:18)

지금까지 데살로니가후서의 구조와 개요를 살펴보았다. 이제 데살로니가후서의 내용으로 들어갈 것이다. 특별히 여기서는 데살로니가 교회에 큰 문제가 되었던 파루시아에 대한 거짓 가르침에 대해 반박하는 내용이 무엇인지 살펴볼 것이다.

3. 데살로니가후서 내용

신약에는 여러 종류의 거짓 "선지자들"이 등장한다. 이들은 크게 두 부류로 나눌 수 있다. 한 부류는 예수님이 육체로 오신 그리스도임을 부인하는 사람들이다(요일 4:1-2). 다른 부류는 종말론적 이단자들이다. 이들은 종말론적 완성 사건이 이미 일어났다고 주장했다(딤후 2:18). 데살로니가 교회에 찾아온 이단적 가르침도 이 두 번째 그룹에게서 온 것이었다. 바울은 사도적 복음과 가르침이 아니므로 흔들리거나 두려워하지 말라고 말한다.

그렇다면 데살로니가 교회를 괴롭힌 거짓 가르침은 구체적으로 무엇이며 바울은 어떻게 반박하는가? 바울은 여기서 그리스도의 십자가로 시작된 "새 시대"의 근본적인 특성이 무엇인지 전한다.

3.1 파루시아에 대한 거짓 교훈(살후 2:1-17)

바울은 한 장 전체를 할애하여 거짓 가르침을 반박한다. 이 논증은 짧지만 이해하기는 쉽지 않다. 무엇보다도 본문의 특성 때문이다. 본문은 묵시에 속하는데 상징성이 강할 뿐만 아니라 신구약 계시의 밀도가 매우 높기 때문이다. 따라서 두 단계를 통해 바울의 논증에 접근할 필요가 있다. 먼저 종말이 이를 때 전체적인 그림과 현재 상황을 파악하는 것이다. 다음으로 이 전체 그림을 형성하는 구체적인 요소, 즉 바울이 이 반박에 사용한 개념들을 이해하는 것이다. 우선 데살로니가 교회가 어떤 상황에 있었는지 간단히 살펴보자.

3.1.1 종말과 현재 상황

거짓 선생들은 데살로니가 교회에서 이렇게 말했다.

살전 2:2 주의 날이 이르렀다.

여기서 "주의 날"이란 파루시아를 가리킨다. 하나님이 그의 백성을 구원하고 그들의 원수들과 세상을 심판하시기 위해 예수님을 통해 역사에 개입하시는 사건을 가리킨다. 이것은 현재 세계와 역사를 종결하는 결정적인 사건이다.

만일 이 주장이 사실이라면 중대한 문제가 아닐 수 없다. 이것은 바울의 사도성과 사도적 복음, 데살로니가 교인들의 구원을 완전히 송두리째 부정하는 일이기 때문이다. 만일 파루시아가 이미 일어났고 과거라면 왜 진실한 믿음을 가진 바울과 그들이 여전히 여기 남아 있는가?

만일 이 주장이 반대자들 자신이 주장하는 것이었다면 데살로니가 교회가 그렇게 동요하지 않았을 것이다. 그런데 반대자들은 바울과 바울 동역자들을 사칭해서 이 주장을 했다. 즉 바울은 얼마 전에 그리스도의 십자가와 부활, 재림과 성도들의 종말론적 회합을 가르쳤는데, 그 바울이 영과 말과 편지로 이제 그 일이 이제 이르렀다고 말했고, 이 말을 그들이 전한다고 한 것이다.[479]

바울은 이 주장을 반박한다. 바울에 따르면, 파루시아 사건은 그 전에 전조 사건들이 없이 일어나지 않는다. 그 전조 사건들이란 "배교하는 일," "불법의 사람 곧 멸망의 아들"이 나타나는 것이다(살후 2:3-4). 바울은 이것에 관하여 그들과 함께 있을 때에 이미 말했다(살후 2:5).

---

479 데살로니가후서 2:2의 "우리에게서 온 것과 같은"(ὡς δι᾽ ἡμῶν)에 대한 자세한 주해는 앞의 저작배경의 "신학적 위협"을 참조하라.

이 "불법의 사람"은 "그의 때에 나타날" 것이다(살후 2:6). 그러면 현재 세계는 어떤 상태에 있는가? 이미 "불법의 비밀"이 역사하고 있다(ἐνεργεῖται). 하지만 "막는 자"가 있다(τὸ κατέχον 살후 2:7). 이 "막는 자" 때문에 불법의 발현이 완전하게 드러나지 않고 있지만 언젠가 "막는 자"가 옮겨지는 날이 올 것이다. 이 막는 것이 더 이상 막지 않고 막는 자가 불법의 비밀의 활동 중에서 옮겨지면 그리스도께서 오신다(살후 2:8).

이것이 종말과 그 종말 직전 현재에 대한 전체적인 그림이다. 이 그림을 구성하는 요소들은 무엇인가? 크게 두 가지이다.

1. 불법의 사람
2. 막는 것과 막는 자

이제 이 둘을 더 자세히 살펴보자. 먼저 불법의 사람과 그의 활동이다.

3.1.2 "불법의 사람"(살후 2:3)

바울은 주의 날이 이르기 전 일어날 일을 이렇게 말한다.

> **살후 2:3-4** 누가 어떻게 하여도 너희가 미혹되지 말라. 먼저 배교하는 일이 있고, 저 불법의 사람 곧 멸망의 아들(ὁ ἄνθρωπος τῆς ἀνομίας, ὁ υἱὸς τῆς ἀπωλείας)이 나타나기 전에는 그 날이 이르지 아니하리니, ⁴ 그는 대적하는 자라 신이라고 불리는 모든 것과 숭배함을 받는 것에 대항하여 그 위에 자기를 높이고 하나님의 성전에 앉아 자기를 하나님이라고 내세우느니라

바울은 "불법의 사람"을 "곧 멸망의 아들"이라고 표현한다. 여기서 소유격 표현 "불법의"와 "멸망의"는 히브리어적 표현이다. 히브리어에는 형용사가 부족하고 분사의 기능은 약하다. 따라서 명사로 다른 명사를 수식하여 형용사를 대신하는 경우가 많은데, 이 용법이 그대로 헬라어에 들어온 것이다. 이 소유격은 "속성"이나 "질적인" 측면을 나타낸다.[480] 이것을 본문에 적용해 보면, "불법의 사람"이란 "무법한 사람," "매우 불의한 사람"을 뜻하며, "멸망의 아들"은 "[다른 사람을] 멸망시키는 아들" 또는 "그의 운명이 파멸로 운명지어진 아들"을 의미한다.

그러면 이 "불법의 사람"(살후 2:3, 8)은 구체적으로 누구를 가리키는가?

3.1.2.1 "불법의 사람"의 정체

이 "불법의 사람"이 누구인가에 대해서 역사적으로 대략 세 가지 해석이 있다.

1. 불특정 인물: 적그리스도
2. 유대적 인물: 벨리알, 거짓 메시아
3. 이방적 인물: 네로, 갈리굴라…

이 세 해석을 차례로 간략하게 살펴보자.

A. 불특정 인물

많은 학자들이 특정한 배경이 없이 그리스도와 반대적 인물로 해석한다. 예를 들어, 리고(Béda Rigaux, 1899-1982)는 "적그리스도"라고 말한

---

[480] Zerwick, *Biblical Greek*, 40–41.

다.⁴⁸¹ 크리소스토무스는 "사탄이 그의 완전한 활동이 그 안에 있도록 한 사람"(but some man, that admits his fully working in him)이라고 한다.⁴⁸²

B. 유대적 인물

다른 사람들은 특별히 구약과 유대적 배경에서 기원한 존재로 본다. 예컨대 이 "불법의 사람"이 "벨리알"을 가리킨다고 보는 것이다. 대표적인 학자는 샬레와 부쎄, 보스를 들수 있다. 샬레(Robert Henry Charles, 1855-1931)는 『이사야 승천기』 서문에서 벨리알 전승과 적그리스도 전승이 AD 60년경 융합되었다고 주장했다.⁴⁸³ 부세(Wilhelm Bousset, 1865-1920)는 벨리알이 적그리스도 전통 바로 직전 단계를 가리키고, 악한 천사, 공중권세 잡은 자, 이 세상의 임금인데, 바울에게는 이 벨리알이 공중 권세 잡은 천사가 아니라 메시아 대적자라고 보았다. 이 메시아 대적자를 "불법의 사람"이라고 불렀을 가능성이 있다는 것이다.⁴⁸⁴

보스(Geerhardus Vos, 1862-1949)는 적그리스도의 구약적 기원을 찾는 것에 관하여 긍정적이다. 그에 따르면, 바울은 "벨리알"(Beliar)을 단 한 번 고린도후서 6:15에서 언급하는데, 여기서 벨리알은 사탄의 다른 이름이다.⁴⁸⁵ 하지만 그는 구약에서 벨리알이 특정 인물(개인)을 가리키지 않고, 항상 어떤 사람들이나 사물들과 함께 사용된다는 점을 지적한다.⁴⁸⁶ 여기에 실제 악마적 본질이 있고, 후에 그래서 벨리알은 사탄

---

481 B. Rigaux, *Saint Paul. Les épitres aux Thessaloniciens* (Paris: Gabalda, 1956), 658.

482 Chrysostom, *2 Thessalonians*, NPNF I/13 (Edinburgh: T&T Clark, 1994), 386.

483 R. H. Charles, *The Ascension of Isaiah* (London: Adam and Charles Black, 1900), lxi-lxii.

484 W. Bousset, *Der Antichrist in der Überlieferung des Judentums, des neuen Testaments und der alten Kirche: ein Beitrag zur Auslegung der Apocalypse* (Göttingen: Vandenhoeck und Ruprecht, 1895), 99-101.

485 G. Vos, *The Pauline Eschatology* (Grand Rapids: Baker Book House, 1979), 96.

486 Vos, *Pauline Eschatology*, 96-97.

이나 몇몇 이름으로 대치되었다. 하지만 정경에는 적그리스도의 전조나 복제가 아니다.[487] 왜냐하면 벨리알은 성경에서 그리스도와 반대자요 어두움과 불법과 같은 편으로서 사탄과 동일시되기 때문이다(cf. 고후 6:14-15).

어떤 사람은 불법의 사람을 유대인의 거짓 메시아(a Jewish pseudo-Messiah)라고 말하기도 한다.[488] 이 불법의 사람이 성전에서 앉아 자기를 하나님이라고 하기 때문이다.

C. 이방적 인물

다른 사람들은 로마시대에 훗날 악의 화신으로 평가받는 인물과 동일시하기도 한다. 예를 들어, 로마 황제 네로(54-68)[489]나 갈리굴라(37-41) 등이다.[490] 이 견해를 지지하는 사람들은 다니엘서에서 "한 왕," 곧 이방인의 왕이 자신을 높여 모든 신 위에 자신을 높이는 일을 한다는 예언을 근거로 든다.

> 단 11:36 그 왕[491]은 자기 마음대로 행하며, 스스로 높여 모든 신보다 크다 하며, 비상한 말로 신들의 신을 대적하며 형통하기를

---

[487] Vos, *Pauline Eschatology*, 97.

[488] M. Schneckenburger: "ψεύχριστοι"; E. Boehmer, "Zur Lehre vom Antichrist, nach Schneckenburger," *JDT* 4 (1859): 421

[489] 네로는 AD 50년에 이미 후계자로 선정이 되었다. 당시 13세였다. 이 일은 클라우디우스(Claudius, 41-54)의 넷째 부인, 네로의 모친 아그리피나(Aggripina)에게 의존하고 있었다. 그리고 클라우디우스의 아들 브리타니쿠스(Britiannicus)를 제어하는 것과 관계 있다. Moore, *Parousia in the NT*, 111, 각주 7.

[490] G. Hölscher, "Der Ursprung der Apokalypse Mk. 13," *TBl* 6 (1933): 197-202; T. F. Glasson, T. Francis, *The Second Advent: The Origin of the New Testament Doctrine*, 2nd ed. (London: Epworth Press, 1947), 183.

[491] 북방 왕. Cf. 단 11:28.

분노하심이 그칠 때까지 하리니, 이는 작정된 일을 반드시 이루실 것임이라.

그러나 이것은 아무런 성경적 근거가 없다. 이러한 해석을 역사주의라고 하는데, 요한계시록이나 묵시본문을 역사의 진행에 맞춰서 해석하려는 시도이다. 하지만 이런 시도는 대부분 실패로 끝났다. 여기서도 마찬가지이다. 바울이 "불법의 사람"을 말하고 있는 시기는 약 AD 51년경이다. 네로는 64년과 65년에 광기가 극에 달하다가 AD 68년에 죽는다. 만일 네로가 "불법의 사람"이고 네로의 광기를 "불법"으로 본다면, 불법의 비밀은 "나중에 활동할 것이다"라고 해야 한다. 하지만 바울은 지금 현재(약 AD 51-52) 이 불법의 비밀이 "활동한다"고 말한다. 이 말은 현재시상(ἐνεργεῖται, 살후 2:7)이다. 따라서 불법의 비밀이 "지금 현재 계속 역사하고 있다"는 뜻이므로 현실과 맞지 않다. 갈리굴라도 마찬가지이다. 갈리굴라(Caligula)는 AD 37-41에 황제였으므로, 데살로니가후서가 쓰여진 시점에서 보면, 약 10년 전 사람이다. 따라서 만일 바울이 갈리굴라를 염두에 두었다면, "불법의 비밀"이 "이미 활동했다"(과거)로 표현했어야 한다.

이 불법의 사람이 이방적 인물인지 유대적 인물인지 구분할 필요가 없다고 주장하는 사람도 있다. 트릴링(Wolfgang Trilling, 1925-1993)은 이 불법의 사람이란 말이 히브리어적 표현이므로 구약 개념을 가져오는 것은 틀림없지만, 여기서는 참된 그리스도인의 삶에 반대되는 행동에 대한 총체적인 표현이며, 바울은 이것으로 종말론적 재앙을 가져올 인물을 가리키기 때문이다.[492]

---

492   W. Trilling, *Der zweite Brief an die Thessalonicher*, EKK 14 (Zürich/Einsiedeln et

또 다른 사람들은 크리스찬 배교자라고 한다. 왜냐하면 불법한 사람의 활동이 첫째는 배교와 관련되어 있고 둘째는 신성모독과 관련되어 있기 때문이다.

이렇게 "불법의 사람"을 과거, 현재, 미래의 여러 인물과 일치시키려는 다양한 시도가 있었으나 그가 누구인지 확실하지 않다. 성경에 나오는 적그리스도나 악의 화신, 벨리알, 유대주의에 나오는 거짓 메시아, 황제나 왕 중 하나인지 아닌지 모른다. 다만 그의 활동을 묘사할 수 있을 뿐이다.

3.1.2.2 "불법의 사람"의 활동(살후 2:4, 9)

바울은 이 "불법의 사람"의 활동을 두 측면에서 설명한다. 하나는 신성모독이고, 다른 하나는 메시아 모방이다.

A. 신성모독

바울에 따르면, 이 "불법의 사람"은 우주적 규모의 신성모독적 행위를 공공연하게 드러낸다.

> 살후 2:4 그는 대적하는 자라. 신이라고 불리는 모든 것과 숭배함을 받는 것에 대항하여 그 위에 자기를 높이고 하나님의 성전에 앉아 자기를 하나님이라고 내세우느니라.

그런데 이것은 예수님의 종말론적인 세계전망 속에 이미 들어 있던 일이다.

---

al.: Benziger, 1980), 84.

마 24:14	막 13:14
그러므로 너희가 선지자 다니엘이 말한 바, 멸망의 가증한 것이 거룩한 곳에 선 것(τὸ βδέλυγμα τῆς ἐρημώσεως ... ἑστὸς ἐν τόπῳ ἁγίῳ)을 보리라. (읽는 자는 깨달을진저!)	멸망의 가증한 것이 서지 못할 곳에 선 것(τὸ βδέλυγμα τῆς ἐρημώσεως ἑστηκότα ὅπου οὐ δει)을 보리라. (읽는 자는 깨달을진저!)

예수님은 여기서 "멸망의 가증한 것"에 대해 말한다. 이것은 중성 (τὸ βδέλυγμα)으로 표현되어 있다. 그런데 이것을 수식하는 말이 마태복음과 마가복음에서 다르다. 우리말 성경에는 마태복음이나 마가복음 모두 "…에 선 것"이라고 되어 있지만, 헬라어 성경에는 조금 차이가 있다. 마태는 이것을 헤스토스, 즉 중성(ἑστός, 마 24:14)으로 표현했는데, 직역하면, "거룩한 장소에 선 것"이다. 따라서 "멸망의 가증한 것"을 바알과 아세라, 금신상과 같은 사물로 본 것이다. 반면 마가는 이것을 헤스테코타, 즉 남성(ἑστηκότα, 막 13:14)으로 보았는데, 문자적으로 번역하면, "…에 선 자"이다. 따라서 "멸망의 가증한 것"을 인격체로 본 것이다.[493] 그러므로 마태복음은 선행하는 명사의 성을 고려하여 중성으로 받은 반면, 마가복음은 그 명사의 배후에 있는 인격체의 성을 받아 남성으로 표현한 것이다. 따라서 우리 주님은 종말에 성전에 서게 될 가증한 것의 배후에 인격적인 존재가 서 있다고 생각하신 것이다.

그런데 예수님께서 종말강화에 쓴 표현을 바울이 여기서 사용한다. "불법의 사람은 자기를 높이고 성전에 앉아 자기를 신이라 참칭할 것"이라는 것이다. 만일 주님의 종말전망과 바울의 종말전망에 나오는 인물이 동일인물이라면, "불법의 사람"은 분명히 인간 중 하나인 인격체일 것이다(cf. 막 13:14). 예수님과 바울은 이 '인간'을 보고 있는 것이다.

---

493 Cf. Frame, *Thessalonians*, 253.

그리고 이 불법의 사람은 자신을 하나님으로 높이며 성전에 앉는 그런 행동을 한다는 것이다. 이 말씀은 다니엘서로 소급된다(단 9:27; 11:31; 12:1).

다음으로 주목할 점은 이것이다. 이 불법의 사람은 사탄이 아니다. 따라서 사탄의 활동과 구별된 행동을 한다. 그는 사탄의 메시아로 활동한다.

B. 메시아 모방

이 "불법의 사람"의 활동은 사탄의 활동인가? 이 질문에 부정적으로 대답해야 한다. 바울은 불법의 사람의 활동과 사탄의 활동을 구별한다. 이 견해에 따르면, 사탄의 활동과 이 불법의 사람의 나타남은 구별된다.

> **살후 2:9-10 악한 자**의 **나타남**[파루시아]은 사탄의 활동을 따라 모든 능력과 표적과 거짓 기적과 [10] 불의의 속임으로 멸망하는 자들에게 있으리라. 이는 그들이 진리의 사랑을 받지 아니하여 구원함을 받지 못함이라.

이 구절에서 우리말로 "악한 자"로 번역된 말은 후(οὗ)로서 본래 관계대명사 소유격이다. 이것은 데살로니가후서 2:8의 호 아노모스(ὁ ἄνομος)를 가리킨다. 이 표현은 2:7의 "불법의 비밀"(τὸ μυστήριον τῆς ἀνομίας)의 활동 다음에 나타난다. 따라서 호 아노모스, 곧 "불법한 자"란 어떤 존재인데 그 안에 죄와 불의가 집중되어 있는 존재를 가리킨다.[494] 그러므로 "불법 덩어리," "불법이 인격화된 자"로 번역할 수 있다.

이 "불법한 자"가 어떻게 활동하는가? 먼저 그는 "사탄의 활동을 따라" 행한다. 다시 말해서, 그는 사탄의 도구요 그의 뜻을 실행하는 인간

---

[494] Vos, *Pauline Eschatology*, 123.

기관이다.⁴⁹⁵ 그런데 이 사탄의 도구요 기관이 어떻게 활동하는가? 그 것은 두 가지이다.

		데살로니가후서
1.	그는 파루시아의 형태로 나타난다.	2:9a
2.	그의 파루시아는 "모든 능력과 표적과 거짓 기적과 불의의 속임"으로 구비된 사역이다.	2:9b–10

그러므로 이 불법의 사람의 미래 나타남과 활동은 참 메시아의 활동과 매우 유사하다.

	복음서	살후 2장	계 13장
보낸 자	하나님	사탄	용
메시아	예수	불법의 사람	짐승
활동	기적들	거짓 기적들	권세
대상	택자들에게	멸망하는 자들에게	생명책에 이름이 없는 자들

이 관찰에서 알 수 있는 것처럼, 미래에 나타날 "불법의 사람"의 활동은 참 메시아인 예수님의 활동과 비슷하다. 차이점은 참 메시아이신 예수님은 하나님께 보냄 받은 자로서 택한 자들에게 나타나는 반면, 이 "불법의 사람"은 사탄의 대리인으로 멸망하는 자들에게 나타난다. "불법의 사람"이 마치 참 메시아인 예수님처럼 행동하는 것이다. 달라진 점은 하나님의 자리에 사탄이 있는 것이다. 즉 사탄이 예수님의 메시아 사역을 벤치 마킹하여, 하나님을 흉내 내고 택자들을 속이기 위해 불법의 사람을 자기의 '메시아'로 사용하는 것이다.

따라서 이것이 종말이 가까워 질때 나타날 일이다. 사탄은 하나님을 모방하여 가짜 메시아를 자신의 메시아로 세우고 마지막 때에 세상

---

495   Cf. Frame, *Thessalonians*, 253.

을 미혹한다.⁴⁹⁶ 그러나 이 불법의 활동은 매우 은밀한 활동으로 신자가 깨어 있지 않으면 분별하기 매우 어렵다. 아더 무어(Arthur Lewis Moore)는 이 활동을 다음과 같이 설명한다.

> 우리는 미래의 죄의 사람이 나타날 것과 현재 불법의 비밀스런 활동의 관계를 다른 식으로 이해한다. 아마도 이에 대한 실마리는 아포칼립데(ἀποκαλυφθῇ, 2:3)와 뮈스테리온(μυστήριον, 2:7)에 있을 수 있다. 파루시아(2:2, 8-9) 이전 기간에, 악은 은밀한 형태로 활동한다. 이것은 악이 전혀 드러나거나 나타나지 않는다는 말이 아니라, 일반적으로 매우 섬세한 방식으로 활동한다는 말이다. 그러다가 가끔씩 가시적으로 강력하게 급증된다. 이러한 강력한 악의 출현은, 적그리스도라는 인물로 집결되고, 종말 직전에 올 것이 기대된다. 바울은 이것이 아직 일어나지 않았으므로 경고한다. 만일 주의 날이 이미 현재라면, 즉 와 있다면, 바울의 말은 이상한 말이 된다.⁴⁹⁷

하지만 "불법의 사람" 또는 "불법"의 활동은 은밀할 뿐만 아니라 "막는 것"과 "막는 자"가 있다.

3.1.3 "막는 것"과 "막는 자"(살후 2:7)

바울은 불법이 현재적으로 활동하고 있다는 것과 현재 저지당하고 있다는 것을 말한다.

---

496 Vos, *Pauline Eschatology*, 116-120.
497 Moore, *Parousia in the NT*, 111-112.

살후 2:6-7 너희는 지금 그로 하여금 그의 때에 나타나게 하려 하여 막는 것(τὸ κατέχον)이 있는 것을 아나니, ⁷ 불법의 비밀이 이미 활동하였으나 지금은 막는 자(ὁ κατέχων)가 있어 그 중에서 옮겨질 때까지 하리라.

여기서 "막는다"는 말은 "억압하다" 또는 "압제한다"는 말이다. 바울은 로마서 1:18에서 하나님의 진노가 불의로 진리를 "가로막는" 사람들에게 내린다고 할 때, 이 단어를 사용했다. 그러면 이렇게 "막는 것" 또는 "막는 자"는 무엇을 또는 누구를 가리키는가? 이에 관하여 지금까지 크게 세 가지 해석이 제안되었다.

	막는 것(τὸ κατέχον)	막는 자(ὁ κατέχων)
1.	로마 제국	로마 황제
2.	복음 전파	성령 또는 선한 교사나 사도[498]
3.	하나님이 정한 초자연적 권능	하나님이 임명한 초자연적 권능과 권세가 있는 존재[499]

그럼 이 세 해석의 요지와 비판점을 차례로 살펴보자.

3.1.3.1 로마 황제

첫 번째 해석은 "막는 자"(ὁ κατέχων)를 로마 황제로 보고, "막는 것"(τὸ κατέχον)을 로마 제국으로 보는 것이다. 그렇다면 본문이 가리키는 로마 황제는 구체적으로 누구인가? 사도 바울이 데살로니가후서를 기록한 시기 전과 후 로마 황제들과 치세 기간, 이 때 시리아-유대아에서 일어

---

[498] Moore, *Parousia in the NT*, 113–114.

[499] Ridderbos, *Paulus*, 586: "그는 하나님의 명령을 받아 죄악의 사람이 오기로 한 때까지 사단의 능력이 마지막으로 나타나는 것을 저지하는 존재이다."

난 주요 사건을 개관하면 다음과 같다.

로마 황제		시대	예수, 바울; 유대아
아우구스투스	Augustus	BC 31...	
			탄생; 헤롯 대제, 아켈라우스
		AD ... 14	안티파스, 빌립, 빌라도(26–36)
티베리우스	Tiberius	14–37	공생애 시작...; 마룰루스(36–53)
갈리굴라	Caligula	37–41	
클라우디우스	Claudius	41–54	아그립바1세(41–44)
			데살로니가전후서(51/52)
			아그립바2세(49–93)
			바울 제3차 전도여행(51–56)
네로	Nero	54–68	가이사랴 수감(57–59)
			로마여행(59–60)
			로마 감옥(61–62) 순교(63/54)
갈바	Galba	68–69	
오토	Otho	69	
비텔리우스	Vitellius	69	
베스파시안	Vespasian	69–79	예루살렘 멸망(70)
티투스	Titus	79–81	
도미치안	Domitian	81–96	
네르바	Nerva	96–98	
트라얀	Trajan	98–117	
하드리안	Hadrian	117–138	
안토니우스 피우스	Pius Antonius	138–161	
루키우스 베루스	Verus	161–169	
마르쿠스 아우렐리우스	Marcus Aurelius	161–180	
코모두스	Commodus	180–193	

위 표에서 알 수 있는 것처럼, 데살로니가후서 저작 시기를 고려할 때,

이 시기에 후보는 한 사람뿐이다. 로마 황제 클라우디우스(Claudius; AD 41-54)이다. 이 해석은 바울이 이 황제를 높이 평가했다는 것을 전제한다. 그러나 단순히 클라우디우스가 황제이기 때문이 아니라, 그의 전임자들이었던 갈리굴라(Caligula; 37-41)나 아직 황제가 되어 시험대에 오르지 않은 네로(Nero, 54-68)와 대조적인 모습 때문일 것이다. 물론 클라우디우스는 갈리굴라나 네로와 비교할 때 상대적으로 선한 황제였다. 갈리굴라와 같은 광기도 없었고 네로처럼 폭정을 일삼지도 않았다. 하지만 과연 클라우디우스에게 전임 두 황제와 같이 광기가 없었다고 하여 우주적 활동을 개시한 사탄을 저지하는 엄청난 능력을 지닌 인간 기관으로 볼 수 있는가? 그렇지 않다. 클라우디우스(Claudius)는 유약한 황제로서 잠시 그의 아내를 통해 통치한 사람에 지나지 않기 때문이다. 수에토니우스는 클라우디우스에 대해 이렇게 썼다. "그는 이런 해방 노예와 아내에게 큰 영향을 받았다. 때문에 황제라기보다는 그들의 하인으로 불리는 게 더 어울릴 것 같다."[500] 과연 이런 나약한 사람을 바울이 "저지하는 자"라고 표현했겠는가?

만일 황제가 아니라 로마제국만 취한다면 어떻게 되는가? 이렇게 하면 로마제국이 당시 세계를 지배하는 세력이었으므로 혹 "막는 것"은 설명할 수 있을지 모르지만, "막는 자"(ὁ κατέχων)는 설명할 수 없다.[501] 이것이 첫 번째 해석의 약점이다.

그러면 세 번 해석은 어떤가?

---

500   Suetonius, 「클라우디우스」§ 29, in 『열두 명의 카이사르』, 조윤정 옮김(서울: 다른세상, 2009), 303; E. Gibbon, 『로마제국 쇠망사』 1.80: "게르마니쿠스의 동생인 어리석은 클라우디우스…"; 1.89: "허약했던 클라우디우스…"

501   Cf. Moore, *Parousia in the NT*, 113-114.

3.1.3.2 초자연적 권세자

세 번째 해석은 "막는 자"는 하나님이 임명한 초자연적 권능과 권세가 있는 존재로 보고, "막는 것"은 이 권세자가 가진 초자연적 권능으로 설명하는 것이다. 이 해석은 가능성이 없지 않으나 사실상 아무것도 설명하지 못한다. 현재 해석의 주안점은 과연 이 "막는 자"가 구체적으로 누구이며, "막는 것"은 무엇인가 하는 것이다. 그래서 첫 번째 해석에서처럼 구체적인 인물과 대상을 찾고 있다. 그러나 세 번째 해석에서는 초자연적인 권능이 무엇인지 또 그 권세자가 누구인지를 제시하지 않는다. 과연 이 초자연적인 권능과 권세자는 누구인가? 또 미래에, 재림 직전에 하나님께서 일으키실 것에 강조점을 둔다면 미래에 그런 일이 있을 수 있다고 예상할 수 있지만, 바울의 말과는 상관이 없다. 왜냐하면 바울은 "불법"의 현재적 활동, 곧 "지금은 그것을 막는 자가 있어 그 중에서 옮겨질 때까지" 활동을 말하고 있기 때문이다(cf. 살후 2:7).

그렇다면 두 번째 해석은 무엇이며 어떻게 평가할 수 있는가?

3.1.3.3 복음과 복음사역자

이 해석은 "막는 자"를 성령이나 사도들, 복음 전도자들 등 "복음을 전하는 자"를 가리키는 것으로 보고, "막는 것"을 "복음 선포"로 설명한다. 이 해석을 지지하는 것은 두 가지이다. 첫째, 이 두 개념의 기초가 되는 동사는 카테코(κατέχω)인데, 이 동사는 신약에서 무언가를 "막는" 또는 "억제하는" 활동(activity)을 가리킨다. 예를 들면, 진리를 억압하는 것이다.

> 롬 1:18 하나님의 진노가 불의로 진리를 **막는 사람들**(οἱ τὴν ἀλήθειαν ἐν ἀδικίᾳ κατέχοντες)의 모든 경건하지 않음과 불의에 대하여 하늘로부터 나타나느니라.

바울은 여기서 "막는"이란 말을 현재분사(κατέχοντες)로 쓴다. 이것은 진행되고 반복되는 행동을 가리킨다. 불의로 진리를 막는 활동은 지금도 있고 과거에도 있었고 앞으로도 있을 것이라는 의미이다.

둘째, 데살로니가후서는 복음 전파를 자주 언급한다(살후 1:8, 10; 2:5, 10, 13). 바울은 계속해서 복음을 전하는 것과 복음의 진로에 방해가 없기를 항상 바라고 기도를 요청한다(cf. 살후 3:1-2).

이 두 가지 점을 고려하면, 바울과 바울의 복음사역을 통합적으로 설명할 수 있다. "막는 자"는 바울과 바울 동역자들을 가리킬 수 있다. 더 가능성이 있는 것은 "막는 것," 곧 불법의 활동을 저지하는 힘 또는 복음 자체에, 실제적인 형태를 부여하는 복음 선포자이다.[502] 만일 이 관찰이 옳다면, 바울은 "막는 것"에서 "막는 자"로 관점을 이동하고 있다. 이것은 복음의 위대성에 대한 선언이다. 복음이 하나님의 생명에서 떠나 본성이 완전히 썩고 부패한 백성을 구원한다면, 이것은 그 백성을 붙들고 노예 삼은 사탄을 결박하고 그에게서 하나님의 백성을 해방한 것을 의미한다. 따라서 복음 전파의 주체인 사도들과 말씀 사역자가 "막는 자"가 된다. 바울은 "막는 자"와 "막는 것"의 활동, 이 활동의 배후에 있는 사탄과 사탄의 '메시아,' 이 '메시아'를 통해 드러나는 불법의 활동을 계시하고 있는 것이다.

바울의 눈으로 세계를 둘러보자. 하나님은 세상을 창조하셨고 역사 속에 그분의 나라를 세우셨다. 그리고 역사의 한복판에 예수 그리스도의 십자가와 부활을 통해 종말론적 새 시대를 출범시키셨다. 신자는 복음을 통해 이렇게 출범한 하나님의 나라에 참여한다. 그러면 보이는 세계의 경계를 넘어 보이지 않는 세계로 시야를 넓히면 어떻게 되는가? 복

---

502 Cf. Moore, *Parousia in the NT*, 113–114.

음 전파자가 이 땅에 복음을 전하는 것은 무엇을 의미하는가? 말씀 사역자와 복음이 활동한다는 것은 사탄이 자신의 대리자를 통해서 활동하는 것이 저지되고, 불법의 비밀이 역사하는 것을 제어한다는 뜻이다. 신자가 미처 인식하지 못하고 매일 살아가는 은혜의 "현실"(reality)이 바로 이것이다.

사람에게 믿음이 "도착하면"(갈 3:23) 어떤 일이 일어나는가? 의식적인 믿음과 신앙이 찾아오면 무엇을 깨닫게 되는가? 사람이 예수님을 인격적으로 영접하면, 예수님을 믿기 전과 후가 완전히 다르다. 세상이 바뀐다. 특히 예수님 없이 살 때 두려워하던 것들이 일순간에 사라진다. 귀신과 어두움, 수없이 많은 영에 대한 두려움이 없어지고 담대해진다. 나이와 성별과 노유와 상관이 없다. 이런 일이 왜, 어떻게 일어나는가? 논리적으로 설명하는 것은 불가능하다. 천지를 지으신 하나님이 내 아버지시라는 성령의 증거, 하늘과 땅의 모든 권세를 가지고 계시며 모든 정사와 권세 위에 계신 예수님의 십자가, 그 십자가를 지신 분이 나의 주와 구주가 되시고 나를 죄에서 해방시켜 주셨다는 의식이 동시에 그 사람의 영혼을 둘러 진을 치기 때문이다. 따라서 복음이 한 사람에게 들어오자마자 사탄의 공격을 막고, 그 사람의 영혼과 믿음을 지키는 것이다. 이것을 데살로니가후서에서는 "막는 자"와 "막는 것"이라고 표현한 것이다.

지금까지 데살로니가후서 2장에 나오는 "불법의 사람"과 "막는 자" 및 "막는 것"을 간략하게 살펴보았다. 이제 시야를 신약 전체로 확대해 보자. 특별히 복음서와 요한계시록으로 눈을 돌릴 것이다. 그러면 바울이 말한 "막는 자"와 "막는 것"의 활동이 예수님이 여신 "종말 시대"에 나타나는 사탄결박과 깊은 관련이 있다는 것을 알 수 있다.

3.2 사탄결박

사탄과 그 '메시아'인 "불법의 사람"의 활동은 "사탄결박"과 관련이 있다. 이것은 두 곳에서 관찰할 수 있다. 복음서와 요한계시록이다.

3.2.1 예수님의 공생애

첫째, "사탄결박"은 예수님의 공생애 시작 시 이미 선포한 사실이다. 그러면 어떻게 예수님의 역사적 출현이 종말 시대가 될 수 있는가? 이러한 질문은 신약의 성격에 대한 오해에서 비롯된 것이다. 현대인은 신약 역사를 나누고 예수님의 공생애를 과거 역사로, 후에 올 종말 징조와 재림을 미래 역사로 본다. 그러나 우리 주님은 자신이 공생애를 시작할 때 종말 시대가 시작되었으며 하나님 나라가 출범했다고 선언했다(마 4:17, 막 1:15). 사도들 또한 예수님의 공생애 동안 일어난 기적을 종말에 있을 기사와 징조와 연결했다(cf. 행 2:19-20, 22). 그러므로 예수님이 귀신을 쫓아냈을 때, 하나님의 나라가 이미 임했다고 선언하셨다(cf. 마 12:28, 눅 11:20).

나아가 예수님은 나사렛 회당에서 "은혜의 해"를 선포했는데, 그 내용은 무엇이었는가? 바로 포로된 자들의 "해방"이었다(눅 4:18). 또 예수님은 18년 동안 귀신들려 앓으며 등이 굽어 조금도 펴지 못한 여자를 고쳐 주시면서 자신의 메시아 사역은 사탄에게서 자기 백성을 풀어주는 일이라고 선언하셨다.

> 눅 13:16 그러면 열여덟 해 동안 사탄에게 매인 바 된 이 아브라함의 딸을 안식일에 이 매임에서 푸는 것이 합당하지 아니하냐?"

고 선언하셨다(cf. 눅 13:11).

3.2.2 교회의 오늘

둘째, 사탄결박은 요한계시록이 알리는 종말현실이다. 사도 요한은 용이 잠시 풀릴 것이라고 말한다.

> **계 20:7-8** 천년이 차매, 사탄이 그 옥에서 **놓여**(λυθήσεται), 8 나와서 땅의 사방 백성 곧 곡과 마곡을 미혹하고 모아 싸움을 붙이리니 그 수가 바다의 모래 같으리라.

요한은 "사탄이 그 옥에서 놓일 것이다"라고 말한다. 여기서 세 가지 점에 주목해야 한다. 놓이는 주체와 놓이는 장소, 놓이는 시점이다. 첫째, 놓이는 주체는 누구인가? "사탄"이다. 사탄은 앞에서는 "큰 용" 또는 "옛 뱀, 마귀"라고 말한다(계 12:9).

둘째, 놓이는 장소이다. "옥"이다. 이 "옥"은 "무저갱," 즉 끝이 없는 구덩이이다.

셋째, 놓이는 시점이다. 요한은 "놓이다"는 말을 미래(λυθήσεται)로 쓴다. 지금 현재가 아니라 미래의 어느 시점에 풀릴 것이라는 뜻이다.

그렇다면 이것이 "막는 자"와 "막는 것"과 어떻게 연결되는가? 이 질문에 대한 대답은 요한의 말에 대해 다시 한번 질문하면 곧 드러난다. 즉 이 용, 옛 뱀, 마귀, 사탄은 미리 어느 시점에 무저갱에서 풀려나게 될 것인데 그렇다면 지금 현재는 어떤 상태에 있는가? 사도 요한은 이것을 앞에서 이미 말했다.

> **계 20:2-3** 용을 잡으니 곧 옛 뱀이요 마귀요 사탄이라. 잡아서 1,000년 동안 **결박하여** 3 무저갱에 던져 넣어 잠그고 그 위에 인봉하여 1,000년이 차도록 다시는 만국을 미혹하지 못하게 하였는

데, 그 후에는 반드시 **잠깐 놓이리라**(δεῖ λυθῆναι).

이 구절에 따르면, 용은 현재 "결박되어" 있다. 그리고 이 현재는 "1000년"이며, 이 기간이 지나면 "반드시 잠시 풀려나게 될 것이다." 따라서 현 시대는 사탄이 결박되어 활동이 저지되고 있는 시대인 것이다.

그러면 사탄은 결박되어 있는데 현 시대에 어떻게 미혹할 수 있는가? 사도 요한은 용에게 권세를 받은 존재를 소개한다.

> **계 13:1-6** 내가 보니 바다에서 **한 짐승**이 나오는데, 뿔이 열이요, 머리가 일곱이라. 그 뿔에는 열 왕관이 있고 그 머리들에는 신성을 모독하는 이름들이 있더라. ... [4] 용이 **짐승에게 권세를 주므로** ... [5] 또 **짐승**이 큰 말과 참람된 말하는 입을 받고 또 마흔두 달동안 일할 권세를 받으니라. [6] **짐승이 입을 벌려 하나님을 향하여 훼방하되, 그의 이름과 그의 장막 곧 하늘에 거하는 자들을 훼방하더라.**

따라서 이 "바다에서 올라온 짐승"은 용에게서 권세를 받아 하나님을 모독하고 의인들을 비방한다.

그러면 언제 사탄은 결정적으로 묶이게 되는가? 바로 십자가와 부활이다. 이를 통해서 정사와 통치자들의 무장이 해체된다(cf. 골 2:15). 이것이 절대적인 결박이다. 하지만 사탄은 자신의 '메시아'를 통해 계속해서 일한다. 이것이 상대적인 결박이다.

요한은 바울과 다른 언어를 사용하지만 내용에서는 정확하게 일치하는 것을 알 수 있다.

앞에 관찰한 결과 다음 두 가지 사실을 알 수 있다. 신약은 사탄의 이중 결박을 말한다. 하나는 절대 결박이고, 다른 하나는 상대 결박이다. 절대 결박은 예수 그리스도의 십자가 부활을 통한 결박이다. 이렇게 절대적으로 결박되므로 사탄은 신자들이 소유한 영원한 생명을 결코 건드릴 수 없는 것이다. 반면 상대 결박은 사탄이 자기 대리자를 통해서 하는 활동을 가리킨다. 사탄이 결박 당한 뒤 1,000년 후에 "놓이는" 것은 두 번 모두 수동태(δεῖ λυθῆναι αὐτὸν, 계 20:3; λυθήσεται, 계 20:7)로 되어 있다. 이것은 "사탄의 놓임이 하나님의 구원 계획 중 허용된 작정의 경륜을 명시하는 것이다."[503] 이것을 다음과 같이 요약할 수 있다.

> 결론적으로 사탄을 "1,000년 동안 결박하여 ... 만국을 미혹하지 못하게" 된 의의는 절대적인 뜻으로 주의 십자가 승리로 말미암은 결정적 결과이다. "하나님 아버지 우편에 앉으심," 곧 부활 승천으로 왕위에 취임한 기간 즉 "일천년 동안" 사탄은 "예수 그리스도의 증거"(계 1:2)라는 주의 복음 선포를 이제 막을 수 없다. 다시 말하면, 복음이 보편적으로 만민에게 증거되어 만민 가운데서 구원이 일어나는 것과 성도들이 "하나님의 인"으로 인봉된 것, 즉 절대적 보호 아래 있는 것을 사탄은 가히 범접할 수가 없다. 이것이 바로 절대적 사탄 결박인 것이다. 한편 사탄은 자기 대행자들을 통하여 하나님의 "허용된 작정" 안에서 활동하는데, 이것이 상대적 사탄 결박인 것이다.[504]

데살로니가후서 2:6-7에서 "막는 것과 막는 자가 있어 그 중에서 옮길 때까지 하리라"는 말씀은 주님 재림 전 기간을 가리킨다. 요한계시록

503　홍창표, 『천년왕국: 그리스도로 더불어 왕노릇함』(수원: 합신대학원출판부, 2007), 94; P. Gaechter, "Original Sequence of Apocalypse 20-22," ThSt 10 (1945): 485–521; W. Hendriksen, *More than Conquerors: An Interpretation of the Book Revelation* (Grand rapids: Baker Book House, 1967), 188-190.

504　홍창표, 『천년왕국』, 93.

에서 사탄은 결박 당해 있고, 그의 대행자들[짐승]이 활동하는 시기이다. 다시 말해 1,000년의 사탄 결박 기간과 "막는 자"와 "막는 것"의 활동 기간이 일치하는 것이다. 따라서 막는 것과 막는 자의 활동은 다름 아닌 교회의 복음 "증거"가 계속되고, 이 복음이 사탄을 결박하는 일이며, 사탄의 활동은 "절대적인 의미에서 결박당했기 때문에 무능할 뿐이라는 것이다."[505] 따라서 여기서 바울이 "막는 것"에서 "막는 자"로 동일한 차원에서 관점을 이동시키는 이유를 알 수 있다. 이 "인격화"는 복음이 사탄을 결박시키고, 만민을 구원하는 일을 하는데, 복음 전파의 주역이 주님의 대명령을 준행할 사도와 성도들이며, 이들이 "막는 자"임을 나타낸다.[506]

지금까지 바울은 그리스도의 재림이 오기 전 나타날 전조를 설명했다. 그러면서 "막는 자"와 "막는 것"이 있어서 "불법의 사람"과 "불법의 비밀"의 활동을 저지하고 있다는 사실을 전했다. 이제 이 메시지가 신약 종말 시대를 사는 교회에 어떤 의미가 있는지 살펴보자.

3.3 종말 시대와 복음의 영광

바울은 자신의 "종말강화"(살후 2:1-12)에서 복음과 복음 사역자를 어떻게 생각하고 있는지 알린다. 바울은 복음을 전하는 자들의 일을 우주적인 악이 드러나는 일을 막을 수 있는 일로 설명한다. 그야말로 권세 있는 일이다. 이것을 요한계시록의 용어로 말하면, 복음선포가 사탄을 결박하는 일이다. 현대인의 세계관과 바울의 세계관이 많이 다르다. 현대인은 삼백 년 전 과학혁명 이후로 보이지 않는 세계를 포함한 우주관을

505　홍창표, 『천년왕국』, 142.
506　Cf. 홍창표, 『천년왕국』, 143.

인간의 의식에서 다 몰아냈다. 보이지 않는 세계의 존재를 포함하는 사고를 미신으로 취급한다. 이것은 일면 긍정적인 면이 있다. 하지만 세계관이 매우 가난해졌다는 것은 부인할 수 없다.

3.3.1 종말 시대

신약 시대를 "은혜의 때"(고후 6:2)라고 부른다. 이것은 사탄 결박과 관련이 있다. 사탄이 절대적으로 결박되어 있기 때문에 은혜가 지배하는 시대라고 부를 수 있다. 하지만 여기서 반문할 수 있다. 과연 신약 시대에 사탄의 활동이 없거나 '약한가'? 사도 베드로는 "너희 대적 마귀가 우는 사자 같이 두루 다니며 삼킬 자를 찾는다"(벧전 5:8)고 하지 않는가? 나아가 신자들은 실제 삶에서 많은 시험을 당하며 안팎에 있는 죄로 탄식하며 몸의 구속을 기다리고 있다(롬 8:19-23).

하지만 인간이 얼마나 부패하고 어느 정도까지 속을 수 있는가? 헤로도투스는 인도에서 이집트까지 여행하면서 인간의 관습을 기록해서 전한다.[507] 몇 가지 예를 들면 다음과 같다. 바벨론에 사는 여자들은 "누구나 일생에 한 번 아프로디테의 신전에 가서 그곳에 앉아 있다가 낯선 남자와 교합해야 한다"(1.199). 카우카소스 산맥 부족은 "가축처럼 남녀가 공개적으로 교합한다"(1.203). 맛사게타이족은 "각자 한 명의 아내와 결혼하지만, 아내들을 공유한다. … 맛사게타이족 남자가 어떤 여자를 원하면 그녀의 수레 앞에다 화살통을 걸어 두고 거리낌 없이 교합하며, 또 누군가 고령이 되면 친척들이 모두 모여, 양이나 염소 몇 마리와 함께 그를 죽여 그 고기를 삶아 먹는다. 그들은 그것을 큰 행복으로 여긴다. 한편 병들어 죽는 사람은 먹지 않고 땅에 묻는데, 그들은 먹히지 못

---

[507] 헤로도투스, 『역사』, 천병희 옮김(고양: 도서출판 숲, 2012). 이하 권수와 절수만 표시한다.

하게 되는 것을 재앙으로 여긴다"(1.216). 인도의 칼리티아이족은 "부모의 시신을 먹는다"(3.38).

헤로도투스는 이집트 멘데스인들의 행위를 보고 충격을 받았다. "멘데스인들은 모든 염소들을 신성시하되 숫염소를 암염소보다 더 신성시하고 ... 숫염소 가운데 한 마리가 특별히 존중받는데, 그 숫염소가 죽으면 멘데스 지방 전체가 애도한다. ... 내가 멘데스에 갔을 때 그곳에서는 놀라운 사건이 일어났는데, 숫염소가 공공연히 한 여인과 교합했던 것이다. 말하자면 사람들이 보는 앞에서 그런 일이 벌어졌던 것이다"(2.46).[508]

인간이 "공중의 권세 잡은 자를 따를 때" 그들의 상태는 무엇인가? "본질상 진노의 자녀"이다(엡 2:2-3). 믿음이 오기 전 세계의 사람들이 행하는 일들은 "말하기도 수치스러운 것들"이다(엡 5:18). 그런데 하나님이 이런 상태에 있었던 그들을 "흑암의 권세에서 건져내사 그의 사랑의 아들의 나라로 옮기신" 것이다(골 1:13).

그러면 복음을 전하면 어떻게 되는가? 바울은 복음이 "불법의 비밀"의 활동을 "막는다"고 말한다. 이것은 복음의 영광과 권세이다.

3.3.2 복음의 영광

복음이 "불법의 비밀"을 막는다는 것은 무엇을 가리키는가? 복음은 길 가운데 서서 "불법의 사람"을 통해 역사하는 사탄의 의도와 계획, 일을 막는다. 마치 전쟁에서 적군의 활동을 막는 보루처럼 복음을 전하는 곳에 사탄의 활동이 저지되고 있고 그의 지배 영역이 줄어들며, 반대로

---

[508] 모세의 율법은 수간을 금하는데(출 20:19; 레 18:22-23, 20:15-16; 신 27:21), 그 배경에 이런 이집트 관습이 있었을 수 있다.

그리스도의 통치 영역이 확장되는 것이다. 따라서 사도와 말씀 사역자의 복음 전파를 통해 물리적인 세계의 지도는 그대로 있지만, 보이지 않는 세계의 판도가 바뀌고 있다는 것이다.

이것은 복음을 전하는 자의 직분이 얼마나 영광스러운지 드러낸다. 신약 신자와 말씀 사역자는 이 의식을 회복해야 한다. 복음은 보이는 세계의 사람을 상대하는 것처럼 보이지만, 실제로는 악한 영들과 보이지 않는 세계를 상대하는 것이다. 왜 신자와 말씀 사역자가 기도해야 하는가? 왜 신자와 말씀 사역자가 하나님을 의지해야 하는가? 복음을 전하는 일은 하나님의 사업이요 개인의 일이 아니기 때문이다. 신자와 말씀 사역자 개인의 기호에 따라 복음을 전해도 되고 전하지 않아도 되는 일이 아니다. 만일 사도와 교회가 복음을 전하지 않는다면 한편으로 이 "막는 일"에 참여할 수 없고, 다른 한편으로 영광스러운 하나님의 일에 참여하지 못한다. "내가 만일 복음을 전하지 않으면 내게 화가 있을 것이로다"(고전 9:16). 따라서 하나님을 의지해야 한다. 하나님을 알고, 하나님의 말씀을 깊이 깨달아야 한다. 그리스도인은 신자와 복음 선포자로서 정체성을 가져야 한다. 하나님 말씀에 대한 수용 능력이 큰 마음(a heart with great capacity to receive God's Word)에 대한 소원이 있어야 한다.

그러면 이렇게 "막는 것"이 중간에서 제거되면 어떻게 되는가? 악이 급증하고 주님이 오신다. 바울은 파루시아는 모든 사람에게 공적으로 나타날 것이라고 말한다.

3.4 파루시아의 공적 성격

바울은 현재 "막는 것"의 활동과 이 활동의 중지로 일어날 일을 다음과 같이 예고한다.

살후 2:7-8 불법의 비밀이 이미 활동하였으나, 지금은 그것을 막는 자가 있어 그 중에서 옮겨질 때까지 하리라. ⁸ 그 때에 불법한 자가 **나타나리니**(ἀποκαλυφθήσεται), 주 예수께서 그 입의 기운으로 그를 죽이시고 **강림하여 나타나심으로**(τῇ ἐπιφανείᾳ τῆς παρουσίας αὐτοῦ) 폐하시리라.

바울에 따르면, "막는 것"이 "그 중에서 옮겨지면" "불법한 자가 나타나게 된다." 그리고 "주 예수께서 강림하여 나타나신다." 우리말 성경은 불법한 자와 주님의 종말론적 현현을 모두 "나타남"으로 번역했다. 하지만 바울은 이 두 사건을 다른 단어로 표현했다. 불법한 자에게는 "드러나게 될 것이다"라는 수동미래 표현(ἀποκαλυφθήσεται)을 썼다. 이것은 "불법한 자"의 활동 양식의 반대를 가리킨다. 그는 지금까지 불법의 아들과 불법의 비밀의 배후에 숨어서 활동했다. 이제 막는 것이 제거되었으므로, 요한계시록 용어로 표현하면, 천년 후에 잠시 풀려났으므로, 공개적으로 자신을 드러내는 것이다. 나아가 바울은 불법한 자를 남성(ὁ ἄνομος)으로 표현한다(살후 2:8a). 이것은 우주적인 규모의 악의 활동이 구체적인 한 인물에 집중되어 나타날 것을 의미한다. 따라서 우주적 규모의 악과 불법이 구체적인 한 인물에게 집중된 것처럼 나타날 것이다.

이때 주님이 그를 "자신의 입의 기운으로 멸절시키실 것이다"(살후 2:8b). 이 일은 그리스도의 파루시아가 비춤(ἡ ἐπιφάνεια τῆς παρουσίας αὐτοῦ)을 통해 실행될 것이다. 여기서 의도적인 어휘가 두 개 등장한다. 하나는 "비춤"이고, 다른 하나는 "파루시아"이다. 먼저 "비춤"은 흑암과 빛을 대조하기 위한 것이다. 바울은 앞에서 종말에 악과 불법이 초고밀도로 증가할 것이라고 말했다. 이 악이 한 인물에 응축될 것이다. 이것은 세계를 칠흑 같은 어두움에 빠지게 할 것이다. 그런데 그 흑암에 빛이 비출 것인데, 바로 주 예수의 파루시아이다. 다음으로 이 "파루시아"는 반대자들이 데살로니가 교인들을 흔든 거짓 가르침의 핵심이다. "주의 날이 이르렀다"(살후 2:3). 바울은 이 주장을 이제야 직접적으로 반박한다. 이것은 파루시아가 배교와 불법의 활동 후 나타날 우주적인 스케일의 악의 증가와 사탄적 인물의 출현에 대응하는 사건임을 표현한 것이다.

파루시아 편에서 이것을 다시 말하면 어떻게 되는가? 바울에 따르면, 파루시아는 공적인 사건이다. 사탄과 그의 '메시아' "불법의 사람"의 활동이 우주적이고 공개적이듯, 이 활동을 멸절시킬 주님의 재림도 우주적이고 공개적인 사건이다. 이 사건은 모든 인류에게 공적으로 드러날 것이다. 따라서 어느 한 사람이 "이미 이르렀다," "이미 지났다" 말할 수 없다는 것이다. 그러므로 예수님은 복음서에서 다음과 같이 말씀하셨다.

눅 17:24 번개가 하늘 아래 이쪽에서 번쩍이어 하늘 아래 저쪽까지 비침같이 인자도 자기 날에 그러하리라.

예수님도 바울도 파루시아가 공개성을 갖는다고 말한다. 따라서 이 공개성이 성경 종말론의 본질이다. 파루시아는 어느 개인이나 그룹에게 사적으로 일어나는 일이 아니다. 모든 사람에게 공개적으로 다 드러날 것이다.

따라서 바울의 논증에 따르면, "우리에게서 받았다는 영이나 우리가 했다는 말이나 우리가 보냈다는 편지를 통해" 자신들만이 알고 있는 "주의 날이 이미 이르렀다"는 주장은 거짓이다. 이것은 사도적 가르침과 전통(살후 2:15)이 아니다. 파루시아는 그렇게 비밀스럽게 일어날 수 있는 일이 아니다. 예수님의 재림은 하나님이 현 세계 역사를 종결하는 우주적인 사건이므로 모든 사람에게 공개적으로 드러난다. 보이는 세계는 물론 보이지 않는 세계에까지 다 알 수 있게 나타난다. 따라서 신자는 안심하고 지금 하는 일에 집중하며 깨어 규모 있게 살아야 한다. 그러면서 복음을 전하는 일과 그리스도인의 진정한 덕성과 품위를 드러내는 일에 집중해야 한다.

지금까지 바울이 데살로니가후서 2장을 통해 전한 종말복음을 들었다. 여기서 바울은 파루시아에 대한 거짓 교훈을 반박하고 있다. 하지만 이 논증을 데살로니가전서의 종말복음과 비교해 보면, 서로 다른 메시지 같이 들리는데 이것은 어떻게 설명할 것인가? 이제 이 문제를 짧게 살펴보자.

3.5 바울의 종말에 관한 종합적 이해

데살로니가전서 4장과 데살로니가후서 2장을 함께 읽으면, 곧 질문이 생긴다. 바울이 서로 모순되는 주장을 하는 것처럼 보이기 때문이다.

살전 4:13-5:11	살후 2:1-12
종말이 곧 이를 것이다. 주님이 오시는 날에 죽은 자들이 먼저 일어나고, 그 다음에 우리 살아있는 자들도 공중에서 주를 맞이할 것이다.	종말은 아직 오지 않았다. 주의 날이 이미 이르렀다고 하는 자들이 어떤 방식으로 말하든지 속지 말라. 주의 재림 전에 먼저 배교와 사탄의 대행자가 나타날 것이다.

이것은 서로 모순이 아닌가? 만일 모순이라면, 바울이 어떻게 종말에 관한 두 가지 상반되는 사상을 가질 수 있는가? 이 질문에 어떻게 답할 것인가? 그 답은 성경적 종말관의 본질에 있다. 예수님과 바울, 모든 성경기자들은 임박한 종말 기대와 재림의 전우주적 공공성을 모두 주장한다. 따라서 "이것은 서로 모순이 아니다. 따라서 바울은 서로 상반되는 종말관을 가지고 있지 않다."[509]

하지만 이 말이 모순처럼 보이는 두 개념을 이해하기 쉽다는 말은 아니다. 이 둘을 통합적으로 이해하는 일은 매우 어렵다. 나아가 종말론의 특정 요소, 예를 들어 각 시대와 문화권에 따른 시간 개념의 변화라든지, 인간의 시간과 하나님의 시간의 비가측성(incommensurability) 등으로 모두 설명할 수도 없다. 이 둘은 오직 성경적 기독론과 신론 속에서 통일될 수 있다. 그러므로 주님은 한편으로 "그 날과 그 시는 알 수 없다"(눅 12:46; 마 25:13; 막 13:32)고 말씀하시면서, 동시에 "인자가 올 때, 전조가 있을 것이고(눅 21:29-33), 나아가 번개가 하늘 이 끝에서 저 끝에 나타난 것과 같이 초자연이고 공적인 사건이 될 것이다"(눅 17:24; 마 24:27)라고 알리셨다. 따라서 알 수 없으니 방종할 것이 아니라 "그 날과 그 시를 너희가 알 수 없으므로 깨어 있으라"(눅 21:34-36; 막 13:35)고 말씀하신 것이다.

---

509 Cf. Carson/Moo, *Introduction*, 540-541.

13장

목회서신

1. "목회서신"이란?

"목회서신"(Pastoral Epistles; Pastoral-oder Hirtenbriefe)이란 바울서신 중 디모데전서와 디모데후서, 디도서를 통칭할 때 사용하는 명칭(Sammelbegriff)이다. 이 명칭을 처음으로 사용한 사람은 베어돗(D. N. Berdot)이다. 베어돗은 먼저 디도서에 적용하기 시작했는데 이 때가 1703년이다. 그 후 1726-27에 안톤(P. Anton)이 "바울의 목회서신에 대한 주석적 연구"(Exegetische Abhandlungen der Past. Pauli)에서 세 서신에 모두 적용하여[510] 오늘에 이르게 되었다.

목회서신은 두 가지 측면에서 자주 공격받았다. 하나는 이 공동명칭 자체의 적절성에 대한 것이고, 다른 하나는 이 세 서신의 저자 문제이다.

---

510   안톤의 생각은 1726-1727에 발표되었으나 1735년에야 출판되었던 것으로 보인다. P. Anton, *Exegetische Abhandlung der Pastoral-Briefe Pauli an Timotheum und Titum*, im Jahr 1726 und 1727, öffentlich vorgetragen, nunmehr aber nach bisheriger Methode treulich mitgetheilet von Johann August Majer (Halle: Wäysenhaus, 1753); W. G. Kummel, *Einleitung in das Neue Testament*, 21th ed. (Berlin: Evangelische Verlagsanstalt, 1989), 324.

이 두 가지를 차례로 살펴보자.

2. 목회서신에 대한 공격

1.1 '목회서신'?

"목회서신"이란 명칭은 이 명칭에서 받는 첫인상과 다르다. 이 명칭은 목회서신의 내용을 완벽하게 잘 표현하고 있지는 않다. 왜냐하면 이 세 서신이 전적으로 "목양적 의무들" 또는 목회 방법론이나 기술을 설명하는 글이라고 볼 수 없기 때문이다.

    목회서신은 목회의 경영적이고 기술적인 부분을 다루지 않는다. 예를 들면, 감독, 집사, 장로 등의 자격과 이들이 갖추어야 할 경건과 믿음의 비밀은 강조하지만, 한 교회에 감독을 몇 명을 세워야 하는지, 한 명이면 충분한지 아니면 여러 명이 있어야 하는지 말하지 않는다. 또 세례를 베푸는 절차나 성찬식을 어떻게 진행해야 하는지에 대해서도 구체적인 지침이 없다. 나아가 감독과 집사, 장로, 이들 외 성도들의 역할과 기능이 어떻게 구별되는지 그들의 직분의 한계가 무엇인지도 언급하지 않는다.[511]

그러면 이 용어를 버려야 하는가? 그렇지 않다. 교회 내 직분과 직분자, 직제, 목회방법론 등이 중심적인 주제는 아니지만, 이 세 서신은 임명된 목회자의 목양적 책임과 임무를 지시하고 있기 때문이다.[512]

    바울은 이 "지시"에서 하나의 원칙을 분명히 제시하고 있다. 이 원

---

511 A. Schlatter, *Die Theologie der Apostel*, 2nd ed. (Stuttgart: Calwer, 1922), 423.
512 Carson/Moo, *Introduction*, 554.

칙은 긍정적인 면에서는 "진리"를 강조하는 것이다.[513] 하나님은 어떤 분이시며, 바울은 누구이고, 교회는 어떤 존재인가? 목회서신은 이렇게 말한다.

		목회서신
하나님	하나님은 모든 사람이 구원을 받으며, 진리를 아는 데에 이르기를 원하시느니라.	딤전 2:4
바울	이를 위하여 내가 전파하는 자와 사도로 세움을 입은 것은 참말이요, 거짓말이 아니니, 믿음과 진리 안에서 내가 이방인의 스승이 되었노라.	딤전 2:7
교회	이 집은 살아계신 하나님의 교회요 진리의 기둥과 터니라.	딤전 3:15

반면 거짓 교사들과 악인들은 이 진리를 잃어버리거나 대적한다.

거짓 교사	마음이 부패하여지고 진리를 잃어버려 경건을 이익의 방도로 생각하는 자들의 다툼이 일어나느니라	딤전 6:5
악인들	얀네와 얌브레가 모세를 대적한 것 같이 그들도 진리를 대적하니 이 사람들은 그 마음이 부패한 자요 믿음에 관하여는 버림받은 자들이라.	딤후 3:8

또 부정적인 면에서는 무엇을 말하는가? 바울은 "신화와 헛된 족보에 착념하는 것을 경고"한다.

		목회서신
	신화와 끝없는 족보에 몰두하지 말게 하려 함이라. 이런 것은 믿음 안에 있는 하나님의 경륜을 이룸보다 도리어 변론을 내는 것이라.	딤전 1:4
	망령되고 허탄한 신화를 버리고 경건에 이르도록 네 자신을 연단하라.	딤전 4:7

---

513 아래 "디모데전서 구조"를 참조하라.

신화와 족보는 논쟁을 일으키고 경건에 이르는 일을 방해한다. 따라서 그리스도 안에 있는 좋은 일꾼은 이를 피해야 한다.

그런데 현대 신약학계에서 "목회서신"은 바울이 직접 쓴 편지가 아니라 바울의 제자나 바울 사상을 잘 아는 후대 사람이 쓴 것이라는 주장이 많다. 이것을 위서 이론이라고 하는데, 이 개념은 무엇인가?

1.2 위조문서 이론

"위서"(pseudepigraphie) 이론이란 디모데전후서와 디도서가 바울이 각각 다른 상황에 두 명의 수신자[와 그들이 섬기는 교회]에게 쓴 편지가 아니라, 어떤 사람이 바울의 이름으로 또는 바울의 문체를 흉내 내어 쓴 문서라는 것이다. 물론 이 이론은 견고한 것도, 모든 학자들에게 지지를 받는 것도 아니다.[514]

그러나 이 주장은 타당한가? 만일 어떤 사람이 바울의 글을 흉내내어 자신이 전하고자 하는 메시지를 전달하고자 했다면 신학과 논리에서 정연한 글을 썼을 것이다. 하지만 바울 사역과 삶의 구체적인 경험과 사소한 일까지 지어낼 수는 없다. 그런데 이 세 서신에는 한 사람이 책상에서 썼다고 보기에는 역사적으로 매우 사소하고 구체적인 일이 많다. 독자들은 이런 일들을 어렵지 않게 관찰할 수 있다. 몇 가지 예를 들어보자.

	목회서신
1. 내가 마게도냐로 갈 때에 너를 권하여 **에베소에 머물라** 한 것은 어떤 사람들을 명하여 다른 교훈을 가르치지 말게 하려 함이라.	딤전 1:3

---

[514] 이 이론에 대한 반박에 관해서는 Carson/Moo, *Introduction*, 555–570을 참조하라.

2. 내가 속히 네게 가기를 바라나 이것을 네게 쓰는 것은　　　딤전 3:14-15
   ¹⁵ 만일 **내가 지체하면**, 너로 하여금 하나님의 집에서 어떻게
   행하여야 할지를 알게 하려 함이라.
3. 원컨데 주께서 오네시보로의 집에 긍휼을 베푸시옵소서.　　딤후 1:16-17
   그가 나를 자주 격려해 주고, **내가 사슬에 매인 것을
   부끄러워하지 아니하고,** ¹⁷ **로마에 있을 때에 나를 부지런히
   만났음이라.**
4. 네가 올 때에 내가 드로아 가보의 집에 둔 **겉옷**을 가지고　　딤후 4:13
   오고, 또 책은 특별히 **가죽 종이에 쓴 것을** 가져오라.
5. 율법교사 세나와 및 **아볼로**를 급히 먼저 보내어 그들로　　딛 3:13
   부족함이 없게하라.

바울이 여기서 디모데와 디도에게 명령하거나 부탁하거나 알리는 것은 매우 특별한 것들이다. 더 구체적으로 말하자면, 이것은 신학이 아닌 역사에 특별한 것이다. 다시 말해서, 자신이 마게도냐로 갈 때, 디모데를 에베소에 머무르도록 남겨 둔 사실이라든지, 그가 디모데에게 빨리 가고자 하나 늦어질지도 모르는 불확실성, 또는 "겨울 옷과 가죽 종이에 쓴 책," 그가 로마 감옥에 있을 때 부지런히 찾아와 만나 격려해준 오네시보로, 또 디도에게 "변호사"(τὸν νομχόν) 세나와 아볼로를 돕도록 말한 것 등은 디모데전후서, 디도서의 신학과는 아무런 상관이 없다. 이런 정보들을 익명의 저자가 바울의 이름을 사칭하여 자기의 신학을 전파하기 위해 썼다고 보는 것이 합리적이겠는가, 아니면 바울이 자신의 구체적인 상황을 반영한 흔적이라고 보는 것이 사실에 더 가깝겠는가?

위조문서 이론은 오늘날 목회서신의 성격과 저작시기를 결정하는 주요 근거가 되고 있다. 만일 목회서신이 위조문서라면, 목회서신은 바울이 아니라 바울과 가까운 사람이 바울의 이름으로 쓴 글이 된다. 이렇게 생각하고 나면 한 걸음 더 나아가 목회서신은 바울 사상을 담고는 있으나 바울을 통해 주신 계시는 아니라고 주장할 수 있다. 이런 생각과 주

장을 담아 만든 말이 "제2의 바울서신"(deuteropauline)이다. 여기에 목회서신이 포함된다. 그 외에 옥중서신 중 에베소서와 골로새서가 있고 마지막으로 데살로니가후서가 있다.

그러나 이 이론을 뒷받침하는 논거들은 대부분 증거의 힘을 잃었다. 예컨대 문체의 상이성이다. 나아가 목회서신에서 발견할 수 있는 신학적인 흐름과 관련이 없는 사소하고 구체적인 것들(*trivia*)은 목회서신에 대한 새로운 조명을 요구한다.

3. 바울저작으로서 목회서신

바울이 목회서신을 기록했다는 것을 어떻게 알 수 있는가? 이 판단에는 두 가지 점이 고려되어야 한다. 첫째, 신약 밖 외부 자료에서 목회서신에 대해 어떻게 증거되고 있는지 듣는 것이다. 이렇게 함으로써 목회서신의 존재 여부를 판단할 수 있을 것이다. 둘째, 목회서신이 바울 생애 중 언제 쓰였는지 살펴보는 것이다. 이렇게 함으로써 목회서신의 실제 저자를 확인할 수 있을 것이다. 그러면 먼저 역사적 증거를 살펴보자.

3.1 역사적 증거

목회서신에 대한 성경 외 증거로는 마르시온 정경목록과 테르툴리아누스의 글, 무라토리 정경목록을 들 수 있다. 첫 번째 것은 반대로부터 얻을 수 있는 증거이고, 두 번째와 세 번째 것은 긍정적인 증거이다.

3.1.1 마르시온 정경목록

2세기에 마르시온(ca. AD 140)은 자신의 성경을 만들었다. 이 '성경'에 들어가는 제목이 마르시온의 정경목록이다. 그런데 마르시온의 정경목록은 목회서신에 대한 역사적 외적 증거에 불리한 증언을 하고 있다. 마르시온은 복음서 뒤에 바울서신을 배치했는데, 여기에는 바울서신 중 10개만 들어 있다.[515]

[복음서]
1. 갈라디아서
2. 고린도전서
3. 고린도후서
4. 로마서
5. 데살로니가전서
6. 데살로니가후서
7. 라오디게아서
8. 골로새서
9. 빌립보서
10. 빌레몬서

여기서 눈에 띄는 점은 네 가지이다. 첫째, 현재 정경 순서와 전혀 맞지 않는다는 점이다. 둘째, 갈라디아서 다음에 바로 고린도전후서가 오는 것이다. 셋째, 라오디게아서이다.[516] 넷째, 디모데전서와 후서, 디도서가 없다는 점이다.

마르시온 정경목록에 목회서신이 없다는 것은 2세기 중반에 디모데전후서와 디도서가 존재하지 않았다는 것을 가리키는가? 나아가 이 세 서신이 바울저작이 아니라는 증거인가? 이 질문에 대해서는 마르시온을 반박한 다른 증거를 들은 후에 다시 살펴보도록 하자.

---

515 Th. Zahn, *Geschichte des neutestamentlichen Kanons*, Vol. 2 (Erlangen/Leipzig: Deichert, 1890), 495–529.

516 이 "라오디게아서"가 무엇인지 제3장 에베소서에서 § 1.2.2 "마르시온 '성경'"을 참조하라.

3.1.2 테르툴리아누스의 증거

터르툴리아누스의 증언에 따르면, 마르시온은 바울서신 중 세 서신을 알고 있었다.

> 테르툴리아누스, 『마르시온 반박론』 5:21a
>
> | | |
> |---|---|
> | *Miror tamen, cum ad unum hominem litteras factas receperit, quod ad Timotheum duas et unam ad Titum de ecclessiastico statu compositas recusaverit.* | 그러나 나는 의아하게 생각한다. 그[마르시온]가 한 사람에게 쓰여진 것[빌레몬서]은 받아들이면서, [동일하게 한 사람에게, 즉] 디모데에게 [쓰여진] 두 개 [의 편지]와 디도에게 [쓰여진] 하나 [의 편지]는 교회의 상황에 관해 저술되었음에도 버린 것을.[517] |

그렇다면 마르시온은 왜 목회서신을 자신의 정경에서 빠뜨렸는가? 테드툴리아누스는 마르시온이 단지 성경을 변조하는 일을 바울서신에까지 확대하는 것으로 보고 있다. 나아가 바울서신의 수를 바꾸려고 했다고 말한다.

> 테르툴리아누스, 『마르시온 반박론』 5:21b
>
> | | |
> |---|---|
> | *Affectavit, opinor, etam numerum epistularum interpolare.* | 내가 추측할 때, 그[마르시온]는 [바울] 서신들의 수 또한 변조하려고 했다.[518] |

그러나 마르시온의 바울서신 변조는 단순히 바울서신 숫자를 변경하려는 것 이상이었다. 이것은 숫자 변조에서 그치지 않고 내용 변조였을 가능성이 있다. 마르시온의 정경은 초대교회가 정경으로 받은 성경에

---

[517] *Tertulliani quae supersunt omnia*, ed. by Franciscus Oehler, Vol. II (Lipsiae: Weigel, 1864), 335. 번역: 김영호.

[518] *Tertulliani quae supersunt omnia*, 335. 번역: 김영호.

서 무언가를 빼는 것이다. 전체적으로 수가 감소한다. 만일 마르시온이 단지 숫자를 변경하려고 했다면, 라오디게아 서신을 추가한 이유를 설명할 수 없다.

그러면 마르시온이 무엇을 시도했다고 볼 수 있는가? 마르시온은 목회서신이 "진리"를 강조하고, 이것이 "신화와 헛된 족보"에 몰두하는 것을 반대한다는 점을 인지했던 것이 분명하다. 나아가 목회서신에 깊이 뿌리내린 삼위일체 신관이 마르시온에게 거침이 되었을 수도 있다.

	목회서신
하나님은 한 분이시요 또 하나님과 사람 사이에 중보자도 한 분이시니 곧 사람이신 그리스도 예수라.	딤전 2:5

이러한 사상은 영지주의 신관과 구원관에 정면으로 배치된다. 나아가 목회서신은 마르시온의 성경관을 대적한다.[519] 예를 들면 다음 같다.

	목회서신
그러나 율법은 사람이 그것을 적법하게만 쓰면 선한 것임을 우리는 아노라.	딤전 1:8
모든 성경은 하나님의 감동으로 된 것으로 교훈과 책망과 바르게 함과 의로 교육하기에 유익하니라.	딤후 3:16

이것은 마르시온의 영지주의 기본 노선과 상충되기 때문이다. 따라서 마르시온이 목회서신을 자신의 정경목록에서 뺀 사실은 2세기까지 디모데전후서와 디도서가 존재하지 않았다는 증거가 아니다. 오히려 이 세 서신의 역사성을 더욱 강화해 준다.

519　Cf. Carson/Moo, *Introduction*, 574: "Marcion also rejected it [1 Timothy] along with the other Pastorals (perhaps because of the respect it affords the Old Testament."

하지만 반대로부터 얻을 수 있는 증거 외에 목회서신의 존재와 바울저작을 지지하는 증거는 없는가? 1740년 밀란의 암브로시아나 도서관 사서였던 무라토리는 라틴어로 된 한 문서를 발견했는데, 여기에 긍정적인 증거가 있다.

3.1.3 무라토리 정경목록

무라토리 정경목록은 약 200년경[520] 기록된 것으로 평가되고 있는데, 여기에 바울서신 목록이 나오고, 이 목록에 목회서신을 포함하고 있다.

무라토리 정경목록 I, 50-53[521]	
1. 교회에 보낸 편지	고린도전후서
	에베소서
	빌립보서
	골로새서
	갈라디아서
	데살로니가전후서
	로마서
2. 개인에게 보낸 편지	디도서
	디모데전후서

그런데 무라토리정경목록 저자는 목록뿐 아니라 목회서신의 내용도 서술하고 있다.

---

520   Zahn, *Geschichte des neutestamentlichen Kanons* II, 7; *Grundriss*, 78; A. B. 듀 토잇, 『신약정경론』, 권성수 옮김(서울:도서출판 엠마오, 2000), 293.

521   듀 토잇, 『신약정경론』, 290.

> 무라토리 정경목록 l. 59-62
>
> verū ad filemonem una et at titū et ad tymotheū duas pro affecto et dilectione in honore tamen eclesiae catholice in ordinatione eclesiastice.
>
> 그러나 [바울은] 또한 빌레몬에게 한 서신, 디도에게 한 서신, 디모데에게 두 서신도 애정과 사랑으로 (기록하였다). 그들은 곧 보편 교회의 영예와 교회의 질서 조직[혹은 규율]의 구성을 위해 [기록되었다].

지금까지 목회서신에 대한 교회사의 증거를 살펴보았다. 초대교회는 디모데전후서와 디도서가 바울 저작이라고 생각했다. 그러면 바울은 이 세 서신을 언제 썼는가? 과연 목회서신의 저작시기가 사도행전과 바울서신이 증거하는 바울 연대기 속에 들어올 수 있는가? 이제 이 문제를 잠시 살펴보자.

3.2 목회서신의 바울연대기적 위치[522]

목회서신은 바울의 생애에서 어느 시기의 상황과 관련 있는가? 목회서신에서 보도하는 바울의 행적과 사도행전에서 보도하는 바울의 행적이 일치하지 않는 것처럼 보이는 부분이 많다.

3.2.1 목회서신과 사도행전의 불일치

목회서신의 사건과 사도행전의 기록이 서로 불일치하는 것은 목회서신의 역사성과 기록연대를 결정하는데 어려움이 되었다. 몇 가지 예를 들면, 다음과 같다. 우선 아시아(에베소)에서 마게도냐로 여행할 때 기록이다.

---

[522] 이 부분에 대한 자세한 논의는 김영호, "소순회여행 관점에서 새롭게 본 바울의 초대교회 모습," 신학정론 39/2 (2021): 317-359를 참조하라.

사도행전	디모데전서
20:1 소요가 그치매 바울은 제자들을 불러 권한 후에 작별하고 떠나 **마게도냐로 가니라.** 19:21-22 이 일이 있은 후에 바울이 마게도냐와 아가야를 거쳐 예루살렘에 가기로 작정하여 이르되 내가 거기 갔다가 후에 로마도 보아야 하리라 하고, ²² 자기를 돕는 사람 중에서 **디모데와 에라스도 두 사람을 마게도냐로 보내고** 자기는 아시아에 얼마 동안 더 있으니라.	1:3 내가 마게도냐로 갈 때에 너[디모데]를 **권하여 에베소에 머물라** 한 것은 어떤 사람들을 명하여 다른 교훈을 가르치지 못하게 … 하려 함이라.

이 두 본문은 서로 모순되어 보인다. 바울은 에베소에서 소요가 그치자 제자들과 작별한 후에 마게도냐로 떠난다(행 20:1). 그런데 그 전에 그는 이미 디모데와 에라스도를 마게도냐로 보낸 후였다(행 19:22). 그런데 어떻게 디모데를 동시에 에베소에 머물라고 할 수 있겠는가?(딤전 1:4).[523] 또 디도를 그레데에 남겨 둔 것도 마찬가지이다.

사도행전	디도서
27:7-13 배가 더디 여러날 만에 간신히 니도 맞은편에 이르러 풍세가 더 허락하지 아니하므로 살모네 앞을 지나 **그레데** 해안을 바람막이로 항해하였다. … ⁹ 여러 날이 걸려 금식하는 절기가 이미 지났으므로 항해하기가 위태한지라 … ¹¹ 백부장이 선장과 선주의 말을 바울의 말보다 더 믿더라. ¹² 그 항구[미항]가 겨울을 지내기에 불편하므로, 거기서 떠나 아무쪼록 뵈닉스에 가서 겨울을 지내자 하는 자가 더 많으니 뵈닉스는 그레데 항구라. 한쪽은 서남을, 한쪽은 서북을 향하였더라. ¹³ 남풍이 순하게 불매, 그들이 뜻을 이룬 줄 알고 닻을 감아 그레데 해변을 끼고 항해하였다.	1:5 내가 너를 **그레데에** 남겨 둔 이유는 남은 일을 정리하고 내가 명한대로 각 성에 장로들을 세우게 하려 함이라.

만일 바울이 마지막 로마 여행에서 잠깐 그레데에 들를 수 있었다면, 언

---

[523] Van Bruggen, *Geschichteliche Einordnung*, 34.

제 디도와 함께 방문하여 바울은 떠나고 디도를 남겨둘 수 있었겠는가?

또 다른 경우로서, 디도서에 나오는 니고볼리가 있다.

사도행전	디도서
[——]	3:12 내가 아데마나 두기고를 네게 보내리니 그 때에 네가 급히 **니고볼리**로 내게 오라. 내가 거기서 겨울을 지내기로 작정하였노라.

여기에 나오는 "니고볼리"는 니코폴리스(Nicopolis)를 가리킨다. 니코폴리스는 아우구스투스가 "악티움 해전의 영광을 길이 남기기 위해 해전 장소 가까이에" 건설한 도시이다. 아우구스투스는 이 도시의 이름을 니코폴리스("승리의 도시")라고 부르고, "5년마다 한 번씩 이 곳에서 기념 축제를 열게 했다."[524] 사도행전에는 이 도시 이름뿐만 아니라 바울이 디도를 부른 사실도 아예 등장하지 않는다.

    이런 관찰에 작용하는 해석적 오류가 무엇인가? 그것은 사도행전과 바울의 편지에 바울의 모든 것을 기록했을 것이라는 전제이다. 사도행전은 바울의 일대기가 아니다. 설사 일대기라 하더라도 역사가는 선택할 수밖에 없다.

그러면 이 문제를 어떻게 해결할 수 있는가? 지금까지 많은 학자들이 목회서신의 기록시기를 사도행전 28장 이후로 돌렸다. 다시 말해서 바울은 디모데전서와 후서, 디도서를 모두 로마 1차 투옥 후에 썼다는 것이다. 이것은 사도행전의 역사적 신빙성이 의심받았을 때, 사도행전과

---

524 Suetonius, 「아우구스투스」 § 18, in 『열두 명의 카이사르』, 조윤정 옮김(서울: 다른세상, 2009), 97.

상관없이 목회서신의 역사적 진정성을 확보하기 위한 논리였다.[525] 동시에 목회서신에 나오는 교회상, 즉 조직과 직분이 있는 교회상을 사도시대 후 "초기카톨릭 교회"(Frühkatholizismus)의 모습에 근접한 것으로 보려는 타협이었다.

하지만 오늘날 이 두 가지 부정적 논거의 힘은 사라졌고, 사도행전의 역사적 신빙성은 인정받고 있다. 만일 사도행전의 역사적 진정성을 인정할 수 있다면, 목회서신과 그 내용을 어떻게 이해할 수 있는가?

앞에서 인용한 목회서신 구절들과 사도행전에 따르면, 바울은 에베소에서 마게도냐로 건너 갔다가 다시 에베소로 돌아온 여행이 있다. 과연 이 여행은 어떤 여행이었고, 이 여행 경로에 어느 지역과 사건들이 포함되었으며 이 사실은 목회서신의 저작 연대를 이해하는데 어떤 의미가 있는가?

3.2.2 바울의 소순회여행

3.2.2.1 순회여행

바울이 에베소에서 마게도냐와 중간 경유지를 거쳐 다시 에베소로 돌아온 여행을 "순회여행"이라고 부른다. 바울의 3차 전도여행에 국한하여 관찰하면, 신약에는 크게 두 번의 순회여행이 있다. 하나는 "대순회여행"이고, 다른 하나는 "소순회여행"이다. 그러면 대순회여행은 무엇을 가리키는가?

A. 대순회여행

바울은 3차 전도여행 마지막에 에베소에서 드로아와 마게도냐를 거쳐

---

[525] Cf. Van Bruggen, *Geschichteliche Einordnung*, 15.

고린도에 왔고, 여기서 시리아로 떠나려고 했는데(행 20:1-3a), 유대인의 암살 모의 때문에 다시 마게도냐로 올라갔다(20:3b). 여기서 드로아를 거쳐(20:5-6) 밀레도에 이르러 에베소 장로를 초청하여(20:17) 마지막 당부를 한 후 예루살렘으로 간다(20:18-38, 21:1-16). 이 경로는 아시아, 에게해, 아가야, 마게도냐, 팔레스타인을 아우르는 큰 원을 그린다. 따라서 대순회여행이라고 부른다.

그런데 이것과 다른 여행이 더 있는 것으로 보인다. 이 여행이 있었는지 어떻게 알 수 있는가?

B. 소순회여행

"소순회여행"이란 마게도냐와 그레데, 고린도, 니고볼리로 구성된 작은 순회여행을 가리킨다. 이것은 "대순회여행"과 어떻게 다른가? 이 질문에 대한 대답은 다음 사실을 인식함으로써 시작할 수 있다. 즉 디모데전서 1:3의 마게도냐 일정과 고린도후서 2:13, 7:5의 일정이 다르다는 점이다.

a. 소요 전 마게도냐 방문

고린도후서에서 바울은 에베소에서 드로아(고후 2:12), 드로아에서 마게도냐로 이동한다(2:13). 이때 바울은 고린도전서와 "눈물의 편지"를 이미 보낸 후였고(고후 2:4) 고린도후서를 보내기 전이었다. 그러면서 디도를 기다리고 있다(고후 2:13, 7:5-6). 디도는 고린도 교회가 회복되었다는 소식을 가져왔다(고후 7:7-16). 그리고 연보 문제를 마무리하기 위해 다시 고린도로 간다(고후 8:16-17). 그리고 바울은 고린도를 방문한 후 갈라디아, 아시아, 마게도냐, 아시아 대표들과 함께 다시 마게도냐로 돌아와 밀레도를 경유하여 예루살렘으로 간다(행 20:4). 따라서 고린도후서의 마게도냐 일정은 바울의 3차 전도여행 마지막 부분에 있었던 일이다.

반면 디모데전서에서 바울은 마게도냐로 떠나면서 디모데를 에베소에 남게 한다(딤전 1:3). 그리고 거짓 교훈을 막고 목양을 하게 했다(1:4). 이 마게도냐 여행은 분명 사도행전 19:23-41에 기록된 에베소 소요 전에 이루어졌다. 만일 소요 직후라면(cf. 행 20:1), 바울은 소요 때문에 상황이 악화된 에베소에 "연소한" 디모데를 두고, 자신은 마게도냐로 떠났다는 말이 된다. 다시 말해서, 바울이 위험 수위가 높아지는 곳에 연소한 디모데를 두고 자신은 에베소 관할 밖 마게도냐로 건너간 것이다(cf. 행 19:30-31). 이렇게 생각하는 것이 적절한가? 따라서 디모데전서의 마게도냐 일정은 그 이전의 일이다.

여기서 생각의 전환이 필요하다. 일반적으로 사도 바울이 에베소에서 사역할 때, 오롯이 2년 또는 2년 3개월 동안 에베소에서 전혀 움직이지 않고 일했다고 생각한다. 하지만 그렇지 않을 수 있다. 에베소 사역을 하는 동안 적어도 한 번은 상당한 기간 동안 여행을 다녀온 것이다. 그러면 이 여행의 동기는 무엇이었고, 어떤 경로였는가? 이 질문은 바울의 고린도 방문 횟수와 AD 55-56년 사이 겨울을 난 장소와 관련이 있다.

b. 두 번째 고린도 방문

바울은 고린도에 몇 번 방문했는가? 사도행전에 따르면, 바울은 고린도에 총 2번 방문했다. 처음 고린도 교회를 개척할 때(행 18:1)와 3차 전도여행이 끝나갈 때(행 20:1-3)이다. 반면 바울서신에 따르면, 총 3번이다.

> **고후 13:1-3** 내가 이제 **세 번째** 너희에게 가리니, 두세 증인의 입으로 말마다 확정하리라. ² 내가 이미 말하였거니와 지금 떠나 있으나, **두 번째** 대면하였을 때와 같이 전에 죄 지은 자들과 그 남은

모든 사람에게 미리 말하노니, 내가 다시 가면 용서하지 아니하리라. ³ 이는 그리스도께서 내 안에서 말씀하시는 증거를 너희가 구함이니, 그가 너희에 대하여 약하지 않고 도리어 너희 안에서 강하시니라.

이 진술에 따르면, 바울이 사도행전 18장에서 고린도를 방문한 후에 고린도후서에서 다시 그곳에 갈 것이라고 알린 것이다. 사도행전 18장은 "첫 번째" 방문에 대한 기록이다. 그런데 고린도후서 1장에서 바울은 이것이 "세 번째" 방문이라고 말하는 것이다. 따라서 "두 번째" 방문이 있어야 한다.

이 두 번째 방문의 후보는 둘이다. 하나는 암시적인 것이고, 다른 하나는 잠정적인 계획이다. 먼저 바울의 고린도 방문을 암시하고 있는 구절을 살펴보자.

고후 2:1-3 내가 **다시는 너희에게** 근심 중에 **나아가지 아니하기로** 스스로 결심하였노니, ² 내가 너희를 근심하게 한다면 내가 근심하게 한 자 밖에 나를 기쁘게 할 자가 누구냐? ³ 내가 이같이 쓴 것은 **내가 갈 때에** 마땅히 나를 기쁘게 할 자로부터 도리어 근심을 얻을까 염려함이요 또 너희 모두에 대한 나의 기쁨이 너희 모두의 기쁨인 줄 확신함이로라.

여기서 바울은 자신이 "근심하게 되었다"고 말한다(고후 2:1, 2:5). 이 근심은 고린도 교회 전체가 아니라 일부 사람들 때문이었다(고후 2:6). 이들은 바울의 사도권을 부인하고 바울 안에서 그리스도께서 말씀하시는 증거를 구했다(고후 13:3). 바울은 이들을 "전에 죄 지은 자들과 그 남은 모든 사람"이라고 부른다(고후 13:2b). 이 방문을 "두 번째 대면"이라고 말한다(고후 13:2a). 사도행전은 이 방문을 기록하지 않는다. 하지만 이것을 '두 번째 방문'이라고 부를 수 있다. 왜냐하면 그 후 방문, 곧 최종 방문을 "세 번째 너희에게 감"이라고 말하기 때문이다(고후 13:1).

다음으로 바울은 자신의 서신에서 여러 번 고린도 방문 계획을 밝힌다. 예를 들면, 고린도전서 마지막과 고린도후서 처음 부분이다. 즉 자신이 마게도냐를 경유하여 고린도에 방문하고, 고린도 교회의 지원을 받아 예루살렘으로 가는 것이다. 그런데 사도행전에 또 등장한다.

고전 16:5-6	고후 1:15-16	행 19:21
내가 마게도냐를 지날 터이니 마게도냐를 지난 후에 너희에게 가서 6 혹 너희와 함께 머물며 겨울을 지낼 듯도 하니, 이는 너희가 나를 내가 갈 곳으로 보내어 주게 하려 함이라.	내가 이 확신을 가지고 너희로 두 번 은혜를 얻게 하기 위하여 먼저 너희에게 이르렀다가 16 너희를 지나 마게도냐로 갔다가 다시 마게도냐에서 너희에게 가서 너희의 도움으로 유대로 가기로 계획하였느니라.	이 일이 있은 후에 바울이 마게도냐와 아가야를 거쳐 예루살렘에 가기로 작정하여 이르되 내가 거기 갔다가 후에 로마도 보아야 하리라 하니라.

그런데 세 단락은 거의 표현까지 일치한다. 바울은 처음에 최종적으로 예루살렘으로 가는 여행을 계획했음이 틀림없다. 먼저 에베소에서 마게도냐를 거쳐 고린도로 가서 겨울을 보내고, 고린도에서 마게도냐로 가서 일정시간을 보낸 후 마게도냐에서 고린도로 돌아와 고린도 교회의 후원으로 예루살렘으로 가는 것이다. 도식화하면 이렇다.

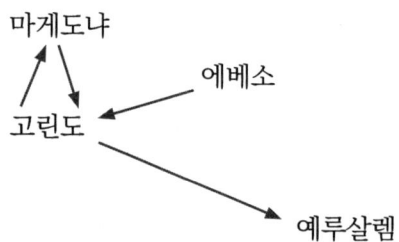

바울은 고린도를 자신의 베이스캠프로 삼으려고 했다는 것을 알 수 있다. 그런데 이 여행 계획은 변경되었다(cf. 고후 1:17). 앞에서 짧게 언급한 바와 같이 고린도 교회에 두 번째 방문했을 때, 심한 저항과 모욕을 겪었기 때문이다(cf. 고후 2:5-8). 또 만일 사도행전의 "이 일이 있은 후"에서 "이 일"이 바로 앞에서 보도한 에베소 소요(행 19:23-41)를 가리킨다면, 이것은 에베소 사역 중간이라기보다는 에베소 사역을 마친 후에 있을 여행 계획이었다고 보는 것이 더 타당할 것이다. 하지만 이 여행 계획은 많이 수정된 후 바울의 3차 전도여행 마지막을 구성하게 된다.

만일 바울이 고린도 교회를 개척했을 때를 첫 번째 방문으로 보고(행 18:1), 3차 전도여행 마지막 부분의 방문을 세 번째 방문으로 본다면(고후 13:1), 두 번째 방문은 무엇인가? 따라서 사도행전에 기록되지 않은 방문이 적어도 하나 이상이 있어야 한다. 만일 바울에게 쓰라린 기억을 준 방문이 소순회여행과 일치하면 한 번이고, 서로 다르다면, 두 번이 된다. 눈물의 방문과 소순회여행이 각각 있어야 하기 때문이다. 확실한 것은 바울이 에베소에서 사역하는 기간 동안 마게도냐와 아가야를 포함한 "소순회여행"이 있었다는 점이다.

그렇다면 고린도후서에 암시된 방문이 소순회여행과 더 관련 있을 것이다. 바울은 자신의 고린도 두 번째 방문을 고린도후서에서 말하고 있다. 따라서 바울이 두 번째로 고린도를 방문했을 때는 아직 고린도후서를 보내기 전이었다. 그러면 바울은 고린도에서 쓰라린 경험을 한 후 어디로 갔는가? 두 가지 가능성이 있다. 에베소로 다시 돌아왔을 가능성과 고린도 근처 어느 도시로 갔을 가능성이다.

c. 그레데와 니고볼리

우선 바울은 고린도에서 최종적으로 에베소로 돌아와 AD 56년 오순절까지 머물렀다(cf. 고전 16:8-9). 이것은 확실하다. 여기서 질문은 바울이 고린도에서 바로 에베소로 돌아왔느냐 하는 것이다.

만일 바울이 고린도에 방문한 것이 오직 고린도 교회와 관련이 있었다면 바로 에베소로 돌아왔다고 추측하는 것이 합리적일 것이다. 하지만 바울서신과 사도행전에는 다른 활동이 등장한다. 하나는 그레데(크레타)와 니고볼리(니코폴리스)에서 활동이다. 다른 하나는 겨울나기이다. 바울은 에베소가 아닌 다른 장소에서 겨울을 난 장소가 있었다. 만일 바울이 두 번째 고린도 방문을 계획할 때 3차 전도여행 말미처럼 겨울나기를 포함했다면, 니고볼리 체류 또는 사역과 통합할 수 있다. 이것은 무엇을 의미하는가?

바울은 두 번째 "쓰라린" 방문 후 아가야 북쪽 경계를 넘어 마게도냐 서쪽 에게 해에 위치한 니고볼리로 갔다. 여기서 바울은 그레데에 있는 디도를 부른다.

딛 1:5	딛 3:12
내가 너를 **그레데**에 남겨 둔 이유는 남은 일을 정리하고 내가 명한 대로 각 성에 장로들을 세우게 하려 함이었노라.	내가 아데마나 두기고를 네게 보내리니 그 때에 네가 급히 **니고볼리**로 내게 오라. 내가 거기서 겨울을 지내기로 작정하였노라.

이제 남은 질문은 바울이 언제 디도와 함께 그레데를 방문했고, 자신은 떠나고 디도는 거기에 남겨두었는가 하는 것이다. 두 가지 경우를 생각해 볼 수 있다. 첫째는 고린도에 "눈물의 방문" 이후 함께 그레데에 갔다가 그곳에서 복음 사역을 함께 하다가 디도를 남겨두고 니고볼리로 갔을 경우이다. 둘째는 처음에 에베소에서 고린도로 올 때 먼저 그레데를 방문하고 난 후 고린도로 갔을 경우이다. 이 둘 중에 첫 번째가 더 가능성이 높다. 바울이 디도를 부른 시기는 아마도 항해가 가능한 시기, 곧 3월 10일에서 11월 10일 사이였을 것이다.[525] 만일 이미 겨울로 진입했다면 바울은 자신도 배로 이동하지 않았을 것이고, 디도에게 배

를 타고 오도록 요청하지도 않았을 것이다. 따라서 바울은 AD 56년 오순절 이후 늦 여름쯤 디도와 함께 그레데를 방문했고 그를 거기 남겨두고 홀로 고린도에 갔으며 고린도에서 어려움을 겪은 후에 혼자 니고볼리로 갔다. 그리고 거기서 11월 항해 시기가 끝나기 전에 편지를 보내서 니고볼리로 오도록 한 것이다.

지금까지 바울이 에베소 사역 중간에 했던 소순회여행과 시기, 동반 사건들을 관찰했다. 이제 전체적인 경로를 살펴보자.

3.2.2.2 소순회여행 경로

소순회여행은 고린도 두 번째 방문과 연관이 있다. 바울은 고린도전서를 쓴 후 디모데를 통해 보낸 후 에베소에서 잠시 더 사역했다(고전 4:17, 16:10; cf. 고전 16:8). 디모데가 돌아와 고린도 교회의 상황을 보고했을 것이다. 2차 전도여행 때 세워진 헬라 세계 교회가 아시아와는 다른 위험이 있다는 점을 생각하고 바울은 마게도냐와 아가야에 있는 교회를 모두 방문할 것을 계획했다. 그래서 조금 긴 순회여행을 계획했다.

바울은 돌아온 디모데를 에베소에 머물게 하고 자신은 마게도냐로 떠난다(딤전 1:3). 바울은 이 여행을 떠날 때, 처음부터 에베소로 돌아올 예정이었다(딤전 3:14).

마게도냐와 그레데 여정과 디도가 이 여행에 어떻게 참여했는지 정확히 알 수 없다. 두 가지 가능성이 있다. 하나는 바울이 먼저 마게도냐로 가서 거기서 해로를 통해 그레데를 방문했고 이 여정에 디도가 합류했을 가능성이다. 다른 하나는 바울이 그레데를 먼저 방문했고, 디도가 합류했으

---

526 그러므로 11월 13일에서 3일 부족한 날로부터 3월의 15일에서 6일 모자라는 날까지 바다들은 닫힌다(*Epitoma Rei Militaris* 4.39). 자세한 논의는 김영호, "갈라디아서 2장에 나타나는 바울의 예루살렘 방문에 대한 역사적-주석적 고찰," 신학정론 40/1 (2022): 95-98를 보라.

며, 여기서 마게도냐를 거쳐서 고린도로 향했을 가능성이다. 이 둘 중 어떤 경로였는지 확실하지 않다. 다만 바울이 디모데전서 1:3에서 말한 마게도냐가 반드시 빌립보나 데살로니가, 베뢰아 일 필요는 없다. 만일 고린도가 마음속에 있었다면 아가야 가까운 도시 중 하나였을 것이다.

바울서신과 사도행전이 모두 이 부분에 대해 침묵하므로 알 수 없지만 분명히 디도는 바울과 함께 이 여행에 합류하여 그레데를 방문했다(cf. 딛 1:5a). 바울은 그곳에 디도를 머물게 하여 각 성의 교회에 장로를 세우고 남은 일을 정리하게 했다(딛 1:5b). 바울은 마게도냐를 경유하여 고린도로 가서 거기서 돌아와 겨울을 보내려고 계획했다(고전 16:5-7; cf. 고후 1:15). 하지만 고린도에서 불가능해져서 니고볼리로 갔고 디도를 이곳으로 불렀다(딛 3:12). 바울은 이때 아마도 일루리곤 지역을 방문하고 복음을 전했던 것으로 보인다(cf. 롬 15:19). 겨울이 지나고 그는 다시 에베소로 돌아왔다. 이상의 내용을 도식화하면 다음과 같다.

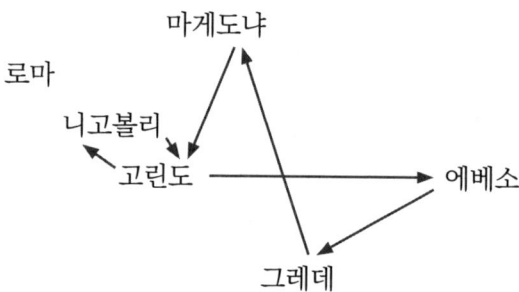

바울은 이 방문과 다른 세 번째 방문을 말한다. 이 방문은 무엇이며 소순회여행과 어떻게 다른가?

3.2.3 세 번째 방문

사도행전에 따르면, 바울은 에베소 소요가 진정된 후 디모데와 에라스도를 마게도냐로 보낸다. 그리고 곧 있을 자신의 방문을 준비하게 한다. 바울서신에 의하면, 이 방문은 세 번째 방문이며 증인을 세우고 확증하는 일을 위한 것이다.

행 19:22	고후 13:1-2
[바울이] 자기를 돕는 사람 중에서 디모데와 에라스도 두 사람을 **마게도냐로 보내고** 자기는 아시아에 얼마 동안 더 있으니라	내가 이제 **세 번째 너희에게 가리니** 두세 증인의 입으로 말마다 확정하리라. 내가 이미 말하였거니와 지금 떠나 있으나 두 번째 대면하였을 때와 같이 전에 죄 지은 자들과 그 남은 모든 사람에게 미리 말하노니 내가 다시 가면 용서하지 아니하리라.

따라서 이 방문은 바울의 고별 방문으로서 목회적이고 교회 내의 문제를 처리하려는 뜻을 밝힌 것으로 볼 수 있다.[527]

만일 소순회여행이 사실이라면, 이 사실을 통해 바울이 목회서신을 쓴 시기에 대해 무엇을 알 수 있는가?

4. 목회서신의 저작시기

앞에서 살펴본 소순회여행을 통해 바울의 3차 전도여행과 이 여행의 마지막을 기록한 사도행전 기록을 좀 더 세밀하게 이해할 수 있다. 나아가 목회서신의 저작시기를 사도행전에 기록된 바울의 활동시기와 통합해서 이해할 수 있다.

---

[527] 이와 같은 재방문은 행 13:1-14:18, 19-23; 행 15:36; 행 20:1, 17-38에도 찾아 볼 수 있다. 이상의 논의는 Van Bruggen, *Geschichteliche Einordnung*, 22-30을 참조하였다.

최근에 사도행전의 역사적 신뢰성이 점점 긍정적인 평가를 받고 있다.[528] 그럼에도 사도행전의 역사적 진성성에 대한 신뢰가 바울서신 해석에 적용되고 있지는 않다. 예를 들어, 교회의 조직과 직분의 출현 시기에 대한 생각이다. 사람들은 신약교회가 초기에는 성령의 카리스마적인 지도를 받다가 나중에 제도와 직분이 생겼고 이에 따라 직분자가 생겨났을 것이라고 주장해 왔다. 많은 신약 학자와 주석가들이 아직도 이 견해를 갖고 있다. 하지만 사도행전은 어떻게 말하는가? 바울이 세운 교회에는 1차 전도여행 때부터 감독과 장로가 있었다(cf. 행 14:23). 따라서 목회서신에 등장하는 교회의 조직과 직분은 초기카톨릭 교회 시기에야 생겨난 것이 아니다. 하지만 이렇게 초대교회에 대한 상이 바뀌었음에도 목회서신의 저작시기를 여전히 사도행전 28장 이후로 보고, 로마 1차 투옥 후 "2차 투옥"이라는 가정적 역사와 연결시킨다는 것이다. 바울의 "로마 2차 투옥"은 가정적 개념이다. 따라서 이 시기도 가정적 시기가 된다 그러나 목회서신이 반드시 바울의 로마 1차 투옥과 2차 투옥 사이에 기록된 것으로 볼 필요는 없다.

먼저 소순회여행과 바울의 3차 전도여행 마지막 부분에 나오는 예루살렘 여행을 구별해야 한다. 바울은 3차 여행에서 에베소 사역 시 마게도냐를 비롯한 아가야, 그레데를 순회하며 방문한 적이 있고, 이 순회여행은 에베소에서 완전히 떠나 마게도냐-아가야-마게도냐-밀레도-예루살렘으로 가는 여행과는 시기와 내용이 다른 여행이다.

만일 바울이 디모데전서 1:3에서 "내가 마게도냐로 갈 때, 너를 에베소에 머물라"고 말한 것이 "순회여행" 시 있었던 일을 가리킨다면, 바울서신과 사도행전의 불일치를 이유로 디모데전서의 역사성을 부인

---

[528] 이것은 콜린스 해머와 같은 비문학 조예가 깊은 신학자, F. F. 브루스와 같은 고전학 출신 신약학자, 야콥 판 브루헌과 같은 화란 개혁파 신약학자, 시리아부터 이라크, 이집트까지 40여년을 근동에서 살았던 케니스 베일리와 같은 신약학자의 활동 덕분이다. 또 누가-행전 해석사를 한 눈에 볼 수 있도록 정리한 워드 가스케와 같은 학자들 때문이다.

하기는 어렵다. 바울이 3차 전도여행 중 에베소에서 2년 또는 3년 동안 사역하는 중간에 소순회여행이 있었다면, 디모데전서와 디도서는 이 소순회여행 배경에서 이해할 수 있다. 즉 디모데전서와 디도서는 바울의 3차 전도여행의 내적 사건을 다루고 있는 것이다. 또 디모데후서는 바울의 로마 1차 투옥 배경에서 이해할 수 있다.

이상의 내용을 표로 정리하면 다음과 같다.

바울의 행적	내용	집필
첫 번째 방문	고린도 교회는 AD 49–50경 바울의 2차 전도여행 때에 바울과 실라와 디모데에 의해 세워졌다. 　　바울은 3차 전도여행 기간 중 에베소(고전 16:8)에서 고린도전서를 써서 디모데의 손에 보낸다(16:10). 바울이 "오순절까지 에베소에 머물고 있을 때," 디모데는 고린도전서를 가지고 고린도로 가고 있었다. 이것이 첫 번째 편지로 보인다. 그리고 편지를 전한 후 디모데는 바울에게로 돌아왔을 것이다(고전 16:10–11). 이때가 AD 54–55년경이다. 　　바울이 고린도전서를 쓸 당시 그는 고린도에 방문할 계획이 있었다. 바울은 "내가 갈 때에(16:2), … 내가 이를 때에(16:3)"라고 말하기 때문이다. 기근에 처해 있는 예루살렘 교회를 돕기 위한 연보 때문이었다(16:1). 이것은 이미 갈라디아 교회들과 1년 전부터 진행되어온 프로젝트였다(16:1; cf. 고후 9:2).	고린도전서
두 번째 방문	바울은 에베소에서 연보와 다른 이유로 고린도에 두 번째로 방문할 계획을 세운다. "내가 이 확신을 가지고 너희로 두 번 은혜를 얻게 하기 위하여 먼저 너희에게 이르렀다가 너희를 지나 마게도냐로 갔다가 다시 마게도냐에서 너희에게 가서 너희의 도움으로 유대로 가기로 계획하였느니라"(고후 1:15–16). 이것은 바울의 바람이었고 실제로 그렇게 하지는 않았다. 　　만일 이 계획이 고린도전서 16:5–6의 계획과 같다면, 이때 바울은 오순절까지는 에베소에 머무르려고 했다. 왜냐하면 큰 전도의 문이 열렸으나 대적이 많기	

두 번째 방문

때문이다(고전 16:7-9).

그런데 디모데가 돌아와 심각한 사정을 알렸던 것 같다. 이때 무슨 문제였는지 정확히 알 수 없으나 고린도전서로도 해결될 수 없는 문제였다는 것은 분명하다. 동시에 디모데는 단지 고린도 교회에 있는 문제가 아니라 2차 전도여행 때 세운 교회들이 위험에 처해있다고 보고했을 수 있다. 바울은 즉시 고린도로 간다.

고린도에서 구체적으로 알려지지 않은 쓰린 일이 벌어졌다. 훗날 바울은 그들이 교만하고 죄를 지었으며 자신에게 근심을 주었다고 말했다(cf. 고후 2:1). 아마도 자칭 대사도들(고후 11:5)이 바울을 대적한 것 등을 생각해 볼 수 있다. 이것이 두 번째 방문이다. 바울에게는 고통스러운 방문이었다(고후 2:1, 12:14). 하지만 그곳에서 악을 악으로 대하지 않고 유순하고 온유하게 대하고 바로 또는 다른 지역을 경유하여 에베소로 돌아왔다(고후 10:1).

대신 바울은 고린도 교회에 편지를 쓴다. 그는 "많은 눈물을 너희에게 썼다"고 말한다(고후 2:3, 4). 그래서 이 편지를 "눈물의 편지"라고 한다. 바울은 아마도 디도를 통해 이 편지를 고린도에 전달하는데(고후 7:7), 이 편지는 소실되어 현재 남아 있지 않다.

"눈물의 편지"

소순회 여행

본래 바울은 고린도를 베이스캠프로 해서 마게도냐로 갔다가 돌아와 고린도에서 예루살렘을 방문하려고 했으나 이 계획을 바꾸어야 했다.

그러나 베이스캠프에 대한 계획이 바뀌었다고 해서 헬라 지역 교회를 방문할 필요가 없어진 것이 아니다. 그래서 바울은 아가야와 마게도냐 지역을 방문하는 여행을 하게 된다. 이때 바울은 디모데를 에베소에 머물게 한다(딤전 1:3). 이 여행은 마게도냐와 아가야를 포함하는 경로였는데, 처음부터 에베소로 돌아올 예정이었다(딤전 3:14).

바울은 이때 디도와 함께 그레데(크레타)에 방문하는데, 안타깝게도 마게도냐로 가는 길이었는지, 아니면 마게도냐에서 에베소로 돌아오는 길이었는지 확실하지 않다. 바울이 니고볼리(니코폴리스, 마게도냐 서쪽 도시)에서 겨울을 날 계획을 알리면서 그곳으로 오

디모데전서 디도서

라고 당부하는 것을 보면(딛 3:12), 고린도에서 마게도냐로 가는 길이었거나 그레데로 함께 갔다가 바울 혼자 마게도냐로 갔을 가능성도 배제할 수 없다.

디모데전서
디도서

이렇게 소순회여행을 마친 바울은 에베소로 돌아와 한 동안 에베소와 아시아 사역에 집중한다.

바울은 에베소에서 예루살렘 여행을 계획한다(행 19:21). 이것은 헬라 지역 교회를 영적으로 강하게 하는 것과 유대 지역 교회의 가난한 성도들을 돕기 위한 것이었다. 바울은 이 일을 위해 디모데와 에라스도를 미리 보낸다(행 19:22).

그런데 에베소에서 데메드리오가 주동한 소요가 일어난다(행 19:23-40).

바울은 에베소를 떠나 드로아로 갔다. 여기서 복음사역의 문이 열렸지만 디도가 도착하지 않았기 때문에 머물지 않고 마게도냐로 다시 건너갔다. 디도는 마게도냐에서 바울을 만나 고린도 교회의 소식으로 바울을 위로하였다(고후 7:5-15). "눈물의 편지" 때문에 근심하던 바울은 고린도 교회가 회개하고 복음으로 돌아온 것 때문에 기뻐하며 다시 편지를 쓰는데, 이 편지가 바로 고린도후서이다. 이것은 세 번째 편지이다.

고린도후서

바울은 이 편지를 마게도냐에서 기록했고, 디도는 이 편지를 전달하고(고후 8:16-17), 특별히 예루살렘에 있는 가난한 성도들을 위한 연보모금을 위한 책임을 맡았다(고후 9장). 이것은 바울이 첫 번째 편지에서 고린도 교회로 하여금 준비해 두라고 말한 것이었다(고전 16:5-7). 디도는 이 일을 시작하였고(고후 8:6) 바울은 "너희가 일년 전에 시작한 일을 마치라"고 권면했다(고후 8:10).

세 번째
방문

바울은 자신이 고린도 교회에 "세 번째로" 간다고 말하고, 두 번째 방문했을 때 죄지은 사람들을 경고하면서 "용서하지 아니하리라"고 말한다(고후 13:1-2). 이렇게 편지를 보내고 바울은 마게도냐에서 헬라로 건너가 석 달 동안 머문다. 바울은 연보를 가지고 배편으로 예루살렘으로 가려고 했지만, 암살모의 때문에 계획을 바꾸어 마게도냐를 거쳐 예루살렘으로 가기

	로 결정한다(행 20:1–3; 롬 15:25–27; cf. 고후 9:1–5과 행 24:17–18).	
로마여행	바울은 예루살렘에서 붙잡혀 2년 동안(AD 57–59) 가이사랴에 수감된다. 그후 죄수의 몸으로 로마로 가게 된다. 로마에서 바울은 원고측 고소인이 도착하기까지 다시 2년을 가택연금과 로마 감옥에서 "갇힌 자"로 지내게 된다.	디모데후서

14장

디모데전서

1. 디모데전서 저작시기와 배경[529]

사도 바울은 디모데전서를 시작하면서 이렇게 말한다.

> **딤전 1:3** 내가 마게도냐로 갈 때에 너를 권하여 에베소에 머물라 한 것은 어떤 사람들을 명하여 다른 교훈을 가르치지 말게 하려 함이라.

이 구절에 의하면, 바울은 에베소에서 마게도냐로 가면서 디모데는 에베소에 머물게 한다. 디모데전서에는 디모데가 지금까지 바울과 함께 있었는지, 아니면 어느 지역을 방문했다가 방금 돌아왔는지 명확하지 않다. 따라서 "마게도냐로 갈 때에 … 에베소에 머물라 한 것"이라는 표현은 여러 상황과 연결할 수 있다. 하지만 앞에서 살펴본 대로, 바울이 에베소에서 마게도냐로 가면서 디모데를 에베소에 체류하게 한 일

---

[529] Cf. 김영호, "소순회여행 관점에서 새롭게 본 바울의 사역과 초대교회 모습," 신학정론 39/2 (2021): 348-349.

은 바울의 3차 전도여행 종결시기(행 20:1-2)이거나 로마 1차 투옥 후(행 28장 이후) 배경에서 일어난 사건이라고 보기 어렵다. 바울은 디모데전서에서 자신이 빠른 시일 내에 다시 에베소로 돌아올 것이라고 말한다. 그동안 바울이 힘쓰던 일을 디모데는 계속해야 한다.

> **딤전 3:14-15** 내가 **속히 네게 가기를 바라나** 이것을 네게 쓰는 것은 ¹⁵ 만일 내가 지체하면 너로 하여금 하나님의 집에서 어떻게 행하여야 할지를 알게 하려 함이니 이 집은 살아 계신 하나님의 교회요 진리의 기둥과 터니라.
>
> **딤전 4:13** 내가 **이를 때까지**(ἕως ἔρχομαι) 읽는 것과 권하는 것과 가르치는 것에 전념하라.

만일 이것이 사실이라면, 다음과 같은 결론을 얻을 수 있다. 첫째, 디모데전서는 AD 57 유월절 이전에 기록된 것이다. 바울의 3차 전도여행 기간 중 소순회여행은 에베소에서 2년 3개월과 겹치는 시기이므로 AD 55년 5월이나 6월(오순절) 이후 겨울까지이다. 둘째, 바울은 디모데전서를 마게도냐에서 보냈을 것이다. 두 가지 이유에서이다. 하나는 긴급성이다. 만일 고린도에서 돌아온 디모데가 교회 상황을 보고했을 때, 바울은 마게도냐와 아가야 교회를 되도록 빨리 방문해야 할 필요를 느꼈다. 만일 그렇지 않았다면, 그렇게 급하게 에베소를 떠날 필요가 없었기 때문이다. 나아가 만일 바울이 디모데와 에베소에서 충분히 에베소 교회 일을 의논할 수 있었다면, 디모데전서를 쓰는 일은 필요하지 않았을 것이다. 따라서 바울은 에베소를 급히 떠날 수밖에 없었다. 동시에 급히 디모데에게 편지로 교회사역에 대해 원칙과 지침을 전해야 했다. 따라서 순회여행이 막 시작되는 곳에서 편지를 썼다고 보는 것이 합리적이다. 다른 하나는 바울이 고린도에 두 번째로 방문했을 때 상황 때문이다. 바울은 거기서 심하게 모욕을 당했다. 그래서 본래 고린도에서 겨울을 나려고 했던 계획을 변경할 수밖에 없었다. 이런 상황에서 편지를 쓰는 것은 쉽지 않았을 것이다. 따라서 디모데전서 기록시기는 55년 늦봄이나 여름으로 볼 수 있다.

2. 디모데전서 구조 및 개요

2.1 디모데전서 구조

디모데전서는 3:14-16을 중심으로 "방사형 구조"로 이루어져 있다.

> **딤전 3:14-16** 내가 속히 가기를 바라나 이것을 네게 쓰는 것은 15 만일 내가 지체하면 너로 하여금 하나님의 집에서 어떻게 할지를 알게 하려 함이라. ⋯ 16 크도다, **경건의 비밀**이여!

여기서 "이것"을 직역하면 "이것들"(ταῦτα)로서 복수이다. 그러면 바울이 "이것들"이라고 말한 것들은 무엇인가? 크게 세 가지이다. 거짓 교훈에 대한 경계, 교회의 삶에 대한 지시, 복음과 그 일꾼이다. 그런데 두 가지 주목할 점이 있다. 첫째는 이 세 주제가 두 번씩 반복된다는 점이다.

		디모데전서
1. 거짓 교훈을 경계함	신화와 족보, 율법	1:3–20
	경건을 이익의 방도로 삼는 자와 부자	6:3–19
2. 교회 생활에 대한 지시	감독, 남녀 집사 등	2:1–3:13
	과부, 장로, 범죄한 자들, 안수 등	5:3–6:2
3. 복음과 복음의 일꾼	디모데: 바울 동역자	4:14–15
	디모데: 교회의 지도자	4:1–5:2

둘째는 반복되는 순서가 디모데전서 3:16을 기준으로 정확히 역순이라는 점이다.

이 두 가지 점을 반영하여 디모데전서를 분석하면 마치 한 점에서 밖으로 빛이 방사되는 모습이 된다.[530]

---

530 디모데전서는 3:16을 중심으로 교차 대조로 파악할 수도 있다.

딤전 1:1–3:15　　　　　　　　딤전 4:1–6:21
서두(1:1–2)
다른 교훈을 경계함(1:3–20)
　(신화, 족보, 율법)
교회 생활에 관한 지시(2:1–3:13)
　(감독, 남녀 집사)
복음과 그 일꾼(3:14–15) ────── 딤전 3:16 ── 복음과 그 일꾼(4:1–5:2)
　　　　　　　　　　　　　　　　　　　　　　교회 생활에 관한 지시(5:3–6:2)
　　　　　　　　　　　　　　　　　　　　　　　(과부, 장로, 범죄한 자들, 안수)
　　　　　　　　　　　　　　　　　　　　　　다른 교훈을 경계함(6:3–19)
　　　　　　　　　　　　　　　　　　　　　　　(경건을 이익의 방도로 삼으려는
　　　　　　　　　　　　　　　　　　　　　　　　일; 부자)
　　　　　　　　　　　　　　　　　　　　　　당부 및 인사(6:20–21)

그러면 왜 이런 구조인가? 이에 대한 대답은 디모데전서 3:16 내용과 관련이 있을 것이다. 바울은 여기서 "경건의 비밀" 곧 "경건의 신비"를 말한다.

이 구조를 통해 알 수 있는 메시지는 무엇인가? 아직 다 밝혀지지는 않았지만, 모든 내용이 디모데전서 3:16로 모이고, 여기서 다시 각 내용으로 뻗어 나간다는 것이다. 따라서 "경건의 신비"를 중심으로 모든 내용이 움직인다. 따라서 복음과 복음의 일꾼에 대한 내용이 무엇이든, 교회 생활에 대한 지시에 어떤 내용이 오든, 다른 교훈에 대한 경계가 어떤 것이든 모두 경건의 신비가 중심에 있어야 한다.

이제 이 점을 염두에 두고 디모데전서의 개요를 작성하면 다음과 같다.

　　　1:3–20 다른 교훈(신화, 족보, 율법)을 경계함
　　　　　2:1–3:13 교회 생활에 관한 지시: 감독, 집사(남, 녀)
　　　　　　　3:14–5:2 복음과 그 일꾼
　　　　　5:3–6:2 교회 생활에 관한 지시: 과부, 장로, 범죄한 자들, 안수
　　　6:3–19 다른 교훈(경건을 이익의 방도로 삼으려는 일; 부자)을 경계함

2.2 디모데전서 개요

                                                                                     수사학적 요소

1. 편지시작말(딤전 1:1–2)　　　　　　　　　　　　　　　　　서론(*exordium*)
   1) 서두(1:1–2)
      (1) 송신자: 바울(1:1)
         A. 그리스도 예수의 사도(1:1b)
         B. 우리 구주 하나님과 우리의 소망이신 그리스도 예수의 명령에 따라(1:1c)
      (2) 수신자: 믿음 안에서 참 아들 된 디모데(1:2a)
      (3) 문안(1:2b)
         A. 내용: 은혜와 긍휼과 평화(1:2bα)
         B. 근원: 하나님 아버지와 주 예수 그리스도(1:2bβ)

2. 편지본말(딤전 1:3–6:19)
   1) 바울이 디모데에게 에베소 사역을 맡김(1:1–20)
      (1) 디모데가 맡은 사역(1:3–11)
         A. 배경: 바울이 마게도냐로 갈 때 디모데를 에베소에　　사실진술
　　　　　머물게 함(1:3a)　　　　　　　　　　　　　　　　　　　(*narratio*)
         B. 내용: 어떤 사람들에게 명령함 (1:3b)
            a. 다른 교훈을 가르치지 못하도록(1:3c)
            b. 신화와 끝없는 족보에 몰두하지 말도록(1:4a)
         C. 이유: 믿음 안에 있는 하나님의 경륜을 이룸보다 변론을 양산함(1:4b)
      (2) 바른 교훈(1:5–11)
      (3) 바울의 감사(1:12–17)　　　　　　　　　　　　　　감사(*eucharistia*)
      (4) 디모데에게 준 명령(1:18–20)　　　　　　　　　　　주제제시
         A. 선한 싸움을 싸우라(1:18)　　　　　　　　　　　　　(*propositio*)
         B. 믿음과 착한 양심을 가지라(1:19)
            a. 믿음에 파선한 어떤 이들이 있음(1:20a)
            b. 예: 후메내오, 알렉산더(1:20b)
   2) 디모데가 각 직분자에게 해야 할 일(2:1–3:13)　　　　　　권면(*exhortatio*)

(1) 일반인
  A. 남자들: 모든 사람을 위하여 특히 임금들과 높은 지위에 있는 사람들을 위하여 각처에서 거룩한 손을 들고 기도함(2:1-8)
  B. 여자들(2:9-15)
    a. 정숙함과 정절, 선행으로 단장함(2:9-10)
    b. 일절 순종함으로 조용히 배움(2:11-16)
(2) 직분자(3:1-13)
  A. 감독(3:1-7)
  B. 집사(3:8-12)
  C. 직분의 유익(3:13)
3) 바울의 편지 목적(3:14-16)
  (1) 상황: 내가 만일 지체하면, …(3:14)
  (2) 목적: 네가 하나님의 집에서 어떻게 행해야 할지를 알게 하려 함이라(3:15)
  (3) 원리: 경건의 비밀(3:16)
4) 디모데가 시대와 자신, 타인에게 해야 할 일(4:1-5:2)
  (1) 시대를 위해(4:1-7)
    A. 종말에 일어날 일을 분별함(4:1-5)
    B. 형제를 일깨움(4:6)
  (2) 자신을 위해(4:7-16)
    A. 경건을 연습하고 실천함(4:7-11)
    B. 연소함 때문에 업신여김 받지 말고, 안수 받을 때 받은 은사를 소중히 여기며, 모든 사람 앞에서 성숙함을 나타냄(4:12-16)
  (3) 타인을 위해(5:1-2)
    A. 늙은이: 아버지에게 하듯(5:1a)
    B. 젊은이: 형제에게 하듯(5:1b)
    C. 늙은 여자: 어머니에게 하듯(5:2a)
    D. 젊은 여자: 온전히 깨끗함으로 자매에게 하듯(5:2b)
5) 교회에서 발생하는 문제들에 대한 조언(5:3-6:2)
  (1) 참과부의 선별과 섬김(5:3-16)
  (2) 잘 다스리는 장로에 대한 예우(5:17-18)

(3) 장로에 대한 고발(5:19–21)
  (4) 디모데의 처신(5:22–25)
  (5) 종들의 섬김(6:1–2)
 6) 거짓 교사들과 탐욕에 대한 경고(6:3–19)
  (1) 거짓 교사들을 피하라(6:3–10)　　　　　　　　반박(refutatio)
   A. 이들의 주장과 상태(6:3–4)
   B. 거짓 교사들의 동기: 진리를 잃고 경건을 이익의 방편으로 생각함(6:5)
   C. 치료책: 자족하는 마음(6:6–10)
  (2) 믿음의 선한 싸움을 싸우라(6:11–16)　　　　　권면(exhortatio)
  (3) 이 세대의 부한 자들에게 해야 할 명령과 그 이유 (6:17–19)
   A. 명령(6:17b–18)
    a. 마음을 높이지 말라(6:17b)
    b. 정함이 없는 재물이 아닌 우리에게 모든 것을 후히 주사 누리게 하신 하나님께 소망을 두라(6:17c)
    c. 선을 행하고 선한 사업을 많이 하라(6:18a)
    d. 나누어 주기를 좋아하고 너그러운 자가 되라 (6:18b)
   B. 이유: 이것이 장래에 자기를 위하여 좋은 터를 쌓아 참된 생명을 취하는 것이기 때문(6:19)

3. 편지맺음말(딤전 6:20–21)　　　　　　　　　　　결론(peroratio)
 1) 마지막 권면(6:20–21a)
  (1) 피하라: 망령되고 헛된 말과 거짓된 지식의 반론(6:20b)
  (2) 지키라: 네게 부탁한 것(6:20c)
  (3) 이유: 거짓된 지식을 따르다가 믿음에서 벗어나기 때문(6:21a)
 2) 축복: 은혜가 너희와 함께 있을지어다(6:21b)

3. 디모데전서 내용

3.1 "경건의 비밀"(딤전 3:16)

바울은 디모데전서 3:16에서 "경건의 비밀"을 말하는데, 이 말을 이해하는 것이 중요하다. 두 가지가 필요하다. 첫째, 이 표현이 나타나는 내러티브적 위치를 살펴보는 것이다. 둘째, 이 표현의 의미를 주해적으로 밝히는 것이다. 먼저 이 문단은 문학적으로 어떤 역할을 하는가?

3.1.1 내러티브적 역할

디모데전서 3:16은 이 서신의 중간 전망이다. 바울은 바로 앞에서 이렇게 말한다.

> **딤전 3:14** 내가 속히 네게 가기를 바라나 이것을 쓰는 것은 만일 내가 지체하면 너로 하여금 하나님의 집에서 어떻게 행하여야 할 지를 알게 하려 함이라.

바울이 "이것들"로 무엇을 가리키느냐에 대해서는 여러 가지 견해가 있다. 하지만 바로 앞에 나오는 디모데전서 2:1-3:13로 보는 것이 가장 자연스럽다. 바울은 기도할 것(딤전 2:1-7), 남자와 여자가 교회에서 어떻게 행하는 것이 바른 것인지(딤전 2:8-15), 교회 일꾼들(감독, 남녀 집사)의 자격과 자질(딤전 3:1-13)에 대해 말한다.

그런데 이 중간 요약은 다시 앞으로 올 내용에 관한 중간 전망 역할도 한다. 왜냐하면 바울은 이어지는 구절에서 사람이 이 믿음에서 떠나게 될 것이라는 것(딤전 4:1)과 여러 거짓 경건의 모습, 곧 결혼이나 음식을 회피하는 것, 곧 금욕을 경건의 기준으로 삼는다든지(딤전 4:2-5) 신화와 미신에 중독되는 현상을 경계하도록 교훈하고 있기 때문이다(딤전 4:7). 또 그리스도의 일꾼의 태도(딤전 4:9-15)나 장로, 과부, 종들의 자세 (딤전 5:1-25; 6:1-2)를 말하고 있다.

문학적으로 볼 때, 지금까지 내용을 요약한다는 점에서 중간 요약이자, 앞으로 올 내용을 전망한다는 면에서 중간 전망이지만, 신학적으로 볼 때 특이한 점이 있다. 바울은 디모데전서 3:16 이전에서도, 3:16 이후에서도 디모데에게 "하나님의 교회요, 진리의 기둥과 터인 하나님의 집에서 어떻게 행하여야 할지" 언급한다. 하지만 독자의 기대와 달리 바울은 이런 교회론적이고 목회론적인 내용이 아닌 구원론적이고 기독론적인 내용을 도입한다. 왜냐하면 그리스도의 선재와 성육신, 고난, 부활, 승귀에 대해 말하고 있기 때문이다. 이는 교회론과 목회론의 바다 한 가운데 있는 기독론적 섬에 비유할 수 있다. 바울은 이 섬을 "경건의 비밀"이라 이름 붙이고 있다.

그렇다면 "경건의 비밀"이란 무엇을 뜻하는가?

3.1.2 경건의 비밀의 의미

디모데전서 3:16은 그리스도 사건, 곧 그리스도의 성육신부터 승천까지를 아주 간결하고 아름답고 운율 있는 시구로 표현하고 있다. 그런데 바울은 이것을 "경건의 비밀"이라 한다. 문자적으로 번역하면, 하나님을 경외하는 일의 신비(미스테리), 곧 하나님을 경외하는 '도'의 계시이다.

이 "비밀, 신비, 계시"라는 말은 성경에서 항상 이중적인 측면이 있다. 곧 감추어짐과 드러남을 표현한다. 이 "신비"의 내용 때문이다. 이 미스터리는 만세 전부터 감추어졌던 하나님의 뜻과 계획, 지혜가 복음 안에서 드러난 것을 가리킨다. 특별히 구원이 유대인을 넘어서 전 인류에게 드러나게 하신 은혜를 말한다(롬 15:25-27).

"경건"이란 문자적으로 볼 때, 사람이 하나님 앞에서 갖는 전인격적인 태도를 가리킨다. 특별히 예수 그리스도 안에서 보여지고 알려진 하나님을 두려워함과 동시에 사랑함의 내용을 말한다.

바울은 이 "경건의 비밀"이 "크며, 그렇지 않다 하는 이가 없다"고 말한다. 우리말 번역으로는 여러 단어를 사용하여 복잡하게 보이지만, 이 표현은 헬라어로 한 단어이다. 호모로구메노스(ὁμολογουμένως). 이 말은 많은 사람이 고백하듯이 "의심할 여지가 없고 부인할 수 없으며 매우 확실하다." 이 말이 "경건"에 적용되고 있기 때문에 자칫 오해할 수 있다. 어떤 개인이 가지고 있는 경건의 모습을 연상하게 하기 쉬운 것이다(cf. 딤전 4:7-8; 6:3, 5, 6), 하지만 신자의 윤리나 행동에 대해 이런 의심할 여지없이 크고 부인할 수 없으며 매우 확실히 크다($\mu\acute{\epsilon}\gamma\alpha$)라고 말하지 않는다. 에베소인들은 이 "크다"는 말로 자신들의 신 아르테미스를 찬송했다(행 19:28). 하지만 바울은 이 말을 그리스도를 높이면서 사용하고 여기서도 마찬가지이다(cf. 딛 2:13). 다시 말해서, 이것은 개인의 경건이라기보다 그 개인의 신앙과 구원의 토대로서의 경건으로 보는 것이 타당하다. 이 경건의 비밀은 그리스도의 성육신과 부활, 믿어짐과 승천으로 구성(3구 6행시)되어 있다.

1. 그는 육신으로 나타난 바 되시고,   성육신 ⎤
   영으로 의롭다 하심을 받으시고,   부활   ⎦ 성취된 그리스도의 사역
2. 천사들에게 보이시고,   나타나심 ⎤
   만국에서 전파되시고,   전파   ⎦ 선포된 그리스도의 사역
3. 세상에서 믿음 바 되시고,   믿음   ⎤
   영광 가운데서 올려지셨느니라.   승천   ⎦ 인정된 그리스도의 사역

바울은 교회의 직분자는 이 "비밀"이 없어서는 안 된다고 말하고 있다.

> **딤전 3:9** [이와 같이 집사들도 …] 깨끗한 양심에 믿음의 비밀을 가진 자라야 할지니라.

이 비밀이 있는 자에게는 선한 양심과 믿음의 담력을 갖게 된다.

> **딤전 3:13** 집사의 직분을 잘한 자들은 아름다운 지위와 그리스도 예수 안에 있는 믿음에 큰 담력을 얻느니라.
> **딤전 1:5** 이 교훈의 목적은 청결한 마음과 선한 양심과 거짓이 없는 믿음에서 나오는 사랑이니라.
> **딤전 1:19** 믿음과 착한 양심을 가지라. 어떤 이들은 이 양심을 버렸고 그 믿음에 관하여는 파선하였느니라.

감독, 장로, 집사 등 직분자들에게 있는 모든 자질은 "믿음의 신비"와 "담력," "깨끗하고 선한 양심"이라는 기반이 없이는 불가능하다.

바울은 이 "경건의 신비"에 근거하여 다른 거짓 교훈을 경계한다.

3.2 다른 교훈을 경계함

디모데전서의 "다른 교훈"의 내용은 총 두 번 등장한다. 하지만 두 곳에서 약간의 차이가 있다. 디모데전서 1장에서 바울이 경계하는 것은 "신화와 끝없는 족보에 착념하는 것"(딤전 1:3)이다. 반면 디모데전서 6장에서는 경건을 이익의 방도로 삼는 사람들과 부자의 행동이다.

3.2.1 신화와 족보

바울은 디모데에게 에베소 교인들이 "신화와 끝없는 족보"에 몰두하는 일을 삼가하도록 한다. 바울에 따르면, "이런 것은 믿음 안에 있는 하나님의 경륜을 이룸보다 도리어 변론을 내는 것이라"(딤전 1:4)고 말한다. 여기서 "변론"(ἐκζητήσεις)은 무엇인가? 라틴어 번역(questiones, "질문들")과 같이 이것은 끝없는 질문과 이론에 빠져들어가는 것이다. 슐라터는 이것이 단지 그리스도인들의 신앙생활뿐만 아니라 교회의 공적인 예배에도 들어왔을 가능성이 있을 것으로 생각한다. 다시 말해서, "공예배를 질문들과 이론, 곧 신학적 문제들로 가득 채우고, 그것을 다루는 데 큰 비중을 차지하게 되는 것이다. 수많은 질문들에 대답하려는 과정에서 신화나 종교적 우화가 발생한다"는 것이다.[531] 그래서 이런 문제를 탐구하는 자들은 점점 "시인들"이 되고, 복음에서 멀어진다.

> **딤전 1:6-7** 사람들이 이[경계의 목적=사랑]에서 벗어나 헛된 말 (ματαιολογία; "빈 수다")에 빠져 7 율법의 선생(νομοδιδάσκαλοι)이 되려고 하나 자기가 말하는 것이나 자기가 확증하는 것도 깨닫지 못하는도다.

이렇게 되면 수많은 신화와 전설, 증명할 수도 없는 이론들이 복음선포를 대신하게 되고, 그러면 복음의 내용을 상실하게 된다. 그 결과는 믿음과 경건과 설교의 목적인 사랑을 상실하게 된다.

> **딤전 1:5** 이 교훈의 목적은 정결한 마음과 선한 양심과 거짓이 없는 믿음에서 나오는 사랑이다.

당시 에베소 상황(행 19)을 생각하면, 이것은 충분히 생각할 수 있는 것

---

[531] A. Schlatter, *Die Geschichte der ersten Christenheit*, 3rd and 4th ed. (Gütersloh: Bertelsmann, 1927), 265.

이다. 아시아의 이교 문화가 융성하던 이 도시에 복음과 복음 전도자가 빠진 자리에 그들의 본래 문화였던 이교적 신화와 사고가 들어오는 것은 시간 문제였다.

바울은 디모데전서 6:3-19에서 다시 다른 교훈을 말하면서, 바른 교훈과 그리스도의 교훈을 멀리하는 자들을 경계한다.

3.2.2 거짓 선생과 부자

바울은 복음을 마음 중심에 두지 않는 자들의 탐심을 폭로하고 있다. 이 탐심과 앞에서 살펴본 "신화와 족보"를 통해 나타나는 현상은 동일하다. 바로 변론과 다툼이다. 그러나 탐심 안에는 종교를 이익의 방편으로 생각하는 부패한 심리가 자리잡고 있다.

> 딤전 6:4-5 그는 교만하여 아무것도 알지 못하고 변론과 언쟁을 좋아하는 자니 이로써 시기와 분쟁과 비방과 악한 생각이 나며, 5 마음이 부패하여지고 진리를 잃어버려 경건을 이익의 방도로 생각하는 자들의 다툼이 나느니라.

참된 복음 전도자는 이것을 멀리해야 한다(딤전 6:11).

바울은 교회를 섬기는 자들에게 어떤 자질을 요구하는가?

3.3 교회를 섬기는 자들에 대한 지시(딤전 3:1-13; 5:3-6:2)

바울은 교회의 직분자들에게는 없어서는 안 될 "경건의 비밀"을 강조한다. 이 비밀은 곧 그리스도의 사역으로서 성육신과 부활로 성취된 역사, 나타나심과 전파로 선포된 복음, 전세계에 믿음이라는 새 시대에 속한 원리와 그리스도의 승천으로 인정된 계시로 구성된다.

디모데전서는 감독, 장로, 남녀 집사, 과부 등에 관한 지시가 있다(딤전 3:1-13; 5:3-6:2).

3.3.1 교회 직분자: 감독, 장로 ... 등

이 지시는 어떤 성격의 지시인가?

3.3.1.1 디모데전서의 목회적 지침의 성격

이 지시에는 앞에서 살펴본 복음(딤전 3:16)과 같은 원리가 적용된다. 복음은 기초원리요, 이 기초 위에 목회와 목양의 원리가 세워진다. 이것이 독자가 디모데전서를 읽을 때 주목해야 할 점이다. 왜냐하면 디모데전서는 목회 매뉴얼이 아니기 때문이다. 실제로 디모데전서는 교회 직분자, 성례, 의식 등에 관해 말하지 않는다. 예를 들어보자.

먼저 직분자이다. 바울은 감독의 자질에 관해서는 말하지만, 감독이 몇 명이나 있어야 하는지, 하나여야 하는지 여러 명이어야 하는지, 어떻게 감독을 선출할 것인지, 어떻게 그들의 직책을 수행해야 할 것인지, 감독의 직책은 어떻게 집사직과 교인 전체의 직분과 차이가 나는지 다루지 않는다.[532]

성례에 관해서도 마찬가지이다. 바울은 세례를 언급하기는 하지만, 유아세례 문제나 세례 시 어떤 신앙고백 조항이 필요한지 관해서 아무런 지침도 주지 않는다.[533] 심지어 성만찬을 어떻게 진행해야 할지에 대

---

[532] Cf. Schlatter, *Theologie des Apostels*, 423.

[533] Cf. Schlatter, *Theologie des Apostels*, 423.

해서는 언급조차 없다.[534]

　마지막으로 교회의 일꾼의 행동방식에 대한 규정도 없다. "[디모데가] 곧 장로회에서 안수받을 때..."(딤전 4:13), "아무에게나 경솔히 안수하지 말라"(5:22)는 말이 있을 뿐, 어떤 절차로, 앞으로 나와서 ... 등 형식에 관한 말이 없다.

이것은 디모데전서뿐만 아니라 다른 목회서신에서도 마찬가지이다. 이러한 내용은 목회서신에 없다. 따라서 이 본문에 나오는 총 32가지 사항은 교회운영 방법론이나 기술의 항목이 아닌 복음이라는 대원리에 기초한 감독, 장로, 집사, 권사에 대한 원리이다.

여기서 매우 사소해 보이지만, 감독(장로)에게 특히 강조된 점이 있다. 바로 구타이다.

3.3.1.2 구타, 한 여자의 남편 등
바울은 다음과 같이 말한다.

> **딤전 3:3** [감독은] 구타하지 않고... 돈에 인박히지 않으며....

여기서 감독은 에베소 도시의 지도급에 속하는 사람들을 가리키는 말이다. 따라서 로마 세계에서 신분이 높은 사람들일 가능성이 높다. 바울은 이들에게 "구타하지 않아야 한다"고 말한다. 대상은 여성과 어린이, 노예들이다. 현대 독자에게는 이 말이 이상한 말로 들릴 수 있다. 교회의 장로가 아니라 일반 사람도 남을 때리는 것이 금지되어 있기 때문이다. 하지만 바울 당시에는 그렇지 않았다. 여성과 어린이, 노예는

---

[534]　Cf. Schlatter, *Theologie des Apostels*, 423.

구타에 쉽게 노출되어 있었다.

그런데 바울은 교회 일꾼은 안 된다는 것이다. 이것은 당시 사회 관념에서 볼 때 매우 충격적인 조건이다. 그러면 왜 바울은 이것을 요구하는가? 여기에 바울이 교회의 성도를 보는 시각이 드러난다. 바울은 모든 사람을 하나님의 형상으로 보고, 하나님의 백성으로 보며, 새 인류에 속하는 존귀한 자들로 본다. 본래 하나님의 형상이었던 사람을 타락한 인간과 사회가 계급화 시키고 이 불의를 제도화한 것이다. 교회의 일꾼은 이 세계관에서 벗어나 성경적 종말 세계관으로 사람을 보아야 한다. 이것이 바울의 요구이다.

이 세계관은 더 확장된다. 바울은 감독은 "한 여자의 남편"(딤전 3:2, 12)이어야 하고, 과부는 "한 남자의 아내"(딤전 5:9)여야 한다고 강조한다.

3.3.1.3. 현대에 적용점

현대에는 남자가 가정을 잘 이끌 뿐만 아니라 여자도 가정을 잘 이끄는 것이 추가되어야 할 것이다. 왜냐하면 '아버지 없는 사회'가 이미 되었고, 갖가지 노력에도 불구하고 심화되고 있기 때문이다. 나아가 "구타하지 않는" 것은 남자(감독)뿐만 아니라 여성에게도 적용되어야 한다.

특히 "분내지 않는 것"이 강조되어야 한다(딛 1:7). 충성된 자이어야 한다(딤전 3:11). 이 말은 "모든 면에서 믿을 만한" 사람이어야 한다는 말이다. 교회 직분을 영광스러운 것으로 받고 꾸준히 섬겨야 한다.

바울은 디모데전서 6장에서는 약간 다른 면에 초점을 맞춘다. 참된 가르침이 아니라 거짓 가르침을 전하는 사람들에 대해 말한다. 이것은 감독이나 장로 등 지도자의 반대편에 있는 사람들을 가리킨 것이라고 볼 수 있다.

3.3.2 거짓 교사들과 부자

바울은 저들은 "경건을 이익의 방도로 생각한다"(딤전 6:5; 딛 1:10-11)고 말한다. 이 말은 무슨 말인가? 이런 예가 과연 성경에 있는가? 신약성경에 "경건을 이익의 방도로 생각하는 자"는 "거짓 선지자"와 동의어이다(cf. 마 24:25). 이런 자들을 사도들은 이렇게 묘사한다.

> **벧후 2:1, 3, 12-13** 그러나 백성 가운데 또한 거짓 선지자들이 일어났었나니 이와 같이 너희 중에도 거짓 선생들이 있으리라 그들은 멸망하게 할 이단을 가만히 끌어들여 자기들을 사신 주를 부인하고 임박한 멸망을 스스로 취하는 자들이라. ... ³ 그들이 탐심으로써 지어낸 말을 가지고 너희로 이득을 삼으니... ¹² 이 사람들은 본래 잡혀 죽기 위하여 난 이성 없는 짐승 같아서 그 알지 못하는 것을 비방하고 그들의 멸망 가운데서 멸망을 당한다. ¹³ 불의의 값으로 불의를 당하며 낮에 즐기고 노는 것을 기쁘게 여기는 자들이니 점과 흠이라 너희와 함께 연회할 때에 그들의 속임수로 즐기고 논다.
> **벧후 2:15** 그들이 바른 길을 떠나 미혹되어 브올의 아들 발람의 길을 따르는도다 그는 불의의 삯을 사랑하다가...
> **유 1:11** 화 있을진저 이 사람들이여, 가인의 길에 행하였으며 삯을 위하여 발람의 어그러진 길로 몰려 갔으며 고라의 패역을 따라 멸망을 받았도다

따라서 "경건을 이익의 방도로 생각한다"는 말은 "거짓선생들이 그들의 지식에 대한 값을 지불하게 하는 일"(bijkbaar lieten de dwaalleraars zich betalen voor hun kenis)을 가리킨다.[535]

---

[535] H. N. Ridderbos, *De pastorale brieven* (Kampen: Kok, 1967), 151.

그러면 이들은 구체적으로 누구인가? 복음을 "자신을 위한 어떤 것을 마련할 수단으로 삼는 것"이나 "당시 순회 철학자들과 교사들에게 있던 그들의 강의(가르침), 연설료를 지불하게 하던 관습을 복음 설교자들이 따라서 하는 것"을 가리킨다. 물론 교회는 "잘 가르치는 장로"들을 존중해야 하고(딤전 5:17), 모든 좋은 것, 물질적인 것을 나누어야 한다. 그러나 복음 전하는 사람들이 순수하게 복음을 전하는 데서 급격하게 이익을 추구하는 쪽으로 갈 위험이 있다.[536] 그러면 바울과 바울 일행은 어떻게 했는가?

고후 2:17 우리는 수많은 사람들처럼 하나님의 말씀을 혼잡하게 하지 아니하고 곧 순전함으로 하나님께 받은 것 같이 하나님 앞에 서와 그리스도 안에서 말하노라
살전 2:5 너희도 알거니와 우리가 아무 때에도 아첨하는 말이나 탐심의 탈을 쓰지 아니한 것을 하나님이 증언하시느니라

그러면 교회사에서는 이 "경건을 이익의 방도로 생각하는 사람들"을 누구로 보았는가? 오리게네스는 열두 제자 중 유다로 해석했다. 가난한 자들을 돕는다는 명목으로 이익을 가로챘다는 것이다(cf. 요 12:6).[537] 히에로니무스는 자기 당대의 교회지도자들, 곧 제사장과 집사, 감독들을 비판한다. 교회가 상업적인 장소가 되고 있다는 것이다. 이것은 예수님 당시 성전을 시장으로 바꾸고 거룩한 것을 사고파는 것과 무엇이 다르냐는 것이다.[538]

---

[536] Ridderbos, *Pastorale brieven*, 153; R. van Houwelingen, *Timoteus en Titus* (Kampen: Kok, 2009), 148.

[537] Origenes, *Commentary on the Gospel of Matthew*, trans. John Patrick, ANF X (Edinburgh: T&T Clark, 1995), 438–439.

[538] Jerome, "Homily on Mark 11:15-17," in *The Homilies of Saint Jerome, Vol. 2: Hom-*

지금까지 디모데전서를 살펴보았다. 이제 디모데후서로 넘어가 보자.

---

ilies 60-96, trans. S. M. L. Ewald, FC 57 (Washington: The Catholic University of America Press, 1966), on Mark, 183-184.

15장

디모데후서

디모데후서는 어떤 서신보다 바울의 상황을 아는 것이 중요한 서신이다. 바울은 지금 어디 있으며 어떤 처지에 있는가?

1. 바울의 상황

바울이 당시 처해 있던 상황은 세 가지로 요약할 수 있다. 바울은 첫째 수감되어 있고, 둘째, 1차 변증을 마치고 동료들에게서 버려져 홀로 남겨졌으며, 셋째, 자신의 죽음이 임박한 것을 인식하고 있다.

1.1 "갇힌 자"가 됨

첫째, 바울은 지금 "갇힌 자"가 되었다. 나아가 바울 동역자가 바울을 로마에서 "부지런히" 찾아와 만나야 할 상황이었다.

> 딤후 1:8 그러므로 너는 내가 우리 주를 증언함(τὸ μαρτύριον τοῦ κυρίου ἡμῶν)과 또는 주를 위하여 **갇힌 자**(ὁ δέσμιος αὐτοῦ) 된 나를

부끄러워 말고 오직 하나님의 능력을 따라 복음과 함께 고난을 받으라.

딤후 1:16-17 오네시보로... 그가 나를 자주 격려해 주고 내가 사슬에 매인 것을 부끄러워하지 아니하고 ¹⁷ **로마에 있을 때에** 나를 **부지런히** 찾아와 만났음이라(ἀλλὰ γενόμενος ἐν Ῥώμῃ σπουδαίως ἐζήτησέν με καὶ εὗρεν).

여기서 바울은 자신에게 "갇힌 자"(ὁ δέσμιος)라는 별칭을 쓰고 있는 것을 관찰할 수 있다(cf. 몬 1:1). 실제로 그는 AD 57년 예루살렘에서 붙잡힌 후 약 5년간 "갇힌 상태"에 있었다.

년도	내용	성경
AD 57년 5월(오순절)	바울이 예루살렘에서 붙잡힘	행 22:24-29
"이튿날"	바울이 천부장 루시아 및 산헤드린 앞에서 재판을 받음	행 22:30
"날이 새매"	바울을 암살하려는 모의; 바울의 조카에 의해 루시아에게 보고됨	행 23:12
그날 "제 삼시"(21:00)	천부장 루시아가 바울을 가이사랴로 호송함	행 23:22-30
"이튿날"	바울이 가이사랴에 도착하여 총독 관저 "헤롯 궁"에 연금됨	행 23:31-34
"5일 후"	바울이 총독 벨릭스와 유대 관원들 앞에서 재판을 받음	행 24:1-23
(2년)	가이사랴에 계속해서 연금됨	행 24:27
AD 59년 5월	베스도가 새로운 총독으로 부임함	행 24:27
(약 4개월)		
AD 59년 9월	바울이 로마로 항해함	행 27:9
	얼마 못 되어 + 사흘째 + 여러 날 동안 + 열 나흘째 + 날이 새매 + 석달 후	행 27:14, 19, 20, 27; 행 28:11
AD 60년 봄	바울이 로마에 도착함	

| (2년) | 바울이 로마 셋집에서 복음을 전함 | 행 28:30 |
| AD 62년 봄 | | |

바울에게 이 약 5년 간의 긴 갇힌 상태는 밖에서 볼 때 그렇게 긴 기간이 아닐 수 있다. 또 일정한 자유와 친구들의 방문이 허락되었으므로 "관대한" 것이었다고 말할 수도 있다. 그러나 바울 자신은 이것을 "사슬에 매인 것"(τὴν ἅλυσίν μου)으로 생각했다(딤후 1:16; 엡 6:20). 판 하월링엔은 "사슬에 매임"이란 말을 사도행전 12:6과 같이 왼쪽, 오른쪽에 군인들이 팔을 붙들고 있고, 팔과 다리에는 사슬이 매여 있는 상황(중범죄)을 가정하지만, 그럼에도 가택연금의 기본 틀을 벗어나지 않는다고 주석한다. 이렇게 해석하는 이유는 바울에게 4:21b에 그의 동역자들이 옆에 있기 때문이다.[539] 그래서 "부지런히"를 시간적으로 "곧"이라고 본다.[540]

그러나 리델보스는 바울이 로마에 도착한 후 현재 중범죄인으로 취급되어, 그의 동료들이 "노력을 기울여" 찾아야 할 상황일 수 있다고 추측한다.[541] 이 두 해석 중 후자가 더 나아 보인다. 왜냐하면, 딤후 1:16-17, 딤후 1:18은 즉흥적으로 나온 것으로 앞뒤에 이 문장과 서로 긴밀히 연관된 것이 없는 중간 문장이기 때문이다(Asyndeton zwischen Sätzen).[542] 만일 오네시보로가 자연스런 과정으로 시간적으로 곧 찾을 수 있었다면, 바울이 그렇게 감사한 마음을 표현하지는 않았을 것이다.

이 기간이 바울을 "사슬에 매인 것"처럼 괴롭게 한 이유는 두 가지로 생각할 수 있다. 첫째, 정지감이다. 바울은 지금까지 매우 적극적으

539　Van Houwelingen, *Timoteus en Titus*, 177.
540　Van Houwelingen, *Timoteus en Titus*, 177.
541　Ridderbos, *De pastorale brieven*, 195.
542　BDR § 462.

로 복음을 전했다. 그것은 "복음을 듣지 못한" 지역을 모두 다 전도한다는 목표를 이루기 위한 것이었다. 그런데 아직 갑자기 세상이 정지한 느낌이 드는 것이다. 이것은 바울에게 큰 아픔을 주었다.[543] 둘째, 무혐의이다. 이것이 그를 더욱 괴롭게 한 것은 그가 "매인 것"이 전혀 근거가 없는 것이었기 때문이다.[544] 그래서 천부장 루시아도, 총독 벨릭스도, 총독 베스도도, 아그립바 왕을 비롯한 바울의 변증을 들은 사람들도, 또한 자신을 고소한 유대인들도 전혀 "근거"를 찾지 못했다.

		사도행전
루시아	고발하는 것이 그들의 율법 문제에 관한 것뿐이요 한 가지도 죽이거나 결박할 사유(ἔγκλημα)가 없음을 발견하였나이다.	행 23:29
벨릭스	벨릭스가 이 도에 관한 것을 더 자세히 아는 고로 연기하여(ἀνεβάλετο)[545] 이르되 천부장 루시아가 내려오거든 너희 일을 처결하리라.	행 24:22
베스도	내가 살피건대 죽일 죄를 범한 일이 없더이다. … ²⁶ 그에게 대하여 황제에게 확실한 사실을 아뢸 것이 없으므로, 심문한 후 상소할 자료가 있을까하여 당신들 앞 특히 아그립바 왕 당신 앞에 그를 내세웠나이다. ²⁷ 그 죄목도 밝히지 아니하고 죄수를 보내는 것이 무리한 일(ἄλογον)인 줄 아나이다.	행 25:25–27
헤롯 아그립바 II 및 배심원들	왕과 총독과 베니게와 그 함께 앉은 사람들이 다 일어나서 ³¹ 물러가 서로 말하되 "이 사람은 사형이나 결박을 당할 만한 행위가 없다" 하더라. ³² 이에 아그립바가 베스도에게 이르되 이 사람이 만일 가이사에게 상소하지 아니하였더라면, 석방될 수 있을 뻔하였다 하니라.	행 26:30–32

---

543 Cf. Van Bruggen, *Geschichtliche Einordnung*, 42.

544 Cf. Van Bruggen, *Geschichtliche Einordnung*, 42.

545 ἀναβάλλομαι는 재판에서 결정을 유보할 때 쓰이는 전문용어(*terminus techinicus*)이다. Cf. H. H. Wendt, *Die Apostelgeschichte*, 9th ed. (Göttingen: Vandenhoeck & Ruprecht, 1913), 328.

그러나 바울의 정직감과 무혐의로 인한 극심한 고통을 주님은 복음 전진을 위한 "일터"로 만드셨다. 바울 자신은 자신의 긴 "갇힌 상태"를 고린도에서 데살로니가에 가고자 했던 것이 막힌 것처럼 "사탄이 막은 것"으로 묘사하지 않았다(cf. 살전 2:18; 고후 12:8).[546] 한 걸음 더 나아가 누가는 이것을 부활하신 주님이 직접 이끌어 가시는 프로젝트로 본다. 주님은 이 프로젝트를 바울에게 처음 예루살렘에서 잡힌 그날 밤에 알리셨다. 그러나 바울은 예루살렘에 도착하기 전 성령께서 무언가를 알리셨으나 예루살렘에서 사역을 마친 후 일이 어떻게 진행될지 몰랐다(행 20:22-25; 21:11-24). 나아가 죄수가 되어 로마로 진군할지 전혀 알지 못했다.[547]

> **행 23:11** 그 날 밤에 주께서 바울 곁에 서서 이르시되 담대하라. 네가 예루살렘에서 나의 일을 증언한 것 같이 로마에서도 증언하여야 하리라.
> **cf. 행 27:24** 바울아, 두려워하지 말라! 네가 가이사 앞에 서야 하겠고, 또 하나님께서 너와 함께 항해하는 자를 다 네게 주셨다 하였느니라.

바울은 로마에 도착한 후 이것을 인정하고 확신을 갖게 된 것으로 보인다.

> **딤후 2:9** 복음으로 말미암아 내가 죄인과 같이 매이는 데까지 고난을 받았으나 하나님의 말씀은 매이지 아니하니라.

546　Van Bruggen, *Geschichtliche Einordnung*, 43.
547　Cf. Van Bruggen, *Geschichtliche Einordnung*, 43.

1.2 모든 사람에게 버림당함

바울이 가이사랴에서 "첫 번째 변증"을 한 후, 아시아에서 복음에 참여했던 사람들이 바울을 버렸다.

> **딤후 1:15** 아시아에 있는 모든 사람이 나를 버린 이 일을 네가 아나니 그 중에는 부겔로와 허모게네도 있느니라.
> **딤후 4:16** 내가 처음 변명할 때에 나와 함께 한 자가 하나도 없고, 다 나를 버렸으나 그들에게 허물을 돌리지 않기를 원하노라. ... 내가 사자의 입에서 건짐을 받았느니라.

바울의 "갇힌 상태"가 계속되므로 처음에는 의리를 저버리지 않은 사람도 후에는 바울을 떠났던 것으로 보인다.

> **딤후 4:10** 데마는 이 세상을 사랑하여 나를 버리고 데살로니가로 갔다.
> **cf. 골 4:14** 사랑을 받는 의사 누가와 또 데마가 문안하느니라.

그러니까 데마의 경우는 바울이 골로새서를 쓸 때만 해도 바울의 동역자였다는 것을 알 수 있다.

1.3 자신의 죽음이 임박함과 자신의 "경주"가 끝에 이른 것을 의식함

바울은 자신의 죽음이 임박한 것을 알고 있다.

딤후 4:6 전제와 같이 내가 벌써 부어지고 나의 떠날 시각이 가까 웠도다.

그리고 자신의 사역이 마지막 단계에 이르렀다는 것을 인식하고 있다.

딤후 4:7-8 나는 선한 싸움을 싸우고 나의 달려갈 길을 마치고 믿음을 지켰으니 8 이제 후로는 나를 위하여 의의 면류관이 예비되었으므로 주 곧 의로우신 재판장이 그 날에 내게 주실 것이며 내게만 아니라 주의 나타나심을 사모하는 모든 자에게니라.

그렇다면 디모데후서 저작시기는 언제인가?

2. 디모데후서 저작시기

디모데후서의 기록시기는 3차 전도여행 이전일 수는 없다. 그것은 다음 두 가지 이유에서이다. 하나는 바울의 상태이다. 디모데후서에 따르면, 바울은 지금 로마에 수감되어 있다. 다른 하나는 바울 수감생활의 기간이다. 디모데후서는 오랜 수감생활을 전제한다.

그렇다면 디모데후서가 쓰인 것은 바울이 로마에 투옥된 후 언제인가? 여기서 다시 두 시기를 생각할 수 있다. 사도행전 28:30에서 말하는 두 해이거나 사도행전 28장 이후이다.

사도행전 28장 이후설은 바울의 2차 투옥을 전제한다. 이 견해의 근거는 다음과 같다.

> **딤후 4:20** 드로비모는 병들어서 **밀레도**에 두었노라($ἀπέλιπον$).
> **딤후 4:16** 내가 **처음 변명**할 때에 나와 함께 한 자가 하나도 없고 다 나를 버렸으나 그들에게 허물을 돌리지 않기를 원하노라.

드로비모는 에베소 출신으로 바울이 3차 전도여행을 마치고 예루살렘으로 여행할 때, 두기고와 함께 아시아 대표로 동행한 사람이다(행 20:4; 21:29). 이 구절은 바울이 가이사랴-로마 투옥을 마치고 풀려나 다시 동쪽으로 갔고, 그 때 드로비모도 동행했으며, 병들어 밀레도에 남겨두었다는 의미인 것처럼 보인다. 또 바울은 "처음 변명할 때"라고 말하는데, 이것은 바울이 로마 황제 앞에서 1차 변증을 마친 상태인가? 로마 원로원에서 변증을 했는데, 자기 동료들이 다 버렸다는 뜻인가? 그럴 수 있다. 하지만 반드시 그렇지 않을 수 있다. 먼저 "남겨두었다"($ἀπέλιπον$)는 말은 반드시 다른 사람과 함께 있었다는 것을 가리키지 않는다(cf. 딛 1:5). 동시에 첫 번째 변증은 가이사랴 수감 시 변증을 가리킬 수도 있고, 로마 1차 투옥 때 사도행전에 기록되지 않은 변증일 수도 있다.

하지만 이 이론은 설명하지 못하는 부분이 있다. 먼저 역사적 현실이다. 바울은 60년 1차 투옥 후 64년 봄까지 로마에 수감된 상태였다. 그런데 그 이전에 풀려났다면, 디모데전서와 디도서를 설명할 수 없다. 바울은 두 해를 꽉 채워 연금 상태 또는 수감 상태로 있었다(행 28:30). 왜냐하면 원고측 고소인이 도착하지 않았기 때문이다. 물론 황제가 정의롭고 주의를 기울였더라면 석방했을 것이다. 그러나 이 시기 로마는 네로가 집권한 시기로 극도로 불안정한 상태였다. AD 64년 봄부터는 네로가 기독교를 박해하기 시작한다. 그러면 AD 63년 봄에서 겨울까지 동쪽으로 가서 디모데전서와 디도서, 빌립보서에 묘사된 사역을 해야 한다. 바울이 예루살렘에서 체포된 후 바울의 선교 동역자들이 그대로 유지되었다고 생각하는 것은 불가능한 일이다. 바울 혼자 이 모든 일을 하기에는 너무나 짧다.

그렇다면 AD 64년 봄 이후는 어떤가? 이것은 더 불가능하다. 네로는 그리스도인들이 체포되면 소송을 빠르게 처리했다. 왜냐하면 로마의 대화재 후 황제가 집과 건물을 지을 때 해 준 원조[548]나 이재민들에 대한 구호정책[549]도, 신들을 달래기 위한 의식들[550]도 방화범이 네로라는 소문을 잠재울 수가 없었기 때문이다. 네로는 서둘러 이 사태를 수습하고자 했다. 그래서 희생양을 찾았는데 바로 그리스도인이었던 것이다.[551] 그러면 네로의 덮어씌우기 전략이 어떻게 진행되었는가? 이것은 두 단계로 진행되었다.

---

[548] Tacitus, *Ann.* 15.43; 『연대기』, 박광순 옮김 (파주: 범우, 2020), 673-674.
[549] Tacitus, *Ann.* 15.39; 『연대기』, 671.
[550] Tacitus, *Ann.* 15.44; 『연대기』, 674-675.
[551] Tacitus, *Ann.* 15.44; 『연대기』, 675.

1. 먼저 기독교 신앙을 고백하는 사람들을 체포하고 신문했다.
2. 이어 신문 받은 자들이 내놓은 정보에 근거해 더 많은 그리스도인들을 체포했다.[552]

이렇게 잡힌 사람들에게 처음에는 방화범의 누명을 씌웠다. 하지만 후에는 "인류 적대죄"(*odio humani generis*, "인류에 대한 증오")를 선고했다.[553]

만일 네로와 로마인들이 숨은 그리스도인들을 찾아내 처벌했다면, 이미 수감된 사람들은 더 빠르게 형을 집행했을 것으로 짐작할 수 있다.[554] 바울이 1차 석방 후 2차 투옥되었다면, 분명히 네로 박해 시기였을 것이다. 그렇다면 바울이 풀려났다가 다시 감옥에 갇혔는데, 디모데나 그리스도인들에게 자신이 갇힌 것을 부끄러워하지 말라고 부탁하겠는가?(딤후 1:8; 엡 3:13) 또 바울은 디모데와 마가를 로마에 빨리 오도록 명령하는데(딤후 4:11), 지금 그리스도인이 극도로 위험한 로마에 자기가 아끼고 사랑하는 사람들을 부르겠는가? 또 오늘 처형될지 내일 처형될지 모르는 상황에 겉옷을 가지고 오고, 가죽 종이에 쓴 책을 가지고 오라고 하겠는가?(딤후 4:13).[555]

이런 점을 고려할 때, 다음 결론을 얻을 수 있다. 디모데후서는 로마 1차 투옥시기에 기록되었다고 보는 것이 더 타당하다. 이것은 바울의 3차 전도여행 끝부분과 관련이 있다. 즉, 약 3년 전 사건과 연결된 것이

---

552 Tacitus, *Ann.* 15.44; 『연대기』, 675–676.

553 Tacitus, *Ann.* 15.44; 『연대기』, 675.

554 Cf. Van Bruggen, *Geschichtliche Einordnung*, 49–50; 바울이 로마 감옥에 1차 투옥되었을 때, 바울의 "매임"에 괴로움을 더하게 하려고 복음을 전했던 사람들의 활동(cf. 빌 1:17)은 이것과 관련이 있을 수 있다.

555 Cf. Van Bruggen, *Geschichtliche Einordnung*, 50.

다. 바울은 드로아에 도착했을 때, 당시 오순절 바로 직전, 즉 초여름이었으므로, 가보의 집에 둔 겉옷을 두고 왔다. 그런데 예루살렘에 도착했을 때, 붙잡히고 말았다. 그러면 왜 이제야 요구하는가? 가이사랴에서는 요구하지 않았는가? 그것은 가이사랴보다 로마의 상황이 훨씬 열악했기 때문이라고 추측할 수 있다. 가이사랴에서는 헤롯 궁에 연금되었고, 친구들이 필요한 것을 공급하는 것을 허락했기 때문에(행 24:35; 24:23), 상대적으로 좋은 상황이었다. 하지만 로마에서는 처음부터 그렇지 못했거나, 아니면 처음에는 셋 집에 머물게 하였으나 나중에는 점점 악화된 것으로 볼 수 있다. 바울은 성경을 요구했는데, 이것은 아마도 회당에 갈 수 없는 상황이 계속됨에 따라, 방문하는 사람들과 황제 시위대 사람들에게 복음을 변증하고 증거하기 위해 필요했던 것으로 보인다.

이제 디모데후서의 구조를 살펴보자.

3. 디모데후서 구조 및 개요

디모데후서의 구조는 같은 수신자에게 보내는 편지임에도 불구하고 디모데전서와 다르다.

3.1 디모데후서 구조

디모데후서는 초반부(딤후 1:3–3:13)에는 주로 진술문으로, 후반부(딤후 2;14–4:22)는 주로 명령문으로 이루어져 있다. 그리고 이 후반부에서 디모데후서 4:9 이전에는 디모데가 주요 관심사요, 그 이후에는 바울이 주요 관심사이다.[556]

바울은 편지시작말의 감사의 내용을 말하면서 디모데를 얼마나 보고 싶어하는지 말한다. 디모데후서 1:3-5에서 동사는 둘이다. 첫째는 "감사하다"(χάριν ἔχω)이고 둘째는 "기억하다"(ἔχω μνείαν)이다. 둘 다 에코 동사와 명사를 결합한 복합표현이다. 그런데 두 번째 동사에 분사 셋이 붙어 있다. 이 세 분사는 바울이 자신의 기도 속에서 디모데를 언급할 때 어떤 행동이 수반되는지 표현한다. 하지만 세 동작이 아니라 두 동작이다. 두 번째 분사가 첫 번째 동작의 이유를 서술하기 때문이다. 따라서 첫째는 디모데를 간절히 보고 싶어하는 것이다. 왜냐하면 디모데의 눈물을 기억하기 때문이다. 바울은 디모데를 다시 만나면 자신의 기쁨이 가득 찰 것을 기대한다. 둘째는 디모데 안에 있는 위선 없는 믿음을 기억한다.

그러면 바울은 편지본말에서 디모데에게 무엇을 말하는가? 디모데후서는 총 세 단락으로 되어 있다.

---

[556] Cf. Van Houwelingen, *Timothëus, Titus*, 34–35.

		디모데후서
1.	격려	1:6-18
2.	지시	2:1-26
3.	종말을 일깨움	3:1-4:8

사람들은 디모데후서 1:6-18을 다양하게 분석한다. 그러나 대부분 주된 흐름을 놓치고 있다. 이 단락의 주 모티브는 "부끄러워하다"이다.

> 나를 부끄러워하지 말라
> 나는 복음을 부끄러워하지 않는다
> 오네시보로가 나를 부끄러워하지 않았다

바울은 디모데에게 자신을 "부끄러워하지 말라"고 말한다. 왜냐하면 자신은 주를 증거하고 주를 위해 갇혔으며, 종말에 생명과 썩지 않는 것을 드러낸 복음을 부끄러워하지 않기 때문이다. 따라서 디모데는 바울에게 들은 바 바른 교훈과 선한 것을 지켜야 한다. 여기서 바울은 디모데를 격려하기 위해 극명하게 대조되는 두 예를 든다. 하나는 자신과 복음을 증거할 때 자기를 버린 자들(아시아에 있는 모든 사람, 특히 부겔로, 허모게네)이고, 다른 하나는 로마에 있을 때 죄수로 갇혀 있음에도 자기를 부끄러워하지 않고 부지런히 찾아와 만난 사람(오네시보로)이다.

바울은 디모데후서 3:1-4:8에서 종말에 대해 일깨운다. 여기서 "마지막 날들에"(ἐν ἐσχάταις ἡμέραις)는 무엇을 가리키는가? 여기서 "종말"이란 미래 세상의 끝이 아니라 현재 시대를 가리킨다. 그 근거는 두 가지이다. 첫째, 종말에 나타날 현상들이다. 자기애, 부모 거역 등 도덕적 부패는 현재 진행되고 있는 일이다. 바울은 "그들 중에 남의 집에 들어가 어리석은 자를 유인하는 자가 있다"(딤후 3:6-7)고 말한다. 바울은 실제로 1차 전도여행에서 이미 이것을 확인했고 디모데도 이것을 알고 있다(딤후 3:11-12).

둘째, 종말을 언급하는 문맥이다. 바울은 바로 앞서 거짓 교사들과 복음을 대적하는 자들에 대해 언급했다(딤후 2:14-26). 그리고 바로 이어서 말세를 말하고 있다.[557]

이 둘을 종합해 보면, 바울이 자신이 과거 전도여행과 현재까지 복음을 전하면서 겪은 박해와 환란, 고통을 종말에 일어날 고난으로 인식했고, 그의 현재를 종말 시대로 보았다는 증거이다.

디모데후서에서 다른 서신과 다른 점이 있다. 디모데후서 4:1-8에 다시 권면이 등장하는 것이다. 이 권면을 어떻게 이해할 것인가? 이 권면은 왜 앞의 디모데후서 2:1-26에 이어서 나오지 않았는가?

연구자들은 이 단락에 "바울의 또다른 권면"이라고 제목을 붙인다.[558] 다시 말해서, 디모데후서 2:1-26과 성격이 같은 것으로 파악한다. 하지만 4장의 권면은 앞의 권면과 성격이 다르다. 왜냐하면 디모데후서 3장에서 종말과 종말 시대의 특징을 설명했기 때문이다. 4장의 권면은 종말에 일어날 일이라는 배경에서 보아야 한다. 따라서 바울은 "하나님 앞과 살아 있는 자와 죽은 자를 심판하실 그리스도 예수 앞에서 그의 파루시아와 그의 나라를 두고 명령한다(딤후 4:1). 이것은 종말을 눈 앞에 둔 사역자가 해야 할 일을 일깨운 것이다.

이상의 관찰을 반영하여 디모데후서의 개요를 작성하면 다음과 같다.

557　Cf. Guthrie, *New Testament Introduction*, 656.
558　Cf. Guthrie, *New Testament Introduction*, 656-657.

3.2 디모데후서 개요

	수사학적 요소

1. 편지시작말(딤후 1:1–5)   서론(*exordium*)

  1) 서두(1:1–2)

    (1) 송신자: 바울(1:1)

      A. 그리스도 예수의 사도 바울(1:1a)

      B. 하나님의 뜻을 통해(1:1b)

      C. 그리스도 예수 안에 있는 생명의 약속을 따라(1:1c)

    (2) 수신자: 사랑하는 아들 디모데(1:2a)

    (3) 문안(1:2b)

      A. 내용: 은혜와 평화(1:2bα)

      B. 근원: 하나님 아버지와 그리스도 예수 우리 주(1:2bβ)

  2) 감사(1:3–5)   감사(*eucharistia*)

    (1) 대상: 하나님(1:3a)

    (2) 시기: 기도 중에 디모데를 언급할 때(1:3b)

    (3) 이유(1:4–5)

      A. 디모데의 눈물을 기억하므로 그를 보기를 갈망하면서 (1:4)

      B. 디모데의 위선없는 믿음을 기억하면서(1:5a)

        a. 이 믿음의 뿌리: 외조모 로이스, 어머니 유니게(1:5b)

        b. 이 믿음의 계승: 디모데

2. 편지본말(딤후 1:6–4:8)

  1) 디모데를 격려함(딤후 1:6–18)   사실진술(*narratio*)

    (1) 디모데에게 다시 생각나게 함(1:6–7)

      A. 목적: 바울이 안수함으로 디모데 안에 있는 은사를 불일듯하게 함(1:6)

      B. 근거: 하나님은 두려움의 영이 아니라 능력과 사랑, 절제의 영을 주심(1:7)

    (2) 디모데에게 용기를 북돋음(1:8–18)

      A. 나를 부끄러워하지 말고 나와 함께 고난을 받으라 (1:8–12)   주제제시(*partitio*)

    B. 내가 네게 부탁한 아름다운 것을 지키라(1:13–14)   증명(*probatio*)
    C. 두 가지 예(1:15–18)
        a. 나를 버린 자들: 아시아에 있는 모든 자들; 부겔로, 허모게네(1:15)
        b. 나를 부끄러워하지 않고 찾은 사람: 오네시보로(1:16–18)
2) 디모데에게 지시함(딤후 2:1–26)   권면
  (1) 디모데의 주임무: 전수(2:1–2)   (*exhortatio*)
    A. 너는 내게 들은 바를 충성된 사람에게 부탁하라(2:1–2a)
    B. 그들이 또 다른 사람들을 가르칠 수 있으리라(2:2b)
  (2) 자신을 위해(2:3–13)
    A. 충성된 군사로 고난을 받으라(2:3–7)
        a. 본분: 자기 일에 얽매이지 않고 모집한 자를 기쁘시게 함(2:4)
        b. 원칙: 법대로 경주해야 함; 수고의 열매가 기다리고 있음(2:5–7)
    B. 예수 그리스도를 생각하라(2:8–10)
        a. 그리스도: 내가 전한 복음을 따라 다윗의 씨로 죽은 자 가운데서 부활하신 분(2:8)
        b. 바울: 이 복음을 위해 죄인과 같이 갇힌 자가 되었으나 하나님의 말씀은 매이지 않음(2:9–10)
    C. 약속: 우리가 주와 함께 죽으면 함께 살고 참으면 또한 함께 다스리리라(2:11–13)
  (3) 타인을 위해(2:14–23)
    A. 너는 진리의 말씀을 분별하는 검증된 자로 하나님 앞에 네 자신을 세우라(2:14–15)
    B. 너는 망령되고 헛된 논쟁과 변론을 버리라(2:16–23)
  (4) 주의 종의 태도(2:24–26)
3) 디모데에게 종말을 일깨움(딤후 3:1–4:8)
  (1) 종말에 나타날 일(3:1–17)
    A. 고통하는 때의 도래(3:1)
    B. 악의 번성(3:2–14)
        a. 세상의 극심한 도덕적 부패(3:2–5)
        b. 사악한 교사들의 활동(3:6–9; cf. 딛 1:11)
    C. 하나님의 구원(3:10–17)

a. 하나님이 바울을 모든 환란과 고통, 안디옥-이고니온-루스드라에서 받은 박해에서 건지심(3:10-11)

b. 경건한 자의 고난과 악인의 악의 증가(3:12-13)

c. 너는 참 스승들과 성경에서 배우고 확신한 일에 거하라. 모든 성경은 하나님의 감동으로 된 것으로 읽는 자에게 구원에 이르게 하는 지혜가 있으며, 모든 사람들을 온전하게 하며, 모든 선한 일에 구비되게 하기 때문이다(3:14-17)

(2) 종말 시대에 사역자의 임무(4:1-8)

　A. 배경: 하나님 앞과 그리스도 예수의 파루시아, 그의 나라(4:1)

　B. 디모데의 임무(4:2-8)

　　a. 말씀을 전파하라(4:2-5)

　　b. 고난을 받으며 네 직무를 다하라(4:6)

　C. 바울의 상황과 신앙고백(4:7-8)

　　a. 죽음이 임박함(4:7)

　　b. 싸움을 마치고 믿음을 지킴(4:8a)

　　c. 의의 면류관이 예비됨(4:8b)

3. 편지맺음말(딤후 4:9-22)　　　　　　　　결론(*peroratio*)

1) 바울의 개인적 부탁과 경고(4:9-15)

　(1) 부탁(4:9-13)

　　A. 너는 속히 내게로 오라(4:9-11a)

　　B. 마가를 데리고 오라(4:11b)

　　C. 드로아 가보에 둔 겉옷을 가지고 오라(4:12-13a)

　　D. 책은 특별히 가죽 종이에 쓴 것을 가져오라(4:13b)

　(2) 경고: 구리세공업자 알렉산더를 주의하라(4:14-15)

2) 바울의 상황과 송영(4:16-18)

　(1) 첫 변증에서부터 모두 떠나고 내 곁에 아무도 없다(4:16)

　(2) 주께서 나와 함께 하시고 사자의 입에서 건지셨다(4:17)

　(3) 주께서 나를 모든 악한 일에서 구원하시고 그의 천국에 들어가게 하실 것이니 영광이 세세무궁토록 그에게 있을지어다! 아멘(4:18)

3) 문안(4:19-21)

4) 축복(4:22)

그러면 이 구조가 디모데후서 전체 본문에서 어떻게 펼쳐지는가?

4. 디모데후서 내용

4.1 바울의 동역자관(딤후 1:3-2:13)

4.1.1 바울과 디모데/디도의 관계

바울은 디모데와 디도를 "아들"이라 부른다.

		목회서신
디도	[바울은...] 같은 믿음을 따라 나의 참 **아들** 된 디도에게 편지하노니 하나님 아버지와 그리스도 예수 우리 구주로부터 은혜와 평강이 네게 있을지어다	딛 1:4
디모데	**아들** 디모데야, 내가 네게 이 교훈으로써 명하노니, 전에 너를 지도한 예언을 따라 그것으로 선한 싸움을 싸우라	딤전 1:18
	... 바울은 **사랑하는 아들** 디모데에게 편지하노니 하나님 아버지와 그리스도 예수 <u>우리 주</u>께로부터 은혜와 긍휼과 평강이 네게 있을지어다.	딤후 1:2
	내 아들아, 그러므로 너는 그리스도 예수 안에 있는 은혜 가운데서 강하라.	딤후 2:1

여기서 "아들"이란 용어는 바울과 디모데의 친밀한 관계를 표현한다. 물론 인간적인 면을 배제할 수는 없다. 그래서 바울은 자신과 뜻을 같이하여 빌립보 교회의 사정을 진실히 생각할 자가 디모데 밖에 없다고 말했다(cf. 빌 2:20). 그러나 이 명령과 복종을 생각할 때, 유교적이고 군사적인 면에서, 바울은 명령자요 디모데는 복종자가 아니다. 바울은 일

차적으로 자신에게 복종하라고 하지 않고, 자신도, 디모데도 따라야 할 소명과 자신도, 디모데도 섬겨야 할 주님을 가리킨다.

> **딤후 1:6** 그러므로 내가 나의 안수함으로 네 속에 있는 하나님의 은사를 다시 불일 듯하게 하기 위하여 너로 생각하게 하노라.
> **딤전 4:14** 네 속에 있는 은사 곧 장로의 회에서 안수받을 때에 예언을 통하여 받은 것을 가볍게 여기지 말라.
> **딤후 2:3-7** 너는 그리스도 예수의 좋은 군사로 나와 함께 고난을 받으라. ... ⁴ 이는 병사로 모집한 자를 기쁘게 하려 함이라. ... ⁷ 내가 말하는 것을 생각해 보라. 주께서 범사에 네게 총명을 주시리라.

이런 의미에서, 바울은 디모데나 디도를 "믿음 안에서 낳은 아들"이라 부른다.

> **딤전 1:2** ... 바울은 **믿음 안에서 참 아들**된 디모데에게 편지하노니...
> **딛 1:4** ... 바울은 같은 **믿음을 따라 나의 참 아들**된 디도에게 편지하노니...

"동일한 믿음을 가지고 동일한 뜻을 품고" 살아가는 이들이라는 뜻이다.

4.1.2 복음 사역자들의 독립성

바울은 자신의 동역자들을 당시 철학자들이나 소피스트들이 자신을 스승이라 하고 자신의 철학과 이론을 추종하는 이들을 자신의 제자들이라고 말하는 것처럼 그의 "제자들"(Schüler)이라 부르지 않는다. 목회서신에 따르면, 바울의 "제자들"(Jünger)은 없으며, 따라서 바울의 후계자도 없다. 바울과 바울 동역자들의 교제는 "믿음 안에서"의 교제이다.

믿음은 새 시대의 삶과 경건의 원리요, 자신들을 한 분 주님과 동일하고 동등하게 묶는 끈이다. 따라서 "그들[바울 동역자]은 단순히 배운 것을 반복하지 않는다. 그들은 독립적이며, 바울은 그들의 사역을 위해 복음 안에서 규칙을 보여줌으로써, 그 사역들을 지원한다."[559]

그러면 왜 바울은 이렇게 복음 사역자들의 독립성을 강조하는가? 그것은 그들을 부르신 이가 부활하신 주님이시요, 그들에게 은사를 주어 공적으로 교회에서 인정받게 하시고 일하게 하신 이가 주님이시기 때문이다(딤후 1:6; 딤전 4:14; 딤후 2:3-7). 나아가 그들이 하는 일의 성격 때문이다.

> **딤전 4:16** 네가 네 자신과 가르침을 살펴 이 일을 계속하라. 이것을 행함으로 네 자신과 네게 듣는 자를 구원하리라.
>
> **딤후 4:7-8** 나는 선한 싸움을 싸우고 나의 달려갈 길을 마치고 믿음을 지켰으니, ⁸ 이제 후로는 나를 위하여 의의 면류관이 예비되었으므로 주 곧 의로우신 재판장이 그 날에 내게 주실 것이며 **내게만 아니라 주의 나타나심을 사모하는 모든 자에게도니라.**

다시 말하면, 바울뿐만 아니라 바울 동역자들에게도 영원한 구원에 참여하는 일이 그들이 복음 사역을 수행할 때, 동시에 일어나는 일이기 때문이다.[560] 바울 동역자들 중 누구도 '나는 단지 바울의 제자일 뿐이며 따라서 나의 말과 사역은 구원에 책임을 지지 않는다'고 말할 수 없다. 바울은 이 성격을 알고 자신의 사람을 만들려고 하지 않고 디모데와 디도 및 자신과 동역하는 모든 복음 사역자들을 그리스도의 군사로

---

559 A. Schlatter, *Die Theologie der Apostel*, 2nd ed. (Stuttgart: Calwer, 1922), 425.

560 Cf. Schlatter, *Theologie der Apostel*, 425: "Die Selbständigkeit ist für sie unentbehrlich, weil auch für sie wie für Paulus der Anteil am ewigen Heil mit der Ausführung ihres Werkes zusammenfällt."

세우고, 그리스도 앞에서 책임 있는 존재라는 점을 늘 상기시켰다(딤후 2:3-4).

바울은 자신과 디모데의 사역을 어떻게 생각하고 있는가? 이 둘은 서로 이어져 있다. 하지만 이것은 디모데에게서 그치는가? 그렇지 않다.

4.1.3 복음 사역자의 연속성

바울은 이렇게 말한다.

> **딤후 1:13-14** 너는 그리스도 예수 안에 있는 믿음과 사랑으로써 **내게 들은 바 바른 말**을 본받아 지키고 ^{14} 우리 안에 거하시는 성령으로 말미암아 네게 부탁한 아름다운 것("선한 것"; ἡ καλή)을 지키라.
> **딤후 2:2** 또 **네가** 많은 증인 앞에서 **내게 들은 바를 충성된 사람들**에게 부탁하라. 그들이 또 다른 사람들을 가르칠 수 있으리라.

이 연속성의 근거는 "말"과 "성경"이다.

> 바울―말―디모데와 디도―말―충성된 사람들―말―다른 사람들

이 "다른 사람들"에 우리도 있는 것이다. 따라서 "말"은 신자들을 사도와 궁극적으로 사도를 보내신 주 예수 그리스도와 하나님께 연결한다. 그러므로 이 "말"이 끊어지면 결국 신자들은 하나님께로부터 끊어지고 만다. 이런 점에서 "다른 교훈"은 해로운 것을 넘어서 악하고 파괴적인 것이며, 바울은 이에 분개하고, 복음 사역자들은 이것에 대항해야 한다.

4.2. 디모데의 미래 사역을 위한 바울의 명령(딤후 2:14-4:8)

앞에서 살펴본 것처럼, 바울은 로마에 "갇혀 있고," 모든 사람들이 자기를 버리고 돌아섰으며, 자신의 죽음이 임박한 상황에서, 디모데와 교회는 이제 바울 없이 일을 해야 한다. 이런 상황에서 바울은 디모데에게 그리스도 앞에서 책임 있는 일꾼으로서 어떻게 일해야 하는지 알린다. 그러나 바울은 전혀 새로운 것을 더하지 않는다. 그가 말하는 것은 성경과 성령과 이에 기반한 사도적 교훈이다.

> **딤후 3:14-17** 그러나 너는 배우고 확신한 일에 거하라. 너는 네가 누구에게서 배운 것을 알며, ¹⁵ 또 어려서부터 성경을 알았나니 성경은 능히 너로 하여금 그리스도 예수 안에 있는 믿음으로 말미암아 구원에 이르는 지혜가 있게 하느니라. ¹⁶ 모든 성경은 하나님의 감동으로 된 것으로 교훈(διδασκαλία)과 책망(ἐλεγμός; Überführung)과 바르게 함(ἐπανόρθωσις)과 의로 교육(παιδεία)하기에 유익하니 ¹⁷ 이는 하나님의 사람으로 온전하게 하며 모든 선한 일을 행할 능력을 갖추게 하려 함이라.
>
> **딤후 4:1-2** 하나님 앞과 살아있는 자와 죽은 자를 심판하실 그리스도 예수 앞에서 그가 나타나실 것과 그의 나라를 두고 엄히 명하노니, ² 너는 말씀을 전파하라. 때를 얻든지 못 얻든지 항상 힘쓰라. 범사에 오래 참음과 가르침으로 경책하며 경계하며 권하라 (cf. 딤후 1:13-14; 2:2).
>
> **딤후 1:6-7** 그러므로 내가 나의 안수함으로 네 속에 있는 하나님의 은사를 다시 불일 듯하게 하기 위하여 너로 생각하게 하노니, ⁷ 하나님이 우리에게 주신 것은 두려워하는 마음[영]이 아니요, 오직 능력과 사랑과 절제하는 마음[영]이니라.

이것은 단지 성경을 통해 지혜가 주어지고, 성령을 통해 카리스마적인 능력이 나타난다는 의미가 아니다. 교회 안에서 복음 사역자들의 직무 수행과 모든 중요한 결정에 성경과 성령이 활동하실 것을 가리킨다. 여기에 바울의 교회 직무론의 핵심이 있다. 이것은 바울이 소아시아 교회를 떠나면서 이미 교회에 알린 것이다.

행 20:28, 32 여러분은 자기를 위하여 또는 온 양떼를 위하여 삼가라. 성령이 그들 가운데 여러분을 감독자로 삼고 하나님이 자기 피로 사신 교회를 보살피게 하셨느니라. ... ^{32} 지금 내가 여러분을 주와 그 은혜의 말씀에 부탁하노니 그 말씀이 여러분을 능히 든든히 세우사 거룩하게 하심을 입은 모든 자 가운데 기업이 있게 하시리라.

행 14:23 각 교회에서 장로들을 택하여 금식 기도하며 그들이 믿는 주께 그들을 위탁하니라.

지금까지 바울이 디모데에게 보낸 두 편지를 살펴보았다. 그러면 디도에게 보낸 편지는 어떠한가?

16장

디도서

디도서를 이해하기 위해서는 두 가지가 중요하다. 하나는 디도가 누구인가 하는 점이고, 다른 하나는 이 서신이 언제 어떤 배경에서 쓰여졌는가 하는 점이다. 우선 디도에 대해서 알아보자.

1. 디도

디도는 바나바, 아볼로, 디모데 등 동역자에 비해 상대적으로 덜 알려진 인물이다. 바나바의 경우처럼, 그의 활동이 묘사된 것이 없고, 아볼로의 경우처럼, 그의 자질에 관한 언급을 찾을 수도 없으며, 디모데처럼 그의 출신지에 관한 정보도 없다.

하지만 디도는 갈라디아서(갈 2:1, 3)와 고린도후서(고후 2:12-14; 7:13; 8:6, 23; 12:18), 디모데후서(딤후 4:10)에서 복음사역에 매우 중요한 인물로 등장한다. 특히 바울은 "이방인들을 위한 복음의 대표적 예, 또는 율법의 행위로부터 자유로운 복음의 전형"으로 디도를 예루살렘 공의회에 함께 동행하도록 했다(갈 2:1, 3). 나아가 디도는 뛰어난 행정가였다.

디도는 이방인 교회와 유대인 교회의 하나됨의 증거로서 연보의 성격을 이해하고 이 민감한 일을 마게도냐와 아가야 지역 교회에서 완수했다(cf. 고후 8:6; 16-19). 그래서 바울은 디도를 다음과 같이 말한다.

> **고후 8:23** 디도로 말하면 나의 동료요 **너희를 위한 나의 동역자**요, 우리 형제들로 말하면 여러 교회의 사자들이요 그리스도의 영광이니라

그러나 디도는 디도서에서 단지 행정가만이 아니라 목회자요 신학자로 나타난다.

> **딛 1:5** 내가 너를 그레데에 남겨 둔 이유는 남은 일을 정리하고 내가 명한 대로 **각 성에 장로들을 세우게 하려 함이라**.

디도는 사도 바울의 동역자들 중에서도 지도부(leading persons)에 속했던 것으로 보인다.

> **딛 3:12** 내가 아데마나 두기고를 네게 보내리니 그 때에 네가 급히 니고볼리로 내게 오라. 내가 거기서 겨울을 지내기로 작정하였노라.

이상을 종합해 볼 때, 디도는 유능하고 정직하고 믿음직한 행정가요(고후 8:6; 12:18), 목자의 마음을 가진 목회자요(cf. 고후 8:16) 신학자였다(cf. 딛 1:5).

그러면 그에게 그레데(크레타) 섬 사역이 맡겨진 시기는 언제였는가?

2. 디도서 저작시기[561]

디도서가 언제 기록되었는지 결정하는 것은 어려운 일이다. 여기에는 두 가지 원인이 있는데, 두 지명과 관련이 있다. 하나는 그레데이다. 바울은 말한다.

> 딛 1:5 내가 너를 그레데에 남겨 둔 이유는 남은 일을 정리하고 내가 명한 대로 각 성에 장로들을 세우게 하려 함이라.

여기서 "그레데"는 크레타 섬을 가리킨다. 다른 하나는 니고볼리다. 바울은 말한다.

> 딛 3:12-14 내가 아데마나 두기고를 네게 보내리니 그 때에 네가 급히 니고볼리(니코폴리스, Nicopolis)로 내게 오라. 내가 거기서 겨울을 지내기로 작정하였노라.
> [13] 율법교사 세나와 및 아볼로를 급히 먼저 보내어 그들로 부족함이 없게 하고 [14] 또 우리 사람들도 열매 없는 자가 되지 않게 하기 위하여 필요한 것을 준비하는 좋은 일에 힘쓰기를 배우게 하라.

바울은 디도에게 니고볼리로 오라고 말하는데, 니고볼리는 어디인가? 그레데와 니고볼리 활동은 정확하게 규정하기 어렵다. 따라서 이 두 장소와 연관된 디도서의 기록연대도 결정하기가 어려운 것이다.

---

[561] 이 부분은 김영호, "소순회여행 관점에서 새롭게 본 바울의 사역과 초대교회 모습," 신학정론 39 (2021): 349-352을 개정하였다.

목회서신에 등장하는 사건이나 지명이 사도행전에 나오지 않기 때문에 그 사건이나 지명은 믿을 수 없다는 "부재이론"에 근거하여 비평학자들은 디도서의 역사적 진정성을 의심하는 근거로 사용했다. 이 거센 공격을 막기 위해 역사적 진정성을 인정하는 학자들은 디도서의 저작시기를 주로 사도행전 28장 이후라고 주장한 것이다. 하지만 이 변증에는 해결한 문제보다 해결해야 할 문제가 더 많다.

그러면 소순회여행 이론을 디도서의 연대 문제에 적용하면 어떻게 되는가? 그러면 디도서는 더는 알 수 없는 영역인 "사도행전 28장 이후"에 두지 않아도 된다. 동시에 바울의 3차 전도여행 기간 내에서 이해할 수 있다. 바울은 마게도냐로 건너간 후 아가야로 갔다가 에베소로 돌아왔다.

이때 에베소로 돌아오기 전에 디도를 "그레데에 남겨 두었다." 바울은 디도를 "그레데에 남겨 두었다"고 말한다. "남겨두다"(ἀπέλιπόν)는 말은 두 가지로 해석할 수 있다. 하나는 일반적인 의미로, 어떤 사람이 다른 동료와 함께 여행하다가 동료만 남겨두고 자신은 돌아오는 것을 가리킨다. 다른 하나는 어떤 사람이 배나 이동 수단으로 이동할 때, 그 장소를 방문하지 않고 누군가를 두고 오는 경우다(cf. 행 21:3 καταλιπόντες αὐτὴν εὐώνυμον).

이 관찰에 따라, 두 가지 시나리오를 생각해 볼 수 있다. 하나는 바울이 디도와 함께 그레데에 방문하여 교회를 세웠는데, 그 사이 고린도나 에베소에 급박한 일이 생겨 자신은 고린도나 에베소로 가고, 디도만 남겨 두었으며, 디도를 통해 각 도시마다 장로와 감독을 세우게 한 것이다. 이것은 "남겨두다"는 말의 첫 번째 의미를 취한 것이다. 다른 하나는 바울이 마게도냐에서 고린도로 가서 거기서 에베소로 돌아갈 계획을 세웠다. 그런데 자신은 어떤 이유로 고린도 교회로 가야 했기 때문에 고린도로 가고, 디도를 그레데에 파송한 것이다. 그런데 바울은 고린도에서 "쓰라린 경험"을 하였고, 여기서 니고볼리로 이동하게 되었다. 바울은 고린도에 도착하기 전 또는 니고볼리로 가기 전 디도서를 써서 그레데로 보낸 것이다. 이것은 "남겨두다"는 말의 두 번째 의미를 적용한 것이다.

만일 이 관찰이 사실이라면, 두 시나리오 중 어느 것이 더 본문에 어울리느냐를 떠나, 다음과 같은 결론을 얻을 수 있다. 첫째, 디도서는 AD 55년 가을에서 초겨울에 기록된 것이다. 왜냐하면 디도서는 바울이 소순회여행 중 니고볼리에서 겨울을 보내기 전에 쓴 서신이기 때문이다.

3. 디도서 구조 및 개요

디도서의 구조는 디모데전서와 매우 유사하다. 디모데전서가 3:16을 중심으로 방사형을 이루듯이 디도서는 2:11-15을 중심으로 방사형으로 되어 있다.

3.1 디도서 구조

바울은 이 중심 구절에서 무엇을 말하는가?

> 딛 2:11-15 모든 사람에게 구원을 주시는 하나님의 은혜가 나타나 [12] 우리를 양육하시되 경건하지 않은 것과 이 세상 정욕을 다 버리고 신중함과 의로움과 경건함으로 이 세상에 살고, [13] 복스러운 소망과 우리의 크신 하나님 구주 예수 그리스도의 영광이 나타나심을 기다리게 하셨으니, [14] 그가 우리를 대신하여 자신을 주심은 모든 불법에서 우리를 속량하시고 우리를 깨끗하게 하사 선한 일을 열심히 하는 자기 백성이 되게 하려 하심이라.

¹⁵ 너는 이것을 말하고 권면하며 모든 권위로 책망하여 누구에게서든지 업신여김을 받지 말라.

여기서 "이것"(딛 2:15)은 직역하면 "이것들"(ταῦτα)로서 복수이다. 그러면 바울이 "이것들"이라고 말한 것들은 무엇인가? 한 마디로 "모든 사람에게 구원을 주시는 하나님의 은혜"(딛 2:11)이다. 이 은혜는 크게 세 가지로 나뉜다. 말씀 사역자인 디도가 할 일, 다른 교훈에 대한 경계, 교회의 삶에 대한 지시이다. 그런데 두 가지 주목할 점이 있다. 첫째는 이 세 주제가 두 번씩 반복된다는 점이다.

		디도서
1. 디도가 할일	남은 일을 정리하고 각 성에 장로를 세움	1:5–9
	사역자를 보충, 훈련하고, 니고볼리로 합류함	3:12–14
2. 다른 교훈을 경계함	거짓 교사들을 대적함	1:10–16
	변론, 족보 이야기를 피하고 이단에 속한 사람을 한두 번 경고하고 멀리함	3:9–11
3. 교회 생활에 대한 지시	늙은 남자, 늙은 여자, ..., 종들을 가르침	2:1–10
	말씀 사역자인 디도가 자신과 타인을 위해 할 일	3:1–8

둘째는 반복되는 순서가 디도서 2:11-15을 기준으로 정확히 역순이라는 점이다.

이 두 가지 점을 반영하여 디도서를 분석하면 마치 한 점에서 밖으로 은혜가 방사되는 모습이 된다.⁵⁶²

---

562 디도는 2:11-15을 중심으로 교차 대조로 파악할 수도 있다.
    1:5-9 디도가 해야 할 일
        1:10-16 다른 교훈을 경계함
            2:1-10 교회 생활에 관한 지시
                2:11-14 "구원을 주시는 하나님의 은혜"
            3:1-8 교회 생활에 관한 지시
        3:9-11 다른 교훈을 경계함

디도서 1:1-3:2
서두(1:1-4)
디도가 해야 할 일(1:5-9)
다른 교훈을 경계함(1:10-16)
교회 생활에 관한 지시(2:1-10) ──→ 딛 2:11-15 ←──

디도서 3:1-15
교회 생활에 관한 지시(3:1-8)
다른 교훈을 경계함(3:9-11)
디도가 해야 할 일(3:12-14)
인사(3:15)

그러면 왜 이런 구조인가? 이에 대한 대답은 디도서 2:11-15의 내용과 관련이 있을 것이다. 바울은 여기서 "모든 사람에게 구원을 주시는 하나님의 은혜"(딛 2:11)를 말한다. 본문을 주해하기 전이므로 아직 분명하지 않지만, 모든 내용이 디도서 2:11로 모이고, 여기서 다시 각 내용으로 진행할 것이라고 예상할 수 있다. 따라서 "구원을 주시는 하나님의 은혜"를 중심으로 모든 내용이 의미를 얻는다. 디도가 해야 할 사역도, 거짓 교훈에 대한 경계도, 교회 생활에 대한 지시도 모두 이 중심부의 지배를 받아야 한다.

이제 이 점을 염두에 두고 디도서를 분석하면 다음과 같다.

3:12-14 디도가 해야 할 일

3.2 디도서 개요

| | 수사학적 요소 |

1. 편지시작말(딛 1:1–4)   서론
  1) 서두(1:1–4)   (*exordium*)

    (1) 송신자: 바울(1:1)

      A. 하나님의 종(1:1b)

      B. 예수 그리스도의 사도(1:1c)

      C. 하나님이 택하신 자들의 믿음과 경건함에 속한 진리의 지식에 따라 그리고 영생의 소망을 위해(1:2a)

      D. 영생(1:2b–3)

        이 영생은 거짓이 없으신 하나님이 영원전부터 약속하신 것인데,

          자기 때에 자기의 말씀을 전도로 나타내셨다(1:2b–3a)

          이 전도는 우리 구주 하나님이 명령하신 대로 내게 맡기신 것이라(1:3b)

    (2) 수신자: 같은 믿음을 따라 나의 참 아들 된 디도(1:4a)

    (3) 문안(1:4b)

      A. 내용: 은혜와 평화(1:2bα)

      B. 근원: 하나님 아버지와 그리스도 예수 우리 구주(1:2bβ)

2. 편지본말(딛 1:5–3:14)

  1) 바울이 디도에게 그레데 사역을 맡김(1:5–9)   사실진술

    (1) 디도가 맡은 사역(1:5)   (*narratio*)

      A. 배경: 바울이 디도를 그레데에 남겨 둠(1:5a)

      B. 내용(1:5b–c)

        a. 남은 일을 정리함(1:5b)

        b. 각 성에 장로들을 세움(1:5c)

    (2) 장로의 자격(1:6–9)

  2) 그레데 거짓 교사들을 대적함(1:10–16)

    (1) 디도의 임무: 대적자들 특히 율법주의자들의 입을 막고 꾸짖으라(1:10, 13)   주제제시
                                                                 (*propositio*)

(2) 대적자들의 행위(1:11b)
　　　　　A. 일: 마땅하지 않은 것을 가르쳐 가정을 무너뜨림(1:11bα)
　　　　　B. 목적: 더러운 이득을 취하기 위해(1:11bβ)
　　　(3) 그레데 상황: 거짓말쟁이, 악한 짐승, 배를 위하는 게으름뱅이(1:12)
　　　(4) 대적함의 목적(1:13–14)
　　　　　A. 믿음을 온전하게 함(1:13)
　　　　　B. 유대인의 허탄한 이야기와 진리를 배격하는 사람들의 명령을 따르지 않게 함(1:14)
　　　(5) 근거(1:15–16)
　　　　　A. 신자에게는 모든 것이 깨끗함(1:15)
　　　　　B. 저들은 행위로 하나님을 부인함(1:16)
　3) 교회 안의 각 연령과 계층 사람들을 가르침(2:1–10)   권면 (*exhortatio*)
　　　(1) 늙은 남자: 절제, 경건, 진중, 믿음과 사랑과 인내함에 온전함(2:2)
　　　(2) 늙은 여자(2:3–5)
　　　　　A. 자신: 거룩, 모함하지 않음, 술의 종이 되지 않음, 잘 가르침(2:3)
　　　　　B. 젊은 여자들을 훈계함: 남편과 자녀를 사랑, 진중, 순전, 집안 일을 함, 선하며, 자기 남편에게 복종(2:4–5)
　　　(3) 젊은 남자: 진중, 책망할 것이 없는 바른 말을 하게 함(2:6–8)
　　　(4) 종들: 자기 상전에게 범사에 복종하게 하고, 거슬러 말하지 않게 함, 훔치지 않게 함(2:9–10)
　4) 교회가 기억할 원리: 구원을 주시는 하나님의 은혜(2:11–14)
　5) 디도가 자신과 타인을 위해 할 일(2:15–3:8)
　　　(1) 자신을 위해(2:15)
　　　　　A. 앞의 원리를 말하고 권면함(2:15a)
　　　　　B. 모든 권위로 책망함(2:15b)
　　　　　C. 아무에게서도 업신여김을 받지 않아야 함(2:15c)

(2) 타인을 위해(3:1-8)
      A. 통치자들에게 복종하며 모든 선한 일에 준비함 (3:1, 8)
      B. 비방과 다툼을 일으키지 않고, 범사에 온유함을 나타내도록 함(3:2-3)
   (3) 근거(3:4-8)
      A. 우리의 옛 비참함
      B. 하나님의 자비와 사랑이 나타나심(3:5-8)
  6) 디도가 피해야 할 일(3:9-11)
   (1) 어리석은 변론과 족보 이야기, 율법에 대한 다툼(3:9)
   (2) 이단에 속한 사람(3:10-11)
      A. 한두 번 훈계한 후 멀리하라(3:10)
      B. 부패하여 스스로 정죄한 자로서 죄를 지음(3:11)

3. 편지맺음말(딛 3:12-15)　　　　　　　　　　　　　결론
  1) 여러 가지 계획(3:12-14)　　　　　　　　　　　　(*peroratio*)
   (1) 사역지 변경(3:12)
      A. 아데마나 두기고를 그레데로(3:12a)
      B. 디도는 니고볼리로(3:12b)
   (2) 교사 보충과 사역자 훈련(3:13-14)
  2) 문안(3:15a)
  3) 축복: 은혜가 너희 무리에게 있을지어다(3:15b)

4. 디도서의 내용

4.1 "구원을 주시는 하나님의 은혜"(딛 2:11)

"구원을 주시는 하나님의 은혜"는 무엇인가? 이 "은혜"가 무슨 일을 하는가? 이 "은혜"는 신자와 종말 백성을 양육한다. 그러면 이 "은혜"의 목적은 무엇인가? 오늘을 경건하게 살고, 그리스도의 영광스러운 재림을 기다리게 하려 함이다.

		디도서
모든 사람에게 구원을 주시는 하나님의 은혜가 나타나 ¹² 우리를 양육하시되, 경건하지 않은 것과 이 세상의 정욕을 다 버리고,	하나님의 은혜의 현시	2:11–12a
신중함과 의로움과 경건함으로 이 세상에 살고	현재의 경건한 삶	2:12b
¹³ 복스러운 소망과	소망	2:13a
우리의 크신 하나님 구주 예수 그리스도의 영광이 나타나심을 기다리게 하셨으니,	그리스도의 재림 기대	2:13b
¹⁴ 그가 우리를 대신하여 자신을 주심은	대속	2:14a
모든 불법에서 우리를 속량하시고	구속	2:14b
우리를 깨끗하게 하사	거룩	2:14c
선한 일을 열심히 하는 자기 백성이 되게 하려 하심이라.	하나님의 친백성	2:14d
¹⁵ 너는 이것을 말하고 권면하며 모든 권위로 책망하여 누구에게서든지 업신여김을 받지 말라.		2:15

하나님의 은혜와 그리스도의 구속과 재림을 개인과 교회와 나라의 중심에 둘 때, 진정한 경건과 거룩한 삶, 미래의 소망을 얻게 된다. 이것은 "불순종하고 헛된 말을 하며 속이는 자들"(딛 1:10)과 정반대이다. 또 "더러운 이득을 위해 마땅하지 않은 말을 하여 집안을 온통 무너뜨리는

그레데의 거짓말장이들"(딛 1:11-12)과 완전히 상반되는 삶이다.

그러면 이 "경건의 신비"에 근거하여 다른 거짓 교훈을 어떻게 경계하는가?

4.2 다른 교훈을 경계함(1:10-16; 3:9-11)

디모데전서를 보면 에베소 지역의 교회 내부에 신화와 족보에 착념하는 일이 있었다(cf. 딤전 1:4). 디도서에 의하면, 그레데에도 동일한 과정이 진행 중이었다. 특별히 이 복음 반대 운동을 일으키는 사람들이 유대인들이었던 것으로 보인다

> **딛 1:10-11a** 불순종하고 헛된 말을 하며, 속이는 자가 많은 중 할례파 가운데 특히 그러하니, [11a] 그들의 입을 막을 것이라.

바울은 이들의 "입을 막지 않으면" 이들은 종교적 진리도, 사회적 윤리도 따르지 않기 때문에 가정과 사회에 큰 피해를 입힌다고 말한다.

> **딛 1:11b-13** 이런 자들이 더러운 이득을 취하려고 마땅하지 아니한 것을 가르쳐 가정들을 온통 무너뜨리는도다. [12] 그레데인 중의 어떤 선지자가 말하되,
>   '그레데인들은 항상 거짓말쟁이며,
>   악한 짐승이며, 배만 위하는 게으름뱅이라'
> 하니, [13] 이 말이 참되도다. 그러므로 네가 그들을 엄히 꾸짖으라. 이는 그들로 하여금 믿음을 온전하게 하고 유대인의 허탄한 이야기와 진리를 배역하는 사람들의 명령을 따르지 않게 하려 함이라.

슐라터는 그레데에는 특별히 유대인들의 영향력이 컸다고 말한다. 그레데의 경우, 헬라 사상이 특별히 타락했는데, 그 틈새를 유대인들이 들어갔을 것으로 추측한다.[563]

그러면 이 은혜가 교회의 삶에서는 어떻게 작용해야 하는가?

4.3 교회 삶에 대한 지시(딛 2:1-10; 3:1-8)

바울은 디도서에서 감독과 장로, 각 연령별 남자, 여자, 종들에 대해 지시한다.

4.3.1 감독과 장로(1:7-8)[564]

바울은 감독과 장로의 자격을 언급한다. 디도서는 1:7에서 감독을 언급하는데, 감독을 "하나님의 청지기"라고 부른다. 디도서 외에 디모데전서 3:1-7에도 나온다. 또 장로에 대해 1:5-6에서 언급한다.

감독과 장로의 자격과 자질에 대한 본문에서 세 가지 특징을 발견할 수 있다. 첫째, 언급하는 순서가 같지 않다는 것이다. 둘째, 공통적으로 언급하는 자격과 자질이 많다는 것이다. 바울은 총 32가지의 자격과 자질을 언급하는데, 디모데전서 3:1-7에서 총 21가지를 언급하고, 디도서 1:7에서 총 13가지를 언급한다. 이 중에서 한 본문에만 등장하는 것은 각각 14가지와 5가지뿐이다. 나머지는 공통이다. 셋째, 공통적으로 요구하는 7가지는 모두 당시 사회에서는 지도자의 요건으로

---

563 Schlatter, *Geschichte der ersten Christenheid*, 265.

564 아래의 표 "교회 직분자 자격 및 자질"을 참조하라. 이하 "nr. 1; (딤전 1:2a; 딛 1:7a)"와 같이 표기한다.

용인되는 것이 많다는 점이다. 예를 들면, 감독은 책망할 것이 없어야 하고(nr. 1; 딤전 3:2a; 딛 1:7a), 신중하며(nr. 6; 딤전 3:2e; 딛 1:8c), 나그네를 잘 대접하며(nr. 9; 딤전 3:2g; 딛 1:8a), 가르치기를 잘하며(nr. 14; 딤전 3:2h; 딛 1:8e), 술을 즐기지 않고(nr. 19; 딤전 3:3a; 딛 1:7d), 구타하지 않으며(nr. 9; 딤전 3:3b; 딛 1:7d), 더러운 이득을 탐하지 않아야 한다(nr. 25; 딤전 3:3f; 딛 1:7f).

바울이 언급하는 순서는 다르지만 디모데전서와 디도서에서 언급한 자격과 자질을 반복하는 것을 통해, 바울이 3차 전도 여행 기간 중에 교회의 지도자 상에 대해 확고한 틀이 있었다고 추측할 수 있다.

여기서 디도서에 나오는 감독의 자질 중에 눈에 띄는 점이 있다. 만일 감독과 장로가 같은 직분을 가리킨다면, 바울은 에베소든 그레데이든 교회의 지도자에게는 공통적으로 책망할 것이 없고, 한 아내의 남편이며, 구타하지 않는 것을 요구했다. 이것은 그들에게 로마 제국 도시와 지역의 지도자가 아니라 종말론적 하나님 나라의 일꾼으로 성경적인 세계관을 요구한 것이다.[565]

특히 감독은 "제멋대로 하지 않아야 한다"(딛 1:7b). 여기서 "제멋대로"(αὐθάδη)는 "고집스럽고 오만하며 자기 뜻대로 하는 것"을 가리킨다. 만일 감독이 장로와 같은 직분이라면, 나이든 사람일 가능성이 많다. 나이가 들수록 고집과 오만, 자의는 강해진다. 이것이 자연인의 특징이다. 따라서 바울에 따르면, 감독은 반드시 그리스도의 십자가 아래서 거듭난 새 시대의 생명과 인격을 가진 사람이어야 한다.

감독(장로) 외 다른 사람은 교회에서 어떻게 살아야 하는가?

---

565 앞의 제14장에서 § 3.3.1.2를 참조하라.

4.3.2 각 연령별 남자, 여자, 종들(딛 2:1-10)

바울은 이 본문에서 "늙은 남자, 늙은 여자, 젊은 여자, 젊은 남자, 종들"이 어떻게 생활해야 하는지 지시한다. 즉 각 연령별 남녀 자유인과 종들에 대한 규칙을 제시한 것이다. 이것을 가정규칙(Haustafel)이라고 부른다. 이 규칙은 특정한 그룹이 빠질 수 있는 시험과 관련 있다. 하지만 "모든 사람에게 적용될 수 있을 정도로 충분히 일반적인 것이었다."[566]

바울은 이들에게 명령하려고 하지 않는다. 바울은 "우리", 즉 사도와 사도 동역자들도 기억해야 할 것이 있다고 말한다(딛 3:3). 그러면 사도 바울과 바울 동역자들을 포함한 모든 말씀 사역자와 초대교회 신자들이 기억해야 하는 것은 무엇인가? 그것은 두 가지이다. 우리 자신의 과거에 대한 기억과 현재 하나님의 은혜가 나타남이다.

		디도서
과거 τότε	우리도 전에는 어리석은 자요, 순종하지 아니한 자요, 여러가지 정욕과 행락에 종노릇 한 자요, 악독과 시기를 일삼은 자요, 가증스러운 자요, 피차 미워한 자였도다.	3:3
그러나 δέ 현재	[종말론적 역접] 우리 구주 하나님의 자비와 사람 사랑하심이 나타날 때에, 5 우리를 구원하시되 우리가 행한바 의로운 행위로 말미암지 아니하고 오직 그의 긍휼하심을 따라 중생의 씻음과 성령의 새롭게 하심으로 하셨나니, 6 우리 구주 예수 그리스도로 말미암아 우리에게 그 성령을 풍성히 부어 주사, 7 우리로 그의 은혜를 힘입어 의롭다 하심을 얻어 영생의 소망을 따라 상속자가 되게 하려 하심이라.	3:4-7

---

566 Marshall, *New Testament Theology*, 400.

이 두 가지, 곧 자신이 하나님 앞에서 부패한 존재였는지를 기억하는 것과 구원이 성부 하나님의 자비와 사랑과 성자 하나님의 은혜와 성령 하나님의 거듭나게 하심으로 이루어진 사실을 기억하는 것은 교회의 사역의 원리일 뿐만 아니라 교회의 존재의 토대요 교회를 세워가는 원리이다.

교회 직분자들의 자격 및 자질

	감독		장로	집사	
	딤전 3:1-7	딛 1:7	딛 1:5-6	딤전 3:8-10 남	딤전 3:11-13 여
1. 책망할 것이 없는(ἀνεπίλημπτον: tadellos; ἀνέγκλητος) 자이어야 한다.	2a	7a	6a		
2. 한 아내의 남편이어야 한다(μιᾶς γυναικὸς ἄνδρα). 한 남편의 아내이어야 한다(μιᾶς γυναικὸς ἄνδρες).	2b		6b	10	12a
3. 정신이 바르고 흐트러지지 않는(νηφάλιον: 정신이 맑쟁한; 몸과 마음이 흐트러지지 않는) 자이어야 한다; 반대: "술 취한".	2c				11c
4. 자기절제가 뛰어난(ὀργίλον) 사람이어야 한다.	2d				
5. 급히 분내지(ὀργίλον) 않아야 한다.		7c			
6. 신중한/근신하는(σώφρονα: 사려 깊은) 자이어야 한다.	2e	8c			
7. 정숙한(σεμνούς; 존경할 만한) 사람이어야 한다.				8a	11a
8. 질서있고 존경할 만한(κόσμιον: respectable; ordentlich, sittsam; 도덕적으로나 생활에 규모가 있는)자이어야 한다.	2f				
9. 나그네를 대접을 잘하는(φιλόξενον) 자이어야 한다.	2g	8a			
10. 선한 일을 좋아하는(φιλάγαθον) 자이어야 한다.		8b		9	
11. 의로운(δίκαιον) 자이어야 한다.		8c			
12. 거룩한(ὅσιον) 자이어야 한다.		8d			
13. 선한 양심에 믿음의 비밀(τὸ μυστήριον τῆς πίστεως ἐν καθαρᾷ συνειδήσει)을 가진 자이어야 한다.					
14. 가르치기를 잘하는(διδακτικόν) 자이어야 한다.	2h				
15. 신실한 말씀의 가르침을 근게 지키는(ἀντεχόμενον τοῦ κατὰ τὴν διδαχὴν πιστοῦ λόγου) 사람이어야 한다: 능히 바른 교훈으로 권면하고 거슬러 말하는 자들을 책망하기 위함이다.		9			

16.	일구이언하지 않는(διλόγους) 사람이어야 한다.			8b	
17.	모함하는(διαβόλους) 사람이어서는 안 된다.				11b
18.	충성된(πιστὰς ἐν πᾶσιν; 모든 일에 믿을 만한) 사람이어야 한다.				11d
19.	술을 즐기지(πάροινον) 아니하는 자여야 한다.	3a	7d	8c	
20.	구타하지(πλήκτην) 아니하는 자여야 한다.	3b	7e		
21.	관용하는(ἐπιεικη̂; 온유하고, 포용력이 있는) 자여야 한다.	3c			
22.	제멋대로: 고집스럽고 오만하고 자기 못대로 하지 않는 자여야 한다.	3d	7b		
23.	다투지 아니하는(ἄμαχον; 성품적으로 싸우지 않는) 자여야 한다.	3e			
24.	돈을 사랑하지 아니하는(ἀφιλάργυρον) 자여야 한다.				
25.	더러운 이득을 탐하지(αἰσχροκερδη̂) 않는 자여야 한다.	3f	7f	8d	
26.	자기 집을 잘 다스리는 자여야 한다(τοῦ ἰδίου οἴκου καλῶς προϊστάμενον).	5a			
27.	자녀들을 잘 양육해야 한다.	4a			12b
28.	자녀들이 단정함으로(μετὰ πάσης σεμνότητος; 존경할 만하게) 복종케 하는 자라야 한다(τέκνα ἔχοντα ἐν ὑποταγῇ).	4b			
29.	믿는 자여야 한다(τέκνα ἔχων πιστά).	6cα	6e | 6c		
30.	불순종하는(ἀνυπότακτα κατηγορία ἀσωτίας) 안 된다.	6cβ	6d		
31.	새로 입교한(νεόφυτον) 자여서는 안 된다: 교만하여져서 마귀를 정죄하는 그 정죄에 빠질까 함이다.	6			
32.	외인에게로서 선한 증거를 얻은 자라야 한다(μαρτυρίαν καλὴν ἀπὸ τῶν ἔξωθεν): 비방과 마귀의 올무에 빠지지 않게 하기 위함이다.	7			

17장

빌레몬서

빌레몬서는 파피루스 한 장에 들어가는 편지이다(cf. 요한이서, 요한삼서, 유다서). 그러나 이 한 장의 파피루스에는 그리스-로마 세계 전체의 사회구조를 개혁하고도 남는 사상이 담겨 있다. 독자는 복음의 빛 아래 하나님의 형상인 인간을 새 시대 질서 속에서 보게 된다.

빌레몬서는 사도 바울이 빌레몬에게 오네시모를 위해 보낸 서신이다. 그러나 개인편지라고 말할 수 없다. 왜냐하면 송신자와 수신자가 모두 공적으로 표시되었기 때문이다. 즉 바울 개인이 아니라 바울과 디모데가 보내고, 빌레몬 개인이 아니라 빌레몬과 압비아, 아킵보 및 빌레몬의 집에서 모이는 교회가 받기 때문이다(몬 1:2; cf. 골 4:17).[567]

그러면 오네시모와 빌레몬은 누구인가? 바울은 왜 이 편지를 보냈으며 그 내용은 무엇인가?

---

[567] Carson/Moo, *Introduction*, 588; Eckstein, *Bibelkunde*, 303.

1. 빌레몬서의 저작동기와 목적

바울이 빌레몬서를 쓴 동기와 목적은 두 가지 관찰을 통해 알 수 있다. 첫째, 오네시모와 빌레몬이 누구인가 하는 점이다. 둘째, 바울이 이 편지를 쓰는 어조이다. 그러면 오네시모는 누구인가?

1.1 오네시모

신약 독자들은 빌레몬서에서 오네시모를 만나기 전에 이미 오네시모의 이름을 들은 적이 있다.

> **골 4:9** 신실하고 사랑을 받은 형제 **오네시모**를 함께 보내노니, 그는 너희에게서 온 사람이라. 그들[두기고, 오네시모]이 여기 일을 다 너희에게 알려 주리라.

이 구절을 통해, 알 수 있는 사실은 세 가지이다. 첫째, 오네시모는 "형제"라는 것이다(cf. 고전 5:11). 단순한 형제가 아니라 "신실하고 사랑받는 사람"이었다. 둘째, 오네시모는 골로새 출신이다. 사도 바울이 골로새에 보낸 편지에 "너희에게서" 곧 "골로새"에서 온 사람이라고 말하기 때문이다. 셋째, 오네시모는 두기고나 아리스다고, 마가, 바나바, 누가와 같이 바울 동역자이며, 복음을 위해 일하는 사역자였다.

골로새서 4:9은 오네시모가 자유인인지 확실하게 알려주지는 않는다. 하지만 골로새서만 보면 자유인일 가능성이 높아 보인다. 왜냐하면 두기고, 아리스다고 등 바울 사역자들은 모두 자유인이기 때문이다.

그런데 빌레몬서에 따르면, 오네시모가 "형제"가 아닌 "노예"였고, 바울 동역자나 복음 사역자가 아니라 도망자였다.

몬 1:16 이 후로는 종과 같이 대하지 아니하고 종 이상으로 곧 사랑받는 형제로 둘 자라.

바울에 따르면, 오네시모는 빌레몬의 종이었는데, 그 주인에게 무익했다(몬 1:10). 또 주인에게 "불의를 행하여" 갚아야 할 빚이 있었다. 이것은 아마도 오네시모가 도망할 때, 도주 자금을 위해 빌레몬에게서 훔친 무언가를 가리킬 것이다.

그러면 주인의 재산 중 일부를 도둑질하여 도망한 노예가 어떻게 바울의 동역자요 형제가 될 수 있었는가? 바울은 오네시모를 감옥에서 "낳았다"고 말한다.

몬 1:10-12 갇힌 중에서 낳은 아들 오네시모를 위하여 네게 간구하노라. ¹¹ 그가 전에는 네게 무익하였으나 이제는 나와 네게 유익하므로, ¹² 그를 네게 돌려 보내노라. 그는 내 심장(ἁ σπλάγχνα)이라!

그러면 빌레몬은 누구인가?

1.2 빌레몬과 아킵보

빌레몬에 관해서는 알려진 것이 거의 없다. 다만 빌레몬서와 골로새서에 등장하는 몇몇 정보를 통해서 볼 때, 빌레몬은 골로새 지역의 부유한 자유민 그리스도인이었다.

몬 1:22 오직 너는 나를 위하여 숙소를 마련하라. 너희 기도로 내가 너희에게 나아갈 수 있기를 바라노라.

이 구절에서 바울은 빌레몬에게 "숙소"를 요청한다. 이 숙소는 손님을 위한 거처(ξενία)를 가리킨다. 하지만 이 "거처"는 단순한 손님을 위한 공간 한 둘 정도가 아니었던 것으로 보인다. 왜냐하면 빌레몬의 집이 교회로 사용되고 있었기 때문이다(몬 1:2).

또 바울은 골로새서 4:19에서 "아킵보에게 이르기를 주 안에서 받은 직분(διαχονία)을 삼가 이루라고 하라"고 명령하는데, 빌레몬서 1:1-2에서 아킵보와 빌레몬의 집에서 모이는 교회가 동시에 언급된다. 만일 이 아킵보가 골로새 교회의 지도자였고, 그 교회의 모임과 예배 장소가 빌레몬의 집이었다면, 아킵보는 빌레몬의 아들이었다고 추측할 수 있다.

빌레몬은 어떻게 그리스도인이 되었고, 나아가 바울 동역자(몬 1:17)가 되었는가? 만일 바울이 빌레몬에게 "네가 나에게 진 빚이 있다"(몬 1:19b)고 한 말을 복음의 빚으로 해석할 수 있다면, 빌레몬은 바울을 통해서 그리스도인이 되었고, 그의 집과 재산을 복음을 위해 사용하게 되었다고 생각할 수 있다. 비슷한 예를 찾는다면, 빌립보의 루디아와 그의 집을 들 수 있을 것이다(cf. 행 16:15, 40).

이 관찰이 옳다면, 오네시모는 이전에 바울 동역자였던 사람(빌레몬)의 "노예"였던 것이다. 당시 도망친 노예의 처지는 어떠했는가? "도망친 노예는 제단이나 심지어 사가의 벽난로에서 은신처를 찾았다"고 한다.[568] 이런 처지에서 골로새에서 로마까지 갔다면, 대단히 험난한 여정이었을 것이다.

---

568 E. R. Goodenough, "Paul and Onesimus," *HTR* 22 (1929): 181-183; Guthrie, *New Testament Introduction*, 663-664, 각주 2.

1.3 오네시모 손에 보낸 편지

바울은 빌레몬에게 오네시모를 보낸다. 그러면서 다음과 같이 말한다.

몬 1:12-14 그를 네게 돌려 보내노라. 　　　　　그는 내 심장(τὰ ἐμὰ σπλάγχνα)이라! ¹³ 그를 내게 머물러 있게 하여, 내 복음을 위하여 갇힌 중에서 네 대신 나를 섬기게 하고자 하나 ¹⁴ 다만 네 승낙이 없이는 내가 아무것도 하기를 원하지 아니하노니, 이는 너의 선한 일이 억지 같이 되지 아니하고 자의로 되게 하려 함이라.	관계 요청 자발적 참여

여기서 타 스플랑스나(τὰ σπλάγχνα)는 스플랑스논(σπλάγχνον)의 복수로서 심장, 간, 허파 등 내부 장기를 가리킨다. 이 장기들이 생명에 중요하므로, 후에 뜻이 전이되어 정서의 좌소를 의미하게 되었다.[569] 생명처럼 중요하다는 뜻에서 "나의 심장"으로 번역할 수 있다.[570]

　이것은 매우 섬세하고 미묘한 언어이다. 바울은 어떤 목적으로 이런 말을 하는가? 자신이 오네시모를 다시 돌려받고자 함인가 아니면 빌레몬에게 오네시모가 받아들여지게 하기 위함인가? 굿스피드와 낙스는 전자라고 주장한다.[571] 이를 위해 그들은 수신자를 빌레몬이 아닌 아킵보로, 아킵보의 직분을 골로새 교회를 말씀으로 섬기는 일이 아니

---

[569] Cf. Thayer, *Lexicon*, 584-585.

[570] 개역개정은 빌레몬서 1:12을 "그는 나의 심복이라"고 번역했다. 여기서 "심복"(心腹)은 문자적으로 "배와 가슴을 아울러 이르는 말"이지만 "마음 속 깊은 곳이나 그곳에 품은 심정"을 가리킨다. 하지만 잘 쓰지 않는 말이라는 점에서 새로운 번역이 필요하다.

[571] E. J. Goodspeed, *New Solutions of New Testament Problems* (1927); *Introduction to the New Testament* (1937), 109-124; J. Knox, *Philemon Among the Letters of Paul* (1935).

라 노예를 돌려보내고 자유인으로 만드는 일로, 빌레몬서를 라오디게아 서신으로 바꾸었다.[572]

하지만 바울의 목적은 오네시모를 돌려받기 위함이 아니라 빌레몬에게 받아들여지는 것이었다. 만일 그렇지 않다면, "네가 나를 동역자로 알진대 그를 영접하기를 내게 하듯 하라"(몬 1:17)는 말은 설명할 수 없게 된다.[573] 그러면서 동시에 "빌레몬이 오네시모를 노예 신분에서 해방시켜 주었으면 하는 바람"이 있었다(cf. 1:21).[574]

2. 빌레몬서의 저작시기

빌레몬서의 저작시기는 바울의 "갇힌 자"된 시기와 관련 있다. 만일 "갇힌 중에서"(몬 1:10; pl.)라는 말이 로마 감옥을 가리킨다면, 약 AD 60-64년이 될 것이다.

바울은 빌레몬에게 자신의 동역자들의 문안 인사를 전한다. 여기에 누가와 마가가 등장한다. 그런데 한 곳에서는 마가가 들어있고, 다른 곳에서는 바울 곁에 있지 않다.

몬 1:24 또한 나의 동역자 마가, 아리스다고, 데마, 누가가 문안하느니라.

딤후 4:10-11 데마는 이 세상을 사랑하여 나를 버리고 데살로니가로 갔고, 그레스게는 갈라디아로, 디도는 달마디아로 갔고, ¹¹ 누가만 나와 함께 있느니라. 네가 올 때에 마가를 데리고 오라. 그

---

[572] Cf. Guthrie, *New Testament Introduction*, 660–662; Carson/Moo, *Introduction*, 590–591.

[573] Guthrie, *New Testament Introduction*, 663.

[574] Marshall, *New Testament Theology*, 362.

가 나의 일에 유익하니라.

데마가 이 두 서신의 선후를 가리는 근거가 될 수 있는가? 이 두 구절에 따르면 그럴 수 있을 것 같다. 왜냐하면 바울이 빌레몬서를 쓸 때문만 해도 데마가 자신과 함께 있었는데, 디모데후서를 기록할 때는 데마가 "세상을 사랑하여 자신을 버렸다"(딤후 4:10)고 말하기 때문이다. 논리적으로는 함께 있던 사람이 떠났다는 것이 자연스럽지만, 역사적으로는 떠났던 사람이 다시 돌아왔을 수도 있다. 따라서 이 두 구절은 빌레몬서와 디모데후서의 저작시기의 선후를 결정하는데 도움이 되지 않는다. 빌레몬서가 디모데후서보다 이후일 수도 있고, 반대 증거일 수도 있다. 하지만 상대적으로 분명한 것은 빌레몬서와 디모데후서의 저작시기가 비슷하다는 점이다.

3. 빌레몬서 구조 및 개요

3.1 구조

빌레몬서는 어떤 구조로 되어 있는가? 이것은 파피루스 한 장에 들어가는 편지로 분명 고대 편지의 양식을 따르고 있다.

그런데 빌레몬서에는 매우 눈에 띄는 표현이 반복해서 나타난다. 즉 "속을 북돋는다"(τὰ σπλάγχνα ἀναπαύω)는 말이다. 이 말은 "기운이 나게 한다," "마음에 휴식을 준다" 등으로 번역할 수 있다. 이 말은 편지 시작말 끝과 본말 끝에 두 번 나온다(1:7, 20; cf. 1:12).

			빌레몬서
성도들의 마음	형제여, 성도들의 마음이 너로 말미암아 평안함을 얻었도다.	... ὅτι τὰ σπλάγχνα τῶν ἁγίων ἀναπέπαυται διὰ σοῦ.	1:7
내 마음	오 형제여 나로 주 안에서 너로 말미암아 기쁨을 얻게 하고, 내 마음이 그리스도 안에서 평안하게 하라	ἀνάπαυσον μου τὰ σπλάγχνα ἐν Χριστῷ	1:20

모두 빌레몬의 행동과 관련되어 있다. 바울은 이 표현을 매우 신중하게 사용하고 있는데, 이 두 마디 말속에 바울의 오네시모에 대한 요청(몬 1:8-19)이 위치해 있다.

이런 반복은 문학적으로 어떤 의미가 있는가? 두 가지 견해가 있다. 하나는 이 반복을 편지가 마무리되는 신호로 볼 수 있다는 견해이고, 다른 하나는 이 반복보다 더 정형화된 문구에 주의해야 한다는 견해이다.

첫 번째 견해는 수사학적 분석법에 근거한다. 케네디의 이론에 따르면, 인클루시오(*inclusio*)일 수 있다. 편지의 수사학적 단위를 구성하

는 것으로 시작(opening)과 마침(closing)을 표시한다.[575]

두 번째 견해는 서신 분석법에 기초하고 있다. 와이마에 의하면, 빌레몬서 1:19에 등장하는 문구, 곧 "나 바울이 친필로 쓰노라"라는 말이 편지맺음말의 도입구이다.[576] 그러나 바울은 한 절 후 1:21에서 "내가 네게 편지를 썼다"는 표현을 다시 쓴다. 와이마는 처음 문구를 "친필 공식"(Autograph Formula), 나중 문구를 "신뢰 공식"(Confidence Formula)이라고 부르고, 모두 편지맺음말에 들어간다고 주장한다. 하지만 처음 문구 뒤에 "오 친구여 내 스플랑스나를 편안하게 하라"는 문구는 본말에 속한다고 보는 것이 타당하다. 왜냐하면 이것이 이 편지의 핵심이기 때문이다. 바울 자신이 친필로 편지를 쓴다는 문구는 편지맺음말 도입구라기 보다는 오네시모에 대한 바울의 요청의 진지함과 무게를 강조하는 것이다. 빌레몬서는 1:7과 1:20에서 문단이 나뉜다.

이러한 점들을 고려하여 빌레몬서를 분석하면 다음과 같다.

---

[575] Cf. Kennedy, *New Testament Interpretation Through Rhetorical Criticism*, 34.
[576] Cf. Weima, *Paul the Ancient Letter Writer*, 226-227.

3.2 빌레몬서 개요

	수사학적 요소

1. 편지시작말(몬 1:1–7)   서론 *(exordium)*
    1) 서두(1:1–3)
       (1) 송신자(1:1a–b)
          A. 바울: 그리스도 예수를 위해 갇힌 자(1:1a)
          B. 형제 디모데(1:1b)
       (2) 수신자(1:1c–2)
          A. 빌레몬 가족(1:1c–2b)
             a. 빌레몬: 사랑받는 자요 동역자(同役者, 1:1c)
             b. 압비아: 자매(1:2a)
             c. 아킵보: 동군사(同軍士, 1:2b)
          B. 빌레몬의 집에 있는 교회(1:2c)
       (3) 문안(1:3)
          A. 내용: 은혜와 평화
          B. 근원: 하나님 아버지와 주 예수 그리스도
    2) 감사(1:4–7)   감사 *(eucharistia)*
       (1) 대상: 하나님(1:4a)
       (2) 이유: 빌레몬의 믿음과 사랑(1:4b–7)

2. 편지본말(몬 1:8–20)
    1) 오네시모를 감옥에서 믿음으로 낳음(1:8–11)   증명 *(probatio)*
       (1) 바울(1:8–9)   확증 *(confirmatio)*
          A. 나이가 많은 자(1:9a)
          B. 예수 그리스도를 위하여 갇힌 자(1:9b)
       (2) 오네시모를 감옥에서 "낳음"(1:10)
       (3) 오네시모: 전에는 무익했으나 이제는
          A. 전에는 네게 무익했다(1:11a)
          B. 이제는 나와 네게 유익하다(1:11b)
    2) 오네시모를 보냄(1:12–16)

(1) 바울은 오네시모를 곁에 두기를 원함(1:12–12)
   (2) 그러나 오네시모의 허락없이는 아무것도 하기를 원치 않음(1:14)
   (3) 오네시모는 더는 종이 아니요 형제로 대할 자(1:15–16)
  3) 오네시모를 받되 "나"(바울)와 같이 받아줄 것을 요청 (1:17–19)
   (1) 전제: 만일 네가 나를 동역자로 안다면, …(1:17a)
   (2) 요청: 그를 나와 같이 받으라(1:17b)
   (3) 약속(1:18–19)
      A. 오네시모가 혹 불의를 저질렀거나 네게 빚이 있다면(1:18)
      B. 나 바울이 친필로 쓰노니 내가 갚으리라! (1:19)
  4) 오네시모의 주인에게 하는 바울의 호소(1:20)
   (1) 나로 주 안에서 너로 말미암아 기쁨을 얻게 하라(1:20a)
   (2) 내 마음이 그리스도 안에서 평안하게 하라(1:20b)

3. 편지맺음말(몬 1:21–25) 결론(*peroratio*)
  1) 바울의 확신(1:21) 권면
   (1) 오네시모가 순종할 것(1:21a) (*exhortatio*)
   (2) 바울이 요청한 것보다 더 행할 것(1:21b)
  2) 바울의 요청: 거처를 마련하라(1:22)
  3) 문안: 에바브라, 마가, 아리스다고, 데마, 누가(1:23–24)
  4) 축복(1:25)

4. 빌레몬서의 내용

빌레몬서는 복음에 근거한 새 시대 질서를 실현하는 사람들의 이야기이다. 바울, 오네시모, 빌레몬은 복음으로 변화된 사람들이다. 만일 바울이 이렇게 복음 안에서 변화된 사람이 아니라 당시 노예를 가진 이 세상의 자유인 주인에게 이런 편지를 보냈다면, 그 주인은 분노했을 것이다. 사람들은 이해하지 못하고 고개를 흔들었을 것이다. 그리고 바울은 공분한 사람의 욕설을 되돌려 받았을 것이다. 그러나 신자인 자유인 빌레몬에게 바울은 이 세계 질서에서는 이해할 수 없는 낯선 요청을 할 수 있었다. 이 섬세하고 과감한 편지에는 다음 세 가지 메시지가 있다.

1. 사회제도에 대한 태도
2. 복음의 가치
3. 성도에 대한 존중

이 주제를 차례로 살펴보자.

4.1 노예제도

바울은 창조질서를 왜곡하여 정립된 사회제도를 '개혁'한다. 하지만 어떻게 이렇게 했고, 왜 그렇게 했는가? 바울은 악한 제도를 직접적으로 공격하지 않으면서 동시에 그 제도의 어두움을 복음으로 제거했다.

바울은 오네시모의 신분을 해방해 줄 것을 바라고 있다(cf. 1:13, 16-17). 그러면 어떤 의미에서 노예 해방이었는가? 노예제를 제도적으로 폐지하려고 했는가? 마샬은 바울도 그 '시대의 아들'로서 노예제를 인정했지만, 복음 안에서 신학적이고 영적인 변화를 중요시했다고 추

측한다.[577]

하지만 이 추측은 적절한가? 여기서 더 깊이 들여다보아야 한다. 바울은 노예제나 국가권력, 세금제도 등 제도 속에 내재하는 악을 잘 알고 있다. 하지만 바울은 외적인 힘을 동원하여 바꾸거나 파괴하려고 하지 않는다. 이것은 세상의 막강한 권세 앞에서 체념하기 때문이 아니라 세상 질서에 대한 통찰 때문이다. 바울이 민중을 동원하여 신분제를 뒤집거나 철폐하려고 했다고 하자. 더 나은 정부 형태를 만들고 시민의 권리를 찾을 수 있도록 개선하려고 했다고 하자. 이것을 위해 엄청난 피가 필요했을 것이다. 하지만 노예제를 폐지하고 정부를 뒤집는다 해도, 차별과 같은 악, 부패와 비리와 같은 불의는 여전히 존재한다.[578] 예컨대 1833년 영국에서 노예제가 폐지되었다. 1863년 미국에서 노예해방선언이 공표되었고 1865년 남북전쟁이 끝남과 동시에 발효되었지만, 흑인차별은 20세기 중반까지 계속되었고 현재도 이어지고 있으며 가장 큰 사회 문제이다. 제도 개혁이 이상 실현과 반드시 일치하는 것은 아니다.

바울은 이와는 다른 길을 택했다. 즉 제도는 그대로 두되 그 안에 있는 악을 제거하는 것이다. 바울은 빌레몬에게 잘못한 노예를 받아들이고, 그의 죄를 용서하며 형제로 받아들이도록 요청한다.[579] 바울은 주인의 보복을 두려워하는 노예에게 복음을 받아들이고 새 사람이 되게 했다. 그리고 자신의 잘못을 개인적으로 회개할 뿐만 아니라, 가서 주

---

[577] Marshall, *New Testament Theology*, 363-364.

[578] Cf. C. S. 루이스, 『순전한 기독교』, 125: "제가 정말 말하고 싶은 바는, 각 개인의 용기와 이타심 없이는 어떤 제도도 제대로 작동할 수 없다는 사실을 깨닫지 못하는 한, 아무리 사회적, 경제적 개선책을 찾은들 다 뜬구름 잡는 일에 불과하다는 것입니다. 현 제도 하에서 자행되는 특정한 종류의 부정부패나 횡포를 없애기는 그리 어렵지 않습니다. 그러나 인간이 여전히 부정직하며 횡포부리기를 좋아하는 한 새로운 제도 하에서도 이전에 하던 짓을 계속할 새로운 방법을 반드시 찾아내고야 말 것입니다."

[579] Cf. Marshall, *New Testament Theology*, 364.

인에게 용서를 구하도록 한다. 이렇게 함으로써, 바울은 물리적 힘보다 강한 힘을 쓰는 것이다. 그것은 복음이 열어 보여주는 새 시대 질서이다. 그리스도인 주인은 그리스도인 노예를 이 세대의 정신에 따라 소유할 수 없다. 그러면 그는 그리스도 안에 있는 형제가 아니기 때문이다. 비록 정치적 제도적 혁명이 없지만, 그리스도인들 사이의 주인—노예 관계는 이미 그 뿌리부터 변화되었다. 그렇기 때문에 복음을 따르는 사람들에게 노예제는 실질적으로 폐지된 것이나 다름없다. 그리스도 안에서 모든 신자는 한 형제라는 실제적인 이상을 실현한 것이다.

다음으로 생각해 볼 점은 복음이 얼마나 가치 있는 것인가 하는 점이다.

4.2 복음의 가치

바울은 빌레몬이 자신에게 빚을 졌다고 말한다

> **몬 1:19b** 이 외에 네 자신이 내게 빚진 것은 내가 말하지 아니하노라.

바울이 여기서 말하는 "빚"이 금전적인 것이 아니라 복음의 빚이라면, 빌레몬이 바울을 통해 회심한 사실을 의미할 수 있다. 바울은 그 가치에 호소하여 오네시모를 해방시켜 줄 것과 오네시모가 빌레몬에게 끼친 손해를 탕감해 주도록 요청한 것이다. 바울은 자신의 요청을 빌레몬이 이해할 것이라 생각했다(몬 1:20–21).

만일 이 추측이 옳다면, 바울과 빌레몬은 복음의 가치를 진정으로 아는 사람들이다. 빌레몬은 자신이 받은 복음이 당시 노예 한 명을 해방하는 것 이상으로 보았다. 오늘날 이 의식이 얼마나 낮아졌는가? 옛날이나 지금이나 신자 중에서도 경제적이고 금전적인 손해를 견디지 못하는 사람이 많다.

마지막으로 바울이 형제 된 성도를 얼마나 신뢰하고 존중하는가 하는 점이다.

4.3 성도에 대한 존경

바울이 오네시모를 보낸 행동은 단순한 행동 같지만, "성도"에 대한 높고 깊은 존경과 존중에 바탕을 두지 않고는 할 수 없는 일이다. 바울은 오네시모에 대하여 빌레몬에게 "명령"할 수 있지만, 사랑으로 호소하고(몬 1:8), 빌레몬이 자발적으로 결단할 수 있도록 한다(몬 1:14). 마샬은 바울이 사도로서 "그의 동역자들에 대하여 상당한 권세를 주장할 수 있었지만, 항상 그러한 권세를 사용한 것은 아니었고, 사랑을 토대로 한 설득에 의거해서 일하는 것을 선호하였다"고 말한다.[580] 하지만 이것은 그 이상이다. 바울이 얼마나 하나님의 백성을 존중하는지 보여준다.

동시에 바울의 "형제관"이 반영된 것이다. 현재 오네시모는 디모데나 디도처럼 바울에게 없어서는 안 되는 사람이 되었다는 것이다. 바울은 오네시모를 "갇힌 중에서 낳은 나의 자녀"라고 말한다(1:10). 이것은 디모데를 "믿음 안에서 참 아들"(딤전 1:2; 1:18; 딤후 1:2; 2:1; cf. 빌 2:20), 디도를 "같은 믿음을 따라 나의 참 아들"(딛 1:4)이라 부르는 것과 같다. 따라서 오네시모는 현재 바울에게 있어도 되고 없어도 되는 사람이 아니다. 그런데 바울은 오네시모를 보낸다. 또 다음 일을 모두 빌레몬에게 맡긴다. 이것은 쉬운 일이 아니다. 빌레몬을 형제로 받지 않으면 할 수 없는 일이다.

바울은 오네시모를 빌레몬에게 보낸다. 노예를 주인에게 보낸 것이

---

[580] Cf. Marshall, *New Testament Theology*, 364.

다. 이것은 로마법을 따른 것이었다.[581] 그러나 바울은 오네시모를 설득했음에 틀림없다.[582] 로마에서 골로새로 가는 약 5주 동안 다른 마음을 먹을 수도 있다. 그 기간에 신변에 일이 발생할 수도 있다. 물론 오네시모는 로마에서 골로새로 가는 여행 동안 두기고의 감독 하에 있었다 (cf. 골 4:7). 그러나 만일 오네시모가 로마 감옥에서 바울을 만났다면, 그는 제국의 감시를 뚫고 반대방향으로 온 [실로 엄청난] 사람이다. 이런 점에서 바울은 그를 보낸 후 다음 일을 모두 오네시모에게 맡겼다고 볼 수 있다. 이것은 쉬운 일이 아니다. 오네시모를 형제로 받지 않으면 할 수 없는 일이다.

---

581   Carson/Moo, *Introduction*, 588, 590.
582   Guthrie, *New Testament Introduction*, 660.

참고문헌

1. 일차문헌

1.1 텍스트

Biblia Hebraica Stuttgartensia. Edited by Karl Elliger and Wilhelm Rudolph. 5th ed. Stuttgart: Deutsche Bibelgesellschaft, 1997.
Novum Testamentum Graece. 27th rev. ed. Edited by Barbara Aland, Kurt Aland, Johannes Karavidopoulos, Carlo M. Martini, and Bruce M. Metzger. Stuttgart: Deutsche Bibelgesellschaft, 1995.
Novum Testamentum Graece. 28th rev. ed. Edited by Barbara Aland, Kurt Aland, Johannes Karavidopoulos, Carlo M. Martini, and Bruce M. Metzger. Stuttgart: Deutsche Bibelgesellschaft, 2013.
The Greek New Testament. Edited by Barbara Aland, Kurt Aland, Johannes Karavidopoulos, Carlo M. Martini, and Bruce M. Metzger. 4th ed. Stuttgart: Deutsche Bibelgesellschaft, 1995.
The Greek New Testament According to the Majority Text. Edited by Zane C. Hodges and Arthur L. Farstad. 2nd ed. Nashville: Thomas Nelson, 1985.

1.2 요세푸스

Josephus, Flavius. *De Bello Judaico: Der jüdische Krieg*. Edited by Otto Michel and Otto Bauernfeind. 3 vols. Darmstadt: Wissenschaftliche Buchgesellschaft, 1959–1969.
_____. *The Jewish War I–VII*. Translated by Henry St. John Thackeray and Ralph Marcus. *Jewish Antiquities I–XV*. Translated by Ralph Marcus and Louis H. Feldman. 9 vols. LCL. London: Heinemann, 1930–1965.

1.3 그리스-로마 문헌

Aristotle. *Art of Rhetoric*. Translated by J. H. Freese. LCL 193. Cambridge: Harvard University Press, 1926 [= 『아리스토텔레스 수사학』, 박문재 옮김. 파주: 현대지성, 2020].
Cicero. *De Inventione* in *Cicero in 28 Volumes*, vol. 2. Translated by H. M. Hubbell. LCL 386. London: Heinemann, 1968.

Cicero. *In Catilinam I-IV. Pro Murena. Pro Sulla. Pro Flacco*. Translated by C. Macdonald. LCL 324. Cambridge: Harvard University Press, 1977.
[Cicero.] *Rhetorica ad Herennium*. Translated by Harry Caplan. LCL 403. Cambridge: Harvard University Press, 1954.
Diogenes Laertius. *Lives of Eminent Philosophers*. Translated by R. D. Hicks. London: Heinemann, 1925.
Euripides. *Iphigenia in Aulis* [= 「아울리스의 이피게이아」 in 『에우리피데스 전집 2』, 천병희 옮김. 파주: 도서출판 숲, 2014].
Platon. 『플라톤의 네 대화편: 에우티프론, 소크라테스의 변론, 크리톤, 파이돈』. 백종현 역주. 파주: 서광사, 2003.
Plato. *Republic*, Vol. I: Books 1-5, Vol. II: Books 6-10. Translated by Chris Emlyn-Jones and William Preddy. LCL 237, 276. Cambridge, MA: Harvard University Press, 2013 [= 『국가』, 박종현 역주. 파주: 서광사, 1997].
Quintilian. *Institutio Oratoria*, vol. 1: Books 1-3. Translated by H. E. Butler. LCL 124. London: Harvard University Press, 1996.
Quintilian. *Institutio Oratoria*, vol. 2: Books 4-6. Translated by H. E. Butler. London: Heinemann, 1977.
Suetonius. *Lives of the Caesars*. Translated by J. C. Rolfe. LCL . Cambridge/London: Harvard University Press, 1997 [= 『열두 명의 카이사르』, 조윤정 옮김. 서울: 다른세상, 2009].
Tacitus. *The Annals & The Histories*. Translated by A. J. Church and W. J. Brodribb. New York: The Modern Library, 2003 [= 『연대기』, 박광순 옮김. 파주: 범우, 2020].
Theophrastus. *De Causis Plantarum, Volume I: Books 1-2*. Translated by Benedict Einarson and George K. K. Link. LCL 471. Cambridge: Harvard University Press, 1976.

1.4 유대주의 문헌

Mischnajot: Die sechs Ordnungen der Mischna. Hebrew text with vocalization, German translation and commentary. 6 vols. Basel: Goldschmidt, 1968.
The Mishnah. Translated by Herbert Danby. Oxford: Clarendon Press, 1933.

1.5 교부

1 Clement. *Die Apostolischen Väter*. Eingeleitet, herausgegeben, übertragen und erklärt von Joseph A. Fischer. Darmstadt: Wissenschaftliche Buchgesellschaft, 1958, 1-107
Chrysostom. *Homilies on the Epistle of Paul to the Corinthians*. Translated by Rev.

Talbot W. Chambers. *Nicene and Post-Nicene Fathers*, Series 1, Vol. 12. Edinburgh: T&T Clark, 1997.
Eusebius. *The Ecclesiastical History*. vol. 1 with an English Translation by Kirsopp Lake, LCL 153. Cambridge/London: Harvard University Press, 1998.
Ignatius. *An die Römer. Die Apostolischen Väter*. Eingeleitet, herausgegeben, übertragen und erklärt von Joseph A. Fischer. Darmstadt: Wissenschaftliche Buchgesellschaft, 1958, 182-193.
Irenaeus. *Adversus Haereses* IV. Übersetzt und eingeleitet von Norbert Brox. Freiburg/Basel et al.: Herder, 1997.
Jerome. *The Homilies of Saint Jerome*, Vol. 2: Homilies 60-96, translated by S. M. L. Ewald. Fathers of the Church 57. Washington: The Catholic University of America Press, 1966.
Origen. *Commentary on the Gospel of Matthew*. Translated by John Patrick. Ante-Nicene Fathers X. Edinburgh: T&T Clark, 1995.
Tertullian. *Tertulliani quae supersunt omnia*. Edited by Franciscus Oehler. Vol. II. Lipsiae: Weigel, 1864.

2. 보조자료

2.1 사전

Bauer, Walter, Kurt Aland, and others. *Griechisch-Deutsches Wörterbuch zu den Schriften des Neuen Testaments und der frühchristlichen Literatur*. 6th ed. Berlin: De Gruyter, 1988.
Dalman, Gustav. *Aramäisch-Neuhebräisches Handwörterbuch zu Targum, Talmud und Midrasch*. Hildesheim: Olms, 1967.
Jastrow, Marcus. *A Dictionary of the Targumim, the Talmud Babli and Yerushalmi, and the Midrashic Literature*. 2 vols. New York: Pardes Publishing House, 1950.
Liddell, Henry George, Robert Scott, and others. *A Greek-English Lexicon*. 9th ed. Oxford: Clarendon Press, 1996.
Louw, Johannes P., and Eugene A. Nida. *Greek-English Lexicon of the New Testament Based on Semantic Domains*. 2 vols. New York: United Bible Societies, 1989.

2.2 문법 및 구문론

Blass, Friedrich, and Albert Debrunner. *Grammatik des neutestamentlichen Griech-*

isch. Revised by Friedrich Rehkopf. 18th ed. Göttingen: Vandenhoeck & Ruprecht, 2001.

Gesenius, Wilhelm, and Emil Friedrich Kautzsch. *Hebräische Grammatik*. 4th ed. Hildesheim: Olms, 1983.

Hoffmann, Ernst G., and Heinrich von Siebenthal. *Griechische Grammatik zum Neuen Testament*. 2nd ed. Riehen/Schweiz: Immanuel-Verlag, 1990.

Zerwick, Maximilian. *Graecitas Biblica: Novi Testamenti exemplis illustratur*. Scripta Pontificii Instituti Biblici 92. 5th ed. Rome: Pontifical Biblical Institute, 1966 [= *Biblical Greek: Illustrated by Examples*. Translated by Joseph Smith, S.J. Rome: Pontifical Biblical Institute, 2001].

Thayer, Joseph Henry. *A Greek-English Lexicon of the New Testament*. Grand Rapids: Baker Book House, 1997.

3. 논문, 주석, 연구서

Aharoni, Yohanan, and Michael Avi-Yonah. 『성서지도』. 서울: 아가페출판사, 2001.

Bachmann, Philipp. *Der erste Brief des Paulus an die Korinther*. 3rd ed. Leipzig: Deichert, 1921.

Barrett, Charles Kingsley. *The Acts of the Apostles*. Vol. II: Acts 15-28. ICC. London/New York: T & T Clark, 2006.

_____. *The Second Epistle to the Corinthians*. HNTC. New York: Harper & Row, 1973.

Baugh, S. M. *Ephesians*. EEC. Bellingham: Lexham Press, 2016.

Bavinck, Herman. *Gereformeerde Dogmatiek II*. Kampen: Kok, 1928.

Beasley-Murray, Paul. "Colossians 1:15-20: An Early Christian Hymn Celebrating the Lordship of Christ." In *Pauline Studies: Essays Presented to Professor Frederick Fyvie Bruce on His 70th Birthday*, edited by D. A. Hagner and Murray J. Harris, 169-183. Exeter: The Paternoster Press, 1980.

Best, Ernest. *The First and Second Epistles to the Thessalonians*. Peabody: Hendrickson Publishers, 1986.

Betz, Hans Dieter. "The Literary Composition and Function of Paul's Letter to the Galatians." *NTS* 21 (1975): 353-379.

_____. *Der Apostel Paulus und die sokratische Tradition*. BHT 45. Tübingen: Mohr, 1972.

_____. *Galatians: A Commentary on Paul's Letter to the Churches in Galatia*. Herm. Philadelphia: Fortress, 1979.

Bieringer, Reimund. "2 Korinther 6,14-7,1 im Kontext des 2. Korintherbriefes: Forschungsüberblick und Versuch eines eigenen Zugangs." In *Studies on 2 Corinthians*, edited by Reimund Bieringer and Jan Lambrecht, BETL 112,

551-570. Leuven: Leuven University Press et al., 1994.
_____. "Der 2. Korintherbrief als ursprüngliche Einheit. Ein Forschungsüberblick." In *Studies on 2 Corinthians*, edited by Reimund Bieringer and Jan Lambrecht, BETL 112, 107-130. Leuven: Leuven University Press et al., 1994.
Black, David Alan. "The Discourse Structure of Philippians: A Study in Textlinguistics." *NovT* 37 (1995): 16-49.
Bloomquist, L. Gregory. *The Function of Suffering in Philippians*. JSNTSup 78. Sheffield: JSOT Press, 1993.
Bock, Darrell L. *Acts*. BECNT. Grand Rapids: Baker Academic, 2007.
Boehmer, Eduard. "Zur Lehre vom Antichrist, nach Schneckenburger." *JDT* 4 (1859): 405-467.
Bousset, Wilhelm. *Der Antichrist in der Überlieferung des Judentums, des neuen Testaments und der alten Kirche: ein Beitrag zur Auslegung der Apocalypse*. Göttingen: Vandenhoeck & Ruprecht, 1895.
Bowker, John W. "Speeches in Acts: A Study in Proem and Yelammedenu Form." *NTS* 14 (1967/68): 96-111.
Bruce, Frederick Fyvie. *1 & 2 Thessalonians*. WBC 45. Waco: Word Books, 1982.
_____. *The Epistle to the Galatians*. NIGTC. Grand Rapids: Eerdmans, 1982.
Bruggen, Jakob van. *Paulus: Pionier voor de Messias van Israël*. 2nd ed. Kampen: Kok, 2003.
Calvin, John. 『기독교강요』 상. 김종흡, 신복윤, 이종성, 한철하 공역. 서울: 생명의 말씀사, 1994.
Campbell, Bill. "Rhetorical Design in 1 Timothy 4." *BSac* 154 (1997): 189-204.
Campbell, Douglas A. *The Rhetoric of Righteousness in Romans 3.21-26*. JSNTSup 65. Sheffield: Sheffield Academic Press, 1992.
Carson, Donald A. *From Triumphalism to Maturity: An Exposition of 2 Corinthians 10-13*. Grand Rapids: Baker Book House, 1984.
_____. *An Introduction to the New Testament*. Grand Rapids: Zondervan, 2005.
Charles, Robert H. *The Ascension of Isaiah*. London: Adam and Charles Black, 1900.
Cho, Byeong Soo. 『신약총론』. 수원: 합동신학대학원출판부, 2006.
Church, Frederick F. "Rhetorical Structure and Design in Paul's Letter to Philemon." *HTR* 71 (1978): 17-33.
Cohick, Lynn H. *The Letter to the Ephesians*. Grand Rapids: Eerdmans, 2020.
Cranfield, Charles E. B. *A Critical and Exegetical Commentary on the Epistle to the Romans*. Vol. 1: Introduction and Commentary on Romans I-VII. Edinburgh: T&T Clark, 1975.
Duncan, George S. *St. Paul's Ephesian Ministry: A Reconstruction with Special*

Reference to the Ephesian Origin of the Imprisonment Epistles. New York: Charles Scribner's Sons, 1930.

Dunn, James D. G. *The Theology of Paul the Apostle*. Grand Rapids/Cambridge: Eerdmans, 1998.

Eckstein, Hans-Joachim. *Verheißung und Gesetz: eine exegetische Untersuchung zu Galater 2,15-4,7*. WUNT 86. Tübingen: Mohr, 1996.

_____. *Bibelkunde: Nachschrift der Vorlesung von Prof. Hans-Joachim Eckstein. Sommersemester 1990*.

Eriksson, Thomas H. *Traditions as Rhetorical Proof: Pauline Argumentation in 1 Corinthians*. Stockholm: Almqvist & Wiksell International, 1998.

Ewald, Paul. *Die Briefe des Paulus an die Epheser, Kolosser und Philemon*. Leipzig: Deichert, 1910.

Feine, Paul. *Paulus als Theologe*. Berlin-Lichterfelde: Runge, 1906.

Forshini, Bernard M. "'Those Who Are Baptized for the Dead': 1 Cor 15:29." CBQ 12 (1950): 260-276, 379-388; CBQ 13 (1951): 46-78, 172-198, 276-283.

Frame, James E. *The Epistles of St. Paul to the Thessalonians*. ICC. Edinburgh: T&T Clark, 1975.

Fung, Ronald Y. K. *The Epistle to the Galatians*. NICNT. Grand Rapids: Eerdmans, 1988.

Gaechter, Paul. "Original Sequence of Apocalypse 20-22," ThSt 10 (1945): 485-521.

Gibbon, Edward. *The History of the Decline and Fall of the Roman Empire*. Vol. 1. London: Penguin Books, 1994.

Gorman, Michael J. *Cruciformity: Paul's Narrative Spirituality of the Cross*. Grand Rapids: Eerdmans, 2001.

Grosheide, Frederik W. *De Brief van Paulus aan de Efeziërs*. Kampen: Kok, 1960.

_____. *De eerste brief aan de kerk te Korinthe*. Kampen: Kok, 1957.

Guthrie, Donald. *2 Corinthians*. BECNT. Grand Rapids: Baker Academic, 2005.

_____. *New Testament Introduction*. 4th ed. Leicester: Apollos; Downers Grove: IVP, 1990.

_____. *New Testament Theology*. Leicester: Inter-Varsity Press, 1981.

Hagner, Donald A., and Murray J. Harris, eds. *Pauline Studies: Essays Presented to Professor Frederick Fyvie Bruce on His 70th Birthday*. Exeter: The Paternoster Press, 1980.

Hansen, G. Walter. "Rhetorical Criticism." In *Dictionary of Paul and His Letters*, edited by Gerald F. Hawthorne and Ralph P. Martin, 822-826. Downers Grove: InterVarsity Press, 1993.

_____. *The Letter to the Philippians*. PNTC. Grand Rapids: Eerdmans, 2009.

Hendriksen, William. *Galatians & Ephesians*. Edinburgh: Banner of Truth Trust,

1969.

Hodge, Charles. *Systematic Theology*. Vol. 1. Peabody: Hendrickson Publishers, 1999.

Hofius, Otfried. *Paulinische Theologie: Nachschrift der Vorlesung von Prof. Otfried Hofius, Sommersemester 1996*.

Hölscher, Gustav. "Der Ursprung der Apokalypse Mk. 13." *TBl* 6 (1933): 197-202.

Hughes, Frank W. *Early Christian Rhetoric and 2 Thessalonians*. JSNTSup 30. Sheffield: JSOT Press, 1989.

Jeal, Roy R. "Rhetorical Argumentation in the Letter to the Ephesians." In *Rhetorical Argumentation in Biblical Texts: Essays from the Lund 2000 Conference*, edited by Anders Eriksson and Thomas H. Olbricht, 310-324. Harrisburg: Trinity Press International, 2002.

Jewett, Robert. *Romans: A Commentary*. Herm. Minneapolis: Fortress, 2007.

Johnson, Lewis. "Pauline Letters from Caesarea." *ExpTim* 38 (1956/57): 24-26.

Keener, Craig S. *The IVP Bible Background Commentary: New Testament*. 1st ed. Downers Grove: IVP Academic, 1993.

_____. *The IVP Bible Background Commentary: New Testament*. 2nd ed. Downers Grove: IVP Academic, 2014.

Kennedy, George A. *New Testament Interpretation through Rhetorical Criticism*. Chapel Hill and London: University of North Carolina Press, 1984.

_____. *The Art of Persuasion in Greece*. Princeton: Princeton University Press, 1963.

Kim, Young Ho. "갈라디아서 2장에 나타나는 바울의 예루살렘 방문에 대한 역사적-주석적 고찰." 신학정론 40/1 (2022): 83-115.

_____. "갈라디아서 2장에 나타나는 바울의 예루살렘 방문에 대한 역사적-주석적 고찰." 신학정론 40/1 (2022): 95-98.

_____. "그리스도의 할례: 골로새서 2:11-12에 대한 주해적 연구." 신학정론 38/2 (2020): 454-469.

_____. "소순회여행 관점에서 새롭게 본 바울의 초대교회 모습." 신학정론 39/2 (2021): 317-359.

_____. 『성경헬라어3: 구문편』 (미출판).

_____. 『하나님 나라와 그리스도의 부활』 (근간).

Koh, Han Yul. "바울의 예루살렘 연보에 관한 연구." ThM Thesis, 수원: 합동신학대학원대학교, 2007.

Kümmel, Werner G. *Einleitung in das Neue Testament*. 21st ed. Berlin: Evangelische Verlagsanstalt, 1989.

Lausberg, Heinrich. *Handbuch der literarischen Rhetorik: Eine Grundlegung der Literaturwissenschaft*. 4th ed. Stuttgart: Steiner, 2008.

Levinson, Joshua R. "Did the Spirit Inspire Rhetoric? An Exploration of George

Kennedy's Definition of Early Christian Rhetoric." In *Persuasive Artistry: Studies in New Testament Rhetoric in Honor of George A. Kennedy*, edited by Duane F. Watson, 25-40. Sheffield: Sheffield Academic Press, 1991.

Lietaert Peerbolte, L. J. *Paul the Missionary*. Leuven: Peeters, 2003.

Lightfoot, Joseph Barber. *St. Paul's Epistle to the Galatians*. London: Macmillan, 1865.

Lincoln, Andrew T. *Paradise Now and Not Yet: Studies in the Role of the Heavenly Dimension in Paul's Thought with Special Reference to His Eschatology*. SNTSMS 43. Cambridge/New York: Cambridge University Press, 1981.

Lincoln, Andrew T., and A. J. M. Wedderburn. *The Theology of the Later Pauline Letters*. Cambridge: Cambridge University Press, 2003.

Luter, A. Boyd, and Michelle V. Lee. "Philippians as Chiasmus: Key to the Structure, Unity and Theme Questions." *NTS* 41 (1995): 89-101.

MacArthur, John. *The MacArthur Bible Commentary: Unleashing God's Truth, One Verse at a Time*. Nashville: Thomas Nelson, 2005.

Malherbe, Abraham J. *The Letters to the Thessalonians: A New Translation with Introduction and Commentary*. AB 32B. New York: Doubleday, 2000.

Marshall, I. Howard. *New Testament Theology: Many Witnesses, One Gospel*. Downers Grove: IVP Academic, 2004.

Michel, Otto. *Der Brief an die Römer*. KEK 4. 12th ed. Göttingen: Vandenhoeck & Ruprecht, 1963.

―――. *Der Brief an die Römer*, KEK 4, 14th ed. Göttingen: Vandenhoeck & Ruprecht, 1978.

Moo, Douglas J. *Encountering the Book of Romans: A Theological Survey*. 2nd ed. Grand Rapids: Baker Academic, 2014.

―――. *Galatians*. BECNT. Grand Rapids: Baker Academic, 2013.

―――. *The Letter to the Romans*. NICNT, 2nd ed. Grand Rapids: Eerdmans, 2018.

Moore, Arthur L. *The Parousia in the New Testament*. Leiden: Brill, 1966.

Moulton, E. "The Communicative Power of the Epistle to the Ephesians." In *Rhetoric, Scripture and Theology: Essays from the 1994 Pretoria Conference*, edited by Stanley E. Porter and Thomas H. Olbricht, JSNTSup 131, 280-307. Sheffield: Sheffield Academic Press, 1996.

Murphy-O'Connor, Jerome. *Paul the Letter-Writer: His World, His Options, His Skills*. Collegeville: Liturgical Press, 1995.

―――. *The Theology of the Second Letter to the Corinthians*. New York: Cambridge University Press, 1991.

O'Brien, Peter T. *The Letter to the Ephesians*. PNTC. Grand Rapids: Eerdmans, 1999.

Olbricht, Thomas H. "Stoicheia and the Rhetoric of Colossians: Then and Now." In *Rhetoric, Scripture and Theology: Essays from the 1994 Pretoria Conference*, edited by Stanley E. Porter and Thomas H. Olbricht, JSNTSup 131, 308–328. Sheffield: Sheffield Academic Press, 1996.

Plett, Heinrich F. *Einführung in die rhetorische Textanalyse*. Hamburg: Helmut Buske Verlag, 1971.

Pokorný, Petr, and Ulrich Heckel. *Einleitung in das Neue Testament: Seine Literatur und Theologie im Überblick*. Tübingen: Mohr Siebeck, 2007.

Pokorný, Petr. *Der Brief des Paulus an die Kolosser*. ThHKNT 10/1. Berlin: Evangelische Verlagsanstalt, 1987.

Porter, Stanley E., and Thomas H. Olbricht, eds. *Rhetoric and the New Testament: Essays from the 1992 Heidelberg Conference*. JSNTSup 90. Sheffield: JSOT Press, 1993.

_____. *Rhetoric, Scripture and Theology: Essays from the 1994 Pretoria Conference*. JSNTSup 131. Sheffield: Sheffield Academic Press, 1996.

Ramsaran, R. A. "Living and Dying, Living Is Dying (Philippians 1:21): Paul's Maxim and Exemplary Argumentation in Philippians." In *Rhetorical Argumentation in Biblical Texts*, edited by Anders Eriksson, Thomas H. Olbricht, and Walter Übelacker, 325–338. Harrisburg: Trinity Press International, 2002.

Ridderbos, Herman N. *Paulus: Ontwerp van zijn theologie*. 4th ed. Kampen: Kok, 1978 [= *Paul: An Outline of His Theology*. Translated by John Richard de Witt. Grand Rapids: Eerdmans, 1975].

_____. *The Epistles of Paul to the Churches of Galatia*. NICNT. Grand Rapids: Eerdmans, 1984.

_____. *Aan de Romeinen*. Kampen: Kok, 1959.

Rigaux, Béda. *Saint Paul: Les épîtres aux Thessaloniciens*. Paris: Gabalda, 1956.

Schnabel, Eckhard J. *Paul the Missionary: Realities, Strategies and Methods*. Downers Grove: IVP Academic, 2008.

Schnackenburg, Rudolf. *Der Brief an die Epheser*. EKK 10. Neukirchen–Vluyn: Neukirchener, 1982.

Smith, C. A. "A Study of 2 Timothy 4:1-8: The Contribution of Epistolary Analysis and Rhetorical Criticism." *TynBul* 57 (2006): 151–154.

Sumney, Jerry L. "The Argument of Colossians." In *Rhetorical Argumentation in Biblical Texts: Essays from the Lund 2000 Conference*, edited by Anders Eriksson and Thomas H. Olbricht, 339–352. Harrisburg: Trinity Press International, 2002.

Thiselton, Anthony C. *The First Epistle to the Corinthians: A Commentary on the Greek Text*. NIGTC. Grand Rapids: Eerdmans, 2000.

Turretin, Francis. *Institutes of Elenctic Theology*. Vol. II: Eleventh through Seventeenth Topics. Translated by George M. Giger, edited by James T. Dennison. Philipsburg: P&R, 1994.

―――――. *Institutes of Elenctic Theology*, Vol. III: Eighteenth Through Twentieth Topics. Translated by George M. Giger, edited by James T. Dennison. Philipsburg: P&R, 1997.

Vos, Geerhardus. *Dogmatiek*. Vol. 1: Theologie. Grand Rapids, 1910.

Wanamaker, Charles A. *The Epistles to the Thessalonians*. NIGTC. Grand Rapids: Eerdmans, 1990.

Watson, Francis. "2 Cor. X–XIII and Paul's Painful Letter to the Corinthians." *JTS* 35 (1984): 335–339.

Weima, Jeffrey A. D. *Paul the Ancient Letter Writer: An Introduction to Epistolary Analysis*. Grand Rapids: Baker Academic, 2016.

Wilder, Amos. *The Language of the Gospels: Early Christian Rhetoric*. London: SCM Press, 1964.

Witherington III, Ben. *Conflict and Community in Corinth: A Socio-rhetorical Commentary on 1 and 2 Corinthians*. Grand Rapids: Eerdmans, 1995.

Wrede, William. *Paulus*. Tübingen: Mohr, 1907.

Young, Brad H. *Paul the Jewish Theologian: A Pharisee among Christians, Jews, and Gentiles*. Peabody: Hendrickson, 2005.

Zahn, Theodor. *Der Brief des Paulus an die Römer*. 3rd ed. Leipzig: Deichert, 1925.

―――――. *Geschichte des neutestamentlichen Kanons*. Vol. I/1: *Das Neue Testament vor Origenes*. Erlangen: Deichert, 1888.

―――――. *Geschichte des neutestamentlichen Kanons*. Vol. 2. Erlangen/Leipzig: Deichert, 1890.

―――――. *Grundriss der Geschichte des neutestamentlichen Kanons: Eine Ergänzung zu der Einleitung in das Neue Testament*. 2nd ed. Leipzig: Deichert, 1904.